THE LITERATURE

ON THE

POLAR-REGIONS

OF THE EARTH.

By

Dr. J. Chavanne,

Dr. A. Karpf,   F. Chevalier de Le Monnier.

DIE LITERATUR

ÜBER DIE

POLAR-REGIONEN

DER ERDE.
BIS 1875
Von

Dr. Josef Chavanne,

Dr. Alois Karpf,	Franz Ritter v. Le Monnier,
Scriptor an der k. Privat- und Familien-Fideicommiss-Bibliothek und Bibliothekar der k. k. Geographischen Gesellschaft in Wien.	Bibliothekar und Ausschussrath der k. k. Geographischen Gesellschaft in Wien.

LIMITED EDITION FACSIMILE

OF THE

ORIGINAL EDITION

ISBN 1-57898-141-7

MARTINO FINE BOOKS
P.O. BOX 373
MANSFIELD CENTRE, CT 06250

VORWORT.

Die Rückkehr der erfolggekrönten österreichisch-ungarischen Expedition, welche den geographischen Horizont im Norden unseres Erdballs in einem geschichtlich hervorragenden Theile des arktischen Polarmeeres in überraschender Weise polwärts schob, gab Dr. Chavanne Anlass, die seit längerer Zeit gefasste Idee, die Literatur über die Polar-Regionen der Erde zu sammeln und in systematischer Weise zu ordnen, zur Ausführung zu bringen.

Bei den Bibliothekaren der k. k. geographischen Gesellschaft in Wien, Dr. Karpf und v. Le Monnier fand dieser Plan den wärmsten Anklang und schon im November 1874 konnten die Unterzeichneten an die Ausführung des reiflich erwogenen Unternehmens schreiten.

Die Annahme der Verfasser, dass das Unternehmen den Wünschen aller Freunde der Erdkunde entgegenkommen wird, dürfte um so eher eine berechtigte sein, als die Literatur der Polarforschung namentlich durch die unermüdliche Thätigkeit Dr. Petermann's seit dem Jahre 1865 bedeutend anwuchs und die Kenntnisse derselben für den Fachmann aus den bisherigen literarischen Behelfen nicht leicht zu schöpfen ist.

Eine Beihilfe in dieser Richtung war das leitende Motiv der Unterzeichneten bei der Herausgabe der vorliegenden Arbeit. Wenn sie auch über die Schwierigkeiten der Ausführung, insbesondere über die möglicher Weise zu erzielende Vollständigkeit nicht im Unklaren waren, so muss doch hervorgehoben werden, dass einerseits durch die Bemühungen der Unterzeichneten, welche in dieser Hinsicht keine Nachforschung gescheut haben, anderseits durch die dankenswerthe Unterstützung von Seite der Vorstände der grossen Bibliotheken Europa's und der Vereinigten Staaten diese Schwierigkeiten behoben wurden.

Vor Allem fühlen sich die Unterzeichneten verpflichtet, der reichen Hilfsmittel (insbesondere der periodischen Publicationen) zu erwähnen, welche denselben aus der Bibliothek der k. k. Geographischen Gesellschaft, der Privat- und Familien-Fideicommiss-Bibliothek Sr. Majestät des Kaisers von Oesterreich-Ungarn und der k. k. Hof-Bibliothek in Wien durch die Güte der Herren Vorstände zur Verfügung standen. Aus gleichem Anlass soll an dieser Stelle dem Vorstand der kartographischen Abtheilung der »Bibliothèque nationale« in Paris, Herrn Eugène Cortambert für dessen werkthätige Unterstützung der beste Dank ausgesprochen und der werthvollen Literatur-Uebersichten in Petermann's Mittheilungen dankend erwähnt sein.

Der unerwartet reichhaltige Stoff liess eine eingehende Gliederung in der Anordnung desselben nothwendig erscheinen. Das hiebei zu Grunde gelegte System beruht **erstens** auf Anordnung des Stoffes nach enger begrenzten, topischen Gebieten, **zweitens** innerhalb dieser nach den einzelnen Hilfswissenschaften der Erdkunde und **schliesslich** in Rücksicht auf die historische Entwicklung der Literatur in der chronologischen Reihenfolge. Die Verfasser halten sich überzeugt, dass durch diese Anordnung nicht nur eine leichtere Uebersicht der Literatur im Allgemeinen erzielt wird, sondern dass auch die mit den einzelnen Epochen in der Polarforschung (Nordwest-, Nordostfahrten, Erforschung specieller Gebiete in neuester Zeit wie z. B. Spitzbergen durch die Schweden, das Ostspitzbergische Meer durch die Oesterreicher und Norweger, das Ostgrönländische Meer durch die Deutschen, der Arktisch-amerikanische Archipel durch die Briten) in inniger Beziehung stehende Literatur in geschlossener Reihenfolge erscheint und überdies durch die Anordnung nach Disciplinen jedem einzelnen in den speziellen Fächern arbeitenden Gelehrten alles zu seinen Forschungen nothwendige Material namhaft gemacht wird.

Ausser den als eigentliche Polar-Region zu betrachtenden Gebieten wurde die Literatur über die den Polar-Regionen angrenzenden Gebiete: Kamtschatka, Aleuten, Nordwestküste von Amerika, Falkland-Inseln und die Magellan-Strasse, ferner über Welt- und Südsee-Reisen und schliesslich über jene Sammelwerke berücksichtigt, welche Berichte über in den Polar-Regionen unternommene Reisen enthalten.

In Bezug auf die bei Zusammenstellung der Literatur verwendeten periodischen Publicationen muss erwähnt werden, dass die geographischen Zeitschriften vollständig benützt wurden, während von einer grösseren Anzahl solcher Publicationen, welche den der Geographie verwandten Disciplinen angehören, nur die den Verfassern zugänglichen und wichtigeren Zeitschriften zur Verwendung kamen.

Von Kartenwerken wurden nur jene, selbstständig publicirten aufgenommen, welche den Verfassern zugänglich waren. Dass die Zahl der überhaupt erschienenen Karten eine viel grössere ist, als die in diesem Werke angegebene, unterliegt keinem Zweifel, die Schwierigkeiten der Beschaffung der diesbezüglichen Hilfsquellen mag diese Lücke entschuldigen.

Wenn bei der besten Mühe um die Correctheit des Satzes einzelne Doubletten, Verstellungen in der chronologischen Reihenfolge etc. vorkommen sollten, so seien diese kleinen Mängel der Nachsicht der Fachmänner empfohlen, und gleich hier der Bitte der Verfasser Ausdruck gegeben, Berichtigungen zu ihrer Kenntniss gelangen lassen zu wollen, die mit Dank entgegengenommen und in einem späteren Supplement Berücksichtigung finden werden.

Zur weiteren Erleichterung ist dem Werke ein Autorenregister beigefügt.

Wien, 15. Juni 1877.

Die Verfasser.

PREFACE.

The return of the successful Austrian-Hungarian Expedition, which in an astonishing way widened the geographical horizon towards the North pole, induced Dr. Chavanne to collect the different emanations of the literature on the Polar Regions, and to arrange them in a systematical manner.

This project was warmly welcomed by the Librarians of the Imperial-Royal Geographical Society of Vienna Dr. Karpf and de le Monnier, and already in November 1874 the undersigned commenced the realisation of their well matured project.

The authors are convinced, that their enterprise will meet the good wishes of all friends of Geography, for the literature on this subject, mainly through the indefatigability of Mr. Petermann, has taken such dimensions, that even professional men find it difficult to keep step with it.

To make the way clearer, was the object of the Authors in publishing this book. They were well aware of the difficulties they would meet, but they also knew, that through the assistance of the leaders of the great libraries of Europe and the United States, these difficulties could be overcome.

The undersigned are deeply obliged to the President of the Imperial Royal Geographical Society, and to the Directors of the Private Library of his Majesty the Emperor of Austria, and of the Imperial Royal court-library at Vienna, who put a great quantity of valuable material at their disposition; they have also to render thanks to Mr. Eugène Cortambert, Director of the Kartographical Department of the »Bibliothèque nationale« at Paris, and to Mr. Petermann for practical assistance.

The unexpectly rich material made it necessary to arrange the same in three different divisions.

The first part is arranged after the different topical domains, the second according to the different auxiliary sciences of Geography, and the last strictly in accordance with the chronological development of the Literature. The Authors believe that in this way a general survey can easily be obtained, and also that through the classification according to the different disciplines the professional man can easily find the necessary material for his specific purposes.

The Authors intend to collect not only the literature on the Polar Regions, properly so called, but also on the adjacent territories: Kamtschatka, the Aleuts, the North-West Coast of America, the Falkland islands and the straits of Magellan; further on Circumnavigations of the globe, and finally on Encyclopedical Works, containing reports of Polar Expeditions.

In combining our book we made use of all the geographical Journals and of such other periodical publications, as contained matters of particular interest.

Of kartographical publications only those could be mentioned, which were accessible to the authors. That a far greater number of such publications exists, is certain; our omission of them can only be excused through the difficulties of obtaining them.

Great pains were taken to obtain correct proof-sheets, it nevertheless slight errors occur in some of the duplicates or in the chronological classification, the professional man will liberally grant his indulgence. Any rectifications however will be gratefully received, and used in a future Supplement.

To the book we have added a complete list of all the Authors.
Vienna, 15th June 1877.

The Authors.

Inhalts-Verzeichniss.

Vorwort (Preface) . . . . Seite V

Erster Theil.
Die Polarregionen der Erde.

I. Nord- und Südpolarregion im Allgemeinen.

Allgemeines, Geographie und Reisen.

Werke (Works) . . Nr. 1— 58
Aufsätze (Papers) . . » 59— 101
Karten (Maps) . . . » 102— 107

II. Nordpolarregion im Allgemeinen.

a) Allgemeines, Geographie und Reisen.

Werke . . . . . . Nr. 108— 357
Aufsätze . . . . . . » 358— 744
Karten . . . . . . » 745— 778

b) Astronomie, Meteorologie, Erdmagnetismus.

Werke . . . . . . Nr. 779— 789
Aufsätze . . . . . . » 790— 876

c) Hydrographie.

Werke . . . . . . Nr. 877— 889
Aufsätze . . . . . . » 890— 955

d) Geologie, Paläontologie, Mineralogie.

Werke . . . . . . Nr. 956— 957
Aufsätze . . . . . . » 958— 975

e) Zoologie und Thiergeographie.

Werke . . . . . . Nr. 976—1028
Aufsätze . . . . . . » 1029—1095

f) Botanik.

Werke . . . . . . Nr. 1096—1103
Aufsätze . . . . . . » 1104—1120

g) Ethnographie, Culturgeschichte etc.

Werke . . . . . . Nr. 1121—1154

h) Polarfischerei und Jagd.

Werke . . . . . . Nr. 1155—1207
Aufsätze . . . . . . » 1208—1275

i) Biographie der Polarforscher.

Werke . . . . . . Nr. 1276—1317
Aufsätze . . . . . . » 1318—1383

III. Nordwest-Passage.

Werke . . . . . . Nr. 1384—1585
Aufsätze . . . . . . » 1586—1745

IV. Nordost-Passage.

Werke . . . . . . Nr. 1746—1792
Aufsätze . . . . . . » 1793—1797

V. Arktisches Europa im Allgemeinen.

a) Allgemeines, Geographie und Reisen.

Werke . . . . . . Nr. 1798—1837
Aufsätze . . . . . . » 1838—1846
Karten . . . . . . » 1847—1865

b) Astronomie, Meteorologie, Erdmagnetismus.
Werke . . . . . . Nr. 1866—1867
Aufsatz . . . . . . » 1868

c) Hydrographie.
Werke . . . . . . Nr. 1869—1870
Aufsätze . . . . . . » 1871—1873

d) Geologie, Paläontologie, Mineralogie.
Werke . . . . . . Nr. 1874—1876
Aufsätze . . . . . . » 1877—1878

e) Zoologie und Thiergeographie.
Werk . . . . Nr. 1879
Aufsätze . . . . . . » 1880—1884

f) Botanik.
Werke . . . . . . Nr. 1885—1887
Aufsätze . . . . . . » 1888—1889

g) Ethnographie, Culturgeschichte etc.
Werke . . . . . . Nr. 1890—1937
Aufsätze . . . . . . » 1938—1941

VI. Ostgrönländisches Eismeer.
(Meer zwischen Grönland, Island u. Spitzbergen).

a) Allgemeines, Geographie und Reisen.
Werke . . . . . . Nr. 1942—1968
Aufsätze . . . . . . » 1969—2084
Karten . . . . . . » 2085—2090

b) Astronomie, Meteorologie, Erdmagnetismus.
Aufsätze . . . . . . Nr. 2091—2093

c) Hydrographie.
Aufsätze . . . . . . Nr. 2094—2101

d) Geologie, Paläontologie, Mineralogie.
Werk . . . . Nr. 2102

e) Zoologie und Thiergeographie.
Werke . . . . . . Nr. 2103—2104

f) Polarfischerei und Jagd.
Werke . . . . . . Nr. 2105—2121
Aufsätze . . . . . . » 2122—2127

VII. Island.
a) Allgemeines, Geographie und Reisen.
Werke . . . . . . Nr. 2128—2293
Aufsätze . . . . . . » 2294—2388
Karten . . . . . . » 2389—2410

b) Astronomie, Meteorologie, Erdmagnetismus.
Werk . . . . Nr. 2411
Aufsätze . . . . . . » 2412—2422

c) Hydrographie.
Werke . . . . . . Nr. 2423—2426
Aufsätze . . . . . . » 2427—2433

d) Geologie, Paläontologie, Mineralogie.
Werke . . . . . . Nr. 2434—2459
Aufsätze . . . . . . » 2460—2510

e) Zoologie und Thiergeographie.
Werke . . . . . . Nr. 2511—2514
Aufsätze . . . . . . » 2515—2520

f) Botanik.
Werke . . . . . . Nr. 2521—2528
Aufsätze . . . . . . » 2529—2534

g) Ethnographie, Culturgeschichte etc.
Werke . . . . . . Nr. 2535—2707
Aufsätze . . . . . . » 2708—2750

h) Polarfischerei und Jagd.
Werk . . . . Nr. 2751
Aufsätze . . . . . . » 2752—2758

VIII. Jan Meyen- und Bären-Insel.
Werke . . . . . . Nr. 2759—2767
Aufsätze . . . . . . » 2768—2780
Karten . . . . . . » 2781—2782

IX. Spitzbergen.
a) Allgemeines, Geographie und Reisen.
Werke . . . . . . Nr. 2783—2836
Aufsätze . . . . . . » 2837—2988
Karten . . . . . . » 2989—2995

b) Astronomie, Meteorologie, Erdmagnetismus.
Werk . . . . Nr. 2996
Aufsätze . . . . . . » 2997—3021

c) Hydrographie.
Werke . . . . . . Nr. 3022—3023
Aufsatz . . . . . . » 3024

d) Geologie, Paläontologie, Mineralogie.
Werke . . . . . . Nr. 3025—3028
Aufsätze . . . . . . » 3029—3050

e) **Zoologie und Thiergeographie.**

Werke . . . . . Nr. 3051—3056
Aufsätze . . . . . » 3057—3086

f) **Botanik.**

Werke . . . . . Nr. 3087—3090
Aufsätze . . . . . » 3091—3111

g) **Polarfischerei und Jagd.**

Aufsätze . . . . . Nr. 3112—3116

X. Lappland

(schwedisches, norwegisches und russisches).

a) **Allgemeines, Geographie und Reisen.**

Werke . . . . . Nr. 3117—3207
Aufsätze . . . . . » 3208—3259

b) **Astronomie, Meteorologie, Erdmagnetismus.**

Aufsätze . . . . . Nr. 3260—3263

c) **Hydrographie.**

Werk . . . . . Nr. 3264
Aufsätze . . . . . » 3265—3266

d) **Geologie, Paläontologie, Mineralogie.**

Aufsätze . . . . . Nr. 3267—3269

e) **Zoologie und Thiergeographie.**

Werke . . . . . Nr. 3270—3272
Aufsätze . . . . . » 3273—3280

f) **Botanik.**

Werke . . . . . Nr. 3281—3285
Aufsätze . . . . . » 3286—3292

g) **Ethnographie, Culturgeschichte etc.**

Werke . . . . . Nr. 3293—3322
Aufsätze . . . . . » 3323—3336

h) **Polarfischerei und Jagd.**

Aufsatz . . . . . Nr. 3337

XI. Samojeden-Küste.

a) **Allgemeines, Geographie und Reisen.**

Werke . . . . . Nr. 3338—3345
Aufsätze . . . . . » 3346—3357

b) **Hydrographie.**

Aufsatz . . . . . Nr. 3358

c) **Geologie, Paläontologie, Mineralogie.**

Aufsätze . . . . . Nr. 3359—3360

d) **Botanik.**

Werke . . . . . Nr. 3361—3362

e) **Ethnographie, Culturgeschichte etc.**

Werke . . . . . Nr. 3363—3366
Aufsätze . . . . . » 3367—3377

f) **Polarfischerei und Jagd.**

Aufsatz . . . . . Nr. 3378

XII. Weisses Meer.

Werke . . . . . Nr. 3379—3382
Aufsätze . . . . . » 3383—3394
Karten . . . . . » 3395—3399

XIII. Ostspitzbergisches Eismeer

(Meer zw. Spitzbergen, Nowaja Semlja u. Franz Josefs-Land).

a) **Allgemeines. Geographie und Reisen.**

Werke . . . . . Nr. 3400—3412
Aufsätze . . . . . » 3413—3551

b) **Astronomie, Meteorologie, Erdmagnetismus.**

Werke . . . . . Nr. 3552—3553
Aufsätze . . . . . » 3554—3560

c) **Hydrographie.**

Aufsätze . . . . . Nr. 3561—3563

d) **Zoologie und Thiergeographie.**

Werk . . . . . Nr. 3564

e) **Botanik.**

Aufsatz . . . . . Nr. 3565

XIV. Nowaja Semlja.

a) **Allgemeines, Geographie und Reisen.**

Werke . . . . . Nr. 3566—3585
Aufsätze . . . . . » 3586—3644
Karten . . . . . » 3645—3647

b) **Astronomie, Meteorologie, Erdmagnetismus.**

Werk . . . . . Nr. 3648
Aufsätze . . . . . » 3649—3655

c) **Hydrographie.**

Aufsätze . . . . . Nr. 3656—3657

d) **Geologie, Paläontologie, Mineralogie.**

Werk . . . . . Nr. 3658
Aufsatz . . . . . » 3659

e) **Zoologie und Thiergeographie.**

Aufsätze . . . . . . Nr. 3660—3668

f) **Botanik.**

Werk . . . . Nr. 3669
Aufsätze . . . . . . » 3670—3673

g) **Polarfischerei und Jagd.**

Aufsätze . . . . . . Nr. 3674—3675

XV. Kara-See.

Aufsätze . . . . . . Nr. 3676—3707

XVI. Arktisches Asien
(Samojeden-Halbinsel, Taymir-Halbinsel, nördl. Sibirien).

a) **Allgemeines, Geographie und Reisen.**

Werke . . . . . . Nr. 3708—3776
Aufsätze . . . . . . » 3777—3873
Karten . . . . . . » 3874—3882

b) **Astronomie, Meteorologie, Erdmagnetismus.**

Werke . . . . . . Nr. 3883—3884
Aufsätze . . . . . . » 3885—3899

c) **Geologie, Paläontologie, Mineralogie.**

Werk . . . . Nr. 3900
Aufsätze . . . . . . » 3901—3923

d) **Zoologie und Thiergeographie.**

Werke . . . . . . Nr. 3924—3925
Aufsätze . . . . . . » 3926—3929

e) **Botanik.**

Werk . . . . Nr. 3930
Aufsatz . . . . . . » 3931

f) **Ethnographie, Culturgeschichte etc.**

Werke . . . . . . Nr. 3932—3943
Aufsätze . . . . . . » 3944—3975

g) **Polarfischerei und Jagd.**

Aufsätze . . . . . . Nr. 3976—3978

XVII. Sibirisches Eismeer.

Werke . . . . . . Nr. 3979—4002
Aufsätze . . . . . . » 4003—4026

XVIII. Tschuktschen-Halbinsel.

Werke . . . . . . Nr. 4027—4029
Aufsätze . . . . . . » 4030—4046

XIX. Ochotzker-See.

Werke . . . . . . Nr. 4047—4055
Aufsätze . . . . . . » 4056—4065
Karte . . . . » 4066

XX. Wrangell-Land.

Werk . . . . Nr. 4067
Aufsätze . . . . . . » 4068—4085

XXI. Bering-Strasse und -Meer.

a) **Allgemeines, Geographie und Reisen.**

Werke . . . . . . Nr. 4086—4137
Aufsätze . . . . . . » 4138—4198
Karten . . . . . . » 4199—4218

b) **Astronomie, Meteorologie, Erdmagnetismus.**

Werk . . . . Nr. 4219
Aufsätze . . . . . . » 4220—4221

c) **Hydrographie.**

Werke . . . . . . Nr. 4222—4223
Aufsatz . . . . . . » 4224

d) **Geologie, Paläontologie, Mineralogie.**

Aufsätze . . . . . . Nr. 4225

e) **Zoologie und Thiergeographie.**

Werke . . . . . . Nr. 4226—4227
Aufsätze . . . . . . » 4228—4230

f) **Botanik.**

Werke . . . . . . Nr. 4231—4232

g) **Ethnographie, Culturgeschichte etc.**

Aufsatz . . . . . . Nr. 4233

h) **Polarfischerei und Jagd.**

Werk . . . . Nr. 4234
Aufsätze . . . . . . » 4235—4237

XXII. Arktisches Amerika.

a) **Allgemeines, Geographie und Reisen.**

Werke . . . . . . Nr. 4238—4329
Aufsätze . . . . . . » 4330—4429
Karten . . . . . . » 4430—4437

b) **Astronomie, Meteorologie, Erdmagnetismus.**

Werke . . . . . . Nr. 4438—4440
Aufsätze . . . . . . » 4441—4449

c) **Zoologie und Thier-Geographie.**
Werke . . . . . Nr. 4450—4451
Aufsätze . . . . . » 4452—4457

d) **Botanik.**
Werke . . . . . Nr. 4458—4462

e) **Ethnographie, Culturgeschichte etc.**
Werke . . . . . Nr. 4463—4474
Aufsätze . . . . . » 4475—4482

XXIII. Alaska
(Halbinsel und Territorium.)

a) **Allgemeines, Geographie und Reisen.**
Werke . . . . Nr. 4483—4501
Aufsätze . . . . . » 4502—4568
Karten . . . . . . » 4569—4575

b) **Astronomie, Meteorologie, Erdmagnetismus.**
Aufsätze . . . . Nr. 4576—4580

c) **Hydrographie.**
Werke . . . . . Nr. 4581—4582

d) **Geologie, Paläontologie, Mineralogie.**
Werke . . . . Nr. 4583—4584
Aufsätze . . . . . » 4585—4590

e) **Zoologie und Thiergeographie.**
Aufsätze . . . . Nr. 4591 - 4592

f) **Botanik.**
Aufsatz . . . . . Nr. 4593

g) **Ethnographie, Culturgeschichte etc.**
Werke . . . . . Nr. 4594—4597
Aufsätze . . . . . » 4598—4611

h) **Polarfischerei und Jagd.**
Werk . . . . . Nr. 4612
Aufsätze . . . . » 4613—4618

XXIV. Hudsons-Bay und anliegendes Territorium.

a) **Allgemeines, Geographie und Reisen.**
Werke . . . . Nr. 4619—4661
Aufsätze . . . . » 4662—4690

b) **Astronomie, Meteorologie, Erdmagnetismus.**
Aufsätze . . . . Nr. 4691—4700

c) **Geologie, Paläontologie, Mineralogie.**
Werk . . . . . Nr. 4701
Aufsätze . . . . » 4702—4704

d) **Zoologie und Thiergeographie.**
Aufsätze . . . . Nr. 4705—4709

e) **Ethnographie, Culturgeschichte etc.**
Werk . . . . . Nr. 4710
Aufsätze . . . . » 4711—4716

XXV. Labrador.
Werke . . . . Nr. 4717—4742
Aufsätze . . . . » 4743—4781
Karten . . . . . » 4782—4796

XXVI. Arktisch-Amerikanischer Archipel.

a) **Allgemeines, Geographie und Reisen.**
Werke . . . . . Nr. 4797—4804
Aufsätze . . . . » 4805—4883
Karten . . . . . » 4884—4889

b) **Astronomie, Meteorologie, Erdmagnetismus.**
Aufsätze . . . . » 4890—4900

c) **Hydrographie.**
Aufsatz . . . . . Nr. 4901

d) **Geologie, Paläontologie, Mineralogie.**
Aufsätze . . . . Nr. 4902—4903

e) **Botanik.**
Aufsatz . . . . . Nr. 4904

XXVII. Davis-Strasse, Baffins-Bay, Smith-Sund.

a) **Allgemeines, Geographie und Reisen.**
Werke . . . . . Nr. 4905—4959
Aufsätze . . . « 4960—5171
Karten . . . . . » 5172—5186

b) **Astronomie, Meteorologie, Erdmagnetismus.**
Werk . . . . . Nr. 5187
Aufsätze . . . . » 5188—5193

c) **Hydrographie.**
Werke . . . . Nr. 5194—5195
Aufsätze . . . . » 5196—5205

d) **Zoologie und Thiergeographie.**
Aufsatz . . . . . . Nr. 5206

e) **Botanik.**
Werk . . . . Nr. 5207
Aufsätze . . . . . » 5208—5211

f) **Polarfischerei und Jagd.**
Werke . . . . . Nr. 5212—5215
Aufsätze . . . . . » 5216—5221

XXVIII. Grönland.

a) **Allgemeines, Geographie und Reisen.**
Werke . . . . . . Nr. 5222—5331
Aufsätze . . . . . » 5332—5450
Karten . . . . . . » 5451—5468

b) **Astronomie, Meteorologie, Erdmagnetismus.**
Werke . . . . . . Nr. 5469—5470
Aufsätze . . . . . » 5471—5494

c) **Hydrographie.**
Aufsätze . . . . Nr. 5495—5500

d) **Geologie, Paläontologie, Mineralogie.**
Werke . . . . . . Nr. 5501—5502
Aufsätze . . . . . » 5503—5546

e) **Zoologie und Thiergeographie.**
Werke . . . . . . Nr. 5547—5557
Aufsätze . . . . . » 5558—5584

f) **Botanik.**
Werke . . . . . . Nr. 5585—5588
Aufsätze . . . . . » 5589—5611

g) **Ethnographie, Culturgeschichte etc.**
Werke . . . . . Nr. 5612—5664
Aufsätze . . . . . » 5665—5712

h) **Polarfischerei und Jagd.**
Werke . . . . . . Nr. 5713—5715
Aufsätze . . . . . » 5716—5718

XXIX. Südpol.

a) **Allgemeines, Geographie und Reisen.**
Werke . . . . . . Nr. 5719—5767
Aufsätze . . . . . » 5768—5895
Karten . . . . . . » 5896—5913

b) **Astronomie, Meteorologie, Erdmagnetismus.**
Werke . . . . . . Nr. 5914—5915
Aufsätze . . . . . » 5916—5920

c) **Hydrographie.**
Werke . . . . Nr. 5921—5923
Aufsätze . . . . . » 5924—5937

d) **Geologie, Paläontologie, Mineralogie.**
Werk . . . . Nr. 5938

e) **Zoologie und Thiergeographie.**
Werke . . . . . . Nr. 5939—5944
Aufsätze . . . . . » 5945—5946

f) **Botanik.**
Werke . . . . . Nr. 5947—5950
Aufsätze . . . . . » 5951—5958

Zweiter Theil.
Der Polarregion angrenzende Gebiete.

I. Kamtschatka.

a) Allgemeines, Geographie und Reisen.

Werke . . . . . . Nr. 5959—5998
Aufsätze . . . . . » 5999—6028
Karten . . . . . . » 6029—6035

b) Astronomie, Meteorologie, Erdmagnetismus.

Aufsatz . . . . . . Nr. 6036

c) Geologie, Paläontologie, Mineralogie.

Werk . . . . Nr. 6037
Aufsätze . . . . . » 6038—6040

d) Zoologie und Thier-Geographie.

Werke . . . . . . Nr. 6041—6042

e) Botanik.

Aufsätze . . . . . Nr. 6043—6044

f) Ethnographie, Cultur-Geschichte etc.

Aufsatz . . . . . . Nr. 6045

g) Polarfischerei und Jagd.

Aufsatz . . . . . . Nr. 6046

II. Aleuten.

Werke . . . . . . Nr. 6047—6053
Aufsätze . . . . . » 6054—6074
Karten . . . . . . » 6075—6077

III. Nordwestküste von Amerika.
(Südlich von Nootka-Sund bis nördlich der Vancouver-Insel.)

Werke . . . . . . Nr. 6078—6118
Aufsätze . . . . . » 6119—6145
Karten . . . . . . » 6146—6152

IV. Magellan-Strasse, Falklands-Inseln.

Werke . . . . . . Nr. 6153—6240
Aufsätze . . . . . » 6241—6277
Karten . . . . . . » 6278—6286

Welt-Reisen.

Werke . . . . . . Nr. 6287—6398
Aufsätze . . . . . » 6399—6405

Südsee-Reisen.

Werke . . . . . . Nr. 6406—6474
Aufsätze . . . . . » 6475—6481

Sammel-Werke.

Werke . . . . . . Nr. 6482—6617

Autoren-Register . . . . Seite 318—335.

Zur Notiz.

Bei den Einzeln-Werken wurden die verschiedenen Auflagen eines und desselben Werkes durch Punktstriche getrennt.

Bei den aus Zeitschriften citirten Aufsätzen bedeuten die römischen Ziffern den Band, in welchem der Aufsatz zu suchen ist.

Werke und Aufsätze ohne Jahreszahl ihrer Publication wurden am Schlusse der jeweiligen Abtheilung angeführt.

# Erster Theil.

Die Polarregionen der Erde.

I. Nord- und Südpolarregion im Allgemeinen.

Allgemeines, Geographie und Reisen.

1. **Bourne** William. A Regiment for the Sea; containing necessarie matters for all sorts of Travailers; whereunto is added an hydrographical Discourse touching the five several passages into Cattay; corrected, and amended, by Thomas Hood, M. D., who hath added a new Regiment and a table of declination with the mariner's guide, and a perfect sea card thereunto belonging; with figures. London 1583, 1611. 4°.
2. **Quir**, F. F. de, Narratio de terra australi incognita et de terra Samoiedarum et Tungusiorum in Tartaria. Amsterdam. 1613, 1617. 4°
3. **Seller** John, A Work on Northern and Southern Navigation. London 1671. fol.
4. **Narborough** J., J. Tasman, J. Wood and F. Marten (Martens). An account of several voyages and discoveries to the South and North towards the streights of Magellan, the South Seas, the vast tracts of land beyond Hollandia nova, also towards Nova Zembla, Greenland or Spitsberg, Groynland or Engroundlander. With charts and fig. 2 vols. London, S. Smith and B. Walford 1674, 1694, 1724.
5. **An account** of several late voyages and discoveries to the South and North: 1. J. Narborough Voyage to the South Sea. 2. J. Tasman Discoveries on the coast of the South terra incognita. 3. J. Wood Attempt to discover a north-east passage to China. 4. F. Marten Observations made in Greenland and other northern counties. 2. ed. With charts and fig. London 1694, London, D. Brown 1711. 8°.
6. **Narborough** John, capt. Jasmin Tasman, capt. Wood and Fred. Marten of Hamburg. An account of several late voyage to the south and north towards the streight of Magellan, the South sea, the vast tracts of land beyond Hollandia-Nova, also toward Nova Zembla, Spitsberg, Groynland etc. London 1674. 8°.
7. **Relation** d'un voyage du pol arctique au Pole antarctique. Amsterdam 1721 8°.
8. **Volokard's** (Adr. Gottl.) Reisen und Schifffahrten durch Niedersachsen nach Hamburg, Amsterdam, von da nach Cadix, Gibraltar, Neapolis und Smyrna, weiter im Norden bis Archangel, und endlich in Westindien (von 1712—1723) Budissin, 1735. 8°.
9. **Campbell** John, Voyages and Travels containing all the Circumnavigators from the time of Columbus to Lord Anson; a complete History of the East-Indies, Historical details of the several attempts made for the discovery of the North-east and North-westpassage; the commercial History of Chorea and Japan; the Russian discoveries by land and by sea; a distinct Account of America. 2 vols. London 1744. fol.

10. **Cook J.**, Voyages autour du Monde. Trad. de l'Angl. Paris 1774—89 14. vols.
11. **Pagès** P. M. Fr. de. Voyages autour du monde, et vers les deux poles par terre et par mer pendant les années 1767—76, 3 tom. Paris. Moutard 1778. 1782 2 tom. 8° avec cartes. Berne 1782. 2 tom. Dasselbe aus d. Franz. Frankfurt und Leipzig J. G. Fleischer, 1786. 8°.
12. **Zimmermann** E. A., Reise um die Welt mit Capt. Cook. Mannheim 1782. 8°.
13. **Forster**, J. R., Bemerkungen über Gegenstände der physischen Erdbeschreibung, Naturgeschichte und sittlichen Philosophie, auf seiner Reise um die Welt gesammelt. Uebers. u. m. Anmerk. vermehrt v. G. Forster. Mit Landkarten. Wien 1787. Berlin 1783. Haude u. Spener. gr.-8°.
14. **Cook, James Clark.** Voyage to the Pacific Ocean, published by the Admiralty. London, Murray 1784.
15. **A Voyage** to the Pacific Ocean, under the direction of captain Cook, 4 vols. Dublin 1784, 1785. in 12°.
16. **Pagés** de. Zee en landreizen rondom de waereld en naar derzelver beide polen. Rotterdam 1784.
17. **Perthes**, J. L. Hub. Simon. de. Histoire des Naufrages, ou recueil des relations les plus interessantes des naufrages, hiverniments, delaissements etc., sur mer depuis le 15. siècle jusqu' à présent, par M. Duromesnil. 3 vols. Paris 1788—89, Paris Guichet, an III de la rép., 1795, 3 vols. 8°, Ledoux et Tenré 1815 fig. 3 vols. 8°, Tenré 1832. 8 vols. 12°, Baudouin 1841, 2 vols. 12°.
18. **Forster**, Joh. Reinhold, Waarneemingen over de aardrykskunde, de naturkunde, den aert en de zeden der menschen. Verzameld op zyne reize om de waereld. Naar de Hoogduitsche vertaaling en met de aanmerkingen van zynen Zoon en Reisgenoot G. Forster. 3 Stukken. Haarlem de Weduwe A. Loosjes 1790. gr.-8°.
19. **Cook**, Capt. James. Viaggi intorno al Mondo. 3 vols. Venice 1794. 12°.
20. **Cook**, J. Premier, second et troisième voyage autour du monde fait en 1768—80 précedé des relations de Byron, Carteret etc. Trad. nouv. par Breton. 12 vols. avec deux Atlas contenants 50 cartes. Berenger. 3 vols. Paris 1796, 1804.
21. **Cook James.** Reizen van een matroos met Capt. Cook gedaan rondom de weereld met een geschiedenis van alle de zeereizen rondom de weereld. Amsterdam 1796.
22. **Cook James**, Reizen naar den stillen Ocean en rondom de weereld, vertaald door J. D. Pasteur. 13 vols. 1 Atlas in 133 Bl. Leyden 1797—1803, Amsterdam, Honkoop 1798—99. 8°.
23. **Cook James.** Drie Reizen rondom de Wereld (1768—1780) verkort. Amsterdam und Haag, Holtron 1802. 8°.
24. **Burney**, Capt. Jas. Chronological history of the discoveries in the South Sea or Pacific-Ocean, with a history of the buccaneers of America. Illustr. by charts and plats 5 vols. London 1803—17. 4°.
25. **Cock** J. Voyages dans la mer du Sud, aux deux pôles et autour du monde; premier, second et troisième, accompagnés des Relations de MM. Byron, Carteret et Wallis etc. Par M. G . . . . . t. 6 vols. Paris, Lerouge 1811. ornés d'une carte générale et de 30 fig. 12°.
26 **Cook**, Capt. James. Three voyages round the world. 7 vols. London 1813, with maps, 18°, 1821, 7 vols. 8°, Smith, 1842. 8°. 2 vols.
27. **Naturgemälde** der neuentdeckten Polar- und Tropenländer. 2 Bde. Brünn 1819 4°.
28. **Bonstetten**, Ch. Vict de. L'homme du Midi et l'homme du Nord, ou l'influence du climat. Genève et Paris, 1824 8°.
29. **Bonstetten**, Carl Vict. de. Der Mensch im Süden und im Norden oder über Einfluss des Klimas. Deutsch von Fr. Gleich. Leipzig Zirges 1825. gr.-8°.
30. **Bennet** R. G. en J. van Wijk. Verhandeling over de nederlandsche ontdekkingen in Amerika, Australie, de Indiën, en de Poollanden en de namen, welke weeler aan dezelve door Neederlanders zijn gegeven. Uitgegeven door het provinciaal Utrechtsche genootschaap. Utrecht 1826, 1827 1 Atlas in 16 Bl.

31. **Bennet** R. G., en J. van Wijk Roelandsz. Nederlandsche zeereizen in het laatst der 16de, 17de en het begin der 18de eeuw. Dordrecht, 1828—30. 8°.
32. **Sabine** Edward. An account of experiments to determine the figure of the Earth, by means of the pendulum vibrating seconds in different latitudes as well as on some other subjects of philosophical Inquiry. London 1835. 4°.
33. **Körber**, Ph. Das Eismeer, Indien und die Südsee. Erzählungen für die Jugend. 4 Lfgn. Mit 3 Stahlstichen. (Jugendbibliothek.) Nürnberg. 1843.
34. **Cook's** Voyages with an appendix giving an account of the condition of the South Sea islands. 2 vols. 1846 London. 8°.
35. **Polar-Seas** and Regions, Discoveries and Adventures. London, Nelson 1851. 12°
36 **Lingg**, Nordpol und Südsee. Gedichte 3. Auflage. Stuttgart und Augsburg 1857. 168 pp. 4. Auflage 1860. 5. Auflage 1865.
37. **Cook** J. Drei Reisen um die Welt. Neu herausgegeben von Fried. Steger. 24 und 576 pp. Leipzig, Senf. 1858 und 1865. (Dasselbe, Lorck's Hausbibliothek, Bd. 65.) gr. 8°
38. **Laugel** A., Etudes scientifiques. Le pôle nord et les découvertes arctiques. Le pôle australe et les expéditions antarctiques. III, 385 pp. Paris, Hachette & Co. 1859. 12°.
39. **Cook**, Capt. James. Narrative of his Voyages round the World. Philadelphia 1860. 16°.
40. **Cook**, Captain, Voyages of Discovery. Edited by J. Barrow. Illustrated. 630 pp. Edinburgh, Longmanns. 1860. 16°.
41. **Mühry** Dr. A. Klimatographische Uebersicht der Erde in einer Sammlung authentischer Berichte mit hinzugefügten Anmerkungen zu wissenschaftlichem und praktischem Gebrauch. Anhang: 1. Meteorologie der nördlichen Polarzone, 3. der südlichen Polarzone. 571 pp., Leipzig u. Heidelberg, Winter 1862, 760 pp. 3 Karten. 8°.
42. **Bonstetten** Ch. V. de. Man of the North and South. Newyork 1864.
43. **Ballantyne's** Miscellany: Fast in the ice. London, Nisbet 1866. 18°.
44. **Hassell** J. From Pole to Pole: a handbook of Christians Missions. London, Nisbet 1866, 1872. 12°.
45. **Gillies** M. Voyage of »Constance.« Tale of the Polar Seas. New ed. London, Low 1867. 12°.
46. **Todd** John. Angel of the Iceberg and other Stories. New ed. London, Routledge 1867, London, Cassell 1868. 12°.
47. **Schmidt** Ch. W. Die stetige Senkung des Weltmeeres auf der nördlichen Halbkugel und der Südpolar-Welttheil. Trier, Groppe 1869. 8°
48. **Fast** in the ice; or adventures in the Polar Regions. New ed. London, Nisbet 1869. 18°.
49. **Tomlinson** C. Frozen Stream. Formation and Proprieties of Ice. S. P. C. K. London 1871 12°.
50. **Tomlnson** Char. Winter in the Arctic Regions and summer in the Antarctic Regions. London, Society for Promoting Christian Knowledge 1860, 1872. 386 pp. 8°.
51. **Diamilla-Müller** (E.) Letture scientifiche per il popolo italiano. Lettura VI. Il Polo artico. Lettura VII. Il Polo Antartico. pp. 68. Milano 1873. 8°.
52. **Racconti** dei Mari Polari. pp. 102. Roma 1873. 16°.
53. **Collins** Wilkie. The Frozen Deep and other stories. 2 vols. London, Bentley 1874, London, Chatto and Windus 1875. 8°.
54. **Weppner** Margaretha. North Star and Southern Cross. Two years journey. 2 vols. London, Low 1875. 8°.
55. **Markham** C. R. Arctic Navy list: Arctic and Antarctic Officers 1773—1873 London, Griffin 1875. 8°.
56. **Jones**. Story of Captain Cook's voyages round the world. 3. ed. London, Cassell 1876. 12°.
57. **Cook** Capt. James voyages. Kerr. vol 12—16.
58. **Beobachtungen** wegen des Eises in denen Meeren, welche an die Pole grenzen. (Allgemeine Historie Bd. XVIII.)

Aufsätze und Notizen.

59. **Delisle** l'Aîné. Determination géographique de la situation et de l'étendue des differents parties de la terre. [Insbesondere Polar-Gegenden] (Mémoires de l'Académie Royale des sciences de Paris 1720, p. 365—384.)
60. **Chaines**, sur les, de montagnes du globe terrestre. (Histoire de l'Académie des sciences de Paris, 1752, pp. 117—124.)
61. **Buache**. Essai des géographie physique, où l'on propose des vues générales sur l'espèce de Charpente du Globe, composée des chaines des montagnes qui traversent les mers comme les terres avec quelques considérations particulières sur les differents bassins de la mer et sur sa configuration intérieure. Mit 2 Karten. (Mémoires de l'Académie des sciences de Paris 1752, p. 399—416.)
62. **Cook's** Entdeckungen in der Südsee. (Büsching, Nachrichten. Berlin, XII., 1784, p. 239.)
63. **Aeusserungen** des Astronomen Zach über Polar-Reisen. (Bertuch N. allg. Geogr. Ephem. V., 1819, p. 209—215.)
64. **Hypothese** des Admirals Sir Charles Henry Knowles Baronet, über die Pole der Erde. (Bertuch, N. allg. geogr. Ephem. V., 1819, p. 215—217.)
65. **Navire** brisé par les glaces. (Journal des Voyages XV, 1822, p. 252—256.)
66. **Uebersicht** der sämmtlichen von russischen Seefahrern ausgeführten Reisen um die Welt, und der hauptsächlichsten durch sie, sowohl in der Südsee, als auch an der Küste des Eismeeres seit den letzten 25 Jahren gemachten Entdeckungen. Feb. 1828. (Krit. Wegw. d. Landkart..Kde. Berlin, I. 1829, p. 89, 124, 187.)
67. **Leslie** Prof. Sir John. Polar-Meere und -Länder (Journ. f. d. neuest. Land- u. Seereisen 1834. LXXVI, p. 156, 201, 356; LXXVII, p. 1, 169, 193; LXXVIII, p. 47, 245.)
68. **Duperrey** M. L. J. Notice sur la position des pôles magnetiques de la terre. (Bull. de la Soc. de Géogr. de Paris. II. Sér. XVI, 1841, p. 314—324.)
69. **Gefahren** des Eismeeres. (Pfennig-Magazin Leipzig N. F. I. 1843, p. 396.)
70. **Bruchhausen** Die periodische Bewegung des Meeres von Pol zu Pol, und einige Folgerungen, welche sich daraus ergeben. (Amtlicher Bericht über die 22. Versamml. deutscher Naturforscher u. Aerzte in Bremen. Sept. 1844. p. 16—35.)
71. **Das Eismeer.** (Pfennig-Magazin Leipzig N. F. III. 1845 p. 220.)
72. **Mittel**, um den Pol zu erreichen. (Ausland XX. 1847, p. 439.)
73. **Durchfahrt** durch einen Eisberg. (Ausland XXIV. 1851, p. 1011.)
74. **Nord- und Südpol.** Mit 4 Lith. 1. Heft. (Länder u. Völker nach Reisebeschreibungen 1—4 Heft, Langensalza 1852—3. 8°.)
75. **Ule** O. Geschichte der Polarreisen, mit 1 Karte. (Die Natur, VII, 1858, Nr. 3. 4. 6. 7. 8. 10. p. 19, 25, 41, 51, 57, 75, 153, 165, 169, 180, 193, 201, 238, 243, 251, 265, 388.)
76. **Müller** Karl. Die Polarwelt, ihre Erscheinungen und Wunder. (Die Natur VII., 1858; Naturw. Literaturblatt p. 32.)
77. **Dubois** Luc. Le Pôle et l'équateur, études sur les dernières explorations du globe. (Nouv. Annales des Voyages 1863, Mars, p. 350—353.)
78. **Petermann** A. Die Eisverhältnisse in den Polar-Meeren und die Möglichkeit des Vordringens in Schiffen bis zu den höchsten Breiten. Nebst 5 Kärtchen siehe Tafel 5. (Petermann's Geogr. Mitth. XI. 1865, p. 136.)
79. **Petermann** A. Der Nord- und Südpol, die Wichtigkeit ihrer Erforschung in geographischer und kulturhistorischer Beziehung. Mit Bemerkungen über die Strömungen der Polar-Meere. Nebst Karte s. Tafel 5. (Petermann's Geogr. Mitth XI. 1865, p. 146.)
80. **Nord- oder Südpol-**Expedition? (Gaea II. 1866, p. 289—290.)
81. **Charakter** der Polargegenden. (Globus, Braunschweig, XIII, 1868, p. 95.)
82. **Schleiden** M. J. Die Pole und die Polarreisen. (Westermann's Monatshefte, II. Folge, Bd. IX. Nr. 49—53, Oct. 1868 — Febr. 1869. p. 43—54, 172—183, 300—310, 386—395, 510—523.)

83. **Der Stand** der Polarfrage i. J. 1870. (Gaea, Köln-Leipzig VI. 1870, p. 304—6.)
84. **Wojeikoff** A. v. Ueber den Ortswechsel der meteorologischen Pole. (Gaea, Köln und Leipzig VI. 1870, p. 560—563.)
85. **Hamburger** Polarschifffahrts-Gesellschaft. (Archiv f. Seewesen. Wien VIII., 1872. p. 409.)
86. **Die deutsche** Polarschifffahrts-Gesellschaft. (Archiv f. Seewesen. Wien, VIII. 1872. p. 485—7.)
87. **Ueber den Zusammenhang** zwischen der Gestalt des Festlandes und der geographischen Lage der magnetischen Pole der Erde. (Gaea, VIII, 1872, p. 126—128.)
88. **Resolution** des Vorstandes und Beirathes der Gesellschaft für Erdkunde in Berlin über die Förderung der Polarforschung. (Hamburg, Jahresber. der geogr. Ges. II, 1874—1875. p. 144—146.)
89. **Neumayer** Dr. Die geographischen Probleme innerhalb der Polarzonen in ihrem inneren Zusammenhange beleuchtet. (Hydrographische Mittheilungen der k. deutschen Admiralität. Berlin, Mittler & Sohn, II. Jahrg. Nr. 5, 6 und 7. 1874. p. 51 - 53, 63—68, 75—82.)
90. **Neue** Polarforschungen. (Ausland XLVIII., 1875, p. 257—259.)
91. **Hellwald** Friedr. v. Die Polarforschung der Gegenwart. (Ausland, XLVIII, 1875, p. 838—841.)
92. **Weyprecht** Carl. Ueber die Ziele der Polarforschung. (Ausland, XLVIII, 1875, p. 919—920.)
93. **Boguslawski** G. v. Die neuesten Resultate und Forschungen über die Tiefen und Temperatur-Verhältnisse der Oceane mit besonderer Berücksichtigung der Tiefseeforschungen. S. M. S. »Gazelle.« Mit Karte. (Zeitschr. d. Gesellschaft f. Erdk. Berlin. III. Ser. X, 1875, p. 117 ff.)
94. **Carpenter** W. B. Summary of Recent Observations on Ocean Temperature made in H. M. S. „Challenger«, and U. S. S. Tuscarora. (Proceed. of the R. geogr. Society. London XIX. 1875. p. 493—514.)
95. **Poolstreken** en Oceanen. (Tijdschrift van het aardr. Gen. Amsterdam I, 1875, Nr. 5 p. 217 — 219; Nr. 6, p. 263 — 264; Nr. 7, p. 326 — 328, Nr. 8, p. 401—403; II. Nr. 1 p. 65—68; Nr. 2 p. 134—140; Nr. 3, p. 210 bis 212.)
96. **Overbeck** Th. Ein Einwurf gegen die Möglichkeit der Erreichung der Erdpole. (Ausland, XLIX, 1876, p. 495—496, 1029—1031.)
97. **Glaser** Eduard. Ueber die Möglichkeit der Erreichung der Erdpole. (Ausland XLIX, 1876, p. 538—539.)
98. **Bericht** der Reichs-Commission zur Begutachtung von Fragen der Polarforschung. (Dresden, Leopoldina XII, 1876. p. 1—2, 7—16, 25—31, 37—47.)
99. **Lichtenstein,** Dr. Eduard. Beitrag zur Polarforschung. (Dresden, Leopoldina XII, 1876. p. 122—128, 139—140.)
100. **Régions** polaires. (L'Explorateur III, 1876, p. 26.)
101. **Navigations** vers le pôle arctique et vers le pôle sud. (Bulletin de la Soc. de Géogr. Paris, III, 1826 Nouvelles géographiques p. 154.)

Karten.

102. **Hydrographie** Française. Une Série des cartes marines exeoutée par ordre du gouvernement. Paris 1758 - 1853, 13 vols. fol. Nr. 871 Mers du Nord; Nr. 800 Océan Atlantique Septentr. Nr. 3, 4 Mer du Nord Nr. 955 Mers australes; Nr. 5, 6, 7, 8, 9, 10 Islande; Nr. 543—546 Côtes de l'Amérique Nordouest Nr. 549—552 Amérique, Côte du Nordouest; Nr. 837 Islande; Nr. 929 Spitzberg, Baie La Madeleine Nr. 954 Islande Reikiavik; Nr. 1030 Kamtschatka Baie d'Avatscha, Nr. 1044 Islande, Patrik-fiord.
103. **Hatchett.** A general Chart: Exhibiting the discoveries made by Capt. James Cook in this (the third) and his two proceeding Voyages; with the Tracks of the Ships under his Command. London 1786.

104. **Roberts** H. General-Karte der Entdeckungen des Capt. Cook auf seinen 3 Reisen um die Welt. Herausg. v. Fried Ant. Schrämbl. 2 Blätter Kpf. Roy. Fol. Wien, Schalbacher, 1789.
105. **Arrowsmith** A. Map of the world on a globular projection, exhibiting particularly the nautical researches of Capt. J. Cook, with all the recent discoveries to the present time. London 1794, additions to 1818.
106. **Allgemeine** Weltkarte in Mercators Projection. Berlin Schropp 1801. Mit der Angabe der Entdeckungen von Bylot und Baffin.
107. **United** States Hydrographical Office: Wind and Current Charts, compiled at the National Observatory, from materials in the Bureau of Ordnance and Hydrography, by M. F. Maury. Washington 1848—1854, 67 Charts, fol. Wind and Current Chart of the South Atlantic 1848. Wind and Current Chart of the North Atlantic 1848. Wind and Current Chart of the North Pacific 1852. Nr. 6, 7, 9, 10, 11. Nr. 43, 48, Wind and Current Carts of the South Pacific 1852. Nr. 5, 10, 12, 13. Pilot Chart of the South Atlantic 1853. Nr. 1, 2. Pilot Chart of the North Atlantic, 2. edition 1853. Nr. 1, 2, Nr. 66--68, 70, 71. Pilot Chart of the North Pacific 1853. Nr. 1—3, 5, 6, Nr. 60, 61. Pilot Chart of the South Pacific. Nr. 1, 2. Nr. 6, Nr. 14—21. Wind and Current Chart of North Atlantic, Thermal sheet 1852. Nr. 1—4, Nr. 72—75. Thermal Sheet of the South Atlantic. Nr. 1—4. Nr. 110. Storm and Rain Chart of the North Atlantic, 1853. Nr. 120 Storm and Rain Chart of the South Atlantic 1854, Nr. 79 - 82 Whale Chart of the World 1852. Nr. 1—4, Nr. 78 Chart showing the favorite resort of the whale by Wyman 1853.

II. Nordpolarregion im Allgemeinen.

a) Allgemeines, Geographie und Reisen.

108. **Ziegleri** (Jacobi). Liber de regionibus septentrionalibus et Moluccis insulis. Antwerp. 1543. 8°.
109. **Zeno**. Dei commentari del viaggio in Persia di messer Caterino Zeno et delle guerre fatte nell' imperio persiano dal tempo di Ussun Cassano in quà, libri due; et dello scoprimento delle isole Frislanda, Eslanda, Engrovelanda et fatto sotto il polo artico dai due fratelli Zeni, M. Nicolò il K e M. Antonio, libro uno con un disegno di tutte le dette parti di tramontana da loro scoperte. Con gratia et privelegio ecc. In Venezia, per Fr. Marcolini 1558, con la Carta de navegar de Nicolò et Antonio Zeni furono in tramontana 1380. 8°. 2. edit. 1608.
110. **Olaus** Magnus. Épitome des vingt deux Livres de l'histoire des Pays Septentrionaux par Cornelius Scribonius Graphaeus trad. du Latin; avec des figures en bois, et une table. Paris 1561. 8°.
111. **Dee** John. The great Volume of famous and rich discoveries, wherein also is the History of King Salomon every three years; his Ophirian Voyage; the Originals of Presbyter Joannes; and of the first great Cham and his Successors for many years following; the description of divers Wonderful Isles in the Northern Scythian, Tartarian, and the other most Northern Seas, and near under the North Pole, by record written 1200 years since with divers other rarities. London, J. Daye 1577, 1580. Fol.
112. **Hackluyt** R. Divers voyages touching the discovery of America and the Islands adjacent unto the same, made first of all by our Englishmen and afterwards by the Frenchmen and Bretons. 3 vols. London, T. Woodcock.

4°. 1582.; 1599—1600. London edited. with notes by Winter Jones 1850. Published by the Hackluyt Society.
113. **Chytraeus** David. Chronicon Saxoniae et vicini Orbis Arctoi, in. partibus. Rostock 1590. 8°.
114. **Adamus** Bremensis. Libellus de situ Daniae et reliquarum quae trans Daniam sunt regionum. Leyden 1595, 4°; Lugd. Bat. 1629. ap. Lindenbrog, scr. rer. Germ. 1706, pp. 55.
115. **Olaus** de Groote. De wonderlijcke Histoire van de Noordersche Landen. Bij ghevoecht zyn verscheyden warachtige Navigatien tegent Noorden, als op Nova-Sembla, Groenlant en door de Straat van Nassouwen, anders Weygats ghenoemt. Amsterdam, C. Claesz., 1599. 8°. Mit Karten und einem Anhang: Die Reisen nach dem Norden bis z. J. 1598.
116. **Pontanus** J. J. Rerum et orbis Amstelodamensium historia. Amsterdam 1611. Enthält eine ausführliche Sammlung der Polarreisen bis Ende des 16. Jahrhunderts. Mit Karten und Plänen. Fol.
117. **Röslin** H. Mitternächtige Schiffarth von den Herrn Staden im Niderlanden vor 15 Jaren vergeblich fürgenommen, wie dieselbige anzustellen, dass man daselbst herumb in Orient und Chinam kommen möge. Oppenh. 1611.
118. **Benzoni** H. Recentes novi orbis historiae hoc est. I. Inquisitio navigationis septentrionalis. Apud Petrum de la Ronière 1612.
119. **Inquisitio navigationis** septentrionalis, an et quomodo perfici possit? detectio nova ad Caurum transitus ad terras americanas, in Chinam atque Japoniam; detectio quartae orbis terrarum partis; cui nomen Australis incognita; res ab Hispanis in India orientali gestae. Colon. 1612. 8°.
120. **Megiser,** Hier. Septentrio novantiquus oder Newe Welt, d. i. gründl. u. wahrhaffte Beschreibung aller der mitternächtigen u. nortwerts geleg. Landen und Insuln, so unsern Vorfahren u. d. alten Weltbeschreibern gänzlich unbekandt gewesen. Leipzig, H. Gross 1613, 8°. Mit Fig. u. 12 Karten; Weigel 1653.
121. **Andrade** Antonio de. Relation de la nouvelle descouverte du grand Cataÿ; ou bien du royaume de Tibet. Traduit de l'Italien. Paris 1627. 8°.
122. **Bureus** Andreas. Orbis Arctoi, praesertim Sueciae Descriptio. Witteb. 1631, 8°. Lugd. Bat 1633.
123. **Olaus** de Groote. Tooneel der Noordsche Landen . . . . met een korte en klare beschryvingh van Yslant en Groenlandt door Dithm. Blefkenius. Amsterdam N. v. Ravesteyn 1652, 8°. Mit Karten.
124. **Verscheyde Voyagien** ofte Reysen. Als mede door't koninckrijck van Siam, Moscovien ofte Ruslandt, Yslandt ende Groenlandt. Alle byeen versamelt door een Liefhebber derselven. (A. v. Nispen.) Dordrecht. Vincent Caymac 1652, 16°. Med fig. Ferner: Voyage ofte Reyse na Yslandt ende Groenlandt . . . door D. Blefkenium. Dordrecht 1652, pp. 163—214.
125. **Verscheyde Journalen** van Zee en Landt Reysen; mitsgaders de Beschrijvingh van de Landen en Volckeren, die gelegen syn onder den kouden Noordt-Pool. Amsterdam Gillis Soosten Saeghman 1663 4°: Drie Voyagien gedaen na Groenlandt; Jac. Segersz van der Brugge Journael of Dagh-Register, gehouden by seven Matrosen in haer overwinteren op Spitsbergen. 48 pp. Journael van de Voyage gedaen by den Dirk Albertsz Raven naer Groenlandt d. j. 1639, 8. pp. 2 Journalen gehouden by seven Matrosen op het Eylandt Mauritius in Groenlandt i. d. J. 1633 en 34. 24 pp. Beschrijvinghe van de Noordtsche Landen. 40 pp.
126. **Loon** Jo. van. Klaer - Lichtende Noort - Star ofte Zee-Atlas. Amsterdam 1666.
127. **Der nieuve groote Zeespiegel,** inhoudende de Beschryvinge der Zee-Kusten van de noordsche an oostersche Schipvaert, vertoonende in veele nootsaecklijke Zeekaerten, alle de Havens, Revieren, Baeyen, Reeden, Diopten en Drooghten . . . . met op doeninge der principaelste Landen als mede de gelegenheydt van de noordelijkste gelegen Landen, als van Yslandt, de Straet Davids, Jan Mayen Eylandt, Beeren Eylandt Ond Groenlandt, Spitzbergen en Nova-Zembla. Amsterdam 1670, Fol.

128. **Capel** Rud. v. Norden oder zu Wasser u. Lande im Eise und Seen zu Wege gebrachte u. fleissig beschriebene Erfahrung u. Vorstellung des Norden, aus denen, welche zu unterschiedlichen Zeiten gelebet, viel im Norden versuchet etc. haben. Hamburg, Naumann & Wolfen u. Stockh. 1675 u. 1678. Mit 1 Karte. 4°.
129. **Master** Thomas. Iter Boreale. Oxon 1675, 4°.
130. **Strays.** Reysen door Moscovien, het Tartarey, India en ondere deelen van Asie. Leyden 1682. 4°
131. **Morrison** John. Voyages and Travels throug Muscovia, Tartary, India, and most parts of the Eastern World. Translated from the Dutch of Strays. London 1684, 4°.
132. **Vries.** Weereld (De Noordsche) vertoond in twee nieuwe aenmerckelycke Reysen, d'eene van de heer Martinière, door Noorwegen, Lapland, Boranday, Siberie, Ysland, Groenland, en Nova-Zembla d'andere door F. Martens, verrigt na Spitsbergen of Groenland in 't jaer 1671. Amsteld. 1685, 4°.
133. **Lagerlöf** P. Ortus et progressus veteris navigationis. Upsala 1687.
134. **Lagerlöf** P. De Charybdi septentrionali dissertatio. Resp. Suenone Cameen. Upsala 1689. 8°.
135. **Oliger** Jacobaeus. Gaudia Arctoi orbis ob thalamos Augustos Frederici et Ludovicae 1691.
136. **Supplements** of Wood's and Martens Voyage. London 1694.
137. **Dooregest** E. A. van, en C. A. Posjager. Den Ryper Zeepostil bestaande in 22 predicatien toegepast op den zeevaert. Mitsgaders een korte beschryving van den Haring en Walvischvangst. Amsterdam 1699. 4°.
138. **Messenii** J. Scondia illustrata s. chronologia de rebus Scondiae et Daniae, Norvegiae atque una Islandiae, Gronlandiaeque tam ecclesiast. quam politia mundi cataclysmo usque a 1612 gestis, ed. J. Peringskiöld. Stockholm 1700—5, Fol.
139. **Torfaeus** Thormodus. Universi Septentrionis Antiquitates seriem Dynastarum et Regum Daniae exhibentes. Hafniae 1705. 4°.
140. **Martinière** de la. A new voyage to the North; containing a full account of Norway, the Laplands, of Siberia, Samojedia, Zembla and Iceland etc. 2. ed. London 1706.
141. **Reise** nach dem Norden, mit den vornehmlichsten nordischen Curiositäten. Leipzig 1706 und 1710. 12°.
142. **F. M.** Neu entdecktes Norden. oder gründliche und wahrhaffte Reise-Beschreibung aller mitternächtigen und nordwärts gelegenen Länder, Städte, Vestungen und Insulen, sammt der darinnen sich befindlichen Nationen, Lebens-Art, Sitten u. Religion, imgleichen was allda für Handlungen u. Gewerb getrieben u. auf was für Art aus diesen Nordländern den Teutschen Nutzen geschafft werden könnte. Nürnberg 1727, Francfort et Leipsic 1727, mit Karten, Nuremberg 1728, 8°.
143. **Wendover** Rob. et Matt. Quelques observations sur les parties septentrionales du monde, principalement sur les Tartares tirées de l'histoire. de-Paris. Bacon. Leide. (In Recueil de divers voyages en Tartarie.) 1729, 4°.
144. **Strahlenberg** Phil. Joh. Das Nord- und östliche Theil von Europa und Asia, insoweit solches das gantze Russische Reich mit Siberien und der grossen Tartarey in sich begreiffet; mit Kupfst., Stockholm 1730. 4°. Franz. par Baureau de la Bruyère, 2 vols. Amsterdam 1757. 12°.
145. **Otherus.** De ultima plaga Septentrionali. Notis Andr. Bussaei, Havniae 1733. 4°.
146. **Strahlenberg** Phil. John v. Historico-Geographical Description of the North and Eastern Parts of Europe and Asia, but more particulary of Russia, Siberia and Great Tartary translated from the original German into English. 2 vols. London 1736—8, 4°.

147. **Selimenem.** Der nordische Robinson Crusoe od. Reisen eines gebornen Normanns Waldemar Ferdinand. Zum erlaubten Zeitvertreib ans Licht gestellt. Copenhagen 1741. 2 Th. in 1 Bd.
148. **Outhier** Réginald, abbé. Journal d'un voyage au Nord en 1736-7. Paris 1744, Piget. Mit 18 Karten. 4°. Holländ. Ausgabe Amsterdam 1746, Löhner, 12°.
149. **Busche** Ph. Considérations géographiques et physiques sur les nouvelles découvertes au Nord de la grande mer, appelée vulgairement la mer du Sud, avec des cartes qui y sont relatives. (Mém. de l'Acad. des sciences 1752, 1 vol. 4°. Paris 1753.)
150. **Dissertatio** historico - geographica Vindicias Septentriones continens; una cum fratre Christ. Fred. Büsching, 4°. Halae et Magdeburgiae 1754.
151. **Lacombe** Jacques. Abrégé chronologique de l'histoire du Nord, ou des états de Danemarck, de Russie, de Suède, de Pologne, de Prusse, de Courlande, etc., ensemble un Précis historique concernant la Laponie, les Tartares, les Cosaques, les ordres militaires des chevaliers Teutoniques et Livoniens, etc. 2 vols. Paris J. T. Hérrissant 1762 in 8°. Amsterdam 1763, 2 vols. 8°.
152. **Engel** Sam. Mémoires et observations géographiques et critiques sur la situation des pays septentrionaux de l'Asie et de l'Amérique. Auxquels on a joint un Essai sur la Route aux Indes par le Nord, avec 2 cartes. Lausanne A. Chapuis 1765, 4°.
153. **Ascanius**, Petr. Icones rerum naturalium, ou figures enluminées d'histoire naturelle du Nord. Cah. I—V. Avec pl. color. 1—50. fol. Copenhague 1767. 1772, 1775, 1777, 1805, de l'imp. de Claude Philibert Schubothe. Cah. I mit 10 Kpf. erschien mit verändertem Text 1772, fol.
154. **Projet** pour tenter la découverte du pôle gauche du monde, nommé pôle arctique. La Haye 1772. 4°.
155. **Barrington** Daines. The possibility of Approaching the North Pole. London 1775 4°. — A new edit. with an appendix containing papers on the same subject and on a North West-Passage by Beaufoy Colonel F. R. S. With a map of the North Pole. London 1780. T. and J. Allmann 1818. New-York Eastburn a Co. 1818. 8°. 3. edit. London 1828. 8°.
156. **Busche** J. N. Mémoire sur les pays de l'Asie et de l'Amérique, situés au Nord de la Mer du Sud. Accompagné d'une carte de comparaison des plans d'Engel et de Vaugondy av. le plan des cartes modernes. Paris 1775 4°.
157. **Demeunier** J. Nic. Voyages au pôle boréal fait en 1773 par le capt. Phipps trad. de l'angl. Londres et Paris, Panckoucke. 1775. 4°.
158. **Discussion** sur la possibilité du passage près le pôle du Nord. Londres, Heidenger 1775. 4°.
159. **Engel** le Bailli de. Mémoires sur la navigation dans la mer du Nord depuis le 63. degré de latitude vers le pôle et depuis le 10 au 100 degré de longitude. Berne Fetcherin. 1777. 4°. Mit 1 Karte derselben Ausdehnung von M. Baron d'E.
160. **Neuere Geschichte** der entdeckten Polarländer. Berlin, Voss 1777. 3 Theile. 1778. 8°.
161. **Barrington** Daines. Miscellanies by the honorable — —. London, Nichols 1781. 4°.
162. **Forster** Joh. R. Tagebuch einer Entdeckungsreise nach der Südsee (bis in die nördlichen Polarländer) von 1776 bis 1780 unter Cook, Clerke, Gore und King. (Eine Uebersetzung mit Anmerkungen und Zusätzen aus Zimmermann's Reise.) Berlin 1781. 8°.
163. **Pallas** Pet. Sim. Neue Nordische Beiträge zur Naturgeschichte. 4 Bde. Petersburg und Leipzig 1781—3. 8°, 1793—6. 2 Bde. 8°.
164. **Croy** Duc (E.) de. Mémoire sur le passage par le Nord, qui contient aussi des réflexions sur les glaces. Paris 1782. 4°.
165. **Forster** Joh. Reinh. Allgemeine Geschichte der Entdeckungen und Schifffahrten im Norden. Mit neuen Original-Karten. Frankfurt a. O. 1784, Strauss 1785. gr. 8°.

166. **Forster** John Reinhold. A History of the Discoveries and Voyages made in the North. Illustrated with new and original maps. Translated into English. 2 vols. London 1786. 4°. 1787. 8°.
167. **Odmann** Sam. Jämförelse emellan Norra och Södra Palhreetsen. Upsala 1786, 8°.
168. **Forster** J. Rein. Histoire des découvertes et voyages faits dans le Nord. Traduit par Broussonet. 2 vols. in 8°, 3 Cartes, Paris 1788. II. 399 pp. II. 410 pp., Paris Cachet 1789, 2 vols. 8°. Mit der Karte: Nouvelle Carte des Pays situés au pôle du Nord, jusqu'au 50e degré dress. par J. R. Forster en 1788. Gest. v. P. F. Tardieu.
169. **Pallas** Pierre Sim. Voyages dans plusieurs provinces de l'empire de Russie et dans l'Asie septentrionale, trad. de l'Allemand, par Gauthier de la Peyronie. Nouv. édit revue et enrichie de notes, par Lamarck, Langlès et Billecoq. 8 vols 8° et atlas de 108 pl. in fol. Paris, 1795, Maradan et Lagrange. Paris 1788—93. 5 vols. 4° Atlas in fol.
170. **Dalrymple** Alex. Memoir of a Map of the Lands round the North Pole. 1789. 4°.
171. **Pennant** Thomas. Le Nord du Globe ou Tableau de la nature dans les contrées septentrionales traduit de l'anglais par Letourneur. 2 vols. Paris, Barrois jeune 1789. 8° avec Fig.
172. **Lund** Joh. Mich. Afhd. om Rensdyrene. Priiskr. Kjöbenhavn Gyldendal 1790. 8°.
173. **Philipp** Arthur. Navigation into the North Seas. 1620. 4°. Deutsch von M. Ch. Sprengel. Hamburg, Hoffmann 1791, 8°.
174. **Reisen** nach dem Nordpol aus dem Tagebuche eines Grönlandfahrers mit Anmerkungen. Bauzen, Deinzer, 1791. 8°.
175. **Geschichte** der Schiffbrüche und Ueberwinterungen in Grönland, Nova Zembla und Spitzbergen, nach dem Franz. 5 Thle. Berlin, 1791—94. Prag, Hertl. 8°.
176. **Pennant** Th. Beschrijving van de Noorder-Poolanden. Naar't Hoogd. van Prof. Zimmerman vertaald. Met kaarten en plaaten. Amst. 1798, 8°.
177. **Demeunier** J. Nic. Voyages et découvertes dans l'Océan pacifique du nord, trad. de l'angl 3 vols. Paris, l'impr. de la républ. 1799. 4° avec Atlas de 18 cartes.
178. **Bacon** Moine. Observations touchant les Parties Septentrionales du Monde, avec les Relations touchant les Tartares, (en Recueil des Voyages, par Bergeron. Tom. 11.) Dijon. Frantin. 1799—1802. 8°.
179. **Schuhmacher.** Chr. F. Versuch eines Verzeichnisses der in den dänisch-nordischen Staaten (mit Einschluss von Norwegen und Grönland) sich findenden einfachen Fossilien nach ihren vorwaltenden Bestandtheilen. Kopenhagen, 1801. 4°.
180. **Sjöborg** N. H. Dissertatio Legatum Arnamagnaeanum historiae septentrionalis causa factum leviter adumbratura. Lundae 1802. 4°.
181. **Coxe** William. Travels in Poland, Russia, Sweden and Denmark; illustrated with charts, and engravings; with a portrait of Paul I., and an index. The sixth edition. 3 vols. London 1803. 4°.
182. **Fellowes** W. D. Narrative of the Loss of his Majesty's Packet, the Lady Hobart, on an Island of Ice, in the Atlantic Ocean, 28th June 1803. With a particular Account of the Escape of the Crew in two open boats. London 1803. 8°.
183. **Broughton** William Robert. A Voyage of Discovery to the North Pacific Ocean, in his Majesty's Sloop Providence, in the years 1795—8. London Cadel u. Davies. 1804, 9 pl. 4°.
184. **Broughton** W. R. Entdeckungsreise in das nördliche stille Meer und vorzüglich nach der Nordküste von Asien in den Jahren 1795—8. Aus dem Englischen von Ehrmann, Mit 1 Kpfr. u. 1 Karte Weimar 1805. gr. 8°. (19 Bd. der Bibliothek der Reisen.)

185. **Broughton** W. R. Voyage de découvertes dans la partie septentrionale de l'Océan pacifique, 1795 — 98. Traduit par J. B. Eyriés. 2 vols., avec cartes. Paris, Dentu 1807. 8°.
186. **Zurla** Placido. Dissertazione intorno al viaggi e scoperti settentrionali di Nicolò e Antonio fratelli Zeni. Venezia, 1808. 8°.
187. **Barrow** John. A chronological History of Voyages into the Arctic Regions undertaken chiefly for the purpose of discovering a northeast, northwest, or polar Passage between the Atlantic and Pacific; from the earliest periods of Scandinavian navigation to the departure of the recent expeditions under the Ordres of Captains Ross and Buchan; with a map of the Arctic Regions, and an Appendix into the interior of Newfoundland, and a Relation of the Discovery of the Strait of Anian, made by Capt. Lorenzo Ferrer Maldonado, in the year 1588; with 3 sketches of the Strait. London 1818. 8°.
188. **Hofmann** Joh. v. Nachricht von dem Eismeere und Gedanken über die Wahrscheinlichkeit und Nutzbarkeit der Entdeckung einer Durchfahrt bei dem Nordpole. Wien, Gräffer 1818. Pest, Hartleben. 8°.
189. **Brown** John. Les Cours du Nord, ou Mémoires originaux sur les souverains de la Suède et du Danemark, depuis 1766. Trad. de l'angl., par J. Cohen. 3 vols. Paris, A. Bertrand 1819. avec 2 vues et 7 portr. 8°.
190. **Defauconpret** A. J. B. Histoire des voyages dans les régions polaires Traduit de l'anglais de Barrow. Paris, Gide fils 1819. 8°.
191. **Freminville**, Ch. de la Poix. Voyage to the North Pole in the frigate The Syreone; including a Physical and Geographical Notice relative to the Island of Iceland. London 1819; und auch: Freminville's Voyage towards the North Pole 1806. (New Voyages and Travels 1819, Vol. II.)
192. **Scoresby** W.jun. F. R. S. E. An Account of the Arctic Regions with a History and Description of the Northern Whale-Fishery. Illustrated by 23 Engravings. In two Volumes Edinburgh Constable and Co., 1819, 1820. London Rel. Tract. Soc. 1849. 8°
193. **A journal** of a voyage of discovery to the arctic regions by an officer of the Alexander. London, Philipps 1819, 8°.
194. **Mannert** Konrad. Der Norden der Erde von der Weichsel bis nach China, nach den Begriffen der Griechen und Römer. 2. Auflage. Mit 2 Karten 1 : 10,000.000 und 1 : 15,000.000, Leipzig, Hahn 1820. 542 pp. 8°.
195. **Wyk** J. v. Ontdekkingsreis der Engelschen naar de Noordpool. Exeter 1820. 8°.
196. **Die Nordpolarländer.** Nach älteren und den neuesten Reisebeschreibungen, namentlich nach den Berichten Mackenzie's Scoresby's etc. 3 Bd. mit 1 Karte. Pest, Hartleben 1822. (Auch : Ehrenstein's Miniaturgemälde aus der Länder- und Völkerkunde. Leipzig 1816.) 8°.
197. **Fischer** Al. Ontdekkingsreis naar de Noorderpoolstreken 1819—20. Uit h. Engl. d. J. Lehman. Dordrecht 1822. 8°.
198. **Campe** J. H. Gemälde des Nordens; dargestellt in J. Heemskerk's und W. Barenz nördl. Entdeckungsreise, und den merkwürdigen Abenteuern vier russ. Bootsmänner auf Spitzbergen. Mit 16 ill. Kupf. Leipzig 1824. 8°.
199. **Bülow** Ed. v. Erzählungen eines Reisenden nach dem nördlichen Eismeer. Aus dem Engl. übers. 3 Thle. Leipzig 1828. Wöller. 8°.
200. **Remarks** on the probability of reaching the North pole; examination of Parry's expedition. London, Murray 1828. 4°
201. **Schmidt** Heinr. Mittheilungen aus dem Tagebuche eines nordischen Seemannes. Berlin, Berthold und Hartje 1830 8°.
202. **Snelling** W. J. Polar Regions of the Western Continent explored. Boston. W. W. Reed, 1831. 8°.
203. **Leslie** J., Jameson R. and Murray H. Narrative of discovery and adventure in the Polar Seas and regions: 25 illustrations of their climate, geology, and natural history; and an account of the whalefishery. W. a chart and 15 engravings. 4 ed. revised and enlarged. New-York 1831, Harpers, auch

1833. 12° (Edinburgh Cabinet Library vol. I. 1835) auch Edinburgh, Oliver u. Boyd 1857.
204. **Nordbilder** aus Reisemappen von Nordpolfahrern. Mit 16 ill. Kpfr. 9 Bd. Leipzig, Fleisch E. 1833. 8°.
205. **Arctic** Expeditions from England from 1497—1833. London 1834. 8°.
206. **Ross** John, Capt. Report from Select Comittee on the Expedition to the arctic Seas. London 1834.
207. **Leslie**, Jameson u. Hugh Murray. Entdeckungen und Abenteuer in den Polar-Seen, nebst Erläuterungen über Clima, geolog. Beschaffenheit und Naturgeschichte dieser Gegenden, sowie auch einem ausführlichen Bericht über den Walfischfang. Mit 1 Karte 16 eingedr. Abbildg. Leipzig. Baumgärtner 1834. 12°.
208. **Ross** Sir J. Residence in Arctic Regions 1829—33. With Appendix, London, Webster 1835. 4°.
209. **Becker** G. W. Die Fahrten und Abenteuer des Capt. John Ross auf seinen Entdeckungsreisen nach den Gegenden des Nordpols. Für die Jugend bearbeitet. Mit 6 Ansichten, 1 Karte und dem Porträt des Capit. Ross. Leipzig, Weber 1836. 2. Auflage 1846. Mit color. Abbildungen. Herm. Fritsche.
210. **King** R. Facts and arguments on favour of a New Expedition to the Arctic Ocean. London 1836. 8°.
211. **Die Wunder** der nördlichen Polarwelt, oder Abenteuer in den Eisgefilden des Nordens. Zur belehrenden Unterhaltung für die reifere Jugend. Mit 4 color. Lith. Reutlingen Mäcken jun. 1836. 8°.
212. **Ross** John. Tweede zeetogt en verscheyde Landreizen in de Noordpoolgewesten. Trans. door W. Doorvaert. 3 vols. Zutphen 1836, 8°.
213. **Lebrun** Henri. Abrégé de tous les voyages au pôle du Nord, depuis Nicolo Zeno jusqu'au capitaine Ross (1380—1833). Paris, la Vigne 1837. 12° avec grav. 1840, Tours, Maine et Comp. 1857.
214. **Dibdin** T. F. Northern Tour. 2 vol., London Richards Jas. Bohn 1838. 8°.
215. **Baer** K. E. v. Sur la fréquence des Orages dans les Régions arctiques. St. Petersbourg 1839. (Sep.-Abdr.)
216. **Downes** G. Three Months in the North. London, Cadell 1820, 1839. 12°.
217. **Marmier** Xavier. Lettres sur le Nord. Danemark Suède, Norvege, Laponie, Spitzbergen. 12°. XII, 476 pp. Paris, de l'Oie, 1840, 18°, 2 grav., 12°. 1847. (Hachette 1857.)
218. **Robert** E. Briefe aus dem hohen Norden und dem Innern von Russland, geschrieben auf einer Reise in den Jahren 1838/39, nebst Beilagen, die französisch-scandinavische Expedition nach Spitzbergen betreffend. Nach den französischen Originalbriefen an H. v. Struwe. Von demselben herausgegeben. Hamburg. Perthes, Besser u. Munke 1840. 8°.
219. **Gaimard** Paul. Voyages de la commission scientifique du nord, publiés par ordre du roi, sous la direction de M. Paul Gaimard; II. Partie: en Nord, en Scandinavie, en Laponie, au Spitzberg et aux Feröe, pendants les années 1838—1840, sur la corvette la Recherhe, com. p. M. Favre. 20 Vol. gr. 8° et 7 atlas gr. in fo. 516 pl. auch Paris, Bertrand Arth. 1842—5. 16 vol., 8°. Paris 1843—8 u. 1852.
220. **Hugi** Fr. Jos. Wesen der Gletscher und im Winterreis des Eismeers. Stuttgart 1842. 8°. Cotta.
221. **Hahn-Hahn** Ida, Gräfin. Ein Reiseversuch im Norden. Berlin, A. Dunker 1843, 1851. 249 pp. kl. 8°.
222. **Nolet** de Brauwere van Steeland, J. Een reisje in het Noorden. Leuven 1843. 8°.
223. **Streffleur**, v. Naturwissenschaftliche Abhandlungen. Nr. 1. Die primitive physikalische Beschaffenheit der Nord- und Polarländer. Wien, Beck 1845. 72 pp. gr. 8°.
224. **Barrow**, Bart. F. R. S. Voyages of Discovery and Research within the Arctic Regions from the year 1818 to the present Time under the com-

mand of several naval officiers employed by sea and land in search of a north-west passage from the Atlantic to the Pacific; with two attempts to reach the North-Pole. Abridged and arranged from the official Narratives with occasional Remarks. With Portrait and Maps. London John Murray 1846, New-York, Harper and Brothers 1846. 12°.
225. **Rafn** C. C. Aperçu de l'ancienne geographie des régions arctiques de l'Amerique selon les rapports contenus dans les Sagas du Nord. Copenhague, Berling 1847. 8°.
226. **Dodt** v. Flensburg, J. J. Histor.-Chronolog. aanteekeningen aangaande de Vaart der Nederlanders naar de Noorderkwartieren. Amsterdam 1848. 8° 24 pp. (Auszug aus: Swart en Tindal, Verhandelingen en Berigten over het zeewezen.)
227. **Erman** Adolph. Travels in Siberia; including Excursions Northwards, down the Obi, to the Polar Circle, and Southwards to the Chinese Frontier, translated from the German, by William Desborough Cooley. 2 vols. London, Longman 1848, 8°. H. Bohn, Philadelphia, Lea and Blanchard 1850.
228. **Arctic** Expeditions. A collection of Papers relative to the recent Arctic Expeditions. London 1848—1856.
229. **Reisen** nach Farö, Island, Sibirien und den Nordpolländern. 2 Bde. Mit einer Karte. Leipzig 1848.
230. **Scoresby** W. Memorials of the Sabbat in Arctic Regions. London, Longman 1850. 8°.
231. **Weld** C. R. Arctic expeditions. A lecture delivred at the London institution. Febr. 6. 1850. W. a map. London 1850.
232. **Shillinglaw** J. J. A narrative of arctic discovery, from the earliest to the present time. W. the details from measures adopted for the relief of the expedition under J. Franklin. London 1850. Mit Porträt u. Karte. Shoberl 1851. 8°.
233. **Schmidt** Ed. O. Bilder aus dem Norden a. e. Reise nach dem Nordkap in 1850. Mit Kupf. Jena 1851.
234. **Petermann** Aug., Dr. On the passage into the Arctic Basin. Communication to Captain Mangles. February 1852. (S. A. aus Captain Mangles' Arctic Searching Expeditions 1850, 1851 and 1852, p. 72—75.)
235. **Scheuermann** E. Die Polarwelt. 1. Bd., 1. Thl. (E. Scheuermann's Reisebilder bei Schalch in Schaffhausen 1852. gr. 8°.)
236. **Simmonds** P. L. Sir J. Franklin and the arctic regions; showing the progress of british enterprise for the discovery of the north-west passage during the 19. century: with more details d notices of the recent expeditions in search of the missing vessels under Capt. J. Franklin. London 1851. Mit Kupf. u. Karte. Buffalo 1852; Routledge 1854, 1859 u. 1875 12°.
237. **Arctic** Searching Expeditions Papers and Despatches 1850—52. London, Rivington 1852.
238. **Castrén** Alex. M. Reiseerinnerungen an das Jahr 1838—44. Herausgegeben von A. Schiefner. Mit dem lith. Bilde des Verf. u. 4 Samojedenportr. St. Petersburg 1853. Leipzig, Voss u. Brockhaus. Lex. 8°.
239. **Markham** C. R., Captain. R. N., late Commander of H. M. S. Alert. Our life in the Arctic Regions. London 1853. 8°. (Neu erschienen in 'Good Words'. Sixpence Monthly illustrated.)
240. **Osenbrüggen** E. Nordische Bilder. 273 pp. Leipzig, Heinrich 1853. 8°.
241. **Tröbst** Ch. G. Der Nordpol oder Geschichte der merkwürdigsten Reisen, welche seit den ältesten Zeiten bis jetzt nach den nördlichsten Ländern, namentlich den Inseln Nova-Zembla und Spitzbergen unternommen wurden. Bearbeitet für die Jugend nach Lebrun u. Originalwerken. Mit 9 Bildern (auf 5 lith. Taf.) u. 1 (lith.) Karte (in Fol.) Weimar, Voigt 1853. 9 u. 322 pp. 12°.
242. **Mayne** F. Voyages and Discoveries on the Arctic Seas. London, Longman 1854, 1855. 12°.
243. **Miniscalchi-Erizzo** Francesco Conte.. Le scoperte artiche narrate. Venezia, G. Cecchini, 1855. 8°. con l'Atlante e 2 litografi 643 pp. Mit den

Karten: Facsimile di una Carta idografica di Andrea Bianco del 1436 esistente nella marciana pubbl. per Erizzo. Gez. v. C. B. Garlato 1853, lith. Ripamonti Carpano, Met. Carta da navigar de Nicolo et Antonio Zeni Furono in Tramontana. (Grönland, Island, Norwegen). — Carta delle terre polari artiche (Nordpolarkarte). — Carta delle terre polari artiche dalla Baja di Baffin all 'Isola Baring 1:2,000.000; Nebenkarte: Baja Erebus e Terror. 1853. Facsimile 1:7,000.000.

244. **Voelter** Daniel. Russland in Europa, Asien und Amerika. Esslingen, Weychart 1855. gr. 8°.
245. **Arctic** Expeditions. A Series of British parliamentary papers from 1834 to 1852 concerning various expeditions to the Arctic Seas. 2 vols. London Hydrog. Of. 1855.
246. **Abrahall** C. Arctic Entreprise, a Poem. London 1856. 8°.
247. **John** St. P. B. The Arctic Crusoe; a Tale of the Polar Seas. H. Clarke 1856. 8°. Boston, 1864. 16°.
248. **White** R. On the open Water at the Great Polar Basin. London 1856.
249. **Arctic** Rewards and their Claimants. London 1856. 8°.
250. **Habersham** A. W. The North Pacific surveying and exploring expedition; or, my last cruise. Where we went and what we saw: being an account of visits to the Malay und Loo-choa islands, the coast of China, Formosa, Japan, Kamschatka, Siberia and the mouth of the Amoor river. Philadelphia u. London, 1857. Philadelphia 1857, 1858. 8°.
251. **Oos** P. v. Reizen der Engelschen naar de noordelijke ijszee in den stillen Ocean. 2 deelen, 263. 256 pp. Mit Abbildungen. Sneek, v. Druten u. Blecker, 1857, 4°.
252. **Petersen** C. Efferendinger fra Polarlandene, optegnede 1850—55. Udgivne af Lawitz B. Deichmann. Med Traesnit og Kart over en deel of Baffinsbay og Smith Sund. 162 pp. Kjöbenhavn, Philippsen 1857. 8°.
253. **De Peyster** and J. Watts. The Dutch at the North Pole and the Dutch in Maine. With appendix. 2 parts. New-York 1857. 8°.
254. **Pim** B. An earnest appeal to the British Public on be half of the missing Arctic Expedition. London 1857.
255. **Sargent** E. Arctic adventure by sea and land from the earliest date down to the last expedition in search of Sir John Franklin. With maps and Illustr. Boston, Phillips, Samson and Co. 1857. 12°.
256. **Smucker** Sm. M. Arctic Explorations and Discoveries during the 19. Century. Being detailed Accounts of the several Expeditions to the North seas, both English and American conducted by Ross, Parry, Back, Franklin, M'Clure and others. Including the first Grinell Expedition under De Haven and the final effort of E. K. Kane in Search of Sir John Franklin. 517 pp. 25 Illustr. New-York, Miller 1857. 12°
257. **Choięcki**, Charles Ed. Les mers polaires. Drame en 5 actes avec un prologue. Paris Lévy frères 1858. 4°.
258. **Hartwig** Georg Dr.. Der hohe Norden im Natur- und Menschenleben dargestellt. 4 Lieferungen Wiesbaden, Kreidel und Niedner, 1858, 8°. 1867, IX, 419 pp. 8°.
259. **Hayes** Is. On the passage to the North-Pole. Philadelphia 1858. (From the americ. Journ. Vol XXV, May 1858.)
260. **Müller** C. Dr. Die Polarwelt; ihre Erscheinungen und Wunder. (I. Abtheilung von: Neueste naturwissenschaftliche Bibliothek) Sondershausen, 1858.
261. **Murray**. Handbook for Travellers in Denmark, Norway, Sweden and Iceland. 3d. edition, with maps and plans 400 pp. London, Murray. 1858. 12°.
262. **Ballantyne** R. M. The World of Ice; or Adventures in the Polar Regions. London, Nelson (1859) 1860, 1864, 1869. 320 pp. With Illustr. 12°.
263. **Hartwig** G. In het Noorden. Schetsen uit het leven der natur en der menschen in het noordelijke gedeelte der aarde. Uit het Hoogduitsch vertaald door T. C. Winkler. 2 deelen. XII, 288 und VIII, 576 pp. Sneek, v. Druten en Bleeker 1859. 8°.

264. **Hartwig** G. Naturen og Menneskelivet i det höie Norden. Oversat af Th. Jensen. Kjöbenhavn. Gad 1859, 1860. 8°.
265. **Percy** B. St. Johns. The sea of Ice ; or the Arctic Adventures. Boston, Mayhew and Baker, 1859. 234 pp. 12°.
266. **Thirty** years in the Arctic Regions; or the Adventures of Sir John Franklin. 473 pp. New-York, Dayton 1859. 12°.
267. **Chaix** P. Explorations arctiques. Paris 1860. 8°.
268. **Dufferin** Lord. Lettres écrites des régions polaires; traduites de l'anglais avec l'autorisation de l'auteur par F. de Lanoye. Ouvrage illustré, de 25 vignettes sur bois et accompagné de 3 cartes. Paris, Hachette 1860. XVI, 290 pp. 8°.
269. **Snow** W. P. On the last Polar Expeditions. London 1860. 8°.
270. **The Polar** expedition. A special meeting of the American Statistical Society New-York 1860. 8°
271. **Oversigt** over Nordpolarreiserne og M' Clintock's Expedition. Kjöbenhavn, Erslev 1860. 8° 146 pp. Mit Karte.
272. **Noble** L. L. After iceberges 1861. Philadelphia. 12°.
273. **Osborn** Sherard. The Transatlantic Telegraph Iceland Route. London, Blackwood 1861.
274. **Richardson,** Sir John. The Polar Regions. 400 pp. With 2 maps. London, Longman 1861. Edinburgh, Black 1861. 8°.
275. **Dubois** L. Le pôle nord et l'équateur. Études sur les derniers explorations du globe. Le pôle nord. Météorologie. Paris, Douniol 1862, 495 pp. 18°.
276. **Dunsterville** E. Admiralty Catalogue of charts, plans, views and sailing directions etc. Published by order of the Lords Commissioners of the Admiralty. London 1862. North America (North and East coast), Iceland, Arctic Sea, Greenland, Newfoundland etc.
277. **Mügge** Th. Nordisches Bilderbuch. Reisebilder. 3. Aufig. IV u. 424 pp. Breslau, E. Trewendt, 1862. 8°.
278. **Ule,** Dr. Otto. Die neuesten Entdeckungen in Afrika, Australien und der arktischen Polarwelt. Halle G. Schwetschke, Mit 39 Holzschnitten, und 4 Karten, 1861, 1862. 394 pp. 8°.
279. **Everett** W. Arctic Expeditions and their Results. Lond., Belland D. 1863. 8°.
280. **Arctic** Discovery and adventure. By the Autor of »Brasil its history and people.« London. Religious Tract. Society 1863. 12°.
281. **Griesinger** Th. Im hohen Norden. Reisen und Abenteuer in den Polarländern. Stuttgart, Thienemann 1864. 8°. Der deutschen Jugend und ihren Freunden gewidmet. Mit 8 Illustr. Von G. Hammer, Leutemann und C. Kalb. 2. Auflg. Stuttgart Hofmann & Hohl, 1875. 345 pp. lx. 8°,
282. **Expeditions** on the glaciers. London, Spon 1864. 8°.
283. **Osborne,** Captain Sherard. Narratives of voyage and adventure. 3 vols. Edinburgh and London, Blakwood 1865. 8°.
284. **Petermann,** Vortrag des Dr.: Amtlicher Bericht über die erste Versammlung deutscher Meister und Freunde der Erdkunde in Frankfurt a/M. Verlag des freien deutschen Hochstiftes. Leipzig, F. A. Brockhaus 1865.
285. **Brix** A. Skizzen aus dem nördlichen Eismeere nach Tagebuch-Aufzeichnungen. Zwei Vorlesungen. 4 u 17 pp. Stralsund, Hingst 1866. 8°.
286. **Gaye** S. Maiden of the Iceberg; a Tale in Verse. Saunders and O. 1866. 4°.
287. **Martins** C. Sur la possibilité d'atteindre le pôle nord. Paris 1866.
288. **Heer,** Prof. O. Vortrag über die Polarländer, gehalten den 6. Dec. 1866. 24 pp. Zürich, Schulthess 1867. 8°.
289. **Lambert** G. La Question du Pôle Nord. Paris 1867.
290. **Knights** of the Frozen Sea. Narrative of Arctic Discovery. 2d. ed. London, Seeley 1867.
291. **Desprez** A. Les voyageurs au Pôle Nord, depuis les premières expéditions scandinaves jusqu' à celle de M. Lambert. 333 pp. mit Karte. Paris, Noblet 1868. 8°.

292. **Kuschelewski.** Der Nordpol und das Land Jalmal. Reisewahrnehmungen. Petersburg 1868.
293. **Malte Brun** V. A. Les trois projets d'Exploration au Pôle Nord. Paris 1868.
294. **Pavy** O. Les nouvelles expéditions au Pôle Nord. 16 pp. 8°. (Extraits de la Revue des deux mondes. 1. Sept. 1868.) Paris, Claye 1868.
295. **Peyronnet,** Prof. Ph. Les mers polaires et le Pôle Nord. Conférence faite à Agen, le 3 Avril 1868. 40 pp. Agen, Noubel 1868. 8°.
296. **Rathgeber** G. Ueber den Nordpol der Erde. Gotha, C. F. Windens, 1868. 184 pp. 4°.
297. **Bungener** Felix. Christmas at the Pole or God Everywhere. London, W. Brown 1869. 12°.
298. **Dittmann,** Dr. A. F. Das Polarproblem und ein Vorschlag zur Lösung desselben in 105 Sätzen über den Umschwung der Erde. Hamburg, Richter 1869. 8°.
299. **Fitz James** J. The last Journals of Fitz James of the last Polar Expeditions. Brighton 1869. 8°.
300. **Hartwig** Dr. G. The Polar-World; a popular description of man and nature in the arctic and antarctic regions of the globe. 566 pp. mit 3 Karten, 8 Chromolithogr. und zahlreichen Holzschnitten. London, Longmanns 1869, 1874. 8°
301. **Heer** Oswald. Ueber die neuesten Entdeckungen im hohen Norden. Zürich, Fr. Schulthess, 1869, 8°.
302. **Heer** Oswald. Om de nyaste upptäckterna i den höga norden. Föredrag hållet den 28. Januari på rådhuset i Zürich. Öfversättning från Tyskan. 26 pp. Stockholm 1869. 8°.
303. **Tillotson** J. Adventures in the ice. A comprehensive summary of arctic exploration, discovery and adventure, including unpublished experiences of a veteran whaler. London, Hogg 1869, und Virtue 1872. 8°.
304. **Goddard** J. Wonderful stories from Northern Lands. London, Longmanns 1870. 8°.
305. **Klein** Hermann J. An den Nordpol. Schilderung der arktischen Gegenden und der Nordpolfahrten von den ältesten Zeiten bis zur Gegenwart. Kreuznach, R. Voigtländer 1870. 8° Mit den Ansichten: Upernavik (von J. Noel), Kane's Winterhafen u. der Alidasee.
306. Winter in the Arctic Regions. S. P. C. K. 1870, London. 16°
307. Tales of Northern Seas by Author of »Little Gwen's Story.« London, Rel. Tr. Soc. 1871. 12°.
308. **Bradford** Wm. The arctic regions. Illustrated with photographs taken on an art expedition to Greenland. With description narrative by the artist. 120 Photogr. London, Low 1872.
309. **Mensch** G. Nach dem Nordpol. Natur- und Sittenbilder. Für die Jugend bearbeitet. Mit Illustr. u. 2 Karten. 122 pp. Stuttgart, Kröner 1872. 8°.
310. **Ede** Charles. Home amid the snow, a Tale of Arctic Life. London, Nelson 1873. 12°.
311. **Chisholm** Mrs. Perils in the Polar Seas: True stories of Arctic adventure and Discovery. With maps and 18 Illustr. London, Murray 1873, 1874 und 1876. 8°.
312. **Gay** Prof. J. La mer libre du Pôle Nord. 16 pp. Paris, Douniol 1873. 8°.
313. **Lanoye** Baron F. de, Voyage dans les glaces du pôle arctique. Paris 1873, 12°.
314. **Markham** (Clements R.) The Threshold of the Unknown Region. London, Low 1873. 8° 364 pp.; 3. ed. London, Low 1875 8°; 4. ed. 1876 8° 456 pp. with supplementary chapters.
315. **Blake** E. Vale. Arctic experiences. Newyork, Harper Brothers 1874.
316. **Hood** Thos. From Nowhere to the North-Pole. With Illustr. London, Chatto & Windus 1874. 12°.
317. **Trafford** F. W. C. Amphiorama ou la vue du monde. Lausanne, Zürich, 1874—5. 8°, XIII u. 80 pp. Mit der Karte: Le continent polaire arctique. Finckars. 1869, 1:28.000.000.

— 17 —

318. **Verne** Jules. Les Anglais au Pole Nord. Paris, Hachette 1873. gr. 8°. Engl. Ausg. London, Routledge 1874 8°, 1875 12°.
319. **Ballantyne** R. M. Rivers of Ice, a tale. With illustr. London, Nisbet 1875. 12°
320. **Headley** Rev. P. C. The Island of Fire; or a thousand years of the Old Northmen's home. 1874. 12° Boston, Lee and Shepard 1875, 12°. Newyork 1875.
321. **St. John** Percy B. The North-Pole and what has been done to reach it. A narrative of the various arctic explorations undertaken by all nations from the earliest period to the present time and the expedition preparing to be sent out on the »Discovery« and »Alert« under the command of Captain Nares. 326 pp. with a map. London, Clarke 1875. 12°.
322. **St. John** Percy B. The Snow Ship, a Tale of the Arctic Regions. London, C. H. Clarke 1875. 12°.
323. **Posthumus** N. W. De Nederlanders en de Noordpoolexpeditiën. Voordracht gehouden te Amsterdam in de algemeene vergadering van het aardrijkskundig genootschap, 10 April 1875. 36 pp. Amsterdam, C. L. Brinkman. 8°.
324. **Roussin** A. Les dernières expéditions au Pôle Nord, 1871—4. Nancy, Berger Levrault 1875. 8°.
325. **Sachot** O. La Sibérie orientale et l'Amerique russe. Le Pôle Nord et ses habitants. Récit des voyages. 377 pp. avec Illustr. 1 carte. Paris, Ducrocq 1875. 8°.
326. **Scholes** S. E. Peeps into the Far North: Iceland, Lapland, Greenland. London Wes. Conf. Oifice 1875. 16°.
327. **Verne** Jules. Field of Ice. With illustr. London, Routledge 1875. 8°.
328. **Weyprecht** Charles. L'exploration des régions arctiques. 16 pp. Paris, Saintsaens 1875. 12°.
329. **Whymper** Frederick. Heroes of the Arctic and their Adventures. London, S. P. C. K. 1875. 8°.
330. **Sinclair** Harry. North Pole or — among the Icebergs. London, Wy. Budget Office 1875. 8°.
331. **Wilson** Charlie. North Pole and how discovered it. London, Griffith and F. 1875. 12°.
332. **Half hours** in the far North. Life among Snow and Ice. Illustr. London, Daldy and J. 1875. 12°.
333. **Arctic** geography and ethnology. A selection of papers on arctic geography and ethnology. Reprinted and presented to the Arctic Expedition of 1875, by the president, council, and fellows of the Royal Geographical Society. 304 pp. with 2 maps. London, Murray 1875. 8°.
334. **Arctic** World; its plants, animals and natural Phenomena. London, Nelson 1875. 4°.
335. **Brink** A. J. Blik op den hedendaagschen toestand der Europeesche Noordpool visscherij. Enkhuizen, A. Egmond. 1876. 8°
336. **Campen** Samuel Richard van. The Dutch in the Arctic Seas. Vol. 1. A Dutch Arctic Expedition and Route, being a Survey of the North Polar question, including extended consideration for the revival of Dutch Arctic Research. 38 u. 263 pp. with a map. Amsterdam, van Kampen en Zoon; London, Trübner 1876. 8°.
337. **Clara** A. In the North Countrie; Three Hillside Sketches. London, S. P. C. K. 1876. 18°.
338. **Mac Gahan** J. A. Under the Northern Lights. With Illlustrations by G. R. de Wilde. 348 pp. London, Low & Co. 1876. 8°
339. **Markham** Clements R. Les Abords de la région inconnue, histoire des voyages d'exploration au pôle nord. Traduit par H. Gaidoz. Paris 1876. 12°.
340. **Mason** James. Ice-World Adventures; or, Voyages and Travels in the Arctic Regions, from the Discovery of Iceland to the English expedition of 1875. 466 pp. London, Ward, Lock and Tyler 1876. 12°
341. **Potgieter** E. J. Het Noorden; in omtrekken en tafereelen. XII u. 396 pp. Amsterdam, Jan. Leendertz 1876. 8°.

2

342. **Smith D.** Murray. Arctic expeditions from British and Foreign Shores, from the Earliest to the expedition of 1875. 2 Vols. Edinburgh, Jack 1876. London, Simpkin 1876. 4°.
343. **Verne Jules.** Winter amid the Ice and other stories. Auth. Illustr. edit. London, Low, 1876. 8°.
344. **Weyprecht Carl.** Die Nordpol-Expeditionen der Zukunft u. deren sicheres Ergebniss, verglichen mit den bisherigen Forschungen auf dem arktischen Gebiete 40 pp. (Sammlung gemeinnütziger populär-wissenschaftl. Vorträge. Wien, Hartleben 1876.) 8°.
345. **Arctic World**, its people, plants, animals etc. with Engravings new ed. London, Nelson 1876. folio.
346. **Fonvielle** Wilfrid de. La conquête du Pôle Nord. Paris, Plon 1877. 12°.
347. **Jordan** W. L. Remarks on the recent Oceanic explorations and the current creating action of vis-inertiae in the Ocean. Hardwicke 1877. 8°.
348. **Shall** we ever reach the Pole? London, Prevost and Co. 1877. 12°.
349. **Linna** Nicolaus de. Voyage to all Regions situated under the North-Pole 1360. Hakluyt. Vol. I.
350. **Vancouver.** Voyage dans le grand océan septentrional 1791—95. Eyriés Vol. II.
351. **History** of the Country lying round the North Pole. 1585—1746. Harris Vol. II.
352. **Discoveries** towards the North-Pole 1607. Purchas. Vol. III.
353. **Bry** de. Historicum et descriptio Septentrionalium regionum: Scythiae Moscoviae, Islandiae, Groenlandiae etc. J. Lud. Gotofridus ex Anglico et Belgico sermone in Latinum transtulit et locupletavit. Francofurti apud Wilh. Fizzerum Anglum 1628. (De Bry petits voyages part XII.)
354. **Neue Reisen** der Engländer nach Norden. Barlow 1719. Scroggs 1722 Middleton 1737. Ellis 1746. (Voyages and Travels. Allgemeine Historie Vol. XVII.)
355. **Reisen** der Dänen und Spanier zur Entdeckung einer Fahrt durch Norden; Munk 1619, d'Aguilar 1602, de Fonte 1640. (Voyages and Travels. Allgemeine Historie. Vol. XVII.)
356. **Engel** S. Nachrichten über die Lage der mitternächtigen Länder von Amerika und Asia. (Allgemeine Historie. Bd. XIX.)
357. **Müller.** Auszug aus den Reisen und Entdeckungen längs der Küsten des Eismeeres. (Allgemeine Historie. Bd. XX.)

Aufsätze und Notizen.

358. **Maupertuis** de. La Figure de la terre determinée par Messieurs de l'Académie Royale des sciences, qui ont mesuré le degré du Méridien au Cercle Polaire. Mit 1 Karte und 5 Tafeln. (Mémoires de l'Académie Royale des sciences. Paris 1737, p. 389—467.)
359. **Hellant** Anders. Astronomiska observationer på ätskilliga orters polhögder, inom Pol-cirkelen, giorde År 1749. (Vetensk. Acad. Handl. 1750, p. 218.)
360. **Geographiska** longituden of några orter inom pol-cirkeln, bestämd genom astronomiska observationer. (Vetensk. Acad. Handl. 1752, p. 228.)
361. **Nachricht** von neuen Schifffahrten und Entdeckungen im Eismeer. (Büsching, Nachrichten I, 1773. pp. 88, 295, 296, 303, 335, 336.)
362. **Russland** verheelet seine Entdeckungen im Eismeere und gegen Amerika nicht. (Büsching, Nachrichten I, 1773, p. 302.)
363. **Eismeer**, Schifffahrt in demselben, zw. Engel u. Müller streitig. (Büsching, Nachrichten. Berlin, II, 1774, p. 33 f.)
364. **Neue** englische Nordpolschifffahrt erhofft. (Büsching, Nachrichten. Berlin, II, 1774, p. 94.)
365. **Neue Versuche** einer Schifffahrt nach dem Nordpol. (Büsching, Nachrichten. Berlin, II, 1774; pp. 94, 183, 274, 407, 420.)

366. **Skiffington** Lutwidge. Journal of a voyage for making discoveries towards the north pole 1774, (Büsching, Nachrichten. Berlin, II, 1774; p. 110, 273.)
367. **Barrington** Daines unterstützt die Schifffahrt nach dem Nordpol. (Büsching, Nachrichten. Berlin II, 1774; p. 261, 288, 403, 407, 415.)
368. **Barrington** Daines probability of reaching the north pole discussed 1775. (Büsching, Nachrichten. Berlin III, 1775; p.28, 74, 192, 291.)
369. **Wie nahe man dem Nordpol gekommen.** Ansichten der Herren J. Hall, Humphry Ford., R. Dale, T. Greenshaw, A. Fischer. (Büsching, Nachrichten. Berlin III, 1775; pp. 29, 74, 337, 344.)
370. **Essai** d'une carte polaire arctique 1774. (Büsching, Nachrichten. Berlin III, 1775; p. 85.)
371. **Vaugondy.** Carte polaire arctique 1774. (Büsching, Nachrichten. Berlin III, 1775; p. 85.)
372. **Barrington** Daines. Addenda zu seiner Probability of reaching the north Pole. (Büsching, Nachrichten. Berlin IV, 1776; p. 91.)
373. **Engel** Samuel. Nachrichten und Anmerkungen über die nordischen Gegenden von Asien u. Amerika. 2. Theil. (Büsching, Nachrichten. Berlin V, 1777; p. 185—169, 201—6.)
374. **Russische** Schifffahrten im Eismeer. [zw. Asia u. Amerika.] (Büsching, Nachrichten. Berlin VI, 1778, p. 236.)
375. **Observations** à faire près du pôle pour des latitudes de 80 à 90 degrées et la réponse de M. Phipps. Encyclopédie ou dictionnaire raisonné des sciences des arts et des métiers. (Publié par Diderot. XXVI, Vol., p. 522 — 524. 1780.)
376. **Forster.** Vom Nordpol bis zum 50^0 nördl. Breite. (Büsching, Nachrichten. Berlin XII, 1784, 283.)
377. **Buch** Leopold v. On the Limits of perpetual Snow in the North. (Philos. Ann. 1814. p. 111, 210,)
378. **Angebliche Entdeckungen** im nördlichen Polarkreise. (Bertuch, Neue allg. geogr. Ephem. II., 1817, p. 251.)
379. **Neueste Versuche** der Engländer nach dem Nordpol zu gelangen. (Bertuch, Neue allg. geogr. Ephem. II., 1817, p. 527—8.)
380. **Beaufoy.** Queries respecting the probability of reaching the North-Pole by means of Reindeer. (Philosophical Annals IX. 1817.)
381. **Krusenstern.** Ueber die im Eismeere unlängst entdeckten Inseln. 31. März 1814. (Neue allg. geogr. Ephem. III., 1818, p. 22—34.)
382. **Englische Versuche** einer Reise auf dem Eise nach dem Nord-Pole. (Bertuch, Neue allg. geogr. Ephem. III., 1818, p. 217—228.)
383. **Hansteen's** Bemerkungen über die Nordpol-Expedition. (Bertuch, Neue allg. geogr. Ephem. IV., 1818, p. 352—6.)
384. **Fernere Notizen** über die Nordpol-Expedition. (Bertuch, Neue allg. geogr. Ephem. V., 1819, p. 112—116.)
385. **Neue englische** Landexpedition gegen den Norden. (Bertuch, Neue allg. geogr. Ephem. V., 1819, p. 355.)
386. **Fernere Entdeckungs-Versuche** nach dem Nordpole. [Franklin, Romanzow, Parry.] (Bertuch, Neue allg geogr. Ephem. VI., 1819, p. 106—7.)
387. **Neue Nordpol-Expedition** [Bonne-Accord.] (Bertuch Neue allg. Ephem. VI., 1819, p. 233—4.)
388. **Nachricht** von der Nordpol-Expedition. [Thiling's Bericht über einen Flaschenfund.] (Bertuch, Neue allg. geogr. Ephem. VI., 1819, p. 370.)
389. **Relation** sommaire d'un voyage fait en 1806 au pôle boréale, sur la frégatte la Syrène. (Annal. marit. 1819. p 537.)
390. **Krusenstern.** Sur les îles récemment découvertes dans l'Océan glacial arctique. (Journal des Voyages 1819, I, p. 346—358.)
391. **Englische u. russische** Nordpol-Expeditionen. (Bertuch, Neue allg. geogr. Ephem. VIII., 1820, p. 370—3.)
392. **Scoresby** W. Bericht von den nordischen Gegenden mit einer Geschichte und Beschreibung des Wallfischfangs daselbst. (Journ. f. d. neuest. Land- u. Seereisen. XXXVI, 1820, p. 171, 263, 319.)

393. **Note** sur la carte générale des Régions Polaires. (Nouv. Annales des Voyages VII, 1820, p. 474—476.)
394. **Lapie.** Mémoires sur les voyages exécutés dans l'océan glacial arctique, au Nord de l'Amérique septentrionale. 1821. (Nouv. Annales des Voyages XI, 1821, p. 5—57.)
395. **Expédition** par terre au Pôle. (Nouv. Annales des Voyages XII, 1821, p. 193—197.)
396. **Scoresby** W. An account of the Arctic regions, etc. Description des régions Arctiques, avec l'histoire de la pêche de la baleine dans le Nord. Edinburgh 1820. (Journ. d. Voyages IX, 1821, p. 343—371.)
397. **Wassiljef's** Expedition von Kronstadt aus zur Auffindung des kürzesten Weges nach Amerika. (Bertuch, Neue allg. geogr. Ephem. II., 1822, p. 140.)
398. **Navigation** dans les mers polaires. (Journal des Voyages. XV, 1822, p. 385—386.)
399. **Découverte** de nouvelles terres dans l'Océan arctique. (Journal des Voyages XV, 1822, p. 388.)
400. **Scoresby** William. Journal of a Voyage to the Northern whale Fishery, including researches and discoveries on the Eastern Coast of Greenland. made in the Ship Baffin of Liverpool. London. Hurst & Comp. 1823, (Bertuch Neue allg. geog. Ephem XII., 1823, p. 321—323, Siehe auch p. 359.)
401. **Bredsdorff,** Dr. J. H., Beiträge zur Erläuterung der Ptolemäischen Nachrichten von den nördlichen Ländern. [Auszug aus einer Abhandlung von Schöning in den Schriften der Scandinavischen Gesellschaft zu Kopenhagen.] (Neue allg. geogr. Ephem. XIV, 1824, p. 153—168.)
402. **Uebersicht** der verschiedenen Nordpolarexpeditionen. Mit der Karte zu Parry's 2. Entdeckungsreise im nördl. Polarmeere in den Jahren 1821—3. Weimar geogr. Inst. 1824. (Neue allg. geogr. Ephem. XIV., 1824, p. 354— 6.)
403. **Neueste Nachrichten** über die Polarländer. (Neue allg. geogr. Ephem. XIV., 1824, p. 368—9.)
404. **Iles et terre** ferme nouvellement découvertes dans la mer polaire du Nord. (Journal des Voyages XXI, 1824, p 237.)
405. **Scoresby.** Sur le Voyage au pôle en traineaux, proposé par —. (Annales des Voyages, XXV, 1825, p. 122—123.)
406. **Nouvelles** des Cap. Franklin, Parry et Sabine. (Journal des Voyages XXVI, 1825, p. 264—265.)
407. **Nouvelle** expédition maritime vers le Pôle Arctique. (Journal des Voyages, XXXI, 1826, p. 251—253.)
408. **Ueberblick** der Reisen und Entdeckungen in den neuesten Zeiten, so wie der nächstbevorstehenden. [Franklin 1825, 3 Reisen Parry's zum Nordpol.] (Unterhaltungsblätter für Welt- und Menschenkunde v. H. R. Sauerländer, Aarau, IV, 1827. p. 97, 118.)
409. **Rückkehr** Parry's und Franklin's von ihrer Expedition nach dem Nordpol. (Unterhaltungsblätter für Welt- und Menschenkunde IV. 1827. p. 719.)
410. **Nouvelle** Expédition vers le Pôle Arctique. (Journal des Voyages XLI, 1829, p. 369—370.)
411. **Voyage** d'un Français au Cercle polaire. [Journal du Hâvre.] (Nouv. Annales des Voyages II. Sér. XXVI, 1832. p. 223—226.)
412. **Recherches** au pôle du nord, ou résumé des découvertes faites dans les mers arctiques, depuis le XIV. siècle. (Annal. marit. I. 1835, p. 365.)
413. **Die neuesten** Entdeckungsreisen in den nördlichen Polargegenden. (Pfennig-Magazin, Leipzig IV. 1836. p. 83.)
414. **Expédition** des Mers polaires. (Bull. de la Soc. de Géogr. Paris. II Sér., VI, 1836, p. 116—147.)
415. **Mittheilungen,** die neuesten, über die Nordpolarländer. [Baer 1837, Nowaja-Semlja. Dr. Robert 1838 Spitzbergen.] (Pfennig-Magazin, Leipzig VII. 1839 p. 149.)

416. **Reise** um die Erde .... von Erman (Bull. de la Soc. de Géogr. Paris II. Sér., XV, 1841, p. 293—313.)
417. **Abenteuer** im Eismeer. [Schiff Dorothea unter Beechey.] (Pfennig-Magazin Leipzig N. F. III, 1843, p. 335.)
418. **Die Verwandtschaft** der Stämme im nordöstlichen Asien und im nördlicher Amerika. (Ausland, XIX, 1846, p. 641.)
419. **Hamel**, Tradescant der Aeltere 1618 in Russland. Der Handelsverkehr zwischen England und Russland in seiner Entstehung. Rückblick auf einige der älteren Reisen im Norden. (Acad. de St. Petersbourg. Rec. des acter 1847. p. 85.)
420. **Wrangell**, F. L. Baron v. On the best means of reaching the North Pole (Journ. of the Royal Geographical Society of London. XVIII. 1848. p. 19-23.)
421. **Barrow**, John. Note on the Paper of Admiral Wrangel on the best means of reaching the Pole. (Journal of the R. Geogr. Soc. of London, XVIII, 1848 p. 24—26.)
422. **Schifffahrt** auf dem arktischen Meer. [West.] (Ausland XXII. 1849. p. 436.)
423. **Wrangell**, E. P. v. Von den Mitteln, den Pol zu erreichen. (Denkschriften der kais. russischen geographischen Gesellschaft, I. Bd. Deutsche Ausgabe, Weimar 1849.)
424. **The recent** Arctic Expeditions, (United Service Journ. III. 1849. p. 481 I. 1850 p. 1, 193. II. p. 81.)
425. **Rehbock**. Einige Bemerkungen über die Reisen von John und Seb. Cabot Frobisher und Cortereal. (Gesellschaft für Erdkunde. Berlin, M. N. F. VIII 1851, p. 70—76.)
426. **Boué** über die baumlosen Gegenden der Continente. (Sitzgb. d. math.-naturw. Cl. d. k. Acad. d. Wissensch. Wien, VII, 1851. p. 256.)
427. **Der arktische** Ocean. (Ausland, XXV. 1852. p. 81, 86.)
428. **Nachricht** aus den arktischen Gegenden. (Ausland, XXV. 1852. p. 548.)
429. **Der arktische** Ocean. (Ausland. XXV. 1852. p. 629, 1113.)
430. **Arktische** Schifffahrt (Moore). (Ausland, XXV. 1852. p. 1248.)
431. **Petermann**. Dr. Aug. The Arctic Expeditions. (Athenaeum, 17. January 1852. p. 82, 83.)
432. **Das arktische** Bassin. (Ausland, XXVI. 1853. 959.)
433. **Fahrten** der Normannen in den arktischen Meeren. (Ausland, XXVI. 1853 p. 960).
434. **Petermann**, A. Ueber die Geographie der arktischen Striche. (Ausland, XXVI. 1853. p. 1050.)
435. **Einige arktische** Entdeckungen. Aus M' Clure's Papieren. (Ausland 1853 p. 1079.)
436. **Petermann**, Dr. Aug. On the Geography of the Arctic Regions. (Athenaeum 30. Oct. 1853.)
437. **Petermann**, Dr. Aug. The Arctic Regions. (Athenaeum, 19. Nov. 1853.)
438. **Sur la nouvelle** carte des régions arctiques publiée par l'amirauté anglaise (Nouv. Annales des Voyages. VII Ser. I. 1855. p. 351—359.)
439. **Neue Karte** der arktischen Länder. (Ausland, XXVIII. 1855. p. 312.)
440. **Eismeere**. Die Europäischen. (Petermann's Geogr. Mitth. I. 1855. p. 54.
441. **Die neuesten** Entdeckungen in den arktischen Regionen. (Petermann's Geogr. Mitth. I. 1855, p. 55.)
442. **Petermann**, Dr. Aug. Geographische Verbreitung der Gletscher. Arktische Regionen. (Petermann's Geogr. Mitth. I. 1855, p. 203.)
443. **Der Nordpol** und die Seefahrer, die demselben am nächsten gekommen sind. (Petermann's Geogr. Mitth. I. 1855. p. 303.)
444. **Neue Exploration** im Arktischen Meere. (Petermann's Geogr. Mitth. I. 1855. p. 332.)
445. **Kiepert** M. Erläuterungen zu der Karte der Entdeckungen im Nordpolarmeer bis 1854. (Zeitschr. d. Ges. für Erdkunde, Berlin, V, 1855. Anhang.)
446. **Statistik** der von Seefahrern erreichten arktischen Breiten. (Ausland XXIX. 1856. p. 96.)
447. **White** Robert. On the Open Polar-Sea in the North Polar Basin. (Proceedings of the R. Geogr. Society of London. Vol. I., 1856, Nr. 2, p. 27—30.)

448. **Osborn** Capt. Sherard, Late Arctic Expeditions. (Proceedings of the R. Geogr. Society of London I., 1856, Nr 4, p. 104—110.)
449. **Kriegk** G. L. Die Polarvölker. (Westermann's Ill. Monatshefte April 1857.)
450. **De Ris** L. Clément. Un voyage d'exploration dans les mers du nord. (Revue contemporaine 31. décembre 1857.)
451. **Haskins** über das Nordpolarmeer. (Ausland, XXXI. 1858. p. 382.)
452. **Hayes** über das offene Polarmeer. (Ausland, XXXI. 1858. p. 670.)
453. **Finger** F. A. Die Nordpolreisen des XV. und XVI. Jahrhunderts und ihr Einfluss auf die Erweiterung der Erdkunde. Mit 3 Karten. (Westermann's Illustrirte deutsche Monatshefte, November 1858.)
454. **Gallerand** E. Considérations générales sur la navigation dans l'océan glacial arctique. (Nouvelles annales de la Marine, Janvier 1858.)
455. **Arctic Voyages.** With a map. (Natural History Review, April 1858.)
456. **Hayes** Isaac J. M. D. Observations upon the practicability of reaching the North Pole, with a map. (Proceedings of Assoc. of adv. of science. XII, 1858, p. 234—254.)
457. **Haskins** R. W. The Open North Polar Sea. (Siliman's American Journal of Science and Arts. January. 1858.)
458. **Hayes** J. J. The Passage to the North Pole. (Siliman's American Journal of Science and Arts, May 1858.)
459. **Hayes** J. J. Observations upon the practicability of reaching the North-Pole. (Silliman's American Journal, November 1858.)
460. **Eine neue Expedition** nach dem Nordpol. (Ausland, XXXII. 1859. p. 624.)
461. **Nordpolexpeditionen.** (Westermann's Jahrb. VI, 1859, p. 226—7.)
462. **The arctic mystery.** (Athenaeum 1859, Nr. 1665, p. 398—9.)
463. **Arctic Discovery** (Nautical Magazine, December 1859.)
464. **Eine neue arktische Expedition.** (Ausland, XXXIII. 1860, p. 696.)
465. **Literatur** und Kunst in den Arktischen Regionen. (Petermann's Geogr. Mitth., VI. 1860, p. 79.)
466. **Neue Nordpolreisen.** (Westermann's Jahrb. VII, 1860, p. 462.)
467. **Mehren** A. F. Les Côtes de l'Océan et les pays du Nord etc. (Nouvelles Annales des Voyages. VI série, VI année 1860, Janvier p. 76 -79.)
468. **Dufferin** Lord etc. Lettres écrites des Régions Polaires. (Nouv. Annales des Voyages, VI série, VI année, 1860, Janvier, p. 84—86.)
469. **The Frozen Deep,** a new Arctic expedition. (The Athenaeum, 1860, Nr. 1703, p. 830.)
470. **Arctic Explorations.** (London Review, April 1860.)
471. **Lushington** Franklin. Arctic Entreprise and its Results since 1815. (Macmillan's Magazine Nr. 4, February 1860.)
472. **Wheildon** W. W. of Charlestown. Remarks on the supposed open Sea in the Arctic Regions. (Proceedings of the American Association for adv. of science. XIV. 1860, p. 166—174.)
473. **Hopkins** Thomas. On a possible Passage to the North Pole. (Proceedings of the Royal Geographical Society of London, IV, Nr. 3, 1860, p. 100; Nr. 5, p. 234—240.)
474. **Schaffner,** T. P. U. S. Colonel. Communication with America via the Faröers, Iceland and Greenland. (Proceedings of the R. Geogr. Society of London, IV, Nr. 3, 1860, p. 101—108.)
475. **Torell** Otto. Ueber die physikalische Geographie der arktischen Regionen. (Petermann's Geogr. Mitth., VII, 1861, p. 49.)
476. **Richardson** über die Polarwelt. (Westerm. Jahrb. X, 1861, p. 222.)
477. **Froidefond** des Farges. Note sur le télégraphe Nord-Atlantique. (Bulletin de la Soc. de Géogr. Paris, V. Ser., I, 1861, p. 320—325.)
478. **Hayes** J. J. Lecture on Arctic Explorations. (Annual Report Smithsonian Inst. Washington for 1861, p. 149—160.)
479. **Discussion** on the North Atlantic Telegraph Papers. (Proceedings of the R. Geogr. Society of London. V, Nr. 3, 1861, p. 99—104.)
480. **Gliman** D, C. Prof. Arctic Explorations. (Siliman's American Journal, January 1861.)

481. **Nordatlantisches Meer.** Der Dampfer Saxonia zwischen nordatlantischen Eisbergen. (Ausland, XXV. 1862. p. 623.)
482. **Hayes** Dr. und das offene Polarmeer. (Globus, Hildburghausen. I. 1862, p. 184—185)
483. **Pêche** de la Morue à Terre-Neuve. Recit d'un Naufrage dans les glaces. (Revue maritime et coloniale, Paris, X, 1864, 39 livr. p. 509—521.)
484. **Ueber die Nordfahrt**, welche Dr. Petermann in der Geographen-Versammlung, im Juli d. J., zu Frankfurt a. M. angeregt hat. (Archiv f. Seewesen I, 1865, p. 413.)
485. **Neues Project** einer Nordpolfahrt, von Capitän Osborn. (Ausland, XXXVIII, 1865, p. 183.)
486. **Expedition** nach dem Nordpol. (Ausland, XXXVIII, 1865, p. 261.)
487. **Hedenström** über das Eismeer. (Ausland, XXXVIII, 1865, p. 667.)
488. **Peschel**, Petermann's Nordpolarproject. (Ausland, XXXVIII, 1865, p. 716.)
489. **Osborn** Sherard, Vorschlag zur Erreichung des Nordpols. (Globus, Hildburghausen VII, 1865, p. 374—5.)
490. **Die Erreichung des Nordpols.** (Globus, Hildburghausen VIII, 1865, p. 47, 118)
491. **Die Hypothese** eines offenen Polarmeeres. (Globus, Hildburghausen VIII, 1865, p. 96.)
492. **Die projectirte** englische Expedition nach dem Nordpol. (Petermann's Geogr. Mitth. XI, 1865, p. 95.)
493. **Die Nordpolfrage.** (Petermann's Geogr. Mitth. XI, 1865, p. 358.)
494. **Die Nordpolfrage** und die Wiener Geographische Gesellschaft. (Petermann's Geogr. Mitth. XI, 1865, p. 387.)
495. **Koner** W. Einige Beiträge zu den Nordpolar-Expeditionen. (Zeitschrift für Allgem. Erdkunde, Berlin N. F., XIX, 1865, p. 428—435.)
496. **Hickson** W. E. Arctic Exploration. (Athenaeum 1865, Nr. 1975, p. 311, Nr. 1984, p. 618.)
497. **Echofs** from the Frozen Deep. (Athenaeum 1865, Nr. 1981, p. 504.)
498. **Osborn** Sherard Captain. On the exploration of the North Polar Region. (Proceedings of the Royal Geographical Society of London. IX. Nr. 2. 1865, p. 42—70.)
499. **Murchison** J. R. Speech on North Polar Expedition. (Proceedings of the R. Geogr. Society of London. IX, Nr. 3, 1865, p. 87.)
500. **Petermann** A. Dr. On the proposed Expedition to the North Pole. A letter addressed to Sir Roderick J. Murchison. (Proceedings of the Royal Geographical Society of London, IX, Nr. 3, 1865, p. 90—103.)
501. **Petermann** A. Dr. Second Letter to Sir Roderick J. Murchison on the subject of the North-Pole Exploration. (Proceedings of the Royal Geogr. Society of London, IX, Nr. 4, 1865, p. 114—125.)
502. **Markham** C. R. On the best Route for North-Polar Expedition. (Proceedings of the R. Geogr. Society of London. IX, Nr. 4. 1865, p. 138—146.)
503. **Murchison.** Speech on North Polar Expedition. (Proceedings of the R. Geogr. Society of London. IX, Nr. 4. 1865, p. 146—148.)
504. **Lady Franklin.** Letter on North Polar Expedition. (Proceedings of the R. Geogr. Society of London. IX, Nr. 4. 1865, p. 148—156.)
505. **Markham.** Notes to Paper on North Polar Exploration. (Proceedings of the R. Geogr. Society of London. IX, Nr. 4. 1865, p. 158—163.)
506. **North Polar Expedition.** (Proceedings of the R. Geogr. Society. IX, Nr. 5. 1865, p. 267.)
507. **Kett** C. W., Rev. The North Pole. (The Quarterly Journal of science. Oct. 1865.)
508. **Schilling**, Baron. Nordpol-Project. (Morskoi Sbornik, Mai 1865.)
509. **Jäger** G. Weltkarte in Nordpolar-Sternprojection. (Ausland, XXXIX, 1866, Nr. 35, p. 817.)
510. **Die projectirte** neue Nordpol-Expedition. (Gaea II, 1866. p. 49—50.)

511. **Klein.** Die projectirte Nordpol-Expedition. (Gaea II, 1866, p. 353—357.)
512. **Die Nordpol-Expedition.** (Globus. Hildburghausen IX, 1866, p. 93.)
513. **Gegen ein offenes Meer** am Nordpol. (Globus, Hildburghausen, IX, 1866, p. 190.)
514. **Hayes, Dr.** Ueber die Erreichung des Nordpols. (Globus, Hildburghausen, IX, 1866, p. 316—7.)
515. **Arctische Correspondenz:** Auszüge aus Briefen gewichtiger Gewährsmänner an A. Petermann über die Geographie und Erforschung der arktischen Central-Region. (Petermann's Geogr. Mitth. XII, 1866, p. 26.)
516. **Die Nordpolfrage** und das preussische Abgeordneten-Haus. (Petermann's Geogr. Mitth. XII, 1866, p. 77.)
517. **Projet** d'exploration du Pôle Nord. [Schilling. Aus Journ. d. St. Petersb.] (Bulletin de la Soc. de Géogr. Paris, V. Sér. XI, 1866, p. 529—532.)
518. **Morsier** de. Expedition au Pôle Nord. (Le Globe, Genève, Mémoires V, 1866.)
519. **Beauvois** E. Les populations riveraines de l'océan glacial. (Revue orientale et Américaine 1866, Nr. 55.)
520. **Osborn Sherard, Captain.** On the Exploration of the North Polar Region. (Journal of the R. Geogr. Society of London. XXXVI, 1866, p. 279—300.)
521. **Eine Eismeerfahrt** im Winter. (Ausland, XL, 1867, p. 336.)
522. **Ueber die voraussichtlichen** wissenschaftlichen Resultate der projectirten neuen Nordpol-Expedition. (Gaea III, 1867, p. 553—564.)
523. **Stand des nordpolaren** Erforschungs-Projectes, ganz besonders in Bezug auf die Betheiligung Preussens, Englands, Frankreichs. (Petermann's Geogr. Mitth. XIII, 1867, p. 81—87.)
524. **Eine Nordfahrt** mitten im Winter bei 22° Kälte. (Petermann's Geogr. Mitth. XIII, 1867, p. 115.)
525. **Bastian A. Dr.** Asiatisch-amerikanische Polar-Gegend. (Zeitschrift der Gesellschaft für Erdkunde zu Berlin. III. Ser., II. 1869, p. 423—438,)
526. **Proctor R. A.** The proposed journey to the North Pole. (The Temple Bar Magazine, November 1864.)
527. **Nordpolfahrten.** (Globus, Braunschweig XIII, 1868, p. 125.)
528. **Briefbeförderung** im Eismeere. (Globus, Braunschweig, XIII, 1868, p. 320.)
529. **Petermann.** Aufruf für die deutsche Nordpol-Expedition. (Lotos, Prag, XVIII, 1868, p. 94—96.)
530. **Die Nordpolfrage.** (Petermann's Geogr. Mitth., XIV, 1868, p. 169.)
531. **Koner W.** Einige Worte zur Karte der Nordpolar-Regionen. [Mit Karte.] (Zeitschrift d. Ges. f. Erdkunde. Berlin, III. Ser., III. 1868, p. 336—344.)
532. **Die Nordpolfrage.** (Zeitschr. d. österr. Ges. f. Meteorol. Wien, III, 1868, p. 268—9.)
533. **Malte Brun V. A.** Les trois projets d'exploration au Pôle Nord. Exposé historique et géographique de la question. Avec une carte. (Annales des Voyages, Janvier 1868, p. 5—94; Fevrièr p. 153—221.)
534. **Grad Ch.** L'Océan glacial et les expéditions projetées au Pôle Nord. (Cosmos, 25 Janvier. 1, 8, 15, 22, Février 1868.)
535. **Les Expéditions** au Pôle Nord. Dernières nouvelles extraites des Mittheilungen du Dr. Petermann. Nr. VIII. 1868. (Le Globe. Genève. Bulletin VII, 1868, 158—9.)
536. **Rae John.** Arctic Discovery. (Athenaeum 1868, Nr. 2113, p. 593.)
537. **North Polar Exploration.** (Athenaeum 1868, Nr. 2145, p. 755.)
538. **Osborn Sherard, Captain.** On the exploration of the North Polar Region. (Proceedings of the Royal Geographical Society of London. XII, 1868, Nr. II, p. 92—112.)
539. **Weyprecht C.** Die Nordpolar-Frage und die verschiedenen Pläne zu ihrer Lösung. (Archiv für Seewesen V, 1869, Jänner, p. 1—13.)
540. **Petermann.** Nachrichten aus dem Eismeere. [21. Juni.] (Archiv f. Seewesen, V, 1869, p. 281—2.)
541. **Project** einer russisch-norwegischen Dampfschifffahrts-Verbindung von Norwegen durch das Eismeer nach der nordsibirischen Küste. (Archiv f. Seewesen V, 1869, p. 308—9.)

542. **Offenes** arktisches Polarmeer. [Geogr. Mitth.] (Archiv f. Seewesen, V, 1869, p. 309.)
543. **Die Arctis.** (Jäger.)[N. F. Presse.] (Archiv f. Seewesen, V, 1869, p. 545—7.)
544. **Peschel** O. Nordpolfahrten 1868 u. 1869. (Ausland, XLII. 1869, Nr. 4. p. 92—5.)
545. **Andree** R. Dr. Die neuesten Nordfahrten. (Ergänzungsblätter, Hildburghausen, IV, Heft 8, 1869, p. 479—483.)
546. **Der Nordpol** nach den Forschungen des Herrn Dr. G. Rathgeber. (Gaea, V, 1869, p. 251—254.)
547. **Fahrten** nach dem nördlichen Polarmeere. [Der Bienenkorb, Hayes, Lambert und verschiedene Projecte.] (Globus, Braunschweig, XV, 1869, p. 122—3.)
548. **Der Nordpol** des Dr. Rathgeber. (Globus, Braunschweig, XV, 1869, p. 157-8.)
549. **Andree** K. Fahrten im nördlichen Eismeere und der Golfstrom. (Globus, Braunschweig, XV, 1869, p. 273—5.)
550. **Der Nordpol** des Capitäns Hatteras. (Globus, Braunschweig, XVI, 1869. p. 64.)
551. **Kohl** J. G. Die erste deutsche von der Weser aus um das Jahr 1040 veranstaltete Entdeckungsreise zum Nordpol. (Petermann's Geogr. Mitth. XV, 1869, p. 11—19.)
552. **Börgen** C. und A. Copeland, Astronom und Physiker der 2. deutschen Nordpol-Expedition. Kurze Geschichte der Ueberwinterungen in den arktischen Regionen während der letzten 50 Jahre. (Petermann's Geogr. Mitth. XV, 1869 p. 142—154.)
553. **Neueste** Nachrichten über die Nordpolar-Expeditionen 1869. (Petermann's Geogr. Mitth. XV, 1869. p. 234—238.)
554. **Rückkehr** der Rosenthal'schen Dampfer »Bienenkorb« und »Albert« und der Lamontschen Expedition; Carlsen's kühne Eisfahrt in's sibirische Eismeer; die Sidoroff'sche Expedition. (Petermann's Geogr. Mitth. XV, 1869, p. 350—355.)
555. **Hann**, Dr. J. Das offene Polarmeer. (Petermann's Geogr. Mitth. XV, 1869, p. 387—388.)
556. **Dunkle Region** im Arktischen Ocean. (Mittheil. d. Geogr. Gesellschaft in Wien, XII, 1869 p. 42.)
557. **Weyprecht** C. Die Nordpolfrage und die verschiedenen Pläne zu ihrer Lösung. (Mittheil. d. Geogr. Gesellsch. in Wien, XII, 1869, p. 413—427.)
558. **Heer** Oswald. Ueber die neuesten Entdeckungen im hohen Norden. (Verhandlungen d. Geolog. Reichsanstalt, Wien 1869, p. 115.)
559. **Petermann** A. Expédition au Pôle Nord du bateau à vapeur »La Ruche.« (Le Globe, Genève. Bulletin VIII, 1869, p. 22—23.)
560. **Nouvelles** des expéditions polaires. (Le Globe, Genève. Bulletin VIII. 1869, p. 176—179.)
561. **Nouvelles** des expéditions polaires. (Le Globe, Genève. Bulletin, VIII, 1869, p. 233—242.)
562. **Uzielli** Gustavo. Cenni sulle regioni polari. Mit 1 Karte. (Bolletino della società geografica italiana. II, Fasc. 2, 1869, p. 171—224.)
563. **Blaserna** P. Le recenti esplorazioni intorno al mare libero del Polo. (Rivista Sicula, 1869, März.)
564. **Davis**, J. E. Commander. North Polar Discovery. (Illustrated Travels, ed. by Bates, Part V, 1869, p. 149—152.)
565. **Hamilton**, R. V. Captain. On open water in the Polar Basin. (Proceedings of the Royal Geographical Society of London. XIII, Nr. 3, 1869, p. 234—243.)
566. **Maury**. Gateways to the Pole. (Putnams Magazine, New-York, Nov. 1869.)
567. **Dumb** Guides to the Pole. (Putnams Magazine, New-York, Dec. 1869.)
568. **Babinet** M. The Northern Seas. (Smithsonian Report 1869. p. 286—296.)
569. **Petermann** über den Stand der Polarfrage im Jahre 1870. (Archiv für Seewesen, VI, 1870 p. 233—236.)
570. **Nordpolar-Expeditionen.** (Archiv für Seewesen, VI, 1870. p. 479—480.)

571. **Ueber den Stand** der übrigen Nordpol-Expeditionen (ausser der deutschen). (Aus allen Welttheilen II, 1870, p. 32.)
572. **Die geographischen Forschungen** und Entdeckungen des Jahres 1869 III. Polarmeer. (Aus allen Welttheilen, I, 1870, Nr. 16, p. 128.)
573. **Die geographischen Entdeckungen** des Jahres 1870. IV. Das Polarmeer. (Aus allen Welttheilen II, 1870/71, p. 182.)
574. **Neue Nordpol-Expeditionen.** (Aus allen Welttheilen II, 1870/71, Nr. 7. p. 224.)
575. **Der hohe Norden.** Uebersicht der neuesten Expeditionen. (Aus allen Welttheilen, I, 1870, Nr. 31, p. 247.)
576. **Nordpolar-Expeditionen** im Sommer 1871. (Aus allen Welttheilen II, 1870/71, Nr. 9, p. 287.)
577. **Neuigkeiten aus dem nördlichen Eismeere.** (Ausland XLIII, 1870, p. 1127.)
578. **Die Expeditionen** nach dem nördlichen Polarmeer. (Globus, Braunschweig, XVIII, 1870, p. 220–222.)
579. **Schilling, N. G.** Baron. Ueber die Ausrüstung einer wissenschaftlichen Expedition in unserem Nordmeere. (Iswestija VI, 1870, p. 153.)
580. **Petermann A.** Die Nordpol-Expeditionen. (Lotos, Prag XX, 1870, p. 158–61.)
581. **Russische** Nordpolar-Forschungen 1869 und 1870. (Petermann's Geogr. Mittheil. XVI, 1870, p. 451–453.)
582. **Petermann.** Ueber den gegenwärtigen Stand der Polarfrage. (Zeitschr. d. österr. Gesellsch. f. Meteorol. V, 1870, p. 217–221.)
583. **Lettera** del Gustavo Lambert, Capo della spedizione Artica Francese al Polo Nord. (Bollettino della Soc. geogr. Italiana. Firenze IV, 1870, p. 179–80.)
584. **Esplorazioni** artiche. (Boletino della Soc. geogr. Italiana. Fasc. V, Parte III, 1870, p. 158–159.)
585. **Daly Ch. P.** Review of the events of the year and recent explorations and theories for reaching the North Pole. (Journal of the American Geographical and Statistical Society. Vol II, Part 2, 1870, p. LXXXIII–CXXVI.)
586. **Otter F. W.** Finnes det öppet vatten vid Nordpolen? (Carlskrona, K. Örlogsmanna-Sällsk. Tidskr., XXXIII, 1870, p. 47–58, 121–137.)
587. **Russische** Nordpolar-Expedition. Kropotkin etc. (Archiv f. Seewesen, VII, 1871, p. 460–461.)
588. **Zu den Nordpolar-**Expeditionen. (Archiv f. Seewesen VII, 1871, p. 555–6.)
589. **Dr. Aug. Petermann** über die diesjährigen arktischen Fahrten. Dr. Petermann und Koldewey. (Aus allen Welttheilen III, 1871/72, Nr. 1, p. 32.)
590. **Berichte** über die Fahrten und Entdeckungen auf den arktischen Meeren. (Aus allen Welttheilen III, 1871/72, Nr. 1, p. 32)
591. **Brunold F.** Die Sage vom eisfreien Nordmeere. (Aus allen Welttheilen III, 1871/72, Nr. 2, p. 59.)
592. **Nordpolar-Fahrten** 1871; Streitfrage zwischen Dr. Petermann und Capitän Koldewey. (Aus allen Welttheilen III, 1871/72, Nr. 3, p. 96.)
593. **Delitsch Otto.** Die geographischen Forschungen und Entdeckungen des Jahres 1871. V. Nordpol-Fahrten. (Aus allen Welttheilen III, 1871/72, Nr. 7, p. 199–200.)
594. **Nordpol-Expeditionen.** (Ausland, XLIV, 1871, p. 933.)
595. **Nordpol-Expeditionen.** (Ausland, XLIV, 1871, p. 959.)
596. **Arktisches.** (Ausland, XLIV, 1871, p. 984.)
597. **Brynjulfson Gisli.** Hatten die alten Nordländer Kunde von einem offenen Polarmeere? (Globus, Braunschweig, XIX, 1871, p. 188, 200, 213.)
598. **Koldewey K.** Ueber die Fahrten im Polarmeere. (Globus, Braunschweig XX, 1871, p. 300–302.)
599. **Kořistka, Dr. K.** Die neueste Recognoscirungsfahrt nach dem Nordpol. (Lotos, Prag, XXI, 1871, p. 179–182.)
600. **Russische** Nordpolar-Expedition. (Petermann's Geogr. Mitth. XVII, 1871, p. 226–230.)
601. **Zur nächsten** russischen Nordpol-Expedition. (Mittheil. d. Geogr. Ges. in Wien, XIV, 1871, p. 598–599.)

602. **Expéditions** arctiques. (Le Globe, Genève. Bulletin X, 1871, p. 34—38.)
603. **Expédition** russe dans les mers arctiques. (Le Globe, Genève. Bulletin X, 1871, p. 131—138.)
604. **Encore** des expéditions arctiques. (Le Globe, Genève. Bulletin X, 1871, p. 212—217.)
605. **Sulla** spedizione al Polo artico. (Rivista Maritima, Roma, IV, 1871, p. 1401—1404.)
606. **Bent** S. Capt. Upon the routes to be persued to the North-Pole. (Journal of the American Geographical and Statistical Society, II, Part 2, 1871, p. 31—40.)
607. **Markham** C. R. Arctic exploration. (Nature, 30. Nov. 1871, p. 77—79.)
608. **Arctic** Exploration. (Slip of meeting of the Royal Geographical Society of London. 23. January 1871. Proceedings of the R. Geogr. Society, XV, Nr. 4, 1871, p. 307.)
609. **Die Nordpolfrage** in England. (Archiv für Seewesen, Wien VIII, 1872, p. 83.)
610. **Zu den Nordpolar-**Expeditionen. (Archiv für Seewesen, Wien VIII, 1872, p. 108—109.)
611. **Neue** Entdeckungen im Polarmeere. (Archiv f. Seewesen, Wien VIII, 1872, p. 554—555.)
612. **Weitere** Nachrichten über die Nordpolar-Expeditionen. (Aus allen Welttheilen, IV, 1872/1873, Nr. 2, p. 62.)
613. **Delitsch** Otto Dr. Die geographischen Forschungen und Entdeckungen des Jahres 1872. V, Nordpolfahrten. (Aus allen Welttheilen IV, 1872/1873, Nr. 8, p. 234—238.)
614. **Pechuel-Lösche** M. E. Vorgeschichte der atlantischen Nordfahrten. (Aus allen Welttheilen, IV, 1872/73, Nr. 9, p. 279—282.)
615. **Die Nordpolfrage** und das Atlantic Monthly. (Ausland, XLV, 1872, Nr. 11, p. 264.)
616. **Der gegenwärtige** Standpunkt der Nordpolarforschungen. (Ausland, XLV, 1872, Nr. 22, 23, 24, 25, 26, pp. 524, 537, 564, 580, 610.)
617. **Uebersicht** der neuen Nordpolar-Expeditionen. (Ausland, XLV, 1872 Nr. 34, p. 810.)
618. **Andree**. Das angeblich offene Polarmeer (Globus, Braunschweig XXI, 1872, p. 62—63.)
619. **Erörterung** über die Polarfahrten. (Globus, Braunschweig XXI, 1872 p. 318.)
620. **Die arktischen** Expeditionen i. J. 1872. (Globus, Braunschweig, XXII, 1872 p. 59—63.)
621. **Koldewey**, K Ueber die neuesten Polar-Expeditionen. (Hansa, Zeitschrift für Seewesen, IX, 1872, Nr. 22 u. 23.)
622. **Die grosse** Eingangspforte in die centralen Nordpolar-Regionen, die geologischen Untersuchungen Th. v. Heuglin's in Ost-Spitzbergen, der Stand der neuen diesjährigen Nordpolar-Expeditionen zu Ende Juni 1872. Mit Karte s. Tafel 14. (Geographie und Erforschung der Polar-Regionen, Nr. 65, Petermann's Geogr. Mitth. XVIII, 1872, p. 273—280.)
623. **Fortschritt** der Polarforschung; Nachrichten über die 7 zurückgekehrten Expeditionen unter Graf Wilczek, Altmann, Johnsen, Nilsen, Smith, Gray, Whymper; die 3 Ueberwinterungs-Expeditionen: Amerikanische, Schwedische, Oesterreichisch-Ungarische, und die 2 neuen: die Norwegische Winter-Expedition und diejenige unter Capitän Mack. (Geographie und Erforschung der Polar-Regionen, Nr. 72. Petermann's Geogr. Mitth. XVIII. 1872, p. 457—470.)
624. **Eine britische** Nordpolexpedition. (Mittheil. d. Geogr. Ges. in Wien, XV., 1872, p. 294—296.)
625. **Opinion** du capitaine Koldewey sur les voies et moyens pour arriver au Pôle. (Le Globe, Genève, Bulletin XI. 1872, p. 47—52.)
626. **Quelques** particularités des régions arctiques. (Le Globe, Genève, Bulletin, XI, 1872, S. 110—128.)
627. **Découvertes** nouvelles dans la mer polaire. (Les Mondes 1872, Nr. 7.)
628. **Marschall**. Expéditions polaires arctiques. (Les Mondes 1872, Nr. 12.)

629. **Chronique** des expéditions polaires arctiques en 1872. (Les Mondes, 1872, Nr. 12.)
630. **Niéviéjine** A. Les expéditions polaires en Russie. (Revue maritime et coloniale. Oct. 1872, p. 825—847.)
631. **Negri** Christoforo. Gli Italiani e le spedizione polari. (Bolletino della Società geogr. ital. Roma, VIII. 1872, p. 153—154.)
632. **Negri** Christoforo. Il problema polare e gli Italiani. (Bolletino della Società geogr. ital. Roma, VIII. 1872, p. 154—155.)
633. **Negri** Christoforo. Obbiezioni alle spedizioni polari. (Bolletino della Società geogr. ital. Roma, VIII. 1872, p. 155—157.)
634. **Negri** Christoforo. Connessione fra le scienze naturali e le esplorazioni polari. (Bolletino della Società geogr. ital. Roma, VIII. 1872, p. 160—162.)
635. **Lo stato** attuale delle spedizioni artiche. (Bolletino della Società geogr. ital. Roma, VIII. 1872, p. 170—174.)
636. **Progetto** di nuova spedizione artica. Dal Mechanic's magazine. (Rivista marittima, Roma IV. 1872, p. 959—960.)
637. **Polar** discovery; the threshold of the unknown region. With a map of the Siberian Polar Sea. (Ocean Highways July 1872, p. 115—116; August p. 155—157; Sept. p. 181—182; Oct. p. 215—217; Nov. 1872, p. 254—256; Dec. p. 292—294; Jan. 1873, p. 325—327; Febr. p. 358—360; March p. 391—393.)
638. **Osborn** Sherard. Renewal of Arctic Discovery. (Ocean Highways II., 1872, Nr. 4, p. 101.)
639. **Nathorst** A. G. Om arktiska växtlemningar i Skånes sötvattensbildningar. (Öfversigt af K. Vetenskaps-Akad. Förhand. Stockholm, XXIX, 1872, Nr. 2, p. 123—142.)
640. **Eine Nordpolar-Expedition** in England projectirt (Globus, Braunschweig, XXIII, 1873, p. 63.)
641. **Die britische Regierung** gegen eine Polarexpedition. (Globus,Braunschweig, XXIII, 1873, p. 110—111.)
642. **Spörer** J. Der hohe Norden in der deutschen Reise-Literatur und Th. v. Heuglin's Reisen nach dem Nordpolarmeer in den Jahren 1870 u. 1871. (Petermann's Geogr. Mitth. XIX, 1873, p. 41.)
643. **Neue** Nordpolar-Expeditionen. (Geographie und Erforschung der Polar-Regionen Nr. 75. Petermann's Geogr. Mitth. XXI., 1873, p. 107.)
644. **Die projectirte** englische Polar-Expedition. (Mittheil. aus dem Gebiet des Seewesens. Pola, I. 1873, p. 197.)
645. **Die Nordpol-Expeditionen** von 1873. [Ocean-Highways] (Mittheil d. Wiener Geogr. Ges. XVI., 1873, p. 267—271.)
646. **Résumé** des récentes expéditions arctiques par F. de M. (Le Globe, Genève, Bulletin XII. 1873, p. 69—84.)
647. **Una** spedizione umanitaria nei ghiacci polari. (Bolletino della Società geogr. ital. Roma, IX. 1873, p. 159—160.)
648. **Spedizioni** polari. (Bolletino della Società Geogr. ital. Roma, Anno VII. X. Fasc. 4—5, 1873, p. 79.)
649. **Proposta** di una nuova spedizione artica. Dal United Service Gazette 27. dicemb. 1872. (Rivista maritima, Roma, VI, 1873, p. 373—374.)
650. **Petermann** A. Nuove scoperte nel mar polare. Dal tedesco (Rivista maritima, Roma, VI, 1873. p. 546—547.)
651. **The best** route for arctic exploration. (Royal Geographical Society 28. April 1873. Ocean Highways I, 1873. p. 82—84.)
652. **The Arctic** Campaign of 1873. (Ocean Highways. I., 1873, p. 89—91.)
653. **Results** of the Arctic Campaign of 1873. (Ocean Highways. I, 1873, p. 309—311.)
654. **The New** Arctic Expedition. (Ocean Highways II. 1873. Nr. 10, p. 309.)
655. **Postponement** of the Arctic Expedition. (Ocean Highways II. 1873. Nr. 11. p. 342—343.)
656. **Healthiness** of the Arctic Regions. (Ocean Highways. II, 1873. p. 353.)

657. **Newton** Alfred. Arctic Auguries. (Ocean Highways II, 1873. Nr. 11. p. 353—354.)
658. **Deputation** to the Governement on the Proposed Arctic Expedition. (Proceedings of the R. Geogr. Society of London. XVII. Nr. 2, 1873, p. 76.)
659. **Anderson** Al. C. The rationale of an oppen sea in the North Polar Region, considered with reference to analogous developments during winter in the interior lakes of North America. (Proceedings of the R. Geogr. Society of London. XVII, 1873. Nr. 2. p. 133—138.)
660. **Osborn**, Captain Sherard. On the Probable Existence of Unknown Lands within the Arctic Circle. (Proceedings of the R. Geogr. Society of London. XVII. 1873. Nr. 3. p. 172—184.)
661. **Nachrichten** über die Nordpolarfahrten. (Aus allen Welttheilen, Leipzig, V, 1874. p. 219.)
662. **Dr. Gustav Jäger's** Polarflüchtigkeits-Theorie und die neuesten arktischen Entdeckungen. (Ausland, XLXVII, 1874. p. 824.)
663. **Petermann.** Ueber die arktischen Polarforschungen der letzten sechs Jahre. (Gaea. X. 1874. p. 116—118.)
664. **Chavanne** Jos. Dr. die arktischen Expeditionen der Amerikaner, Schweden und Oesterreich - Ungarns 1871—1874 (Gegenwart von Lindau. VI. 1874. p. 321—324.)
665. **Russland's** Expeditionen im hohen Norden. Fischfang im weissen Meere. (Globus, Braunschweig, XXVI, 1874. p. 78.)
666. **Zukünftige** arktische Reisen. (Hansa, 18. Oct. 1874.)
667. **Finger, Dr. F. A.** Die allmähliche Entwicklung unserer Kenntnisse von der Arktischen Region. Kartographisch dargelegt Mit Karte. (Jahresbericht des Frankfurter Vereins für Geogr. und Statistik XXXIX, 1874—75. p. 86—99.)
668. **Motive,** die Fortsetzung der deutschen Polarforschung betreffend. (Jahresbericht der Geogr. Ges. Hamburg. II. 1874—5. p. 134—138.)
669. **Entwurf** zu einem Plane für eine dritte deutsche Nordpolarfahrt. (Jahresbericht der Geogr. Ges. Hamburg. II. 1874—5. p. 139—143.)
670. **Die arktische** Campagne von 1873. (Geographie und Erforschung der Polar-Regionen. Nr. 86. Petermann's Geogr. Mitth. XX, 1874. p. 34—40.)
671. **Chavanne, Dr. Josef.** Das arktische Festland und Polarmeer. Wien, 25. April 1874. (Geographie und Erforschung der Polar-Regionen Nr. 93. Petermann's Geogr. Mitth. XX. 1874, p. 241—252.)
672. **Chavanne, Dr. Josef.** Die Nordpolfrage und die Ergebnisse der II. Oesterr.-Ungarischen Nordpolar-Expedition. Wien, 10. Oct. 1874. (Geographie und Erforschung der Polar-Regionen Nr. 99. Petermann's Geogr. Mitth. XX. 1874, p. 421—425.)
673. **Eine neue** deutsche Polar-Expedition. (Geographie und Erforschung der Polar-Regionen Nr. 100. Petermann's Geogr. Mitth. XX. 1874, p. 441—443.)
674. **Chavanne, Dr. Josef** Das arktische Festland und das Polarmeer. (Mitth. der Geogr. Ges. in Wien, XVII. 1874. p. 383—384)
675. **Osborn** Sherard. Die Routen n. d. Polarregion. Aus Geographical magazine Sept. 1874. (Mittheil. der Geogr. Ges. in Wien, XVII. 1874. p. 418—429.)
676. **Hildebrandt,** Ueber Nordpolfahrten. Ein Vortrag gehalten im militärisch-technischen Vereine zu Wilhelmshafen am 28. Jänner 1874. (Beiheft zum Marine-Verordnungsblatt Nr. 9, Berlin, 15. April 1874. p. 24—35.)
677. **Kurze** Bemerkungen zur Karte der Nordpolarländer. Mit Karte. (Zeitschr. der Ges. für Erdkunde. Berlin. III. Ser., IX., 1874. p. 388—390.)
678. **Le Pôle Nord** et les élections anglaises. (La Nature, Paris 1874. I. Sem. p. 255.)
679. **Grad, Ch.** Les expéditions scientifiques au Pôle Nord. (Revue Scientifique de la France et de l'étranger. 2. Sér. 3. Année, 1874, p. 658—661.)
680. **Esplorazioni** artiche. (Bolletino della Società geogr. italiana, Roma XI. 1874. p. 425—426.)
681. **Cora,** Guido. La Geografia Artica ai nostri giorni ed i piu recenti viaggi tra la baia di Baffin e il mar di Kara. Con una Carta. [Tavola XII.] (Cosmos di G. Cora. II. 1874. p. 405—415.)

682. **Peroglio, Celestino.** Prof. Quali vantaggi si possano attendere dalla navigazione artica. (Publicazioni del Circolo Geogr. ital. Torino. I. 1874. p. 19—21.)
683. **Chavanne, Dr. Josef.** An Arctic Continent or an Arctic Ocean. (Aus Petermann's Geogr. Mitth. 1874. The Geographical Magazine I. 1874. p. 208—210.)
684. **Osborn, Sherard.** The Routes to the North Polar Region. (The Geographical Magazine. I. 1874. p. 221—225.)
685. **Delitsch Otto.** Die Bedeutung der Nordpolar-Expeditionen für die geographische Wissenschaft. (Aus allen Welttheilen. Leipzig, VI. 1875. p. 167—70.)
686. **Weyprecht Carl.** Ueber Nordpol-Expeditionen. (Gaea, XI, 1875, p. 681—689.)
687. **Stand der Nordpolfrage** zu Ende des Jahres 1874. (Geographie und Erforschung der Polar-Regionen Nr. 104. Petermann's Geogr. Mitth. XXI, 1875. p. 23—31.)
688. **Chavanne, Dr. Josef.** Die Eisverhältnisse im arktischen Polarmeere und ihre periodischen Veränderungen. (Geogr. und Erforsch. der Polar-Reg. Nr. 108. Mit Tafel 14. Petermann's Geogr. Mitth. XXI. 1875. p. 134—143, 245—280.)
689. **Weyprecht Carl.** Bilder aus dem hohen Norden. 1. Das Nordlicht. 2. Das Eis. 3. Die Bildung des Packeises. 4. Eispressungen. 5. Eispressungen. 6. Unser Matrose im Eise. 7. Der Walrossjäger. (Geographie und Erforschung der Polar-Regionen, Nr. 112, 114, 116, 121, 122. Petermann's Geogr. Mitth. XXI. 1875. p. 346—51, 403—9; XXII, 1876, p. 90—94, 341—347, 404—410.)
690. **Weyprecht Carl.** Grundprincipien der arktischen Forschung. (Pola, Mitth. aus dem Gebiete des Seewesens. III. 1875. p. 505—514.)
691. **Le Monnier Franz v.** Einige ältere Ansichten über die Schiffbarkeit des Eismeeres. (Mitth. der Geogr. Ges. in Wien, XVIII. 1875. p. 310—319.)
692. **Weyprecht Carl.** Die Erforschung der Polar-Regionen. (Mitth. der Geogr. Ges. in Wien XVIII. 1875. p. 357—366.)
693. **Dritte deutsche Nordpol-Expedition.** (Mitth. der Geogr. Ges. in Wien. XVIII. 1875. p. 372—374.)
694. **Le Pôle Nord.** avec fig. (l'Explorateur I, 1875. pp. 7—10, 35—39, 86—87.)
695. **Gros J.** Le Globe exploré à l'aide d'un mirage. Avec un carte polaire. (l'Explorateur I, 1875, p. 115—118.)
696. **Le Pôle Nord.** L'oeuvre de M. Gabriel Marcel. »Le Pôle Nord« chez Leclerc et Co. 1875. (l'Explorateur I.. 1875, p. 312.)
697. **Expéditions** au Pôle Nord. (l'Explorateur I. 1875, p. 502.)
698. **Expéditions** au Pôle Nord. (l'Explorateur II, 1875, p. 516—517.)
699. **Meyners** d'Estrey, Comte. Les Hollandais et les expéditions au Pôle Nord. (l'Explorateur II, 1875, p. 631.)
700. **Une** nouvelle expédition allemande au Pôle Nord. Aus »Hansa.« (Revue marit. et colon. Paris, XLV 1875, 163 livr., p. 281.)
701. **Roussin M.** A. Les dernières expeditions au Pôle Nord. 1871—1874. (Revue marit. et colon. Paris, XLVI, 1875. livr. 166. p. 5.)
702. **Esplorazioni artiche.** (Bollet. d. Soc. geogr. ital. Roma. Anno IX. Ser. II, Vol. XII. 1875, p. 722—724.)
703. **L'Olanda** e le spedizioni polari. (Bollet. d. Soc. geogr. ital. Roma, Anno IX. Vol. XII, 1875, p. 738—739.)
704. **The Arctic Manual.** (The Geogr. Magazine, II, 1875, p. 55.)
705. **The Work** of the Arctic Expedition. (The Geogr. Magazine, II, 1875, p. 65—71.)
706. **The Scientific** Work of the Arctic Expedition. (The Geogr. Magazine, II, 1875, p. 234—237.)
707. **Garraud Eugène.** Aux explorateurs du Pôle Nord (hymne). (The Geogr. Magazine, II. 1875, p. 283.)
708. **Exploration** of the Arctic Regions. A Letter from Dr. Petermann to the President of the Royal Geographical Society. (Proceedings of the R. Geogr. Society, XIX. 1875, p. 173—180.)

709. **Die geographischen Entdeckungen,** und Forschungen des Jahres 1875, VI. Nordpolarländer. (Aus allen Welttheilen VII, 1876, p. 298—299.)
710. **Mintzer's** Nordpolar-Expedition. (Ausland XLIX, 1876, p. 940.)
711. **Die schwedische** Nordpolar-Expedition von Prof. Nordenskjöld (Gaea, XII, 1876, p. 62.)
712. **Nordpolfahrten.** (Globus, Braunschweig, XXIX, 1876, p. 144.)
713. **Payer** Julius. Das innere Polarmeer. (Globus, Braunschweig, XXIX, 1876, p. 328—331.)
714. **Eine internationale Nordpol-Expedition.** (Mitth. d. Geogr. Ges., Wien, XIX., 1876 p. 193—197.)
715. **Bericht** der deutschen Reichs-Commission zur Begutachtung von Fragen der Polarforschung, v. Möller, Dove, Griesebach etc. (»Leopoldina« amtliches Organ der k. Leopold.-Carol., Deutschen Akad. d. Naturforscher, Nr. 2—6, 1876. — Mitth. d. Geogr. Ges. in Wien XIX, 1876. pp. 308—314, 375—394, 491—495.)
716. **Arktische** Forschungen. (Aus: »Dagbladet«. Mitth. d. Geogr. Ges. in Wien XIX, 1876, p. 533—534.)
717. **Lettre** de M. le comte Wilczek et de M. Ch. Weyprecht à M. Le Président de la Société de Géogr. à Paris. (Bulletin de la Soc. de Géogr. Paris, Sér. X, Tom. XII, 1876, p. 71—78.)
718. **Carret** Jules. Déplacement de l'axe polaire. (Bulletin de la Soc. de Géogr. Paris, Sér. X. Tom. XI. 1876, p. 473—492.)
719. **Grad** Ch. Les Hollandais dans les mers arctiques. [The Dutch in the Arctic Seas by Campen] (Bulletin de la Soc. de Géogr. Paris, Sér. X, T. XII, 1876, p. 524—527.)
720. **Grad** Charles. Les abords de la région inconnue. Histoire des voyages d'exploration au Pôle Nord par Clemens R. Markham, trad. de l'anglais par Henry Gaidoz. 1 vol. 18°. (Bulletin de la Soc. de Geogr. Paris, Sér. X, Tom. XII, 1876, p. 626—634.)
721. **Les Expéditions Arctiques.** (L'Explorateur III, 1876, p. 35—36; 44—45.)
722. **Gros** Jules. Le Pôle Arctique et les observatoires Circumpolaires. (L'Explorateur III, 1876, p. 653—654.)
723. **Martinet** Ludovic. Difficulté d'atteindre le Pôle. La Pesanteur. (L'Explorateur IV, 1876, p. 138—139.)
724. **Les explorations** de géographie commerciale vers l'Océan glacial Arctique. (L'Explorateur IV, 1876, p. 191—192.)
725. **Barre Duparcq** Ed. de la. Rabelais et le Pole Nord. Mit einer Karte. Gest. von R. Hausermann, gedr. v. Cochet & Roulié. (L'Exploration Paris, I, 1876, 4 livr., p. 25—28.)
726. **The Revival of Dutch** Arctic Exploration. (The Geographical Magazine III, 1876, p. 23—24.)
727. **Weyprecht,** Lieutenant. On Arctic Investigation. (The Geogr. Magazine. III. 1876, p. 104.)
728. **Malte Brun.** Ueber die Existenz eines Nordpolarlandes. (Aus dem westphälischen Moniteur. — Archiv f. Welt-, Erd- u. Staatenkunde. Wien II. Jahrg. I. Bd. p. 189.)
729. **Malte Brun.** Ueber die Existenz eines nördlichen Polarlandes. (Allg. geogr. Ephemeriden, XXXVII. p. 129.)
730. **Gedoyn** Nicolas. Recherches sur les Hyperboréens. (Mém. de l'Acad. des Inscript. VII, Mém. p. 113.)
731. **Banier** Antoine. Nouvelles reflexions sur les peuples appellés Hyperboréens. (Mém. de l'Acad. des Inscript. VII, Mém. p. 127. X, Mém. p. 198.)
732. **Feret** Nicolas. Sur la situation du pays des Hyperboréens. (Mém. de l'Acad. des Inscript. XVIII, Hist. p. 192.)
733. **Bougainville.** Essai historique sur les navigations anciennes et modernes dans les hautes latitudes septentrionales. (Mém. de l'Instit. III. An. IX, p. 40.)
734. **Brandes** K. H. Dr. Die letzten Arktischen Expeditionen und ihre Ergebnisse mit besonderer Rücksicht auf die Expedition des Dr. Elisha Kent Kane. (Unsere Zeit. Heft 20.)

735. **Ueber** die Vortheile eines Versuchs zur Durchfahrt aus dem nordwestlichen in das nordöstliche Eismeer. (Unterhaltungsblätter für Welt- und Menschenkunde. Aarau II, p. 182.)
736. **Finger** F. A. Die Nordpolreisen des 15. und 16. Jahrhunderts. (Westerm. Jahrb. V. p. 154—171.)
737. **Bayer.** Theophilus Sigefridus. De Hyperboreis. (Commentar. Acad. Petropolitanae. XI. p. 330.)
738. **Trois voyages** de découvertes au nord de l'Amérique par Parry, Franklin et Beechey. (Bulletin de la Soc. de Géogr. Paris, I. Sér., III. 1826. p. 298—300.)
739. **Projet** d'une nouvelle expédition au Pôle Nord. (Bulletin de la Soc. de Nouvelles Geogr. Paris, I. Sér., VI. 1827. p. 113.)
740. **Relations** de Moxon et de Gould. (de Pôle Nord). (Bulletin de la Soc. de Géogr. Paris, I. Sér. X, 1829.p. 187, 188.)
741. **Voyages** dans les mers polaires depuis 1596; (Bulletin de la Soc. de Geogr. Paris, X, 1829. p. 187.)
742. **Côte** Nord-Est-Expédition de Le Duc vers le Pôle Nord. — Glaces. — Leurs differentes espèces. — Formation des îles de glace. — Expeditions anglaises. — De Parry. — Rapports de Johnson et de Warham. — De Mac Keevor à la baie d'Hudson. — Franklin. (Choix de voyages Mac Carthy vol. V, p. 1—72.)
743. **Richardson** John. Polar Regions. (Encyclopaedia Britannica. New ed. XVIII, p. 161.)
744. **Ommaney,** Rear Admiral. Polar Expedition. (Journal of the Royal United Service Institution, IX, p. 12.)

Karten.

745. **Janssonius,** Polus Arcticus. Amsterdam 1657.
746. **De Custen** van Noorwegen, Finmarken, Lapland, Spitzbergen, Jan Mayen, Englandt, Ysland als mede Hitland. Gestochen von Peter Goos, Amsterdam 1666.
747. **Pascaarte** v. alle de zee kusten van Europa. Amsterdam 1677, W. P. u. J. Blaeu. (Greenland, Spitzbergen u. Nova Zembla.)
748. **Hemisphére** Septentrional. Par Guillaume Delisle, Premier Géographe du Roi. Paris 1714.
749. **Collection** von 21 Karten über die arktischen Regionen. Amsterdam 1733.
750. **Terres** Arctiques, Septentrionales et Méridionales par G de l'Isle, la première avec une lettre impr. de M. Swartz, Résident des Etats Génerales à St. Petersbourg, de 1740 Amsterdam, Ottens. 2 feuilles.
751. **Essai** d'une Carte polaire arctique. Paris 1774.
752. **Arctic Regions.** A Chart of North and South America, including the Atlantic and Pacific oceans, with the nearest coast of Europe, Africa and Asia. Arctic Regions R. Sayer, London 1775, 2 fol.
753. **Carte des Mers du Nord.** Publiée par Messieurs de Verdun, de Borda et Pingré 1776.
754. **Carte** da Navegar de Nicolo et Antonio Zeni Furono in Tramontana Luno 1780.
755. **Forster.** Neue und verbesserte Karte der um den Nordpol gelegenen Länder. Berlin, 1783.
756. **Delamarche.** Les couronnes du Nord: la Danemarc, la Norvége, l'Islande et la Suède etc. Paris 1792. 1:2,970.000. 2 Blätter.
757. **Lapie.** Océan arctique. Paris 1821.
758. **Allgemeine** Uebersicht der von den Capitains Ross, Parry und Franklin in den Jahren 1818, 1819, 1820 u. 1821 gemachten Entdeckungen. Fol. Weimar 1823. Landes-Industrie-Comptoir.
759. **Brué** A. H. Nouvelle carte de l'Amérique septentrionale, du Groenland et des îles, qui en dépendent etc. Paris 1843, 1:5,760.000. 4 Feuilles.

760. **Lichtenstern** Theod., Freih. v. Die Nord-Polarländer. (Wandkarte). 9 lith. u. color. Blätter in gr. Fol. Berlin, D. Reimer. 1838.
761. **Karte** des Eismeeres und des östlichen Oceans (Uebersichtskarte). [Russische Karte]. 1:7,716.000. Petersburg, 1844.
762. **Discoveries** in the Arctic Sea drawn from official Documents by J. Arrowsmith. 1:3,000.000 bis 1:2,000.000. London, October 1851.
763. **Carta** delle Terre Polare Artiche. Tratta da quella dell' Ammiragliato Inglese e corretta al 1853.
764 **Kiepert** H. Karte der Nord-Polar-Länder nebst Darstellung der Wärmeverbreitung für das Jahr, von H. W. Dove. Berlin 1855 und 1874, Imp. Fol.
765. **Kiepert** Heinr. Entdeckungen im arktischen Polarmeere in Folge der Aufsuchung der Franklinschen Expedition, bis 1854. Nach der von der Britischen Admiralität 20. Jan. 1855 herausgegebenen Karte. (Discoveries in the Arctic Sea) auf $^1/_3$ des Längenmaassstabes verkleinert. (InMercators Projection) H. M(ahlmann) sc. qu. gr. Fol. Berlin, D. Reimer. 1856.
766. **Arctic Sea.** Map of the Discoveries in the Arctic Sea up to 1859. 1860.
767. **Carte** Index Nr. 2, tableau synoptique des cartes et plans de l'Océan Atlantique arctique. Paris, Dépôt de la marine, 1866.
768. **Facsimile** of the tabula nautica 1611 and the map of the world with indication of the discovery of Hudson and de Quir. Amsterdam, F. Muller. 1867.
769. **North Polar Chart** — 1856; additions to 1869.
770. **North Polar Chart.** To accompany Mr. Lamont's Register of »Diana's« two voyages. Scale 1 inch = 160 miles. London, J. Lamont. 1870.
771. **Chart** of the North Polar Sea. Published by Capt. Washington. London, Hydrogr. Office 1874.
772. **Chart** of the North Polar Sea representing the discoveries of various nations at different times up to 1874. 2 sheets. London 1874.
773. **Stanford.** Map of the countries round the North Pole. London, Stanford 1875.
774. **Muller** Frederik. Map of the countries round the North Pole. London 1875
775. **North** Polar chart, with Atlantic Ocean to lat. 50°. 1:1,565.000. London, Hydrogr. Office, 1875. Nr. 274.
776. **Johnston** Keith. North Polar Chart. London, Blackwoods 1875.
777. **Discoveries** in the Arctic Sea to 1853. From 72° to 72$^1/_4$° lat. N. and 66°30' to 117° 30' long. W. of Gr. 1:1,400.000. London, Hydr. Office, Nr. 2118.
778. **Russiae** partes Septentrionalis et orientalis. Auct. Is. Massa Apud Jans. Waesbergios.

b) Astronomie, Meteorologie und Erdmagnetismus.

779. **Bilberg** J. De Refractione Solis inoccidui in Septentrionalibus Oris. Lat. et Suec. Holm 1695. 4°.
780. **Horsby** Samuel. Remarks on the Observations made in a late voyage to the North Pole, for determining the Acceleration of the Pendulum in latitude 79° 51'. London 1774. 4°.
781. **Commissioners** of longitude. The original astronomical observations, made in the course of a voyage to the Northern Pacific Ocean, for the discovery of a North-East, or North-West Passage, by Captain James Cook, Lieut. James King, and William Bayly; with a plate; published by order of the Comissioners. London 1782. 4°.
782. **Ross** J. C., Sir. The Position of the North Magnetic Pole. London 1834.
783. **Force** Peter. Record of Auroral Phenomena observed in the higher Northern Latitudes. Washington 1856.
784. **Osborn** Sherard. Remarks upon the amount of Light experienced in High Northern latitudes during the absence of the Sun in 1858. London, Blackwood 1861.

785. **Dove H. W.** Die Monats- u. Jahres-Isothermen in der Polarprojection nebst Darstellungen ungewöhnlicher Winter durch therm. Isametralen. Mit 20 Karten. Berlin, Reimer 1864.
786. **Bent, Captain Silas.** An Address and upon the Thermometric Gateways to the Pole. St. Louis, R. P. Studley 1869. 29 pp. 8°. Mit der Karte: Map of the World Showing the Oceans and Thermometric Gateways to the North Pole.
787. **Hann J., Dr.** Untersuchungen über die Winde in der nördlichen Hemisphäre und ihre Klimatologische Bedeutung. 66 pp. Mit 2 Tafeln. 8°. (Aus dem LX. Bd. der Sitzungsberichte der Wiener Akad. der Wissensch. 2. Abth. Juli 1869.) Wien, Gerold 1869.
788. **Bent Silas.** An Address, upon the thermal paths to the Pole. St. Louis, R. P. Studley 1872. 8°. 40 pp. Mit den Karten: Map of the World Showing the Oceans and Thermometric Gateways to the North Pole. und: Circumpolar Map.
789. **Fritz H., Prof.** Verzeichniss beobachteter Polarlichter. 255 pp. Wien, Gerold 1873. 4°.

Aufsätze und Notizen.

790. **Le Monnier.** Remarques sur la carte suédoise de l'inclinaison de l'aimant. Publiée à Stockholm dans le trimestre de Juillet des Actes de l'Académie année 1768. Avec une carte. (Mémoires de l'Académie des sciences de Paris 1772. part II, p. 461—464.)
791. **Hellant Anders.** Magnet-nälens declination, observerad på flera ställen inom norra pol-cirkelen. (Vetensk. Acad. Handl. 1777. p. 300.)
792. **La Lande Br.** Auszüge aus Briefen. Lage des magnet. Nordpoles. (Allgem. geogr. Ephemeriden. Herausgegeben von Zach Gaspari und Industrie-Comptoir, Weimar, I. 1798. p. 127.)
793. **Sabine Edward.** Beobachtungen über die Beschleunigung des Secunden-Pendels in höheren Breiten, angestellt auf den Expeditionen unter Capit. Ross und unter Capit. Parry. (Gilbert, Annal. LXIX. 1821. p. 402—416.)
794. **Agardh C. A.** Ueber den in der Polar-Zone gefundenen rothen Schnee. (Verhandl. der Leop.-Carol. Akad. der Naturforscher. Bonn, IV. 1824. p. 735.)
795. **Versuch** einer magnetischen Neigungskarte, gez. nach den Beobachtungen auf der letzten engl. Nordpol-Expedition unter Ross und Parry. (Hertha IV, 1825, p. 143—149.)
796. **Tafel** der magnetischen Declinationen in den Nordpolar-Gegenden. (Hertha V, 1826, p. 238—240.)
797. **Sabine Edward.** Observations on the magnetism of the Earth, especially of the Arctic regions. (Silliman Journ. XVII, 1830, p. 145—157.)
798. **Ross, Capitain.** Der magnetische Pol. (Journal für die neuesten Land- und Seereisen, LXXX, 1835, p. 96.)
799. **L'été** des mers polaires en 1836. Le détroit de Davis etc. (Nouvelles Annales des Voyages. Paris, III Sér., XI, 1836, p. 367—8.)
800. **Baer K. E. v.** Ueber die Häufigkeit der Gewitter in den Polar-Regionen. (Poggendorff. Annal. XLVIII, 1839, p. 601—10.)
801. **Wie kalt** ist es am Nordpol? (Pfennig-Magazin. Leipzig, VII, 1839, p. 226.)
802. **Baer K. E. v.** Sur la fréquence des orages dans les régions arctiques. (St. Pétersbourg Bull. Scientif. VI, 1840, col. 66—73. Edinburgh New Phil. Journ. XXIX, 1840, p. 90—93.)
803. **Dove Heinrich Wilhelm.** Verschiedenheit des amerikanischen und asiatischen Kältepoles in Beziehung auf ihre Ortsveränderung in der jährl. Periode und über eine dieselbe Periode befolgende Aenderung der Gesammt-Temperatur der Erdoberfläche. (Berlin, Bericht 1845, p. 334 — 341. Poggendorff. Annal. LXVII, 1846, p. 318—326.)
804. **Coffin H. James.** Winds of the Northern Hemisphere. (Smithsonian Contributions to Knowledge, Washington, VI, 1854. p. 1—195.)

805. **Der Winter** in den arktischen Regionen. (Ausland, XXVIII, 1855. p. 696.)
806. **Der Winter** in den arktischen Regionen. (Petermann's Géogr. Mittheil. I. 1855, p. 90.)
807. **Boué** A. Bibliographie über Nord- (u. Süd-) Lichter sammt einem chronologischen Catalog derselben bis zum Jahre 1856. (Sitzungsb. d. math. naturw. Cl. d. Acad. d. Wiss. in Wien, 1856, XXII, p. 1—71; XXIII, p. 262—3; XLV, II. Abth. p. 443, 445—6.)
808. **Dove** H. W. Die Isothermen des Jahres und der extremen Monate in der Polarprojection. Mit einer Karte. (Zeitschr. d. Ges. f. Erdkunde, Berlin, N. F. I, 1856, p. 30—55.)
809. **Dove** H. W. Einige Bemerkungen über die Temperatur der Polargegenden. (Zeitschr. d. Ges. f. Erdkunde. Berlin, N. F. I, 1856, p. 428—443.)
810. **Force** Peter. Record of Auroral Phenomena observed in the higher northern latitudes. (Smithsonian Contributions to Knowledge. VIII, 1856, Appendix p. 1—118.)
811. **Meech**. On the relative intensity of the heat and light of the sun upon different latitudes of the earth. (Smithsonian Contributions to Knowledge, VIII. 1856.)
812. **Osborn** Sherard. Remarks upon the Amount of Light experienced in high Northern latitudes during the absence of the sun. Mit 1 Tafel. (Journal of the R. Geogr. Society of London, XXVIII, 1858, p. 371—376.)
813. **Die nördliche** Grenze der Kartoffel; Gewitter in Grönland. (Petermann's Geogr. Mitth. V., 1859, p. 125.)
814. **Barth** Wilh. Versuch einer Erklärung der verhältnissmässig höheren Temperatur an den Polen der Erde aus dem Verhältnisse zwischen Sonne und Erde. Nach Angaben von Jacob Barth. (Mittheil. d. Wiener Geogr. Ges. III. 1859. Abhandl., p. 44.)
815. **Mühry** A. Die Meteorologie der nördlichen Polarzone. (Petermann's Geogr. Mitth., VII, 1861, p. 289.)
816. **Mühry** A. Ueber die Existenz von zwei Wind-Polen auf der nördlichen Hemisphäre. (Petermann's Geogr. Mitth., IX, 1863, p. 157.)
817. **Mühry** A. Zur Vertheidigung der Oceanität am Nordpole, in meteorologischer Hinsicht. (Petermann's Geogr. Mitth., X., 1864, p. 424—429.)
818. **Dove** H. W. Ueber die Dämmerung der Wärme in der Winternacht der Polarländer. (Zeitschr. für Allgem. Erdkunde, Berlin, XVII., 1864, p. 464—474.)
819. **Dove** H. W. Ueber die jährliche Veränderung des athmosphärischen Druckes in der kalten Zone. (Zeitschrift für Allgem. Erdkunde. Berlin, XVII. 1864, p. 474—476.)
820. **Dove** H. W. Ueber die Insolation auf der südlichen Erdhälfte. (Zeitschr. für Allgem. Erdkunde Berlin, XVIII. 1864, p. 481—490.)
821. **Hickson** W. E. On the climate of the North-Pole and on circumpolar exploration. (Journal of the Royal Geographical Society of London. XXXV. 1865, p. 129—142.)
822. **Die Temperatur** am Grunde der Polarmeere. [Cosmos 6. Dec. 1865.] (Archiv f. Seewesen, II, 1866, p. 29.)
823. **Rae** John. Einfluss der Temperatur auf das Eis. (Ausland, XXXIX, 1866, p. 1075.)
824. **Ueber die Dämmerung** der Wärme in der Winternacht der Polarländer. (Gaea II. 1866, p 118—119.)
825. **Mühry** A. Einige neue Belege für die rings um das nördliche Circumpolar-Becken nach dem Pole hin abnehmende Winterkälte. (Zeitschr. d. österr.-Ges. f. Meteor. I. 1866, p. 344—6.)
826. **Intorno** alla Memoria del Prof. Giovanni Plana relativa alla temperatura delle regioni circumpolari della terra. (Bolletino della Soc. Geogr. italiana. Firenze I. 1868, p. 261—268.)
827. **Parker** J. A. Polar-Magnetism. (Nautical Magazine. Sept. 1868, p. 470—477; Oct. p. 539—548.)

828. **Mühry.** Ueber die Zunahme der Temperatur mit der Tiefe im Eismeere. (Archiv f. Seewesen, V, 1869, p. 302.)
829. **Ueber die Zunahme** der Temperatur mit der Tiefe im Eismeere. (Ausland, XLI, 1868, p. 672.)
830. **Die Rotation** des magnetischen Poles. (Petermann's Geogr. Mitth. XV, 1869, p. 194.)
831. **Mühry A.** Temperaturzunahme mit der Tiefe im Eismeere. (Zeitschr. d. österr. Ges. f. Meteorol. IV, 1869, p. 316.)
832. **Whitley Nich.** On the surface Temperature of the North Atlantic in reference to Ocean Currents. (Proceedings of the R. Geogr. Society of London. XIII, Nr. 3, 20. July 1869, p. 229—234.)
833. **Irminger C.**, Contre-Admiral in Kopenhagen. Die Temperatur im nördlichen atlantischen Meere und der Golfstrom. (Petermann's Geogr. Mitth. XVI. 1870, p 244—249.)
834. **Petermann A.** Die Temperatur-Verhältnisse in den arktischen Regionen, Bemerkung zu den 5 Isotherm-Karten auf Tafel 14. (Petermann's Geogr. Mitth. XVI. 1870, p. 263—64.)
835. **Parker J. A.** Polar Magnetism. Its astronomical origin, its period of revolution and the synodical period of our earth identical. (Journal of the American Geographical and Statistical Society. II, Part. 2, 1870, p. 70—88.)
836. **Irminger, Admiral.** On surface temperatures in the North Atlantic. Mit 1 Karte. (Journal of the R. Geogr. Society of London. XL, 1870, p. 441—447.)
837. **Untersuchungen** über das Polarlicht in hohen nördl. Breiten. [Lemström.] (Gaea, VII, 1871, p. 623—4.)
838. **Das Zurückweichen** der Polargrenzen der Bäume. (Aus Zeitschr. d. Oest. Ges. f. Meteorol. VI, p. 189—. Gaea, VII, 1871, p. 747—8.)
839. **Der Winter 1870—1** im hohen Norden. (Zeitschr. d. Oest. Ges. f. Meteor. VI. 1871, p. 348—9.)
840. **Middendorf.** Ueber das Zurückweichen der Polargrenzen der Bäume. (Zeitschr. d. Oesterr. Ges. f. Meteor. VI. 1871, p. 89—91.)
841. **Kuhn F., Frh. v.** Ueber die Ursachen des eisfreien Meeres in den Nordpolar-Gegenden. (Archiv f. Seewesen. Wien, VIII, 1872, p. 331—7.)
842. **Kuhn F., Frh. v.** Ueber die Ursachen des eisfreien Meeres in den Nordpolargegenden. (Ausland, XLV, 1872, Nr. 21, p. 481.)
843. **Mühry A.** Ueber die ungeänderte Richtung des Zuges der Cirruswolken an der Ostseite der beiden winterlichen Kältepole der Nordhemisphäre. (Ausland, XLV, 1872. Nr. 40, p. 949.)
844. **Kuhn F., Freih. v.** Ueber die Ursachen des eisfreien Meeres in den Nordpolargegenden. Aus Mitthl. d. Geogr. Ges. Wien. (Gaea VIII. 1872, p. 419—426.)
845. **Wolfert A., Dr.** Das Nordlicht, eine weder magnetische noch elektrische Erscheinung. (Geographie und Erforschung der Polar-Regionen Nr. 70. Petermann's Geogr. Mitth. XVIII. 1872, p. 412—420.)
846. **Dove H. W.** Einige Bemerkungen über die kalte Zone. (Monatsbericht der kön. preuss. Akademie der Wissenschaften, Berlin, September und October 1872, p. 706—711.)
847. **Kuhn F., Freih. v.** Ueber die Ursachen des eisfreien Meeres in den Nordpolargegenden. (Mittheil. d. Geogr. Ges. Wien. XV, 1872. p. 209—217,)
848. **Kuhn F., Freih. v.** Ueber die Ursachen des eisfreien Meeres in den Nordpolargegenden. (Zeitschr. d. österr. Ges. f. Meteor. VII, 1872, p. 161—7.)
849. **Mühry.** Ueber die ungeänderte Richtung des Zuges der Cirruswolken an der Ostseite der beiden winterlichen Kältepole der Nordhemisphäre. (Zeitschr. d. österr. Ges. f. Meteor. VII, 1872, p. 311—15.)
850. **Wheildon W. W.** The Arctic Regions. Atmospheric Theory of an ameliorated Climate and an Open Sea in the Arctic Regions in opposition to the Gulf Stream Theory. (Proceedings of the Amer. Assoc. of Adv. of Science, XXI. 1872, p. 111—134.)

851. **Wojekoff, Dr.** Meteorology in Russia. (Smithsonian Report 1872, p. 267—298.)
852. **Chavanne J.** Die Wärme- und Kälteextreme der Erde. (Aus allen Welttheilen, Leipzig, V, 1874, p. 378—379.)
853. **Boguslawski G.** v. Vergleichende Betrachtungen über die klimatischen Verhältnisse der beiden Polarzonen. (Hydrogr. Mittheilungen, Berlin, I., 1873, p. 278—279.)
854. **Pechuel-Loesche M. E.** Die Erscheinung des Polarlichtes. (Geographie und Erforschung der Polarregionen Nr. 78. Petermann's Geogr. Mitth., XIX, 1873, p. 228—232.)
855. **Fritz, Prof. F. H.** Die geographische Verbreitung des Polarlichtes. Mit Karte, Tafel 18. (Geographie und Erforschung der Polarregionen, Nr. 96. Petermann's Geogr. Mitth., XX, 1874, p. 347—358.)
856. **Une nuit d'été** dans les mers du Nord. (Le Globe, Genève, Bulletin, XII, 187:, p. 91—92.)
857. **F. de M.** Sur la question du Pôle de Froid. (Le Globe, Genève, Mémoires, XII, 1873, p. 143—144.)
858. **Nordenskjöld A. E.** Om kosmiskt stoft, som vid nederbörden faller till jordytan. (Öfversigt af K. Sv. Vet. Akad. Forh., XXXI, 1874, Nr. 1, p. 3—12.)
859. **Wijkander A.** Om norrskenets spektrum. (Öfversigt af K. Sv. Vet. Akad. Forh., XXXI, 1874, Nr. 6, p. 41—45.)
860. **Chavanne, Dr. J.** Das Nordlicht und seine Beziehungen zu den Temperatur- und Eisverhältnissen der arktischen Polarregionen. Mit 2 Karten. (Schriften des Vereines zur Verbreitung naturwissenschaftlicher Kenntnisse in Wien, XVI, 1875/76, p. 441—478.)
861. **Sul freddo artico.** (Cosmos di Gu. Cora, III, 1875, p. 35.)
862. **Das Polar-Klima** von der Vergangenheit und Gegenwart. (Ausland. XLIX, 1876, p. 400.)
863. **Warme Winde** im arktischen Nordamerika. (Gaea, XII, 1876, p. 180—181.)
864. **Ueber den Weg** der Wirbelstürme und ihre Erweiterung in höheren Breiten. (Gaea, XII, 1876, p. 499—501.)
865. **Nordenskjöld A. E.** Die klimatischen Verhältnisse der Vorzeit in den arktischen Regionen. (Gaea, XII, 1876, p. 599—606.)
866. **Bessels E.** Intensität der Sonnenstrahlung in hohen Breiten. (Zeitschrift d. österr. Gesellsch. f. Meteorologie. XI, 1876, p. 267—269.)
867. **Nordenskjöld A. E.** Ueber die früheren Klimate der Polarregionen. (Zeitschrift d. österr. Gesellsch. f. Meteorologie, XI, 1876, p. 310—316.)
868. **Les observatoires** au Pôle Nord. (L'Explorateur, III, 1876, p. 402.)
869. **Adoucissement** extraordinaire de la température des Régions arctiques. (L'Explorateur, III, 1876, p. 622.)
870. **Lalande Jérôme.** Ueber den nördlichen magnetischen Pol der Erde. (Allgem. geograph. Ephemeriden. X, 1802, p. 1—6. Connaissance de Temps pour l'an XII. p. 421—4.)
871. **Hann Jul.** Untersuchungen über die Winde der nördlichen Hemisphäre und ihre klimatologische Bedeutung. (Sitzungsbericht d. math.-naturw. Cl. d. Akad. d. Wissensch. in Wien, LX, 2. Abthl., 1869, p. 163—228.)
872. **Pôle magnétique nord.** (Bulletin de la Soc. de Géogr., Paris, I. Sér., III, 1822, p. 355.)
873. **L'hiver des régions polaires.** Aurores boréales (p. 48); animaux (p. 50); mouvement des glaces (p. 45, 55.) (Bulletin de la Soc. de Géogr., Paris, I. Sér., VI, 1823, p. 46.)
874. **De la neige rouge** des regions polaires d'après le Mémoire du prof. Agardh. (Bulletin de la Soc. de Géogr., Paris, I. Sér., VI, 1823, p. 209.)
875. **Hickson W. E.** On the climate of the North Pole and on circumpolar exploration. (Proceedings of the Royal Geographical Society of London. IX, Nr. 4 p. 137—138.)
876. **Meteorological** Observations in the Arctic Seas. (Smithsonian Contributions to Knowledge, XIII, 1861.)

c) Hydrographie.

877. **Hayes** J. L. The probable influence of icebergs upon drift. Philadelphia 1843.
878. **Redfield**. On the drift ice and currents of the North Atlantic with a Chart showing the observed positions of the ice at various times. New Haven 1845.
879. **Purdy**. Memoir of the Northern Ocean. London 1850.
880. **Irminger** C. Capt. i. Söe-Staten. Den Arktiske Strömning. Mit Karten. Kopenhagen 1854.
881. **Forchhammer** G. Om sövandets Bestanddele og deres fordeling i havet. 62 pp. Mit 1 Karte, lithographirt von Hoffenberga. Kiöbenhavn, J. H. Schultz 1859.
882. **Wallich** G. C. The north-atlantic Seabed: comprising a diary of the voyage on board H. M. S. Bulldog in 1860 and observations on the presence of Animal life and the formation and nature of organic deposits at great depths in the Ocean. London 1862. 4°.
883. **Rosser** W. H. North Pacific Pilot. London 1865. 8°.
884. **Kohl** J. G. Geschichte des Golfstroms und seiner Erforschung von den ältesten Zeiten bis auf den grossen amerikanischen Bürgerkrieg. Eine Monographie zur Geschichte der Oceane und der geographischen Entdeckungen. XV. 224 pp. 3 Karten. Bremen, Müller 1868. gr. 8°.
885. **North** Pacific Pilot. Parts I. II. London 1870.
886. **Brown** Robert. On the Physics of Arctic Ice. Edinburgh 1871.
887. **Knorr** E. K. Papers on the Eastern and Northern Extensions of the Gulf Stream. From the German of Dr. A. Petermann, Dr. W. von Freeden and Dr. A. Mühry. Translated in the United States Hydographic Office in charge of Captain R. H. Wymann U. S. N. Washington 1871. Governement Printing Office. VIII. 388 pp. mit 2 Karten. 4°. Mit 6 Supplementen.
888. **Wyman** R. H. On the Eastern and Northern Extensions of the Gulf Stream. Washington U. S. Navy Dept. 1871.
889. **Aeolus**. Les marées à propos de la mer libre au Pôle Nord. Gèneve 1872. 12°.

Aufsätze und Notizen.

890. **Les Glaces** dans l'Océan Atlantique en 1726. (Histoire de l'Académie des sciences de Paris 1726, p. 14—16.)
891. **Nollet**, l'Abbé. Mémoire sur la manière dont se forment les glaçons qui flottent sur les grandes rivières et sur les différences qu'on y remarque lorsqu'on les compare aux glaces des eaux en repos. (Mémoires de l'Académie des sciences de Paris 1743, p. 51—67.)
892. **Lommonosoff** Michel. De l'origine des monts de glace dans la Mer du Nord (K. Sv. Vet. Akad. Forhandlingar 1752.)
893. **Zweifel** über die Polar-Eismassen. (Bertuch, N. allg. geogr. Ephemeriden. III, 1818. p. 236—237.)
894. **Sur les glaces** des Mers lu Nord. (Journ. d. Voyag. VII, 1820, p. 155—157.)
895. **Ritter** C. Ueber die ungewöhnlichen Eismassen des atlantischen Oceans im Frühjahre 1841. Nach einem Berichte im New-York Observer. (Monatsbericht d. Gesellsch. f. Erdkunde. Berlin, III, 1842, p. 59—61.)
896. **Ueber den Golfstrom** und einige andere Meeresströmungen. (Ausland, XVII, 1844, p. 1229, 1234, 1238, 1242.)
897. **Krusenstern** E. v. Uebersicht der hydrographischen Expeditionen und Messungen in russischen Meeren. (Erman's Archiv f. wissensch. Kunde v. Russland. V, 1846, p. 511.)
898. **Irminger**, Capt. C. Ueber einige Meeresströmungen im atlantischen Ocean. (Zeitschrift für Erdkunde, Berlin, I, 1853, p. 488—490.)
899. **Irminger**, Capt. C. Havets Stromminger. (Archiv for Söavaset, Kiöbenhavn 1853.)

900. **Irminger** Capt. C. Ueber nordpolare Strömungen. (Zeitschr. d. Ges. f. Erdkunde. Berlin III, 1854, p. 43—47.)
901. **Irminger.** Capt. C. Ueber Meeresströmungen. Mit Karte und Tafel. (Zeitschr. d. Ges. f. Erdkunde. Berlin III, 1854, p. 169—190.)
902. **Gumprecht** T. E. Die Treibproducte der Strömungen im nordatlantischen Ocean. (Zeitschr. d. Ges. f. Erdkunde. Berlin III, 1854, p. 409 - 432.)
903. **Die Strömungen** im westlichen Polar-Meere. (Petermann's Geogr. Mitth. I., 1855, p. 332.)
904. **The Icy Atlantic.** (Nautical Magazine, May, June 1860.)
905. **Kohl** J. G. Aeltere Geschichte der Atlantischen Strömungen und namentlich des Golfstromes bis auf Benjamin Franklin. Mit Karte (Zeitschr. d. Ges. f. Erdkunde. Berlin, XI, 1861, p. 305—341; 385—446.
906. **Eisberge** im atlantischen Ocean. (Globus, Hildburghausen, II., 1862. p. 95—6.)
907. **Kohl** Dr. Geschichte der Forschungen über den Golfstrom in neuerer Zeit seit Franklin. (Zeitschr. d. Ges. f. Erdkunde, Berlin N. F. XIX, 1865, p. 237—276.)
908. **Forchhammer.** On the composition of Seawater in the different parts of the Ocean. (Philosophical Transactions of the Royal Society of London for the year 1865, Vol. 165, Part. 1, p. 203.)
909. **Petermann** A. Neueste Beobachtungen über das Polar-Eis und die Polar-Strömungen. (Petermann's Geogr. Mitth. XII, 1866, p. 381—386.)
910. **Mühry** A. Ueber das System der Meeresströmungen im Circumpolar-Becken der Nord-Hemisphäre. (Petermann's Geogr. Mitth. XIII, 1867, p. 58—69.)
911. **Brown** Robert. Ueber die Meeresfärbungen im Polarkreis u. Walfischfang. (Ausland, XLI, 1868, p 207.)
912. **Koldewey.** Die Tiefgrundproben des Polarmeeres. (Archiv für Seewesen. V, 1869, p. 209—210.)
913. **Das Polar-Eis.** (Archiv f. Seewesen. V., 1869, p. 214—217.)
914. **Freeden.** Die Warmwasser-Strömungen im Nordmeere. (Archiv f. Seewesen. V, 1869, p. 550—552.)
915. **Polareis.** (Ausland XLII, 1869, p. 212.)
916. **Die Natur** der Färbungen des nördlichen Eismeeres. (Petermann's Geogr. Mitth. XV, 1869, p. 21.)
917. **Findlay.** The Gulf Stream. (Proceedings of the Royal Geographical Society of London. XIII, Nr. 2, 1869, p. 102—112.)
918. **Irminger** C., Admiral. On the evidences of the Gulf Stream in high latitudes in the North Atlantic. (Proceedings of the Royal Geographical Society of London. XIII, Nr. 3, 1869, p. 226—229.)
919. **Die geographische Ausdehnung** des Golfstromes. (Naturforscher. Archiv f. Seewesen. VI, 1870, p. 474—7)
920. **Prestel** M. A. F. Bahn der mit em Golfstrome von Südwest nach Nordost über dem nordatlantischen Oceane längs der Küsten von Nordwest-Europa fortschreitenden Sturmfelder. (Zeitschr. d. österr. Ges. f. Meteorol. Archiv f. Seewesen. VI, 1870, p. 483—6.)
921. **Der Golfstrom** nach den Untersuchungen von A. Petermann. (Gaea. Köln u. Leipzig, VI, 1870, p. 45 —464.)
922. **Parry** E. Meeresgrund-Proben. (Lotos. Prag XX, 1870, p. 150.)
923. **Petermann** A. Der Golfstrom und Standpunkt der thermometrischen Kenntniss des nordatlantischen Oceans und Landgebiets im Jahre 1870. Mit 2 Karten, s. Tafel 12 und 13. (Petermann's Geogr. Mitth. XVI, 1870, p. 201—243.)
924. **Dr. Petermann** über den Golfstrom. (Zeitschr. d. österr. Ges. f. Meteorol. V, 1870, p. 333—9.)
925. **Mohn** H. Températur+ de la mer entre l'Islande, l'Ecosse et la Norwége. Avec 5 Cartes. Christiania 1870. (Zeitschr. d. österr. Ges. f. Meteorol. V. 1870, p. 410—411.)
926. **Middendorff's** Beobachtungen über die nordöstliche Fortsetzung des Golfstromes. (Zeitschr. d. österr. Ges. f. Meteorol. V. 1870, p. 640—1.)

927. **Middendorf** Th. v. Der Golfstrom ostwärts vom Nord-Cap. (Bulletin de l'Académie imp. des sciences de St. Pétersbourg. XV. 1870, Nr. 4, p. 409—434.)
928. **Batchelder** John, M.. Description of an Artic Tide Gauge. (Proceedings of the assoc. for adv. of science. XIX. 1870, p. 104—105.)
929. **Söderbergh,** Capit. des »Vanadis«. Beobachtungen über das Eis im südlichen Theile des atlantischen Oceans. (Archiv f. Seewesen. VII, 1871, p. 88—9.)
930. **Middendorff** Th. v. Ueber den Golfstrom ostwärts vom Nord-Cap. (Ausland, XLIV, 1871, p. 95.)
931. **Freeden** v., Dr. Einige Bemerkungen über die physikalische Beschaffenheit des Seebodens zwischen 73 und 75° n. B. (Zeitschr. d. Ges. f. Erdkunde, Berlin, III. Ser., VI, 1871, p. 45—47.)
932. **Der Golfstrom** ostwärts vom Nord-Cap, Gewitter im Sommer 1870 im europäischen Eismeere, Temperatur-Verhältnisse des karischen Meeres. (Zeitschrift d. österr. Ges. f. Meteor. VI. 1871, p. 92—3.)
933. **Johnson** K., Dr. und Buchan A. The temperature of the sea between Scotland, Iceland and Norway. (Journal of the Scotish Meteorological Society. April 1871, p. 146—154.)
934. **Brown** Robert. On the Physics of Arctic Ice, as explanatory of the glacial remains in Scotland. (Quarterly Journal of the Geological Society for February 1871. p. 672.)
935. **Der Golfstrom** östlich vom Nord-Cap. (Archiv für Seewesen. Wien, VIII, 1872 p. 22—24.)
936. **Die Strömungen** im nördlichen Polarmeere. (Archiv f. Seewesen, Wien, VIII, 1872, p. 438—442.)
937. **Benutzung** des Treibholzes zur Ermittlung von Meeresströmungen. (Aus allen Welttheilen. IV. 1872—73, Nr. 1, p. 30)
938. **Eisberge** und Eisfelder im atlantischen Ocean. (Ausland, XLV, 1872, Nr. 43, p. 1032.)
939. **Eisberge** und Eisfelder im atlantischen Ocean. (Globus. Braunschweig, XXII, 1872, p. 63.)
940. **Middendorff** A. Th. v. Nachträge zur Kennt... des Nordcap-Stromes. (Bulletin de l'Académie impér. des sciences ... t. Pétersbourg XVIII. 1872, Nr. 1, p. 1—5.)
941. **Masqueray** E. Gulfstream. Aus Petermann's Geogr. Mitth. XVI. 1870, Nr. VI—VII. (Bulletin d. l. Soc. d. Géogr. Paris. X Sér., IV, 1872, p. 369—395.)
942. **Klein** H. Dr. Der Kuro-Siwo. (Ausland XLVI, 1873, Nr. 16, p. 304.)
943. **F. de M.** Importance de l'étude des courants polaires. (Le Globe, Genève. Bullet. XII. 1873, p. 67—69.)
944. **Bartholomeis** L. de. Ghiaccio Polare. Versione dal tedesco. (Pubblicaz. del Circolo Geogr. Italiano. Torino. Anno II, 1873. p. 253—266.)
945. **Laube** Gustav C. Die Entstehung der Eisberge. (Aus Sitz.-Ber. d. Wiener Akad. Math. Naturw Cl. I. Abth., LXVIII, p. 41. Gaea X, 1874, p. 248 — 250.)
946. **Die Eisberge** im atlantischen Ocean. (Globus, Braunschweig, XXV, 1874, p. 334—6.)
947. **Die Tiefseelothungen** und hydrographischen Forschungen des V. S. D. »Tuscarora« im nördlichen Stillen Ocean. (Hydrogr. Mittheil. Berlin. II, 1874, p. 45—46, 133—4, 188—9, 285—290.)
948. **Tiefseemessungen** im Nordpacificischen Ocean. (Ausland, XLVIII, 1875, p. 142—143.)
949. **Boguslawski** G. v. Die Tiefseelothungen der »Tuscarora« im Stillen Ocean i. J. 1874. (Verhandl. d. Ges. f. Erdkunde. Berlin. II, 1875, p. 76—84.)
950. **De l'influence** de l'ablation sur la débâcle des Glaces des mers polaires. (Aus Compt. rendus de l'Acad. des sciences. — Revue marit. et colon. Paris, XLV, 164 livr. 1875, p. 587.)

951. **Hugues,** Luigi. La Corrente del Golfo e la sua estensione nel Bacino Polare artico. (Pubblicazioni del Circolo Geogr. Italiano, Torino, 1875. p. 13—33.)
952. **Hauslab.** Inference applied to Geography, with special reference to Ocean Currents and the Arctic Regions. Mit 1 Karte gest. von E. Weller. (The Journal of the R. Geogr. Soc. London, XLV, 1875, p. 34—45.)
953. **Grenne,** B. F. Anwendung des Compasses in der arktischen Navigation. (Aus Report of the Secretary of the Navy for 1875. — Annalen der Hydrographie, Berlin, IV, 1876, p. 331—335.)
954. **Fyfe,** Dr. Andrew. Account of the Quantity of Saline Matter in the Water of the North Polar Seas. (Philosophical Journal. Edinburgh, Nr. I.)
955. **Jansen,** Captain. Notes on the Ice between Greenland and Nova Zembla, being the results of investigations into the records of early Dutch voyages in the Spitzbergen Seas. (Proceedings of the Royal Geographical Society of London. IX. Nr. 3, p. 163—181.)

d) Geologie, Paläontologie, Mineralogie.

956. **Goeppert,** Dr. H. R. Beiträge zur fossilen und lebenden Flora (Island, Grönland.) (Separatabdruck aus den Verhandlungen der schles. Gesellschaft für vaterländ. Cultur. Breslau 1860.)
957. **Heer** Osw. Flora fossilis arctica. — Die fossile Flora der Polarländer. Bd. 1—3. Zürich und Winterthur. 1868—75. 4°. Bd. 1. Die in Nordgrönland, auf der Melville-Insel, im Banksland, am Mackenzie, in Island und in Spitzbergen entdeckten fossilen Pflanzen. Mit einem Anhang über versteinerte Hölzer der arktischen Zone von Carl Cramer (199 pp. 1 Karte 50 Taf.) — Bd. 2. (1) Fossile Flora der Bären-Insel. Enthaltend die Beschreibung der von den Herrn A. E. Nordenskjöld und A. J. Malmgren i. J. 1868 dort gefundenen Pflanzen. Stockholm 1871 (51 pp. 15 Taf.) — Bd. 2 (2) Flora fossilis Alaskana. — Fossile Flora von Alaska. Stockholm 1869. (41 pp. 10 Taf.) — Bd. 2: (3) Die miocene Flora und Fauna Spitzbergens. Mit einem Anhange über die diluvialen Ablagerungen Spitzbergens. Stockholm 1870. (98 pp. 16 Taf.) — Bd. 2 (4) Contributions to the Fossil Flora of North-Greenland. — Bd. 3 (1) Beiträge zur Steinkohlenflora der arktischen Zone. Stockholm 1874. (11 pp. 6 Taf.) — Bd. 3. (2) Die Kreide-Flora der arktischen Zone, gegründet auf die von den Schwedischen Expeditionen v. 1870 und 1872 in Grönland und Spitzbergen gesammelten Pflanzen. Stockholm 1874. (138 pp 38 Taf.) — Bd. 3. (3) Nachträge zur miocenen Flora Grönlands, enthaltend die von der Schwedischen Expedition im Sommer 1870 gesammelten miocenen Pflanzen. Stockholm 1874. (29 pp. 5 Taf.) — Bd. 3. (4) Uebersicht der miocenen Flora der arktischen Zone. Zürich 1874. (24 pp.)

Aufsätze und Notizen.

958. **Géologie** des Terres arctiques. (Nouvelles Annales des Voyages. Paris, II Sér., 1, 1826, p. 287—8.)
959. **Petermann,** Dr. Aug. Notes on the distribution of animals available as food in the Arctic Regions. (Athenaeum, 6 March 1852, p. 280—282.)
960. **Hooker,** J. D. Note on the occurrence of an eatable Nostoc in the Arctic Regions and in the mountains of Central-Asia. [1852.] (Linn. Soc. Proc. II. 1855. p. 166—9, Phytologist IV. 1853, p. 856—859.)
961. **Goeppert,** H. R. Ueber die Tertiär-Flora der Polargegenden. (Bulletin de l'Acad. imp. des sciences de St. Pétersbourg. III, 1861. p. 448—61.)
962. **Der Bernstein** an den Küsten des Polarmeeres. (Petermann's Geogr. Mitth. XII, 1866. p. 308.)
963. **Wartha,** Dr. V. Chemische Untersuchungen einiger Gesteine, fossilen Holzes und Kohlen aus der arktischen Zone. (Vierteljahrsschrift der Züricher naturforschenden Gesellschaft, XI, 1866, 3. Heft, p. 281—295.)

964. **Klein.** Ueber die fossile Flora und das Klima der Polarregionen in der Vorzeit. (O. Heer.) (Gaea, III, 1867, p. 184—187.)
965. **Heer Oswald.** Ueber die Polarländer und ihre fossilen Pflanzen. (Globus. Hildburghausen XI, 1867, p. 242—5.)
966. **Ueber** die Tertiärflora der Polargegenden (nach Goeppert). (Lotos, Prag, XVII, 1867. p. 165.)
967. **Heer Oswald.** Ueber die miocäne Flora der Polar-Regionen. (Ausland, XLI, 1868, Nr. 12, p. 277—280.)
968. **Stur, Dyon.** Oswald Heer, Flora fossilis arctica. (Verhandlungen der k. k. Geol. Reichsanstalt, Wien 1868. p. 179—181.)
969. **Heer Oswald.** On the Miocene Flora of the Polar-Regions. Two lectures given at the annual meeting of the Natural History Society of Switzerland on the 9 th. and 11 th. September 1867 at Rheinfelden. Translated by John Edward Lee. (Geological Magazine V, 1868, p. 273—280.)
970. **Geographische Verbreitung** der thätigen Vulkane in der Südsee und den Polarländern. (Globus, Braunschweig, XXII, 1872, p. 23—25)
971. **Howorth, Henry H.** Recent Elevations of the Earth's surface in the Northern Circumpolar Regions. (Journal of the R. Geogr. Society of London XLIII, 1873 p. 240—263.)
972. **Heer, Oswald.** Beiträge zur Steinkohlenflora der arktischen Zone. Mit 6 Tafeln. (Kgl. Sv. Vet. Akad Handlingar. XII, 1873. p. 1—11.)
973. **Boué Ami.** Möglichkeit der Entstehung der Steinkohle in den Polargegenden. (Sitzungsb. d. math.-naturw. Cl. d. Akad. d. Wissensch. Wien. XII. p. 527—35.)
974. **Régions** polaires de l'Amérique boréale [géologie]. (Bulletin de la Soc. de Géogr., Paris, I. Sér., VI., 1823, p. 58.)
975. **Petermann. Dr. Aug.** Notes on the distribution of animals available as food in the Arctic Regions. With additions, Table of Thermometrical observations in the Arctic Regions, arranged according to lātitude. (Journal of Royal Geographical Society of London, XXII, p. 118—127.)

e) **Zoologie und Thiergeographie.**

976. **Johnston John.** Historia Naturalis de piscibus et cetis. Francoforti 1649, fol.
977. **Schelhammer G. C.** Phocae maris anatome in Academia Kiloniensi suscepta mense Decembri 1699. Hamburgi, Reumann. 1707. 4°.
978. **Menander Carol Frid.** Dissertatio de arte adipem Phocarum coquendi in Ostrobotnia. Resp. Joa. Tengström. Aboae 1847. 23 pp. 4°.
979. **Steller, Geo. Wilh.** Ausführliche Beschreibung von sonderbaren Meerthieren (Seekuh, Seebär, Seelöwe, Seeotter). Mit Anmerkungen u. 1 Kpf. Halle, Kümmel, 1753. 8°.
980. **Ellis John.** Essay to wards the Natural History of the Corallines and other marine productions of the like kind, commonly found on the Coast of Great Britain and Ireland. To wich is added: The Description of a large Marine Polypi taken near the North Pole. London 1755. 4°. Französische Ausgabe, Hague 1756, 4°. Deutsche Ausgabe, Nürnberg 1767.
981. **Brünnich, Martinus.** Natürliche Historie des Eydervogels. Copenhagen, Rothe, 1763. 8°.
982. **Brünnich, Martinus.** Ornithologia borealis, sistens collectionem avium ex omnibus imperio Danico subjectis provinciis insulisque borealibus. c. tab. Hafniae, 1764. 8°.
983. **Pallas, Petr. Sim.** Icones Insectorum, praesertim Rossiae Sibiriaeque peculiarum, quas collegit et descriptionibus illustravit. Fasc. I—III. Cum 8 tab. color. (A.-H.) Erlangae, Heyder. 1781, 1782, 1798.
984. **Pennant, Thom.** Arctic zoology; with the introduction. 2 Vols. With pl. 1—8, 9—23 and suplement and 2 maps. 4°. London. Faulder. 1784—87: I Vol. 1784, II Vol. 1785, Supplement 1787; 2 edition, London, 1792, 3 Vols. 4°.
985. **Pennant Thomas.** Of the Arctic world: introduction to his Arctic Zoology. 6 tab. London 1784, 1785. 4°.

986. **Pennant** Thomas. Thiergeschichte der nördlichen Polarländer. Aus dem Engl. (1786 von Jac. Heinr. Wittekopp und Hoffmann) mit Anmerkungen und Zusätzen von E. A. W. v. Zimmermann. 2 Th., Mit 24 engl. Originalkupfern. Leipzig, W. Vogel, 1787. 4°.
987. **Bonnaterre** l'Abbé. Cétologie. Paris 1789.
988. **Buffon** Georges Louis Histoire naturelle des Cétacés; avec des fig. et une table, Paris 1804, 4°.
989. **Lacépède** Bern. Germ. Etienne de la Ville-sur-Illon, comte de. Histoire naturelle des Cétacés. Avec 16 pl. Paris, Plassan. 1804. 4° Paris Furn. 1840. 4°.
990. **Camper** Peter. Observations anatomiques sur la structure intérieure et le squelette des plusieurs espèces de Cétacés. Publ. par son fils Adrien Gilles Camper. Avec des notes par Cuvier. Avec un atlas de 53 pl. (dont 3 col.) Paris, Dufour. 1820. fol.
991. **Camper**, Peter et Adrien Gilles Camper. Recueil de planches pour servir aux observations anatomiques sur la structure intérieure et le squelette de plusiurs espèces des Cétacés. Avec 53 pl. in fol. Paris, Dufour. 1820. 4°.
992. **Sabine** Edw. An account of the animals seen by the late Northern expedition within the Arctic circle. Being Nr. X of the appendix to Capt. Parry's voyage. London, Murray. 1821. 4°.
993. **Fremery** Nic. Cornel. van. Progr. Specimen anatom. - zoologicum de Phocis. — Phoca vitulina. Resp. W. Vrolik Traj. ad Rh. 1822. 8°.
994. **Vrolik** W. Specimen anatomico-zoologicum de Phoca vitulina; praeside N.C.de Fremery. Cum 3 tabb. 8°. 138 pp. Utraject. ad Rhen. 1822, van Paddenburg
995. **Rosenthal** Fr. Chr. et F. Hornschuch. De Balaenopteris quibusdam ventre sulcato distinctis; epist. gratul. ad J. F Blumenbachium. Gryphiswald, Koch. 1825. 4°.
996. **Faber** Fr. Ueber das Leben der hochnordischen Vögel. 2 Hefte. Mit 4 Tab. und 2 Kupferst. Leipzig, Barth. 1825, 1826. 8°.
997. **Rosenthal**, Fr. Chr. Einige naturhistorische Bemerkungen über die Wale, nebst 1 lithogr. Abbild. Greifswald, (Koch.), 1827.gr. Fol.
998. **Dubar** J. V. P.; Ostéographie de la Baleine échouée à l'est du port d'Ostende, le 4. Nov. 1827, précedée d'une notice sur la découverte et la dissection de ce cétacé. Avec 13 gr. pl. Bruxelles, Laurent fréres, J. B. Baillière. 1828. 8°.
999. **Pallas** Pet. Sim. Zoographia Rosso-Asiatica, sistens omnium animalium in extenso imperio Rossico et adjacentibus maribus observatorum recensionem, domicilia, mores et descriptiones, anatomen atque icones plurimorum III. Vol. (Vol. III : Imperii Rossici animalia monocardia seu frigidi sanguinis. Supplendis quibusdam Ranorum descript. et iconibus inprimis Piscium Camtschaticorum auxit et locupletavit. Guil. Theoph Tilesius Petropoli 1811; Lipsiae, L. Voss. 1831. 4°.
1000. **Dewhurst**. Natural history of the order Cetacea and the oceanic inhabitants of the arctic regions. With pl. London, Bennett 1834. 8°
1001. **Jardine** Will. The Naturalist's library. 40 Vols. London and Edinburgh, S. Highley. 1834—43. 8". Vol. 16: Whales. 32 colour pl. with portr. and memoir of Lacépède.
1002. **Beale** Thom. A few observations on the natural history of the Sperm Whale with an account of the rise and progress of the fishery and of the modes of pursuing, killing and cutting in that animal. London 1835. 8°
1003. **Nilsson** S. Utkast till en systematisk indelning of Phocacéerna. Stockholm, Norstedt & Söner, 1837. (6 pp.) 8°.
1004. **Rapd** Wilh. Die Cetaceen, zoolog.-anatomisch dargestellt. Mit Abbildg. auf 8 Steintaf. Stuttgart u. Tübingen, Cotta 1837. 8°.
1005. **Baer** Carl Ernst v. Unsersuchungen über die ehemalige Verbreitung und die gänzliche Vertilgung der von Steller beobachteten nordischen Seekuh.

Rytina (Extr. des Mém. de l'acad. Imp. des scienc. de St. Pétersbourg VI. Sér. V. gr. 4° St. Pétersbourg 1838; Leipzig, L. Voss.)

1006. **Beale** Thom. The natural history of the Sperm-Whale, and a sketch of a South-Sea whaling voyage. With 1 pl. London, John van Voorst 1838. 8°.

1007. **Cuvier** Fréd. De l'histoire naturelle des Cétacés, ou recueil et examen des faits dont se compose l'histoire naturelle de ces animaux. Avec 24 pl. Paris, Roret 1838. 8°.

1008. **Eschricht** Dan. Fred. Anatomische Untersuchungen über die Clione. 3 Taf. 4°. Kopenhagen, Reitzel 1838. Berlin, Hirschwald.

1009. **Hesse** Joa. Frid. Guil. De ungularum, barbae Balaenae, dentium Ornithorhynchi structura dissertatio. Cum. tabb. lith. III. Berolini 1839. 8°.

1010. **Kutorga** S. Zur Naturgeschichte der Phoca communis. F. Cuvier. Mit VI (VII) Taf. (in Kpfst. u. gr. 4°, wovon 3 illum.) St. Petersburg, Eggers & Co. 1840. 8°

1011. **Martins** Ch. Observation sur les migrations et les moeurs des Lemmings. (Extr. de la Revue zool. de la Soc. Cuvierienne) 16 pp. Paris 1840, 8°.

1012. **Eschricht** Dan. Fred. Om Undersogelsen af de nordiske Hvaler. 2 Bidrag; oplaest ved Naturforskernes Forsamling i Stockholm Juli 1842. 23 pp. Kjöbnhavn, Reitzel 1842 8°.

1013. **Dahlbom** And. Gust. Hymenoptera europaea praecipue borealia. Tom I. Lundae, 1845, Tom II. Lundae et Berolini Nicolai. 1854. 8°. mit 12 Kpfr. u. 11 Taf. 4°.

1014. **Eschricht** Dan. Fred. Zoologisch-anatomisch-physiologische Untersuchungen über die nordischen Walthiere. 1 Bd. XVI. u. 206 pd. mit 15 Illust. und 48 Holzschn. Leipzig, Voss 1849.

1015. **Schrenk** Leop. Ueber die Luchsarten des Nordens und ihre geogr. Verbreitung. Ein Beitrag zur zoolog. Geographie. (Zur Erlangung d. Würde eines Magisters der Philosophie verf. Dorpat, Glaeser. 1849. 69 pp. gr. 8°

1016. **Eschricht** D. og J. Reinhardt. Om Nordhvalen narnlig med hensyn til dens udbredning i fortider og nutiden. Met 1 Atlas. Kjöbenhavn 1861.

1017. **Barkow** H. C. L. Das Leben der Wale in seiner Beziehung zum Athmen und zum Blutlauf. Nebst Bemerkungen über die Benennung der Finnwale. Mit 5 eingedr. Holzschn. 40 pp. Breslau, Hirt 1862.

1018. **Flower** W. H. Ray Society's Recent Memoirs on the Cetacea, by Professor Eschricht, Reinhardt and Lilljeborg. With plates. London 1866. 4".

1019. **Gray** Cat. Seals and Whales in British Museum, 2 ed. 36 pp. London 1866.

1020. **Malm** A. W. Monographie illustrée du Baleinoptère. Stockholm 1867.

1021. **Peters** Carl F. Phoca pontica, Eichw. bei Wien. Lex. 8°. 3 p. Wien, Gerold Sohn 1867. (Sitzgb. d. Akad. d. Wissensch. in Wien.)

1022. **Boeck** Axel. Crustacea amphipoda borealia et arctica. gr. 8° VIII, u. 200 pp. Leipzig, Brockhaus 1871. (Aus Vidensk. Selsk. Forhandl.)

1023. **Brandt** A. Die Haut der nordischen Seekuh. Petersburg 1871. (Aus Mémoires de l'Académie des sciences de St. Pétersbourg.)

1024. **Brandt** J. F. Bemerkungen über die untergegangenen Bartenwale (Balaeoniden), deren Reste bisher im Wiener Becken gefunden worden. 7 pp. Wien, Gerold 1872. 8°.

1025. **Lomer** Heinrich. Die Verbreitung der Pelzthiere auf unserer Erdoberfläche. gr. 8°, 8 pp. Sep.-Abd. Leipzig, Hinrichs 1872.

1026. **Middendorff** A. v. Zur Kenntniss der Wärme-Oekonomie und des Wanderns der Thiere. St. Petersburg 1873.

1027. **Bruno** Giovan. Dom. Illustrazione di un nuovo Cetaceo fossile. Con 2 tav. col. 4°.

1028. **Lucae** Prof. Dr. J. Ch. Gust. Die Robbe und die Otter (Phoca vitulina und Lutra vulgaris) in ihren Knochen, Muskel u. Skelett; eine anatom. Studie. I. Abth. 15 lith. Taf. 102 pp. Frankfurt a. M., Winter. 4°. (Abhandl. d. Senckenb. naturf. Gesellsch.)

Aufsätze und Notizen.

1029. **Scoresby.** Description de l'Ours polaire. (Journal des Voyages XVIII, 1823. p. 257—260.)
1030. **Faber** Friedr. Beiträge zur arktischen Zoologie. (Oken, Isis. 1824 col. 447—463, 779—95, 967—81; 1826 col. 633—88, 702—14, 791—807, 908—26, 1048—1063; 1827 col. 43—73.)
1031. **Faber** Friedrich. Einige Bemerkungen über Brehm's neue Arten der hochnordischen Schwimmvögel, sammt Vergleichung zwischen seiner Platypus (Anas) glacialis u. P. Faberi. (Oken, Isis, 1826. col. 317—324.)
1032. **Baer** K. E. v. Ueber den Braunfisch (Delphinus phocaena). (Oken, Isis, 1826, col. 807—811.)
1033. **Baer** K. E. v. Die Nase der Cetaceen erläutert durch Untersuchung der Nase d. Braunfisches (Delphinus phocaena).(Oken, Isis, 1826, col. 811—847.)
1034. **Baer** K. E. v. Nachträgliche Bemerkung über die Riechnerven des Braunfisches. (Oken, Isis, 1826. col. 944.)
1035. **Faber** Friedr. Ueber das Blasen der Wale. (Oken, Isis, 1827, col. 858—860.)
1036. **Richardson.** Fauna borealis americana. (Journ. des Voyages XLIII, 1829. p. 257—269.)
1037. **Baer** K. E. v. Anatomische und zoologische Untersuchungen über das Walross. 1835.· (St. Pétersb. Acad. Mém. IV. part. 2, 1838. p. 97—236.)
1038. **Baer** K. E. v. Delphini Phocaenae anatomes sectio prima. (Bulletin Scientifique, St. Pétersbourg I., 1836 p. 26—28.)
1039. **Baer** K. E. v. Sur le prétendu passage l'eau par de les évents des Cétacés. (St. Pétersbourg Bulletin Scientifique I., 1836, p. 37—40.)
1040. **Richardson.** Report on North American Zoology. (Report of the 6th. Meeting of the British Association for advancement of science, V. p. 121, London 1837.)
1041. **Baer** K. E. v. Untersuchungen über die ehemalige Verbreitung und die gänzliche Vertilgung der von Steller beobachteten nordischen Seekuh (Rytina). (Bulletin Scientifique, St. Pétersbourg III. 1838, col. 355—359. Mém. Acad. V. part 2, 1840, p. 53—80.)
1042. **Martins** Ch. Observations sur les migrations et les moeurs des Lemmings. (Revue Zoologique par la Société Cuvierenne, Juillet 1840.)
1043. **Alessandrini** A. Organum olfactus Cetaceorum. (Nov. Acad. Leopold. VI. cum 2 tab.)
1044. **Baer** K. E. v. Neue Belege für die Auswanderung von Eisfüchsen nach Süden (Canis lagopus). (Bulletin Scientifique St. Pétersbourg II, 1844, col. 47—48.)
1045. **White.** Arktische Insecten. (Ausland, XXV, 1852, p. 12.)
1046. **Petermann** A. Thierisches Leben in den arktischen Gegenden (Ausland, XXV, 1852, p. 248.)
1047. **Petermann** Aug. Dr. On the distribution of Animal Life in the Arctic Regions. (Athenaeum, 18. Sept. 1852, p. 1016.)
1048. **Petermann** Aug. Dr. On the distribution of Arctic animal Life. (Journal of the R. Geogr. Soc. XXII. 1852, p. 118—128.)
1049. **Petermann** Aug. Dr. On the distribution of Animal Life in the Arctic Regions. (Report of the British Association for the advancement of sciences, 1852.)
1050. **Löwenhjelm** H. C. G. Myoxus avellanarius; Sterna arctica. (Öfversigt af Sv. Vet. Forh. IX. 1852, p. 234—235.)
1051. **Simmonds** P. L. Animal Life in the Arctic Regions. (Proceedings of the R. Geogr. Society of London, I, April 1856, Nr. 2, p. 53—54.)
1052. **Arktische Notizen.** 1. Die Walrosse; 2. Schlauheit der arktischen Raben; 3. arktische Wölfe. (Ausland, XXX, 1857, p. 117.)
1053. **Ziegler's** Alex. Beobachtungen über die geographische Verbreitung und Wanderungen der Häringe und das Knacken der Rennthiere. (Petermann's Geogr. Mitth. III, 1857, p. 418—420.)
1054. **Harvey** William Henry. Nereis Boreali-Americana, or Contributions to a History of the Marine Algae of North America. Part. I: Melanospermeae

p. 1—43, Vol. III; Part. II; Rhodospermeae p. 1—258, Vol. V; Part. III: Chlorospermeae p. 1—6, Vol. X. (Smithson. Contrib. to Knowledge 1857.)
1055. **Ziegler** Alex. Ueber die Wanderzüge der Häringe. (Ausland, XXXI, 1858, p. 165.)
1056. **Müller** Carl. Der Walfisch. (Die Natur VII, 1858, p. 28. 35, 44, 68, 83.)
1057. **Om Walrossen**. (Öfversigt af K. Sv. Vet. Forh. XVI, 1859, p. 441—447.)
1058. **Keller** Otto. Der Seehund im Alterthum. (Ausland, XXIII, 1860. p. 9.)
1059. **Ziegler** Alexander. Das Knacken der Rennthiere. (Ausland, XXXIII, 1860, p. 711.)
1060. **Middendorf**, Dr. A. v. Ueber die Nothwendigkeit von Vorbereitungen für den Empfang vorweltlicher Sibirischer Riesenthiere. (Bulletin de l'Académie Imp. des scinces de St. Pétersbourg, I. 1860, p. 557—563.)
1061. **Zur Naturgeschichte** des Walfisches. (Ausland, XXXIV, 1861, p. 803.)
1062. **Mammalia** and birds of Arctic Regions. (Edinburgh New philos. Journal January 1861, p. 161—164.)
1063. **Malmgren** A. J. Om tandbyggnaden ho Hvalrossen (Odobaenus rosmarus L.) och tandom bytet hos hans ofödda unge. med en tafla. (Öfversigt af K. Sv. Vet. Akad. Forh. XX. 1863, p. 505—522.)
1064. **Die Wanderungen** der Lemminge. (Ausland, XXXVII, 1864, p. 359.)
1065. **Jäger** G. Dr. Der Nordpol ein thiergeographisches Centrum. (Ausland, XXXVIII, 1865, Nr. 37, p. 865.)
1066. **Die Verbreitung** der Säugethiere im hohen Norden. (Petermann's Geogr. Mitth. XI, 1865, p. 112.)
1067. **Malmgren** A. J. Nordiska Hafs Annulater. Med 20 tafl. (Öfversigt af K. Sv. Vet. Akad. Forh. XXII. 1865. p. 51—110, 181—192, 355—410.)
1068. **Ljungman** A. Ophiuroidea viventia huc usque cognita enumerat—. (Öfversigt af K. Sv. Vet. Akad. Forh. XXIII. 1866, p. 303—336.)
1069. **Brandt** J. F. Das Rennthier. (Petermann's Geogr. Mitth. XIII. 1867, p. 202)
1070. **Das unbekannte Leben** am Nordpol. (Petermann's Geogr. Mitth. XIII. 1867, p. 230.)
1071. **Ehrenberg** C. G. Einige Betrachtungen über das noch unbekannte Leben am Nordpol. (Zeitschr. d. Ges. f. Erdk. in Berlin, III. Ser., II. 1867 p. 201—207.)
1072. **Brandt** J. F. Wenige Worte in Bezug auf die Erwiderungen in Betreff der Verbreitung der Nordischen Seekuh. (Bulletin de la Soc. imp. des naturalistes de Moscou. 1867, Nr. IV. p. 508—525.)
1073. **Brandt** J. F. Ergänzende Mittheilungen zur Erläuterung der ehemaligen Verbreitung und Vertilgung der Steller'schen Seekuh. (Bulletin de l'Acad. des sciences de St. Pétersbourg, XI. 1867, p. 445—451.)
1074. **Claudius** M. Das Gehörorgan von Rhytina Stelleri. Mit 2 Tafeln. St. Petersburg, 1867, (Mém. de l'Acad. imp. des sciences de St. Petersb. VII. Sér. XI. Nr. 5, p. 1—12.)
1075. **Smitt** F. A. Bryozoa marina in regionibus arcticis et borealibus viventia recensuit—. (Öfversigt af K. Sv. Vet. Ak. Forh. XXIV. 1867, p. 443—487.)
1076. **Beneden** P. J. van. Les baleines et leur distribution géographique. Mit 1 Karte. (Bulletin de l'Académie royal de Belgique XXV. 1868, p. 9—21.)
1077. **Gray** J. E. Dr. On the geographical Distribution of the Balaenidae or Right Whales. (Annals of natural History, London Nr. 4, 1868.)
1078. **Droste**, Ferdinand Baron. Die Vertretung der Vogelwelt im höchsten Norden. (Bericut über die 17. Versammlung der deutschen Ornithologen-Gesellschaft. Cassel 1860, p. 48—62.)
1079. **Kinberg** J. G. H. Om arktiska Phocaceer, funna uti mellersta Sveriges glaciarella. (Öfversigt af K. Sv. Vet. Akad. Forh. XXVI. 1869, p. 13—52.)
1080. **Jäger** Gustav und Emil Bessels. Die geographische Verbreitung der Hirsche mit Bezug auf die Geschichte der Polar-Länder. Mit Karte siehe Tafel 6. (Petermann's Geogr. Mitth XVI. 1870, p. 82—92.)
1081. **Brandt** J. F. Beiträge zur Naturgeschichte des Elens in Bezug auf seine morphologischen und paläontologischen Verhältnisse, sowie seine geographische Verbreitung, nebst Bemerkungen über die miocäne Flora und

und Insecten-Fauna des Hochnordens. 4°. 88 pp. [mit 3 Tafeln. (Mémoire de l'Académie de St. Pétersbourg. VII. série, XVI. 1870, Nr.5.)

1082. **Lomer** Heinrich. Verbreitung der Pelzthiere auf unserer Erdoberfläche. (Jahresbericht des Vereins von Freunden der Erdkunde zu Leipzig XI, 1871, p. 65—72.)

1083. **Brandt** J. F. Einige Worte über die Haardecke des Mammuth in Bezug auf gefällige schriftliche Mittheilungen des Hrn. Prof. O. Fraas über die im Stuttgarter Kön. Naturaliencabinet aufbewahrten Haut- und Haarreste des fraglichen Thieres. (Bulletin de l'Acad. imp. des sciences de St. Pétersbourg, V. 1871, p. 347–351.)

1084. **Brandt** Alexander. Ueber die Haut der Nordischen Seekuh (Rhytina Borealis Illig.) Mit 1 Tafel. (Mém. de l'Acad. imp. des sciences de St. Petersbourg. VII. Sér. XVII. Nr. 7, 1871, p. 1—28.)

1085. **Morse** Edward S. On the Early Stages of Terebratulina Septentrionalis (Couthouy). With 2 plat. (Memoirs Boston Soc. of Nat. Hist. II. 1871. p. 29—39.)

1086. **Duncan** P. M. Prof. The muskox and the wolverine, a geographical parallel. (Illustrated Travels ed by Bates III. 1871, Part. XXV. p. 29—32.)

1087. **Ueber** die Einwanderung und geographische Verbreitung des Elen's (Cervus alces). (Gaea, VIII. 1872, p. 556—557.)

1088. **Eisen** Gustaf. Om några arktiska Oligochaeter (Öfversigt af K. Sv. Vetensk. Akad. Förh. XXIX. 1872. No. 1, p. 119—124.)

1089. **Verhalten** des Thier- und Pflanzenlebens im Meere des hohen Nordens. (Lotos, Prag. XXIII. 1873, p. 230—231.)

1090. **Selbstständiges** Zwischenkieferbein im Schädel eines erwachsenen Eskimohundes. (Ausland, XLVII, 1874, p. 840.)

1091. **Distribution** géographique des baleines. (L'Explorateur II. 1875, p. 152.)

1092. **Nordstedt** O. Desmidieae arctoae. (Öfversigt af K. Sv. Vetensk. Akad. Forh. 1875, Nr. 6, p. 13—134.)

1093. **Schmidt**, Rhabdocoelen aus dem nordischen Meere. (Sitzungsber. d. math. naturw. Cl. d. Akad. d. Wiss. in Wien IX. 1852, p. 490.)

1094. **Régions** Polaires. Animaux. (Bulletin de la Soc. de Géogr. Paris. I. Sér. III. 1822, p. 372.)

1095. **Neill** Patrick. Account of the Small Whales, in the Seas near the Shetland Islands. (Nicholson's Journal XVI. p. 310.)

f) Botanik.

1096. **Retz** Andr. Joh. Florae Scandinaviae prodromus, enumerans plantas Sveciae, Laponiae, Finlandiae, Pomeraniae, Daniae, Nowegiae, Holsatiae, Islandiae et Groenlandiae. Holmiae, Hesselberg 1779, 8°.

1097. **Pallas** P. S. Flora Rossica, seu Stirpium imperii Rossici et Asiam indigenarum descriptiones et icones jussu et auspiciis Catharinae II. Augustae. Petropoli, ex typ. imper. J. J. Weitbrecht, 1784 — 5. fol. 2 vols. Berlin, Schöne.

1098. **Hoocker** W. J. Distribution of Arctic plants. London, 1824, 4°.

1099. **Postels** Alex. et Ruprecht Franciscus. Illustrationes Algarum in itinere circa orbem... annis 1826—9...in Oceano pacifico, imprimis septemtrionali ad littora Rossica Asiatico — Americana collecta rum. Petropoli 1840, fol. maj. Lipsiae, Voss. 1844.

1100. **Ledebour** C. F. Flora Rossica, sive enumeratio plantarum in provinciis Europ., Asiat. et Americ. 4 vol. mit 1 Karte. Stuttgart 1842. Lex. 8°.

1101. **Moe** N. Veiledning til dyrkning af glaciale alpinske og arktiske Planter. 15 pp. Christiania 1862, 8°,

1102. **Reichhardt** H. W. Ueber die botanische Ausbeute der Polar-Expeditionen des Jahres 1871. Wien. Gerold 1872.

1103. **Wiesner** Jul. Untersuchung einiger Treibhölzer aus dem nördl. Eismeere. Lex. 8°, 9 pp. Wien, Gerold's S. 1872. (Aus Sitzungsber. d. k. Akad. d. Wiss. in Wien.)

Aufsätze und Notizen.

1104. **Végétation** des côtes de l'Amerique boréale. (Nouvelles Annales des Voyages Paris, II. Sér., XXV, 1832, p. 132—3.)
1105. **Die Polarpflanze.** (Ausland, XXII, 1849, p. 1096.)
1106. **Kellet.** Etwas über arktische Botanik. [Seemann.] (Ausland, XXV, 1852, p. 561.)
1107. **Hooker J. D.** On some collections of Arctic Plants. (Linn. Soc. Journ. I, 1857, Bot. p. 114—124.)
1108. **Palacky J.** Zur Kenntniss der arktischen Flora.(Lotos. Prag,VIII,1858,p.91.)
1109. **Hooker** Outlines of the distribution of Arctic plants. (Linn. Soc. Trans. XXIII, 1862, p. 251—348.)
1110. **Geyler, Dr.** Ueber arktische Flora. (Jahresbericht des Frankfurter Vereins für Geogr. und Statist , XXXV, 1870—71, p. 27—28.)
1111. **Miklucho-Maclay N.** Ueber einige Schwämme des nördlichen Stillen Oceans und des Eismeeres. (Mémoires de l'Acad. de St. Pétersbourg, XV, 1870, Nr. 3, p. 1—24.)
1112. **Kummer Paul.** Das Rennthiermoos. (Aus allen Welttheilen, III, 1871—72, Nr. 6, p. 185—6.)
1113. **Zur Flora** und Fauna des Eismeeres. (Ausland, XLIV, 1871, p. 24.)
1114. **Die Treibhölzer** des nördl. Polarmeeres. (Archiv f. Seewesen. Wien, VIII, 1872, p. 606.)
1115. **Die Treibhölzer** des nördlichen Polarmeeres. (Ausland, XLV, 1872, Nr. 41, p. 984.)
1116. **Kraus** über die Heimat des hochnordischen Treibholzes. (Globus. Braunschweig, XXI, 1872, p. 302.)
1117. **Wiesner.** Treibhölzer aus dem nördlichen Eismeere. (Lotos. Prag, XXII, 1872, p.109.)
1118. **Kraus, Nördlinger** und **Wiesner.** Die Treibholzsammlungen der 2. deutschen Expedition von Graf Zeil, Weyprecht und Payer. (Geographie und Erforschung der Polar-Region, Nr. 61. — Petermann's geogr. Mitth. XVIII, 1872, p. 150—152.)
1119. **Cleve P. T.** On Diatoms from the Arctic Sea. With 4 plates. (Bihang till K. Sv. Vet. Handl. I Bd., II. Hälfte, 1873, Nr. 13, p. 1—29.)
1120. **Wiesner.** Untersuchung einiger Treibhölzer aus dem nördlichen Eismeere. (Sitzb. d. math. naturw. Cl. d. Ac. d. Wiss. in Wien LXV, Abth.1.,1872 p. 96.)

g) Ethnographie, Culturgeschichte etc.

1121. **Boëmus J.** Omnium gentium mores, leges et ritus ex multis clarissimis rerum scriptoribus. Acc. libell. de regionibus septentrion. earumque gentium ritibus vet. script. saeculo fere incognit, ex Jacobo Zieglero. Antwerpen, J. Steelsius, 1538, 8°.
1122. **Claus Magnus.** Historia de gentibus septentrionalibus. Mit Karten u. zahlr. Ansichten. Romae, de Victis, 1555. Fol.; Antwerpiae, Plantinus, 1558, 8°; Paris, Martin le jeune, 1561; Basel, Petri, 1567; Amberg, 1599; Frankfurt a. M. 1625; Lugd. Bat., Wyngaerde, 1645 u. 1652; Antwerpiae, Bellenus 1562, 8°; Amsterdam, Ravestein, 1669.
1123. **Olaus Magnus.** Compendio della storia de' costumi de' Popoli Settentrionali da Cornelio Scribonio Grapheo, tradotto per Remigio Fiorentino; con due tavole, 8°. Vinegia 1561; Bindori 1565.
1124. **Olaus Magnus.** Historia delle Genti et della Natura delle cose settentrionali. Descritta in 22 libri. In Vinegia appresso i Giunti 1565. Fol.
1125. **Martinière** Bruzen, de la. Voyage des Pays Septentrionaux ; dans lequel, se voit les moeurs, manières de vivre, et superstitions des Norvégiens Lappons, Kiloppes, Borandiens, Sybériens, Samojédes, Zembliens et Islandois ; traduit de l'Anglois. Paris 1656, 8°, E. Vendôme, 1671, 12° avec fig., auch 1672—1676 ; 3. ed. augm. avec des fig., 12°, J. Ribou 1682 ; Amsterdam , E. Roger 1690, auch 1708, 12°, 321 pp.

1126. **Martinière.** Travels into the Northern Countries; being a Description of the Manners, Customs, Superstitions, Buildings and Habits of the Norwegians, Laponians, Kilops, Borandians, Siberians, Samoiedes, Zemblans and Icelanders; with Reflections upon an Error in our Geographers, about the Situation and Extent of Greenland and Nova-Zembla. London 1674; 1706, 8°.
1127. **Martinière.** Neue Reise in die nordischen Landschaften oder Beschreibung der Sitten, Gebräuche, Kleidung der Norweger, Lapländer, Siberianer, Samojeden, Eiszländer etc. Deutsch v. J. Langen. Hamburg, Naumann & Wolf 1675; Leipzig, Hübner & Schröder 1703, 1706, 1710, 1711, 1718; Holländ. 1685.
1128. **De Russorum** et Tartarorum religione et sacrificiis nec non de nuptiarum funerumque ritibus. Spirae 1682. 4°.
1129. **Lagerlöf** Petrus. Dissertatio de Skaldis veterum Hyperboreorum, Respondente Daniel. Upsaliae, Diurberg, 1685. 8°.
1130. **Bibliotheca** Septentrionis eruditi, sive Syntagma tractatuum de Scriptoribus illius, seorsim hactenus editorum Lipsiae. 1699, 12°.
1131. **Gesta** et vestigia Danorum extra Daniam. Lipsiae, 3 Vols. Preussius 1740. 8°.
1132. **De Yfverborna Atlingars** eller Sviogöthars ok Nordmänners Patriarkaliska Lära, eller sådan hon var före Odhin II. s. tid; af Sämund hin Frode på Island, efter gämla Runoböcker, År Chr. 1090 afskrefven; men nu efter trenne kongl. Antiquit. Archivet tilhöriga Göthiska Handskrifter, med Svensk öfversättning utgifven, af J. G. Stockholm, 1750, 4°.
1133. **Lacombe.** Abrégé chronologique de l'histoire du Nord ou des états de Danemark, de Russie concernant, la Laponie, les Tartares etc. 2 vols. Paris, 1752; Amsterdam 1763, 8°.
1134. **Marcy,** Abbé. Histoire moderne de Chinois, Japonnois, Indiens, Persans, Turcs, Russiens, etc. XI Tom. Paris, 1755—1764, gr. 12. Continuée par Richer du Volume XII jusqu'au XXX, Paris 1765—1778, gr. 12°.
1135. **Northern Antiquities**, or a description of the Manners, Customs, Religion and Laws of the ancient Danes, and other Northern Nations; including these of our own Saxon Ancestors. With a translation of the Edda or System of Runic Mythology, and other Pieces from the Ancient Icelandic Tongue. Translated from Mallets Introduction à l'Histoire du Dannèmarc With Additional Notes by the English Translator (Th. Percy) and Gorransson's Latin Version of the Edda. 2 Vols., London 1770. Vol. I: 415 pp., Vol. II: 356 pp., 8°; 2. Ed., 2 Vols., London 1809, 8°; 3. edit. London, 1847, IV, 578 pp. 8°.
1136. **La Croix** J. Fr. de. Anecdotes du Nord. Paris, Vincent, 1770. 8°.
1137. **Baumann** Ludw. Adf. Abriss der Staatsverfassung der vornehmsten Länder in Amerika, nebst einem Anhange von den nördlichen Polarländern. Brandenburg u. Halle, 1776. 8°.
1138. **Pallas** P. S. Merkwürdigkeiten der obischen Ostiaken, Samojeden, daurischen Tungusen etc. Ein Auszug aus dessen Reisen. 3 Theile. Frankfurt u. Leipzig, 1777. 8°.
1139. **Brünnich** M. T. Literatura Danica scientiar. naturalium. Hafn. et Lips. 1738, 8°. (Insunt: 1 Biblioth., ordine chron. recensens Daniae, Norveg., Island. et Holsatiae auctores et libros, scientias naturales tractantes; digess. M. T. Brünnich. 2. Les progrès de l'hist. nat. et des sciences analogues en Danemark et en Norvège par M. T. Brünnich, trad. du Dan. par N. J. A. Yanssens des Campeaux.
1140. **Afzelius** A. E. De poesia gentium septentrionalium antiquissima. 4°. (Spec. I: Aboae 1798, 16 pp.; II: Upsal. 1798, 24 pp.; III: ibid. 1799, 33 pp.)
1141. **Ingram** Rev. James. An Inaugural Lecture on the Utility of the Anglo-Saxon Literature; to which is added, the Geography of Europe, by King Alfred (including his account of the Discovery of the North Cape, in the ninth century). London, 1808. 4°.

1142. **Krusenstern** A. J. v. Wörtersammlungen aus den Sprachen einiger Völker des östlichen Asiens und der Nordwestküste von Amerika. Petersburg, 1813. 4°.
1143. **Egilssonii** Sveinbjörnis. Historia Olai sancti regis; ex vet. sermone cura. 2 vol. Hafniae, 1834. 8°. (Zugleich Bd. 4 u. 5 der Scripta histor. Islandorum.)
1144. **Egilssonii** Sveinbjörnis. Historiae regum Magni Boni, Haraldi Severi et filiorum eius; ex vet. serm. cura Hafniae, 1835. 8°. (Zugleich Bd. 6 der Scripta histor. Islandorum.)
1145. **Egilsson** Sveinbjörnis. Lexicon poëticum antiquae linguae septentrionalis. Edidit societas reg. antiq. septentrionalium. V. Fasc. (Fasc. I, IV u. p. 1—240). Hafniae, 1835; Lipsiae, Lorck. 8°.
1146. **Egilssonii** Sveinbjörnis, Historiae regum Norvegiae a Magno Nudipede usque ad Magnum Erlingi filium; ex vet. sermone opera et studio; — —. Hafniae, 1836. 8°. (Zugleich Bd. 7 der Scripta histor. Islandorum.)
1147. **Bosworth's** Scandinavian literature, with short chronological specimens of the old Danish, Icelandic, Norwegian, Swedish and a notice of the Dalecarlian and Ferroe dialects. London, 1836. 8°.
1148. **Marsh** G. P. A compendious Grammar of the old Northern or Lic Language. Burlinston U. S. 1838. 8°.
1149. **Baer** u. **Helmersen** Gr. v. Beiträge zur Kenntniss des russischen Reiches. St. Petersburg, 1839—45. 8°, Leipzig; L. Voss. (1. Bändchen : Statist. u. ethnogr. Nachrichten über die russischen Besitzungen an der N.-W.-Küste von Amerika. Gesammelt v. Wrangell. Mit Zusätzen vermehrt von K. E. v. Baer. Mit 1 Karte, 1839.)
1150. **Lingen** G. W. A, van der. Aanwijzingen betr. de afkomst en bestemming van sommige Noordsche volken. Kaapstadt, Richert 1842. 8°.
1151. **Erslew** Th. H. Almindeligt Forfatter-Lexicon tor Kongeriget Danmark med tilhörende Bilande fra 1814 til 1840. 3 vols. Kjöbenhavn 1843—53. 8°. Bd. I (A—J) 1843, 820 pp.; II (K—R) 1847, 746 pp.; III (S—Ö) 1853, 702 pp.
1152. **Machiavel** Nicolas. A Treatise on the Emigration of the Northern Nations. London, Bohn, 1847. 8°.
1153. **Brockett** J. T. Glossary of North Country Words. London, J. R. Smith 1866. 8°.
1154. **Byrnjulfson** G. Have de gamle Nordboer havt Kjendskab til et aabent Polarhav imod Nord? Foredrag i det Kgl. Nordiske Oldsskrift Selskab den 17de Januar. 8°. 28 pp. Kopenhagen, Kalckar 1871. (Sonderabdruck aus der Berlingske Tidende.)

h) Polarfischerei und Jagd.

1155. **Aldrovandus** Ulysses. De Piscibus libri 5. et de Cetis, liber unus, Jo. Corn. Uterverius collegit, Hieron. Tamburinus in lucem edidit, Bononiae Jo. Bapt. Bellagamba. 1613, fol. Ant. Bernia, c. tab.. Bonon. 1638. Fol.
1156. **Zorgdrager** Cornel. Gisbert. Nevens een beschryving van de Terreneufsche Bakkeljaau vishery. Med. pl. Haag, 1727; Delft, 1746. 4°.
1157. **Bring** S. De piscaturis in Oceano Boreali. London, Goth., 1750.
1158. **Stradavits**. Reyse ten Walvischvangst rymsgewys beschreven door J. A. S. chirurgyn op het schip Zoondyker Hoop. Antwerpen, P. J. Porys, 1769.
1159. **Sante** G. van. Alphabet. Naamlijst van alle de grönlandsche en straat Davissche Commandeurs die zedert 1700 op Grönland en zedert 1719 op de Straat Davis voor Holland hebben gevaaren etc. Haarlem, 1770.
1160. **Hamel,** Monceau du und de la Mare. Allgemeine Abhandlung von den Fischereyen, und Geschichte der Fische, die dadurch verschafft werden. A. d. Franz. mit Anmerkungen von D. G. Schreber. 3 Theile m. Kpf. Leipzig, 1773. 4°; Königsberg, Unzer, 1775. 2 Thle., 4°.
1161. **Naamlyste** der boekhouders, schepen en stuurleiden van de Walvisch en Haring-schepen 1778—85. 2 vols. Enkhuizen 1786.

1162. **Hansen** Larens. Accounts of the Whalers in the year 1777. Ribe, 1780. 8º.
1163. **Luzac** E. Hollandsch rijkdom of tafereel van Neerlandsch Koophandel en zeevaart, behelzende deszelfs oorsprong, magt en toe neemende vermeerdering. Uit het Fransch. 4 deels. Leiden, Luzac 1780—83. 2 de uitgave. 4 deel. Leijden, 1801. 8º.
1164. **De walvischvangst** met veele byzonderheden daartoe betrekkelyk. 3 vols. Amsterdam, P. Conradi 1784—85. Ebendaselbst 4 vols. 1784—86.
1165. **Lüder** Aug. Ferd. Geschichte des holländischen Handels. Nach Luzac's »Rijkdom etc.« bearbeitet. Leipzig, Crusius; C. W. Vogel 1788.
1166. **Luzac** E. Betrachtungen über den Ursprung des Handels und der Macht der Holländer. 4 Bde. Greifswalde, 1788—90. 8º; Leipzig, Cnobloch.
1167. **Jong** de, H. Kobel en M. Salitz. Nieuwe Beschryving der Walvisvangst en Haringvisschery. Med 21 karten e. platen. Amsterdam, 4 vols. 1791. 4º.
1168. **Noel** J. B. J. Mémoire sur l'antiquité de la pêche de la Baleine par les nations Européennes. Paris, 1795.
1169. **Colnett** James. A voyage to the South Atlantic and round Cape Horn into the Pacific Ocean for the purpose of extending the spermaceti whale fisheries and other objects of commerce by ascertaining the ports etc. in certain islands and coasts in those seas. With 6 charts and P. Stephens Portr. and 9 Tabl. London, 1798. 4º.
1170. **Reste** Bernard de. Histoire des Pêches, des Découvertes et des Etablissements des Hollandois dans les mers du Nord. Trad du Holl. avec des notes, 27 cartes et fig. 3 vols. Paris, 1799. 8º; Paris, Nyon l'ainé 1801. 3 vols.
1171. **Noël** Simon B. J. Tableau historique de la pêche de la baleine. 108 pp. Paris, Fuchs, an VIII. (1800). 8º.
1172. **Noël** S. R. J. Histoire générale des pêches anciennes et modernes dans les mers et les fleuves des deux continents. 2 part. Paris, De Bure, Didot 1816. 4º.
1173. **Kat** H. D. Dagboek eener reize ter Walvisch-en Robben vangst, gedaan in 1778 en 1779. Med 1 Karte. Haarlem, 1818. 8º.
1174. **Delavoipière**. Faits relatifs à la pêche de la Baleine. 32 pp. Havre, Stan. Faure 1821; 1822. 8º.
1175. **Scoresby** Will. Journal of a voyage to the Northern Whale-fishery; including researches and discoveries on the eastern coast of West-Greenland, made in the summer of 1822, in the ship Baffin of Liverpool. With 8 engrav. Edinburgh, Horst, 1823. 8º.
1176. **Lecomte** Jules. Pratique de la pêche de la Baleine dans les mers du Sud. Paris, Lecointe et Pongin, 1833. 8º.
1177. **Macy** O. The History of Nantucket together with the rise and progress of the Whale Fishery. Boston, 1835. 8º.
1178. **Missing**. The Whalers, their present condition and the means for relieving them. Glasgow, 1836.
1179. **Entdeckungen** im Innern der Erde. Bericht des sibirischen Walfischfängers Demetr Ostrow an Sir John Ross. 2. Aufl. Wien, Haas 1838. 8º.
1180. **Bennett** Fr. Debell. Narrative of a Whaling voyage round the globe from the year 1833 to 1836. 2 vols. London, Bentley 1840, 8º; 1842.
1181. **Dana** R. H. Two years before the Mast. A personal narrative of life at sea. New-York 1840; 1847.
1182. **Olmsted** F. Allyn. Incidents of a whaling voyage. To which are added observations on the scenery, manners and customs, and missionary stations of the Sandwich and Society islands. Accompagnied by nummerous lithographic prints. New-York, Appleton, 1841. 8º; Wiley, 1843.
1183. **Brandligt** C., Geschiedk. beschouwing van de walvisch-visscherij. Amsterdam, Nusteeg, 1843. 8º.
1184. **Statuten** der nederlandsch Walvischvisscherij-Maatschappij van Amsterdam. Amsterdam, 1843. 8º.
1185. **Accounts** relating to Whale Fishery. (Parliamentary Papers. Rep. and Papers, Bills, 1846, Nr. 183.)

1186. **Browne** J. R. Etchings of a Whaling Cruise with a brief History of the Whale Fishery. New-York, Harpers; London, Murray, 1846. 8°.
1187. **Gloger** C. W. L. Der Walfischfang und seine Beförderung in Deutschland als vaterländische Zeitfrage in volkswirthschaftlicher, seemännischer und staatlicher Beziehung. 107 pp. Berlin, A. Hirschwald 1847, 8°; 1848.
1188. **Cheever** H. T. The whale and its Captors; or the Whaleman's adventures and biography. New-York, 1850.
1189. **Scoresby.** The Whaleman's adventures in the Southern Ocean. London, Low, 1850, 8°; 1855.
1190. **Seward** W. H. Speech on the Whaling Fisheries. Washington, 1852.
1191. **Kingston** W. H. G. Life and adventures of Peter the Whaler. London, Grant and Comp. 1853, 12°; Boston, 1865, 16°; Gall, 1872, 12°.
1192. **Hammond** S. H. Wild Northern Scenes; Sporting Adventures. New-York 1857. 12°.
1193. **Körner** F. Eine Polarfahrt. Geographische Skizzen und Scenen aus dem Seemanns- und Jägerleben. Unter dem Titel: Panorama. 3 Bdch. 105 pp. Mit einem Titelbild. Leipzig, Schlicke, 1858. 8°.
1194. **Whitecar** W. B., jun. Four years aboard the Whaleship. Embracing cruises in the Pacific, Atlantic, Indian, and Antarctic Oceans in the years 1855—1859. Philadelphia, Lippincott, 1859, 413 pp. 12°; 1860; 1864.
1195. **Cheever** H. T. Whaleman's Adventures in S. Ocean by Scoresby. London, Low, 1860.
1196. **Ballantyne** R. M. Red Eric; or the Whaler's Last Cruise. London, Routledge, 1861.
1197. **Lamont** James. Seasons with the Seahorses; or sporting adventures in the Northern Seas. With Chartes and engrav. New-York, 1861. 8°; London, Hurst and Blackett, 1861, 324 pp. 8°.
1198. **Harry** the Whaler. London, Rel. Tr. Soc. 1863. 18°.
1199. **Ballantyne's** Miscellany. Fighting the Whales. London, Nisbet, 1865, 18°; 1869.
1200. **The Whale's** Story: Passages from the life of a Leviathan. London, Seeley, 1867. 16°.
1201. **Hoffmann** Carl. Die Seelöwen oder die verlornen Robbenjäger. Erzählung v. James Fenimore Cooper. Für die reifere Jugend bearb. Mit 8 lith. Bildern in Farbendr. 336 pp. Stuttgart, Schmidt & Spring, 1868, 8°.
1202. **Lindeman** Moritz. Die arktische Fischerei der Deutschen Seestädte 1620—1868. pp. 118 u. 2 Kart. von A. Petermann. 1. Nordpolarkarte zur Uebersicht einiger geschichtlicher Momente und der jetzigen Hauptplätze der Grossfischereien. Walfischfang und Robbenschlag. 1:40,000.000, 2. Karte des europäischen Nordmeeres 1:10,000.000. Nebenkarte : Nordwestl. Theil von Spitzbergen 1:500.000. (Petermann's Geogr. Mittheil. Ergänzungsheft Nr. 26). Gotha, 1869. 4°.
1203. **Davis** Wm. M. Nimrod of the Sea, or the American Whaleman. London, Low, 1874. 8°.
1204. **Muller** Mr. S. Geschiedenis der Noordsche Compagnie. Uitgegeven door het Provinciaal Utrechtsche Genootschap van Kunsten en Wetenschappen. Med 1 Kart. 450 pp. Utrecht, van der Post, 1874. 8°.
1205. **Gerstaeker** F. der kleine Walfischfänger. Jena Costenoble 1856, 1863, 8°. Engl. Ausg. London, Routledge, 1875. 12°.
1206. **Kingston** W. H. G. South Sea Whaler saved from the sea, a Story of Loss the »Champion«. London, Nelson and Sons, 1860. 8°; London, Nelsons, 1875. 8°.
1207. **Afbeeldinger** van de Walvisvangst in 16 bladen door S. von der Meulen. Amsterdam, P. Schenk, Fol.

Aufsätze und Notizen.

1208. **Brierly** O. W. Whales and Whaling. (The Athenaeum, Nr. 1762, p. 160, Nr. 1767, p. 320—1.)

1209. **Fougeroux** M. de Bondaroy. Mémoire sur l'usage qu'on pourroits faire des peaux des vaches marines. (Mémoires de l'Académie des sciences 1785, p. 30—33.)
1210. **Pêche** de la baleine. (Journal des Voyages IX. 1821, p. 253—254.)
1211. **Walfischfang.** (Bertuch, N. a. geogr. Eph. XII., 1823, p. 467.)
1212. **Robben-** und Walfischfang. (Bertuch, N. a. geogr. Eph. XIII. 1824, p. 237.)
1213. **Le Havre.** Pêche de la baleine. (Revue d. deux mondes. Journ. d. Voyages II. Sér., II., 1830, p. 430—433.)
1214. **Walfisch** u. Walfischfang. (Pfennig-Magazin, Leipzig, II, 1834, p. 449—484.)
1215. **Pêche** de la baleine au bord de la Circé. (Nouvelles Annales des Voyages Paris, III. Sér. VII, 1835, p. 248—252.)
1216. **Geschichte** des Walfischfanges. (Pfennig-Magazin, Leipzig, VI, 1838, p. 210.)
1217. **Navigation** pendant les années 1837—38 de la corvette l'Héroine envoyé dans l'hémisphère austral à la protection de la pêche de la baleine. (Annal. marit I, 1838, p. 480, II. p. 93; I, 1839, p. 376, 477; I, 1840, p. 180.)
1218. **Walrossjagd** in der Südsee. (Pfennig-Magazin, Leipzig, IX, 1841, p. 239.)
1219. **Der Walfischfang.** (Ausland, XVIII, 1845, p. 837, 853.)
1220. **Finnländische** Compagnie zum Betrieb des Walfischfanges im Stillen Meere. (Erman's Archiv f. wiss. Kunde v. Russl. VI, 1847, p. 589.)
1221. **Strömungen** und Walfischfang (Wilkes). (Ausland, XXIII, 1850, p. 233, 237, 242, 245, 249, 253, 258.)
1222. **Amerikanischer Walfischfang.** (Ausland, XXIII, 1850, p. 248.)
1223. **Die diesjährige** Walfischfangsfahrt (Ausland, XXIV, 1851, p. 1089.)
1224. **Ein grimmiger Walfisch.** 5°, 51' S. B, 102° W. L. (Ausland, XXIV, 1851, p. 1141.)
1225. **Hamel** Dr. The Whale Killer or Thresher, mentioned by Tradescant in the Journal of his Voyage to Russia in 1618. (Proceedings of the assoc. for adv. of science, XI, 1854, p. 258—271.)
1226. **Walfischfang** auf den Faröern. (Ausland, XXVIII, 1855, p. 501.)
1227. **Der Walfischfang** von New-Bedford. (Ausland, XXVIII, 1855, p. 1092.)
1228. **Der amerikanische Walfischfang.** (Neue Zeit Nr. 40. 1857.)
1229. **Der Walfischfang** der Vereinigten Staaten von Nordamerika im J. 1857. (Preussisches Handels-Archiv, 1858, Nr. 7.)
1230. **Ein Zweikampf** zwischen Walfischen. (Ausland, XXXII, 1859, p. 1032.)
1231. **Anwendung** der Blausäure beim Wallfischfang. (Ausland, XXXIV, 1861, p. 384.)
1232. **Des Grandes** Pêches dans les mers polaires. (Revue maritime et coloniale. Paris. VI, 1861, p. 5—24.)
1233. **Die arktischen** Walfischfänger und Robbenschläger. (Ausland, XXXV, 1862, p. 2023.)
1234. **Walfischfang.** (Globus, Hildburghausen, I, 1862, p. 191—2.)
1235. **La Pêche** de la baleine et du veau marin dans les mers polaires. (Revue maritime et colon. Paris. IV. 1862, 13 livr., p. 75—78, 16 livr., p. 824—826.)
1236. **Gether A.** Uebersicht über die von der Weser aus betriebene Grönländische und Südseefischerei. (Petermann's Geogr. Mitth., IX, 1863, p. 311.)
1237. **La pêche** de la baleine. (Revue maritime et coloniale, Paris. XIII. 1865, p. 586.)
1238. **Pêche** de la baleine et du veau marin dans les mers glaciales. (Revue maritime et coloniale, Paris. XIV. 1865, p. 834—837.)
1239. **Pochhammer.** Ueber den Nutzen des Meeres, des Fischfanges in den Oceanen und über den Werth neuer Fischerei-Gebiete. (Zeitschr. d. Ges. f. Erdkunde. Berlin, III. Ser., I, 1866, p. 504—509.)
1240. **Der Walfischfang** und die Robbenjagd im europäischen Eismeere. (Petermann's Geogr. Mitth. XIII. 1867, p. 413.)
1241. **Statistisches** über den Betrieb des Walfischfanges. (Zeitschr. d. Ges. f. Erdk. Berlin, III. Ser., II., 1867, p. 287—288.)
1242. **Werth** eines Walfisches. (Ausland, XXXIX, 1866, Nr. 41, p. 456.)
1243. **Dorschfischerei** im hohen Norden. (Globus, Braunschweig, XIII, 1868, p. 140, 167, 201, 275.)

1244. **Der Walfischfang** 1867. (Petermann's Geogr. Mitth. XIV. 1868, p. 351.)
1245. **Der Walfischfang.** (Ausland, XLII, 1869. p. 438.)
1246. **Walfischfahrer** in Honolulu. (Globus, Braunschweig, XV, 1869, p. 32.)
1247. **Ein norwegischer Walrossjäger.** (Globus, Braunschweig, XVI, 1869, p. 208.)
1248. **Walfischfang** von Neu-Bedford. (Globus, Braunschweig, XV, 1869, p. 224.)
1249. **Der Walfischfang** im Jahre 1868. (Petermann's Geogr. Mitth. XV, 1869, p. 390—391.)
1250. **Lindemann** Moritz. Die arktische Fischerei der deutschen Seestädte 1630—1868, in vergleichender Darstellung. Mit 2 Karten von A. Petermann. (Ergänzungsheft Nr. 26 zu Petermann's Geogr. Mitth. Gotha, Justus Perthes 1869, 4°. 118 pp.)
1251. **Der diessjährige** Walfischfang. (Mitth. der Wiener Geogr. Ges. XII, 1869, p. 371.)
1252. **Silas Bent.** The dutch whahler in the year. 1655. (Putnams Magazine IV, 1869, p. 526.)
1253. **Norwegische** Eismeerjagd. (Pertermann's Geogr. Mitth. XVI, 1870. p. 152.)
1254. **Chotineski** A. Der Walfischfang im Norden von Russland. [Russisch.] (Morskoj Sbornik, Nov. 1870.)
1255. **Pechuel-Loesche,** M. E. Wale und Walfang. (Ausland, XLIV, 1871, p. 985, 1017, 1043, 1066, 1108, 1131, 1182, 1230.)
1256. **Fischfang** der Norweger im nördlichen Eismeer. (Globus, Braunschweig XX, 1871, p. 251, 269, 283.)
1257. **Robbenschlag** im Nordmeere; Dorschfang. (Globus, Braunschweig XX, 1871, p. 31.)
1258. **Der Seehundsfang** im nördlichen Eismeere. Capitain Jacob Melsom in Tönsberg. (Petermann's Geogr. Mitth. XVII, 1871, p. 340—344.)
1259. **Pêcheries** de la mer glaciale. (Revue marit. et colon. Paris, XXXI, 1871, livr. 121, p. 585—587.)
1260. **Einführung** einer Schonzeit für die Robben des Eismeeres. (Aus allen Welttheilen. IV. 1872/3. Nr. 10, p. 319.)
1261. **Pechuel-Loesche** M. E., Wale und Walfang III. B. Zahnwale (Denticeti) Schluss. (Ausland, XLV, 1872, Nr. 1, p. 6.)
1262. **Der amerikanische** Walfischfang. (Ausland, XLV, 1872, Nr. 21, p. 504.)
1263. **Caisse de** secours instituée en faveur des familles des marins morts ou présumés péris à la pêche de la morue. (Revue maritime et coloniale, Paris, XXXV, 1872, liv., 134 p. 379.)
1264. **Der Walfischfang** im Jahre 1872. (Globus, Braunschweig, XXIII, 1873, p. 240.)
1265. **The Arctic** Seal and Whale Fishery. (The Geographical Magazine, I, 1874, p. 386.)
1266. **Reiche Beute** des Waltängers »Camperdown«. (Aus allen Welttheilen. Leipzig, VI, 1875, p. 94.)
1267. **Haifischfang** im nördlichen Eismeere. (Ausland, XLVIII, 1875, p. 282—284.)
1268. **La Pêche** dans les mers Arctiques. (l'Explorateur, I, 1875, p. 87—88.)
1269. **La Pêche** du Requin dans les mers polaires. (l'Explorateur, II, 1875, p. 5—6.)
1270. **La Caccia** degli animali marini e le pesche dell'America settentrionale. (Rivista marittima, VIII, 1875, p. 256—262.)
1271. **Kohl**, J. G. Ueber die Rolle, welche Jagd und Fischfang in der Geschichte der Entdeckung und Colonisirung der Länder und Meere gespielt haben. 1. Fische. 2. Wale. 3. Perlen und Korallen, 4. Pelzthiere. 5. Vögel. (Aus allen Welttheilen. VII. 1876. p. 39—43, 89 - 91, 102—107.)
1272. **Eisbärenjagden.** (Ausland, XLIX, 1876, p. 13—18.)
1273. **Gros** Jules. La chasse dans les régions arctiques de l'Amerique septentrionale. (l'Explorateur, IV, 1876, p. 144—145.)
1274. **Mehwald.** Nordische Grossfischjägerei. (Globus, Hildburghausen, XII. p. 139. 172, 203.)
1275. **Mann** Theod. Aug. Mémoire sur l'histoire naturelle de la mer du Nord et sur la Pêche qui s'y fait. (Mém. de l'acad. roy. de Bruxelles. II. p. 157.)

i) Biographie der Polarforscher.

1276. **Jonas** Arngrimus. Vita Gudebrandi Thorlacii. Lugd. Bat., 1630. 4°
1277. **Spelman,** Sir John. Aelfredi Anglorum regis invictissimi Vita, tribus libris comprehensa, latine reddita et annotatt. illustr. Oxonii, 1678. 8°.
1278. **Leben** und Thaten des Seehelden und Erfinder der Länder dieser Zeiten, anfahend mit Christ. Colombus, dem Erfinder der neuen Welt und sich endend mit dem Admiral de Ruyter, worinnen viele seltzame Fälle, tapffere Verrichtungen, harte Seetreffen vorgestellt werden. In holländ. Sprach beschrieben von V. D. B. Nunmehr aber deutsch herausgegeben Sulzbach und Nürnberg. Endter, 1681. 2 Bde, mit Tafeln und Portraits. 4°.
1279. **Fitz Gerald,** W. An Ode to the Memory of the late Captain James Cook. London, 1780. 4°.
1280. **Cook** James Leben, aus richtigen Quellen. Frankfurt., Akad. Buchh., 1781. 8°.
1281. **Gianetti** Angelo Michael. Elogio del Capitano Giaonna Cook. Firenze, 1785. 4°.
1282. **Saniwell** David. A Narrative of the Death of Capt. Cook; to which are added, some Particulars concerning his Life and Character; with Observations respecting the Introduction of the Veneral Disease into the Sandwich Island. London, 1786. 4°.
1283. **Kippis** Andrew. The life and voyages of Capt. J. J. Cook. London, 1788, 1791. 4°; Basel 1788; London, Parker and Son, 1859; Longmans 1865, 8°.
1284. **Kippis** A. Vie du capitaine Jam. Cook pour servir de suite à ses trois voyages. Trad de d'angl. par J. Castéra. 2 vols. Paris, 1789, 8°.
1285. **Michaelis** D. Leben des amerikanischen Reisenden John Ledyard, des Begleiters von Cook, aus dem Engl. »Jared Sparks's Memoirs of the life and travels of John Ledyard. London 1828; 1834. 8°.«
1286. **A Memoir** of Sebastian Cabot, with a review of the history of maritime discovery illustrated by Documents from the rolls, now first published by D. B. Warden. London, Philadelphia, Hurst et Chance. 1831.
1287. **Hayward** Ch. jr. Life of Sebastian Cabot. Sparks Jared American Biography. Vol. IX. (2 Series in 25 Vol. Boston. U. St. 1834—1848. 12°.)
1288. **Lebrun** Henri. Voyages et aventures du capitaine Cook. Paris, La Vigne, 1837, 1838, 1843; Nouvelle édit., revue. 1852. 12°.
1289. **Petersen** N. M. H. Egedes levnet. Kjöbenhavn, 1839. 8°.
1290. **Simpson,** A. The life and travels of T. Simpson, the arctic discoverer. London 1845.
1291. **Das Leben** des Capitän Cook. Biographien für die Jugend. Tübingen, Cotta. 1854. 8°.
1292. **Badel** Nijenhuis J. V. Bijzonderheden van M. N. Cornelissen Witsen. Arnhem, 1855.
1293. **Shields** C. W. Funeral Eulogy of the Obsequies of Dr. E. K. Kane. Philadelphia, 1857.
1294. **Report** of the Joint Committee appointed to receive the remains and conduit the obsequies of the late Eisha Kent Kane. Philadelphia, 1857.
1295. **Elder** W. Biography of Elisha Kent Kane. With a portrait and engravings. 410 pp. Philadelphia, Lippincott and Co. 1858. 8°.
1296. **Memoirs** of Rear Admiral Sir W. E. Parry. By his son E. Parry. 4 ed. London. 1858, 1860. 8°.
1297. **Smucker** Sm. M. The life of Elisha Kent Kane and other American Explorers. Philadelphia, Bradley, 1858. 8°.
1298. **Turner** J. A. The discovery of Sir John Franklin and other Poems. pp. 96. Newyork, 1858. 16°.
1299. **Parry** le Rév. Edward. Vie du contre-amiral Sir Edward Parry. Traduit de l'anglais. Paris, Grassart, 1859. 12".
1300. **Asher** G. M. Henry Hudson the Navigator. The original Documents in which his Career is recorded, collected, partly translated, and annotated

with an introduction. London. Printed for the Hakluyt Society, 1860. 292 pp. 8°. (Works issued by the Hakluyt Society XXVII. (Mit den Karten: Tabula Nautica, Davis Strasse 1612. Polarkarte.)

1301. **Kutzner** J. G. Ein Weltfahrer oder Erlebnisse in vier Erdtheilen. Jugendschicksale, Reisen und Entdeckungen von E. K. Kane, dem Nordpolfahrer. VIII. u. 300 pp. 100 Abbild. Leipzig, Spamer, 1860. 8°.
1302. **Roquette** de la. Notice biographique sur Sir John Franklin. Avec deux cartes. Paris, 1860. 4°.
1303. **Mac Clintock.** Les travaux du Dr. Kane. Paris, 1860.
1304. **Barins** De. Vie, voyage et aventures de l'amiral Dumont d'Urville; suivis de renseignements sur le naufrage de La Peyrouse. 108 pp. Paris, Le Bailly, 1863. 18°.
1305. **Müller** Carl. Cook der Weltumsegler. Leben, Reise und Ende des Capitän James Cook, insbesondere Schilderung seiner 3 grossen Entdeckungsreisen. Nebst einem Blick auf die heutigen Zustände der Südseeinselwelt. 120 Abbild. 5 Tondruckbild., XXIV. u. 286 pp. Leipzig Spamer 1864;1876.
1306. **Robolsky** H. The life, voyages and discoveries of Captain James Cook. (Englisches Lesebuch f. deutsche Schulen mit engl.-deutschem Wörter-Verzeichniss.) IV u. 178 pp. Quedlinburg, Basse, 1864. 8°.
1307. **Story** of Hans Egede. London, Mozley, 1864. 18°.
1308. **Lofe-Live** of Kane Elisha cont. the correspondence. New-York, 1866, 12°.
1309. **Mac Donald** Apostle of the North. The Life and Labours of: London, Nelson, 1866. 8°.
1310. **Monarchs** of Ocean: Columbus and Cook, two Narratives. London, Simpkin, 1866. 12°.
1311. **Read** J. M. Henry Hudson, a historical inquiry. Albany, 1866.
1312. **Nicholls** J. F. Cabots Life. New-York, 1869.
1313. **Mensch** G. Der kühnste Nordpolfahrer John Franklin. Reisebeschreibung f. Jung und Alt. Mit vier Bildern in Farbendruck von W. Schäfer. IV. u. 144 pp. Leipzig, Oehmigke 1871. 8°.
1314. **Crooks** G. R. Life and letters of John Mac Clintock. New-York, 1876. 12°.
1315. **Cleveland** H. R. Life of Henry Hudson. Sparks American Biography, Vol. X.
1316. **Reports** of foreign societies on awarding medals to the American arctic explorers, Kane, Hayes, Hall. 70 pp. Washington U. S. Naval Observatory. 1876. 8°.
1317. **Roth** Theod. Das Leben des Capitän Cook. Aus dem Englischen. 40 pp. (Wochenbände für das geistige und materielle Wohl des deutschen Volkes. Mit Abbild. Stuttgart. 8°.)

Aufsätze und Notizen.

1318. **Nékrologie** du M. Buache. (Histoire de l'Académie des sciences de Paris, II, p. 135—150.)
1319. **Forster** John Reinhold. (Philos. Trans. 1772, p. 331.)
1320. **Le Capitaine Parry.** (Nouv. Annales des Voyages, IX, 1821, p. 426–427.)
1321. **Behring's** Denkmal. (Bertuch, Neue allgem. Ephem. XI, 1822. p. 426.)
1322. **Biographie** du Capit. Parry. (Journal des Voyages, XIV, 1822, p. 142—144.)
1323. **Capitän** Franklin. (Hertha, VIII, 1826, p. 51—61.)
1324. **E. S.** A Memoir of Sebastian Cabot with a review of the history of maritime discovery, illustrated by documents from the rolls now first published. London 1831. 1 vol. 8°. (Nouvelles Annales des Voyages. Paris, Sér. XXV. 1832, p. 75—86.)
1325. **Dumoulin.** Discours prononcé sur la tombe de M. le contre-amiral Dumont d'Urville. (Bull. d. l. Soc. de Géogr. de Paris, II. Sér., XVII. 1842, p. 291—293.)
1326. **Hoffmann** und Lenz. Otto von Kotzebue's Tod. (Erman's Archiv für wissensch. Kunde v. Russland. V, 1846, p. 526.)
1327. **Parry** Sir Edward. (Ausland, XXVIII, 1855, p. 667.)

1328. **Roquette** de la. Les Egède. (Nouv. Annal. d. Voyages. VII. Sér. I. 1855, Mai; p. 129—144.)
1329. **L'amiral** Sir Edward Parry. (Nouv. Annal. d. Voyag. 1855, Sept. p. 362—65)
1330. **Roquette** de la. Notice biographique sur l'amiral Sir John Franklin. (Nouv. Annal. d. Voyag. 1856, Sept. p. 378—380.)
1331. **Malte-Brun** A. L'amiral Sir John Franklin, sa vie, ses travaux, ses découverts par De la Roquette. (Nouv. Annal. d. Voyag. 1856, Decemb. p. 310—344.)
1332. **Roquette** de la. Notice biographique sur l'amiral Sir John Franklin. (Bullet. d. l. Soc. d. Géogr. Paris, Sér. XI, IV. 1856. p. 70—125.)
1333. **Aus dem Leben** des Contre-Admirals Edward Parry. (Ausland, XXX. 1857, p. 214.)
1334. **Zur Charakteristik** M' Clures, des Entdeckers der nordwestlichen Durchfahrt. (Ausland, XXX. 1857, p. 960.)
1335. **Malte Brun.** Mort du doct. Kane. — Ses voyages. (Nouv. Annal. d. Voyag. 1857, Avril p. 109—112.)
1336. **Obsèques** du Dr. Kane. (Bulletin de l. Soc. d. Géogr. Paris, Sér. XIII, IV. 1857, p. 403—405.)
1337. **Dr. Elisha Kent Kane's** Tod. (Petermann's Geogr. Mitth. IV, 1858, p. 33.)
1338. **Lieutenant James Mac Gerty's** Tod [Reisebegleiter Kane's]. (Petermann's Geogr. Mitth. IV, 1858, p. 34.)
1339. **Dr. William Scoresby's** Tod. (Petermann's Geogr. Mitth. IV, 1858, p. 34.)
1340. **Nekrolog** des Profess. Keilhau. (Petermann's Geogr. Mitth. V, 1859, p. 44.)
1341. **Nekrolog** des Commander George Frederick Mecham. (Petermann's Geogr. Mitth. VI, 1860, p. 41.)
1342. **Nekrolog** des Dr. John Simpson. (Petermann's Geogr. Mitth. VII, 1861, p. 45.)
1343. **Nekrolog** des Sir George Simpson. (Petermann's Geogr. Mitth. VII, 1861, p. 45.)
1344. **Nekrolog** des Sir John Brown. Autor von »The North-West Passage.« (Petermann's Geogr. Mitth. VIII, 1862, p. 29.)
1345. **Nekrolog** des August Sonntag, Astronom der Hayes-Expedition. (Petermann's Geogr. Mitth. VIII, 1862, p. 31.)
1346. **Mort** de Sir James Ross. (Nouv. Ann. d. Voy. 1862, Avril, p. 119—121.)
1347. **Nekrolog** des Sir James Clark Ross. (Petermann's Geogr. Mitth. IX, 1863, p. 32.)
1348. **Nekrolog** des Peter Warren Dease. (Petermann's Geogr. Mitth. X, 1864, p. 30.)
1349. **Nekrolog** des Carl Chydenius. (Petermann's Geogr. Mitth. XI, 1865, p. 26.)
1350. **Nekrolog** des Louis François Tardy de Montravel, Lieutenant auf der Zélée. (Petermann's Geogr. Mitth. XI., 1865, p. 27.)
1351. **Grot.** Aus Lomonosoff Leben. (Erman's Archiv f. wiss. Kunde v. Russl. XXIV, 1866, p. 626.)
1352. **Biographien** berühmter Nordfahrer der neuesten Zeit. I. Elisha Kent Kane (Gaea, II, 1866. p. 41—47, 110—116.)
1353. **Nekrolog** des Sir John Richardson. (Petermann's Geogr. Mitth. XII, 1866, p. 39.)
1354. **Nekrolog** des Georg Berna (Petermann's Geogr. Mitth. XII, 1866, p. 40.)
1355. **Nekrolog** des Horatio Thomas Austin. (Petermann's Geogr. Mitth. XII, 1866, p. 41.)
1356. **Hall,** der Polarreisende. (Globus, Hildburghausen, XIII, 1867, p. 284.)
1357. **Nekrolog** des Samuel Gurnay Cresswell. (Petermann's Geogr. Mitth. XIV, 1868, p. 29.)
1358. **Nekrolog** des Major Robert Kennicutt. (Petermann's Geogr. Mitth. XIV, 1868, p. 29.)
1359. **Lebensbeschreibung** Sir John Richardson's. (Ausland, XLII, 1869, p. 35.)
1360. **Der Reisende** C. F. Hall. (Globus, Braunschweig, XVI, 1869, p. 192.)
1361. **Nekrolog** des Ferdinand Ludwig Baron v. Wrangell. (Aus allen Welttheilen, II, 1870—71, p. 160.)
1362. **Nekrolog** des Ferdinand Ludwig Baron v. Wrangell. (Petermann's Geogr. Mitth. XVII, 1871, p. 19.)

1363. **Lady Franklin.** (Globus, Braunschweig, XXI., 1872, p. 128.)
1364. **Nekrolog** des Gustave Lambert. (Petermann's Geogr. Mitth. XVIII, 1872, p. 35.)
1365. **Nekrolog** des Berthold Seemann. (Petermann's Geogr. Mitth. XVIII, 1872, p. 66.)
1366. **Hall** Charles F., Capitän. (Globus, Braunschweig, XXIV, 1873, p. 379.)
1367. **Melsom** Jacob, norweg. Schiffscapitän. (Globus, Braunschweig, XXIV, 1873, p. 380.)
1368. **Mac Clure** Robert John Le Mesurier. (Globus, Braunschweig, XXIV., 1873, p. 380.)
1369. **Mac Clure** Robert C. B. A Memoir. (Ocean Highways, I, 1873, p. 353 — 356.)
1370. **Nekrolog** des Melsom Jacob. (Petermann's Geogr. Mitth. XX, 1874, p. 50.)
1371. **Nekrolog** des Sievert Tobiesen. (Petermann's Geogr. Mitth. XX, 1874, p. 52.)
1372. **Nekrolog** des Sir Robert John Le Mesurier Mac Clure. (Petermann's Geogr. Mitth. XX, 1874, p. 55.)
1373. **Nekrolog** des Charles Francis Hall. (Petermann's Geogr. Mitth. XX, 1874, p. 56.)
1374. **Nekrolog** des Otto Křisch, Maschinisten der österr.-ung. Nordpol-Expedition. (Petermann's Geogr. Mitth. XXI, 1875, p. 45.)
1375. **Grinnell** Henry. Nekrolog. (Petermann's Geogr. Mitth. XXI, 1875, p. 48.)
1376. **Marcel** Gabriel. Lady Franklin. (L'Explorateur II. 1875, p. 80—81.)
1377. **Osborn** Sherard. (The geogr. Magazine, II, 1875, p. 161—170. Petermann's Geogr. Mitth. XII, 1876, p. 72.
1378. **Biographische Notiz** über Constantin Joh. Phipps Lord Mulgrave. (Allg. geogr. Ephem., XXIII, p. 243.)
1379. **Biographische Notiz** über Joh. Huys von Linschoten. (Allg. geogr. Ephem., XXII., p. 496.)
1380. **Ruthner** A. v. Julius Payer. (Oesterreichische Wochenschrift für Wissenschaft und Kunst. N. F. I. Bd., 24., 25., 26. Heft.)
1381. **Cochrane** (John Dundas) le grand marcheur. (Bulletin d. l. Soc. d. Géogr. Paris, I.Sér., II, p. 182; III., p. 30, 304; VIII., p. 115.)
1382. **Cabot** Jean-Sébastien. (Bulletin de l. Soc. d. Géogr. Paris, I. Sér., VII, p. 229.)
1383. **Buache** Philipp, Premier Géographe du Roi. Membre depuis 1730. (Hist. des Mém. II, p. 410.)

III. Nordwest-Passage.

1384. **Eden** R. The history of travayle in the west and east Indies etc. and Giapan; with a discourse of the Northwest passage. London, R. Willes, 1577, 4°.
1385. **Frobisher** (Martin.) True discourse of the late Voyages of Discoverie for finding a passage to Cathaya. With both woodcut maps. London 1577, Middleton 1578. 4°.
1386. **Settle** Dion. A true Reporte of the last Voyage into the West and Northern Regions etc. Worthily atchieued by Captaine Forbisher, of the said Voyage the Finder and Generall. Written by D. S. one of the company in the sayde voyage. London 1577, 4° and 8°.
1387. **Willis** Richard. The history of travayle in the East or West Indies, and other countryes lying eyther Way, towards the fruit full and rich Moluccaes as Moscovia, Persia etc., with a discourse of the northwest passage, gathered in part and done into english by Richard Eden, newly set in order, augmented and finished. London, Richard Zugge, 1577, 4°.
1388. **Best** George. A true discourse of the late voyages of discoveries for the finding of a passage to Cathaya by the North-West under the conduct of Martin Frobisher, general, with a particular card thereunto adjoined of Meta incognita. London, Bynneman, 157° 1598.

1389. **Les trois navigations** de Martin Frobisher pour chercher un passage à la Chine et au Japon par la mer glaciale. 1576—8. Amsterdam, Bernard, 1720; Genf, Chuppin A. 1578, 1598.
1390. **Churchyard** Thomas. A welcome home to M. Martin Frobisher, and all those gentlemen and souldiers that have bene with him this last journey in the countrey, called Meta Incognita; whiche welcome was written since this booke was put to the printing, and ioyned to the same book for a true testimony of Churchyarde's good will for the furtherance of Mayster Frobisher's fame. London, Mounsell, 1578, 1579, 4°.
1391. **Ellis** Thomas. A true Report of Martin Frobisher, his third and last Voyage, written by Thomas Ellis, sailor, and one of the company. London, Dawson. 1578. 4°.
1392. **Frobisher** Mart. Historia navigationis M. Frobisher Angli Parets. Capit. anno 1577. Hamburg, Capelli 1675; Genf 1578; Norimbergum, 1580.
1393. **Frobisher** Martin. Three Voyages for the discovery of the North West Passage 1576—78. London, Bynneman, 1578. 4°.
1394. **Frobisher** Martin. Beschreibung seiner Schifffahrt aus Engellandt in die Gegendt West und Nordwest i. J. 1577. Aus d. Frantz. ins Teutsche gebracht. Nürnberg, 1580. 4°.
1395. **Anania** Lorenzo. Lo scoprimento della Artico et di Meta incognita retrovato nel anno 1177 e 1578 (sic) dal capitano Martino Forbisero inglese, posto nel italiano. Napoli, 1582. 12°.
1396. **Davis** John. Account of his second Voyage to discover a North-West-Passage in 1586. London, 1595. 16°.
1397. **Davis** John. A Traverse Book made by John Davis, in his third Voyage for the Discoverie of the North-West Passage in 1587. London, 1596. 8°.
1398. **Davis** John. The World's Hydrographical Description; wherein is proved, that the world in all its Zones, Climates and Places is Habitable and Inhabited, and the Seas likewise, universally Navigable, whereby it appears, that there is a short and speedy passage into the South Seas to China etc. by Northerly Navigation, to the renowne, honour and benefit of her Majesty's commonality. London, 1595, 8°.
1399. **Davis** John. A Report of Master John Davis, of his three Voyages made for the Discovery of the North-West Passage. Published by Hakluyt Rich. 3 tom in 4 Vols. London, G. Bishop and R. Barker, 1598—1600. Folio.
1400. **Meerman** Wil. Comoedia vetus (ofte Bootmanns pratje). [NW. Passage.] London, Amsterdam, 1612.
1401. Eine kurze Beschreibung der neuwen Schifffahrt gegen Nordt-Osten, über die amerischen Inseln in Chinam und Japponiam durch G. Arthus von Dantzik. 10 Bd. der Sammlung von Reisen nach Ostindien, herausgegeben von Theodor (oder Dietrich) [Vater], Joh. Theodor u. Joh. Israel [Söhne], de Bry. Frankfurt a. M., 1613. 2°.
1402. **Brigges** Henry. Discourse of the probability of a passage to the NW. in the South Seas. Purchas Vol. III, p. 852. London, 1622, 4°.
1403. **Munk** Jens. Navigatio septentrionalis det er Relation eller Beskrivelse om Seiglads og Reys e par denne nordvestiske Passage som na Kaldes Nova Dania. Kjöbenhavn, H. Waldkirch, 1624, 1634; 2. Ups. formeret. Kjöbenhavn 1723.
1404. **James** (Capt. Thomas.) The Strange and Dangerous Voyage of —; bis intended discovery of the northwest passage into the south sea. London, 1633; 2. edit. London, 1704; 3. edit. London, 1740.
1405. **Foxe** Luke of Kingston upon Hull. North-west fox or fox the north-west passage, beginning with king Arthur & following with brief abstracts of the voyages of Cabot, Hudson, Baffin. London, B. Alsop and Th. Fawcett, 1635. 4°.
1406. **Moxon** Joseph. A brief discourse of a Passage by the North Pole to Japon. London 1674, 1675, 1697. 4°.
1407. **Freigius** (Jo. Th.) Historia navigationis Martini Frobisseri anno 1577 ex Anglia, in Septentrionis et Occidentis tractum susceptae, ex gallico

sermone in latinum translata. Norib. 1580, 8°; Denuo cum annotationibus et appendice e Museo Capeli edita. Hamburg, 1675, 4°.

1408. **Frobisher** Martin. Drie seldsame scheeps-togten van M. F. De eerste na China in het jaar 1576; de tweede na Cataya, China en Oost-Indien in het jaar 1577; de derde na Cataya in het jaar 1578. Door een der reysigers in het Engels beschreeven, en nu aldereerst vertaalt. Leyden, 1706, 8°. (Pieter Van der A A., Naaukeurige versameling der reysen na Oost en West-Indien.)

1409. **Middleton** Christopher. Vindication of his Conduct, in a Voyage for Discovering a North-West Passage, in Answer to Arthur Dobb's Esq. London, 1743, 8°.

1410. **Dobbs.** Abstract of Captain Middleton's Journal. London, 1744.

1411. **Middleton** Christopher. A Reply to the Remarks of Arthur Dobbs on Capt. Middleton's Vindication of his conduct on board H. M's. Ship Furnace, when sent in search of a Northwest passage. London, 1744, 1745, 8°.

1412. **Dobbs** Arthur. A reply to Capt. Middleton's Answer to the Remarks on vindication of his conduit on a voyage for a North-West Passage. London, 1745.

1413. **Middleton** Christopher. Forgery Detected; by which it is evidenced, how groundless are all the Calumnies cast upon the Editor, in a Pamphlet published under the name of Arthur Dobbs. London, 1745, 8°.

1414. **Middleton** Christopher. Rejoinder to Mr. Dobb's Reply. London, 1745. 8°.

1415. **Ellis** Henry. A Voyage to Hudson's Bay, in the year 1746—7, for Discovering a North-West Passage, Maps and cuts, 1 vol. 8°, and an account of a Voyage for the Discovery of a North-West Passage by Hudson's Straits to the Western and Southern Ocean of America, in the year 1746—1747 in the ship California. Maps and cuts, 2 vols.; in all 3 vols. London 1748; Dublin, 1749. 8°.

1416. **Smith** Capt. Francis. An account of a Voyage for the discovery of a North-West Passage by Hudson's Streights, to the Western and Southern Ocean of America, performed in the year 1746 and 1747, in the ship California; published by the Clerk of the California; with maps and plates. 2 vols. London, 1748—9. 8°.

1417. **A voyage** to Hudson Straits in order to discover a passage to the West-Indies, with a description of Old and New-Greenland. Translated from the High Dutch. 2 vols. London, J. Monck, 1748—49. 8°.

1418. **Ellis** Henry. Considerations on the great advantages which would arise of the North-West Passage and a clear account of the most practicable method of attempting that Discovery. London, 1750, 4°.

1419. **Jefferys** Thomas. The great probability of a North-West Passage: deduced from observations on the Letter of Admiral De Fonte; with three explanatory maps, and an appendix, containing the account of a discovery of part of the coast and inland country of Labrador, made in 1753. London, 1768. 4°.

1420. **Dragge.** The Great Probability of a North-West Passage. London, 1768. 8°.

1421. **Bayly** W. The original observations made in the Course of a Voyage to the Northern Pacific Ocean for the Discovery of a NE. and NW. Passage. London, 1782, 4°.

1422. **Pickergil** Richard. Concise Account of voyages for the discovery of a North-West Passage, undertaken for finding a new way to the East-Indies. London, 1782, 8°.

1423. **Authentic** narrative of a voyage performed by Capt. Cook and Capt. Clerke during the years 1776—80 in search of a North-West Passage between the continents of Asia and America. 2 vols. London, 1792.

1424. **Goldson** William. Observations on the Passage between the Atlantic and Pacific Oceans, in two Memoirs on the Straits of Anian, and the Discoveries of De Fonte, elucidated by a new and original map: to which is prefixed an historical abridgement of Discoveries in the North of America; with an index. Portsmouth, 1793. 4°.

1425. **Maldonado** L. Ferrer. Voyage de la mer Atlantique à l'Océan Pacifique par le Nord-Ouest de la mer Glaciale en 1588. Traduit d'un manuscrit espagnol. Avec 3 pl. et suivi d'un discours qui en démontre l'authencité par Ch. Amoretti. Plaisance, Majno, 1812. 4°.
1426. **Maldonado** Ferd. Viaggio dal mare atlantico al Pacifico per la via del Nordouest fatto nel anno 1588 Trad. de C. Amoretti. Milano, 1811; 1. Appendice Milano, 1813; 2. Appendice, Padova, 1814.
1427. **Amoretti** C. Lettera sul viaggio di Maldonado. Padova, 1814.
1428. **Barrow** John. Histoire chronologique des Voyages vers le Pôle Arctique entrepris pour découvrir un passage entre l'Océan Atlantique et le Grand Océan depuis les premiers navigations des Scandinaves jusqu'à l'expédition faite en 1813. Trad. de l'anglais par A. Defauconpret. 2 vols. avec cartes Paris, Gide fils, 1819 8°.
1429. **Leach** Will. Elford. Descriptions of new species of animals discovered in the voyage of H. M. S. Isabella to the Arctic regions. London, 1819. 8°.
1430. **Parry** Capt. Letters written during the late Voyage in the Western Arctic Sea 1819—20. (New Voyage and Travels. V. 1819.)
1431. **Parry** William Edward. Voyage au Pôle arctique, dans la baie de Baffin, fait en 1818 par les vaisseaux de S. M. B. l'Isabelle et l'Alexandre, commandés par le capitaine Ross et le lieut. Parry, pour vérifier s'il existe un passage au nord-ouest de l'océan Atlantique, dans la mer Pacifique; traduit de l'anglais par l'auteur »d'Une année à Londres« (M. Defauconpret). avec gravures et une carte figurante les régions polaires arctiques. Paris, Gide fils, 1819; Paris, Gide fils 1821, 1822, 8°.
1432. **Ross** J. Two voyages of discovery in search of a North-West Passage. London, 1819, 4°.
1433. **Ross** Sir J. Expedition for a North-West Passage by Huish. London, 1819, 4°; London, Virtue, 1862, 8°.
1434. **Fisher** Alexander. A Journal of a Voyage of Discovery to the Arctic Regions, in his majesty's ships Hecla and Griper, in the years 1819 and 1820. 3 ed. London, 1821.
1435. **Parry** W. E. Reis ter ontdekking van eene Noord-Westel. doorvaart uit de Atlant. in de Stille Zee, in 1819 en 1820. door de schepen »the Hecla« en »the Griper.« Uit het Engelsch. Med' Karten. Amsterdam, 1821; 1832. 8°.
1436. **Parry** W. E. Erste Reise zur Entdeckung einer nord-westlichen Durchfahrt von den kön. grossbritan. Schiffen, der Hecla und der Griper. Jena, Bran, 1821. gr. 8°.
1437. **Journal** of a voyage for the Discovery of a North-West Passage from the Atlantic to the Pacific; performed in the years 1819—20 in H. M. S. Hecla and Griper, under the Orders Parry W. E., R. N., F. R. S. and Commander of the Expedition. With an Appendix containing the Scientific and other observations. London, John Murray, 1821. 4°.
1438. **Sabine** Edward Captain. The North Georgia Gazette and Winter Chronicle. Melville Island, winter of 1819—20. London, Adm. Hydr. Office, 1821.
1439. **Parry** Capt. Voyages for the discovery of a North-West Passage from the Atlantic to the Pacific. 6 vols. London, 1821—28. 4°.
1440. **Parry** W. E. Zweite Reise zur Entdeckung einer neuen Durchfahrt aus dem Atlant. in das stille Meer in den Jahren 1819—20. Nebst einem Anhang über wissenschaftl. und andere Gegenstände. Aus dem Engl. mit Zusätzen aus andern, diese Reise betreffenden Schriften. Hamburg, A. Campe, 1822; Jena, Bran 1824. gr. 8°.
1441. **Histoire** des deux voyages entrepris par ordre du gouvernement anglais; l'un par terre, par le capitaine Franklin; l'autre par mer, sous les ordres du capitaine Parry, pour la découverte d'un passage dans la mer Pacifique; traduite de l'anglais, avec une carte des régions polaires, où se trouvent tracées les routes de ces deux voyageurs, et leurs découvertes. Paris, Gide fils, 1824, 8°.
1442. **Lyon** G. F. His Privat Journal during the recent Voyage of Discovery of H. M. S. Hecla under Capt. Parry. London, 1824; Boston, 1824; London, 1825.

1443. **Journal** of a second voyage for the discovery of a North-West Passage performed in the years 1821, 1822, 1823 in H. M. S. Hecla and Fury under the orders of E. W. Parry, R. N., F. R. S. London, Murray, 1824; 2. edition. 1826.
1444. **Parry** W. E. A supplement to the appendix of C. Parry's voyage in 1819, 1820, containing mammalia, birds, fish and marine invertebrate animals by Edw. Sabine, Land invertebrate animals by W. Kirby, shells by J. E. Gray, botany by R. Brown, rock specimens by C. König. London, Murray, 1824, 4°.
1445. **Parry** W. E. Appendix to Parry's journal of a second voyage for the discovery of a N. W. Passage in 1821—23. London, 1825.
1446. **Parry** W. E. Journal of a third voyage for the Discovery of a North-West Passage from the Atlantic to the Pacific performed in the years 1824—25 in H. M. ships Hecla and Fury. With illustr. and maps and a scientific Appendix. London, 1826, 4°.
1447. **Parry** W. E. Dritte Reise zur Entdeckung einer nordwestlchen Durchfahrt der kön. grossbritanischen Schiffe Fury und Hecla in den Jahren 1824 u. 1825. Aus dem Englischen. Jena, Bran. 1827, gr. 8°. Auch Taschenbuch der neueren für die Jugend bearbeiteten Entdeckungsreisen. 5 Bd. Leipzig Luckan, 1832, 8°.
1448. **Navarette** M. F. de. Examination of the Account given by L. Ferrer Maldonado of the discovery of the Strait of Union. 3 vols. London, Treuttel and Würtz, 1828, 8°.
1449. **Braithwaite** S. Supplement to Sir James Ross' second Voyage in search of a North-West Passage. London, 1835.
1450. **Ross** John. Narrative of a second voyage in search of a North-West Passage and of a residence in the arctic regions during the years 1829—1833. Including the reports of James Clark Ross and the discovery of the northern magnetic pol. 2 vols. London, C. Whiting, 1835, 4°; Paris, Baudry, 1835, 8°; Philadelphia, Carey and Hart, 1835. Ten colour. views, taken during the arctic expedition drawn by W. H. Brown on stone by C. Haghe. London, C. Whiting, 1850. Fol.
1451. **Ross** Sir J. Relation de son second voyage fait à la recherche d'un passage au Nord-Ouest et de sa residence dans les régions arctiques pendant les années 1829 à 1833. Trad. par A. J. Defauconpret, 2 vols. avec une carte, Paris, Belizard Dufour et Lauvell, 1835; Bruxelles, 1835. 8°.
1452. **Richardson** Ino. Voyages of Erebus and Terror, 18 parts. London, Longman, 1844—7. 4°.
1453. **Instructions** given to the Arctic Expedition, with Plans. (Parliamentary Papers, Rep. and Papers, Bills, 1847—8.)
1454. **Orders** from the Admiralty respecting Arctic Expedition. (Parliamentary Papers, Rep. and Papers, Bills, 1847—8, Nr. 386.)
1455. **Estimate** of Expense for Arctic Expedition (North-Star.) (Parliamentary Papers, Rep. and Papers-Bills, 1849, p. 152.)
1456. **Correspondence** respecting Arctic Expeditions. (Parliamentary Papers, Rep. and Papers, Bills, 1849, Nr. 188.)
1457. **Correspondence** respecting Arctic-Expedition. (Parliamentary Papers, Rep. and Papers, Bills, 1849, Nr. 387.)
1458. **Rundall** Thomas. Narratives of Voyages towards the Northwest in search of a passage to Cathay and India 1496—1631. London, published by the Hakluyt Society, Vol. V, 1849, 1859.
1459. **Franklin's** expedition or considerations on measures for the Discovery and relief of our absent adventures in the Arctic Regions. London, 1850.
1460. **Arctic** Expedition in Search of S. John Franklin. Blue Books contain. the Reports and Offic. Documents, 2 vols. w. 6 col. maps. London, 1850—1852, fol.
1461. **Brown** W. H. Views: Arctic Expedition of Entreprise and Investigator. London, Ackermann, 1850.
1462. **Forsyth** Charles C., R. N. Proceedings of Commander — — of the »Prince Albert« Discovery vessel in the summer of 1850. London, Adm. Hyd. Of. 1850.

1463. **Goodsir** Narrative of the Voyage of the Advice (whal ship), Mr. Penny Commander, through Lancaster Sound 1849. London, Adm. Hyd. Office 1850.
1464. **Goodsir** R. A. An Arctic voyage to Baffin's Bay and Lancaster Sound, in search of friends w. Sir J. Franklin. With maps and engraving. London, Van Voorst, 1850.
1465. **Returns** relating to Arctic Expedition (with Plans). (Parliamentary Papers, Rep. and Papers, Bills, 1850, Nr.. 107.)
1466. **Cost** of Vessels now fitting Arctic Expedition. (Parliamentary Papers, Rep. and Papers, Bills, 1850, Nr. 368.)
1467. **Instructions** to Officers engaged in Arctic Expeditions. (Parliamentary Papers, Rep. and Papers, Bills, 1850, Nr. 397.)
1468. **Ross,** Sir James C. Captain. Narrative of the Proceedings of — — in command of the Expedition through Lancaster Sound and Barrow Straits, 1848—9. London, Adm. Hyd. Office, 1850.
1469. **Scoresby** W. The Franklin expedition, or considerations on measures for the Discovery and relief of our absent adventures in the arctic regions. With maps, London, 1850.
1470. **Snow** Parker W. Voyage of the »Prince Albert« in search of Sir John Franklin. A. narrative of every day life in the Arctic Seas. London, Longmans 1850, 1851. 8°.
1471. **Papers** relative to Arctic Expeditions (with Plans). (Parliamentary Papers, Rep. and Papers, Bills, 1851, Nr. 97.)
1472. **Penny** William. Letter from — — inclosing Reports of Proceedings of the Travelling Parties from her majesty's ship Sophia, in search of Sir John Franklin, in the Spring and Summer of 1851. London, Admir. Hydrogr. Office, 1851.
1473. **Proceedings** of H. M. S. North Star, James Saunders Master-Commanding, on an Expedition to Barrow Straits in 1849 and 1850. London, Adm. Hydrogr. Office, 1851.
1474. **Weld** C. R. Search for Sir John Franklin. London, Bentley, 1851. 8°.
1475. **Austin.** Report of Proceedings of Arctic Searching Expedition, under command of Captain Austin, R. N. London, Adm. Hydrogr. Office, 1852.
1476. **Austin.** Report of H. T. Austin, Captain of her majesty's ship Resolute and in charge of an Expedition to the Arctic Seas in search of Sir John Franklin, 1850—51. Inclosing Reports and Journals of Proceedings of Searching. Parties acting under his orders. London, Adm. Hydrogr. Office, 1852.
1477. **Kennedy** William. Proceedings of — — commanding the Prince Albert, Discovery vessel (Lady Franklin's Private Arctic-Expedition), accompanied by Lieutenant Bellot of the French Navy. 1852. London, Adm. Hydr. Office, 1852.
1478. **Mangles** J. Papers relating to Arctic Expedition of 1850—1852. 2 edit. London, Rivington, 1852. 8°.
1479. **Arctic Miscellanies.** A Souvenir of the late Polar Search. By the Officers and Seamen of the Expedition. A. M. S. Newspaper called »The Aurora Borealis«, published on board H. M. S. Assistance, Captain Ommaney. 1850—1. London, 1852.
1480. **Arctic News.** Facsimile of a Journal on Board of H. M. S. »Resolute«, London, Ackermann, 1852.
1481. **Osborn** Sherard. Stray leaves from an arctic journal, or 18 months in the polar regions, in search of Franklin's expedition in the years 1850—51. London, Blackwoods, 1852; Longmans, 1865. 8°.
1482. **Additional** Papers relative to the Arctic Expedition (in search of Franklin) under Capt. Austin. (Parliamentary Papers, Rep. and Papers, Bills. London 1852.)
1483. **Correspondence** Arctic Expedition (with Plans). (Parliamentary Papers, Rep. and Papers, Bills, 1852—3, Nr. 82.)
1484. **Papers** in connection with Arctic Expeditions. (Parliamentary Papers, Rep. and Papers, Bills, 1852, Nr. 115.)
1485. **Sailing** Orders given to Sir Edward Belcher Arctic Expedition. (Parliamen-

1486. **Further** Correspondence respecting Arctic Expedition. (Parliamentary Papers, Rep. and Papers, Bills, 1852, Nr. 390.)
1487. **Sailing** Orders and Instructions Arctic Regions. (Parliamentary Papers, Rep. and Papers, Bills, 1852—3, Nr. 1013.)
1488. **Report** of the Committee. Arctic Expedition (with Plans.) (Parliamentary Papers, Rep. and Papers, Bills, 1852, Nr. 1435.)
1489. **Additional** Papers. Arctic Expedition (with Plans). (Parliamentary Papers, Rep. and Papers, Bills, 1852, Nr. 1436.)
1490. **Further** Correspondence. Arctic Expedition (with Plans). (Parliamentary Papers, Rep. and Papers, Bills, 1852, Nr. 1449.)
1491. **Report** of Proceedings of Expedition in search of Sir John Franklin, commanded by Captain William Penny. (London, Admir. Hydr. Office, 1852.)
1492. **Petermann** Aug. Dr. Letter addressed to the Lords Commissioners of the Admiralty. 29. Nov. 1852. (Parliamentary Papers »Arctic Expeditions« ordered by the House of Commons to be printed Dec. 1852.
1493. **Petermann** Aug. Dr. Plan of search proposed, letter to Admiral Sir Francis Beaufort, 23 January 1852. (Parliamentary Papers, »Arctic Expeditions«, 1852.)
1494. **Petermann** Aug. Dr. Historical Summary of the five years Search after Sir John Franklin. London, 1852.
1495. **Petermann** Aug. Dr. The Search for Franklin. A sugestion submitted to the british public. Illustrated by a Polar Chart. London, Longmans, 1852.
1496. **Report** of the Committee appointed to inquire into the Report on the Recent Arctic Expeditions in search of Sir J. Franklin. London, 1852.
1497. **Ross** Sir John. Proceedings of Sir John Ross in the Felix, discovery vessel, 1850—1. London, Adm. Hydrogr. Office 1852.
1498. **Sutherland** Peter. Journal of a voyage in Baffins-Bay and Barrow Straits, in the years 1850—51, performed by H. M. S. »Lady Franklin« and »Sophia« in search of the missing crews of H. M. S. »Erebus« and »Terror.« With a narrative of sledge excursions on the ice of Wellington Channel. 2 vols. London, Longmans, 1852, 8°.
1499. **Sutherland** Dr. P. C. Accounts of Captain Penny's Expedition. London, 1852
1500. **White** W. Probable fate of Franklin. Washington 1852.
1501. **Bibliographical miscellany** Nr. 1, 2, 3. Contents: Sir T. Button's voyage. Sir T. Button on the North-West passage. Sir D. Digges on the circumference of the earth. London, 1853—54. 8°.
1502. **Proceedings** of the Squadron in the Arctic Seas, under the command of Sir Edward Belcher C. B. August 1852, to Juli 1853. London, Adm. Hydr. Office, 1853.
1503. **Force** Peter. Remarks on the English Maps of Arctic Discoveries, in 1850 and 1851, made at the Ordinary Meeting of the National Institute Washington, May 1852. 23 pp., Washington, R. A. Waters, 1853, 8° Mit der Karte: Discoveries in the North of Wellington Channel by Lt. De Haven September 1850; and by Capt. Penny and his parties, May, June and July 1851. 1 : 1,500.000.
1504. **Franklin** J. Sir Franklin and the Arctic Regions. 3 edit. London, Simmonds 1853. 12°.
1505. **Proceedings** of Commander E. A. Inglefeld, R. N., commanding the crew steam-vessel Isabel (Private Expedition) on a Voyage of Artic Discovery 1852. London, Adm. Hydr. Office, 1853.
1506. **Proceedings** of Captain E. A. Inglefeld, Commander of H. M. steam-vessel Phoenix by Batfin's Bay to Beechey Island, in search of Sir John Franklin in the year 1853. London, Adm. Hydr. Office, 1853.
1507. **Inglefeild.** A Summer Search for Sir John Franklin. With Appendices of the Botany, physical Geography, Meteorology and Geology. With notices by Dickie, Sutherland, and chart of arctic sea London, Harrison, 1853. 8°.

1508. **Bellot.** Proceedings of William Kennedy, commanding the »Prince Albert,« discovery vessel (Lady Franklin's privat Arctic Exped.) 1852. London, Adm. Hydrogr. Office, 1853.
1509. **Mac Clure** Sir Robert. The North-West Passage. Capt. Mac Clure's despatches from H. M's. discovery ship »Investigator« of Point Warren and Cape Bathurst. London, 1853.
1510. **Bellot** J. R. Journal d'un Voyage aux Mers polaires exécuté à la recherche de Sir John Franklin, en 1851 et 1852. Précédé d'une notice sur la vie et les travaux de l'auteur par Julien Lemer. avec portrait et illustr. Paris, Perrotin, 1854. 8°.
1511. **Bellot** J.A. Memoirs of — with his Journal of a voyage in the Polar Seas in Search of Sir John Franklin. 2 vols. London, Hurst and B., 1854; 1855.
1512. **Brandes** Carl. Sir John Franklin, die Unternehmungen für seine Rettung und die nordwestliche Durchfahrt. Nebst einer Tab. der arkt. Temperaturen von H. W. Dove in gr. Fol und einer lithochrom. Karte von Henry Lange in qu. Fol. 312 pp. Berlin, Nicolai, 1854, gr. 8°.
1513. **Franklin,** Captain John. Papers relative to the Arctic Expedition on search of Sir J. Franklin and the crews of H. M. S. »Erebus« and »Terror«. 2 vols. London, Simmonds, 1854, Fol.
1514. **Narrative** of a Coast Expedition up the Wellington Channel in the year 1852 under the command of R. M. Cormick in search of Sir John Franklin. With maps and Illustr. London, 1854. 4°.
1515. **Mac Cormick.** Narrative of a Boat and Sledge Expedition up Wellington Channel and round Baring Bay, in search of Sir John Franklin and the crews of the discovery ships »Erebus« and »Terror«. Loncon, Adm. Hydr. Office, 1854.
1516. **Osborn.** The Polar Regions; or a search after Sir John Franklin. New-York, 1854. 12°.
1517. **Papers** relating to the recent Arctic Expeditions in search of Sir John Franklin. (Parliamentary Papers. Rep. and Papers. Bills, 1854.)
1518. **Letter** from Lady Franklin Arctic Expeditions. (Parliamentary Papers, Rep. and Papers. Bills, 1854, Nr. 129.)
1519. **Instructions** issued to Commanders. (Parliamentary Papers. Rep. and Papers. Bills, 1854, Nr. 171.)
1520. **Cost** and Distribution of; Arctic Expedition. (Parliamentary Papers. Rep. and Papers. Bills, 1854—1855, Nr. 181.)
1521. **Instructions** from the Admiralty. Arctic Expedition. (Parliamentary Papers, Rep. and Papers. Bills, 1854, Nr. 200.)
1522. **Arctic** Expedition. Report from the Select Committee. (Parliamentary Papers. Rep. and Papers. Bills, 1854—55, Nr. 409.)
1523. **Papers** relative to Arctic Expeditions Sir John Franklin, with Plans. (Parliamentary Papers, Rep. and Papers. Bills 1854, Nr. 1725.)
1524. **Further** Papers relative to Arctic Expeditions, with plans. (Parliamentary Papers 1854—55, Papers by Command Nr. 1898.)
1525. **Pullen** W. J. S. Journal of the Proceedings of her majesty's ship North Star, in Erebus and Terror Bay, Beechey Island. Winter of 1852—53, and to August 1853. London, Adm. Hydr. Office, 1854.
1526. **The last** of the arctic voyages, being a narrative of the expedition of H. M. S. Assistance under the command of Capt. E. Belcher in search of Sir J. Franklin, during the years 1852—54. With notes on the natural history by J. Richardson, Owen, Th. Bell, J. W. Salter and L. Reeve. 2 vols. with maps and illustr. London, Adm. Hydrogr. Office. 1855.
1527. **Narrative** of Sir Edward Belcher, detailing his visit to Jones' Sound, and further proceedings to the 10th of Nov. 1853, when the »Assistance« was frozen in near Cape Osborn in the Wellington Channel. And his further proceedings to March and August 1854. London, Adm. Hydr. Office, 1855.
1528. **King** M. D. Dr. The Franklin Expedition from first to last. London, John Churchill, 1855; 1856 .12°.

1529. **Malte Brun** V. A. Coup d'Oeil d'ensemble sur les différents Expéditions Arctiques entreprises à la Recherche de Sir John Franklin et sur les Découvertes géographiques. 28 pp. Paris, A. Bertrand, 1855, 8°. (Extrait des Nouv. Annales des Voyages, Juin, 1855.)
1530. **Reisetagebuch** des Missionärs J. A. Miertsching, Dolmetscher der Nordpolexpedition zur Aufsuchung Sir John Franklin's auf dem Schiffe Investigator in den Jahren 1850—54. Gnadau 1855, 1856, 1864, Leipzig H. Schultze. XII und 203 pp. mit 1 Karte.
1531. **Further** Papers relating to the recent Arctic Expeditions. (Acte of Parliament, January 1855.)
1532. **Northern** Regions. Uncle Richards Relations of Parry's, NW. Voyages. New-York, 1855. 8°.
1533. **The Artic Regions**; being an account of the American Expedition in search of Sir John Franklin under the patronage of H. Grinnell. Buffalo 1855.
1534. **Ross**, Sir John. Failure of Governement Expeditions for Rescue of Sir John Franklin. London, Longman, 1855. 8°.
1535. **Hale** E. E. The last voyage of the »Resolute« 1852—54. Boston, 1856. 8°.
1536. **Kennedy** Will., commanding the Expedition. A short narrative of the second Voyage of the »Prince Albert« in search of Sir John Franklin. IV and 220 pp. With 4 Illustrations and map by Arrowsmith. London, Dalton, 1853; 1856. 8°.
1537. **Proceedings** of Captain Robert Mac Clure, of her majesty's discovery ship »Investigator,« in search of the Expeditions under Sir John Franklin, from August 1850, to April 1853; and Reporting the Discovery of the North-West Passage. London, 1856; 1857 8°.
1538. **The discovery** of the North-West Passage by H. M. S. »Investigator« Capt. R. M. Mac Clure 1850—54. Edited by commander Osborn Sherard from the Logs and Journals of Capt. Mac Clure. Illustr. Mit der Karte der Nordküsten von Nord-Amerika, gest. v. E. Weller. 1:7,000.000 und den Ansichten: Smoking-Cliff, Princess Royal Island, Distanstland of Melville Island from Baringland. Gezeichnet von J. G. Cresswell, lithogr. von Hullmandel und Walton. London, Longman, 1856, 405 pp. 8°. 1857; 1859; Edinburgh, Longman, 1864, Blackwoods, 1865. 8°.
1539. **Further** Papers to Arctic Expeditions, with plans. (Parliamentary Papers, 1856, Papers by Command Nr. 2124.)
1540. **Armstrong** Alfred. A Personal Narrative of the Discovery of the North-West Passage; with numerous Incidents of Travel and Adventure during five years service in the Arctic Regions in Search of Sir John Franklin. With a map and Illustr. London, Hurst and Blackett, 1857. 8°.
1541. **Kane** E. K. Zwei Nordpolarreisen zur Aufsuchung Franklins. Deutsch von J. Seybt. Mit 2 lithograph. Karten. Leipzig, Senf, 1857. 8°; Hausbibliothek für Länder- und Völkerkunde herausgegeben von Andree. XII, Leipzig Brockhaus, 1857, 29 u. 298 pp.; Leipzig, Senf 1865, 28 u. 298 pp. 8°; 1874.
1542. **Mac Dougall** George F. The eventful voyage of H. M. Discovery ship »Resolute« to the Arctic Regions in search of Sir John Franklin and the missing crews of H. M. Discovery S. Erebus and Terror 1852—54. To which is added an account of her being fallen in with by an american whaler after her abandonment in Barrow straits, and of her presentation to Queen Victoria by the governement of the U. St. London, 1857.
1543. **Mac Dougall** G. F. Voyage of the Resolute in Search of Sir J. Franklin. London, Longman, 1857. 8°.
1544. **Journal** de Miertsching, interprète du capitaine Mac Clure dans son voyage au Pôle Nord. avec une carte. Genève, Cherbulliez, 1857. 8°.
1545. **Simmonds** P. L. The Arctic Regions. A narrative of British Entreprise to discover the North-West Passage. To which is added the Recovery and Presentation of the »Resolute« to the British Governement. 300 pp. London, Routledge, 1857. 12°.

1546. **Brown** J. The North-West Passage and the Plans for the Search of Sir John Franklin. A review. 456 pp. With a map and illustr. London, Stanford, 1858, 1860. 8°.
1547. **Mac Clure.** Opdagelsen af Nordvest passagen. Efter M. Cluren's Journaler udgivet af Sherard Osborn. Oversat fra Engelsk efter anden Original udgave af D. P. Sendson. Met e Forord af H. Ipsen. Mit 1 Porträt, 1 Karte. 340 pp. Kjöbenhavn, Reitzel, 1858. 8°.
1548. **Correspondence** respecting H. M. S. »Resolute« and the arctic Expedition. London, Harrison, 1858. (Parliamentary Papers. Presented to the House of Commons by Command of Her Majesty, in pursuance of their Address dated May 21, 1858, Nr. 2416.)
1549. **Richardson** John. Appendix to BelchersVoyage during the years 1852—54. With maps and illustr. London, 1858 8°.
1550. **Die Nordpol-Expedition** Sir John Franklin's und ihre Auffindung. Eine übersichtliche Darstellung der seit 1845 von England abgesandten Nordpol-Expeditionen mit lithogr. Facsimile und Uebersetzung des auf Point Victory durch Capitän F. L. M'Clintock aufgefundenen Berichtes der commandirenden Officiere der verlornen Schiffe. Aus dem Engl. 38 pp. Hamburg, Gebr. Spiro. 1859, 8°.
1551. **Mac Clintock.** The Voyage of the »Fox« in the Arctic Seas; a Narrative of the Discovery of the Fate of Sir John Franklin and his companions. With map and illustr. London, Murray, 1859; 1860; 1869; 1876; Boston, Ticknor and Fields, 1860; 1863, 8°.
1552. **Blackmore** R. D. The fate of Franklin, a Poem. London, Hardnicke, 1860.
1553. **Malte Brun** V. A. La destinée de Sir J. Franklin devoilée. Rapport du Capt. Mac Clintock. 32 pp. avec une carte. Paris, Bertrand, 1860, 8°.
1554. **Osborn** Sherard. The Career, last Voyage and Fate of Sir John Franklin. 110 pp. London, Bradburg and Evans, 1860.
1555. **Petersen** C. Den sidste Franklin-Expedition med »Fox« Capt. M'Clintock. Mit Karten und Abbildungen. Kjöbenhavn, Wöldike, 1860. 8°.
1556. **Die Polarreisen** und Capitän Mac Clintock's Expedition zur Aufsuchung Sir John Franklin's. 48 pp. Leipzig, Lork, 1860, 4°.
1557. **Brown** John. A Sequel to the North-West Passage. London, 62 pp. Stanford 1861, 8°.
1558. **Wagner** Herm. Die Franklin-Expedition und ihr Ausgang. Entdeckung der nordwestl. Durchfahrt durch Mac Clure, sowie Auffindung der Ueberreste von Franklin's Expedition durch Mac Clintock. Mit 3 Karten und 110 Abbldg., VIII, 284 Leipzig, Spamer, 1861, pp. 8°; 1867; (Auch Malerische Feierstunden.)
1559. **Milton** Visc. and W. B. **Cheadle.** The North-West-Passage by land; being the narrative of an expediton from the Atlantic to the Pacific, undertaken with the view of exploring a route across the continent to british territory, by one of the northern passes in the Rocky Mountains. With maps and illustr. London, 1865; Cassell, 1875 12°.
1560. **Frobisher** Sir Martin. Three Voyages. Edit. by Rear Admiral Collinson. (Hakluyt Society, XXXVIII, 1867.)
1561. **The Little Fox,** Story of Sir F. L. Mac Clintock's Arctic Expedition. London, Seeley 1870, 1875. 16°.
1562. **Lanoye** F. Baron de. La mer polaire, Voyage de l'Erèbe et de la Terreur et expéditions à la recherche de Franklin. Paris, 1872, 12°.
1563. **The Search** for Sir John Franklin, from the Journal of Allen Young, Esq., F. R. G. S. Portsea, Griffin & Co., 1875.
1564. **Middleton** C. Attempts for a passage to the South Seas from Hudsons-Bay 1725—42. J. Harris II.
1565. **James** T. Voyage for the Discovery of a Passage into the South Seas by th N.-W. 1631 —33. J. Harris II.
1566. **Philosophical** motives for seeking a passage into the South Seas by the N.-W. With the History of the Attempts for 130 years. J., **Harris** II.

1567. **James** T. Strange Voyage on his intended discovery of the N.-W. Passage in 1631—32. Churchill. II.
1568. **Gatombe** J. Voyage to the North-West Passage. Churchill, II, VI.
1569. **Davis** J. Voyage for the Discovery of a North-West Passage 1585—6. Hakluyt, III.
1570. **Frobisher** Sir M. Voyage for the Discovery of a North-West Passage. Hakluyt, III; Pinkerton, XII.
1571. **Gilbert** Sir H. A Discourse to prove a passage by the North-West to the East India. Hakluyt, III.
1572. **Cabot** Seb. Voyage for the Discovery of a North-West Passage 1497. Hakluyt, III.
1573. **Voyages** for the finding of a North-West Passage . . . to Meta Incognita. Hakluyt, III.
1574. **Voyages** . . for the finding of a North-West Passage to the Northern Parts of America. Hakluyt, III.
1575. **Weyworth** G. Voyage for the Discovery of the North-West Passage. Purchas, III.
1576. **Hudson** H. Second Voyage for finding a passage by the North-West. Purchas, III.
1577. **Knight** J. Voyage for the Discovery of the North-West Passage 1606. Purchas, III.
1578. **Baffin** W. True relation of the fourth Voyage for the North-West Passage 1615. Purchas, III.
1579. **Baffin** W. A briefe relation of the fifth voyage for the Discovery of a passage in the North-West 1616. Purchas, III.
1580. **Cabot** Sir S. and others. Voyages to the North-West 1497-1583. Purchas, III.
1581. **Absract** of Journals for the Discovery of the North-West Passage 1610. Purchas, III.
1582. **James** Thomas, Captain. (The Voyage of — — — for the Discovery of a North-West Passage 1631; Ellis Henry 1746. Voyages and Travels. The World displayed, X.)
1583. **Frobisher's** Three Voyages for the Discovery of the North-West Passage 1576—78. Pinkerton, XII.
1584. **Reisen** gegen Nordwest: Cabot 1497; Frobisher 1574; Davis 1585—7. (Voyages and Travels. Allgem. Historie, XVII.)
1585. **Neue Reisen** gegen Nordwest: Weimouth 1602; Hudson 1607—10; Button 1612; Baffin 1616; Fox 1631; James 1631 etc. (Voyages and Travels. Allgem. Historie, XVII.)

Aufsätze und Notizen.

1586. **Jefferys** Thomas. Carte général des découvertes de l'Amiral de Fonte, représentant la grande probabilité d'un passage au nord-ouest. Londres 1768. Cette carte a été traduite par Vaugondy et gravée à Paris 1772. (Büsching, Nachrichten. Berlin, III, 1775, p. 83.)
1587. **Travers** Val. Summary Observations and Facts collected from late and authentic accounts of Russian and other navigators to show the practicability and good prospect of success in enterprises to discover a northern passage for vessels by sea, between the Atlantic and Pacific Oceans, or nearly to approach the north pole; 1776. (Büsching, Nachrichten. Berlin, IV., 1776, p. 401.)
1588. **Notice** sur les Voyages des Maldonado. (Annales des Voyages de Malte-Brun. Paris. XIX., 1812, p. 390—396.)
1589. **Krusenstern** A. v. Ueber Maldonado's Entdeckung einer nordwestlichen Durchfahrt i. J. 1588. (Bertuch, Neue allg. geogr. Ephem. XLIII., 1814, p. 3—24.)
1590. **Neueste Nachrichten** von der engl. Nordpol-Expedition : I. Nordwestl. Exped. II. Nordöstl. Exped. (Bertuch, Neue allg. geogr. Ephem., IV., 1818, p. 362—5.)

1591. **Sur l'éxpedition au Pôle Nord.** Considération préliminaire. Précis des navigations entreprises pour découvrir un passage au nord de l'Amérique. Avec une Carte des régions arctiques. (Journ. d. Voyages I., p. 36—51, 1818; I., p. 143—154, 231—254, 1819.)
1592. **Neue fortgesetzte Nordpol-Entdeckungsreisen.** Hekla und Griper. (Bertuch, Neue allg. geogr. Ephem. V., 1819, p. 354—5.)
1593. **Ueber die Ausführbarkeit** einer nordöstlichen oder nordwestlichen Durchfahrt in den Stillen Ocean, mit Bemerkungen über die Reise der Capt. Ross u. Parry. Mit 1 Karte. [Monthly Magazin 1819.] (Bertuch, Neue allg. geogr. Ephem. V., 1819, p. 369—401.)
1594. **Notizen** die Nordpol-Expedition und die Nordwest-Passage betreffend. [Hawkins, Blyth, Knyll, Oston, Brass.] (Bertuch, Neue allg. geogr. Ephem. VI., 1819. p. 474—6.)
1595. **Précis** des recherches faites pour trouver un passage Nord-Ouest par le Grand Océan. (Journal des Voyages, I., 1819, p. 58—74.)
1596. **Nouvelles expéditions** dans les mers polaires et dans les terres adjacentes. (Nouv. Annales des Voyages II., 1819, p. 223—224.)
1597. **On the North-West Passage,** the North Pole and the Greenland ice. (Americ. Journ. I., 1819, p. 101.)
1598. **Notiz** die Nordpol-Expedition betreffend. (Parry.) (Bertuch, Neue allg. geogr. Ephem. VII, 1820, p. 390.)
1599. **Letzte englische Nordpol-Expedition.** Nachricht aus Berwick, einer der Shetlands-Inseln. (Bertuch, Neue allg. geogr. Ephem. VII., 1820, p. 500.)
1600. **Englische Entdeckungs-Expedition** nach dem Nordpole. (Neue allg. geogr. Ephem. VIII, 1820. p. 94—5.)
1601. **Weitere Notizen** über die engl. Nordpol-Expedition Parry's. (Neue allg. geogr. Ephem. VIII, 1820, p. 220—1.)
1602. **Expédition** anglaise au Pôle Nord. (Journal des Voyages, VI, 1820, p. 246—248.)
1603. **Expédition** anglaise au Pôle Nord. (Journ. d. Voyages. VII, 1820, p. 284—5.)
1604. **Expédition** anglaise au Pôle Nord. Aus Morning Chronicle 14. Aug.(Journ. des Voyages VII, 1820, p. 385.)
1605. **Expédition** anglaise au Pôle Nord. (Journ. d. Voyag. VIII, 1820, p. 142—4.)
1606. **Passage Nord-Ouest.** (Journ. d. voyag. VIII, 1820, p. 265—272.)
1607. **Expédition** du Parry. avec carte. (Journ. d. Voyag. VIII, 1820. p. 374—387.)
1608. **Expédition** du Capitaine Parry. (Nouv. Annales des Voyages. IX, 1820, p. 470—472; X. 1821, p. 405—409.)
1609. **Expéditions** du Capitaine Parry. (Nouv. Annales des Voyages. VI, 1820, p. 469—471.)
1610. **Expéditon** au Nord-Ouest. (Nouv. Annales des Voyages. VII, 1820, p. 231—240.)
1611. **Nouvelle** expédition anglaise aux mers polaires. (Nouv. Annales des Voyages. VII, 1820, p. 471—472.)
1612. **Neue englische Nordpol-Expedition** von Parry. (Bertuch, Neue allg. geogr. Ephem. IX, 1821, p. 129—130.)
1613. **Entdeckungs-Reiseweg** der nordwestlichen Durchfahrt. (Bertuch, Neue allg. geogr. Ephem. IX, 1821. p. 361—363.)
1614. **Inhalt** eines Schreibens, das von der neuen englischen Nordpol-Expedition Parry's in London eingelaufen war. (Bertuch, Neue allgem. geogr. Ephem. IX, 1821, p. 505—7.)
1615. **Details** sur l'expédition du Parry. (Journ. d. Voyag. IX, 1821, p. 131—152, 249, X, p. 121—2.)
1616. **Nouvelle expédition** polaire anglaise. (Journ. d. Voyag. IX, 1821, p. 249—50.)
1617. **Nouveaux prix** proposés par le Gouvernement anglais, pour le passage N O. et l'approche du Pôle Nord. (Journ. d. Voyag. IX. 1821, p. 387—8.)
1618. **Départ** de la nouvelle expédition polaire anglaise. (Journ. d. Voyag. X, 1821, p. 242—3.)
1619. **Expédition** Nord-Ouest. (Journal des Voyages XI. 1821, p. 266—274.)

1620. **Expéditions** russes pour la découverte d'un passage au N.-O de l'Amérique par le détroit de Behring. (Journal des Voyag. XI, 1821, p. 384.)
1621. **Voyage** du capitaine Parry. (Journ. d. Voyag. XII, 1821, p. 235, 393—4.)
1622. **Chamisso** Adalbert von. Lorenzo Ferrer Maldonado, Bartolomeo, De Fonte und die Charte von dem Ritter Lapie. Weimar1821. (Bertuch, Neue allg. geogr. Ephem. X, 1822, p. 419—425.)
1623. **Nachricht** v. Parry. (Bertuch, Neue allgem. geogr. Ephem. XI. 1822, p. 141.)
1624. **Die Nordwest-Expedition** betreffend. (Bertuch, Neue allg. geogr. Ephem. XI, 1822, p. 353—4.)
1625. **Parry's** Expedition. (Bertuch, Neue allg. geogr. Ephem. XI, 1822, p. 475.)
1626. **Bruits** répandus sur le Cap. Parry. (Nouv. Annales des Voyages XIX, 1823, p. 142—144.)
1627. **Reisen** zum Nordpol. [Parry's 3. Versuch.] (Unterhaltungsblätter für Welt- und Menschenkunde. Aarau, IV, 1827, p. 53, 88.)
1628. **Passage** nord-ouest. (Nouv. Annales des Voyages. II. Sér., III. 1827. p. 423—4.)
1629. **Rochelle** Roux de. Mémoire sur les voyages entrepris pour trouver, au nord de l'Amérique, un passage entre les deux océans. (Bull. d. l. Soc. de Géogr. Paris. XX, 1833, p. 359—385.)
1630. **Bemerkungen** des Capitain Ross über die nordwestliche Durchfahrt. (Pfennig-Magazin, Leipzig, 1834, p. 566.)
1631. **Second** voyage du Capt. J. Ross à la recherche d'un passage au Nord-Ouest fait de 1829 à 1833. avec une carte. (Nouvelles Annales des Voyages, III. Sér. VI, 1835, p. 286—374.)
1632. **Communications** on a North West Passage and further Survey of the North Coast of America. (Journal of the R. Geogr. Soc. VI, 1836, p. 34—51.)
1633. **Entdeckung** der nordwestlichen Durchfahrt um Amerika. (Pfennig-Magazin, Leipzig, VI, 1838, p. 334.)
1634. **Découverte** du passage nord ouest par les Anglais, dans l'Amérique du Nord. (Bibl. univ. de Genève. Nouv. Sér. XVI, 1840, p. 313.)
1635. **Expedition** zur Entdeckung der nordwestlichen Durchfahrt. (Ausland, XVIII. 1845, p. 16.)
1636. **Die nordwestliche Durchfahrt.** (Ausland, XVIII, 1845, p. 205.)
1637. **Das arktische** Meer und die nordwestliche Durchfahrt. (Ausland, XVIII, 1845, p. 595.)
1638. **Expedition** Sir John Franklin's. (Ausland, XX, 1847, p. 671.)
1639. **Die Expedition** Sir. J. Franklin's. (Ausland, XX, 1847, p. 1181.)
1640. **Expedition** zur Aufsuchung Sir John Franklin's. (Ausland, XXI, 1848, p. 416, 503.)
1641. **Nachricht** von Sir J. Franklin. (Ausland, XXI, 1848, p. 1023.)
1642. **Daussy** Copie des ordres des lords commissaires de l'amirauté transmis au capitaine Sir James Clark Ross, envoyé pour une expédition a la recherche du Capit. S. John Franklin. (Bulletin d. l. Soc. de Géogr. Paris, Sér. III, IX, 1848, Juin, Nr. 54, p. 363—369.)
1643. **Sir J. Franklin's** Expedition. (Ausland, XXII, 1849, p. 128, 331.)
1644. **Aufsuchung** Franklins durch Amerikaner. Ausland, XXII, 1849, p. 584.)
1645. **Nachricht** von Franklin. (Ausland, XXII, 1849, p. 984.)
1646. **Berichtügung** über die Franklin-Expedition. (Ausland, XXII, 1849, p. 1084, 1108.)
1647. **Beabsichtigte** Expedition zur Aufsuchung Sir J. Franklin's [Athenaeum] (Ausland, XXIII, 1850, p. 24, 232, 876, 984.)
1648. **Expeditions** arctiques. Rapport à l'amirauté par Capit. Sir J. Ross. (Bull. de la Soc. de Géogr. Paris, III. Sér, XIII, 1850, p. 37—58, 117—128.)
1649. **Nouvelle** expédition dans les mers polaires à la recherche du Capt. Franklin. (Bull. de la Soc. de Géogr. Paris, III Sér., XIII. 1850, p. 171—174.)
1650. **Ueber die Strömungen** im atlantischen Meer und die Wahrscheinlichkeit einer nordwestlichen Durchfahrt [Edinburgh Philos. Journ.] (Ausland XXIV, 1851, p. 781, 787.)

1651. **Expédition** à la recherche de Sir John Franklin. (Bulletin d. l. Soc. d. Géogr Paris, IV. Sér., II, Nr. 8—9, 1851, p. 125—168.)
1652. **Arctic discovery,** in search. of Sir J. Franklin (Athenaeum, 1851, p. 41, 111, 216, 299. 382, 430. 534, 629, 1315, 660. 832, 976, 998, 1022, 1046, 1069, 1095, 1118, 1150, 1203, 1208, 1231, 1246, 1255, 1282, 1313, 1315, 1345, 1375.)
1653. **Verbindung** zwischen dem atlantischen und stillen Ocean über Britisch-Nordamerika. (Ausland, XXV, 1852, p. 108.)
1654. **Die nordwestliche** Durchfahrt. (Ausland, XXV, 1852, p. 556.)
1655. **Darondeau** B. Expédition à la recherche de Sir John Franklin. Projet de M. Augustus Petermann 1852. (Bulletin d. l. Soc. d. Géogr. Paris. IV. Sér., IV. 1852, p. 274—277.)
1656. **Roquette** de la. Expéditions Arctiques à la recherche de Sir J. Franklin. (Bull. d. l. Soc. d. Géogr. Paris. IV. Sér., IV, 1852, p. 300—315.)
1657. **Bellot.** Expédition Arctique à la recherche de Sir J. Franklin. (Bull. d. l. Soc. d. Géogr. Paris. IV. Sér., IV. 1852, p. 315—322.)
1658. **Kennedy's** Expedition zur Aufsuchung Franklin's in den Jahren 1851—2. (Ausland, XXVI, 1853, p. 377.)
1659. **Ein Schimmer** von Nachricht über Franklin. [Athenaeum.] (Ausland, XXVI, 1853, p. 696.)
1660. **Entdeckung** der nordwestlichen Durchfahrt. (Ausland, XXVI, 1853, p. 983, 1008, 1025.)
1661. **Ueber** die Wahrscheinlichkeit einer Auffindung Franklin's. (Ausland, XXVI, 1853, p. 1128.)
1662. **Ritter** C. Die Auffindung der Nordwest-Passage durch Capitain Mac. Clure. Hiezu Tafel VI. (Zeitschr. der Ges. f. Erdkunde, Berlin, I. 1853, p 321—327, 419—476.)
1663. **Ritter** C. Capitain Sir E. Belcher's Nordpolar-Entdeckungen. (Zeitschr. d. Ges. f. Erdkunde, Berlin, I, 1853, p. 406—411.)
1664. **Bellot** J. Expédition à la recherche de Sir J. Franklin, 1851—52. Commandée par W. Kennedy. (Bull. d. l. Soc. d. Géogr. Paris, IV. Sér., V. 1853, p. 73—86.)
1665. **Schicksal** Sir John Franklin's und seiner Gefährten. (Ausland, XXVII, 1854, p. 1078.)
1666. **Gumprecht.** Das Schicksal der Franklin'schen Expedition. (Zeitschr. d. Ges. f. Erdkunde, Berlin. III, 1854., p. 398—405.)
1667. **Lettre** du Commandant John Rae sur les nouvelles de l'expédition de John Franklin. (Bull. d. l. Soc. d. Géorgr. Paris, IV. Sér., VIII, 1854. p. 239—244.)
1668. **Petermann** Aug. Destinée de Sir J. Franklin et de ses 137 compagnons. (Bull. d. l. Soc. d. Géogr Paris, IV. Sér., VIII, 1854, p. 306—315.)
1669. **Schluss** und Ergebnisse der Aufsuchungen Sir John Franklin's. (Ausland, XXVIII, 1855, p. 374.)
1670. **Ueber Sir John Franklin's** Sohicksal. (Petermann's Geogr. Mitth. I, 1855, p. 28.)
1671. **Die letzte Expedition** zur Aufsuchung Franklin's. (Petermann's Geogr. Mitth. I, 1855. p. 303.)
1672. **Das Schicksal** der Franklin'schen Expedition. (Petermann's Geogr. Mitth. I, 1855, p. 377.)
1673. **Brandes** C. Die letzten Unternehmungen zur Rettung Sir John Franklin's und seiner Gefährten. (Zeitschr. d. Ges. f. Erdkunde, Berlin, IV, 1855, p. 97—148.)
1674. **Brandes** C. Die letzte Kunde über Sir John Franklin und seine Gefährten. Mit einer Karte. (Zeitschr. der Ges. für Erdkunde. Berlin, V, 1855, p. 1—46.)
1675. **Nouveaux détails** sur la mort de Sir John Franklin et de ses compagnons. (Nouv. Annales des Voyages, VII Sér., I, 1855, Février, p. 252—252.)
1676. **Malte Brun** V. A. Coup d'oeil d'ensemble sur les différehts expéditions arctiques entreprises à la recherche de Sir J. Franklin. Avec une carte. (Nouv. Annales des Voyages, VII. Sér., I., 1855, Juin, p. 257—282.)

1677. **Brandes** C. Die arktische Boot-Expedition im Jahre 1855 zur Erkundigung der letzten Schicksale Franklin's und seiner Gefährten. (Zeitschr. d. Ges. f. Erdkunde, Berlin, VI, 1856, p. 154—167.)
1678. **Neumann.** Eine neue Franklin-Expedition. (Zeitschr. d. Ges. f. Erdkunde, Berlin, N. F. I., 1856, p. 563—567.)
1679. **Letzte Expedition** zur Aufsuchung Sir John Franklins. (Ausland, XXIX, 1856, p. 96.)
1680. **Das Schicksal** der Franklin'schen Expedition. (Ausland, XXIX, 1856, p. 191.)
1681. **Bestätigung** der Auffindung der Leichen Sir John Franklin's und seiner Gefährten. (Ausland, XXIX, 1856, p. 208.)
1682. **Noch eine Expedition** zur Aufsuchung Franklin's. (Ausland, XXIX, 1856, p. 648.)
1683. **Les survivants** probables de l'expédition de Franklin. (Nouv. Annales des Voyages, 1856, Octob. p. 93—96.)
1684. **Roquette,** de la. Tableau des Expéditions envoyées à la recherche de Sir John Franklin 1848 à 1855. (Nouv. Annales des Voyages 1856. Avril, p. 118—119.)
1685. **Lettre** à lord Palmerston à propos de Franklin. (Nouv. Annal. d. Voyag. 1856, Sept., p. 372—375.)
1686. **Findlay** A. G. On the probable Course pursued by Sir John Franklins Expedition. With a map. (Journal of the R. Geogr. Society of London. XXVI, 1856, p. 26—36.)
1687. **Die arktische** Expedition der Lady Franklin. (Ausland, XXX, 1857, p. 702.)
1688 **Brandes** C. Die nordwestliche Durchfahrt und ihre Entdeckung. Mit Karte Taf. III. (Zeitschr. d. Ges. f. Erdkunde. Berlin, N. F. II, 1857, p. 141—158, 216—234.)
1689. **Neumann.** Die letzten Publicationen in Bezug auf eine neue Franklin-Expedition. (Zeitschrift d. Ges. f. Erdkunde, N. F. II, 1857, p. 167—180.)
1690. **Roquette** de la. Note sur des renseignements relatifs à des navires abandonnés à l'ouest de la Baie de Pond sur des Européens vus dans l'intérieur des Terres Arctiques et sur une Nouv. expéd. à la recherche de Sir John Franklin. (Bull. d. l. Soc. d. Géogr. Paris, IV Sér., XIII. 1857. p. 405—409.)
1691. **Roquette** de la. Nouvelle expédition envoyée dans les régions arctiques par Lady Franklin. Lettre adr. à M. Le Capit. M'Clintock et Réponse. (Bulletin d. l. Soc. d. Géogr. Paris, IV Sér., XIV, 1857, p. 69—72, 73—4; IV Sér., XV, 1858, p. 117—121.)
1692. **Projet** d'une triple exploration à la recherche de Sir John Franklin par le lieutenant Pim. (Nouv. Annales des Voyages, 1857, Janv. p. 115—116.)
1693. **Départ** du Capitaine Mac Clintock, sur le Fox, pour une nouvelle expédition arctique. (Nouv. Annales des Voyages, 1857, Juillet, p. 113—120.)
1694. **M'Clintock,** Lettre écrite à Lady Franklin par le Capit. Mac Clintock envoyé à la recherche de Sir J. Franklin, communiqué à M. de la Roquette et traduite par lui. Commencée à Fredrickshaab, Groënland méridional, le 21 Juillet 1857 et terminée le 25., à la hauteur de Baals river. (Nouv. Annales des Voyages, 1857, Aout p. 230—234. Sept. p. 369—374.)
1695. **The Arctic** Search and the North-West-Passage. (Colburn's Un. Service Magazin, 1857, April.)
1696. **M'Clintock's** arktische Reise zur Aufsuchung Sir John Franklin's. (Ausland, XXXI, 1818. p. 1032, 1569.)
1697. **Neumann.** Nachricht von der Franklin-Expedition. (Zeitschr. der Ges. f. Erdkunde, Berlin, N. F. V., 1858, p. 270—273.)
1698. **Roquette,** de la. Mers arctiques; nouvelles du Fox envoyé à la recherche des navires de Sir John Franklin. (Bulletin d. l. Soc. d. Géogr. Paris, IV Sér., XVI, 1858, p. 355—360.)
1699. **Nouvelles** de l'éxpédition arctique du Fox, commandée par le Capit. Mc. Clintock. (Nouv. Annales des Voyages, 1858, Sept. p. 363—366.)
1700. **Nouvelles** de l'expédition arctique. Lady Franklin. (Nouv. Annales. des Voyages, 1858, Oct., p. 131—132.)

1701. **Mac Clintock.** Arctic Voyages. (Natural History Review. 1858, October.)
1702. **Schluss** der Fahrten zur Auffindung Sir John Franklin's und seiner Gefährten. (Ausland, XXXII, 1859, p. 974.)
1703. **Nachträge** zu Mac Clintock's letzter arktischer Reise. (Ausland, XXXII, 1859, p. 1171.)
1704. **Die Polarreisen** und Capitän Mac Clintock's Expedition zur Aufsuchung Sir John Franklin's. (Carl B. Lorck's Zeithefte, Leipzig, 1859—60, Nr. 12.)
1705. **Das Schicksal** der Expedition Franklin's. Mit Karte. (Zeitschr. d. Ges. f. Erdkunde, Berlin N. F. VII., 1859, p. 239—249.)
1706. **Dernières** nouvelles de l'expédition de Sir John Franklin. (Globe 22. sept.) (Bulletin d. l. Soc. d. Géogr. Paris, IV Sér., XVIII, 1859, p. 267—271; IV Sér., XX, 1860, p. 102—106.)
1707. **Mac Clintock.** La destinée de Sir John Franklin dévoilée. Avec une carte par V. A. Malte-Brun. (Nouv. Annales des Voyages. 1859, Décembre, p. 257—277.)
1708. **Note** bibliographique des articles consacrés à Franklin et à sa recherche, dans les Annales des Voyages de 1845 à 1858. (Nouv. Annales des Voyages, 1859, Déc., p. 277—279.)
1709. **Malte-Brun.** Exposé récapitulatif de l'expédition de Sir John Franklin 1845—48. (Nouv. Annales des Voyages, 1859, Déc., p. 279—282.)
1710. **Captain Mac Clintock's** narrative. (The Athenaeum, 1859, Nr. 1673, p. 668—670.)
1711. **Mac Clintock.** Arctic Voyages. (Natural History Review, VI, Nr. 4, 1859, Oct.)
1712. **Mac Clintock** über Sir John Franklin's Verdienst um die Entdeckung der nordwestlichen Durchfahrt. (Ausland, XXXIII, 1860, p. 112.)
1713. **Mac Clintock's** arktische Fahrt und Enthüllung von Franklin's Schicksal. (Ausland, XXXIII, 1860, p. 278.)
1714. **Noch eine** Franklin-Expedition. (Petermann's Geogr. Mitth. VI., 1860, p. 407.)
1715. **Ule Otto.** Die letzten Aufschlüsse über das Schicksal der Franklin'schen Expedition. Mit Abbildungen. (Natur, I., Nr. 12, 1859—1860.)
1716. **Mac Clintock's** Nordpolfahrt. (Westermann's Monatshefte, VII., Juni-Juli 1860, p. 228—229.)
1717. **Mac Clintock's** Nordpolfahrt. (Westermann's Monatshefte, VIII., 1860, p. 294, 412.)
1718. **Hamel J.** Sir John Franklin's Nordwest-Expedition von 1845—8 und Charles Jackman's Nordostfahrten von 1580 u. 1581. Mit einer von Hugh. Smith gezeichneten Skizze. (Bulletin de l'Acad. d. scienc. de St. Peterbourg I., 1860, p. 498—507.)
1719. **Roquette** de la. Note sur le dernier Voyage du Capit. M'Clintock à la recherche de Franklin. (Bull. d. l. Soc. de Géogr. Paris, IV Sér., XIX, 1860, p. 361—368.)
1720. **Malte-Brun** V. A. The Voyage of the Fox in the Arctic Seas. (Nouv. Annales des Voyages, VI Sér., VI. année, 1860, Avril, p. 92—98.)
1721. **Voyage** du Yacht Fox dans les mers polaires à la recherche de Sir John Franklin et de ses compagnons sous le commandement du Cap. Mac. Clintock. (Nouv. Annales des Voyages, VI Sér., VI. année, 1860, Août, p. 129—145.)
1722. **Mac Clintock** F. L. The North-West Passage. (The Athenaeum, Nr. 1681, 1860, p. 51—52.)
1723. **The Voyage** of the »Fox« in the Arctic Seas. (Blackwood's Magazine, 1860 January.)
1724. **The Search** for Sir John Franklin. From the Private Journal of an Officer of the ›Fox‹. With Illustr. and a Chart. (Cornhill Magazine, 1860, January.)

1725. **Mac Clintock.** Discoveries by the late Expedition in Search of Sir John Franklin and his Party. (Proceedings of the Royal Geographical Society, IV. Nr. 1, 1860, p. 2—14.)
1726. **Mac Clintock** F. L., Captain. Narrative of the Expedition in Search of Sir John Franklin and his Party. Read. 14. Nov. 1859. With a map. (Journal of the R. Geogr. Society of London, XXXI., 1861, p. 1—13.)
1727. **Roquette de la.** Passage Nord-Ouest, découvert par Sir John Franklin et postérieurement par le Capit. M'Clure. (Bulletin d. l. Soc. d. Géogr. Paris V. Sér., VII, 1863, p. 448—449.)
1728. **Mac Clintock** Francis. Meteorological Observations in the Arctic Seas made on board the arctic searching yacht »Fox« in Baffin Bay and Prince Regents Jnlet in 1857, 1858 and 1859. Reduced and discussed by Ch. A. Schott, 163 pp., with a map. 4°. (Smithsonian Contributions to Knowledge, Washington XIII., 1863.)
1729. **Aussagen** der Eskimo's über Franklin's Schicksal. (Ausland, XXXIX, 1866, p. 69.)
1730. **Reliquien** der Franklin'schen Expedition. (Petermann's Geogr. Mitth. XIII., 1867, p. 29.)
1731. **Nachrichten** von den Trümmern der Franklin-Expedition. (Gaea, V, 1869, p. 248.)
1732. **Angebliche** Nachrichten über Franklin's Expedition. (Globus, Braunschweig, XVI., 1869, p. 173—4.)
1733. **Hall's** neueste Erkundigungen über das Schicksal von Franklin's Gefährten. (Petermann's Geogr. Mitth. XV., 1869, p. 111.)
1734. **Belgrano** Cav. T. L. Opuscoli di Benedetto Scotto, gentiluomo genovese, circa un progretto di navigazione pel settentrione alla China ed alle Indie Orientali, editi nel principio del secolo XVII, di presente ripubblicati dal socio suddetto. (Atti della Società Ligure di Storia Patria. Genova V, Fasc. VI, 1869.)
1735. **Pechuel-Lösche** M. E. Die Nordwestfahrten bis zu Ende des 18. Jahrhunderts. (Aus allen Welttheilen, IV., 1872—73, Nr. 12, p. 357—64.)
1736. **Ueberbleibsel** von Franklin's Expedition aufgefunden. (Globus, Braunschweig, XXIV, 1873, p. 368.)
1737. **Pechuel-Lösche** M. E. Die Nordwestfahrten im 19. Jahrhundert. (Aus allen Welttheilen, V., 1874. p. 47—55, 151—155, 198—204.)
1738. **Reliques** de l'expédition de Franklin. (La Nature, Paris, 1874, 1. Sem., p. 30.)
1739. **Beitrag** zur Geschichte von Chr. Middleton's Seereise. (Bertuch's Allg. geogr. Ephem. XX, p. 155.)
1740. **Maldonado** Lor. Ferrer. Viaggio dal mare atlantico al pacifico per la via del Nord-Ouest l'anno 1588. (Bertuch's Allg. geogr. Ephem., XLI., p. 47.)
1741. **Passage** du nord-ouest. (Bulletin d. l. Soc. d. Géogr. Paris, I. Sér. 1, p. 332.)
1742. **Passage** du nord-ouest. (Bulletin d. l. Soc. d. Géogr. Paris, l. Sér., I, 1823, p. 143, 332 ; III, p. 225.)
1743. **Maldonado.** Prétendue découverte du Passage du nord-ouest. (Bulletin d. l. Soc. d. Géogr. Paris, I. Sér., III, 1823, p. 359.)
1744. **Dease** et Simpson. Découverte du passage du nord-ouest. (Bulletin d. l. Soc. de Géogr. Paris, I Sér. X, p. 192, XII, p. 55 ; II Sér., XVII, p. 364.)
1745. **Mac Clintock** Leop. Record of Wheather kept on board the Yacht Fox 1857—9. (Smithsonian Contributions to Knowledge, XIII.)
Siehe auch die Nummern 9, 155, 781, 2204, 4098, 4108, 4152, 4270, 4622, 4624, 4657, 4785, 4807, 4809, 4829, 4850, 4852, 4880, 4881, 4882, 4885, 4890, 4907, 4909, 4970, 4972, 4980, 4982, 5267, 5281. 5342, 5347.

IV. Nordost-Passage.

1746. **Boxhornii** M. Z. Apologia pro navigationibus Hollandorum adversus P. Heuterum. Accedit Tractatus pacis commercii. Londini, 1495; confirmatus, 1650; Leyden, 1632, 4°; London, 1636, 8°.

1747. **Gilbert H.** A Discours of a discovery for a new Passage to Cathaya. With a map. London. Middleton Jones, 1576. 4°.
1748. **Cabota Sebastiano.** Voyages to the North-east frosty Seas, and to the Kingdoms lying that way. 254 pp. London, 1577.
1749. **Ashley Anthony Cooper.** The Mariners' Mirrovr. The Second Part of the Mariners' Mirrovr, conteining in diuers perfect plots and sea charts, booth the Northern and Eastern Navigation. London, 1588, roy. fol.
1750. **Linschoten J. H. van.** His discours of voyages into East and West Indies. In 4 books. London, John Wolfe, 1597, 1598. fol.
1751. **Descriptiones** itineris Batavorum versus Indiam orientalem per austrum et aquilonem. Amsterdam, 1598. Fol.
1752. **Phillip Will.** The description of a voyage made by certaine ships of Holland into the East Indies, with heir adventures and successe, to gether with a description of the countries, townes and inhabitants of the same, who set forth on the second of Aprill 1595, and returned on the 14 of August 1597. Translated out of Dutch in the English by W. Ch. London, by John Wolfe, 1598, 4°.
1753. **Veer Gerrit de.** Warhafftige Relation der dreyen newen Schiffart so die Holländ. und Seeländischen Schiff anno 1594, 95 u. 96 verricht. Wie sie Nortwegen, Lappiam, Bianniam und Moscoviam umsegelt haben. Als auch wie sie das Fretum Nassoviae, Novam Semblan und Grönland gefunden. Ins Hochteutsch gebracht durch Lew. Hulsium. Mit 1 Karte. Nürnberg, 1598.
1754. **Veer Gerard le.** Vraye Description de trois voyages faits par les navires d'Hollande et de Zélande, au Nord par derrière Norvège, Moscovie et Tartarie vers les royaumes de Chine, et Catay etc. Premier livre et second de l'histoire de la navigation aux Indes oriental par le Hollandais. Amsterdam, Nicholas, 1598, Fol.; Paris, Chaudier, 1599, 8°; C. Niedlas, 1600, 1609. 8°.
1755. **Vera G. de.** Diarium nauticum s. vera descriptio trium navigationum admirandarum et nunquam auditarum, tribus continuis annis factarum, a Hollandicis et Zelandicis navibus, ad septentrionem supra Norvegiam, Moscoviam et Tartariam; versus Catthay et Sinarum regna; tum ut detecta fuerint Weygatz fretum. Nova Zembla et regio sub 80. gradu sita, quam Groenlandiam esse censent etc. Amstelodami, ex officina C. Nicolaij, 1598.
1756. **Linschotanus Joh. Hug.** Navigatio ac itinerarium Joh. Hog Linschotani in orientalem sive Lusitanorum Indiam. Accedit noviter historia navigationum Batavorum in Septentrionales oras polique arctici tractus cum freti Vaygats detectione summo relato. Hagae. ex offic. Comitis. Henrici, 1599.
1757. **Vera G. de.** Tre navigationi fatte dagli Olandesi e Zelandesi al settentrione nella Norvegia, Moscovia e Tartaria verso il Catai e regno de Sini dove scopersero il mare di Veygatz, la Nuova Zembla et un paese nell' ottantesimo grado creduto la Groenlandia etc. Descritte in latino e nuovamente da Giovanni Giunto tradotte nella lingua italiana. Venetia, G. B. Ciotti, 1599.
1758. **Veer Gerit.** Verhael v. de 1ste Schipvaert d. Hollandsche, Zeeusche Schepen door't Way-gat by Noorden etc. 1594. Met beschryving van Siberia etc. 1599, 1617. Amsterdam, J. Hartgers, 1648, 4°. Enthält auch die Reise H. Hudsons 1609, die Beschreibung Sibiriens v. J. Massa und Auszüge aus Pontanus »Descriptio urbis Amstelodamis«; 2. Ausg. Jan Janszonius, 1648; 3. Ausg. Hartgers, 1650; 4. Ausg. G. J. Saeghmann 1663; 5. Ausg. Haarlem, Weeveningh, 1861.
1759. **Linschoten J. Huygen van.** Voyagie, ofte Schipvaert by Noorden om langs Noorwegen, Ruslandt etc. door de Strate van Nassau tot voorby de Rivier Oby. Met de afbeeldsels v. alle de Custen, Landen, enz. Mit 15 Karten. Anno 1594 en 1595, Franeker, G. Ketel (1601) Fol.
1760. **Linton.** News of the art of navigation, and of the mighty empire of Cathaia together with the straight of Anian. London, 1609, 4°.

1761. **Philipp's** true and perfect Description of three Voyages, so strange and wonderfull that the like hath never been heard of before, done and performed in three years, by the ships of Holland and Zeeland, on the North sides of Norway, Muscovia and Tartary, toward the Kingdoms of Carthaia and China, shewing the course of the Straights of Weigates, Nova Zembla, and Greenland, where never any man had been before, with the cruell Beares, and other Monsters of the Sea, and the unsupportable and extreme cold that is found to be in those places, and how in the last Voyage, the Shippe was so inclosed by the ice, that it was left there for ten months, the great danger and Miseries of the Navigators etc. London, 1609, 4°.

1762. **Paludanus** B. Histoire de la navigation de Jean Hugues de Linschot aux Indes orientales. Avec annotations. Amsterdam, H. Laurent et Theod. Pierre, 1610, Fol.; Amsterdam, J. Evertz Clappenburch, 1619; édit. augm. 1628. Fol.

1763. **Veer** Gérard de. Les trois navigations nouvelles et non ouïes faites par les Hollandais et les Zélandais au Septentrion. Paris 1610, 8°.

1764. **On the** circumference of earth or a treatise of the North-East passage. London, 1612, 16°.

1765. **Hudson** Henry. Descriptio ac delineatio geographica detectionis Freti sive Transitus ad Oceanum super terras Americanas in Chinam atque Japonem ducturi recens investigata ab M. H. Hudsono. Amsterdam, Hessel Gerardi, 1612; 1613.

1766. **Megisseri** Hieronymi. Relation welcher Gestalt in dem 1612 Jar beides, eine newe kurze Schiffahrt nach China nordwerts und dann auch eine unsegliche gross und reiche Landschaft, südwerts im 5. Theil der Welt Magellanica genannt erfunden. Leipzig, Henning Grossen, 1613.

1767. **Hudson**. 12er Schiffarth oder kurze Beschreibung der neuen Schiffarth gegen Nord-Osten über die Amerischen Inseln in Chinam und Japoniam von einem Engelländer H. Hudson neulich erfunden u. s. w. In hochdeutsch Sprache beschrieben v. M. Goth. Arthusen v. Dantzig. Mit 3 Karten, Oppenheim, L. Hulsii 1614; Wittib. 1627.

1768. **Digges** Sir Dudley. Of the North-East Passage, 1611. (Bibliog. Misc.) London, 1615, 4°.

1769. **Wahrhafte** Relation von dem was sich in beiderley, das ist Ost- u. West-Indien von der Zeit an zugetragen, das sich die Navigationes der Holl. u. Engell. Comp. angefangen. Augsburg, 1619, 4°.

1770. **Linschoten** Jan Huyghen van. Itinerarium ofte schip-vaert naer Oost ofte Portugaels Indien. Amsterdam, Jan Evertsz Clappenburch, 1623, Fol.

1771. **Linschoten** J. Twee journalen van twee verscheyde voyagien van by Noorden tot voorbij de Riviere Ob na Vaygats gedaen in de jaren 1594 en 1595. Mit 8 Karten. Amsterdam, Saeghman, 1663.

1772. **Verhael** van de vier eerste schip-vaerden der hollandtsche en zeeuwsche scheepen naar Nova Zembla, by Noorden, Noorwegen, Moscovien, ende Tartarien om, na de coninckrijeken Cathay en China. Uytgevaren in de jaren 1594—6 en 1609 etc. Den laetsten druck v. nicuwsoversien; met figueren. Amsterdam 1663, 4°.

1773. **Ein kurtzer** Discours von der Schiff-fahrt bey dem Nord-Pol nach Japan China u. s. w. A. d. engl. ins Hochdeutsche. Mit Karte. Hamburg, Naumans, 1676, 4°.

1774. **Edge** Th. English and Dutch Discoveries in the North East. London, 1692.

1775. **Edge** Th. Supplement to the North East Voyages. London, 1694.

1776. **Elvius** P. De navigatione in Indiam per Septentrionem tentata. Upsala, 1704, 40 pp., 8°.

1777. **Narborough** Sir. John. Voyage to the South Sea; Captain Tasman's Discoveries on the Coast of the South Terra Incognita; Captain Wood's, Attempt to Discover a North-East Passage to China; and Martin's Observations made in Greenland and other Northern Countries. The whole illustrated with charts and curious figures. London, 1711, 8°.

1778 **Descriptio** ac delineatio detectionis Freti, seu transitus ad occasum, supra terras americanas in Chinam atque Japoniam ducturi, recens investigati a M. Henr. Hudsonio. Item exegesis regi Hispaniae facta super tractu recens detecto in quinta orbis parte, cui nomen : Australis incognita, cum descriptione terrarum Samojedarum atque Fingesiorum. c. mapp. geogr. Amsterdam, 1712. 4°.

1779. **Adelung** Johann Christoph. Geschichte der Schifffahrten und Versuche, welche zur Entdeckung des nordöstlichen Weges nach Japan und China, von verschiedenen Nationen unternommen worden. 740 pp., Mit den Karten : Nördliche Halbkugel, Nova-Zembla mit dem Waygats nebst der Küste von Moscau. Karte von der Strasse Waygats, nach dem Berichte des Linschooten, Prospect der Insel Hilduyn, Jan Mayen Eiland, Spitzbergen, Kurilische Inseln. Halle, J. J. Gebauer, 1768. 4°.

1780. **Engel** Sam. Geographische und kritische Nachrichten und Anmerkungen über die Lage der nördlichen Gegenden von Asien und Amerika, nach den allerneuesten Reisebeschreibungen, welchen noch ein Versuch über einen Weg durch Norden nach Indien, und über die Errichtung eines sehr ausgebreiteten und einträglichen Handels in die Südsee beygefügt ist; nebst zwey neuen nach diesem System entworfenen Karten. Aus d. Französ. übers., von dem Verfasser genau durchgesehen, verb. und mit vielen neuen Zusätzen bereichert. Mietau u. Leipzig, 1772. gr. 4°.

1781. **Summary** observations and facts collected from late and authentic accounts of russian and other navigators to show the practicability and good prospect of success in enterprises to discover a northern passage, between the Atlantic and Pacific Oceans, or nearly to approach the North Pole. London, 1776, 4°.

1782. **Engel** Sam. Neuer Versuch über die Lage der nördlichen Gegenden von Asia und Amerika und der Versuch eines Weges durch die Nordsee nach Indien ; nebst den Schriften, so Daines Barrington zur Behauptung eben dieses herausgegeben hat. Mit 3 Karten, Basel, Serini, 1777; Riga. gr. 4°.

1783. **Burney** James. A chronological history of North - Eastern voyages of discovery and of the early Eastern Navigations of the Russians. London, 1819, 8°.

1784. **Gerrit de Veer.** A true description of three Voyages by the North East towards Cathay and China, undertaken by the Dutch in the years 1594, 1595 and 1596. Published at Amsterdam in the year 1598 and in 1609 translated into English by William Philipp. Edited by Charles T. Beke. London, printed for the Hakluyt-Society, 1853.

1785. **Hamel** J. England and Russia; comprising the voyages of John Tradescant the Elder, Sir Hugh Willoughby, Richard Chancellor etc. to the White Sea etc. Translated by J. St. Leigh. London, 1854.

1786. **Leupe** P. A. Reize van Maarten Gerritsz Vries in 1643 naar het noorden en oosten van Japan, volgens het journaal, gehouden door C. J. Coen, op het schip Castricum, naar het handschrift uitgegeven en met belangrijke bijlagen vermeerderd. Met de daarbij behoorende kaart en eenige fac-similés en geographische en ethnographische aanteekeningen, tevens dienende tot een zeemansgids naar Jezo, Krafto en de Kurilen, en stukken over de taal en voortbrengselen der Aino-landen van P. F. von Siebold. Uitgegeven van wege het koninklijke instituut voor taal-, land- en volkenkunde van Nederlandsch Indië. Amsterdam, 1858, 8°.

1787. **Unfortunate** Voyage of Capt. B. Wood toward the East India, 1605—1609. Ashley, Vol. I.

1788. **Pontanus** J. S. Dissertation concerning the North - East Passage. Pinkerton, Vol. I.

1789. **The beginning** of the english discoveries towards the North also voyages by Russia. Purchas, Vol. III.

1790. **Kotzebue** O. von. Voyage in search of a North-East Passage 1815—1818. (New Voyages and Travels, VI, 1819.)
1791. **Wood** B. Unfortunate Voyage towards the East India 1596. Kerr, VII.
1792. **Reisen** der Holländer nach Nordost. Barentz 1594—5, Heemskerke 1596—7. (Voyages and Travels, Allgemeine Historie, XVII.)

Aufsätze und Notizen.

1793. **Sur les** voyages à Canton par le Cap de Bonne Espérance ou par le Nord. (Histoire de l'Académie des sciences de Paris, 1772, Part. I, p. 94.)
1794. **Le Gentil.** Mémoire dans lequel on fait voir que de France à Canton, par le Nord-Est les voyages seroient presqu' aussi longs, qu'ils le sont par le Cap de Bonne Espérance. (Mémoires de l'Académie des sciences de Paris, 1772, Part. I, p. 452—455.)
1795. **Ein Gegner** der Polarfahrt in nordöstlicher Richtung. (Quarterly Review.) (Ausland, XXXVIII, 1865, p. 841.)
1796. **Hugues** L. Le Navigazioni polari dirette alla ricerca del passagio del Nord-Est. Saggio storico-geografico (Il Convegno, raccolta mensile di studi critici e notizie. Milano, 1873, Oct. p. 338—361, Nov. p. 423—443. Dec. p. 511—535; 1874 Febr. p. 142—166, März p. 29—47.)
1797. **Cadet de Metz** M. Le pôle arctique. Le Prècis des voyages pour se rendre par le nord dans les Indes. (Bulletin de la Soc. de Géogr. Paris, III, Voyages p. 226.)
    Siehe auch die Nummern: 1, 9, 117, 781, 1384, 1385, 1387, 1389, 1401, 1406, 1408, 1421, 1593, 4087, 4110, 4111, 4157, 4854.

V. Arktisches Europa im Allgemeinen.

a) Allgemeines, Geographie und Reisen.

1798. **Wimmannus** Nicolaus. Navigationis maris Arctoi, id est balthici, et sinus Codani descriptio. Basileae, Ising, 1573, 8°.
1799. **Pitt Moses.** The English Atlas; containing the Description of Muscovy, Poland, Sweden, Denmark, Germany and the Netherlands. 4 vols. Oxford 1680, 1683, Fol.
1800. **Allison** Th. Voyage of —— from Archangel to Russia in the year 1697, with an account of the ship and company wintering near the North Cape in the latitude of 71° their manner of living and what they suffered by the extreme cold. London, 1699, 8°.
1801. **Biörnerus** Ericus Julius. Prodromus Tractatum de Geographia Scandinaviae veteris et exhibens succinctum judicium de Scythiae etc. ut et Runarum in Cippis Helsingicis ac Medelpodicis inventarum aetate. Stockholm 1726, 4°.
1802. **Regnard.** Oeuvres etc. contenant ses voyages de Flandres, d'Hollande, de Suède, Danemark, Laponie, Pologne et Allemagne. 5 Toms. Rouen, 1731, 8°.
1803. **Bussaeus.** And. Periplus Otheri et Wulfstam ab Alfredo, rege Angliae descriptus. Kjöbenhavn, 1744, 8°.
1804. **Pantoppidan** Er. Forsög til Norges naturlige Historie 2 vol. Kjöbenhavn 1752—4. 4°; Deutsche Uebersetzung von J. A. Scheibe, Kopenhagen 1753—4; 2Bde., 4°; Englische Uebersetzung, London, 1755, fol.; Flensburg 1769, 2 Bde., 8°.
1805. **Keralio** de. Collection de differents Morceaux sur l'histoire naturelle et civile des Pays du Nord. Paris, 1763, 12°.
1806. **Orosius.** Aelfredus, Alfredus vel Alverudus, totius Angliae Rex. The Anglo-Saxon Version with an English translation, by Daines Barrington; with a map of Europe. London, 1773, 8°.
1807. **Marbault.** Essai sur le commerce de Russie avec l'histoire de ses découvertes. Avec 1 carte. Amsterdam, 1777, 1781, 8°.

1808. **Wilse J. N.** Reisejagttagelser i nogle af de nordiske Lande. Kjöbenhavn 1790—98, 8°.
1809. **Marshall Joseph.** Travels through Holland, Flanders, Germany, Denmark, Sweden, Lapland, Russia, the Ukraine and Poland, in the years 1768 — 1769 and 1770. In which is particularly mentioned, the present State of these Countries, respecting their Agriculture etc. London, 1772 -76, 3 vols. 8°; 1792, 3 vols., 8°.
1810. **Skjöldebrand A. F.** Beschreibung der Wasserfälle und des Canals von Trollhätta und Reise nach dem Nord-Cap im Jahre 1799. Aus dem Französischen von Ehrmann. Mit 3 Karten. Lauf der Flüsse Torneå, Muonio u. Ålten; nebst einem grossen Theile von Lappland u. einem Stücke der Küsten des Eismeeres 1805. (Bibliothek d. neuest. u. w. Reisebeschr. Ehrmann, XXVI, 1800—1814.)
1811. **Skjöldebrand A. F.** Voyage pittoresque au Cape Nord. Avec un atlas de 60 planches. Stockholm, Leon, 1801, 1805; Norköping, Ulrich. Folio.
1812. **Meermann J.** Berigt omtrent het Noorden en Noord-Oosten van Europa. 6 vols. s'Hage, 1804.
1813. **Johnstone Jam.** The Norwegian account of Hacos Expedition against Scotland 1763, now first published, in the original Islandic from the Fleateyn and Frisian Mss. with a literal english version and notes. Hafniae, Bonnier, 1812, 8°.
1814. **Lamotte A.** Travels in the North of Europe in 1807; consisting of Excursions, partly in Sweden but chiefly in Norway; with a Description of the Manners and Customs of the Natives, as well as of the most remarkable Scenery in the Country. To which is subjoined, an Appendix, containing Historical and Physical Remarks and Itineraries. With plates and a maps of Norway. London, Hattchard 1818, 4°.
1815. **Schäffer D. F.** Beschreibung von Finnland, Lappland, Schweden, Dänemark, Norwegen, Island u. den Färöe-Inseln. Mit 8 color. Kupfern, Berlin, G. Reimer (Flitter), 1813, 1820, 4°. (VI. Bau des Weltumseglers oder durch alle 5 Theile der Erde.)
1816. **Scheltema J.** Russland en de Nederlanden beschouwd in derzelver wederkeerige betrekkingen. 4 deelen. Amsterdam, 1817—9, 8°.
1817. **Richter Rud.** Versuch einer medicinischen Topographie der Gouvernements- und Hafenstadt Archangelsk. Mit 1 Plan. Dorpat, 1828, 8°.
1818. **Altmeyer J. J.** Histoire des rélations commerciales et diplomatiques des Pays-Bas avec le nord de l'Europe pendant le XVI. siècle. Accompagnée de pièces justicatifes inédites. Bruxelles, Perichon. 1840, 8°.
1819. **Maurer Ed.** Der braune Neels od. der nordische Seeräuber. Eine romantische Skizze wahrer Begebenheiten zu Anfang des 18. Jahrh. 2 Bde. Glogau, Flemming, 1842, gr. 16°.
1820. **Elliott C. B.** Travels in the North of Europe. London, Colburn, 1845, 8°.
1821. **Keyserling Alex.** Graf und Paul von Krusenstern. Wissenschaftliche Beobachtungen auf einer Reise in das Petschora-Land im Jahre 1843. III. u. 465 pp., 2 Karten. Petersburg, 1846; Berlin, Schröders, 4°.
1822. **Kowalski M.** Reise in das Petschora-Land 1843. St. Petersburg, 1846.
1823. **Adelung Fr.** Kritisch-literarische Uebersicht der Reisenden in Russland bis 1700, deren Berichte bekannt sind. 2 Bde. St. Petersburg, Eggers, 1846; Leipzig, Weigel, 1846, 8°.
1824. **Sohrenk A. G.** Reise nach dem Nordosten des europäischen Russlands, durch die Tundren der Samojeden zum arktischen Uralgebirge auf allerhöchsten Befehl für den k. botanischen Garten zu Petersburg im Jahre 1837 ausgeführt. 1 vol., 44 u. 730 pp., 7 Tafeln. Dorpat 1848—54, 8°, 2 Th. Wissenschaftliche Beilagen, IV. u. 569 p., 4 Taf. 8°.
1825. **Antiquités russes et orientales** d'après les monuments historiques des Islandais et des anciens Scandinaves, éditées par la société royale des antiquaires du Nord. 2 tms., 23 planches. Copenhague, 1850—52.

1826. **Hofmann E.** Der nördliche Ural und das Küstengebirge Pai-Choi, untersucht von einer in den Jahren 1847—50 unternommenen Expedition. Nebst F. F. Brandt's Bemerkungen über die Wirbelthiere des nördlichen europäischen Russlands und F. J. Ruprechts Flora Boreali. 2 vols., Mit Tafeln. Petersburg, 1853—6, 4°.
1827. **Bennigsen-Förder Rud.** v. Das nordeuropäische und besonders das vaterländische Schwemmland in tabellarischer Ordnung seiner Schichten und Bodenarten. Ein geognostisch-geogr. Versuch. IV u. 56 p., Berlin, Herz 1863, Fol.
1828. **Sidoroff.** Besedi o severe Rossii. (Gespräche vom Norden Russlands). St. Petersburg, 1867, 1870.
1829. **Rietstap J. B.** Het Noorden van Europa. Reizen door Danemarken, Zweden, Noorwegen, de Far-oer, Ijsland en Sibirie. 533 pp, Arnhem, Voltele, 1868, 8°.
1830. **Weinhold K. Dr.** Die Polargegenden Europa's nach den Vorstellungen des deutschen Mittelalters. 28 pp., Wien, Gerold, 1871, 8°.
1831. **Allison Thomas.** Voyage from Archangel. See Pinkerton, III, 1808. (Voyages and Travels, I.)
1832. **Willoughby Sir Hugh** and others Voyages to the northern parts of Russia and Siberia. Pinkerton, I.
1833. **Coxe's** Travels in Russia. Pinkerton, VI.
1834. **Logan J.** Voyage to Petchora 1611. Purchas, III.
1835. **Gourdon W.** Voyage made to Petchora 1611. Purchas, III.
1836. **Pursglove W.** Travel from Petchora to the River Ob 1611. Purchas, III.
1837. **Meermann J.** Reisen durch d. Norden u. Nordosten v. Europa. (Sprengel u. Ehrmann, Bibliothek der neuesten Reisen. XLI., XLII.)

Aufsätze und Notizen.

1838. **Extrait** du Voyage de Brooke au Cap Nord en 1820. (Nouv. Annales des Voyages, XX, 1826, p. 38—57.)
1839. **Hofmann E.** Bericht über die Expedition zur Erforschung des nördlichsten Theiles des Urals. Mit 1 Karte, 1:2,016.000, nach Bousholm's Aufnahmen, Metallographie v. C. Brügner. (Berlin, Zeitschrift d. deutsch. geolog. Ges. II., 1850, p. 43—59.)
1840. **P—w E.** Eine Fahrt von Drontheim über Hammerfest bis zum Nord-Cap. (Globus, Hildburghausen, II., 1862, p. 262—5.)
1841. **Sidoroff M.** Der Norden Russlands. (Russki Westnik, LXIII., 1866, Mai, Juni, p. 116.)
1842. **Der russische** Norden. [Aus d. Globus.] (Gaea, Köln u. Leipzig, VI., 1870, p. 479—481.)
1843. **Die Polargegenden** Europa's nach den Vorstellungen des deutschen Mittelalters. (Ausland, XXXXV., 1872, Nr. 27, p. 640.)
1844. **Chaumette** des Fossés et Sjögren. Deux voyages de recherche au nord de l'Europe. (Bulletin d. l. Soc. d. Géogr. Paris, III., 1823 Nouvelles, p. 300.)
1845. **Der äusserste** Norden Europa's. (Archiv für Welt-, Erd- u. Staatenkunde, Wien, II. Jahrg., I., p. 70.)
1846. **Streit F. W.** Ortsbestimmungen von Schweden, Dänemark, Norwegen und Island. (Allg. geogr. Ephem. XXXII., p. 475, XXXIII., p. 459.)

Karten.

1847. **Vooght C. J.** Côtes septentrionales de Russie. Amsterdam, J. v. Keulen 1608, 4 feuilles color.
1848. **Delisle Guillaume,** prémier Géographe du Roi. Couronnes du Nord, partie Septentrionale et Meridionale. Paris, 1706.
1849. **Delisle Guillaume,** prémier Géographe du Roi. Moscovie Septentrionale et Méridionale. 1706.
1850. **Delamarche.** Les couronnes du Nord: le Danemarc, le Norvège, l'Islande et la Suède etc. Paris, 1792, 1:2,970.000., 2 feuilles.

1851. **Pantoppidan** C. J. Det Nordlige Norge etc. 1795, 1:1,400.000, 1 Bl. Auch 1852, 2 Bl.
1852. **Roosen** C. B. General Kart over den nordlige Deel af Kongeriget Norge. Kristiania, 1845, 1:1,500.000, 1 Bl.
1853. **Bescrivelse** til kartet over den norske kyst fra Söröen til Nordkap, eller fra 69° 53′ til 71° 11′ nordlig brede og fra 22° 26′ til 25° 44′ laengde öst. Greenwich. Udgivet af directionem for Norges geografiske opmaaling. Christiania, 1844.
1854. **Bescrivelse** til kartet over den norske kyst fra Kvalö og Grötsund til Söröen, eller fra 69° 10′ til 70° 52′ nordlig brede og fra 19° 22′ til 22° 28′ laengde öst. Greenwich.
1855. **Bescrivelse** til kartet over den norske kyst fra Tanahorn til Söröen eller fra 69° 37′ til 69° 53′ nordlig brede.
1856. **Bescrivelse** til kartet over den norske kyst fra Tanahorn til Graendsen mod Russisk Lapland, eller fra 69° 37′ til 70° 52′ nordlig brede og 28° 36′ til 31′ 12′ laengde öst. Greenwich.
1857. **Bescrivelse** til kartet over den norske kyst fra Nordkap til Tanahorn eller fra 70° 0′ til 70° 11′ nordlig brede og fra 25° 38′ til 28° 50′ laengde öst Greenwich.
1858. **Vibe.** Specialkystkarter over det nordlige Kyst. Nr. 7, Kart fra Kvalö og Grötsund til Söröen 1844; Nr. 8, Söröen til Nordcap 1845; Nr. 9, Nordcap til Tanahorn 1847; Nr. 10., Tanahorn til Graendsen mod russisk Lappland 1848.
1859. **Vibe.** Kart ower den norske Kyst, fra Tromsö til Graendsen mod Russland med den tilstödende Kyst af Russisk Lapland til Kola 1849.
1860. **Côte** de Norvège. De Fleina à Vaagö comprenant les îles Lofoten. D'Andö à Kvalö. Paris, Dépôt de la marine, 1869.
1861. **Côte** de Norvège. De Lekö à Donnosö. Des îles Lofoten à Andö. De Kvalö à Sorö. De Sorö au Cap Nord comprenant Hammerfest, d'après la carte norvègienne publié 1845. Paris, Dépôt de la marine, 1869.
1862. **Côte** de Norvège. Du Cap Nord à Tana Fjord. Paris, Dépôt de la marine, 1869, Nr. 2715.
1863. **Côte** de Norvège. De Haltenö à Lekö. De Tana Fjord au Cap Nametzki comprenant Vanger Fjord. Paris, Dépôt de la marine, 1869. Nr. 2716.
1864. **Haffner** W. Kart over Finnmarkens Amt. 1:400.000. Chromolith. Christiania, E. Heiberg, 1870.
1865. **Kart** over Tromsö amt. 1874, 2 Bl.

b) Astronomie, Meteorologie, Erdmagnetismus.

1866. **King** John Glen. A Letter to the Right Rev. the Lord Bishop of Durham; containing some Observations on the Climate of Russia and the Northern Countries. London, 1778, 4°.
1867. **Mohn** H. Oversigt over Norges Klimatologi. Christiania, Trykt hos Carl C. Werner & Co., 1870.

Aufsatz

1868. **Cancrin** Grf. v. Die klimatischen Verhältnisse Russlands nach ihrer Abhängigkeit von der geograph. Lage und von den localen Umständen in Beziehung auf die Landwirthschaft. (Archiv für wissenschaftliche Kunde von Russland. I, 1841, p. 702.)

c) Hydrographie.

1869. **Reinecke.** Beschreibung der Nordküsten Russlands. Beschreibung der Stadt Kola. St. Petersburg, 1830. (Russisch.)
1870. **Mohn** H. Température de la mer entre l'Islande, l'Écosse et la Norvège. 5 Cartes, 16 pp. Christiania, B. M. Bentzen, 1870.

Aufsätze und Notizen.

1871. **Untersuchungen** über die physikalische Geographie des Oceans an den Norwegischen Küsten. (Petermann's Geogr. Mitth. IV, 1858, p. 294.)
1872. **Observation** sur les travaux topographiques faits dans la Russie du Nord. (Bulletin d. l. Soc. de Géogr. de Genève, I., 1860, p. 11—18.)
1873. **Mathiesen** W. Segelanweisung für die Petschora Bucht. (Aus »The Nautical Magazine«, 1874, p. 665. — Hydrogr. Mittheil. Berlin, II, 1874, p. 277—278.)

d) **Geologie, Paläontologie, Mineralogie.**

1874. **Luc** John Andrew, de. Geological Travels, in the North of Europe; containing Observations on some part of the Coast of the Baltic and the North Sea. Translated from the French M. S., and illustrated with a map and drawings. London, 1810. 8°.
1875. **Schrenk** Alex. Gust. Orographisch-geognostische Uebersicht des Uralgebirges im hohen Norden. Geognost.-geolog. Abhandl. zur Erlangung der Docentenwürde. V u. 79 pp. Dorpat, Glaeser, 1849 8°.
1876. **Paijkull** C. W. Istiden i Norden. Ett geologiskt utkast. Föreläsningar hållna i Stockholm hösten, 1866, 148 pp. mit Illustrationen und Karten. Stockholm, Bonnier, 1867. 8°.

Aufsätze und Notizen.

1877. **Georg Berna's.** Fahrt nach dem höchsten Norden Europa's und Geologische Untersuchungen. (Ausland, XXXVI, 1863, p. 678.)
1878. **Mammuthszahn** im Gouvernement Archangelsk. (Aus allen Welttheilen, Leipzig, V., 1874, p. 126.)

e) **Zoologie und Thiergeographie.**

1879. **Sars** M. J. Koren, D. C. Danielsen. Fauna litoralis Norvegiae. 2 part. c. 22 tab. Christiania, J. Dahl; Bergen, Fr. D. Beyer, 1846—56, Fol.

Aufsätze und Notizen.

1880. **Brandt** J. F. Bemerkungen über die Wirbelthiere des nördlichen europäischen Russlands, besonders des nördlichen Urals. (Erman's Archiv f. wiss. Kunde v. Russl. XXI., 1862, p. 365, 493.)
1881. **Die Zugvögel** im Norden. Aus Blasius Reise im europ. Russland i. d. J. 1840—1. (Ausland, XVII, 1844, p. 503.)
1882. **Die Rennthierzucht** im nördlichen Russland. (Ausland, XXI, 1848, p. 701.)
1883. **Smitt** F. A. Kritisk fördeckning öfver Skandinaviens Hafs Bryozoer 1—5. (Öfversigt af K. Sv. Vet. Akad. Förh. XXII., 1865, p. 115—142, 1 Taf.; XXIII, 1866, p. 395—533, 11 Taf.; XXIV, 1867, p. 279—429, 5 Taf.; Bihang 230 p.; 5 Taf.; XXVIII, 1871, p. 1115—1134, 2 Taf.)
1884. **Die Vogel-Fauna** im hohen Norden. Ornithologische Notizen aus Finnmarken und Spitzbergen von Th. v. Heuglin, niedergeschrieben am Bord des Schooners Skjon Valborg, September und October 1870. (Petermann's Geogr. Mitth., XVII, 1871, p. 57—66.)

f) **Botanik.**

1885. **Fries** Elias. Summa vegetabilium Scandinaviae enumeratio et plantarum et inter mare occid. et album, inter Eidoram et Nordkap. Holmiae, Bonnier. 1846. 8°.
1886. **Martins.** Voyage botanique le long des côtes septentrionales de la Norvège. 136 pp, Paris, 1846, 8°.

1887. **Klinggräff** Dr. C. J. v. Zur Pflanzengeographie des nördlichen und arktischen Europa's. 40 pp. Marienwerder, Levysohn, 1875, 4°.

Aufsätze und Notizen.

1888. **Limites** de la végétation au nord de l'Europe. (Journ. d. Voyag. XI., 1821, p. 105—107.)
1889. **Maury** Alfred. Considérations sur la géographie botanique et physique de la Russie septentrionale (Bull. de la Soc. de Géogr. Paris, IV Sér., III, 1852, p. 256—279; IV, 1852, p. 70—88.)

g) Ethnographie, Culturgeschichte etc.

1890. **Peringskiöld** Joh. Historia regis Olavi, Trygwae filii. Holmiae, 1622, Fol.; 1697, 8°; Hafniae, 1833, 8°.
1891. **Philosophia** antiquissima Norvego - Danica dicta Voluspa, alias Edda Saemundi, cum versione et commentariis Gudmundi Andreae, ex Bibliotheca Petri Johannis Resenii et cum indice vocabulorum Islandicorum. Haffniae, 1673, 4°.
1892. **Saga** Olafs Tryggwassonar. Historia Olai, Tryggvae filii, in Norrigia laudatissime et maxime inclyti in septentrione regis, . . . idiomate goth. s. suecico vetusto primum condita ab Oddo monacho Islando, nunc in linguam hodiern. sueticam. quin et latin. transl. a J. Istm. Reenhielm.2 part. in 1 vol. Upsalae, 1691 4°.
1893. **Peringskiöld** Joh. Snorrius Sturlae filius, Historiae Regum Septentrionalium. Stockholmiae, 1697, Fol.
1894. **Snorro Sturleson.** Heimskringla sive Historiae regum septentrionalium a Snorrone Sturlonide patrio sermone antiquo conscriptae quas e mss. codd. edidit, versione gemina (Suec. et Lat.) notisque illustr. Joh. Peringskiöld. 2 Thl., Stockholm, 1697, Fol.
1895. **Hickesius** Georg. Linguarum veterum septentrionalium thesauri grammaticocritici et archaeologici. Conspectus brevis, per B. D. Gul. Wottonum, 6 parts, Oxoniae, 1703—5, 12°; London, Bowyer, 1708, 8°.
1896. **Keisler** Georgius Jo. Antiquitates selectae Septentrionales et Celticae. Hannover, Helwing, Nic. Förster, 1720. 8°.
1897. **Biörnerus** Ericus Julius. NordiskaKaempa Dater; h. e. Volumen historicum, continens variorum in orbe hyperboreo antiquo regum, heroum ac pugilum, res praeclare et mirabiliter gestas. Accessit imprimis Conspectus genealogicus regum et reginarum Sueciae etc. Islandice, Latine et Suecice. Stockholmiae, 1737, Fol.
1898. **Wotton** William B. D. Short View of George Hickes's grammatico-critical and archeological Treasury of the ancient Northern Languages, translated by M. Shelton. London, 1737, 4°.
1899. **Biörnerus** Ericus Julius. Svea Rikens Håvda Ålder, upvisader med en Sago ock Röno Reda om Nordiske lånders, så fornare som senare, Åboning, Strandvidd, ock Ostersjöhögd, med tillökning. Av. et Brev. om Finnars, Lappars, ock Samojeders Ursprung från Samaritanske Israëliter. Stockholm 1748, 4°.
1900. **Collection** des differens morceaux sur l'Historie naturelle et civile des Pays du Nord etc. trad. de l'allemand du suédois, du latin. Avec des notes de M. Kavelio. Paris, 1763, 12°.
1901. **Ericus** J. Observationes ad antiquitates septentrionales Hafniae, Schubothe, 1769. 8°.
1902. **Mallet** Paul Henry. Northern antiquities; or, a Description of the Manners, Customs, Religion and Laws of the Ancient Danes and other Northern Nations; including those of our own Saxon Ancestors, and the Translation of the Edda, or System of Runic Mythology, and other Pieces from the Ancient Icelandic Tongue; with additional Notes by the English

Travellers, and Gorason's Latin Version of the Edda. 2 vol., From French. London, 1770; 1847, 8°.
1903. **Thunmann** J. Untersuchungen über die alte Geschichte einiger nordischer Völker. Herausg. v. A. F. Büsching, Berlin, 1772. (Untersuchungen über die Geschichte der östlichen europäischen Völker, I, Leipzig, 1774.)
1904. **Vidalin** P. De linguae Septentrionalis appellatione: dönsk tunga i. e. lingua danica commentatio, ex islandico latine versa et supplementis aucta (ab J. Erichsen), 1775.
1905. **Sjöborg** N. H. Gautamál, lingua antiqua Scandinaviae. Diss. acad. Pars I--VII. Lundae, 1811, 4°.
1906. **Rühs** Fr. Vergleichende Darstellung d. scand.-german. Sprachen, des Isländischen, Schwedischen und Dänischen mit einer Chrestomathie. Dümmler, 1812, 8°.
1907. **Rühs** F. Die Edda. Nebst einer Einleitung über nordische Poesie, ihre Entstehung und ihren Charakter und von der nordischen Mythologie mit einem Anhange über die historische Literatur der Isländer. Berlin, Realschulbuchhandlung, 1812.
1908. **Illustrations** of Northern Antiquities, from the earlier Teutonic and Scandinavian Romances; being an Abstract of the Book of Heroes and Nibelungen Lay; with translations of metrical tales, from the Old German, Danish, Swedish and Icelandic Languages; with notes and dissertations. IX u. 522 pp., Edinburgh, 1814, 4°.
1909. **Johnstone** Jam. Antiquitates celto — scandicae series rerum questarum inter nationes Britannicarum insularum gentes septentrionales etc. 4 ed. Hafniae, Bonnier, 1815.
1910. **Majer** F. Mythologische Dichtungen und Lieder der Scandinavier. Aus dem Isländischen der jüngeren und älteren Edda übersetzt und mit einigen Anmerkungen begleitet von F. Majer. XVI u. 247 pp. Leipzig, 1818, 8°.
1911. **Rask** Rasmus Chr. Undersögelse om det gl. nordiske el islandske Sprogs Opprindelse. Kiöbenhavn, Gyldendal, 1818. 8°.
1912. **Graeter** F. D. Breve om den nordiske Mythologi, overs. af T. Overschou. Kiöbenhavn, 1821, 8°.
1913. **Müller** P. E. Critisk Undersögelse af Danmarks og Norges Sagnhistorie. Kiöbenhavn, 1823, 4°.
1914. **C. C. Rafn.** Krakas Maal eller Kvad om kong Ragnar Lodbroks krigsbedrifter og Heltedd efter en gammel skindbog og flere hidtil ubenyttede Haandskrifter med dansk, latinsk og fransk oversaettelse, forsk jellige laesemaader, samt kritiske og philologiske anmaerkninger. (Melos Cracae. Ode der Kraka oder Gesang des Schwanes Lodbrok.) Mit einem Facsimile und Musikblatt. Kiöbenhavn, 1826. 8°.
1915. **Fornaidar** gullmánur Nordilanda (litteris runicis expr.): Fundgruben des alten Nordens. Bearbeitet und herausgegeben von G. Th. Legis (pseudon. pro: Glückselig.) 2 Bde. Leipzig, Barth, 1829. 8°.
1916. **Nordiske** Fortids Sagaer efter den udgivne islandske eller gamle nordiske Grundskrift oversatte af C. C. Rafn. 3 Bde. Kiöbenhavn, 1829—30. I, 1829 XXVIII u. 470 pp.; II, 1829, 402 pp.; III, 1830, 516 pp. 8°.
1917. **Rask** Rasmus Christian. Oldnordisk Laesebog, indeholdende Pröver af de bedste Sagaer i den gamle islandske Text, gjennemset og rettet efter de bedste Oldböger, samt forsynet med et Ordregister over de vanskeligste Ord. X u. 189 pp. Kjöbenhavn, 1832. 8°.
1918. **Rask** Rasmus Christian. Kortfattet Veiledning til det oldnordiske eller gamle islandske Sprog. IV, 76 pp. Kiöbenhavn, 1832.8°; 1844; 1854.
1919. **Rask** Rasmus. Kurzgefasste Anleitung zur altnordischen oder altisländischen Sprache. Uebers. v. Ludolf Wienbarg. Hamburg, Hoffmann und Campe, 1839. 8°.
1920. **Schroeder** Carl. Bibliothèque manuscrite, pour exercer à la lecture de l'écriture cursive allemande. La Mythologie du Nord. 72 pp. Paris, impr. lith. de Saunier, 1840, 8°.
1921. **Marmier** Xavier. Chants populaires du Nord traduits en français et précédés d'une introduction. Paris, Charpentier, 1842. 12°.

1922. **Oehlenschlager** Adam. The Gods of the North; an epic poem, transl. by W. F. Frye. London, 1845. 8°.
1923. **Wal** Joan de. Mythologiae septentrionalis monumenta latina edid. varietate lectionis et adnotatione instruxit. Vol. prius Monumenta continens epigraphica. XI u. 288 pp. Trajecti ad Rh, Klemink, 1847.
1924. **Mallet's** northern antiquities, by bishop Percy; with an abstract of the Eyrbiggia Saga, by Sir Walter Scott. Revised by J. A. Blackwell., London, Henry G. Bohn, 1848—59. 8°.
1925 **Rafn** C C. og J. J. Sigurdsson. Saga Játvardar Konúngs Hins Helga, udgiven efter Islandske Oldböger i Grundtexten med Dansk Oversaettelse af det kongelige Nordiske Oldskrift-Selskab. Kiöbenhaven, 1852. 8°.
1926. **Rafn** C. C. Nord boernes forbindelser med östen i det niende og naernest fölgende aarhundreder. Kjöbenhavn, 1854.
1927. **Et Försök** att skildra den skandinaviska Nordens Folklif och Natur. Stockholm, 1855.
1928. **Pfeiffer** Fried. Altnordisches Lesebuch. Text, Grammatik, Wörterbuch. IX u. 366 pp. Leipzig, T. O. Weigel, 1860, 8°.
1929. **Dietrich** Frz. Ed. Ch. Altnordisches Lesebuch, aus d. skand. Poesie und Prosa bis zum 14 Jahrhundert zusammengesetzt u. m. liter. Uebers. Grammat. u. Glossar versehen. 2 Aufig 88 u. 620 pp. Leipzig, Brockhaus, 1864. 8°.
1930. **Möbius** Theod. Altnordische Philologie im skandinavischen Norden. Ein vor der germanist. Section der Philologen-Versammlung zu Meissen (29. Sept. bis 2. Octob. 1863) gehaltener Vortrag. 40 pp. Leipzig, Serig'sche Buchh. 1864. 8°.
1931. **Merivale** Charles. Conversion of Northern Nations: Boyle Lects for 1865. Longmans 1865, 8°.
1932. **Thorpe** B Northern Mythology, Popular Traditions. 3 vols. London, Quaritch, 1865. 8°.
1933. **Möbius** Theod. Altnordisches Glossar. Wörterbuch zu einer Auswahl altisländischer und altnorwegischer Prosatexte. XII u. 532 pp. Leipzig, Teubner, 1866, gr. 8°.
1934. **Nilsson** S. Die Ureinwohner des scandinavischen Nordens. Ein Versuch der comparativen Ethnographie und ein Beitrag zur Entwicklungsgeschichte des Menschengeschlechts. Aus dem Schwed. übers. I. Das Bronzealter. Hamburg, O. Meissner, 1866. gr. 8°.
1935. **Wimmer** Ludw. F. A. Altnordische Grammatik. Aus d. Dän. übers. v. Dr. E. Sievers.' VIII u. 160 pp. Halle, Buchh. d. Waisenh., 1871. 8°.
1936. **Möbius** Theod. Ueber die altnordische Sprache. III u. 60 pp. Halle, Buchh. d. Waisenh. 1872. gr. 8°.
1937. **Maurer** Konr. Ueber die Ausdrucke: altnordische, altnorwegische und isländische Sprache. 232 pp. München, Franz'sche Buchh. 1867, gr. 4°. (A. d. Abhandl. d. k. bayer. Akad. der Wissensch. bes. abgedr.)

Aufsätze und Notizen.

1938. **Vogel** Ch. Routes suivies par les anciens dans leurs rapports commerciaux avec le Nord de l'Europe. Thule par Redslob. Leipzig, 1855. (Nouv. Annal. d. Voyag. VII Sér., I. 1855, Juillet, p. 43—59, Août p. 182—202.)
1939. **Butenew** N. Einige Bemerkungen über die Ureinwohner des nördlichen Russlands nach den aufgefundenen Spuren ihrer Thätigkeit. Mit 1 Tafel. (Erman's Archiv f. wissensch. Kunde v. Russland, XXIV, 1866, p. 495.)
1940. **Trade** of Northern Coast of Russia. (The Geographical Magazine, I, 1874, p. 387.)
1941. **Der Wald** und die Heimatlosen im russischen Norden. Mit Illustr. (Aus allen Welttheilen, VII, 1876, p. 308--310.)
   Siehe auch die Nummern: 233, 778, 999, 1096, 1097, 1100, 1125, 1126, 1753, 2771, 2819, 3077, 3264, 3520.

VI. Ostgrönländisches Eismeer.

a) Allgemeines, Geographie und Reisen.

1942. **Kerguelen**-Tremarec M. de. Rélation d'un voyage dans la mer du Nord, aux côtes d'Islande, du Groenland, de Ferro, de Shettland, des Orcades et de Norvège, fait en 1767 et 1768. Avec fig. 220 pp. Paris, Prault, 1771. 4°. Mit den Karten: Mer du Nord. Côtes d'Islande, Norvège et Groenland. Par le S. Bellin 1 : 10,000.000; Plan de la Baye de Pater fiord 1 : 40.000; Rade de Lus-Baye 1 : 40.000 und den Ansichten: Cap Heckla, Vue des Isles Westerman, Vue du Mont Jeugel, Vue des Isles de Ferro, Vue du mont Bomel dans l'Isle le Bomel.
1943. **Phipps** C. J. Voyage au pole boréal fait en 1773, par ordre du Roi d'Angleterre. Traduit de l'anglais par Demeunier. 259 pp. avec fig. et cartes. Paris, Saillant & Nyon, 1775; Paris, Prault, 1775; London et Paris, Panckouke, 1775, Mit den Karten: Carte qui indique la Route des Vaisseaux du Roi le Race-Horce et la Carcasse en 1773. (Norwegen, Grönland, Spitzbergen) 1 : 9,300.000. Gest. v. De la Gardette; Plan de Fair Haven et des Isles adjacentes sur la Côte Nord-Ouest du Spitzberg 1 : 92.000; Carte (Spitzbergen) qui indique les différentes bordées du Race-Horse parmi les glaces depuis de 3 Juillet jusqu' au 22 Août 1 : 750.000 und den Ansichten: Vue de la Terre depuis le Rocher-fourchu jusqu'au Cap Hakluyt; Vue de la Terre autour de la Baye ou le Race-Horse jetta l'Ancre le 1 Juillet; Vues de la Terre des environs de la Baye des Sept Isles prises le 6 Août.
1944. **Phipps** C. J., (Lord Mulgrave.) A voyage undertaken by his majesty's command 1773, for making discoveries towards the North Pole. With maps and engravings. London, 1774. 4°.
1945. **Phipps** C. J., (Lord Mulgrave.) Reise nach dem Nordpol im Jahre 1773. A. d. Engl. mit Zusätzen und Anmerkungen von Sm. Engel. Mit Kupfr. Bern, Typographische Gesellschaft, 1777. 4°.
1946. **Parry** W. E. Tagebuch einer Entdeckungsreise nach den nördlichen Polargegenden im Jahre 1818. Hamburg, 1819. Aus d. Engl. Mit 1 Karte. Hamburg, A. Campe, 1820. gr. 8°.
1947. **Parry** W. E. Capt. Voyages toward the North Pole. 2 vols. Harpers; Edit. of the four Voyages. London, 1828—1829. 6 vols. 18°.
1948. **Parry** W. E. Narrative of an attempt to reach the North Pole in boats fitted for the purpose and attached to his M. S. Hecla, in the year 1827. Illustrated w. pl. and charts. Published by authority of his royal highness the Lord high admiral. London, 1828. 4°.
1949. **Die wunderbare Errettung,** Beschreibung eines Schiffbruchs. und die Schicksale des Missionarius Rudolf auf seiner Reise von Grönland nach Europa. Nebst einigen historischen Bemerkungen über Grönlands Einwohner und Sitten, als Einleitung. Mit 1 Kupfr. Basel, Hanke, 1829. 8°.
1950. **Beechey** F. W. A voyage of discovery towards the North-Pole, performed in his majesty's ships Dorothea and Trent under the Command of Capt. D. Buchan R. N. 1818 to which is added a summary of all the early attempts to reach the Pacific by way of the Pole. With maps and illustr. London, Bentley, 1843; 1849.
1951. **Ule,** Dr. O. Die erste deutsche Nordpol-Expedition. 16 pp. mit 1 Karte Leipzig, Quandt und Händel, 1868. 4°.
1952. **Die zweite** Deutsche Nordpol-Expedition. Officielle Mittheilungen des Bremischen Comités. Braunschweig, Westermann, 1870. 8°.
1953. **Verein** für die deutsche Nordpolarfahrt. Begründet am 19. Sept. | 1870. Berichte über die Sitzungen nebst Anlagen. Jahrgang 1870—1876. Bremen, Diercksen & Wichlein, 8°.
1954. **Buchholz** Dr. Erlebnisse der Mannschaft des Schiftes Hansa bei der 2. Deutschen Polar-Expedition. 36 pp. Königsberg, Koch, 1871. 8°.

1955. **Laube.** Dr. G. C. Reise der Hansa ins nördliche Eismeer. Reisebriefe und Erinnerungsblätter. 107 pp. Prag, J. G. Calve, 1871. 8°.
1956. **Laube,** Dr. G. C. Die 2. Deutsche Nordpolar-Expedition. Ein Vortrag gehalten im Vereine zur Verbreitung naturwissenschaftlicher Kenntnisse. Wien, am 23. Nov. 1870. 33 pp. Wien, 1871. 8°.
1957. **Koldewey** K. u. A. Petermann. Die 1. Deutsche Nordpolar-Expedition. 1868. 66 pp. 2 Karten u. 1 kolor. Ansicht, 4°. 1. Originalkarte dieser Exped. 1868. Nach dem Tagebuch K. Koldewey's construirt von A. Petermann, 1 : 5,000.000. 2. Aufnahmen dieser Exped. in Nordost-Spitzbergen. Aug. u. Sept. 1868. Nach der Zeichn. und Beschreib. K. Koldewey's. sowie nach den schwed. und engl. Aufnahmen zusammengestellt von A. Petermann, 1 : 400.000. Mit der Ansicht: Bismarckstrasse. Lithogr. Anstalt von C. Hellfarth. (Geogr. Mittheil. Ergänzungsheft, Nr. 28, Gotha, 1871.)
1958. **Die zweite** Deutsche Nordpolfahrt 1869—70. Vorträge herausgegeben von dem Vereine für die Deutsche Nordpolfahrt zu Bremen. Mit 1 Karte. Berlin, D. Reimer, 1871.
1959. **Andree** Rich. Die deutschen Nordpolfahrer auf der Germania und Hansa 1868—1870. 8 Tonbilder nach Zeichn. von F. Specht, und 2 Karten VI und 194 pp. Bielefeld, Velhagen & Klasing, 1872. 8°.
1960. **Mensch** G. Die beiden ersten deutschen Nordpolfahrten auf der Germania und Hansa 1868—1870. Für die reifere Jugend und das Volk. Mit 2 Karten und 8 Bildern in Farbendruck von H. Teutemann. 175 pp. Leipzig, Oehmigke, 1872. 8°.
1961. **Die zweite deutsche** Nordpolfahrt in den Jahren 1869 und 1870 unter Führung des Capitän Karl Koldewey. Herausgegeben von dem Verein für die deutsche Nordpolfahrt in Bremen. 2 Bände in 4 Theilen. I. Band: Erzählender Theil in 2 Abtheilungen mit 80 Illustrationen, 2 Porträtbilder und 10 Karten. Bearbeitet von den Mitgliedern der Expedition. II. Band: Wissenschaftliche Ergebnisse in 2 Abtheilungen. Mit 31 Tafeln und 3 Karten Leipzig, F. A. Brockhaus, 1873—4.
1962. **Andree** Rich. Die deutschen Nordpolfahrer und der Kampf um den Nordpol 1868—1872. Populär geschildert. 2. verm. und bereich. Aufl. Mit 10 Tonbildern und 3 lithogr. Karten in gr.-8°. und qu. 4°. VI. und 204 pp. Leipzig, Velhagen & Klasing, 1874. gr. 8°.
1963. **Bates** H. W. The second North German Polar Expedition in the year 1869/70 of the ships Germania and Hansa under the command of Capt. Koldewey. 35 pp. Mit Karten und Ill. London, Low, 1874. 8°.
1964. **Il naufragio** della Hansa spedizione tedesca al polo artico 1869—70 dei capitani Koldewey e Hegemann. 152 pp mit Karten und Illustr. Mailand, Treves, 1874, 8°.
1965. **Koldewey** Capt. German Arctic Expedition 1869—70. Ill. ed. by H. W. Bates. 35 pp. London, Low, 1874. 8°.
1966. **Lindemann** M. und O. Finsch. Die zweite deutsche Nordpolarfahrt i. d. J. 1869 und 1870. unter Führung des Capitain Koldewey. Volksausgabe. 735 pp. Mit 54 Illustrationen in Holzschn. und 4 lithogr. Karten. Leipzig, F. A. Brockhaus, 1875. 8°. Mit den Portraits: Ad. Pansch, Payer, Börgen, Koldewey, A. Petermann, F. Hegemann, Laube, Copeland, Buchholz. Mit den Karten: Ostküste Grönlands in der Gegend der Schreckensbucht 1 : 1,250.000. Südspitze Ostgrönlands von Illuidlek bis Friedrichsthal 1 : 1,280.000. Kaiser Franz-Josefs-Fjord 1 : 1,650.000. — Uebersichtskarte des nördl. Theiles von Ostgrönland. 24. März — 27. April 1870. 1 : 1,700.000 und den Ansichten: Hansahafen bei Illuidlek, Kuhn-Insel, Lichtenau, Erik Rauda's Haus, Hühnerberg Gletscher, Kronenberg, Regenerirter Gletscher im Kaiser Franz-Josef-Fjord; Kap Borlase Warren; Nordküste von Shannon; Payer-Spitze.
1967. **Phipps'** Journal of a Voyage to the North Pole. Pinkerton, Vol. I.
1968. **Voyage** of the Ships Sunshine and North stare to discover a passage betweene Groenland and Iceland 1587 Hakluyt, Vol. III.

Aufsätze und Notizen.

1969. **Kerguelen** Tremarec. Relation d'un voyage dans la mer du Nord, aux côtes d'Islande, du Groenland, de Ferro & fait en 1767—1768. (Büsching, Nachrichten, Berlin, I, 1773, p. 265.)
1970. **Naufrage** de plusieurs vaisseaux hollandais en 1777 dans les mers à l'Est du Groenland. Extrait d'un Recueil anglais. (Nouv. Annales des Voyages I, 1819, p. 409—420.)
1971. **Fréminville.** Lettre sur la dernière mission du capitaine Scoresby dans les mers du Groënland. (Annal. marit. 1821, p. 145.)
1972. **Voyage** de M. Scoresby le jeune long des côtes orientales du Groënland. (Journal des Voyages, XVI, 1822, p. 137—139).
1973. **Voyage** du Cap Sabine dans les mers Polaires. (Journal des Voyages, XIX, 1823, p. 373—374.)
1974. **Retour** du Cap. Sabine, de son expédition dans les mers polaires. (Journal des Voyages, XXI, 1824, p. 120.)
1975. **Retour** du brick la Bordelaise, envoyé dans le nord à la recherche de la Lilloise. (Annal. marit. II, 1834, p. 544.)
1976. **Recherche** de la Lilloise. (Nouvelles Annales des Voyages, III. Sér., III, 1834, p. 381—395; III. Sér., VI, 1835, p. 386—388; III. Sér., VII, 1835, p. 378—386; III. Sér., IX, 1836, p. 113—116, 248—249.)
1977. **Dutaillis**, M. Lettre en réponse à l'article de l'United Service Journal, relatif à la recherche de la Lilloise. (Annal. marit. II, 1835, p. 112.)
1978. **Tréhouart.** Rapport de retour de sa mission pour découvrir des traces de la Lilloise. (Annal. marit. II, 1835, p. 126, 506.)
1979. **Ross.** Sur une nouvelle expédition dans les mers polaires, à la recherche de la Lilloise. (Bulletin de le Soc. de Géogr. Paris. II. Sér., V, 1836, p. 81—90.)
1980. **Rapport** adressé à M. le ministre de la Marine par M. Tréhouart commandant la corvette »la Recherche«. (Bull. de la Soc. de Géogr. Paris. II. Sér., VI, 1836, p. 179—188.)
1981. **Die deutsche** Nordfahrt. (Archiv f. Seewesen, I, 1865, p. 331.)
1982. **Die deutsche** Nordpolexpedition. (Ausland, XXXVIII, 1865, p. 1218.)
1983. **Die deutsche** Nordfahrt. (Hansa, Zeitschrift für Seewesen, 19. Nov. 1865.)
1984. **Petermann** A. Die deutsche Nordfahrt, Stimmen für und wider. (Petermann's Geogr. Mitth. XI, 1865, p 419—428.)
1985. **Petermann** A. Aphorismen über die projectirte deutsche Nordfahrt. (Petermann's Geogr. Mitth. XI, 1865, p. 442.)
1986. **Petermann,** Dr. A. Aphorismen über die deutsche Nordpolfahrt. (Archiv für Seewesen, II, 1866, p. 62—66.)
1987. **Zur deutschen** Nordpolarfahrt. (Ausland, XXXIX, 1866, p. 142.)
1988. **Die deutsche** Nordfahrt, Aufruf an die Nation. (Petermann's Geogr. Mitth. XVI, 1866, p. 144.)
1989. **Die deutsche** Nordpolexpedition. (Deutsch-Amerikanische Monatshefte. New-York, März 1866, p. 277.)
1990. **Die deutsche** Nordpolexpedition. (Zeitschrift d. österr. Ges. f. Meteor. I, 1866, p 218)
1991. **Petermann.** Expédition allemande au pôle nord. (Le Globe. Genève, Bulletin, V, 1866.)
1992. **Stand** des deutschen Projects zur Aufsuchung des Nordpol Dampfers »Albert.« (Ausland, XL, 1867, p. 233, 1126.)
1993. **Zur deutschen** Nordpolexpedition. (Archiv f. Seewesen, IV, 1868, p. 260, 304—305, 306—307.)
1994. **Petermann.** Die deutsche Nordpolexpedition (Archiv f. Seewesen, IV, 1868, p. 392—395.)
1995. **Die deutsche** Nordfahrt. [Weser Zeitung.] (Archiv für Seewesen, IV, 1868, p 511—513)

1996. **Die deutsche Nordpolfahrt** [Germania]. (Ausland, XLI, 1868, p. 926.)
1997. **Die deutsche Nordpol-Expedition.** (Gaea, IV, 1868, p. 243—246.)
1998. **Ueber die erlangten Resultate** der I. deutschen Nordpolexpedition. (Gaea, IV, 1868, p. 585—590.)
1999. **Nachricht** über die deutsche Nordpol-Expedition 1868. (Petermann's Geogr. Mitth. XIV, 1868, p. 181.)
2000. **Die deutsche** Nordpol-Expedition 1868. (Petermann's Geogr. Mitth. XIV, 1868, p. 207.)
2001. **Petermann A.** Scoresby's Expedition 1822. (Petermann's Geogr. Mitth. XIV., 1868, p. 220.)
2002. **Petermann A.** Sabine-Clavering'sche Expedition 1823. (Petermann's Geogr. Mitth. XIV., 1868, p. 222.)
2003. **Die deutsche** Nordpol-Expedition 1868. (Petermann's Geogr. Mitth. XIV., 1868, p. 272.)
2004. **Petermann A.** Die deutsche Nordpol-Expedition 1868. Verlauf vom 24. Mai bis 20. Juni 1868. Mit 2 Karten, Tafel 16 und 17. (Petermann's Geogr. Mitth. XIV., 1868, p. 332.)
2005. **Petermann A.** Neueste Nachrichten aus dem Eismeere : von der deutschen Expedition bis zum 19. Juli, von der schwedischen Expedition bis zum 3. August 1868. (Petermann's Geogr. Mitth. XIV., 1868, p. 368.)
2006. **Petermann A.** Die deutsche Nordpol-Expedition, Verlauf vom 19. Juli bis 27. August und Rückkehr nach Bremerhaven 10. Oct. 1868. (Petermann's Geogr. Mitth. XIV., 1868, p. 426.)
2007. **Nachrichten** über die deutsche Nordpol-Expedition bis zum 20. Juni. (Zeitschrift d. österr. Ges. f. Meteor., Wien, III., 1868, p. 412.)
2008. **Die erste deutsche Nordpol - Expedition.** (Zeitschr. d. österr. Ges. f. Meteor., Wien, III., 1868, p. 412—4.)
2009. **Petermann A.** Aufruf zur Theilnahme u. Unterstützung für die deutsche Nordpol-Expedition. (Zeitschr. d. österr. Ges. f. Meteor. Wien, III., 1868, p. 319—320.)
2010. **Composition** de l'Expédition allemande au Pôle Nord. (Bulletin de la Soc. d. Géogr. Paris, V. Sér., VI, 1868, p. 68—70.)
2011. **Brown Robert.** Notes on the History and Geographical Relations of the Pinnipedia frequenting Spitzbergen and Greenland Seas. (Proceedings of the Zoological Society of London, 25. Juni 1868.)
2012. **Petermann.** Die zweite deutsche Nordpol-Expedition, [Petermann, 8. März.] (Archiv für Seewesen, V., 1869, p. 115—116.)
2013. **Petermann.** Instruction für die zweite deutsche Nordpol-Expedition 1869—1870. (Archiv f. Seewesen, V, 1869, p. 267—277.)
2014. **Der Abgang** der zweiten deutschen Nordpolar-Expedition. (Archiv f. Seewesen, V., 1869, p. 281.)
2015. **Payer J.** Nachrichten von der deutschen Nordpolar-Expedition. (Archiv f. Seewesen, V, 1869, p. 418—425.)
2016. **Berichte** von der deutschen Nordpolar-Expedition bis zum 29. Juli 1869. (Archiv f. Seewesen, V., 1869, p. 431—2.)
2017. **Zweite** deutsche Nordpolfahrt 1869. (Ausland, XLII, 1869, p. 406.)
2018. **Deutsche Nordpol-Expedition** v. Jahre 1869. (Ausland, XLII, 1869, p. 908.)
2019. **Die zweite** deutsche Nordpolar-Expedition. (Gaea, V, 1869, p. 189.)
2020. **Die zweite** deutsche Nordpol-Expedition und die Fahrt des Dampfers »Bienenkorb«. (Petermann's Geogr. Mitth. XV., 1869, p. 105.)
2021. **Quittung** über eingegangene Beiträge für die zweite deutsche Nordpolar-Expedition 1869—70. I. Quittg. 1. October 1868 bis 17. April 1869, (Petermann's Geogr. Mitth. XV., 1869.) p. 159 ; II. Quittg. 18. April bis 21. Mai 1869, p. 199 ; III. Quittg. 22. Mai bis 28. Juni 1869, p. 238 ; IV. Quittg. 29. Juni bis 10. August 1869, p 279; V. Quittg. 11. August bis 2. September 1869, p. 320; VI. Quittg. vom 3. September bis 1 October 1869, p. 360; VII. Quittg. Natural-Beiträge, p. 400; VIII. Quittg. Bremer Comité, p. 440; IX. Quittg. 2. October bis 4. December 1869, p. 474; X. Quittg. 5. December 1869 bis 1. März 1870. (Petermann's Geogr. Mitth., XVI., 1870, p. 159.)

2022. **Zweite deutsche** Nordpolar-Expedition. (Petermann's Geogr. Mitth. XV., 1869, p. 199.)
2023. **Freeden** W. v., Die wissenschaftllichen Ergebnisse der ersten deutschen Nordfahrt 1868. Mit Karte, s. Tafel 11. (Petermann's Geogr. Mitth. XV., 1869, p. 202.)
2024. **Berichte** von der zweiten deutschen Nordpol-Expedition bis zum 29. Juli 1869. (Petermann's Geogr. Mitth. XV., 1869, p. 309.)
2025. **Die deutsche** Nordpolar-Expedition, erste briefliche Nachrichten über ihren Verlauf vom 15. Juni bis 29. Juli 1869. Mit Karte, s. Tafel 18. (Petermann's Geogr. Mitth. XV., 1869, p. 341—350.)
2026. **Freeden** W. v. Die wissenschaftlichen Ergebnisse der ersten deutschen Nordfahrt 1868. 21 pp., mit 1 Karte 4°. (Mittheilungen aus der norddeutschen Seewarte, Nr. 1. Hamburg, Mauke's Söhne, Mai 1869.)
2027. **Instruction** für die zweite deutsche Nordpol-Expedition. (Mittheil. der Geogr. Ges. in Wien, XII., 1869, p. 546.)
2028. **Erste Nachrichten** aus dem Eismeere. [Dorst »Bienenkorb.«] (Mitth. d. Geogr. Ges. in Wien, XII., 1869, p. 548—550.)
2029. **Die zweite** deutsche Nordpol-Expedition. (Zeitschr. d. Ges. f. Erdkunde Berlin, III. Ser., IV., 1869, p. 163—164.)
2030. **Die zweite deutsche Nordpol-Expedition.** und ihre Bedeutung für die Meteorologie. (Zeitschr. der österr. Ges. f. Meteorol., Wien, IV., 1869, p. 163—7.)
2031. **Aus Petermann's Instruction** für die zweite deutsche Nordpol-Expedition. Ueber die milden Winter in Ostgrönland. (Zeitschr. d. österr. Ges. f. Meteorol., Wien, IV., 1869, p. 339—40.)
2032. **Grad** Ch. Expédition des Allemands au Pôle Nord 1869 à 1870. (Annales des Voyages, Oct. 1869, p. 39—49.)
2033. **Petermann.** La seconde expédition allemande au Pôle Nord. (Le Globe, Genève, Bulletin, VIII., 1869, p. 23—25.)
2034. **Petermann.** Instructions pour la seconde expédition Allemande au Pôle Nord. (Le Globe, Genève, Bulletin, VIII., 1869, p. 162—176.)
2035. **Freeden.** Quelques résultats scientifiques de la première expédition allemande au Pôle Nord en 1868. (Le Globe, Genève, Bulletin, VIII., 1869, p. 221—233.)
2036. **Partenza** da Brema della seconda spedizione tedesca al polo nord. (Bolletino della Società geogr. italiana, Roma, III., 1869, p. 481—484.)
2037. **Der Untergang** des Nordpolarexpeditions-Begleitschiffes »Hansa«. (Archiv f. Seewesen, VI., 1870, p. 391—3.)
2038. **Die deutsche Nordpolfahrt.** A. d. Weserzeitung. (Archiv f. Seewesen, VI., 1870, p. 417—434.)
2039. **Zweite deutsche** Nordpol-Expedition. (Aus allen Weltheilen, II., 1870 p. 32.)
2040. **Aus den Berichten** über die zweite deutsche Nordpolfahrt. (Aus allen Weltheilen, II., 1870—71, p. 46—50, 76—81.)
2041. **Laube** C. Dr. Die Mannschaft der »Hansa« auf treibenden Eisschollen. Mit Abbildg. (Aus allen Weltheilen, II., 1870—71, Nr. 11, p. 321—3.)
2042. **Ueber die möglichen Erlebnisse** der deutschen Nordpolfahrer. (Ausland, XLIII, 1870, p 169.)
2043. **Peschel** O. Ergebnisse der zweiten deutschen Nordfahrt. (Ausland, XLIII, 1870, Nr. 41, p. 981—984.)
2044. **Nachrichten** von der deutschen Expedition nach Ostgrönland. (Ausland, XLIII, 1870, p. 984.)
2045. **Vorläufiger Bericht** über die Ergebnisse der zweiten deutschen Nordpol-Expedition. (Gaea, Köln u. Leipzig, VI., 1870, p. 501—517, 544—559.)
2046. **Die Fahrt** der »Germania« und der »Hansa« nach der Ostküste von Grönland. (Globus, Braunschweig XVIII., 1870, p. 156, 173, 185.)
2047. **Wissenschaftliche Ausbeute** der deutschen Polarexpedition. (Globus, Braunschweig, XVIII., 1870, p. 287.)

2048. **Petermann A.** Instruction für die zweite deutsche Nordpol-Expedition 1869—1870. 7. Juni 1869. (Petermann's Geogr. Mitth. XVI., 1870, p. 254—263.)
2049. **Rückkehr** der zweiten deutschen Nordpolar-Expedition am 1. und 11. September 1870. (Petermann's Geogr. Mitth. XVI., 1870, p. 382—385.)
2050. **Die zweite deutsche Nordpolar-Expedition** vom 15. Juni 1869 bis zum 11. September 1870. Nebst Karte, s. Tafel 21. (Petermann's Geogr. Mitth. XVI, 1870, p. 408—421.)
2051. **Ule O.** Die Instruction für die zweite deutsche Nordpol-Expedition. (Die Natur, 1870. Nr. 29, 30, 32.)
2052. **Weyprecht C.** Plan der diesjährigen deutschen Nordpolar-Expedition. (Mittheil. d. Geogr. Ges. in Wien, XIII, 1870, p. 1—17.)
2053. **Von der** zweiten deutschen Nordpol-Expedition. 1. Brief des Dr. Laube an Hochstetter, 2. Brief des J. Payer an Hochstetter, 8. Mittheilungen des Bremer Comités, 4. Bericht über die Expedition der »Germania« vom Bremer Comité. (Mittheil. d. Geogr. Ges. in Wien, XIII, 1870, p. 552—571, 607—624.)
2054. **Retour** de l'expédition allemande au Pôle Nord le 1. et le 11. Septembre 1870. (Le Globe, Genève, 1870, p. 297—312.)
2055. **Grad Ch.** Resultats scientifiques de l'expédition allemande dans l'océan glaciale en 1868. (Bulletin de la Société de Géogr. Paris, Sér. V, XX, Sept. Oct. 1870, p. 98—122.)
2056. **Grad Ch.** Résultats scientifiques de l'expédition allemande dans l'océan glaciale en 1868. (Revue des cours scientifiques de la France et de l'étranger Nr. 44, 1. Oct. 1870, p. 696—703.)
2057. **Spese** per la seconda spedizione artica tedesca. (Bolletino della Società geogr. italiana, Roma, IV, Maggio 1870, p. 229.)
2058. **Die deutsche** Polar-Expedition. Ueber Copeland. A. d. Weserzeitung. (Archiv f. Seewesen, VII, 1871, p. 354—55.)
2059. **Deutsche Nordpolar-Expedition** 1872. (Archiv f. Seewesen, VII, 1871, p. 441—42.)
2060. **Lustreisen** nach dem nördlichen Polarmeere. [Koldewey's und Pansch's Berichte] (Globus, Braunschweig, XIX, 1871, p. 93—95.)
2061. **Koldewey K.** Plan zu einer dritten Expedition nach Nordgrönland. (Globus, Braunschweig, XX, 1871, p. 349—350.)
2062. **Pansch Dr.**, über Winter- und Sommerleben auf der deutschen Nordpolarfahrt, Juni 1869 bis Sept. 1870. (Lotos, Prag, XXI, 1871, p. 166, 184.)
2063. **Die zweite** deutsche Nordpol-Expedition 1869—70. Payer Julius. Mit Karte s. Tafel 10 und Titelblatt. (Petermann's Geogr. Mitth. XVII, 1871, p. 121—131, 183—200, 401—423.)
2064. **Petermann A.** General-Rechnungs-Ablage über die von A. Petermann angeregten und in's Leben gerufenen, durch Beiträge der deutschen Nation ausgerüsteten Nordpol-Expeditionen. (Geographie und Erforschung der Polar-Regionen Nr. 52. — Petermann's Geogr. Mitth. XVII, 1871, p. 463—466.)
2065. **Koldewey K.** Die erste deutsche Nordpolar-Expedition im Jahre 1868. Mit einem Vorwort von A. Petermann. Mit 2 Originalkarten und 1 Chromolithographie. 56 pp. 4°. (Ergänzungsheft Nr 28 zu Petermann's Geogr. Mitth. Gotha, Justus Perthes, 1871)
2066. **Die geogr. Gesellschaft** zu London über die zweite Deutsche Nordpolfahrt. (Mittheil. d. Geogr. Ges. in Wien, XIV, 1871, p. 248—51.)
2067. **Koldewey K.** Die Fahrt der Germania. (Zeitschr. d. Ges f. Erdk. Berlin, III. Ser., VI, 1871, p. 1—15.)
2068. **Hildebrandt.** Die Fahrt der Hansa. (Zeitschr. d. Ges. f. Erdk. Berlin III. Ser., VI, 1871, p. 24—45.)
2069. **Koldewey Capt.** Expédition allemande au Pôle Nord en 1869—1870. [Aus Petermann's Mittheil. Nov. 1870.] (Le Globe, Genève, Bulletin, X, 1871, p. 38—107.)

2070. **A less** persevering than Petermann would have been discouraged by the success, and a less generous one would have sent Koldewey about his business, and would have looked out for another Captain. (Leisure hour. Nr. 1038 v. 18. Nov. 1871.)
2071. **Das Werk** über die zweite deutsche Nordpolfahrt. Mit 2 Illustr. (Aus allen Welttheilen, IV, 1872—73, Nr. 6, p. 188—189.)
2072. **Negri** Cristof. Il Comitato di Brema. (Bollet. della Soc. Geogr. Ital. Roma. VIII, 1872, p. 157—158.)
2073. **Die deutsche Nordfahrt** 1869—70. (Ausland, XLVI, 1873. p. 474.)
2074. **Peschel** O. Die zweite deutsche Nordpolarfahrt. (Blätter für literar. Unterhaltung, 1873,) Nr. 16.
2075. **Brown** R. The Second German North-Polar-Expedition (Ocean. Highways, I, 1873, p. 24—26.)
2076. **Voyage** des navires la Germania et la Hansa au Pôle Nord 1869—1870. Traduit et extrait de l'allemand par Ch. Adam. (Le Tour du Monde, XXVII, 1 sém. de 1874, p. 1—64.)
2077. **Gourdault** J. Voyages des navires la Germania et la Hansa au Pôle Nord 1869—70. 2. partie. (Le Tour du Monde, XXVIII, 2. sém. de 1874, p. 65—128.)
2078. **Eine deutsche Nordpol-Expedition** (Ausland, XLVIII, 1875, p. 80.)
2079. **Fortsetzung** der deutschen Polarforschung. (Verhandl. d. Leopoldina, Dresden, XI, 1875, Nr. 1—2, p. 14—16.)
2080. **Capitän** Gray David. Reise und Beobachtungen am Ostgrönländischen Meere 1874 und seine Ansichten über den besten Weg zum Nordpol. Original Mittheilungen an A. Petermann d. d. Peterhead, December 1874. Mit 1 Karte des Grönländ. Meeres 1:5,000.000 Tafel 6. (Geogr. u. Erforsch der Polar-Reg Nr. 107. Petermann's Geogr. Mitth. XXI, 1875, p. 105—108.)
2081. **Spedizione** artica tedesca. (Bollet. d. Soc. Geogr. Ital. Roma, Anno IX, Ser. II, XII, 1875. p. 60—62.)
2082. **Les entreprises** allemandes au Pôle Nord. (l'Explorateur, III, 1876, p. 59-60.)
2083. **Expédition allemande au Pôle Arctique.** (l'Explorateur, I, 1875, p. 95.)
2084. **MacClintock** Capt. Sir L. Resumé of the recent German Expedition from the reports of Capt. Koldewey and Dr. Laube. (Proceedings of the Royal Geographical Society of London, XV, Nr. 2, p. 102—114.)

Karten.

2085. **Portulano** of the coasts of Europe with separates map of a large part of Greenland and Spitsbergen a part of Nova Zembla. Amsterdam, J. Eg. Clappenburgh, 1621.
2086. **Arrowsmith** A. Northern Seas between Europe and America, including the American Coast (New Foundland, Labrador and Greenland). London, 1808.
2087. **North Atlantic Ocean** 1861. Corr. to 1864 1:12,000.000. London, Hydogr. Office, 1864. Nr 2059.
2088. **Nordenskiöld** J. E. v. Karta öfver Hafvet emellan Spetsbergen och Grönland. Utvisande Angfartyget Sofias kurser under den Svenska Polar-Expeditionen 1868, äfvensoms drifisens läge under olika tider af året lodningar m. m. Zoll = 25 geogr. Ml.
2089. **North Atlantic Ocean.** 2 sheets. 1:7,300.000, (London, Hydrogr. Office. 1870, Nr. 2060 a. b.)
2090. **Arctic Ocean** and Greenland Sea 1:2,921.460. (London, Hydrogr. Office 1872. Nr. 2282.)

b) **Astronomie, Meteorologie, Erdmagnetismus.**

Aufsätze und Notizen.

2091. **Die zweite** deutsche Nordpolar-Expedition 1869—70. Stand der Publicationen. Dr. Pansch über das Klima, Pflanzen- und Thiefleben auf Ost-Grönland. Neue Expedition im J. 1871. (Petermann's Geogr. Mitth. XVII, 1871, p. 217—226.)

2092. **Börgen** Dr. Kurze Bemerkungen über die Arbeiten der zweiten deutschen Nordpolar-Expedition für physikalische Geographie und Astronomie. (Zeitschr. d. Ges. f. Erdkunde. Berlin, III. Ser., VI, 1871, p. 15—20.)
2093. **Mohn** H. Die Temneratur-Verhältnisse im Meere zwischen Norwegen, Schottland, Island und Spitzbergen. Mit 7 Karten und 2 Profilen, Tafel 22. (Petermann's Geogr. Mitth. XXII, 1876, p. 427—438.)

c) Hydrographie.

Aufsätze und Notizen.

2094. **Scoresby** Cap. Etat des glaces au delà des côtes du Groënland occidental dans l'été de 1820. (Nouv. Annales des Voyages, VIII, 1821, p. 413—415.)
2095. **Scoresby** William jeune. Observations sur les courans de la mer du Groënland, dans une lettre au professeur Jameson. (Nouv. Annales des Voyages, VIII, 1821, p. 415—417.)
2096. **Ehrenberg.** Vorläufige Bemerkungen über die von Capitän Koldewey auf der deutschen Nordpol-Expedition des kleinen Segelschiffs Germania gehobenen Grundproben. (Monatsbericht der Berliner Adademie, 1. Dec. 1868, p. 628—632.)
2097. **Ehrenberg.** Weitere Entwicklungen aus dem vom Schiffe »Germania« bei seiner Nordfahrt unter Capitän Koldewey's Führung gehobenen Grundproben. — Die mikroskopischen Lebensverhältnisse auf der Oberfläche der Insel Spitzbergen. Mit 1 Tabelle. (Monatsbericht der K. Preuss. Akad. der Wissenschaften zu Berlin. März 1869, p. 253—263.)
2098. **Das Relief** des Eismeer-Bodens bei Spitzbergen. Nach den Tiefseemessungen der Schwedischen Expedition unter Nordenskjöld und Otter. 1868. Mit 1 Karte, s. Tafel 8. (Petermann's Geogr. Mitth. XVI, 1870, p. 142—144.)
2099. **Koldewey** Carl. Eisverhältnisse im Grönländischen Meere und Ansichten über weitere Förderung arktischer Entdeckungen. (Beilage zur Hansa Hamburg, A. Meyer & Dieckmann, 1871, Nr. 10.)
2100. **Koldewey** Cap. Eisverhältnisse im grönländischen Meere und Ansichten über weitere Förderung arktischer Entdeckungen. (Mittheil. d Geogr. Ges. in Wien, XIV, 1871, p. 282—304.)
2101. **Mohn** H. Resultate der Tiefsee-Temperatur-Beobachtungen im Meere zwischen Grönland, Nord-Europa und Spitzbergen. Geographie und Erforschung der Polar-Regionen Nr. 66. (Petermann's Geogr. Mitth. XVIII., 1872, p. 315—318.)

d) Geologie, Paläontologie, Mineralogie.

2102. **Laube** C. G. Prof. Dr. Geologische Beobachtungen, gesammelt während der Reise auf der Hansa und gelegentlich des Aufenthaltes in Süd-Grönland. 93 p. mit Karte. Wien, Gerold, 1873, 1874. 8°.

e) Zoologie und Thiergeographie.

2103. **Brown** R. Notes on the Pinnipedia frequenting the Spitzbergen and Greenland Seas. London, 1868.
2104. **Finsch** O. Zweite deutsche Nordpolfahrt. II. Zoologie: 4. Vögel. Mit Noten von A. Pansch. Bremen, 1873, 8°.

f) Polarfischerei und Jagd.

2105. **Placcaet** . . etc. Edict on the Whalefishery and the Navigation to Greenland prohibiting to rent Dutch vessels etc, to foreign nations for this purpose. 's Gravenhage, 1659; 2. Aufl. u. Fortsetzung 1661; 3. Aufl. u. Fortsetz. 1670.

2106. **Placcaet** . . . etc. Restriction of the Whalefishery and navigation to Greenland in consequence of the war with England. 's Gravenhage, 1673, Fol.
2107. P. P. v. S. De seldsaame en noit gehoorde Walvis-Vangst, voorgevallen by St. Anna-Land in 1682, mitsgaders een pertinente beschryvinge van de geheele Groen-Landse-Vaart. Leiden, 1684, 4°.
2108. **De Nieuwe** Vermeerde Groenlantse Walvisch-Vangst, ofte Amsterdamse Y-Stroom, vervult met veelderhande nieuwe en aengename liederen. Amsterdam, Erven Gijsbert de Groot en A. v. Dam, 1719, 8°.
2109. **Historische Nachricht** von den Drangsalen des 1777 auf dem Walfischfang nach Groenland abgefahrenen verunglückten Schiffes »Wilhelmina«. Aus dem Holländischen. Bremen, 1719, 8°.
2110. **Zorgdrager** C. G. Bloeijende opkomst der aloude en hedendaagsche Groenlandsche visschery. Met eene histor. beschryving der Noordere Gewesten : Groenlandt, Yslandt, Nova Zembla, Jan Mayen Eilandt, de Straat Davis. enz. Met byvoeging van de walvischvangst. door A. Moubach. Amsterdam, Joh. Oosterwyk, 1720; R. C. Alberts 1727; Amsterdam, J. Tirion, 1728. 4°.
2111. **Zorgdrager** Corn. Gisbert. Alte und neue Grönländische Fischerei und Walfischfang, mit einer kurzen histor. Beschreibung von Grönland, Island, Spitzbergen, Nova Zembla, Jan Mayen Eiland, der Strasse Davis u. a. ausgefertigt durch Abraham Moubach. Mit einer Nachricht von dem Bakkeljau- u. Stockfischfang bei Terreneuf. A. d. Holländ. 482 pp., Leipzig, P. C. Monath, 1723, 4°. Mit den Karten: Nord-Pol, 1 : 40,000.000; Alt- u. Neu-Groenland mit der Strasse Davis 1 : 8,000.000 ; Ysland 1 : 2,600.000 ; Spitzbergen 1 : 2,250.000 ; Jan Mayen Eyland 1 : 260.000 ; Nova-Zembla mit den Waygats, Benebst der Küste von Moscau u. Tartarey 1 : 6,000.000. Auch unter d. Titel : Beschreibung des grönländischen Walfischfangs in der Ausg. Nürnberg, Recknagel, 1750, m. Karten, gr. 4°. Nürnberg u. München, 1752, 4°.
2112. **Zorgdrager** C. G. View of the Greenland trade and Whalefishery, with the national and private advantages thereof. London, 1725.
2113. **Lyst** van de Hollandsche en Hamburger Groenlands- en Straat Davids-Vaarders, anno 1764 uitgevaaren. Amsterdam, J. M. Brouwer, 1765, 8°.
2114. **Pieterszoon** Fred. Commandeur. Anteekening, gehouden op het schip de Vrouw Maria, gedestineerd ter Walvisvangst naar Groenland 1769. 24 pp. Amsterdam, Erven Wed., Jac v. Egmont, 1770, 4°.
2115. **Pieterszoon** Fred Journal of reys-beschryving op het schip de Vrouw Maria gedestineert ter walvisvangst na Groenland 1769 gehouden. Amsterdam. Gedr. by K. v. Ryrchooten, 1770, 4°.
2116. **Sante** G. van. Alphabet. Naamlijst van alle de Groenlandsche en Straat-Davissche commandeurs, die zedert 1700 op Groenland, en zedert 1719 op de Straat-Davids voor Holland... hebben gevaaren, hoeveel visschen vaten spek en traan yder. ...heeft aangebragt. Haarlem, 1770, 4°.
2117. **Merkwürdige Reise** von J. Jansen, welche derselbe mit dem Schiffe »Die Frau Elisabeth« nach Grönland auf den Walfischfang gegangen etc. Mit 1 Karte u. 1 Kupfr. Hildburghausen, 1770, 4°.
2118. **Trampler** Joh. Ch. Umständliche Beschreibung des grönländ. Walfischfanges ; ingleichen von den Ursachen und Eigenschaften des Nordlichts; in Briefen. Leipzig, Müller, 1771, 8°.
2119. **Wahrhafte Nachricht** von dem im Jahre 1777 auf den Walfischfang nach Grönland abgegangenen und daselbst verunglückten 5 Hamburger Schiffen, gezogen aus dem Journal des Küpers Jürgen Röper auf dem Schiffe genannt Cecilia. Commandeur Hans Pinters. Altona, 1778.
2120. **Posselt** Karl Fr. Ueber den grönländischen Walfischfang. Kiel, A. Niemann, 1796. (Altona, Kaven.) 8°.
2121. **William Scoresby** des Jüngeren, Tagebuch einer Reise auf den Walfischfang verbunden mit Untersuchungen und Entdeckungen an der Ostküste

von Grönland im Sommer 1822. Aus dem Englischen übersetzt und mit Zusätzen versehen von Friedrich Kries. Mit 9 Abbildgn. und 1 Karte. Hamburg, Friedrich Perthes, 1825. (Jetzt Gotha, Justus Perthes.) 8°.

Aufsätze und Notizen.

2122. **Gray.** Navigation au Nord par un baleinier. (Journal de Voyages, VIII., 1820, p. 395—6.)
2123. **Kries** Fried. William Scoresby's d. Jüng. Tagebuch einer Reise auf den Walfischfang, verbunden mit Untersuchungen und Entdeckungen an der Ostküste von Grönland im Sommer 1822. Mit einer Karte, 1 : 3,000.000. (Hertha, II, 1825, p. 712—736.)
2124. **Petermann** A. Sir John Franklin, the Sea of Spitzbergen and Whale Fisheries in the Arctic Regions. With maps. (Journal of the R. Geogr. Soc. XXIII., 1853. p. 129—136.)
2125. **Le pêche** de la baleine et du veau marin par les Anglais dans les parages du Groënland. Campagne de 1863. (Revue maritime et coloniale, Paris, XI., 41 livr., 1864, p. 62—65.)
2126. **Gray** David Esq. Letter to Sir Roderich J. Murchison on a Voyage to the North East Coast of Greenland. (Proceedings of the R. Geographical Society of London, XII., Nr. 3, 1868, p. 196—198.)
2127. **Gray** David im grönländischen Meer. (Globus, Braunschweig, XXIII., 1873, p. 176.)
Siehe auch die Nummern 955, 2281.

VII. Island.

a) Allgemeines, Geographie und Reisen.

2128. **Arngrim** Jonas. Comm. brevis de Islandia quo Scriptorum var. de Insula havernores deteguntur ac quorundam convitiis in Islandus occurantur. Hauniae, 1593, 4°; Hamburg, 1609, 4°.
2129. **Blefkenius** D. Islandia sive populorum et mirabilium quae in ea insula reperiuntur accuratior descriptio, cui de Gronlandia sub finem quaedam adjecta. 71 pp. Lugdunum Batavorum, Henrici ab Haestens, 1607, 8°; Leyden, 1609; Frankfurt u. Leipzig, 1727, 302 pp , 8°.
2130. **Jonas Arngrimus.** Crymogaea sive rerum Islandicarum Libri III. Hamburgi, H. Carstens, 1610—1618, 172 pp., 4°; 1613; 1650.
2131. **Jonas Arngrimus**, Islandus. Anatome Blefkeniana, qua Ditmari Blefkenii Viscera magis praecipua, in libello de Islandia 1607 Leyden, edito, convulsa, per manifestam exenterationem retexuntur. (Holae Island) 1612, 8°; Hamburgi, H. Carstens, 1613, 87 pp., 4°; 1618.
2132. **Fabricius** David. De Islandia et Grönlandia. Rostock, 1616, 12°.
2133. **Jonae Arngrimus.** Epistola pro patria defensoria ad Davidem Fabricium, pastorem Frisiae orientalis, Islandiam traducentem. Hamburg, 1618, 4°.
2134. **Jonas Arngrimus.** 'Αποτριδη Calumniae. Hamburgi, 1622, 4°.
2135. **Eigilsen** Olaf. Kort Beratning om de Tyrkiske soeroveres udi Island 1626, of islandske oversaat paa Dansk. Kiöbenhavn, 1628, 8°.
2136. **Jonas Arngrimus.** Specimen Islandiae historicum et Magna ex parte Chorographicum anno J. Christi 874, primum habita Pontani, Regis Daniae Historiographi, in placidam considerationem venit. 174 pp., Amstelodami, 1643, 4°.
2137. **Blefkenius** D. Tooneel der noordsche Landen met een Korte en klare beschryvingh von Ysland en Greenlandt. Amsterdam, N.V. Ravesteyn, 1652.
2138. **Peyrère** H. de la. Relation de l'Islande. Paris, 1663, 8°.
2139. **Strauch** Aegidius. Dissertatio chorographica-historica de »Islandia« Theodori Thorlacii, Wittebergae 1664, 4°; 1670; 1690 Jona; 1690, 4°.

2140. **Blefkenius** D. Scheepstogt na Ysland en Groenland in 1563 waar in d'ontdekking der landen, godsdiensten en zeden der Menschen. Nu erst vertaald. Leyden, P. v.d. Aa, 1706; Pieter van der Aa, LVII.Bd. der Naaukeurige versameling der reysen na Oosten, West-Indien. Leuwarden, 1716, 8°
2141. **Anderson** Jean. Histoire naturelle d'Islande, du Groenland, du detroit de Davis et d'autres pays situés sous le Nord. Trad. de l'Allemand par Godefroi Sellins. Paris, 1720—30: 1743; Hamburg, 1746, 8°; Paris, Seb. Cramoisy, 1750, 2 vols.; Amsterdam, 1751; Paris, Michel Lambet, 1753, 2. vols.; Paris, Jorry, 1754, 2 vols. 12°.
2142. **Arndt** Johann. Wtlagdur a Islendsku af Sira Thorlife Arnasyne. 4 bok. Kaupmannahöfn, 1731, 8°.
2143. **Theorgilsis** Arius. De Islandia; Notis Andr. Bussaei. Holmiae, 1733, 4°.
2144. **Kerguelen** Trémarec. Relation d'un voyage dans la mer du nord aux côtes d'Islande, du Groenland, etc. fait en 1767 et 1768. Paris, de Prault, 1741. 4°; Amsterdam et Leipzig, 1772.
2145. **Anderson** Joh. Natur-histor. Nachrichten von Island, Grönland und der Strasse Davis, zum Nutzen der Wissenschaften u. der Handlung. Mit 4 Kupfern u. einer Landkarte. Nebst einem Vorbericht von den Lebensumständen des Verf. Hamburg, G. Ch. Grund, 1746, 8°; Frankfurt a. M. u. Leipzig, 1747, 8°; Hafniae, 1748, 8°.
2146. **Anderson** Johann. Efterretninger om Island, Grönland og Strat-Davis, med en tilgift som videre efterretning om Island. Cum tabb. aeneis; Kjöbenhavn, 1748, 8°.
2147. **Avertissement** om Anderson's tractat om Island. Kjöbenhavn, 1748, 8°.
2148. **Torkilli** Jonas. (Jon Torkilson). Additamentum de Islandia. Tilgift som videre Efterretning om Island. Angehängt an Jo. Andersonii de Islandia Relationem. Hafniae, 1748, 8°.
2149. **Olafsen** Eggert. (Eggertus Olavii) Enarrationes historiae de Islandiae natura et constitutione, formatae et transformatae per eruptiones ignis. Particula I. de Islandia antequam coepta est habitari. Hafniae, 1749, 8°.
2150. **Anderson** Johann. Beschryving van Ysland, Groenland en de Straat Davis. Tot nut der wetenschappen en den koophandel. Verrykt met Platen en een nieuwe naauwkeurige Landkaart der ontdekkingen, waar van in dit werk gesproken ward. Uit het hoogduitsch vetaalt door J. D. J. 286 pp. Te Amsterdam, Steven van Esveldt, 1750, Mit der Kaart van Groenland, Ysland en de Straat Davis; Amsterdam, 1756, 2 vols. 4°.
2151. **Horrebow** Nicolaus. Tilforladelige Efterretninger om Island. Mit Karte. Kjöbenhavn, 1750; 1752. 8°.
2152. **Horrebow** Niels. Zuverlässige Nachrichten von Island. Nebst 1 Karte. Aus d. Dän. Kopenhagen u. Leipzig, Pelt, 1753, 1754. 8°
2153. **Horrebow** Niels. De Tegenwoordige Staat of omstandige Beschrijving van Ysland. Uit het Deensch in 't Nederl. vertaalt. Amsterdam, 1754. 4°.
2154. **Defoe** Daniel. Der isländische Robinson. Kopenhagen und Leipzig, 1755. 8°.
2155. **Horrebow** Niels. Beschrijving van Islandia. Zutphen, 1756. 8°.
2156. **Egede** Hans. De agricultura Islandorum priscis temporibus cum successu usitata postea exoleta et jam restaurata. Hafniae, 1757. 8°.
2157. **Snorronis** Johan (Snorresen) Tractatus historico-physicus de agricultura Islandorum priscis temporibus cum successu usitata postea exoleta et jam restaurata. Hafniae, 1757. 8°.
2158. **Anderson** Jean. The natural history of Iceland, containing a particular and accurate account of the different soils, burning mountains, minerals, vegetables, metals, stones, beats, birds and fishes interspersed with an account of the Island. Translated from the Danish original of N. Horrebow. With 1 map in fol. London, Linde, 1758
2159. **Horrebow** Nic. Natural history of Iceland... interspersed with an account of the Island by Anderson translated from the Danish original. With a map. London, 1758. Folio.

2160. **Nouvelle desoription** de l'Islande. 2 vols. Paris, 1764. 12°.
2161. **Horrebow** Nic. Nouv. description physique, historique, civile et politique de l'Islande, avec des observations critiques sur l'histoire naturelle de cette île, donné par M. Anderson et trad. de l'Allem. par M. D. S. (Rousselot de Surgy et Meslin) 2 vols. avec une carte. Paris, Charpentier, 1764. 12°.
2162. **Haltori** (Halderson.) Biörno. [Narratio de melioratione oeconomiae et imprimis holticulturae in Islandia.] Beretninger til Landvaesenets og Haugedyrkningens Forbedring i Island. Hafniae, 1765. 8°.
2163. **Vidalin** Povel. Om Islands Opkomst, samt nogle andres af samme Inhold, anvendt paa naervaerende Tider. Med kobbere. Soröe, 1768. 8°.
2164. **Erichson** Johann. Udtog af Povel Vidalins Afhandling om Islands Opkomst samt nogle andres af samme Inhold, anvendt paa naervaerende Tider; med. fig. Soröe, 1768. 8°.
2165. **Jonge** Nikolay. Chorographisk Beskrivelse over K. Norge samt Färöe, Iisland og Grönland. Kiöbnhavn, 1770, 4°; 1778; 1779.
2166. **Eiufaldir** Pánkar um akuryrkju. Kaupmannahöfn, 1771. 8°.
2167. **Finnaeus** [Finsen] Johannes. (Epistolae de possibilitate agriculturae in Islandia.) Breve til Thorarensen om Agerdyrkningens Muelighed in Island. Kjöbenhavn, 1772. 8°
2168. **Kerguelen** Tremarec de. Beschreibung seiner Reise nach der Nordsee, die er in den Jahren 1767 u. 1868 an den Küsten von Island. Grönland, Faröer, Shetland, der Orkney und Norwegen gethan. Aus dem Franz. Mit 2 Karten und 1 Kupfer. Leipzig, W. Vogel, 1772. 8°.
2169. **Olafsen** Eg. og. Povelsen Bjarni. Reise igjennem Island. 2 dele med 51 Kobberstøkker og en Kart. 2 vols. Soroe, 1772. 4°.
2170. **Biörn** de Skardsa. Annales Biörnonis de Scardsa Island cum interpretatione latina notis et indice. 2 vols. Hrappseyae in Islandia. E. Hoff. 1774—75, 4°.
2171. **Olafsen** Egert und des Biarne Povelsens Reise durch Island, veranstaltet von der k. Soc. der Wissenschaften in Kopenhagen u. beschrieben von Eggert Olafsen. Aus dem Dän. übers. Mit 51 Kupfer u. 1 Charte über Island. Kopenhagen und Leipzig, bey Heinecke und Faber, 1774.—1775 4°. I. 328 pp. II, 244 pp. Mit d. Karte: Nyt Carte over Island forfattel ved Erichsen og Schönning 1771 Gest. v. J. Haas 1772, 1:1,200.000. Mit den Ansichten: Hage-Tafel, Sneefell, Drangar u. Hornstrand beym Nordcap; Den Brölende Höi paa Hveravalle; Geyser. Mit dem Grundriss von Surthellir. Dresden, Schubothe, 1787. 2 vol. 4°.
2172. **Forskal** P. Icones rerum naturalium quas in itinere Islandi depingi curavit. Hauniae, Moller, 1776, 4°.
2173. **Haltori** Biörno. Atle edur Radagiörder Yngesmanns umm Búnad sinn heldst umm Jandar og Kviksiár Raekt, Atferd og Agoda med Ansvare gamalls Boonda 1777. Ed. secunda. Hrappseyae (in Island), 1783. 8°.
2174. **Ketelsen** Magnus. Islands Maaneds Tidender. Oct. 1773 — Oct. 1776. Hrappseyae, 1777.
2175. **Troil**, Uno von. Bref rörande en resa till Island af Solander 1772. Med en taflor. Upsala, 1777.
2176. **Troil**, Uno von. Briefe, welche eine im Jahre 1772 nach Island angestellte Reise betreffen. Aus dem Schwedischen von J. G. Pt. Möller. Mit Kpfr. Upsala, Schwederus, 1779, 8°; Leipzig, 1779.
2177. **Erichsen** Jon. Introitus ad Olai Olavii Iter Islandicum. Hafniae, 1780. 4°.
2178. **Olavii** oekonomiske Reise igiennem de nordwestlige i nordlige og nordostlige Kanter af Island. Mit Karte 1—2 D. Kjöbenhavn, 1780, 4°; 1783.
2179. **Olavii** (Olafson) Olavus. Fáeinar Skiringar greinir um Smiör og Ostabunad à Islandi. Hafniae, 1780. 8°.
2180. **Troil**, Uno v. Letters on Iceland during a Voyage in 1772, with letters of Ihre and Bach on the Edda etc. and Bergmann's Observations on the

Lava. London, Richardson, 1780, 8°; 2 ed 1780; 3 ed. 1783. 8°; The whole revised and corrected by E. Mendes da Costa. With a map. Dublin, 1780. 8°.
2181. **Troil** Uno v. Lettres sur l'Islande trad. du suèdois par Lindblom avec cartes et fig. Paris, Didot jeune, 1781. 8°.
2182. **Haltori** (Halderson) Biörno. Gras nytiar, eda Gagn that, sem hvör buandi madr getr haft af theim ófánum villijurtum sem vaxa i landeign hamis. Hafniae, 1783. 8°.
2183. **Olavius Eggerhardus Islandus**. Bunadar Balkur um daglegt Bunadar-Lijf Islendiga. Hrappsey, 1783. 8°.
2184. **Olavi Eggerthus filius**. Nockrar Hugleidingar frammsetter i Lióðum, som nefnast Búnadar Baúlkur, i thriu Kvaede um dalegt Buskaper Liif Islendiga. Hrappseyae, 1783. 8°.
2185. **Olavius Eggerhardus Islandus**. Æfe Eggerts Olafsonar, Vice Logmans i Island. Hrappsey, 1784. 8°.
2186. **Troil**, Uno v. Brieven betreff eene reize na Ysland. Leyden, 1784.
2187. **Troil**, Uno v. Reise durch Island. Mit 1 Karte von Island u. 2 Kpfr. 2. Aufl. 1785. (Bibliothek der neuesten Reisebeschr. Schneider. II.)
2188. **Eggers**, Christian, Ulrich, Detlev Freih. v. Physikalische und statistische Beschreibung von Island. Kopenhagen, 1786. 8°; Flensburg, 1787; Altona, Hammerich.
2189. **Mohr** N. Forsøg til en islandsk Naturhistorie; med adskillige oekonomiske samt andre Anmaerkninger. Tab. aende 7, 413 pp. Kiøbenhavn, Schubothe, 1786. 8°.
2190. **Olavius** Olans. Oekonomische Reise durch Island in den nordwestlichen und nordöstlichen Gegenden. Aus d. Dän. von J. Jasperson. Mit 17 Kpfr. und 1 Karte. Dresden und Leipzig, 1787; Leipzig, Hinrichs, 1805.
2191. **Pantoppidan** C. Samlinger til Handels-Magazin for Island, 1—2 D. Kopenhagen, 1787—1788. 8°.
2192. **Stephensen** M. Skemtelig Vinagledi I B. med Promemoria til allra myrkra manna og liósshatara á Islandi. Leirárgördum, 1797. 8°.
2193. **Plums** J. S. Reise ingtagelser i Ingials, Hools og Froder sogne i Island, i aarene 1798 og 1799. Kjøbenhavn 1800. 8°.
2194. **Olafsen et Povelsen**. Voyage en Islande fait par ordre de S. M. Danoise. Traduit du Danois par Gauthier de Lapeyronie pour les 3 prémiers, par Biornered pour les 2 dernièrs volumes. 5 vols. Paris, 1801, 8°, avec atlas de 60 pl. 4°; Paris et Strassbourg frères Levrault, 1802, 4°, 5 vols. et 1 Atlas. I. 444 pp.; II. 434 pp.; III. 400 pp.; IV. 451 pp.; V. 419 pp. Mit der Karte: Nouvelle Carte d'Islande d'après celle des prof. Erichsen et Schoenning 1 : 1,200.000 und den Ansichten: Caverne de Surtshellir; vue du glacier de Sneefell; Bardenstrand; Cap Drangar; le Hveravalle; le Geyser; Hécla; Versailles, Jacob, 1802. 4°.
2195. **Gruber** J. G. Beschreibung von Island. Mit col. Kupfern. Leipzig, Schiegg, 1804. 4°; Cnobloch 1805.
2196. **Olafsen** and Povelsen. Travels in Iceland 1800—1. Voyage and Travels. A Collection II, 1805.
2197. **Makenzie**, Sir George Stewart Bart. Travels in Iceland during the Summer of the year 1810; containing a Dissertation on the History and Literature of the Island, a Journal of the Authors Excursions; a View of the State of Education, Literature, Government, Laws, Religion and Commerce; with zoological and mineralogical Observations, and an Appendix, containing original and illustrative papers. With two maps, and fifteen plates. London, 1811, 4°; Edingburgh, 1811; 1812; 1842; People's Edition, London, Chambers, 1842, 8°.
2198. **Ekkard** F. Islands Natur- und Volkskunde, nebst der wesentlichsten Oerterkunde. 2 Hefte m. Kpfr. u. Kart. Kopenhagen, Bonnier 1812-1815. 12°.
2199. **Hooker** Will. Jackson. Journal of a tour in Iceland in the year 1809. Yarmouth, 1811; London, 2 vols. 1813. 8°.

2200. **Mackenzie** G. H. Reise durch die Insel Island im Sommer 1810. Aus d. Engl. 1. Bd. der 2 Hälfte der 1. Centurie der Bibliothek der neuesten Reisebeschreibungen von Bertuch. Mit Karten und Kupfern. Weimar, 1815, 8°.
2201. **Henderson** Ebenezer. Iceland, or the journal of a residence in that Island, during the y. 1814—1815. With an introduction and appendix. Illustrated with a map and engravings, 2 vols. Edinburgh, 1818; 1819; Boston, Perkins and Marvin, 1831, 12°.
2202. **Arngrimsson** B. Um Gardyrkjunarnaudsyn og nytsemi fyrir Island. Kaupmannahöfn, 1820.
2203. **Henderson** Ebenezer. Island, oder Tagebuch seines Aufenthaltes daselbst in den Jahren 1814/15., 2 Bde., 1820—1, A. d. Engl. v. C. F. Francescon, mit 1 Karte, 2 Thle. Berlin 1820/1. (Magazin v. merkw. neuen Reisebeschr. Berlin, Forster, XXXIV. u. XXXV. Band.)
2204. **Harnisch** Dr. Wilh. Des Sir Georg Stuart Mackenzie Reise durch Island, und des John Ross Reise zur Ausforschung des Baffins-Busen und einer Durchfahrt nordwestlich von Grönland. Mit 2 Karten in Kupf. (W. Harnisch. Die wichtigsten neuern Land- u. Seereisen. Leipzig, Fleischer. 1821, 8°.)
2205. **Oddsen** G. Almenn Landaskipunarfraedi útgefin at tilhlutun hins Islendska Bókmenta Félags. 1—2 B. m. K. Kaupmannahöfn, 1821 – 27, 8°.
2206. **Stephensen** M. Ransókn Islands gyldandi laga um Jegordsmál. Videy, 1821, 8°.
2207. **Gliemann** Thdr. Geographische Beschreibung von Island. Nebst 1 Karte. Altona, Hammerich, 1824, 8°.
2208. **Thienemann** Fr. Aug. Ludw. und G. B. Günthers' Reise im Norden von Europa, vorzüglich in Island, in den Jahren 1820—21. 1. Theil, Naturhistorischer Theil 2 Bd., 8°, Atlas in 4°. 2. Theil, Historischer Theil, 1 Bd. Leipzig, Reclam, 1824 - 1827. 8°.
2209. **Bonstetten** K. V. v. Skandinavien und die Alpen. Mit einem Anhange über Island. A. d. Franz. Kiel, Akad. Buchhdlg., Maak, 1825, 8°; 1827; Frz. Uebers. Genève et Paris, 1826, 8°.
2210. **Ritgjörd** um birkiskóga vidurhald, sáníngu og plöntun á Islandi. Kaupmannahöfn, 1827, 8°.
2211. **Pauly** Friedr. Topographie von Dänemark einschliesslich Islands und der Färöer. Altona, 1828; Dessau, Aue. 8°.
2212. **Hjaltalin** O. J. Islenzk grasafraedi. Kaupmannahöfn, 1830, 8°.
2213. **Björnus** Gunnlaugi Filius. De mensura et delineatione Islandiae interioris In Monast. Videyensi 1834.
2214. **Barrow** John. A visit to Iceland in the summer 1834. With maps. London, Murray, 1835.
2215. **Kloss** F. Th. Ansichten von Island, Heft 1. Kopenhagen. 1835, Fol. max.
2216. **Barrow** John v. Ein Besuch auf der Insel Island über Tronyem im Sommer 1834. Stuttgart u. Tübingen, 1836, 8°; dasselbe in Reise- und Länderbeschreibungen, Wiedemann, 8. Liefrg.
2217. **Excerpta** e geographicis scriptis veterum Islandorum. Hauniae, 1837, 4°.
2218. **Marmier** M. X. Lettres sur l'Islande et poésies. Paris, Bohaire 1837, 8°; Paris, dell' Oie Garnier frères, 1839; 1844; A. Bertrand. 1855, 12°.
2219. **Voyage** en Islande et au Groenland, exécuté pendant les années 1835/36 sur la corvette la Recherche, commandée par Tréhouart, dans le but de découvrir les traces de la Lilloise. Publié par ordre du roi sous la direction de P. Gaimard. 6 vols., ornés de vignettes. Accompagnée de 3 Atlas, contenant ensemble 250 planches, dont 70 environ coloriées. Histoire du voyage p. P. Gaimard. Physique p. V. Lottin. Mineralogie p. E. Robert. Histoire de l'Islande p. X. Marmier. Paris, 1838—1842. Paris, 7 vols. 8°, 2 atlas in Fol., 1 Album 8°, 1838—1851.
2220. **Marmier** Xavier. Histoire de l'Islande, depuis sa découverte, jusqu' à nos jours. Avec 30 vignettes. Paris, Arthus Bertrand, 1838, 8°.

2221. **Marmier** Xavier. Voyages en Islande et Groënland, executés pendant les années 1835 et 1836 sur la corvette la Recherche. 7 vols. 8°. avec 2 atlas in Fol. et 1 atlas in 8°. Paris, Arthus Bertrand, 1838.
2222. **Petersen** N. M. Historiske Fortaellinger om Islaendernes Foerd hjemme og ude. (Dänische Uebersetzung des Islendinga Sögur.) 4 vols. Kjöbenhavn, 1839—44. 8°.
2223. **An historical and descriptive account** of Iceland, Greenland and the Faröe islands; with illustrations of their natural history. Maps by Wright, and engravings by Jackson and Bruce. Edinburgh, Simpkin, 1840. 12°.
2224. **Dillon** Arthur. A winter in Iceland and Lapland. 2 vols. London, Colburn, 1840. 8°.
2225. **Marmier** Xavier. Lettere sul Islandia. Trad. de Achille Mauri. Milano, 1841.
2226. **Wilhelmi** Carl. Island, Hvitramanaland, Grönland u. Vinland, oder der Normänner Leben auf Island u. Grönland u. deren Fahrten nach Amerika schon über 500 Jahre vor Columbus. Vorzüglich nach alt-scandinavischen Quellenschriften für gebildete Leser. Mit 1 Karte. Heidelberg, J. C. B Mohr, 1842. 8°.
2227. **Graah** Captain. Iceland, Greenland and the Faröe Islands. Newyork, Harper, 1844.
2228. **Schleissner** P. A. Island undersögt fra et laege videnskabeligt Synspunkt. Kjöbenhavn, 1849.
2229. **Ebel** Wilh. Geographische Naturkunde oder Grundzüge einer allgem. Naturgesch. d. 3 Reiche, 1. Abthl. Plan der geogr. Naturkunde, 2. Abth. Geogr. Naturkunde von Island, XVI u. 446 pp. mit 14 ill. Karten u. Tafeln Königsberg, Bon, 1850. 8°.
2230. **Extraits** des monuments géographiques des anciens Islandais. Copenhague, 1852, 8°.
2231. **Mequet** E. Voyage en Islande et au Groënland en 1835 et 1836 sur la Corvette la Recherche. Paris, 1852.
2232. **Pfeiffer** Ida. A Journey to Iceland and Travels in Sweden and Norway from the German, by Charlotte Fenimore Cooper. Newyork, 1852, 12°. London, Bentley 1852; London, Ward and Lock, 1856. 8°.
2233. **Yacht** Voyage to Iceland in 1853, Hull 1854. 8°.
2234. **Miles** Pliny. Nordurfari, or rambles in Iceland. London, Longman, 1854; Newyork, 1854.
2235. **Grundtvig** Sv. og J. Sigurðsson. Islenzk fornkvaeði. 1 Heft. 220 pp. Kjóbenhavn 1854. (Nord. Oldskr. XIX.)
2236. **Miles** Pliny. Eine Nordfahrt, Streifzüge in Island. A. d. Engl. v. W. E. Drugulin. Leipzig 1855, 8. (Auch in: Conversations- u. Reisebibliothek, VI Bd., Leipzig, Lorck 1855.)
2237. **Redslob** Dr. G M. Thule, die Handelswege der Phönicier nach dem Norden und die Reisen des Pytheas v. Massilien. 123 pp. Leipzig, Hinrichs, 1855. 8°.
2238. **Chambers** R. Tracings of Iceland and the Faröe Islands. London, Edinburgh, 1856.
2239. **Dufferin** Lord. Letters from High Latitudes; being some Account of a Voyage in the Schooner Yacht »Foam«, to Iceland, Jan Mayen and Spitzbergen in 1856. 2. and 3. edition. With maps and engr. 410 pp. London, Murray. 1857, 8°; London, Murray, 1858, 282 pp. Mit den Portraits: Wilson, Snorro, Sigudr und den Ansichten: First Glimps of Jan Mayen, Thingvalla, the Great Geyser, Remains of Basaltic Dykes, the Midnight Sun of Spitzbergen. Boston, 1859, 16°, auch 1867; 1873.
2240. **Edmond** Ch. (Choiecki). Voyage dans les mers du Nord, à bord de la Corvette la Reine Hortense. Notices scientifiques comuniquées par M. M. les membres de l'expédition. Avec une carte du voyage, une carte géologique de l'Islande et dessins de Ch. Girardet, d'après les aquarelles de Ch. Giraud et d'Abrantès. 632 pp. et Relation nautique 146 pp. Paris, Lévy frères, 1857, 4°. Mit den Karten: Carta de l'expédition: Scandinavie, Islande et Groënland en 1856. Gravee par F. Delamare,

1 : 9,000.000; Islande, carte géologique 1 : 200.000. Gravée par Erhard. Mit den Ansichten: Dessins de K. Girardet: Reykiavik, Thingwalla, Cap Farewell, Godthaab, Mine de Criolithe à Arksuk-Fiord. Gravée par Whitebead. Best und Hotelin; Paris, 1862.
2241. **Bessel** W. Ueber Pytheas von Massilien und dessen Einfluss auf die Kenntniss der Alten vom Norden Europas, insbesondere Deutschlands (Island). Göttingen, Vandenhoek und Ruprecht, 1858.
2242. **Dasent** George Webbe. The Northmen in Iceland. Oxford, 1858.
2243. **Streye** D. Beskrivelse over denø Islandia. Kjøbenhavn, 1859.
2244. **Thomsen** G. The Northmen in Iceland Edinburgh, 1859; Kopenhagen, 1859.
2245. **Clark** J. W. Journal of a Yacht Voyage to the Faröe Islands and Iceland. With a map. London, Macmillan, 1860.
2246. **Dufferin** Lord. Briefe aus hohen Breitengraden. Bericht über eine Reise auf dem Yachtschooner Foam nach Island, Jan Mayen und Spitzbergen i. J. 1856. XVIII u. 330 pp. 1 Tafel, 3 Karten. Braunschweig, Vieweg und Sohn, 1860, 8°.
2247. **Gruber** J. G. Island und die Wunder der Natur und Menschenwelt in dem Nordpol. Mit Kupfr. und Karten. Hamburg, Vollmer, 1860.
2248. **Northern** Light; a Tale of Iceland. New York, Parker, 1860. 8°.
2249. **Longman** W. Suggestions for the Exploration of Iceland. London, Longman, 1861.
2250. **Metcalfe** Rev. Fr. The Oxonian in Iceland; or notes of travels in that Island in the summer of 1860. 450 pp. with map and illustr. London, Longman, 1861. 8°; London, Hotten, 1867. 12°.
2251. **Winkler** G. G. Island, seine Bewohner, Landesbildung und vulkanische Natur. 320 pp. Mit Holzschnitten und 1 Karte von Island. Braunschweig, Westermann, 1861. 8°.
2252. **Heare** S. Dagbog paa en Opdagelsesreise til Lands til Ishavet, oversat af J. Werfel. Kjøbenhavn, 1862. 8°.
2253. **Preyer** W. u. F. Zirkel. Reise nach Island im Sommer 1860. VIII u. 499 pp. Mit wissenschaftlichen Anhängen, Holzschnitten und einer lithogr. Karte. Leipzig, Brockhaus, 1862. 8°.
2254. **Russel** Mich. Iceland, Greenland and Faröe Islands. London, Nelson, 1862.8°.
2255. **Symington** Andrew James. Pen and pencil sketches of Faröe and Iceland, with an appendix containing translations from the Icelandic. 320 pp. London, Longman, 1862. 8°.
2256. **Gould**, Sabine Baring. Iceland, its scenes and sagas. With a map and many Illustrations. 500 pp. London, Smyth and Elder, 1863. 8°.
2257. **Zschokke** Henri. Lettres d'Islande. Traduites de l'allemand par Émile Tandel. Bruxelles, Lacroix, Verboekenhoven et Comp. 1863. 12°.
2258. **Bryson** Al. Notes of a trip to Iceland in 1862 Reprinted from the »Scotish Guardian« for March and April 1864. 60 pp. London, Simpkin, 1864. 12°.
2259. **Skýrslur** um landshagi á Íslandi. Kjøbenhavn, 1865.
2260. **Dasent** G. W. Story of Gisli from the Icelandic. London, Hamilton, 1866. 4°.
2261. **Paijkull** G. W. En sommar på Island, Reseskildringar. Med 30 illustr. i träsnitt, 4 lithografier och en karta öfver Island. Stockholm, Bonnier, 1866, 8°; 1867.
2262. **Paijkull** C. W. En Sommer paa Island. Reiseskildring. Med 35 illustr. i träsnit, 4 lithographier i farvetryk og et graveret kort over Island 1 : 1,280.000. 348 pp. Kjøbenhavn, O. H. Delbanco, 1867. 8°. Mit den Ansichten: Hekla, Reykjavik, En Gruusmark, Dyrhólorey eller Portland Núpstaðr Reynisdrángar; Vulkanen Heroubreið; Vulkankrater ved Leirhnúkr; Almannagja; Brúará Geysir. Mit der Karte: Geysirs Kildessystem; Strokkr und Hekla.
2263. **Shepherd** C. W. The North-West Peninsula of Iceland; being the journal of a tour in Iceland in the spring and summer of 1862. 173 pp. Mit 1 Karte. London, Longman, 1867.
2264. **Hjaltalin** J. Docent. Paijkull's: En Sommer i Island. 36 pp. Reykjavik (Kopenhagen, Philipsen) 1868. 8°.

2265. **Pierce** B. M. A report on the resources of Iceland and Greenland. 72 pp. Mit 1 Karte. Washington, U. S. State Departement, 1868. 8°; Washington, 1871.
2266. **Thorlacksen** Olaf. A Story of Iceland. London, Hamilton, 1868. 18°.
2267. **Travels** by Umbra in Iceland and Italy. Edinburgh, Hamilton, 1868. 8°.
2268. **Helms** H. Island und die Isländer. 2 Bde. Leipzig, Fritsch, 1869. 8°.
2269. **Smaaskizzer** fra en Islandsreise i Sommeren 1867, af Benedicte; Ny Raekke. 250 pp. Kopenhagen, Höst, 1870. 8°.
2270. **Waller** S. E. Six weeks in the saddle. (A painters journal in Iceland.) 180 pp. London, Macmillan, 1874. 8°.
2271. **Maurer** K. Island von seiner ersten Entdeckung bis zum Untergang des Freistaats. 490 pp. München, 1874. 8°.
2272. **Taylor** Bayard. Egypt and Iceland 1874. London, Low, 1874; NewYork, Putmann, 1874. 12°.
2273. **Ujfalvy** Ch. E. de. Le pays de Thulé. 16 pp. Paris, Le Clerc, 1874. 8°.
2274. **Burton** Richard. Ultima Thule or a Summer in Iceland. With histor. introduction, maps and illustrations. 2 vols. London, Nimmo, 1875. 8°.
2275. **Janson** K. Fraa Island. Med 4 Bilaete. Christiania, Malling, 1875. 8°.
2276. **Kneeland** Samuel. An American in Iceland. An account of its scenery, people and history, with a description of the millennial celebration in August 1874. 350 pp. Illust. Boston, Lockwood, 1875. 8°.
2277. **Storm** G. Minder fra en Islands faerd. Mit Illustr. Christiania, Cappeln, 1875. 8°.
2278. **Watts** W. L. Snioland, or Iceland its Jokulls and Fjalls. London, Longmans, 1875. 8°.
2279. **Fouqué** de la Motte. Thiodolf the Icelander. New ed. London, Routledge 1876. 12°.
2280. **Watts** William Lord. Across the Vatna Jökull: or Scenes in Iceland. Being a Description of hitherto Unknown Regions. London, Longmans & Comp. 1876.
2281. **Boty** Iver. Treatise of the Course from Island to Greenland 1608. Purchas, III.
2282. **Henderson** E. Voyage en Island 1814, 1815. Eyriès, VII.
2283. **Hooker** W. J. Voyage en Islande 1809. Eyriès, VII.
2284. **Kerguelen** Tremarec de. Kurze Nachricht von einigen natürlichen Merkwürdigkeiten Islandes. Berlin. (Sammlungen VII, p. 147—162.)
2285. **Kerguelen** Tremarec de. Nachricht von seiner Reise in die Nordsee 1767—1868. Allgemeine Historie, XXI.
2286. **King** Arthur. Voyage to Iceland 1517. Hakluyt I.
2287. **King** Malgo. Voyage to Iceland 1580. Hakluyt I.
2288. **Peyrère.** Account of Iceland. Churchill II.
2289. **Van Troils** Letters on Iceland. Pinkerton I.
2290. **Zeno** Nic. e Ant. Dello scoprimento della Isola Eslanda. Ramusio II.
2291. **Zeni** Nic. and Ant. Discoveries on Iceland 1380. Purchas III.
2292. **Besondere Geschichte** von Island. Voyages and Travels. Allgemeine Historie XIX.
2293. **Discovery** of Iceland by the Norwegians in the ninth century. Kerr I.

Aufsätze und Notizen.

2294. **Biornonius** Paulus. Account given to some philosophical inquiries concerning Iceland. (Philos. Transact. 1674, p. 238.)
2295. **Biornon** Paul de. Account of Iceland, from the Latin. (Phil. Transact. 1675, p. 11, 187.)
2296. **Olaffsen** und Povelsen Reise durch Island 1773. (Büsching, Nachrichten, Berlin, II, 1774, p. 188—191.)
2297. **Eggers** Christian Ulrich Detlev. Beschreibung von Island 1776. (Büsching, Nachrichten, Berlin, XV, 1778, p. 4.)

2298. **Olavius** Olaus Oekonomische Reise durch Island. Karte p. 276. (Büsching, Nachrichten, Berlin, XV, 1778, p. 275.)
2299. **Erste authentische Nachrichten** von der neuentstandenen Insel bei Island. (Kiel'sches Magazin für die Geschichte, Staatskunde u. s. w. von Vict. Heinze. I, 1783.)
2300. **M. F. W.** Analyse de la relation d'un voyage fait en Islande, dans l'été de l'an 1810, par M. Mackenzie. (Annales des Voyages. Paris, Malte Brun, XVIII, 1812, p. 273—314.)
2301. **Island** im Jahre 1810. (Hormayr's Arch. 1813, Nr. 46—50.)
2302. **Reisen** in Island. (Minerva, 1814. I, p. 358. II, p. 40, 245, 400.)
2303. **Vermessung** von Island. (Bertuch, Neue allg. geogr. Ephem. V, 1819. p. 361—62.)
2304. **Bemerkungen** über die Lage und Beschaffenheit von Thule. (Bertuch, Neue allg. geogr. Ephem. XI, 1822. p. 407—426.)
2305. **Titow.** Nachrichten über Island. (Bertuch, Neue allg. geogr. Ephem. XII, 1823. p. 341—42.)
2306. **Gliemann** Theod. Dr. Geographische Beschreibung von Island. 232 pp. Mit 1 Karte. 8°. (Bertuch, Neue allg. geogr. Ephem. XIII, 1824, p. 452—57.)
2307. **Faber** Fried. Notice regarding the Island of Grimsey, of the North coast of Iceland, and the isles of St. Kilda, on the North-West coast of Scotland. [Transl.] (Edinburgh Phil. Journ. XI, 1824. p. 132—140.)
2308. **Gliemann** M. Th. Description géographique de l'Islande. (Nouv. Annales des Voyages, XXV, 1825, p. 81—102.)
2309. **Voyage** en Island et au Mont-Hécla, en 1827. (Journ. d. Voyages, XXXVIII, 1828. p. 174—199.)
2310. **Ueber Island** und den Hecla. (Journal f. d. neuesten Land- und Seereisen. LXIII, 1829, p. 69—76.)
2311. **Bemerkungen** über Island. (Annal. d. Erdkunde, III, 1831, p. 428.)
2312. **Island.** (Journal f. d. neuesten Land- und Seereisen, LXXXIII, 1836. p. 89.)
2313. **Marmier** X. Lettres sur l'Islande. Paris, chez Bonnaire 1837. 8°. (Nouv. Annales des Voyages, Paris, III Sér. XV, 1837 p. 239—347.)
2314. **Einige Bemerkungen** zu Pytheas Nachrichten über Thule. Aus d. Schwed. (Zeitsch. f. Alterthum, 1838, Nr. 114. f.)
2315. **Reikiavik.** (Pfennig-Magazin, Leipzig, VII, 1839. p. 28.)
2316. **Der Wasserfall** bei Fossvöllum in Island. (Pfennig-Magazin, Leipzig, VII, 1839, p. 109.)
2317. **Balda** Yökel in Island, Räuberhöhle daselbst. (Pfennig-Magazin, Leipzig, VII, 1839, p. 133.)
2318. **Nilson.** Commentarien zu des Pytheas Fragmenten über Thule. (Oken's Isis, 1842, p. 446.)
2319. **Rafn** C. Charles. Notice sur l'ancienne géographie de l'Islande et du Groënland. (Bulletin de la Soc. de Géogr., Paris, III Sér., II, 1844, Nr. 9, p. 188—194.)
2320. **Nachrichten** aus Island. (Ausland, XX, 1847, p. 368.)
2321. **Waltershausen.** Physisch-geographische Skizze von Island. (Götting. Studien, Abth. I, 1847, p. 323.)
2322. **Bunsen** R. Prof. Expedition nach Island. (Monatsberichte der Gesellsch. f. Erdkunde. Berlin, N. F. IV, 1847, p. 280—285.)
2323. **Roquette** M. de la. Notice sur l'Islande. (Bulletin de la Soc. de Géogr., Paris, III Sér., X, 1848, p. 185—216.)
2324. **Thomsen** Grimur. The Northmen in Iceland, Remarks on a Treatise of George Webbe Dasent, Esq., D. L. C. Translated by Prof. G. Stephens. (Mémoires de la Société Royale des Antiquaires du Nord, 1850—1860, p. 134—146.)
2325. **Island.** Ein Natur- u. Volksbild. (Ausland, XXVII, 1854, p. 1167, 1191, 1215.)
2326. **Reise** nach Island und Spitzbergen. (Ausland. XXX, 1857, p. 763.)
2327. **Prince Napoleon's** Journey to the North. (Bentley's Miscellany, Nov. 1857.)
2328. **Lord Dufferin's** Voyage to Iceland, Jan Mayen and Spitzbergen. (Quarterly Review, October 1857.)

2329. **Torrell** O. Bref om Island. (Öfversigt af K. Sv. Vet. Akad. Forh. XIV 1857, p. 325—332.)
2330. **Die Polarfahrt** der »Königin Hortense.« (Ausland, XXXI, 1858, p. 30.)
2331. **A visit** to Iceland in the Summer of 1857. (Colburn's New Monthly Magazine, March 1858.)
2332. **Winkler** G. G. Eine Reise nach Island. Die Südküste von Island. Mit Abbildungen. (Westermann's Illustr. deutsche Monatshefte, VI, 1859, p. 502—509.)
2333. **Mackinlay** David. Notes of a Tour in Iceland in 1859. (Proceedings of the Phil. Society of Glasgow, IV, 1859 p. 259—262, ; V, 1860—1861, p. 10—16.)
2334. **Winkler** über Island. (Ausland, XXXIV, 1861, p. 1057.)
2335. **Winkler** G. G. Der Süden und Norden Islands. (Westermann's Jahrbuch IX, 1861, p. 219—222.)
2336. **Rae** John Dr. Exploration of the Faröes and Iceland. (Proceedings of the R. Geogr. Society of London, V, Nr 2, 1861, p 80—90.)
2337. **Islandske** Varsler og Tegn. (Antiquarisk Tidsskrift, 1861—1863, p. 331—41.)
2338. **Ueber Island.** (Ausland, XXXV, 1862, p. 465, 491.)
2339. **Petermann's** A. neue Karte der dänischen Monarchie. 3. Island 1 : 6,000.000. (Petermann's Geogr. Mitth. VIII, 1862, p. 227.)
2340. **Neuestes** aus Island. (Petermann's Geogr Mitth. VIII, 1862. p. 228.)
2341. **Holland** E. T. Eine Tour in Island im Sommer 1861. (Kennedy. E. Sh. Peaks, passes and glaciers. A second series of excursions and explorations by members of Alpine Club. 2 vols London, Longman, 1862.)
2342. **Paijkull** C. W. Bidrag till kännedomen om Islands Bergsbyggnad. Med en Karta. (K. Sv. Vet. Akad. Handlingar, VII. 1. Hälfte Nr. 1, 1867, p. 1—50.)
2343. **Nougaret** N. Voyage dans l'intérieur de l'Islande Mit 1 Karte. (Le Tour du Monde, 1868, 2. sem. p. 113—160.)
2344. **Brown** R. Heights and positions of the principal mountains and hills in Iceland. (Proceedings of the Royal Geographical Society of London, XII, Nr. 2. 1868. p. 137—138.)
2345. **Eine Fahrt** nach Reikiavik auf Island. (Globus, Braunschweig, XV, 1869. p. 97—104.)
2346. **Ein Ausflug** auf Island. (Globus, Braunschweig, XVI, 1869, p. 370, 385.)
2347. **Hjaltalin** J. A. An Icelanders notes on Iceland (Ilustrated Travels ed. by Bates Part, XX, 1870, p. 252—256; XXI, p. 264—270; XXII, p. 302—6.)
2348. **Shepherd's** Reise in Island. (Globus, Braunschweig, XX, 1871, p. 129—34.)
2349. **Kapitäns Burtons** Reisen im Innern von Island. (Aus allen Weltheilen, IV, Nr. 2, 1872—1873, p. 62.)
2350. **Burton's** Ausflug nach Island i. J. 1872. (Mittheil. d. Geogr. Ges. in Wien, XVI., 1873, p. 213—223, 263—267.)
2351. **Richter** Georg Adolf. Land u. Leute von Island. Mit den Ansichten: Aussicht auf der Höhe von Almannagja, der Krater des Hekla, Kirche u. Umgeb. von Reykjahlidar, die Berge von Hjaltadal, der Dyrafjord. (Aus Allen Weltheilen, Leipzig, VI., 1875, p. 106—114, 139—143, 252 - 253.)
2352. **Burton** Richard in Island. (Globus, Braunschweig, XXVIII. 1875, p. 175.)
2353. **Lapeyrouse** S. de. Deux mois in Islande. (L'explorateur, II., 1875, p. 245—247.)
2354. **Islande.** Une visite au Vatna Jökull et au Myrda Jökull. (l'Explorateur, II., 1875, p. 631.)
2355. **Watts** W. L. Journey across the Vatna Jökull, in the Summer of 1875. (Proceed. of the R. Geogr. Society, London, XX, 1875, p. 21—32.)
2356. **Projectirte** dänische Forschungsreisen nach Island und Grönland. (Petermann's Geogr. Mitth., XXII, 1876, p. 272.)
2357. **Le ultime** esplorazioni nell' Islandia. (Roma Bollet. Anno X, Ser II, XIII, 1876, p. 312—321.)
2358. **Iceland** and its Explorers. (Edinburgh Review 1876, Nr. 291, p. 222—250.)
2359. **Mackenzie** Sir George Travels in the Island of Iceland during the Summer of the year 1810. (Neue allg. geogr. Ephem. XVII, p. 198.)

2360. **König** Johann Gerhard. Ueber einige Merkwürdigkeiten Islands. (Beschäftigungen der Berliner Gesell. naturforsch. Freunde, II, p. 536.)
2361. **Mackenzie** Georg Stevart. Reise durch die Insel Island im J. 1810. (Journal f. die neuest. Land- u. Seereisen, Berlin, XX, 1815, p. 310; XXI, p. 164, 197.)
2362. **Maurer.** Islands und Norwegens Verkehr mit dem Süden vom 9. bis 13. Jahrh. (Zeitschr f. deutsche Philol. II, p. 440.)
2363. **Müller** Otto Frid. Enumeratio stirpium in Islandia sponte crescentium. (Nova Acta Acad. Nat. Curios., IV, p. 203.)
2364. **Svenonis** Johannes jun. De cultura arvorum minus remotorum in Islandia septentrionali. (Acta Soc. Island. I, p. 162—191.)
2365. **Gliemann** M. Th. La déscription géographique de l'Islande. Copenhague 1824, 8°. (Bulletin de la Soc. de Géogr. Paris, III, Voyages, p. 33.)
2366. **Expédition** scientifique en Islande. (Bulletin de la Soc. de Géogr. Paris, I Sér., XIII, p. 306)
2367. **Colomb** Cristophe. L'Islande visitée. (Bulletin de la Soc. d. Géogr. Paris, I Sér., IV, p. 78.)
2368. **d'Anville** Jean Baptiste Bourguignon. Mémoire sur la navigation de Pytheas à Thule et observations géographiques sur l'Islande. (Mémoires de l'Acad. des Inscript. XXXVII. Mém. p. 436.)
2369. **Udtog** af Paulsen's Dagbog, holden paa hans reise til og i Island, fra 2 Juli til 7 Sept. 1791, 1 May 1792. (Skrivter af Naturhist. Selskabet. II, Hefte 1, p. 222; Heft 2, p. 122; III, Hefte 1, p. 157.)
2370. **Olafssyni** Olafi Nockur Islenzk jurta-fiska og fugla heiti, med hiásettum latinskum nofnum, eptir haetti natturu-spekinga á vorri ölld hellzt Sinnaei. (Ritbesz Islenzka Laerdoms-lista felags, I, p. 1.)
2371. **Büsching** Anton Frid. Undirvisan i natturu-historiunni fyrir ba, sem annathvört alz eckert, edr litit vita af henni; snuin a Islenzku af Gudmundi Thorgrimssyni og Svend Poulsen. (Ritbesz Islenzka Laerdoms-lista felags. II, p. 231; III, p. 28; V, p. 1; X, p. 61; XIII, p. 1.)
2372. **Holm** Saemundi Magnussyni. Um melinn eda villukornit i Skaptafellssyslu. (Ritbesz Islenzka Laerdoms-lista felags. II, p. 139.)
2373. **Olafssyni** Olafi. Um matar-tilbuning af miolk, fiski og kiöti a Island, med vidbaetir um ol-brugg og braud-bakstur. (Ritbesz Islenzka Laerdomslista felags.)
2374. **Stephanssyni** Olafi. Um gagnsmuni af saudfé, med töblu ysir fiarfiolgunina. (Ritbesz Islenzka Laerdoms-lista felags, V, p. 66.)
2375. **Stephanssyni** Olafi. Um not af naut-peningi. (Ritbesz Islenzka Laerdoms-lista felags, VI, p. 20.)
2376. **Magnussyni** Skula Um trevöxt a Islandi. (Ritbesz Islenzka Laerdoms-lista felags, VI, p. 97.)
2377. **Stephanssyni** Olafi. Um siafar-abla og fleiri vatna veidar a Islandi (Ritbesz Islenzka Laerdoms-lista felags, VII, p. 1.)
2378. **Sveinssyni** Gudlaugi. Um selstodur og beirra nytsemi. (Ritbesz Islenzka Laerdoms-lista felags, VII, p. 194.)
2379. **Stephanssyni** Olafi Letr giord um hesta. (Ritbesz Islenzka Laerdoms-lista felags, VIII, p 26.)
2380. **Olafssyni** Olafi. Um gras tegundir og fodr a Islandi. (Ritbesz Islenzka Laerdoms-lista felags, VIII, p. 193.)
2381. **Gröndahl** Benedict. Avisun til at bleikia lerept a Islandi, snuit af Dansku. (Ritbesz Islenzka Laerdoms-lista felags, IX, p. 144.)
2382. **Petrurssyni** Joni. Um orsakir til sinkdoma a Islandi ysirhöfud. (Ritbesz Islenzka Laerdoms-lista felags, XI, p. 107.)
2383. **Jakobssyni** Joni. Um miolkur not a Islandi. (Ritbesz Islenzka Laerdoms-lista felags, XI, p. 193.)
2384. **Ketilssyni** Magnusi. Um innilegu bufiar a sumrum. (Ritbesz Islenzka Laerdoms-lista felags, XII, p. 1.)
2385. **Thorarinssyni** Stephani. Onefndr ritari um hey-hlödur, hue haer kynnu med minztum kostnadi og hag quaemast at byggiaz a Islandi. (Ritbesz Islenzka Laerdoms-lista felags, XII, p. 132.)

2386. **Thorarinssyni** Stephani. Um hez forda-bura stofnsetning a Islandi. (Ritbesz Islenzka Laerdoms-lista felags, XIII, p. 85.)
2387. **Thorarinssyni** Stephani. Hugleidingar um hialparmedöl til at' utbreida boklestrar-lyst a Islandi. (Ritbesz Islenzka Laerdoms-lista felags, XIII, p. 229.)
2388. **Thorarensen** Stephen. Tjlraun til at aquarda gagnsmuni heys kaparins a Islandi i samliking vid Kornafla bann sem bar er mogulegr. (Ritbesz Islenzka Laerdoms-lista felags, XIV, p. 227.)

Karten.

2389. **Islandiae** Tabula, Ferando Berteli exc. 1566.
2390. **Islande**, Spitzbergen, Isle de J. Mayen. Amsterdam, J. v. Keulen, 1689. color.
2391. **Cnopf.** Insulae Islandiae delineatio, pròut haec solenni mensurandi negatio sub auspiciis potentissimi Regis Daniae facto etc. a 1734 demum. Militarem ad finem deducto debetur, divisae in quatuor partes, Islandice Fiördung, quarum quaevis in suas minores regiunculas, Islandice Sislu, Danice Syssel dictas subdividitur 1 : 1,200.000. Norimbergae, Homan Heredes, 1761.
2392. **Nyt Carte** over Island forfattet ved Professor Erichsen og Professor Schönning, 1771.
2393. **Nyt Carte** over Island, von Erichsen und Olavius, 1780, 1 : 1,200.000.
2394. **Korter** over den islandske Kyst, udgivne af Samme, 1788, 1822.
2395. **Reinecke** J. Chr. Matth. Island, nach Murdochischer Projection und den besten astronom. Ortsbestimmungen von Verdun de la Crenne, Pingré u. Bordo. Kupf. u. color. Weimar 1800, Landes-Industrie Comptoir, 1804. Imp. Fol.
2396. **Reinecke** J. Chr. Matth. Doppelkarte von Island. Kpfrt. Weimar L. J. Compt., 1801, gr. 4°.
2397. **Mackenzie** G. J. Südwestküste Islands, nach den besten Angaben u. Beobachtungen nach Mercator's Projection entworfen. Kpfrst. u. color. Weimar, L. J. Compt., 1814. gr. Fol.
2398. **Island** u. die Far-Öer-Inseln. Kpfrst. u. color. Weimar, L. J. Compt., 1820, Roy. Fol.
2399. **Carte** réduite des côtes d'Islande publiée au Dépôt général de la marine d'après les cartes rédigées par le Contre-Admiral de Löwenoern, directeur du Dépôt Royal des cartes marines de Danemarc. 1 : 300.000, 6 feuilles, 1822, 1833.
2400. **Gunnlaugsson.** Uppdráttr Islands (Carte d'Islande) gjördr ad fyrirsögn Olafs Nikolas Olsens, (exécutée sous la diréction de Mr. O. N. Olsen.) Gefinn út af enu Islenzka bókmentafèlagi. (Publiée par la société littéraire d'Islande) 1 : 960.000, Kpfrst. u. color. Reykjavik og Kaupmannahöfn, 1844; Leipzig, T. O. Weigel, spätere Ausgabe 1849. Imp. Fol.
2401. **Gunnlaugsson** Björn. Uppdráttr Islands, gjördr ad fyrirsögn Olafs Nikolas Olsens, er stydjast vid príhyrníngamál og strandamälingar pär, sem hid konúngliga Rentukammer hefir látid gjöra (g reiknád hfir Hans Jak. Scheel; gefinn út af enu Islenzka bókmentafèlagi. 1 : 480.000. Kpfst. u. color. 4 Bl. u. 1 Bl. Text. Reykjavíc og Kaupmannahöfn, 1844; Leipzig, T. O. Weigel, spätere Ausgabe, 1849. Imp. Fol.
2402. **Voxende Kaart** over Island og Faeröerne 1826. Rettet til 1859.
2403. **Islande**, côte nord-ouest. Croquis du mouillage d'Hogdal, dans le Dyre Fjord. West et de sedières. Nr. 1897. Paris, Dépôt de la marine, 1862.
2404. **Islande**, côte occidentale. Plan de la partie de la côte sud du Brede Bust. Véron, de l'Aulnois, Pillet, Maisse et de Libran. Nr. 1881. Paris, Dépôt de la marine, 1862.
2405. **Island.** Kaart over Pollen i Skuttils fiord, 1865, 1 : 10.000.
2406. **Kart over Island.** Efter C. N. Olsens og B. Gunnlaugssons: Uppdráttr Islands (1849.) Kopenhagen, Forlagsbureauet, 1866.

2407. **Iceland.** Map of the Geyser. Scale 25.344 inches = 1 mile. Surveyed and drawn by J. C. Ardagh, 17th Aug. 1867.
2408. **Islande.** Plan de Sukutuls Fjord et du Port de Pollen. Croquis du mouillage de Bildal dans Arnar Fjord. Paris. Dépôt de la marine, 1868.
2409. **Iceland Island.** Danish Survey, 1845; corrections to 1869.
2410. **Island,** med omgivende Dybder. 1871. Engl. Zoll = 20 Geogr. Meilen.

b) Astronomie, Meteorologie, Erdmagnetismus.

2411. **Thorsteinseniùs.** Observationes meteorologicae in Islandia factae. Hafniae, 1839.

Aufsätze und Notizen.

2412. **Climat de l'Islande.** (Nouv. Annales des Voyages. Paris, III Sér. XVI, 1837, p. 237—239.)
2413. **Dove H. W.** Ueber das Klima von Island, nach Thorsteinsen's Beobachtungen. (Ges. für Erdkunde. Berlin, Monatsb., I 1839—1840, p. 99—102, 109—111.)
2414. **Der Winter** 1844—45 auf Island. (Ausland, XVIII, 1845, p. 908.)
2415. **Witterung auf Island.** (Ausland, XX, 1847, p. 360.)
2416. **Lindhagen D. G.** Förändring i magnetålens declination och inclination i Reikiavik. (Öfversigt af Sv. Vet. Forh. XIII, 1856, p. 183.)
2417. **Sonrel L.** Note sur le climat de l'Islande. Mit 4 Tafeln. (Annuaire de la Société météorol. de France, 1867, 2 me partie, p. 219—225.)
2418. **Zur Meteorologie von Island.** Thorlacius Beobachtungen. (Zeitschrift d. österr. Ges. für Meteorol. V, 1870.)
2419. **Heisser Sommer** auf Island i. J. 1871. (Zeitschr. d. österr. Ges. f. Meteorol. VI, 1871, p. 336.)
2420. **Buchan.** Temperatur und Winde zu Stykkisholm auf Island. (Zeitschr. d. österr. Ges. f Meteorol. VII, 1871, p. 359—360)
2421. **Thorlacius.** Winter 1875—76 auf Island. (Zeitschr. der österr. Ges. f. Meteorol. XI, 1876, p. 172.)
2422. **Lövenörn Paul.** Observationer paa tvende söereiser over compassets misviisning paa adskillige steder, med anmaarkningar, tilligamed nogle observationer af magnet-naalens forvirring i de Islandske havne, samt over dens dagelige forändring der, som og saa nogle observationer over magnet-naalens inclination. (Nye Saml. af d. Danske Vedensk. Selsk. Skr. Deel V. p. 149.)

c) Hydrographie.

2423. **Löwenörn Paul.** Beskrivelse over den islandske Kyst og de dervaerende Havne. Kjöbenhavn. 1788—1824. in Folio.
2424. **Irminger C.,** Comandeur Capitän. Strömminger op Iisdrift ved Island. 82 pp. mit Karte. Kjöbenhavn, (Separatabdruck) 1861. 8°.
2425. **Barlatier de Mas** Capit. Instructions nautiques sur les côtes d'Islande rédigées d'après ses observations pendant cinq campagnes dans ces parages et les notes manuscrites de M. le contre-amiral danois P. de Löwenörn. 147 pp. 14 pl. Paris, Dépôt de la marine (Bossange), 1862. 8'.
2426. **Toyon** Capit. Renseignements sur quelques mouillages de la côte d'Islande et de Norvége. 16 pp. et 3 pl. Paris, Dépôt de la marine (Bossange), 1865, 8°. (Extrait des Annales hydrographiques 2e sémestre 1865.)

Aufsätze und Notizen.

2427. **Irminger C.** Die Strömungen und das Eistreiben bei Island. Deutsch von A. v. Etzel. Mit 1 Karte. (Zeitschr. d. Ges. f. Erdkunde. Berlin N. F. XI, 1861, p. 191—211, 299.)

28. **Irminger** C., Capit. Les courants et le mouvement des glaces sur les côtes d'Islande. Trad. par E. Goldscheider. Mit einer Karte, gest. v. P. Malherbe. (Revue maritime et coloniale, Paris, III, livr. 11, 1861, p. 238—255, Errata IV, livr. 14, 1862, p. 419—420.)
29. **Irminger** C., Capt. Currents and Icedrifts on the Coasts of Iceland. (Proceedings of Royal Geographical Society of London, V, Nr. 5, 1861, p. 225—234.)
30. **Irminger** C., Capt. Strömminger og Iisdrift ved Island. (Nyt Archiv for Söavesen, 1861.)
31. **Berger.** Beschreibung und Umseglung der Südküste von Island. (Hydrographische Mittheilungen der k. deutschen Admiralität. II. Jahrg. Nr. 18. Berlin, 1874, p. 214—216.)
32. **Thienemann** L. Beobachtungen auf Island. (Gilbert's Annalen der Physik LXXV, p. 59.)
33. **Irminger** C., Komandeur-Capitän. Strömminger og Iisdrift ved Island. (Tidsskrift for Söavesen, VI. Jahrg., 1. Heft.)

d) Geologie, Paläontologie, Mineralogie.

34. **Thorsteinius** Magnus. Relatio circa eruptionem ignis et magnam aquarum undam quae de monte Mirdahls Jökelen profluebat, edita per Nicolaum Helvaderum. Hafniae, 1627.
35. **Bartholine** Erasmus. Experimenta Crystali Islandici disdiaclasti 1665. Hafniae, 1669—70, 4°.
36. **Thorlacius** Thorlacus Theodori. Dissertatio historica physica de ultimo incendio Heclae. Praes. Joh. Been. Hafniae, 1694, 4".
37. **Vidalinus** Theodorus Torchilli. Schediasma de montibus Islandiae crystallinis. Hafniae, 1695.
38. **Saemundsen** Jonas. Relatio historica de monte Islandiae (an. 1724 d. 17 Maji et sq.) ignivomo, Krabla dicto, necnon de aliis vicinis minoribus montibus, de terrae motu tonitruis et ejectione cinerum. Hafniae, 1726, 4".
39. **Saemundsen** Joen. Sandfaerdig Relation om det udi Island braendende field. Hafniae, 1726, 4°.
40. **Thorsteinius** Benedictus. De eruptione ignis in monte Krafla et vicinis praefecturis an. 1724 et sq. Hafniae, 1726. (Dänisch.) Efterreining om den Jordbrand.
41. **Olafsen** Eggert. [Eggertus Olavius.] Disquisitio antiquario physica de Ortu et progressu superstitionis circa ignem Islandiae subterraneum vulgo infernalem. Hafniae, 1751, 4".
42. **Jacobaeus** Haltorus. Fuldstaendige Efterretninger om de udi Island ildsprudende Bierge. Kjöbenhavn, 1757, 8".
43. **Malm** Erasmus. Diss. gradualis de Refractionibus Crystalli Islandici, sub praesidio Samuelis Duraei. c. fig. Upsalae, 1761, 4°.
44. **Finnaeus** Johannes. [H. Finsen.] Efterretninger om Tildragelserne ved Bjerget Hekla udi Island i April og fölgende Maaneder 1766. Kjöbnhavn, 1767, 8°.
45. **Holm** S. M. Vom Erdbrande auf Island i. J. 1783. Aus d Dän. Mit 2 Landkarten. Kopenhagen, 1784, 8°.
46. **Holm** S. M. Om Jordbranden paa Island i aaret 1783. Kjöbnhavn, 1784 8°.
47. **Nachricht** von dem Feuerausbruch im westlichen Staptefells-Syssel in Island sowie auf königlichen Befehl am ersten Sonntage nach Neujahr 1784 in allen Kirchen zu Kopenhagen soll vorlesen werden. Kopenhagen 1784, 8".
48. **Stephensen** M. Beskrivelse over den nye Vulcans Ildsprudning i Vester Skaptefells-Syssel paa Island i aaret 1783. Kjöbenhavn, 1785, 8".
49. **Vargas** Bedemar. Om vulkaniske Producter fra Island. Kjöbnhavn, 1817, 8°.
50. **Garlieb** G. Island rücksichtlich seiner Vulkane, heissen Quellen, Gesundbrunnen, Schwefelminen und Braunkohlen nebst Literatur darüber. Freyberg, Czuz und Gerlach, 1819, 8°.

2451. **Sartorius** v. Waltershausen. Physikalisch - geographische Skizze von Island mit besond. Rücksicht auf vulkan. Erscheinungen. (Abgedr. aus den Göttinger Studien.) 142 pp. Göttingen, Vandenhoeck & Ruprecht, 1847, 8°.
2452. **Schiøte** (Schyte). Hekla og dens sidste Udbrud, 2. Sept. 1845. Med 10 Pl. 1 Karter. Kjöbenhavn, 1847.
2453. **Sartorius** v. Waltershausen. Ueber die vulkanischen Gesteine in Sicilien und Island und ihre submarine Umbildung. 16 und 532 pp. Göttingen, Dietrich, 1853, 8°. Geologischer Atlas von Island mit Erläuterungen. 2 Bde., 7 u. 60 pp. Göttingen, 1853, Gr.-Fol. u. 4°.
2454. **Forbes** Charles S. Iceland, its volcanoes, geysers and glaciers. With a map and illustr. London, 1860, London, Murray, 1861.
2455. **Zirkel** Ferd. De geognostica Islandiae Constitutione observationes. Inaugur. Dissertation. Bonn, 1861, 8°.
2456. **Winkler** G. G. Island, der Bau seiner Gebirge und dessen geologische Bedeutung. 303 pp. Mit 42 in d. Text gedr. Holzschnitten. Nach eigenen Untersuchungen dargestellt. München, Gummi, 1863. 8°.
2457. **Paijkull** C. W. Bidrag till kännedomen om Islands Bergshyggrad. Stockholm, 1867.
2458. **Blake** C. Carter. Sulphur on Iceland. London, Spons, 1874, 8°.
2459. **Jardin** Ed. Voyage géologique autour de l'Islande fait en 1866 sur la frégate de Pandore. 2 pl. 39 pp. Paris, Baillière, 1874, 8°.

Aufsätze und Notizen.

2460. **Bartholine** Erasmus. Accounts of Experiments made on a Crystal-like Body sent from Iceland. (Philosophical Transactions, 1670.)
2461. **Holm** S. M. Erdbrand auf Island. Aus d. Dän. mit 2 Charten 1784, 8°. (Büsching, Nachrichten, Berlin, XII, 1784, p. 303.)
2462. **Black** Joseph. Analysis of the Waters of some Hot-Springs in Iceland. (Philosophical Transactions, 111 part. 1794, p. 11, 95.)
2463. **Löwenörn**, Capt. von. Vulkanische Insel bei Island. (Allg. geogr. Ephemeriden, III, 1799, p. 523.)
2464. **Löwenörn**. Ueber die in der Nähe von Island entstandene vulkanische Insel. (Allg. geogr. Ephem. III, 1799, p. 553.)
2465. **Ohlsen**. Om vandspringende Geiser og strok i Island. (K. Danske Vidensk. Selsk. Skr. Deel 4, 1805, p. 233.)
2466. **Hooker**. Der Besuch bei den siedenden Quellen von Geyser in Island. (Hormayr's Archiv, 1815, Nr. 46.)
2467. **Menge** M. J. Description des sources chaudes, dites Geysers en Islande. (Journal des Voyages, VI, 1820, p. 14—20.)
2468. **Islands** heisse Quellen. (Tedeschi, das Interessanteste aus der Länderkunde, II, 1828, p. 130.)
2469. **Der grosse** Geyser auf Island. (Pfennig-Magazin, Leipzig, I. 1834, p. 233.)
2470. **Marmier** X. Le Geyser et l'Hecla. (Nouv. Annales des Voyages, Paris, III Sér., XI., 1836, p. 370—1.)
2471. **Ausbruch** des Hekla. (Ausland, XVIII, 1845, p. 1276.)
2472. **Sartorius** v. Waltershausen. The glaciers of Iceland. (New philos. Journal, Edinburgh, 1848, April—October.)
2473. **Rammelsberg** C. Ueber die mineralogischen Gemengtheile der Laven, insbesondere der isländischen, im Vergleich mit den älteren Gebirgsarten und den Meteorsteinen. (Zeitschr. d. Deutsch. Geolog. Ges. Berlin, I, 1849, p. 232—244.)
2474. **Delpit**. Rapport contenant des observations physiques et géologiques faites pendant sa mission en Islande. (Arch. des missions scientif. I, 1850, p. 587.)
2475. **Donnelsen**. Om Island's touchytiske. (Nyt Magazin for Naturvidenskap. 1853.)

2476. **Tyndall** J. Ueber einige vulkanische Erscheinungen in Island. (Ausland, XXVI, 1853, p. 839)
2477. **Der Hekla** und seine Umgebung. (Ausland, XXVII, 1854, p. 784, 812.)
2478. **Island** Okenit. (Jahrbuch d. geolog. Reichsanstalt, Wien, V., 1854, p. 190, 191, X. Anh. 12.)
2479. **Analyse** des Wassers des grossen Geysers auf Island. (Zeitschr. d. Ges. f. Erdkunde, Berlin, N. F. I, 1856, p. 457—459.)
2480. **Winkler** G. G. Geysir und Strokkr, die isländischen Springquellen. (Westermann's Monatshefte, Octob. 1860.)
2481. **Eruption** du volcan Rotlugia en Islande. (Nouv. Annales des Voyages VI Sér., VI. année, Juillet 1860, p. 120—121.)
2482. **Les volcans** de l'Islande. (Nouv. Annales des Voyages. Sept. 1862, p. 361—365)
2483. **Das muthmaassliche Alter** der Geyserröhre. (Ausland, XXXIV., 1861, p. 144.)
2484. **Söchting** Dr. Islands Vulcane. (Zeitschr. d. Ges. f. Erdkunde, Berlin, N. F. X, 1861, p. 321—345)
2485. **Lindsay** W. Lauder. On the eruption in May 1860 of the Kötlugjá Volcano, Iceland. (New philos. Journal, Edinburgh, 1861, Januar, p. 6—55.)
2486. **Formation** d'un nouveau volcan en Islande. (Nouv. Annales des Voyages, 1862, Août, p. 246—247.)
2487. **Der Bau** der Gebirge auf Island. (Ausland, XXXVI, 1863, p. 1035.)
2488. **Hjaltelm.** Ueber einen vulkanischen Ausbruch auf Island. (Ausland, XLI, 1868, p. 120.)
2489. **Nougaret** Jules. Rapport. Le surtarbrandur d'Islande, les anciennes forets et le reboisement de cette île, par M. Edelestan Jardin. (Bulletin de la Soc. de Géogr., Paris. Sér. V, VI, 1868, p. 185—191.)
2490. **Hjaltelm** Dr. Extract of a Letter to J. W. Evans Esqu. Great Volcanic Eruption in Iceland in August 1867. (Proceedings of the R. Geogr. Society of London, XII., No. I, 1868, p. 58.)
2491. **Kenngott** Dr. A. Ueber einen Obsidian vom Hekla auf Island. (Verhdl. der Geolog. Reichsanstalt. Wien, V. 1870, p. 287.)
2492. **Kenngott** A Levyn aus Island. (Vierteljahresschrift d. naturf. Ges. Zürich, X VI, 3. Heft. 1871, p. 262—263.)
2493. **Die geographische Verbreitung** der thätigen Vulcane (auf Island). (Globus, Braunschweig, XXI, 1872, p. 321.)
2494. **Vulcanische Ausbrüche** auf Island und in Südamerika. (Mittheil. d. Wiener Geogr. Ges. XVI, 1873, p. 234—235.)
2495. **Vulcanische Verwüstungen** (Aschenregen) auf Island. (Aus allen Welttheilen, Leipzig, VI, 1875 p. 318.)
2496. **Vulcanische Asche** in Skandinavien und vulcanischer Ausbruch auf Island. (Gaea, XI, 1875, p. 377—380.)
2497. **Die jüngsten vulcanischen Eruptionen** auf Island. (Gaea, XI, 1875, p. 501—505.)
2498. **Die vulcanische Thätigkeit** auf Island. (Globus, Braunschweig, XXVIII, 1875, p. 16.)
2499. **Die Vulcan-Ausbrüche** auf Island. (Lotos, Prag, XXV, 1875, p. 95—96.)
2500. **Der Vulcan Asya** auf Island. (Ausland, XLIX, 1876, p. 680.)
2501. **Zirkel** Ferd. Lava vom Almeníngr-hraun zwischen Reykjavík und Krisuvik, Island. (Sitzungber. d. math. naturw. Cl. d. Acad. d. Wiss. in Wien, XLII, 1. Abth. p. 252—4.)
2502. **Zirkel** Ferd. Obsidian vom Hrafntinnuhryggr in Island. (Sitzungsber. d. math. naturw. Cl. d. Acad. d. Wiss. in Wien, XLII, 1. Abth. p. 267—8.)
2503. **Zirkel** Ferd. Mandelstein aus der Gegend zwischen Reykjavík und Seljadalr in Island. (Sitzungsber. d. math. naturw. Cl. d. Acad. d. Wiss. in Wien, XLII, 1. Abth. p. 250—1.)
2504. **Zirkel** Ferd. Basaltglas von Beykir in Island. (Sitzungsber. d. math. naturw. Cl. d. Acad. d. Wiss. in Wien, XLII, 1. Abth. p. 259—60.)

2505. **Kenngott.** Fluolith aus Island, eine Abänderung des Pechsteines (Sitzungsber. d. math. naturw. Cl. d. Acad. d. Wiss. in Wien, XII, p. 485-92.)
2506. **Zirkel** Ferd. Quarzführender Trachyt von der Baula in Island. (Sitzungsb. d. math. naturw. Cl. d. Acad. d. Wiss. in Wien, XLII, 1. Abth. p. 243—4.)
2507. **Zirkel** Ferd. Trachyt vom Hofe Fagranes im Öxnadalr, Nord-Island. (Sitzungsber. d. math. naturw. Cl. d. Acad. d. Wiss. in Wien, XLVII, 1. Abth. p. 237—8.)
2508. **Zirkel** Ferd. Pechstein von der Baula in Island. (Sitzungsber. d. math, naturw. Cl. Acad. d. Wiss. in Wien, XLVII, 1. Abth. p. 257—9.)
2509. **Riche** en soufre natif (Island). (Bulletin de la Soc. de Géogr. Paris, I Sér., IV, p. 179.)
2510. **Finnssyni** Hannesi. Um brennusteins nám og Kaupverslun a Islandi i tid Fridriks Annars Dana Kongs. (Ritbesz Islenzka Laerdoms-lista felags. IV, p. 1,)

e) Zoologie und Thiergeographie.

2511. **Faber** Fr. Prodomus der isländischen Ornithologie od. Geschichte der Vögel Islands. Mit 1 Tab. Kopenhagen, Schubothe, 1822, 8°.
2512. **Walter** F. E. C. Nordisk Ornithologie derefter naturen tegnede, stukne og colorerede Afbildninger, af danske, foerøiske, islandske og grønlandske Fogle. Kopenhagen, Gyldendal, 1828—1842, Fasc. I—XLVIII, Fol.
2513. **Faber** Friedrich. Naturgeschichte der Fische Islands; mit einem Anhange von den isländischen Medusen und Strahlthieren. Frankfurt a. M, Brönner, 1829, 4°.
2514. **Reinhardt** J. Om den islandske Svane og om Geierfuglens forekomst i Island. Kopenhagen 1838—39, 11 pp. 8°.

Aufsätze und Notizen.

2515. **Faber** Fried. Mohr's Nachrichten über die isländischen Vögel, a. d. Dän. (Ornis 1824, p. 111—132, p. 145—158; Hft. 3, p. 111—150.)
2516. **List** des weissen Fuchses auf Island. (Unterhaltungsblätter f. Welt u. Menschenkunde, Aarau, III, 1826, p. 119.)
2517. **Vogelfang auf Island.** (Pfennig-Magazin, Leipzig, I, 1834, p. 236.)
2518. **Reinhardt** J. C. H. Om den Islandske Svane. (Krøger, Naturhist. Tidsskrift II, 1838—1839, p. 527—532.)
2519. **Reinhardt** J C. H. Om Gejerfuglens forekomst paa Island. (Krøger, Naturhist. Tidsskrift II, 1838—1839, p. 533—5.)
2520. **Steenstrup.** Verzeichniss über Islands Land- und Süsswasser Mollusken. (24. Versammlung deutscher Naturforscher in Kiel, 1846, p. 220.)

f) Botanik.

2521. **Paulus** Biarno. Specimen observationum, quas circa plantarum quarundam maris Islandici et speciatim algae sachariferae dictae originem, partes et usus collegit. Hafniae, 1749, 4°.
2522. **Scopoli** Johannes Antonius. Anni historico-naturales. (Lichenis Islandici vires medicae in voulumine secundo sequenti operis.) V tomi, Lipsiae, Hilscher, 1769—1772. 8°.
2523. **Olavus Olavii** (Olafson) Horticulus Islandorum. (Islendsk Urtagards Bok.) Hafniae, 1770, 8°.
2524 **Zoega** Johan. Flora Islandica impr. cum Eggert Olafsens Reise igiennem Island. 20 pp. Soröe, 1772, 4°.
2525. **Svenonis** Johannes jun. Specimem oeconomico botanicum de usu plantarum indigenarum in arte tinctoria. Hafniae, 1776.

2526. **Cramer** Guilielmus Christianus Philippus. Dissertatio inaug. de Lichene islandico. Erlangae, 1780. 4°.
2527. **Ström** Hans. Underretning om den Islandske Moss; Med figuren Kiobenhavn, 1785. 8°.
2528. **Lindsay** W. L. The Flora of Iceland. Edinburgh, 1861.

Aufsätze und Notizen.

2529. **Fuohs.** Einige Versuche über das Isländische Moos. (Crell's chemische Annalen I, 1787, p. 143—5.)
2530. **Martins** Ch. Vegetable Colonization of the British Isles, of Shetland, Faröe and Iceland.(Report Smithson. Inst. Washington,1858, p.229 — 237.)
2531. **Lindsay** W. L. The Flora of Iceland. (New philos. Journal, Edinburgh, 1861, Juli, p. 64—101.)
2532. **Babington** Ch. C. A Revision of the Flora of Iceland. (Journal of the Linnean Society Botany, XI, Nr. 53, 1870, p. 282 - 348.)
2533. **Crichton** Alex. Some observations on the medicinal effects of the Lichen islandicus. (London Medical Journal, X, p. 229—236.)
2534. **Olavius** Olaus. Afhandling om de opmuntrings-vaerdigste natur-produkter af planteog. dyr-riget for Island. (Danske Landhuusholdings Selsk. Skrifter Deel 4, p. 1.)

g) Ethnographie, Culturgeschichte etc.

2535. **Jónsbok**, codex juris Islandici. Holmae editiones 1578, 1580, 1582, 1707, 1709. Logbok islendiga hueria saman hefur sett Magnus Noregs etc. Jons. Jonssonar Lögman 1578, pp. 273, 8°.
2536. **Konung** Magni, Lagabaeters Lögbok Islendinga, item Riettar Bätur. Holum, 1578, 8°; Hafniae, 1817.
2537. **Jonae** (Arngrimi) brevis Commentarius de Islandia, quo scriptorum de hâc insulâ (Adami Bremensis, Krausii, Olaï Magni, Munsterii, Frisii) errores deteguntur et extraneorum (ex. gr.) Georgii Peerse conviciis et calumniis, quibus Islandis liberius insultare solent, occurritur. Halle,1592; Hanaw, 1593, 8°; 1609, 4°.
2538. **Jonas**Arngrim Crysmognea, s. rerum islandicarum libri III. Hamburg, 1606, 1609; 1610; 1614; 1618, 4°.
2539. **Jonas** Arngrim. Islandicae Gentis primordia et ritus Reipublicae. Leyde, 1629, 12°.
2540. **Jonas** Arngrim. Specimen Islandiae historicum et magna ex parte chronographicum. Amstelod. 1634; 1643 ; 1748, 4°.
2541. **Jonas** Runolphus. Homagii Islandici laetus Mercurius adornatus humili stylo. Hafniae, 1650, 4°.
2542. **Jonas** Runolphus (resp. G. Thorlacius). Linguae Septentrionalis elementa tribus assertionibus adstructa. Diss. acad. 28 pp. Hafniae, 1651, 4°.
2543. **Jonas** Runolphus. Recentissima antiquissimae linguae septentrionalis incunabula i. e. Grammaticae Islandicae rudimenta nunc primum adornari oaepta et edita per R. J. Hafniae, 1651, 168 pp., 4°; Oxford, 1688, 1689, 4°; 1703, fol.
2544. **Resenius.** Philosophia antiquissima Norwego-Danica dicta Woluspa quae est pars Eddae Saemundi, Edda Snorronis non brevi antiquioris Islandici et Latine publici juris primum facta etc. P. J. R. Havniae, H. Gödiani, 1665, 4°.
2545. **Resenius** Petrus Jo. Edda antiqua, cum versione antiqua.Stephani Olai, Parochi in Islandia Orientali, eiusque ac Gudmundi Andreae Scholiis ; et recentior Snorronis, cum versione Danica et Latina a Magno Olai confecta, additis variis Lectionibus et Notis exegeticis. Havniae, 1665, 4°.
2546. **Edda Islandorum.** Havniae, 1665, 4°.
2547. **Snorro** Sturlaesonius. Norlandz Chrönika. Tryckt på Wijsingzborg a. J. Kankel. 1670. Fol.

2548. **Rugman** J. Mono-syllaba Islandica J. R. collecta. IV. und 32 pp. Upsalae, 1676, 8°.
2549. **Andreae** Gudmundus, Islandus. Lexicon Islandicum, sive Gothicae Runae, vel linguae Septentrionalis Dictionarium, in lucem productum per Petrum Joh. Resenium; cum Gudbrandi Thorlacii, Episcop. Holensis, et Angrimae Jonae iconibus; cum annotationibus manuscriptis Andr. Hoyers, et vita Ms. Gudmundi Andreae. Hauniae, 1683. 4°.
2550. **Christendoms saga** [i. e. Christianismi in Islandia historia] hliodande um þad hvornem Christen Tru kom fyrst a Island at forlage þess holoflega Herra olafs Tryggvasonor 1688 ab Hauco Erlandsen, Skalhollt 4°. Prentud i Skalhollti af Hendrick Kruse, 1738.
2551. **Ara Frode**, sive Arius Polyhistor. Schedae, sive Libellus de Islandia, Islandice et Latine; cum commentario et dissertatione de Arae Multiscii vita et scriptis, opera Christiani. Wormii, 1716, 8°; Oxonii, 1688, 4°. (Scheda — Latine; cum notis, vita auctoris, et indicibus, editus, opera Andreae Bussaei; Accedunt Jonae Gam Schediasma de ratione anni solaris, secundum rudem observationem veterum Paganorum in Islandia Lexicon Vocum antiquarum Arii Polyhistoris, Periplus Ohtheri, Halgolando-Norvegi, ut et Wulfstani Angli, Anglo - Saxonice et Latine. Hauniae, 1733, 4°.
2552. **Sagan** Landnama um fyrstu bygging Islands af Nordmönnum Skalhollte wryckt af Hendr. Kruse, (In Islandiga Sögur, 1688, I., 4°.)
2553. **Heikesius.** Institutiones Grammaticae Anglo-Saxonicae et Moseo-Gothicae, Grammatica Islandica Runolphi Janae etc. Oxoniae, 1689, 4°.
2554. **Oddus** Monachus Islandus. Historia Olai Tryggwae Filii in Norrigia Regis idiomate Islandico condita, cum versione Suecica et Latina, et notis Jacobi Istmenii Reenhielm. Upsaliae, 1691, 4°.
2555. **Davidis** Jonas. Schediasma Historicum de prima Religionis Christianae fundatione in Islandia, sub Praesidio Georgii Ursini, 16. Maii. Hafniae, 1696, 4°.
2556. **Peringskiöld** Jon. Fr. Saga siv. Historia Islandiae ex lingua Runica in Suecicum translata. Holmiae, 1697, Fol.
2557. **Arnodssyne** Marteine. Hier hefur Log Bok Islendinga hvörin.....vottar. Prentud ad Niju a Hoolum i Hiallta. 480 pp., 56 pl., 1707, Fol.; 1709.
2558. **Worm** Chr. Arae multiscii scedae de Islandia, c. vers. paraphr. et not. philol. ed. Oxoniae, 1716, 8°.
2559. **Nording** Olavus O. Dissertatio academica de Eddis Islandicis. Upsaliae, 1735, 4°.
2560. **Bussaeus** Andr. Arii Thorgilsis filiis cognomento Frodae s. multiscii vel polyhistoris in Islandia quodam presbyteri, primi in septentrione historici, schedae s. libellus de Islandia, e vet. Island. vel si mavis danica antiqua septentrionalibus olim communi lingua, in latin. versus ac praeter necess. ind., quorum unus est lexici instar brev., not. et chronol. ind. et gloss. praem. quoque aut. vit. illustr.; Hafniae, 1733, 4°; 1744, 4°.
2561. **Detharding** G. A. Abhandlung von den isländischen Gesetzen. 24 pp. Hamburg, 1748, 4°.
2562. **Eggerhard** Olav. Enarrationes historicae de Islandiae natura et constitutione. Havniae, 1749, 8°.
2563. **Ericus** Johannes (Erichsen.) Tentamen Philologico-Antiquarium quo nomina propria et cognomina veterum Septentrionalium monumentorum antiquorum, imprimis Islandicorum illustrantur, una cum defendente Hilario Hagerup, Hauniae, Kempe, 1753, 8°; Hauniae, Pelt, 1755, 12°.
2564. **An Icelandic** abecedary and first lessons in reading. Hoolum, 1753, 24°.
2565. **Vidalinus** Paulus Bernhardus. Ad Johannis Erici Tentamen philologico antiquarium, quo nomina propria et cognomina veterum septentrionalium monumentorum antiquorum imprimis Islandicorum ope, leviter illustrantur, commentatio. Lipsiae, 1754, 8°.

2566. **Erichsen** Jon. (Johannes Erici). Dissertatio II. de Veterum Septentrionalium imprimis Islandorum peregrinationibus et de Philippia. Lipsiae, Mumme; Hafniae, Pelt, 1755, 8°.
2567. **Björns** Marcussonar. Nokrer margfrooder Söguþaetter Islendinga á prent settir ad forlage, à Hoolum i Hjaltadal, 1756, 4°.
2568. **Sibbern** N. P. (nisi: J. Terkelsen). Idea historiae literariae Islandorum, breviter delineata s. l. et a. (cont. Dreyeri Monumenta anecdota. Tom I. Lubecae et Altonae 1760. p. 175—228.)
2569. **Arnesen** John. Historisk Inledning til den gamle og nye Islandske Raettergang; foröget, og med Anmaerkninger oplyst, af John Erichsen; med Kofod Anchers Fortale: og register. Kiöbenhavn, 1762. 4°.
2570. **Lagabaeter** Magnus. Den Islendske Lov af det gamle norske paa dansk oversat, med Henviisninger til Kong Christian den Fierdes og Kong Christian den Femtes Norske Lov af Egil Thorhallesen med register tredobbelt. Kiobenhavn, 1763, 8°.
2571. **Olavius** M. Anmaerkninger til Jonsboger eller den gamle islandske Loos danske Over saettelse. Kjöbenhavn, 1765, 8°.
2572. **Olavius** Magnus, Pastor Laufasiensis in Islandia. Beretninger om nogle Forsög, til Landvaesenets og i saer Hauge-Dyrkningens forbedring i Island. Kiobenhavn, 1765, 8°.
2573. **Erichsen** Jon. Epitome tractatus Vidalini de Islandiae statu meliori, sub titulo Dec, Regi et Patriae; cum applicatione in nostra tempora. Soröe. 1768, 8°, (dänisch).
2574. **Ihre** J. Glossarium sueiogothicum, in quo tam hodierno usu frequentia vocabula, quam in legum patriarum tabulis aliisque aevi medii scriptis obvia explicantur, et ex dialectis cognatis, moesogothica, anglosaxonica, alemannica, islandica ceterisque gothicae et celticae originis illustrantur II tomi. Tom I. (Prooem., A—K) XLVIII und 1186 pp. II (L—Z) 2040 pp. Upsaliae, 1769, Fol.
2575. **Thoroddsen** Thorodd. Einfalder Thankar um Akur Yrkio edur huömveg hun Kynn ad nyin ad infaerast á Islande. Hafniae, 1771, 8°.
2576. **Worm** Jens. Forsög til et Lexicon over danske, norske og islandske laerde Maend; som ved trykte Skrifter have giort sig bekiendte, saavelsom andre Ustuderede, som noget have skrevet, hvorudi deres Fodsel, betydeligste Levnets Omstoendigheder og Död ved Aarstal Kortelig erindres, og deres skrifter saavidt mueligt, fuldstaendig ansëres, af Jens Worm, Vol. 1, Helsingöer 1771, Vol 2, 3, Kiöbenhavn 1773, 1783; 647, 654, 1018 pp. 12°.
2577. **Johannæus** F. Historia ecclesiastica Islandiae. Ex historiis, annalibus, legibus ecclesiasticis, aliisque rerum Septentrionalium monumentis congesta, et constitutionibus regum, bullis pontificum Romanorum, statutis conciliorum, nationalium et synodorum provincialium, nec non archiepiscoporum epistolis, edictis et decretis magistratuum, multisque privatorum litteris et instrumentis maximam partem hactenus ineditis, illustrata IV Tomi. Havniae, 1772—1778, 4°.
2578. **Olavsen** John. Betaenkninger over den islandske Handel. Kiöbenhavn, 1772, 8°.
2579. **Kristnisaga** s. historia religionis Christianae in Islandiam introductae nec non Páttr af Isleifi biskupi s. narratio de Isleifo episcopo ex manuscriptis legati Magnaeani cum interpretatione latina, notis, chronologia, tabulis genealogicis et indicibus sumptib. legati Arna Magnaeani. 1773, 8°. 194, 136 pp. sumptib. legati Arna Magnaeani. 1773, 8°.
2580. **Schlözer** A. L. Isländische Literatur und Geschichte, Thl. I. VI und 202 pp. Göttingen u. Gotha, 1773, 8°.
2581. **Islands** landnamabok, hoc est Liber originum Islandiae. Versione latina, lectionibus variantibus et rerum, personarum, locorum, nec non vocum rarissimarum indicibus illustratus, ed. J. Finnaeus. Ex manuscriptis Legati Magnaeani. XX und 510 pp. Havniae, Stein, 1774, 4°; Pelt, 1775.
2582. **Schimmelmann** J. Die isländische Edda (Völuspá, Hávamál, Krákumál, Hákonarmál, Gylfaginning übersetzt u. edirt von J. Schimmelmann. VI und 456 pp. Stettin, 1777. 4°.

2583. **Erici Joa.** Epistola ad Finnum Johannaeum de chronologia Gunlaugs Sagae ad historiam Ecclesiastic. Island Tom IV. p. 358—68 Vitam Gunnlaugi Ormstungae not. p. 82, 101 et 111. Accesserunt Gunnari Pauli F. curae posteriores in Gunnlaugi vitam et maxime in quaedam Carmina antiqua in eadem. Hafniae, 1778, 4°.
2584. **Suhm Erichsen.** Hungurvaka sive historia primorum quinque Skallholltensium episcoporum in Islandia (isländisch) cum interpretatione latina, notis indicibusque cura — —. Hafniae, 1778, 8°.
2585. **Thorlacius Sc. Th.** Antiquitatum borealium observationes miscellaneae, VII Spec (Programmata scholastica.) Spec. I (Cap. I.) De veterum, maxime, borealium historia et poesie, earumque usu et aetatibus 1778, 66 pp. Spec. VII Praemissa praefatione: de Thors drapae auctore et aetate, ad lectorem, p. I—XVI. 1801. Hafniae 1778—1801, 8°.
2586. **Björnonis St.** Rymbegla sive rudimentum computi ecclesiastici et annalis veterum Islandorum, in quo etiam continentur chronologica, geographica, astronomica, geometrica, theologica, nonnulla ex historia universali et naturali rariora. Quam ex mss. legati Arna-Magnaenani versione latina, lectionum varietate, notis in materiam computisticam, indice vocum Rymbeglae propriarum et rerum in partem historicam. auxit... Isl. Addita sunt 1. Talbyrdingus ejusd. notis illustratus. 2. Oddi astronomi somnia. 3. J. Arnae et 4. F. Johannaei horologia. XX und 474, 32, 25, 33, 68, 28 pp. c. IV tabb. Hafniae, 1780; 1801, 4°.
2587. **Islenzka** Laerdóms-Lista Félag. Ens Islendska laerdóms-lista felags skraa eptir samkomulagi sett oc i lioos leidd i Kaupmannahöfn. Det Islandske Literatur-Selskabs Vedtaegter efter faelles Overlaeg samtykte og udgivne i Kiöbenhavn. Anhang : Fortegnelse paa det Islandske Literatur Selskabs Medlemmer 1780. Copenhagen, 1780, 8°. (Ritbesz Islenzka laerdómslista félags 1780—1793,14 Bind. Kaupmannahöfn, 1781 — 1796,12").
2588. **Det Islandske** Literatur-Selskabs Vedtaegter, efter faelles Overlaeg samtykte og udgivne i Kiöbenhavn, 1780, 8°.
2589. **Ritþesz** Islenzka Laerdóms-Lista Félags. Deel 1—7, Kaupmannahöfn, 1781—1787, 8°.
2590. **Johnstone F.** Magnus Lagabaetis-Saga. Ausgegeb. als Fragment of ancient history (in thé orig. Island. with litt. engl. vers.) Kopenhagen 1783, 12°. [Nur 20 Exemplare gedruckt.]
2591. **Forsøg** til en Oversaettelse af Saemunds Edda, ved B. C. Sandvig med Anmaerkninger. 2 vol. Kjobenhavn, 1783 —1785, 8°.
2592. **Svar** paa Landhusholdnings-Selskabets Spörgsmaal om den bedste HandelsIndretning for Island. Kiöbenhavn, 1783, 8°.
2593. **Fieldsted T.** Om en nye Handels Indretning udi Island. Kiöbenhavn, 1784, 8°.
2594. **Muenters** Balthasar. Predigt am Neu Jahrstage 1784, in Rücksicht auff den Feverausbruch in Island. Copenhagen, 1784, 8°.
2595. **Philosophische Schilderung** der gegenwärtigen Verfassung von Island nebst Stephensen's zuverlässiger Beschreibung des Erdbrandes i. J.1783, und andern authentischen Beilagen. Mit Kupfern u. 1 Karte. Altona, Leipzig, 1786, 8°; Kopenhagen, Schubothe. 8".
2596. **Einarsen H.,** Sciagraphia historiae literariae Islandicae. Hafniae, 1777 et cum novo tit: Historia literaria Islandiae, auctorum et scriptorum tum editorum tum ineditorum indicem exhibens, auctore Halfdano Einari. XXX et 251 pp. c. syllabo auctorum Islandor. 17 pp. et Errat. 1 p. Hauniae, Gyldendalius, 1756; Havniae et Lipsiae, 1786. 8°.
2597. **Eggers E. U. D. v.** Geschichte von Island. Altona, Hammerich. 1787. 8".
2598. **Thorkelin G. J.** Erbyggja Saga, sive Eyranorum historia quam versione, lectionum varietate et indice rerum auxit. Hafniae, 1787. 4°; 1789.
2599. **Edda:** proavia (vid. Sv. Egilsson, Lexic. poet. p. 118 b). I. Carminum collectio mythologicor. et heroicor. s. Edda Saemundi multiscii. (Saemundar hins fróda.) — 1787—1828, sumptib. legati Arna-Magnaeani Edda Saemundar hins fróda. Edda rhythmica seu antiquior vulgo Saemundina

dicta. III Partes. Hafniae. sumptibus legati Magnaeani et Gyldendalii. Bonnier, I Pars 1787, II 1818, III 1828. 4°.

2600. **Nödvaerge** imod den i Island regjerende Oevrighed eller betimelig og fornöden Dom, veiledende til en nöiagtig Undersögelse og rigtig Bedömmelse af en saakaldet Islands almindelige Ansögning til Kongen. Kjöbenhavn, 1797. 8°; Synaalen og Enes, tes kiilingen.

2601. **Cottle** A. S. Icelandic Poetry, or the Edda of Shememd; translated into English Verse. London, 1797. 8.

2602. **Stephensen.** Forsvar for Islands fornaermede Oevrighed, samt for dets almindelige Ansögning til Kongen om udvidet Handelsfrihed. Kjöbenhavn, 1797. 8°.

2603. **Stephensen** O. Underretning over den islandske Handelsförelse. Kjöbenhavn, 1798. 8°.

2604. **Olavsen** E. Det islandske Landlevnet, oversat ved F. Magnusen. Kjöbenhavn, 1803, 8°.

2605. **Sjöborg** N. H. Grammaticae Gothico-islandicae electa. (II. Diss. acad.) 26 pp. Lundae, 1804, 1806, 4°.

2606. **Stephensen** M. Island i det attende Aarhundrede, historisk-politisk skildret. Kjöbenhavn, 1808, 8°.

2607. **Werlauff** E. Chr. De Ario Multiscio antiquissimo Islandorum historico, spec. inaug. (sub novo tit. Arius Multiscius primus Islandor. historicus.) VI und 106 pp. Hafniae, Schubothe, 1808, 8°.

2608. **Rask** Rasmus Kristian. Vejledning til det islandske eller gamle nordiske Sprog. LVI und 284 pp. Kjöbenhavn, 1811. 8°.

2609. **Hagen** v. d., Lieder der ältern oder Sämundischen Edda, welche zu den Sagen des Heldenbuchs und den Nibelungen gehören. Berlin, Hande und Spener, 1812. gr. 8°.

2610. **Stephensen** M. Instrúx fyrir hreppstjórnarmenn á Islandi, samt Handbók fyrir hvörn mann med útskiringu hrppstjórnarinstrúxins, innihaldandi ágrip lagaboda um Islands landbústjorn. Leirárgördum, 1812. 8°.

2611. **Werlauff** E. C. Saga af Finnboga hinum Rama. Vatnsdaela-Saga ok Saga af Finnboga hinum Rama, s. historia Vatnsdalensium, cui acced. historia Finnbogi Robusti, sumtib. J. Aallii. Hafniae, 1812. 4°.

2612. **Grimm.** Lieder der alten Edda. Berlin, Realschulbuchhandl. 1813. gr. 8°.

2613. **Müller** P. E. Om det islandske Sprogs Vigtighed. Ext. af d. kong. Selsk. for Norges Vel krönet Prisskrift. XII und 206 pp. Kjöbenhavn, 1813, 8°.

2614. **Müller** P. E. Ueber die Nationalität der altnordischen Gedichte mit Rücksicht auf die Abhandlungen von Rühs 1813. Copenhagen, 1813.

2615. **Müller** Pet. Erasm. Ueber den Ursprung, die Blüthe und den Untergang der isländischen Historiograpbie nebst Anhang. Uebersetzt von Sander. Copenhagen, 1813. A. d. Dän. 8°.

2616. **Rühs** F. Ueber den Ursprung der isländischen Poesie aus der angelsächsischen. Nebst vermischten Bemerkungen über die nordische Dichtkunst und Mythologie. Ein nothwendiger Nachtrag zu seinen neuesten Untersuchungen. 48 pp. Berlin, Realschulbuchhandlung, 1813. 8°.

2617. **Jamieson** John. Hermes Scythiaeus; or the Radical Affinities of the Greek and Latin Languages to the Gothic; illustrated from the Maeso-Gothic, Anglo-Saxon, Islandic etc. London, 1814.

2618. **Biörn** Haldorson. Lexicon islandico-latino-danicum. 2 vol. Havniae, 1814. 4°.

2619. **Haldorsen** Bj. Lexicon islandico-latino-danicum Biörnonis Haldorsonii. Biöin Haldorsens islandske Lexicon. Ex manuscriptis legati Arna-Magnaeani cura R. K. Raskii editum. Praefatus est P. E. Müller. 2 vol. XXXIV und 488, 520 pp. Hauniae, Schubothe, 1814. 4°.

2620. **Müller** P. E. Sagabibliothek med Anmaerkninger og inledende Afhandlinger. 3 Bde. Kjöbenhavn, 1817—1828. 8°.

621. **Islenzk Sagnablöd** útgêfin at tilhlutun hins Islenzka, Bókmenta Fèlags. X partes. Kaupmannahöfn, 1717—1826. 4°.
622. **Edda Saemundar** hinns froda. Collectio Carminum veterum scaedorum Saemundiana, ex recens. Er. Chr. Rask, cur. Arv. Aug. Afzelius. Holm. Elmehianis. 1818. gr. 8°.
623. **Sturlunga saga** eðr Islendinga hin mikla. Nu útgengin á prent ad tíblutun hins islenzka bókmentafèlags eptir samanburd hinnamerkilegustu handarita er fengist gátu. Bind I., 1, 2; II., 1, 2; Kaupmannahöfn 1817—1820 I., 1. 1817 XIX. 227 pp; I., 2, 1818, 260 pp.; II. 1, 1818, 320 pp.; II., 2 (Arna biskups saga) 1820, VII, 190 pp. 4°.
624. **Rask Rasmus Kristian.** Anvisning till Isländskan eller Nordiska Fornspråket, af Er. Chr. R. Erån Danskan öfversatt och omarbetad af Författeren. XXVIII, 398 pp. Stockholm, 1818, 8 .
625. **Nyerup R. og J. E. Kraft.** Almindeligt Litteraturlexicon for Danmark, Norge, og Island; eller Fortegnelse over danske, norske, og islandske, saavel afdöde som nu levende Forfattere, med Anförelse af deres vigtigste Levnets-Omstaendigheder og Liste over deres Skrifter. (Etiam sub tit.: Dansk-norsk Litteraturlexicon. 1. (A—L), 2 (M—Ö) Halvdel. VIII und 692 pp. Kjöbenhavn, 1820. 4°.
1626. **Stephensen Magnus.** Comment de legibus quae Jus islandicum hodiernum efficiant etc. Havniae, 1819. 8°.
1627. **Rask Rasmus Kristian.** Synishorn af fornum og nýjum norraenum ritum i sundrlausri og samfastri raeðu. Id est: Specimina literaturae Islandicae veteris et hodiernae prosaicae et poeticae magnam partem anecdota, edid. Er. Chr. R. 286 (4) pp. Holmiae, 1819, 8°.
1628. **Dahlmann C.** Das Isländerbuch des Priesters Are des Weisen in seinen Forschungen. Altona, Hammerich, 1821. 8°.
1629. **Espolin J.** Islands árbaekur í söguformi 1—8 D. Kaupmannahöfn, 1821—1827. 4°.
1630. **Sigfussön Saemund.** Kaldet hin Frode. Den aeldre Edda, en Samling af de nordiske Folks aeldeste Sagn og Sange, oversat og forklaret af F. Magnusen. 1.—4. Bd. Kjöbenhavn, 1821—1823. 8°.
1631. **Werlauff E. Chr.** Symbolae ad geographiam medii aevi ex monumentis Islandicis. Edidit, prolegomenis et commentario illustravit —. c. Tab. 61 pp. Hauniae 1821. 4°.
2632. **Lindfors A. O.** Inledning till Isländska Litteraturen och dess Historia under Medeltiden. VIII und 194 (1) pp. Lund 1824; 8°.
2633. **Annales Islandorum regii.** (Reichen bis 1341.) Erl.—Schr.: Lindfors, inledning till islaendsku litteraturen og dess. historia. 183. pp. Lund 1824. 8 . (Ausg. ap. Langebek. scr. rer. Dan. III. p. 1—135. Hauniae 1849.)
2634. **Rask Rasmus Chr.** Frisik Sproglaere efter samme Plan som den islandske og angelsaksiske Kjöbenhavn, 1825. 8°. — Holländisch: Leeuwarden, Hettemen, 1832. 8°. — Deutsch: Freiburg, F. J. Buss, 1834. 8°.
2635. **Fornmanna Sögur.** Eptir gömlum handritum útgefnar ad tilhlutun his norraena fornfraeda fèlags. Historische sagen van gebeurtenissen uit Ysland, naer oude Yslandsche handschriften in de oude tael uitgegeven. 12 Bde. Kaupmannahöfn, 1825 — 1837. 8°. — Islendinga Sögur. Eptir gömlum handritum útgefnar at tilhlutun hins konúngliga Norraena Forn fraeða Felags. 2 Bde. Kaupmannahöfn, 1829—1830. 8°. — Ausgabe mit kritisch. Apparat erschien: Kjöbenhavn, 1843—1847. 2 vols. 8°.
2636. **Rafn C. C.** Beretning om Islands Bibliothek. Kjöbenhavn, 1826. 8°.
2637. **Fortegnelse** over de til det kongl. Islandske Land op lysninga Selskab skjenkede Böger. Vidöe, 1826. 8°.
2638. **Erichsen V.** Island og dets Justitiarius Magnus Stephensen eller Actstykker vedkommende det islandske Landoplysnings Selskab. Kjöbenhavn, 1827. 8°

2639. Skírnir, ný tidindi hins Íslenzka bókmenta félags. Kaupmannahöfn, 1827—54. 8°.
2640. Thorlacius B. Undersögelse over en i det 12. aarhundrede skreven Islandsk historie. Kjöbenhavn, 1828.
2611. Pardessus J. M. Droit maritime de l'Islande avec Extraits des anciennes codes d'Islande (du Grágás, du Jonsbog) rélatifs au droit maritime. Cont.: Collection de lois maritimes antérieures du XVIII siècle. 6 vols. Imprimerie royale A. Durand 1828—1845, (Tom. III, p. 45—88).
2642. Egilsson Sveinbjörn. Scripta historica Islandorum de rebus gestis veterum Borealium latine reddita, et apparatu critico instructa, curante Societate Regia Antiquariorum septentrionalium. Vol. 1—12. Hafniae, 1828—1846. 8°.
2643. Paulsen Sv. Æfisaga Jóns Eyrikssonar . . . Samantekin af Handlaeknir Sveini Palssyni eptir tilhlutan Amtmanns Bjarna Thorsteinsonar . . . útgefin á kostnað ens islenzka Bókmentafélags. IV und 187 pp. c. effigie J. E. et c. 1 tab. facs. Kaupmanahöfn, 1828. 8°. B. (Thorsteinson ad librum a se emendatum et auctum praefationem (p. 1—12) scripsit).
2644. Registr yeir Islands Stiftisbókasafn. Utgefeid a kostnað hins Islenzka Bókmentafélags. Kaupmaunahöfn. Prentad hja L. J. Jácobsen 1828. 8°. oder: Catalog over Islands Stiftsbibliothek. Udgivet paa det Islandske literaire selskabs bekostning. Kjöbenhavn, Trykt hos L. J. Jacobsen 1828. 8°.
2645. Hin forna lögbok islendinga sem nefnist Gragas. Codex iuris Islandorum antiquissimus, qui nominatur Gragas. Ex duobus manuscriptis pergamenis (quae sola supersunt) bibliothecae regiae et legati Arnae-Magnaeani, nunc primum editus. Cum interpretatione latina, lectionibus variis, indicibus vocum et rerum p. p. Praemissa commentatione historica et critica de huius juris origine et indole p. p. ab J. F. G. Schlegel conscripta. 2 partes. 1 Kpf., 3 Tab. Hafniae, Gyldendal, 1829. 4°.
2646. Rask R. Kr. Die Verslehre der Isländer. (Vid. Anvisn. till Isländsk. eller Nord. Fornspr. Stockholm 1818, p. 249—275.) Verdeutscht von G. Chr. Fr. Mohnike. 85 pp. Berlin, 1830. 8°.
2647. Rask R. Kr. Les trarkver handa heldrimanna börnum með stuttum skyringargreinum um stafrofið og annað þartil heyrandi ('Islandsk A—B—C Bog') samið of R. R. Ad tihlutum hins Islenzka Bókmenntafélags. 65 pp. kaupmannahöfn, 1830. 8°.
2648. Müller L. Chr. Udtog af den islandske Formlare med Nögle til Knytlinga Saga. 122 pp. Kjöbenhavn, 1830. 8°
2649. Jónsson G. Safn af Íslenzkum orðskviðum, fornmaelum, heilraeðum, snilliyrðum, sanmaelum og máls greinum samanlesið og i stafrofsröð sett af Guðmundi Jónssyni. Utgefið ad tilhlutan hins Islenzka bókmenta-félags. 423 pp. Kaupmaunahöfn, 1830. 8°.
2650. Finno Magnaeo Islando. Catalogus criticus et historico-literarius codicum Cl III manuscriptorum borealium praecipue Islandicae originis, qui nunc in bibliotheca Bodleiana adservantur, auctore (qui et libros ipsos collegerat — —. IV und 56 pp. Oxonii, 1832, 4°.
2651. Müller P. E. Om den islandske Historieskrivnings Oprindelse, Flor og Undergang (1813). Kjöbenhavn, 1832.
2652. Soemundsen T. Island fra den intelluctuelle Side betragtet. Kiöbenhavn, 1832, 8°.
2653. Müller Ludw. Chr. Islandsk Laesebog med tilhörende ord forklaring. Kjöbenhavn, 1837, 8°.
2654. Marmier Xavier. Langue et littérature islandaises. Paris, Arthus Bertrand, 1838, gr. 8°.
2655. Rask Erasmus. A grammar of the icelandic or old norse tongue translated from the Swedish by George Welbe Dasent. 280 pp. London, 1843. 8°.
2656. Rask Erasmus. Grammatik der isländischen und altnordischen Sprache. Aus dem Schwedischen. Frankfurt a. M., Jäger'sche Buchhandlung, 1844, gr. 8".

2657. **Petursson Petur.** Historia ecclesiastica Islandiae ab anno 1740 ad annum 1840. Hauniae, Gyldendal, 1844, 4°.
2658. **Pètursson Pètur.** Commentatio de jure ecclesiarum in Islan post reformationem. Havniae, Schubothe, 1844. 8°.
2659. **Klempin C. R.** De criteriis ad scripta historica Islandorum examinanda. Pars 1. Berolini 1845, 8°.
2660. **Munch P. A.** Sagaer eller Fortaellinger om Nordmaenes og Islaenderes Bedrifter i Oldtiden. Oversatte fra det gamle norske Sprog. II Fasciculi. Christiania, 1845, 8°.
2661. **Fridriksson H. Kr.** Islandsk Laesebog med Ordregister og en Oversigt over d. Isl. Formlaere. XXVI und 166 pp. Kjöbenhavn 1846. 8°.
2662. **Gislason K.** Um frum-parta islenzkrar túngu i fornöld. Ákostnað hins Islenzka Bókmentafèlags. CXII und 242 (3) pp. Kaupmannahöfn, 1846, 8°.
2663. **Arctander A.** Kort schema till formlära i det isländska eller norröna språket (Tryckt såsom mss.) 15 pp., Upsala, 1847, 8°.
2664. **Islenzkir** annálar sive annales Islandici ab anno Christi 803 ad annum 1439. Ex legati Arnae Magnaeani et magnae bibliothecae regiae Hafniensis melioris notae codicibus membranaceis et chartaceis, cum interpretatione latina, variis lectionibus, prolegominis, nec non indice personarum, locorum et rerum, ed. A. S. Oersted, E. C. Werlauff al. Hainiae, Gyldendal, 1847, 4°.
2665. **Arwidsson A. J.** Förteckning öfver kongl. Bibliothekets i Stockholm Isländska Handskrifter. VI. und 194, (1) pp. Stockholm, 1848, 8°.
2666. **Grágás** Islaendernes. Lovbog i Fristatens Tid udgivet efter det kongel. Bibliotheks Haandskrift og oversat af V. Finsen for d. n. L—S. 1. Hefte, 60 pp. Kjöbenhavn, 1850; 2. Hefte, pp. 61—108 Kjöbenhavn, 1853.
2667. **Die Edda** die ältere und die jüngere, nebst den mythischen Erzählungen. der Skalda übersetzt und mit Erläuterungen begleitet von Carl Simrock, VIII u. 435 pp. Stuttgart, Cotta'sche Buchh., 1851, 8°; VIII u. 415 pp. 1864, gr. 8°.
2668. **Gislason K.** Dönsk orðabók með islenzkum Þýðingum. VI., 596 pp. Kaupmannahöfn, 1851, 4°.
2669. **Saga.** Jálvandhar konungs hins Helga, udgiven efter Islandske Oldböger af det kong. Nordiske Oldskrift Selskab. Kjöbenhavn, 1852.
2670. **Möbius Th.** Ueber die ältere isländische Saga. Abhandlung. 92 pp., Leipzig, 1852, 8°.
2671. **Maurer Konrad.** Beiträge zur Rechtsgeschichte des germanischen Nordens. In zwanglosen Heften. München, Kaiser, 1852. Inhalt: 1. Heft. Die Entstehung des isländischen Staates und seinerVerfassung; Die Entstehungszeit der älteren Gulopingslög. Sigurösson i Safn til sögalslends. Isländische Volkssagen der Gegenwart.
2672. **Erlendssyni H. og E.** Þórðarsyni. Fjórar Riddarosögur. 120 pp., Reikjavik, 1852. 8°.
2673. **Bergsoe** Adolph Fried. Lysing Islands a medri 19 öld kafli ur rikisfraedi. Sveinu Skulason — hefur islenzkad. Kaupmannahöfn, 1853, 8°. ·
2674. **Safn** til sögu Íslands og Íslenzkra bókmenta að fornu og nýju, gefið út af hinu Íslenzka Bókmenta fèlagi. Kaupmannahöfn, 1853—1855, Fasc. I, II, 8°.
2675. **Stephensen** Oddgeir og J. Sigurdsson. Lovsamling for Island .(Lagasafn handa Islandi) indeholdende Udvalg af de vigtigste aeldre og nyere Love etc. samt andere Aktstykker til Oplysning om Islands Retsforhold og Administration i aeldre og nyere Tider. I—V. Band. Kjöbenhavn, 1853 - 1855, 8°.
2676. **Larsen J. E.** Om Islands hidtilvärende statsretlige Stilling. Kjöbenhavn 1855, 4°.
2677. **Thomsen** Jul. Ueber Krankheiten und Krankheitsverhältnisse auf Island und den Faröer Inseln. Ein Beitrag zur medicinischen Geographie. Nach dänischen Originalarbeiten von P. A. Schleissner, Eschricht, Panumul,

Manicus bearbeitet. 2 Tab , 166 pp., Mit 1 lith. Tafel. Schleswig, Bruhn, Linnich, 1855, gr. 8°.

2678. **Möbius** Theodorus. Catalogus librorum Islandicorum et Norvegicorum aetatis mediae editorum versorum illustratorum, Skáldatal sive poetarum recensus eddae upsaliensis. 13 u. 207 pp. Lipsiae, Engelmann, 1856, 8°.

2679. **Sigurðsson** Jón. Islands statsretslige Forhold. Kjøbenhavn, 1856.

2680. **Willatzen** P. J. Altisländische Volksballaden und Heldenlieder der Färinger, übersetzt zum ersten Mal. Bremen, 1856.

2681. **Noorden** Carl v. Die Sage von Helgi. Liederkreis nach der Edda. XVI u. 155 pp. Bonn, Cohen u. Sohn, 1857., 16°.

2682. **Folketaellingen** paa Island den 1. Oct. 1855. Saerskilt Aftryk af »Meddelelser fra det statist. Bureau.« 4. Samling. 64 pp. Kjöbenhavn, Gyldendal, 1857, 8°.

2683 **Diplomatarium** Islandicum. Íslenzkt fornbrèfasafn etc. Kaupmannahöfn, 1857—1862, 8°.

2684. **Magnusson** Gog. G. Thordarson. Grettis-Saga udgivén for det Nord. Lit. Samf. Stockholm, 1859, 8°.

2685. **Lüning** Hermann. Die Edda. Eine Sammlung altnordischer Götter- und Heldenlieder. Urschrift mit erklärenden Anmerkungen, Glossar und Einleitung, altnordischer Mythologie und Grammatik. XII u. 672 pp. Zürich, Meyer und Zeller, 1859, gr. 8°.

2686. **Hogg** J. On the History of Iceland. London, 1859.

2687. **Vigfússon** Gudbrandr und Th. Möbius. Fornsögur. Vatnsdaelasaga, Hallfredarsaga, Flóamannasaga. Leipzig, 1860. 8°.

2688. **Möbius** Th. Edda. Saemumdar Hins Fróda. Mit einem Anhang zum Theil bisher ungedruckter Gedichte. XVIII und 302 pp. Leipzig, Hinrichs, 1860, gr. 8°.

2689. **Maurer** Conrad. Isländische Volkssagen der Gegenwart. Leipzig, Hinrichs 1860, 258 pp. 8°.

2690. **Árnason** Jón. Islenzkar Þjóðsögur og aefintyri. I. u. II. Bindi, XXXIV, 666 u. 581 pp. Leipzig, Hinrichs, 1862 ; 1864; 1874, 8°.

2691. **Simrock** Carl. Die Edda, die ältere und die jüngere, nebst den mythischen Erzählungen der Skalda, übersetzt und mit Erläuterungen begleitet. 8 u. 514 pp. Stuttgart, Cotta 1864, gr.-8°; 1871; 1876.

2692. **Thorpe** B. Edda of Saemund the Learned. London, Trübner, 1866, 12°.

2693. **Arnason** Jon. Icelandic Legends, translated by Powell and Magnuson. London, Bentley, 1864. 8°; Longmanns, 1866. 8°.

2694. **Horn's** W. O. v. Olaf Thorlacksen. Eine isländische Geschichte, der Jugend und dem Volke erzählt. Mit 4 Abbildungen (in Stahlst) 126 pp. Wiesbaden, Niedner, 1862, 16°.

2695. **Cleasby** R. Icelandic English Dictionnary by G. Vigfusson. London, Macmillan, Part I, 1869 ; Part II, 1871 ; Part III, 1873. 4°; Appendix by W. Skeat. London, Macmillan. 1876,

2696. **Collin** E. Anonymer og Pseudonymer den Danske, Norske og Islandske literatur. Kjöbenhavn, 1869, 8°.

2697. **Asgrimsson** E. Lilja : Icelandic Poem 14. Century. London, Williams and N. 1870, 8°.

2698. **Kölbing** Eug. Riddarasögur, Parcevals Saga, Valvers Þáttr, Ívents Saga, Mírmans Saga. Zum ersten Male herausgegeben und mit einer literarhistorischen Einleitung versehen. LV und 220 pp. Strassburg, Trübner, 1873, 8°.

2699. **Hildebrandt** Carl. Ueber die Conditionalsätze und ihre Conjunctionen in der älteren Edda. III und 62 pp. Leipzig, Lorentz, 1872, gr. 8°.

2700. **Möbius** Th. Islendigadrápa Hauks Valdisarsonar. Ein isländ. Gedicht d. XIII. Jahrh. 66 pp. Kiel, Univ.-Buchh. 1874.

2701. **Three** Northern Love Stories and other tales from the Icelandic. London, W. Ellis, 1875. 8°.

2702. **Hoitzmann** Adf. Die ältere Edda übersetzt und erklärt. Vorlesungen. Herausg. v. Alfr. Holder. VIII und 603 pp. Leipzig, Teubner, 1875. 8°.

2703. **Hildebrand** Karl. Die Lieder der älteren Edda. [Saemundar Edda.] XIV und 323 pp. Paderborn, Schönich, 1876.
2704. **A briefe commentarie** of the true state of Iceland. Hakluyt Vol. I.
2705. **Jonas** A. Chrymogoea or History of Iceland 1609. Purchas Vol. III.
2706. **Riç's** Sprüche [Rîgs Mâl] und das Hyndla-Lied. [Hyndlu Liôd.] Zwei sozial-eth. Gedichte der Saemunds-Edda kritisch hergestellt, übers. u. erklärt v. Prof. Dr. Fried. Wilh. Bergmann. XX und 188 pp. Strassburg, Trübner. 8°.
2707. **Göransson** Johan. Hyperboreorum Atlantiorum, seu Suiogotorum et Nordmannorum Edda, Snorronis Sturlaei Islandica, versione Suionica donata, accedente Latina; una cum praefamine de Eddae antiquitate, et indole, etc. ut et de antiquissimis et genuinis Skythis, Getis, Gotis, Atlantiis, Hyperboreis, Cimbris. Gallis, eorumque Satore, Gomero; ad Manuscriptum Bibliothecae Upsalensis antiquissimum, in lucem producta. Upsala. 4°.

Aufsätze und Notizen.

2708. **Magnäus** Arnas. Kristni Saga, sive historia religionis christianac in Islandiam introductae. (Büsching, Nachrichten, Berlin, II, 1774, p. 85.)
2709 **Johannaei** Finni Episcopi Dioceseos Skalholtinae, historia ecclesiastica Islandiae, ex historiis annalibus illustrata. (Büsching, Nachrichten Berlin, II, 1774, p. 148.)
2710. **Islands** Bevölkerung. Olaffen's Reise II. Theil. (Büsching, Nachrichten, Berlin, III, 1775, p. 386.)
2711. **Heinze** A. Beiträge zur Geschichte des Handels von Island. (Kiel'sches Magazin für die Geschichte u. s. w. von V. A. Heinze, I, 1783.)
2712. **Philosophische Schilderung** der gegenwärtigen Verfassung von Island mit einer Karte 1786. 8°. (Büsching, Nachrichten, Berlin, XIV, 1786, p. 274.)
2713. **Aufklärungsgesellschaft** in Island. Aus einem Schreiben von Kopenhagen vom 13. October 1800. (Archiv für Geographie und Statistik, Wien, I, 1801, p. 310.)
2714. **Island** und die Isländer. (Tedeschi, Das Interessanteste aus der Länderkunde, II, 1828 p. 124.)
2715. **Bewohner** Islands. (Pfennig-Magazin, Leipzig, N. F. 1843, I, p. 325.)
2716. **Rafn** M. C. C. Notice sur les anciennes Sagas de l'Islande. (Bulletin de la Soc. de Géogr. Paris, III. Sér., VIII, 1847, p. 174—176.)
2717. **Hogg.** Bevölkerung von Island. (Ausland, XXVI, 1853, p. 960.)
2718. **Die Wohnungen** des Isländers. (Westermann, Jahrbuch, VIII, 1860, p. 506—512.)
2719. **Islandske** Folkesagn. (Antiquarisk Tidsskrift, 1861—1863, p. 233—330.)
2720. **Der isländische König** Jörgen Jörgenson. (Ausland, XXXV, 1862, p. 710, 729.)
2721. **Eine Probe** isländischer Märchen. (Ausland, XXXV, 1862, p. 1004.)
2722. **Eine isländiche** Legende. (Ausland, XXXVII, 1864, p. 575.)
2723. **Altisländische Volksbaladen.** (Ausland, XXXVII, 1864 p. 1254.)
2724. **Haupt.** Die alten Isländer. Uebers. aus Svea Rikes Häfder von Geyer 1863. (Ausland, XLVIII, 1865, p. 785.)
2725. **Gislason** Konr. Forhandlinger af 'Qvantitet' i oldnordisk-islandisk. (Aarbøger for Nordisk Oldkyndighed og Historie. Kjöbenhavn, III. Heft, 1866, p. 242—305.)
2726. **Meinicke.** Island und seine Bewohner. (Globus, Braunschweig, XVIII, 1870, p 345, 360.)
2727. **Kålund** Kr. Cand. Mag. Familielivet på Island. I den første Sagaperiode (Indtil 1030), Således som det fremtraeder i de historiske sagaer. (Aarbøger for Nordisk Oldkyndighed og Historie, Kjøbenhavn, 1870, p. 269—381.)
2728. **Auswanderung** von Island. (Aus allen Welttheilen, III, 1871—1872, Nr. 12, p. 382.)

2729. **Die Cosmogonie** der Edda vom naturwissenschaftlichen Gesichtspunkt. (Ausland, XLIV, 1871, p. 25, 53.)

2730. **Island** und die Isländer. (Unsere Zeit, 1872, Heft 21 und 22.)

2731. **Finsen** Vilhjalmur. Om de Islandske Love i Fristatstiden. (Aarbøger for Nordisk Oldk. og Historie, Kjöbenhavn, 1873. Andet Hefte p. 101—250.)

2732. **Neue** Provinzial-Verfassung in Island. (Aus allen Welttheilen, Leipzig V, 1874, p. 191.)

2733. **Le millénaire** de l'Islande. (La Nature, Paris, I, 1874, p 286.)

2734. **L'Islande.** Son appauvrissement. (L'Explorateur, III, 1876, p. 622)

2735. **Population** et étendue Islande. (Bulletin de la Soc. de Géogr. Paris, I. Sér., VIII, p. 66.)

2736. **Harboe** Ludwig. Om reformationen i Island, hvad begyndelse, fremgang og modstand samme har havt fra 1539 til 1551. Afhandl. 1, 2. (Skrifter det Kjöbenhavnske Selsk, Deel 5 p. 209, Deel 7 p. 1.)

2737. **Liliendal** Thorarni Sigvalldasyni. Stutt agrip af Lögmanz Páls Vidálins glosserunum yfir vandskilin ord i lögbok Islendinga. (Ritbesz Islenzka Laerdoms-lista felags, II, p. 97; III, p 230; IV, p. 252; V, p. 259; VI, p. 117; VII, p. 210; VIII. p. 214.)

2738. **Ketilssyni** Magnusi. Um omaga framfaeri. (Ritbesz Islenzka Laerdoms-lista felags, IV, p. 112.)

2739. **Finnssyni** Hannesi. Um barna-dauda á Islandi. (Ritbesz Islenzka Laerdoms-lista felags, V, p. 115.)

2740. **Finnssyni** Hannesi. Mantals-toeblur y fir fermda, samanvigda faedda og dauda i Skallhollts Stipti fra 1735 til 1770; fra 1771 til 1778; fra 1779 til 1784; Arit 1785; Arit 1787; Arin 1788, 1789; Arin 1790, 1791, 1792; Arin 1793 og 1794. (Ritbesz Islenska Laerdoms-lista felags, VI, p. 249; VII, p. 251; VIII, p. 271; IX, p. 287; X, p. 313; XI, p. 289; XII, p. 245; XIII, p. 321; XIV, p. 317.)

2741. **Sveinssyni** Gudlaugi. Um likakak. (Ritbesz Islenzka Laerdoms-lista felags, VII, p. 218; VIII, p. 71.)

2742. **Stephanssyni** Olafi. Um Jafnvaegi biargraedisveganna a Islandi. (Ritbesz Islenzka Laerdoms-lista felags VII, p. 113.)

2743. **Olafssyni** Olafi. Nockr ord um þa nybyriudu frihóndlun a Islandi. (Ritbesz Islenzka Laerdoms-lista felags, VIII, p. 151.)

2744. **Profasta** og soknar presta tal i Skallhollts-Stipti, sidan um sidas, kip tatimann. (Ritbesz Islenzka Laerdoms-lista felags XI, p. 1.)

2745. **Sveinssyni** Gudlaugi. Um husa edr baea-byggingar i Islandi. (Ritbesz Islenzka Laerdoms-lista felags, XI, p. 242.)

2746. **Lindal** Hans Jakob. Thegnskylda almugans a Islandi, edr arligar skyldugreidslur og quadir, prentud a Dansku i Kaupmannahöfn 1788, en nu Islendskud af Biarna Einarssyni. (Ritbesz Islenzka Laerdoms-lista felags XII, p. 82.)

2747. **Johnsen** Arngrim. Um fisk-helgi. (Ritbesz Islenzka Laerdoms-lista felags, XII, p. 216.)

2748. **Thomassyni** Birni. Um hreppstionar embaettida Islandi. (Ritbesz Islenzka Laerdoms-lista felags, XIII, p. 132.)

2749. **Samþyoktir** ens sunnlendska boka safns og lestrar-felags a Islandi. (Ritbesz. Islenzka Laerdoms-lista felags, XIV, p. 1.)

2750. **Finnssiny** Hannesi. Um manufaeckun af hollaerum a Islandi. (Ritbesz Islenzka Laerdoms-lista felags, XIV, p. 30.)

h) Polarfischerei und Jagd.

2751. **Olavii** (Olafson) Olavus. Um Fiski Veidar og Fiski Nettan. Hafniae, 1771, 8°.

Aufsätze und Notizen.

2752. **La pêche** de la morue en Islande. Campagne de 1861, 1862. (Revue maritime et coloniale. Paris, III, 11 livr. 1861, p. 225—233; VI, 25 livr. 1863, p. 22—29; X, 37 livr. 1864, p. 182—193, par A. Thoyon; XIII, 50 livr. 1865, p. 219—230; XVI, 61 livr. 1866, p. 119—296; XIX, 1867, p. 358; XXII, 1868, p. 373; XXVI, 103 livr. 1869, p. 638—649; XXVIII, 109 livr. 1870, p. 36—38; XXXII, 124 livr. 1872, p. 74—85; XXXVI, 136 livr. 1873, p. 45—53.)
2753. État des batiments armées pour la pêche de la morue en Islande. Campagne de 1862. (Revue maritime et coloniale. Paris, IV, 16 livr. 1861, p. 823.)
2754. **Notice** sur les pêches du Danemarc, des iles Féroé, de l'Islande et du Groënland. (Revue maritime et coloniale. Paris, IX, 33 livr. 1861, p. 5—20.)
2755. **Armements** pour la pêche de la morue en 1864 Islande (Revue maritime et coloniale. Paris, XI, 43 livr. 1864, p. 621—622.)
2756. **Pêche** de la morue et du Hareng. Pêche de la morue en Islande et à Terre-Neuve et du Hareng sur les Côtes d'Écosse et d'Angleterre. (Revue maritime et coloniale. Paris, XVI, 61 livr. 1866, p. 199; XXII, 86 livr. 1868, p. 373; XXVI, 103 livr. 1868, p. 630—643: XXVIII, 109 livr. p. 29—44.)
2757. **Crowe**, Vice Consul. Notes on Iceland and its fisheries. (Nautical-Magazine, December 1869, p. 669—682.)
2758. **The Fisheries** of Denmark, the Faroe Islands and Iceland. (The Geogr. Magaz. London, III, 1876, p. 261—263.)
Siehe auch die Nummern: 102, 123, 124, 127, 131, 132, 138, 140, 191, 229, 261, 276, 326, 340, 353, 474, 746, 756, 925, 933, 956, 957, 1096, 1125, 1126, 1127, 1135, 1139, 1147, 1815, 1825, 1829, 1846, 1850, 1870, 1892, 1902, 1906, 1907, 1908, 1910, 1911, 1916, 1917, 1918, 1919, 1925, 1933, 1987, 1942, 1969, 2093, 2110, 2111, 2761, 2819, 3077, 3130, 3132, 4296, 4320, 4384, 4720, 4912, 5222, 5223, 5225, 5245, 5275, 5471, 5616, 5618, 5638, 5639, 5652.

VIII. Jan Mayen- und Bären-Insel.

2759. **Keilhau B. M.** Reize i Öst og Vest Finmarken samt til Beeren Eiland og Spitsbergen i Aarene 1827 en 1828. VIII und 247 pp. Mit 1 lith. Karte u. 3 Ansichten. Christiania, Trykt hos Joh. Krohn, 1831; Leipzig, Lorck. 8°.
2760. **Buch** Leop. v. Die Bären-Insel. Nach B. M. Keilhau geognostisch beschrieben. Berlin, G. Reimer, 1847. 4°.
2761. **Vogt Carl.** Nord-Fahrt entlang der Norwegischen Küste, nach dem Nordkap, den Inseln Jan Mayen und Island auf dem Schooner Joachim Hinrich unternommen während der Monate Mai bis October 1861, von Georg Berna, in Begleitung von C. Vogt, H. Hasselhorst, A. Gressly u. A. Herzen. Mit einem wissenschaftlichen Anhang, 3 Karten und 50 Illustrationen nach Originalzeichnungen von H. Hasselhorst. Frankfurt a. M., C. Jügel 1863, 429 pp. gr. 8°. Mit den Karten: Jan Mayen (lithogr. Anstalt F. C. Klimsch) 1:400.000, Reiseroute im Innern von Island 1:700.000. Fahrt des Joachim Hinrich im Sommer 1861, 1:18,000 000. Mit den Ansichten: Hammerfest; Jan Mayen; Quer- und Längsdurchschnitt des Thales von Thingvalla; das Thal von Thingvalla; Uebergang über die Hvitá, der grosse und kleine Geysir; an der Ost-Küste von Jan Mayen, Krater Berna; Insel-Kette der Lofoden.
2762. **Beschreibung** der Insel Jan Mayen oder der Dreyeinigkeitsinsel. Voyages and Travels. (Allgemeine Historie Vol. XIX.)

2763. **History of Jan Mayen Island** 1585—1746. Harris J. Vol. II.
2264. **Voyages to Cherie Island** 1604—1609. Purchas. Vol. III.
2765. **Povle J.** Voyages set forth by Sir T. Smith to Cherry Island 1610—1612. Purchas Vol. III.
2766. **Supplement Description of John Mayens, Island** 1711. (Account of several late Voyages.)
2767. **Supplement.** Description of Cherry Island 1711. (Account of several late Voyages.)

Aufsätze und Notizen.

2768. **Buch L. v.** Spiriter Keilhaui und dessen Fundort. (Abhandlg. d. k. Acad d. Wissenschaften zu Berlin 1846, p. 65.)
2769. **Dufferin** über Jan Mayen und Spitzbergen. (Westermann's Jahrb. VIII, 1860, p. 455—456.)
2770. **Une Visite** de Lord Dufferin à l'île de Jean-Mayen en 1856. (Nouv. Annales des Voyages. VI série, VI année, Janvier 1860, p. 86—102.)
2771. **Berna Georg.** Fahrt nach dem höchsten Norden Europa's. Die Insel Jan Mayen. (Ausland, XXXVI, 1863, p. 655.)
2772. **Holmgreen** Aug, Emil. Bidrag till kännedomen om Beeren Eilands och Spetsbergens Insekt Fauna. (K. Sv. Vet. Akad. Handlingar, VIII, 1869, Nr. 5, p. 1—55.)
2773. **Nordenskjöld A. E.** Meteorologiska Jakttagelser anställda på Beeren-Eiland vintern 1865—66 af Sievert Tobiesen och inom norra Polarhafvet. Sommaren 1868 af Kapt Friherre W. v. Otter och L. Palander. (K. Sv. Vet. Akad. Handlingar, VIII, 1869, Nr. 11, p. 1—20.)
2774. **Fries Th. M.** Om Beeren Islands fanerogram vegetation. (Öfversigt af K. Sv. Vet. Akad. Forh. XXVI, 1869, p. 145—156.)
2775. **Nordenskiöld A. E.** Meteorologische Beobachtungen während einer Ueberwinterung auf der Bären-Insel, 6. August 1865 bis 19. Juni 1866, angestellt von dem Schiffer Sievert Tobiesen. (Petermann's Geogr. Mitth. XVI, 1870, p. 249—254.)
2776. **Hann J.** Tobiesen's Ueberwinterung und Beobachtungen auf der Bären-Insel 74$\frac{1}{2}$° n. Br. (Zeitschr. d. österr. Ges. f. Meteorol. V, 1870 p. 343—5.)
2777. **Heer Oswald.** Fossile Flora der Bären-Insel. Enthaltend die Beschreibung der von den Herrn Nordenskjöld und Malmgren im Sommer 1868 dort gefundenen Pflanzen. Mit 15 Tafeln. (K. Sv. Vet. Akad. Handlingar, IX, 1870, Nr. 5, p. 1—51.)
2778. **Herzen** Alexander Dr. Una gita a Juan Mayen. (Bolletino della Società geografica italiana Fasc. 5, Parte III, 1870, p. 97—107.)
2779. **Heer O.** On the carboniferous flora of Bear Island lat. 74°, 30' N. (Quarterly Journal of the Geological Society, London, XXVIII, Nr. 110, Mai 1872, P. I, p. 161—169.)
2780. **Dawson J. W.** Note on the relations of the supposed Carboniferous plants of Bear Island with the Palaeozoic flora of North America. (Geological Magazine, X, 1873, p. 43.)

Karten.

2781. **Jean Mayen,** Isle de. Amsterdam, Blaeu, 1650.
2782. **Janssonius.** Jan Mayen Island. Amsterdam, 1657.

Siehe auch die Nummern: 127, 746, 957, 2110, 2111, 2239, 2246, 2328, 2390, 2820, 2994, 3082, 3089, 3103, 3105, 3106, 3107.

IX. Spitzbergen.

a) Allgemeines, Geographie und Reisen.

2783. **Lemaire** Jacob. La Navigation du Spitzberg. Amsterdam, 1612. 4°.
2784. **Descriptio** regionis Spitzbergae addita simul relatione injuriarum quas Anno 1613 alii piscatores ab Anglis perpessi sunt. Amstelodami, 1619.
2785. **Raven** Albertsz D. Journael ofte Beschrijvinge van de Reijse by — na Spitsbergen in 1639, ten dienste van de H. H. Bewinth v. de Groenlantse, Comp. tot Hoorn. Waerin syn droevighe schipbreucke, ellende op 't wraeck en blyde verlosinghe. Met and. gedenckw. Historien. 16 pp. Hoorn J. J. Deutel, 1646. Utrecht, E. W. Snellaert, 1647, 4°.
2786. **Martens** Friederich, spitzbergische oder grönländische Reisebeschreibung etc. gethan i. J. 1671. m. Fig. 132 pp. Hamburg, G. Schultz, 1675, 4°.
2787. **Rautenfels** Jacobo. gentilhuomo curlandese Viaggio di Spizberga o Gronlandia fatto da Federico Martens omburghese l'anno 1671, portato dalla lengua allemana nell' italiana. Venezia, J. Prodocimo. 1680, 18°.
2788. **Martens** Fred. Voyage into Spitzberghen and Greenland. Translated from the High-Durch. London 1694; 1695.
2789. **Stählin** J. van. An Account (Adventures of four Russian Sailors.... on the desert Island of East Spitzbergen.) By P. Le Roy. London, 1774.
2790. **Le Roy** P. L.. Relations des avantures arrivées a quatre matelots russiens, jettés sur une isle deserte, chez Ost-Spitzbergue (Moy-Brun) s. l. 1766, 8°.
2791. **Le Roi** P. L. Récit des Aventures singulières de quatre Voyageurs russes qui furent jetés dans l'île déserte du Spitzberg oriental, auquel sont jointes quelques Observations sur les productions de cette île. Traduit de l'original allemand en anglais, et de l'anglais en française. Amsterdam et Paris, 1767, 8°.
2792. **Le Roy** P. L. Erzählung der Begebenheiten vier russischer Matrosen die durch einen Sturm bis zur wüsten Insel Ostspitzbergen verschlagen worden. Nebst einigen Anmerkungen über verschiedene in Russland eingeführten Gewohnheiten. Riga u. Mietau, 1768, 8°.
2793. **Le Roy** P. L. Relaes van het gebeurde aan vier Russische Zeelieden, welke op het onbewoond eiland Ost-Spitzbergen zijn geraakt, waarop zij zes jaaren en drie maanden op een wonderbaarlijke wijze hebben doorgebragt. Doormengd met eenige zonderlinge gewoontens der Russen, enz. Amsterdam, 1768, 8°.
2794. **Müller** G. F. Die zwei neuesten von Capitän Tchitschagow unternommenen Reisen im Eismeer, in den Jahren 1765 und 1766. Petersburg, 1773, 8°.
2795. **Histoire** de Saint-Kilda, trad. de l'anglais. du Kenneth P. Mac-Aulay (par Mme d'Arconville). Relation de l'Archipel septentrional découvert par von Staehlin. Aventures singulières de quatre Voyageurs russes qui furent jetés dans l'île déserte du Spitzbergen oriental. Paris, Knapen, 1782, 3 part. en 1 vol. in 12°
2796. **Tschitschagow** v. Reise nach dem Eismeer bis zum 82. Gr. nördl. Breite. St. Petersburg, Logan, 1793, 8°.
2797. **Bacstrom** John. Account of a Voyage to Spitzbergen. London, 1800, 8°.
2798. **Himkof** J. Voyage au Spitsberg et à la Nouvelle-Zemble, entrepris en 1706, dans le dessein de trouver un passage aux Indes orientales, et suiv. des Aventures surprenantes de quatre matelots russes sur la côte du Spitsberg; traduit de l'allemand de Campe avec cartes et figures. Paris, Dufour, 1801, 18°.
2799. **Laing** John Surgeon. An Account of a Voyage to Spitzbergen; containing a full description of that country of the Zoology of the North, and of the Shetland Islands; with an Account of the Whale fishery; with an Appendix, containing observations on the variation of the Compass etc. by a Gentleman of the Navy. London, 1815, 8°; Edinburgh, 1818; 1820, 12°.

2800. **Description** of a View of the North Coast of Spitzbergen; in Barkers Panorama. London, 1819.
2801. **Löwenigh,** Barto von. Reise nach Spitzbergen. Aachen, Mayer, 1830. 8°.
2802. **Fabvre Capt.** Rétour en France de la Recherche; Rapport sur la seconde Campagne au Spitzberg. Paris, 1839.
2803. **Martins** Ch., lettre à Mr. Arago, relative aux travaux physiques de la commission scientifique du nord, par Martins Lottin et Bravais 1840. 4°.
2804. **Fabvre,** lieut. de vaiss. Voyage de la commission scientifique du nord, en Scandinavie, en Laponie, au Spitzberg et au Faröe, pendant les années 1838, 1839 et 1840 sur la Corvette »La Recherche«. Aurores boréales par M. M. V. Lottin, A. Bravais. C. B. Liliehöök, et P. A. Siljeström. Paris 1840—1849. 8°.
2805. **Zoncada** A. Lettere sulla Dannimarca e lo Spitzberg. Milano, 1841.
2806. **Hildebrandt** C. Winter in Spitzbergen, a Pole. Hamilton 1853. 12°. Transl. by E. G. Smith (for Youth) London, S. P. C. K. Houlston 1866. 12°.
2807. **White** Adam. A collection of early Documents on Spitzbergen and Greenland. 1855. Hakluyt Soc. Vol. XVIII. Works issued by the Hakluyt Society. London, 1856.
2808. **d'Aunet** Léonie, Mme. Voyage d'une femme au Spitzberg. 367 pp. avec Ill. Paris, Hachette, 1855; 1856. 16°; 1872.
2809. **Marmier** Xavier. Les Fiancés du Spitzberg 1858. Paris, Hachette et Comp. 1858. 12°. 1863;
2810. **Lennep** J. H. v. Uittrksel uit het Journaal der 7 maats in 1634 op Spitzbergen overwinterende gestorven zyn. Haarlem, Weeveringh, 1861. 4°.
2811. **Nordenskiöld** och Lindhagen. Geograf. Ortsbestämn. på Spetsbergen. Stockholm, 1863. 4°.
2812. **Nordenskiöld** och Dunér. Spetsbergens geografi 2 afhandl. Stockholm, 1865—1867 m. 2 Karten gr. 4°.
2813. **Chydenius** K. Svenska expeditionen til Spitsbergen år 1861 utförd under ledning af Otto Torell. Ur deltagernes anteckningar och andra handlingar skildrad. 482 pp. mit Karten Stockholm, Norstedt 1865, 1866; 8°.
2814. **Dunér** and Nordenskiöld. Explanatory remarks in illustration of a map of Spitzbergen. Translated of the Transactions of the Swedish Academy of Sciences. Stockholm, Norstedt, 1865.
2815. **Petermann** A. Spitzbergen und die arktische Central-Region. 80 pp. 3 Karten. Taf. 1. Karte der arkt. und antarkt. Regionen zur Uebersicht der Entdeckungsgeschichte von A. Petermann 1 : 40,000.000. Taf. 2. Spitzbergen von N. Dunér u. A. E. Nordenskjöld 1 : 2,200.000. — Bären-Insel. Nach B. M. Keilhau 1 : 500.000. Gez. v. A. Welcker. Taf. 3. Weltkarte in Nordpolar-Sternprojection. Nach G. Jäger in Wien. Mit Modif. von A. Petermann 1 : 185.000.000. Gotha. Mittheil. aus J. Perthes geogr. Anstalt über wichtige neue Forschungen auf dem Gebiete der Geographie von A. Petermann. Ergänzungsheft XIV, 1865. 4°.
2816. **Martins** Ch., Du Spitzberg au Sahara, étappes d'un naturaliste, au Spitzberg, en Laponie, en Écosse, en Suisse, en France, en Italie, en Orient, en Egypte et en Algérie 635 pp. Paris, Baillière, 1865, 8°; 1866.
2817. **Martins** Charles. Von Spitzbergen zur Sahara. Stationen eines Naturforschers in Spitzbergen, Lapland u. s. w. Mit einem Vorwort von C. Vogt. A. d. franz. von A. Bartels. 2 Bde. XXVI und 687 pp. Jena, Costenoble, 1866; 1868; Gera, Griesbach, 1874, 8°.
2818. **Dunér** N., A. J. Malmgren, A. E. Nordenskiöld och A. Quennerstedt. Svenska Expeditioner till Spetsbergen och Jan Meyen utförda under åren 1863 och 1864. 261 pp. Mit 15 Tafeln und 1 Karte Mit zool. Anh. v. Malmgren. Stockholm, Norstedt, 1867. 8°.
2819. **Spitzbergens,** Grönlands, Islands och den Skandinaviska halföns hittills kända Annulata polychaeta. 14 Tab. 128 pp. Helsingfors, 1867. 8°.
2820. **Torell** A. und A. E. Nordenskjöld. Die schwedische Expedition nach Spitzbergen und Bäreneiland in den Jahren 1861, 1864 und 1868. Vollständige

Ausgabe für Deutschland. Aus dem Schwedischen von L. Passarge. Mit 1 Karte und 36 Ill. Jena, Costenoble, 1869. 8°. Neue Ausgabe.: Gera, Griesbach, 1874. '518 pp. Mit der Karte von Spitzbergen. Von Dunér und Nordenskjöld. Gez. v. A. Welcker 1 : 2,200.000. Nebenkarte: Die Bäreninsel nach B. M. Keilhau. 1 : 500.000. Auf p. 401 Beeren-Eiland. Mit den Ansichten: Die 3 Kronen.(Rings-Bai), Magdalenenbucht, Crossbai. Scoresby's Grotte, Burgemeisterthor auf Bären-Eiland, Green Harbourg, Prinz Charles Vorland, Treurenbergbai, Karls XII. Insel u. d. Trabant, Smeerenbergbai, Kingsbai, Sortepynt auf Prinz Charles Vorland, Dansků, Axel Thordsen, Safe Haven, Alkenhorn, Storfjord, Gillis Land.

2821. **Fries** Th. M. och C. Nyström. Svenska expeditioner år 1868 med kronsångfartyget Sofia. Reseskizzer. Mit 1 Karte und Illustr. 251 pp. Stockholm, Norstedt, 1869. 8°.

2822. **Hessel** Gerrits de Assum. Histoire du pays nommé Spitzberghe. Monstrant comment quil est trouvé, son naturel et ses animaux avecques la triste racompte des maux, que noz Pecheurs tant Basques que Flamens ont, eu a souffrir des Anglais en l'estée passée l'an de grace 1612. Mit 2 Karten. Amsterdam 1613. 2. Aufl. Amsterdam 1620. 4°. Eten apres une protestation contre les Angloys et annullation de toutes leures frivoles argumens, par quoy ils pensent avoir droict pour se faire Maistre tout seul du dicte Pays. Mit 1 Karte. 30 pp. Nouvelle édition et réimpression. Amsterdam, Fr. Mueller, 1872. 4°.

2823. **Kjellmann** Fr. Svenska Polar-Expeditionen, 1872—1873. Stockholm, Norstedt, 1875.

2824. **Heuglin** M. Th. v. Reisen nach dem Nordpolarmeere in den Jahren 1870 bis 1871. 3. Theile Beiträge zur Fauna, Flora und Geologie von Spitzbergen und Nowaja Semlja. 360 pp. Mit 1 Tafel. Braunschweig, Westermann. 1873, 1874. 8°. Mit den Karten: Ost-Polarmeer zwischen Spitzbergen und Nowaja-Semlja. Von Petermann 1 : 5,000.000; Autogr. v. Koffmahn. Ost-Spitzbergen 1 : 800.000; von Petermann, bearb. v. Habenicht. Die Karische und Jugorsche Strasse, nach Rosenthals Messungen 1 : 500.000; von Petermann. Nebenkarten : Matoschkin Scharr 1 : 500.000; Die Belushja Bucht und Meta Bai 1 : 250.000; Die Nechwatowa See'n 1 : 250.000. Mit den Ansichten: Whales-Point, Chromolithographie von Schütze; Westküste von Spitzbergen beim Südcap; Mohn-Bay; Cap Lee; Oestliche Mündung der Thymenstrasse Cap Lee; Uferterrassen bei Cap Heuglin; Helisland; Nordufer der Ginevra-Bay; Advent-Bay; Romsdal Tromsö, Hammerfest, Nordcap; Tönsberg.

2825. **Mohn** H. Albert Expedition til Spetsbergen i November og December 1872 og dens videnskabelige Resultater. Christiania, 1873. 8°.

2826. **Wells** J. C. The gateway to the Polynia. A voyage to Spitzbergen. With Illustr. 356 pp. London, King, 1873; 1876, 8°.

2827. **Drasche-Wartinberg.** Dr. R. v. Reise nach Spitzbergen im Sommer 1873 auf dem Schooner »Polarstjernen«. 63 pp. Mit Abbldgn. u. 1 Karte. Wien, Braumüller, 1874. 8°,

2828. **Heer,** Dr. O. Die schwedischen Expeditionen zur Erforschnng des hohen Nordens vom Jahre 1870 und 1872/73. Zürich, Schulthess, 1874. 8°.

2829. **Voyage** au Spitzberg et à la Nouvelle Zemble. 128 pp. Paris, Rigaud. 1874. 8°.

2830. **Nordenskjöld** A. E. Redogörelse fôr don Svenska Polarexpeditionen år 1872—1873. Mit Kupfertafeln und 1 Karte. 131 pp. Stockholm, Norstedt, 1875. 8°.

2831. **Lamont** James. Yachting in the Artic Seas; or, Notes of five Voyages of Sport and Discovery in the Neighbourhood of Spitzbergen and Novaya Zemlya. Edited and illustrated by W. Livesay. 372 pp. London, Chatto and Windus, 1876.8°.

2832. **Le Roy's** Narrative of four Russian Sailors cast upon the Island of East Spitzbergen. Pinkerton. Vol. I.

2833. **Backstrom's** Voyage to Spitzbergen. Pinkerton. Vol. I.
2834. **Beschreibung** von Spitzbergen. Voyages and Travels. Allgemeine Historie. Vol. XVII.
2835. **Segersz** Jacob van der Brugge. Twee Journalen yeder gehouden by Seven Matroosen in haer overwinteren op Spitsbergen.... Amsterdam by G. J. Zaagman. 36 pp.
2836. **Roy** Pierre Louis le. A narrative of the adventures of four Russian Sailors, who were cast away on the desert Island of East Spitzbergen; with some observations on the productions of that Island etc. Translated from the German by C. Heydinger. London, 1774. 8°.

Aufsätze und Notizen

2837. **Versuche** nach dem Nordpol zu schiffen. (Phipps) zwischen Grönland und Spitzbergen. (Büsching, Nachrichten, Berlin, I, 1773, p. 295, 296, 393.)
2838. **Journal** d'un voyage sous le pole arctique fait en 1773 par un officier de l'escadre.(Phipps.) (Büsching, Nachrichten, Berlin, II, 1774, p. 64, 273.)
2839. **Charten** von Spitzbergen und Nachrichten über die Insel. (Büsching, Nachrichten, Berlin, II, 1774, p. 111, 274.)
2840. **Phipps** Tagebuch seiner Reise nach Spitzbergen. (Büsching, Nachrichten, Berlin, II, 1774, p. 273.)
2841. **Baeström**, Erzählung einer Reise nach Spitzbergen i. J. 1780. (Minerva, II, 1802. p. 406.)
2842. **Extrait** du Voyage au Spitzberg. (Nouv. Annales des Voyages, XIII, 1822, p. 359—363.)
2843. **Retour** du Cap. Sabine du Spitzberg. (Nouv. Annales des Voyages, XXI, 1824, p. 132—133.)
2844. **Expédition** du capit. Parry au Spitzberg. (Paris, Nouv. Annales des Voyages, II Sér., I. 1826, p. 141.)
2845. **Plan** du voyage du capit. Parry au pôle par le Spitzberg. (Nouv. Annales des Voyages, II. Sér., II. 1826, p. 123—125.)
2846. **Établissement** sur les côtes du Spitzberg. (Nouv. Annales des Voyages. Paris, II Sér., II, 1826, p. 397.)
2847. **Neue** Expedition nach dem Nordpol. Parry. (Unterhaltungsblätter f. Welt- u. Menschenkunde. Aarau, III, 1826, p. 681.)
2848. **Parry's** Polar-Expedition. (Hertha, X, 1827, p. 86—88.)
2849. **Parry's** Reise nach Spitzbergen. (Hertha, IX, 1827, p. 132—134.)
2850. **Expédition** du capitain Parry. (Nouv. Annales des Voyages, II Sér., VI 1827 p. 121—5.
2851. **Voyage** du Capitain Parry. (Nouv. Annales des Voyages, II Sér. V!, 1827, p. 410—13.)
2852. **Expédition** anglaise au Pôle arctique. (Journal des Voyages, XXXIV, 1827, p. 112—117.)
2853. **Nouvelle** expédition anglaise dans les mers polaires et arctiques. (Journal des Voyages, XXXIII, 1827, p. 368—372.)
2854. **Dernière** expedition du Capitain Parry vers le Pôle Nord. (Journal des Voyages, XXXV, 1827, p. 364—368.)
2855. **Latta.** On the glaciers of Spitzbergen. (New Philosophical Journal, Edinburgh, Juni 1827, p. 95.)
2856. **Parry** Capitain. Nordpol-Expedition. (Neues Journel f. d. neueten Land- u. Seereisen von G. G. Friedberg, XXXIV. Vide LVIII. des Journal f. d. Land- u. Seereisen, 1828, p. 92.)
2857. **Noch etwas** über Parry's Rückkehr von seiner Nordpol-Expedition im Jahre 1827.(Hertha, XI, 1828, p. 23—27.)
2858. **Clavering** Douglas Charles. Esq., F. R. S Comander. Journal of a Voyage to Spitzbergen and the East Coast of Greenland in His Majesty's Ship Griper. Comunicated by James Smith, Esq. of Jordanhill, F. R. S. E. With a Chart of the discoveries of Capitains Clavering and Scoresby. (New Philosophical Journal, Edinburgh, April—July, 1830, p. 1—30.)

2859. **Instrux** for Corfitz Ulfeld i anledning af hansreise til Spetsbergen 1638, for at convoiere nogle danske handesskibe. (Danske Mag. N. VI., 1836, p. 143.)
2860. **Martins.** Glaciers du Spitzberg comparés à ceux de la Suisse et de la Norvège. (Bibliothèque universelle de Genève, 1840, Juillet.)
2861. **Grumant** bei den Russen. Etwas über Spitzbergen. [Journ. d. Minist. der Volksaufklärung, März]. (Ausland, XXIII, 1850, p. 431.)
2862. **Nordenskiöld's** Expedition nach Spitzbergen. (Ausland, XXXII, 1859, p. 288.)
2863. **Reisen** nach Spitzbergen i. J. 1858 [Torell, Lamont]. (Westermann's Jahrb. VI, 1859, p. 678–9.)
2864. **Der schwedischen** und finnischen Naturforscher. Torell, Quennerstedt's und Nordenskiöld's Reise nach Spitzbergen im Sommer 1858. (Petermann's Geogr. Mitth. V, 1859, p. 125.)
2865. **J. Lamonts** Reise nach Spitzbergen. (Petermann's Geogr. Mitth. V, 1859, p. 309.)
2866. **Expédition** au Spitzbergen par le doct. Nordenskiöld. (Nouv. Annales des Voyages, 1859, Févr. p. 234–236.)
2867. **Expédition** scientifique suédoise au Spitzberg. (Nouv. Annales des Voyages VI Sér., VI année, 1860, Avril, p. 120–121; VII année, 1861, Nov., p. 246–247; VIII année, 1862, Févr., p. 217–220.)
2868. **Die schwedische** Nordpol-Expedition. (Ausland, XXXIV, 1861, p. 570.)
2869. **Lamont's** Abenteuer auf Spitzbergen. (Ausland, XXXIV, 1861, p. 577.)
2870. **Rückkehr** der schwedischen Expedition nach Spitzbergen [Torell's Exped.] (Ausland, XXXIV, 1861, p. 1104, 1237.)
2871. **Die schwedische Expedition** nach dem Nordpol. (Petermann's Geogr. Mitth. VII, 1861, p. 156.)
2872. **Die schwedische Expedition** nach Spitzbergen und dem Eismeer. (Petermann's Geogr. Mitth. VII, 1861, p. 201.)
2873. **Die schwedische Polar-Expedition.** (Petermann's Geogr. Mitth. VII., 1861, p. 350.)
2874. **Geographische** Hiobsposten. Torell's schwedische Expedition und Hayes, amerikanische Expedition. (Petermann's Geogr. Mitth. VII, 1861, p. 399.)
2875. **Projet** d'une nouvelle exploration arctique par les Suédois. (Bulletin de la Soc. de Géogr. Paris, V Sér., I, 1861, p. 333.)
2876. **The swedish polar expedition.** (The Athenaeum, 1861, Nr. 1752, p. 695–6.)
2877. **Eine Expedition** nach Spitzbergen. (Torell.) (Globus, Hildburghausen, I, 1862, p. 189.)
2878. **Torell's** Expedition nach Spitzbergen. (Globus, Hildburghausen, I, 1862, p. 249–250.)
2879. **Ausbeute** der schwedischen Expedition nach Spitzbergen. (Torell.) (Globus, Hildburghausen, I, 1862, p. 284.)
2880. **Spitzbergen.** (Globus, Hildburghausen, II, 1862, p. 32.)
2881. **Die schwedische Expedition** nach Spitzbergen 1861. (Petermann's Geogr. Mitth. VIII, 1862, p 193.)
2882. **Torell O.** Exploration in Spitzbergen, undertaken by the Swedish Expedition in 1861, with the view of ascertainig the practicability of the measurement of an arc of meridian. (Proceedings of the R. Geogr. Society of London, XII, 1862–1863, p. 658–662).
2883. **Lindhagen D. G.** Geografiska Orstbestämningar på Spetsbergen af Prof. A. E. Nordenskjöld, beräknade och sammanställda af D. G. Lindhagen. (K. Sv. Vet. Akad. Handlingar, IV, 2. Hälfte, 1862, Nr. 6, p. 1–47.)
2884. **Chydenius K.** Om den under Svenska expeditionen till Spetsbergen år 1861 företagna undersökning af en gradmätnings utförbarhet derstädes. Mit 1 Karte. (Öfversigt af K. Sv. Vet. Akad. Förh. XIX, 1862, p. 89–111.)
2885. **Rindfleisch** nach Spitzbergen. (Globus, Hildburghausen, III., 1863, p. 320.)
2886. **Die schwedische Expedition** nach Spitzbergen 1861. (Petermann's Geogr. Mitth. IX., 1863, p. 24, 47, 212, 401.)

2887. **De la possibilité** d'une mesure de degré au Spitzberg. (Nouv. Annales des Voyages, 1863, Juin, p. 327—336.)
2888. **Torell** O. Extract of a letter to General Sabine, dated from Copenhagen, 12. Dec. 1863. (Proceedings of the R. Society of London, XIII., 1863—4, p. 83—84.)
2889. **Skogman** C. Completion of the preliminary survey of Spitzbergen, undertaken by the Swedish Government with the view of ascertaining the practicability of the measurement of an arc of the meridian. In a letter addressed to Major General Sabine: dated Stockholm, 21. Nov. 1864. (Proceedings of the R. Society of London, XIII., 1863—64, p. 551—553.)
2890. **Die schwedische** Expedition nach Spitzbergen 1861. V.—VII., [I.—IV. siehe 1863.] (Petermann's Geogr. Mitth. X, 1864, p. 14, 127, 208.)
2891. **Die Gradmessung** auf Spitzbergen. (Petermann's Geogr. Mitth. X, 1864, p. 67.)
2892. **Martins** Carl. Schilderung des Archipels von Spitzbergen. 10 Illustr. (Globus, Hildburghausen, VIII, 1865, p. 321—32.)
2893. **Ein misslungener Versuch** den Pol zu erreichen. [Buchan und Franklin, Frühjahr 1818.] (Globus, Hildburghausen, VIII, 1865, p. 383.)
2894. **Petermann** A. Dr. Spitzbergen und die arktische Central-Region. Eine Reihe von Aufsätzen und Karten als Beitrag zur Geographie und Erforschung der Polar-Regionen. 3 Karten. (Ergänzungsheft Nr. 16 zu Petermann's Geogr. Mitth., Gotha, Justus Perthes, 1865, 70 pp., 4°.)
2895. **Martins** Ch. Le Spitzberg. Avec 2 Cartes. (Le Tour du Monde. XII, 1865, 2 sèmestre, p. 1—32.)
2896. **Bilder** aus Spitzbergen. (Ausland, XXXIX, 1866, p. 1038, 1071, 1098, 1163, 1187.)
2897. **Bericht** der schwedischen Erforschungs-Expedition über Spitzbergen. (Globus, Hildburghausen, IX, 1866, p. 192.)
2898. **Seefahrten** nach Spitzbergen. (Globus, Hildburghausen, IX, 1866, p. 329—31.)
2899. **Grad** Ch. Esquisse physique des îles Spitzbergen et du Pôle arctique. (Annales des Voyages, 1866, Janvier, p. 26—49; Févr., p. 158—194; Mars, p. 273—302; Avril, p. 72—103; Mai, p. 171—208.)
2900. **Dunér** N. och Nordenskjöld A. E. Anteckningar till Spetsbergens Geografi. (K. Sv. Vet. Akad. Handlingar, VI, 2. Hälfte, 1866. Nr. 5, p. 1—15.)
2901. **Dunér** N. och Nordenskjöld A. E. Förberedande Undersökningar rörande utförbarheten af en Gradmätning på Spetsbergen. Med en Karta. (K. Sv. Vet. Akad. Handlingar, VI, 2. Hälfte, 1866, Nr. 8, p. 1—19.)
2902. **Fritsch** C. F. Schilderungen aus Spitzbergen. (Globus, Hildburghausen, XI, 1867 p. 25—26.)
2903. **Qvennerstedt** A. Anteckningar om djurlifvet i Ishafvet mellan Spetsbergen och Grönland. (K. Sv. Vet. Akad. Handlingar, VII, 1867. Nr. 3, 35 pp. 3 Tafeln.)
2904. **Die Polarexpeditionen** der Schweden nach Spitzbergen. (Globus, Braunschweig, XIV, 1868, p. 347—348.)
2905. **Schwedische Nordpolexpedition** 1868. (Petermann's Geogr. Mitth. XIV, 1868, p. 226.)
2906. **Die schwedische Polarexpedition** 1868. (Petermann's Geogr. Mitth. XIV, 1868, p. 298.)
2907. **Die schwedische Nordpolexpedition,** 20. Juli bis 14. September 1868. (Petermann's Geogr. Mitth. XIV, 1868, p. 429.)
2908. **Die schwedische Nordpolexpedition,** 15. September bis zur Rückkehr nach Tromsö, 20. October 1868. (Petermann's Geogr. Mitth. XIV, 1868, p. 453.)
2909. **Svenska Polarexpedition** 1868. (Post och Inrikes Tidningar 7. November 1868.)
2910. **Fries** Th. M. Resultaterna af de Svenska expeditionerna till Spetsbergen. (Svensk literatur tidskrift utg. af C. R. Nyblom, årg. IV, 1868, p. 216—40.)

2911. **Nyström C.** Om den Sista svenska Spetsbergs-expeditionens utrustning och hygien. (Upsala Läk.-Fören. Förhandl. IV, 1868—1869, p. 419—439.)
2912. **Nyström C.** Om jäsnings och föruttnelseprocesserna på Spetsbergen. (Upsala Läk-Fören. Förhandl. IV, 1868—1869, p. 551—571)
2913. **Die drei schwedischen Expeditionen** nach Spitsbergen. (Ausland, XLII, 1869, p. 1129.)
2914. **Andree R.** Die schwedische Nordfahrt 1868. (Hildburghausen, Ergänzungsblätter, IV, Heft 9, 1869, p. 539—542.)
2915. **Die drei schwedischen Polar-Expeditionen.** (Gaea, V, 1869, p. 499.)
2916. **Fritsch C.** Die schwedische Expedition nach Spitzbergen 1863 und die Resultate derselben. (Globus, Braunschweig, XV, 1869, p. 19—22.)
2917. **Die schwedische Expedition** nach den Schilderungen des Dr. Fries. (Globus, Braunschweig, XV, 1869, p. 307, 334.)
2918. **Berggren S.** Aus hohen Breiten. (Oesterr. botan. Zeitschrift, red. v. Skofitz, XIX, 1869, p. 82—85.)
2919. **Nordenskiöld A. E.** de. Expédition suédoise de 1868 au Pôle Nord sous la direction de A. E. de Nordenskiöld et de Baron W. de Otter. (Bulletin de la Soc. de Géogr. Paris, V Sér., XVIII, 1869, Nov., p. 357—378.)
2920. **Nordenskiöld A. E.** and Fr. W. v. Otter. Account of the Swedish North Polar Expedition of 1868. With a map. (Journal of the R. Geogr. Society of London, XXXIX, 1869, p. 131—146.)
2921. **Nordenskiöld A. E.** and Fr. v. Otter. Account of the Swedish North Polar Expedition of 1868. (Proceedings of the R. Geogr. Society of London, XIII, Nr. 3, 1869, p. 151—170.)
2922. **Nordenskiöld A. E.** 1861 års svenska polarexpedition under ledning af A. E. Nordenskiöld och Fr. v. Otter. (Framtiden utg. af C. v. Bergen. II, årg. 2, 1869, p. 642—657.)
2923. **Nordenskiöld A. E.** Eine grössere schwedische Nordpolexpedition. (Archiv für Seewesen, VI, 1870, p. 226.)
2924. **Neue Nordpolexpedition.** [Lamont.] (Archiv für Seewesen, VI, 1870, p. 238.)
2925. **Rückkehr** von Lamont's Nordpolarexpedition. (Archiv für Seewesen, VI, 1870, p. 436—437.)
2926. **Die 5. schwedische Polarexpedition.** (Globus, Braunschweig, XVII, 1870, p. 255.)
2927. **Schicksal** von 37 Fangbooten, welche nach Spitzbergen und Nowaja Semlja segeln sollten. (Globus, Braunschweig, XVIII, 1870, p. 383—84.)
2928. **Eine Bucht** an der Nordküste von Spitzbergen. (Petermann's Geogr. Mitth. XVI, 1870, p. 113—115.)
2929. **Fahrt** nach Spitzbergen von Th. v. Heuglin und Graf Zeil. (Petermann's Geogr. Mitth. XVI, 1870, p. 337—341.)
2930. **Heuglin's** Th. v. und Graf Zeil's Forschungen in Ost-Spitzbergen, Juli und August 1870. (Petermann's Geogr. Mitth. XVI, 1870, p. 422—423)
2931. **Heuglin's** Th. v. und Graf Waldburg Zeil's Forschungen in Ost-Spitzbergen, August und September 1870. Nach brieflichen Mittheilungen Th. v. Heuglin's, 26. September bis 19. October 1870. (Petermann's Geogr. Mitth. XVI, 1870, p. 443—451.)
2932. **Preparativi** per la spedizione svedese al Polo nel 1871. (Bolletino della Società geogr. italiana, Fasc. V, Parte III, 1870, p. 158.)
2933. **Spedizione** artica Svedese. (Bolletino della Società geogr. italiana, IV, 1870, p. 323—224.)
2934. **Spedizione** Svedese del 1868 al Polo Nord. (Bolletino della Società geogr. italiana, IV, 1870, Maggio, p. 224—229.)
2935. **Nordenskiöld A. E.** Astronomiska ortsbestämningar under Svenska Polarexpeditionen 1868. (Öfversigt af Kon. Vetenskaps Akademiens Förhandlingar, XXVII, 1870, Nr. 5, p. 569—580.)
2936. **Zur schwedischen Nordpolexpedition.** [Nordenskiöld A. E.] (Archiv für Seewesen, VII, 1871, p. 489.)

2937. **Hellwald Friedrich** v. Spitzbergen nach den neuesten Forschungen. (Ausland, XLIV, 1871, p. 481.)
2938. **Heuglin's** Th. v. Aufnahmen in Ost-Spitzbergen 1870. Begleitworte zur neuen Karte dieses Gebiets Tafel 9. (Petermann's Geogr. Mitth. XVII, 1871, p. 176—182.)
2939. **Voyage** au Spitzberg de M. M. de Heuglin et de Zeil. (Le Globe, Genève, Bulletin, X, 1871, p. 161—184.)
2940. **Schwedische Nordpolar-Expedition.** (Archiv für Seewesen, Wien, VIII, 1872, p. 276—277.)
2941. **Die diesjährige schwedische Nordpolar-Expedition.** (Archiv für Seewesen, Wien, VIII, 1872, p. 344, 417, 507, 509.)
2942. **Frisch** C. F. Dr. Die schwedische Nordpolar-Expedition 1872. (Aus allen Welttheilen, III, 1872, Nr. 10, p. 306—307.)
2943. **Die schwedische Colonie** in Spitzbergen. (Aus allen Welttheilen, IV, 1872—1873 Nr. 3, p. 94.)
2944. **Erste Nachrichten** von den Ueberwinterern auf Spitzbergen. (Aus allen Welttheilen, IV, 1872—1873, Nr. 10, p. 319.)
2945. **Die schwedische Polar-Expedition** 1872. (Gaea, VIII, 1872, p. 447—448.)
2946. **Die neuesten Berichte** aus Spitzbergen. (Globus, Braunschweig, XXII, 1872, p. 286.)
2947. **Schwedische Polar-Expeditionen** 1872. (Globus, Braunschweig, XXII, 1872, p. 110, 314, 327, 348.)
2948. **Expedition** des Hans Grafen v. Wilczek. (Mitth. d. Geogr. Ges. in Wien, XV, 1872, p. 242.)
2949. **Schwedische Nordpol-Expedition.** (Mitth. d. Geogr. Ges. in Wien, XV, 1872, p. 390—391, 437, 529.)
2950. **Wilczek** Hans Graf v. Vorläufiger Bericht über seine Fahrt nach Spitzbergen und Novaja-Semlja. (Mitth. der Geogr. Ges. in Wien, XV., 1872, p. 489—493.)
2951. **Parent** Lieut. Lettere sulla spedizione polare svedese, rimesse alla società col mezzo del Ministero della marina. (Bolletino della Società geogr. italiana, Roma, VIII., 1872, Octobre, p. 129—135.)
2952. **Partecipazione** degli italiani alle spedizioni artiche. (Bolletino della Società geogr. italiana, Roma, VIII., 1872, p. 159—160.)
2953. **Parent** E. Notizie della Spedizione polare di Nordenskiöld (Rivista maritima, Roma, IV., 1872, p. 956—959; V., 1873, p. 1109. VI., 1874, p. 341—343.)
2954. **The Swedish Arctic Expedition.** (Ocean Highways, II., 1872, Nr. 7, p. 197.)
2955. **Die schwedische Polar-Expedition** und die Schlittenreisen zum Nordpole. (Gaea, IX., 1873, p. 518—520.)
2956. **Neue Nachrichten** über die eingefrorenen Polarfahrer. (Globus, Braunschweig, XXIII, 1873, p. 43.)
2957. **Nachrichten** von der schwedischen Polar-Expedition. (Globus, Braunschweig, XXIV, 1873, p. 103—5.)
2958. **Das Schicksal** der norwegischen Fangmänner. (Globus, Braunschweig, XXIV, 1873, p. 157—159.)
2959. **Nordenskjöld's** wissenschaftlicher Bericht über die schwedische Polar-Expedition. (Globus, Braunschweig, XXIV, 1873, p. 171—4.)
2960. **Die norwegische Polar-Expedition.** (Globus, Braunschweig, XXIII, 1873, p. 288.)
2961. **Die österreichische wissenschaftliche Expedition** nach Spitzbergen. (Globus, Braunschweig, XXIV, 1873, p. 302.)
2962. **Die fünfte schwedische Nordpolar-Expedition** unter dem Commando von Professor Nordenskjöld 1872—73. (Geographie und Erforschung der Polar-Regionen Nr. 81. — Petermann's Geogr. Mitth. XIX, 1873 p. 337—360.)
2963. **Nordenskjöld** Prof. Die Schlittenfahrt der schwedischen Expedition im nordöstlichen Theile von Spitzbergen, 24. April — 15. Juni 1873.

(Geographie und Erforschung der Polar-Regionen Nr. 85. — Petermann'*s* Geogr. Mitth. XIX, 1873, p. 444—453.)
2964. **Drasche** Richard v. Bericht über eine Reise nach Spitzbergen im Sommer 1873. (Mitth. der Geogr. Ges. in Wien, XVI, 1873, p. 495—498.)
2965. **Ule** O. Die Ueberwinterung auf Spitzbergen. (Die Natur, 1873, p. 329, 337, 345.)
2966. **Berggren's** Schreiben über die schwedische Nordpol-Expedition d. J. 1872. (Verhandl. d. k. k. zool.-bot. Ges. in Wien, XXIII., 1873, p. 10.)
2967. **Grad** Charles. Résultats scientifiques des explorations de l'océan glacial à l'est de Spitzbergen en 1871. (Bulletin de la Soc. de Géogr. Paris, VI Sér., VI, 1873, p. 337—379.)
2968. **Broch** O. J. Hivernage de l'expédition Suédoise au Spitzberg. Extrait d'une lettre. (Bulletin de la Soc. de Géogr. Paris, VI Sér., VI, 1873, p. 538—43.)
2969. **Hepp** M. Mort des matelots Norvégiens au Spitzberg. (Bulletin de la Soc. de Géogr. Paris, VI Sér., VI, 1873, p. 543—546.)
2970. **Nordenskiöld** A. E. Lettre datée de Mossel-Bay, contenant des faits recueillis par l'expédition pendant son hivernage; communiquée par M. Daubrée. (Comptes rendus de l'Acad. des scienc. Paris. LXXVII, 1873, Juill. à Dec. p. 187—190.)
2971. **Cora** Guido. Viaggio nello Spitzbergen di Eugenio Parent (Cosmos di Cora, I., 1873, p. 263—264.)
2972. **Parent** E. Luogetenente. Breve rapporto sui procedimenti della spedizione polare artica svedese 1872—1873. (Rivista maritima, Roma, II, Agosto 1873, p. 217—264.)
2973. **Envall** Axel. Bref från Spetsbergs-expeditionen. d. dato: Vinterqvateret Polhem i Mosselbay den 16. Juni 1873. (Hygiea, XXXV, 1873, p. 408—412.)
2974. **Ueber die wissenschaftlichen Ergebnisse** der vier schwedischen Polarfahrten nach Spitzbergen. (Gaea, X., 1874, p. 563—4.)
2975. **Nordenskjöld** über die Gletscher auf dem Nordostlande von Spitzbergen. (Globus, Braunschweig, XXV, 1874, p. 142—3.)
2976. **Höfer** Hanns. Graf Wilczek's Nordpolarfahrt im Jahre 1872. Mittheilungen desselben als Geologen der Expedition. (I. Beiträge zur Geographie Süd-Spitzbergens. Geographie und Erforschung der Polar-Region Nr. 92. — Petermann's Geogr. Mitth. XX., 1874, p. 219—228.)
2977. **Die schwedische Polar-Expedition.** (Ausland, XLVIII, 1875, p. 985—988.)
2978. **Le Pôle Nord.** Expédition suédoise. (l'Explorateur, I, 1875, p. 166—167 II., 1875, p. 303, 484.)
2979. **Gros** Jules. Les Expéditions suédoises au Pôle Nord. (l'Explorateur, II., 1875, p. 321—323.)
2980. **Spedizione** artica svedese. (Bolletino della Società geogr. ital. Roma, Anno IX, Ser. II, XII, 1875. p. 62.)
2981. **The Swedish Arctic Expedition.** (The Geogr. Magaz. London, II, 1875, p. 152.)
2982. **Nordenskiöld** A. E. Redogörelse för den svenska Polar-Expeditionen år 1872—1873. (Bihang till K. Svenska Vetensk.-Akad. Handlingar. Stockholm, P. A. Nordsted & Söner. 1875. Nr. 18, p. 1—132.)
2983. **Arbeten** och uppsatser öfver de svenska arktiska expeditionerna. (Bihang till K. Svenska Vetensk.-Akad. Handlingar. Stockholm. P. A. Nordsted & Söner. 1875, Nr. 18, p. 117—132.)
2984. **The Swedish Arctic Expedition.** (The Geographical Magazine. London, III, 1876, p. 4—5.)
2985. **Envall** A. Rapport till kongl. Sundhets Kollegium öfver hygienen och sjukvården under den Svenska Polar-Expeditionen 1872—1873. (Stockholm, Sv. Läkare—Sällsk., Nya Handl. Ser. II, p. 87—122.)
2986. **Projet** d'une exploration au Spitzberg. (Bulletin de la Soc. de Géogr., Paris, I Sér. VI, p. 113 ; VIII, p. 66.)
2987. **Expédition** du capitaine Parry au pôle arctique. (Bulletin de la Soc. de Géogr. Paris, I Sér., VIII, p. 163.)
2988. **Boat** voyage along the coast of Spitzbergen in 1864. From the »Tromsö Tidende«. (Proceedings of the R. Geogr. Society of London, IX., Nr. 6, p. 308—312.)

Karten.

2989. **Blaeu** Jansson W. Portulano of the carts of Europe with separate map of a part of Spitzbergen. Amsterdam, 1620.
2990. **Nieuwe afteekening** van Het Eiland Spits-Bergen opgegeven door de Commandeurs Giles en Outger Rep en in't Ligt gebragt en uytgegeven door Gerard van Keulen, 1688 (?)
2991. **Nieuwe afteekning** van Het Eyland Spits-Bergen opgegeven door de Commandeurs Giles en Outger Rep en in't Ligt gebragt en uytgegeven door Gerard van Keulen. Boek en Zeekaart verkooper aan de Nieuwen brug, met Privilegie voor 15 Jaaren. 1707.
2992. **North Polar Sea**, Spitzbergen, Islands, Swedish survey 1864. London, Hydrographic Office Nr. 2751, 1865.
2993. **Karta** öfver Spetsbergen, huf vudsakligast enligt jakttagelser under de svenska expeditionerna åren 1861 och 1864 af N. Dunér och A. E. Nordenskiöld. Stockholm, 1865. Imp.-Fo
2994. **Spitzbergen**, with plan of Magdalena Bay and Jan Mayen Island. — Swedish Survey, of N. Dunér and A. E. Nordenskiöld 1861—1868; corrections to 1869.
2995. **Karta** öfver Hafvet emellan Spetzbergen och Grönland. Utvisande ångfartyget Sofiaskurser under den Svenska Polarexpeditionen 1868 äfvensom drifisenäge under olika tider af aret, lodningar m. m. Von Capitän Baron F. W. v. Otter. 1 : 1,800.000.

b) Astronomie, Meteorologie, Erdmagnetismus.

2996. **Wijkander** Aug. Observations météorologiques de l'expédition arctique suédoise 1872—1873. Stockholm, 1875, 4°. Tableaux météorologiques de l'expédition dirigée par M. Nordenskjöld 1872—1873, observations faites à bord du Polhem et à Mossel-Bay ; elles embrassent 10 mois.

Aufsätze und Notizen.

2997. **Sabine** Edward. A comparison of barometrical measurement with the trigonometrical determination of a height at Spitzbergen. (Phil. Trans. 1824, p. 290—303.)
2998. **Sabine** Edward. Versuche zur Bestimmung der Intensitäten des Magnetismus der Erde nebst Beobachtungen über die täglichen Oscillationen der horizontalen Magnetnadel zu Hammerfest und Spitzbergen. (Poggend. Annal. VI., 1826, p. 88 —124.)
2999. **Beobachtungen** der Abweichung der Magnetnadel, in der Nachbarschaft von Spitzbergen angestellt von Franklin, unterstüzt von Beechey, Back und Tyffe auf dem Schiffe Trent im Jahre 1818. (New philos. Journal, Edinburg XXVII., Jan. 1826, Vol. XIV, p. 56. — Hertha, V, 1826, p. 241—242.)
3000. **Sabine** Edward. On the measurement of on arc of the meridian at Spitzbergen. (Quart. Journ. Scientific, XXI, 1826, p. 101—8.)
3001. **Forster** Henry. A comparison of the changes of magnetic intensity throughout the day, in the dipping and horizontal needles at Treurenburgh Bay, in Spitzbergen. (Phil. Trans. 1828, p. 303—312.)
3002. **Martins** M. Ch. Sur la temperature du fond de la mer dans le voisinage des glaciers du Spitzberg. (Extrait des Comptes rendus des Séances de l'Acad. des Sciences, 7 janv. 1839.) (Nouvelles Annales des Voyages, Paris. III Sér., XXI, 1839, p. 239—243.)
3003. **Magnetiske Jagttagelser** paa Island og Spitsbergen. (Oversigt over det K. danske Vid. Selsk. Forh. 1861, p. 394—408.)
3004. **Chydenius** K. Bidrag till kännedomen om de jordmagnetiska förhållandena vid Spetsbergen, samlade under den Svenska Expeditionen år 1861. (Öfversigt af K.Vet. Akad. Förh. XIX, 1862, p.271—300.)

3005. **Lemström** K. S. Magnetiska observationer under Svenska Polar ' xpeditionen år 1868. (K. Sv. Vet. Akad. Handlingar, VIII,Nr. 8, 1869, p. 1—47.)
3006. **Lemström** K. S. Observationer på luftelektriciteten och polarljuset under 1868 års Svenska Polar Expedition. Med en tafla. (Öfversigt af K. Sv. Vet. Akad. Förh. XXVI, 1869, p. 663—688.)
3007. **Dunér** N. C. Magnetiska inclinations bestämningar på Spetsbergen. (Öfversigt af K. Vet. Akad. Förh. XXVII, 1870, Nr. 6, p. 581—596.)
3008. **Petermann.** Ueber die Temperatur-Beobachtungen auf Spitzbergen im Sommer 1871. (Zeitschr. d. österr. Ges. f. Meteorol. VII, 1871. p. 94—95.)
3009. **Die schwedische Polar-Expedition** 1872 mit einer Ueberwinterung unter 80°, 40' nördl. Br. (Zeitschr. d. österr. Ges. f. Meteorol. VII, 1871, p. 189—190.)
3010. **Mühry** A. Das Klima an der Nordküste von Spitzbergen nach den Beobachtungen der letzten schwedischen Polar-Expedition. (Zeitschr. d. österr. Ges. f. Meteorol. VIII, 1873, p. 277—280.)
3011. **Wijkander** A. Observations météorologiques de l'Expédition arctique suédoise 1872—1873 Avec 1 pl. (K. Sv. Vet. Akad. Handlingar, XII, 1873, Nr. 7, p. 1—120.)
3012. **Lemström** Selim. Observations upon the electricity of the Atmosphere and the Aurora Borealis, made during the swedish expedition of 1868 to the North Pole. (Smithsonian report. 1874, p. 227—238.)
3013. **Wijkander** A. Astronomiska observationer under den svenska arktiska expeditionen 1872—1873. 1. Tids och ortsbestämningar. (K. Sv. Vet. Akad. Handlingar, XIII, 1874, Nr. 9.)
3014. **Wijkander** A. Observations magnétiques pendant l'éxpédition arctique Suédoise en 1872—1873..(K. Sv. Vet. Akad. Handlingar, XIII,1874, Nr. 16.)
3015. **Wijkander** A. Jakttagelser öfver luftelektriciteten under den svenska polarexpeditionen 1872—1873. (Öfversigt af K. Vet. Akad. Förhand. Stockholm, 1874, Nr. 6, p. 31—40.)
3016. **Wijkander** A. Bidrag till kännedomen om vindförhållan dena i de Spetsbergen omgifvande delarne af Norra Ishafvet. (Öfversigt af K. Sv. Vet. Akad. Förh. Stockholm, 1875, Nr. 8, p. 15—29.)
3017. **Resultate** der Meteorologischen Beobachtungen auf Spitzbergen und in Ost-Grönland. Nach Wijkander und Koldewey. (Geographie und Erforsch. der Polar-Regionen Nr. 119. — Petermann's Geogr. Mitth. XXII, 1876, p. 290—294.)
3018. **Wijkander** A. Beitrag zur Kenntniss der Windverhältnisse in den Spitzbergen umgebenden Theilen des Eismeeres. Auszug aus Öfversigt af K. Sv. Vet. Akad. Förh. 1875, Nr. 8. (Geogr. u. Erforsch. der Polar-Regionen Nr. 120. — Petermann's Geogr. Mitth. XXII, 1876, p. 295—297.)
3019. **Resultate** der meteorologischen Beobachtungen auf Spitzbergen und in Ost Grönland. Observations météorologiques de l'expédition arctique suédoise 1872—1873. Nach Wijkander und Koldewey. (Zeitschr. der österr. Ges. f. Meteorol. Wien, XI, 1876, p. 116—123.)
3020. **Wijkander** A. Beitrag zur Kenntniss der Windverhältnisse in den Spitzbergen umgebenden Theilen des Eismeeres. Auszug aus Öfversigt af K. Sv. Vet. Akad. Förh. 1875, Nr. 8. (Zeitschr. d. österr. Ges. f. Meteorol. XI, 1876, p. 145—149.)
3021. **Wijkander** A. Beobachtungen über Luftelektricität in Spitzbergen, 1872 bis 1873. Aus Arch. des sciences phys. et nat. Sept. 1874. (Zeitschr. d. österr. Ges. f. Meteorol. Wien, XI, 1876, p. 255—256.).

c) **Hydrographie.**

3022. **Martins** Ch. Sur la température du fond de la mer dans le voisinage des glaciers du Spitzberg. Paris, 1838, 4°.
3023. **Martins** Ch. Mémoire sur les températures de la mer glaciale à la surface et aux grandes profondeurs et dans les voisinages des glaciers du Spitzberg. Paris, 1848.

Notiz.

3024. **Das Relief** des Eismeerbodens bei Spitzbergen. (Archiv f. Seewesen VI, 1870, p. 608—609.)

d) Geologie, Paläontologie, Mineralogie.

3025. **Nordenskjöld** A. E. Sketch of the Geology of Spitzbergen. With two plates including coloured map and sections. 55 pp. Stockholm, Norstedt, 1867. 8° Mit den Karten: Het Eyland Spits-Bergen opgegewen door de Com. Giles en Outger Rep in't Ligt gebragt door G. van Keulen. Lith. v. H. Mandel 1:2,900.000; und Utkast till en Geologisk Karta öfver Spetsbergen af A. E. Nordenskjöld enligt iakttagelser under d. Sv. Exp. 1858, 1861 och 1864 af C. W. Blomstrand, O. Torell och A. E. Nordenskjöld. 1:1,000.000. Lith. v. Schlachter u. Seedorff. Mit den Profilen: Hecla Mount, Norra Stranden af Murchisons-Bay; Norra Kusten af Nord Ost Landet (Cap. Irminger u. Wrede; Norra Sranden af Klaas Billen Bay; Kusten vid Green Harbourg, onligt Blomstrand (Cap. Staratschin); Norra Stranden af Bel Sund. (Kolfjellet); Kolbäddarne vid Kings Bay, enligt Blomstrand; Genomskärningar utvisande hyperitens uppträdande pä Spetsbergen. Depot udden 80° 22'; Lovénsberg; Edlundsberg; Förvexlingsudden; Cap Lee; Wahlespoint (77° 32'.)

3026. **Heer** O. Die miocene Flora und Fauna Spitzbergens. Leipzig, Brockhaus, 1871, 4°.

3027. **Toula** Frz. Kohlenkalk und Zechstein-Fossilien aus dem Hornsund an der Südwest-Küste von Spitzbergen. Mit 1 lith. Taf. 24 pp. Wien, Gerold's Sohn, 1874, 8°. (Aus Sitzber. d. k. Akad. d. Wiss. in Wien.)

3028. **Toula** Frz. Kohlenkalk-Fossilien von der Südspitze von Spitzbergen. Mit 5 lith. Taf. 25 pp. Wien, Gerold's Sohn, 1874, 8°. (Aus Sitzber. d. k. Akad. d. Wiss. in Wien.)

Aufsätze und Notizen.

3029. **Blomstrand** C. W. Geognostiska jakttagelser under en resa till Spetsbergen år 1861. Mit 2 Tafeln, 46 pp. 4°. (K. Sv. Vet. Akad. Handlingar. IV, Heft 2, 1862, p. 1—46.)

3030. **Nordenskjöld** A. E. Geografisk och Geognostisk Beskrifning öfver Nordöstra delarne af Spetsbergen och Hinlopen Strait. Med Karta. (K. Sv. Vet. Akad. Handlingar, 1V, 2. Hälfte, 1862, Nr. 7. p. 1—25.)

3031. **Lindström** G. Om Trias och Jurasförsteningar från Spetsbergen. Mit 3 Tafeln. (K. Sv. Vet. Akad. Handlingar, VI, 2. Hälfte, 1866, Nr. 6.)

3032. **Nordenskjöld** A. E. Utkast till Spetsbergens Geologi. Mit 2 Karten. (K. Sv. Vet. Akad. Handlingar, VI, 2. Hälfte, 1866, Nr. 7, p. 1—35.)

3033. **Heer** Oswald. Om de af A. E. Nordenskjöld och C. W. Blomstrand på Spetsbergen upptäckta fossila växter. (Öfversigt af K. Sv. Vet. Akad. Förh. XXIII, 1866, p. 149—155.)

3034. **Lindström** G. Om Trias och Jura försteningar från Spetsbergen. (Verhandl. d. Geolog. Reichsanst. in Wien, 1867, p. 343.)

3035. **Lindström** G. Annalyser på bergarter från Spetsbergen. (Öfversigt af K. Sv. Vet. Akad. Förh. XXIV, 1867, p. 671—675.)

3036. **Zur Geologie** von Spitzbergen. (Ausland, XLII, 1869, p. 384.)

3037. **Heer** Oswald. Die miocäne Flora von Spitzbergen. Vorgetragen den 23. August 1869 bei der Versammlung der schweiz. naturforsch. Gesellschaft in Solothurn. (Verhandl. dieser Ges. 1869, p. 156—168.)

3038. **Heer** Oswald. La flore miocéne du Spitzberg. (Archives des Soc. phys. et nat. Nouv. Sér. XXXVI, 1869, p. 289—300.)

3039. **Malmgren** A. J. Om miocen-floran på Spetsbergen. (Öfversigt af Finska Vetenskaps-Societetens Förhandlingar. Helsingfors, XII, 1869—1870, p. 137—145.)

3040. **Heer Oswald.** Die miocäne Flora und Fauna Spitzbergens. Mit einem Anhang über die diluvialen Ablagerungen Spitzbergens. Mit 16 Tafeln. (K. Sv. Vet. Akad. Handlingar, VIII, 1869, Nr. 7, p. 1—98.)
3041. **Die Miocän-Flora** von Spitzbergen. (Ausland, XLIII, 1870, p. 395.)
3042. **Heer Oswald.** Die miocäne Flora von Spitzbergen (Gaea, VII, 1871, p. 91—98.)
3043. **Drasche Dr.** Richard v. Geologische Reise nach Spitzbergen, Juli und und August 1873. Geographie und Erforschung der Polar-Regionen Nr. 84. (Petermann's Geogr. Mitth. XIX, 1873, p. 408—410.)
3044. **Drasche Dr.** Richard v. Geologische Beobachtungen auf einer Reise nach den Westküsten Spitzbergens im Sommer 1873. (Verhandlungen der k. k. Geolog. Reichsanstalt, 1873, Nr. 15. p. 260—263.)
3045. **Kohlenlager** auf Spitzbergen. (Ausland, XLVII, 1874, Nr. 47, p. 920.)
3046. **Grad Ch.** Sur l'émersion et le soulèvement des terres polaires arctiques aux îles Spitzbergen et NowajaSemlja. (Bulletin de la Société de Géologie de France., IV Sér., II, 1878. Nr. 4, p 347 – 349.)
3047. **Hulke J. W.** Memorandum on some fossil vertebrate remains collected by the Swedish expeditions to Spitzbergen in 1864 and 1868. (Bihang till K. Sv. Vet. Akad. Handlingar, 1, 2. Hälfte, Nr. 9, p. 1—11.)
3048. **Heer Oswald.** Anmärkningar öfver de af svenska polarexpeditionen 1872—1873 upptäckte fossila växter. (Öfversigt af K. Sv. Vet. Akad. Förh. Stockholm, 1874, Nr. 1, p. 25—32.)
3049. **Nordenskjöld A. E.** Utkast till Isfjordens och Belsounds geologi. Med 1 karta. (Geol. Fören. Förh. Stockholm, II, 1875, p. 243—260, 301—322, 356—372.)
3050. **Martins** Ch. Le Spitzberg. Tableau d'un archipel à l'époque glaciaire. (Bulletin de la Soc. Géologique de France, II Sér, XXII, p. 336—348.)

e) Zoologie und Thiergeographie.

3051. **Phipps** Const. John. [Lord Mulgrave.] Catalogus animalium et plantarum Spitzbergensium, qui in hoc libro adest p. 184—204, germanice versus est. (Sammlungen, Berlin, IX, p. 559—597.)
3052. **Torell** Otto. Beitrag zur Mollusken-Fauna Spitzbergens nebst einer allgemeinen Uebersicht der Natur-Verhältnisse und früheren Ausdehnung der arktischen Region. Akademische Abhandlung, welche mit Erlaubnis der hochberühmten philosophischen Facultät in Lund öffentlich vertheidigt werden wird im Auditorium Nr. 1, Sonnabend den 30. April 1859 durch O. Torell. Stockholm, 1859. (Schwedisch.)
3053. **Torell** Otto. Bidrag till Spetsbergens mollusk fauna. Jemte en allmän öfversigt af arktiska regionens naturförhålanden och forntida utbredning 154 pp. 2 Tafeln. Stockholm, 1859. 8°. (Sep.-Abd. aus Akad. Afhandl. Lund.)
3054. **Quennerstedt** Aug. Några anteckningar om Spetsbergens däggdjur och foglar. Akad. disp. 23 pp. Lund, Berling, 1862. 8°.
3055. **Malmgren.** Bidrag till Spetsbergens Molluskfauna. Stockholm, 1863.
3056. **Théel** H. Borit och Stjernmasker, tagna i granns Kapet af 80 de graden under Svenska Polar expeditionen 1872—1873. Stockholm, Nystedt, 1875.

Aufsätze und Notizen.

3057. **Lovén** S. Om Mollusk slägtet Pilidium Midd. (Öfversigt af K. Sv. Vet. Akad. Förh. XVI, 1859, p. 119—120.)
3058. **Merkwürdige Wanderungen** der Rennthiere. Torell's Expedition nach Spitzbergen. (Ausland, XXXIV, 1861, p. 1176.)
3059. **Goës.** Om Tardigrader, Anguillulae m. m. från Spetsbergen. (Öfversigt af K. Sv. Vet. Akad. Förh. XIX, 1862, p. 18.)
3060. **Andersén** C. H. Om Spetsbergsrenen, Cervus tarandus, forma spetsbergensis. (Öfversigt af K. Sv. Vet. Akad. Förh. XIX, 1862, p. 457—461.)

3061. **Lovén S.** Till frågan om Ishafsfaunans fordna utsträckning öfver en del af Nordens fastland. (Öfversigt af K. Sv. Vet. Akad. Förh. XIX, 1862, p. 463—468.)
3062. **Lovén S.** Om resultaten af de af den Svenska Spetsbergsexpeditionen 1861 utförda djupdraggningar. (Förhandl. vid. de Skand. Naturf. IX. möte i Stockholm, 1863, p. 384—386.)
3063. **Boheman C. H.** Bidrag till Kännedomen om Spetsbergens insekt fauna. (Förhandl. vid. de Skand. Naturforsk. IX. möte i Stockholm, 1863, p. 393—399.)
3064. **Malmgren A. J.** Anteckningar till Spetsbergens fogel fauna. (Öfversigt af K. Sv. Vet. Förh. XX, 1863, p. 87—126.)
3065. **Malmgren A. J.** Jakttagelser och anteckningar till Finmarkens och Spetsbergens Däggdjursfauna. (Öfversigt af K. Sv. Vet. Akad. Förh. XX, 1863, p. 127—155.)
3066. **Malmgren A. J.** Nya anteckningar till Spetsbergens fogel fauna. (Öfversigt af K. Sv. Vet. Förh. XXI, 1864, p. 377—412.)
3067. **Malmgren A. J.** Om Spetsbergens fisk fauna. (Öfversigt af K. Sv. Vet. Akad. Förh. XXI, 1864, p. 489—539.)
3068. **Malmgren A. J.** Zur Vogelfauna Spitzbergens. Auf Anlass von Alfred Newton's »Notes on the birds of Spitsbergen« in »The Ibis« 1865 (Cabani's Journal für Ornithologie, XIII, 1865, p. 385—400.)
3069. **Reiche** Steinkohlenlager in Spitzbergen. Mit dem Plan der Steinkohlenlager in der Kings-Bay. 1 : 100.000. (Petermann's geogr. Mitth. XI, 1865, p. 191.)
3070. **Newton A.** Notes on the birds of Spitzbergen. 1 Tafla. (The Ibis, New ser. I, 1865, p. 199—219, 496—525.)
3071. **Goës A.** Crustacea amphipoda maris Spetsbergiam alluentis cum speciebus aliis arcticis enumerat. Tab. 36—41. (Öfversigt af K. Sv. Vet. Förh. XXII, 1865, p. 517—536.)
3072. **Boheman C. H.** Spetsbergens insekt fauna. Med Tafla XXV. (Öfversigt af K. Sv. Vet. Akad. XXII, 1865, p. 563—580.)
3073. **Die schwedischen Expeditionen** nach Spitzbergen. XI: Das Thierleben des Meeres bei Spitzbergen bis zu einer Tiefe von 8400 F. Von Prof. S. Lovén. XII: Die Insekten-Fauna von Spitzbergen von Prof. C. H. Bohemann. (Petermann's Geogr. Mitth. XII, 1866, p. 180—183.)
3074. **Die Vögelschaaren** Spitzbergens. (Petermann's Geogr. Mitth. XII, 1866, p. 237.)
3075. **Newton A.** Zur Vogel-Fauna Spitzbergens. (Journal für Ornithologie, XV, 1867, p. 207—211.)
3076. **Quennerstedt Aug.** Anteckningar om Djurlifvet i Ishafvet mellan Spetsbergen och Grönland. Mit 3 Tafeln. (K. Sv. Vet. Akad. Handlingar, VII, 1. Hälfte, 1867, Nr. 3, p. 1—35.)
3077. **Malmgren A. J.** Annulata polychaeta Spetsbergiae, Grönlandiae, Islandiae et Scandinaviae hactenus cognita. 14 Tafeln. (Öfversigt af K. Sv. Vet. Akad Förh. XXIV, 1867, p. 127—235.)
3078. **Die mikroskopischen Lebensverhältnisse** auf der Oberfläche der Insel Spitzbergen. (Gaea, V, 1869, p. 358—361.)
3079. **Mörch O: A. L.** Catalogue des mollusques du Spitzberg receuillis par le Dr. H. Kroyer, pendant le voyage de la corvette »la Recherche« en juin 1838. (Soc. Malcologique de Belgique, Annales, Bruxelles, IV, 1869.)
3080. **Malmgren A. J.** Om förekomsten af djurlif på stora hafsdjup. (Finska Vet. Soc. Öfversigt, XII, 1869, 1870, p. 40—49.)
3081. **Ehlers** Prof. Ueber die von Herrn von Heuglin auf seiner mit Herrn Grafen Waldburg-Zeil unternommenen Expedition im Meere von Spitzbergen gesammelten Würmer. (Sitzungsberichte der physical.-medecinischen Societät zu Erlangen, Sitzung vom 7. Juni 1871.)
3082. **Torell T.** Om Arachnider från Spetsbergen och Beeren Eiland. (Öfversigt af K. Sv. Vet. Förh. XXVIII, 1871, p. 683—702.)

3083. **Sars O. G.** Cumaceer fra de store dybder i Nordishavet, indeamlede ved de Svenske Arktiske Expeditioner aarene 1861 og 1868. (Öfversigt af K. Sv. Vet. Förh. XXVIII, 1871, p. 797 – 808.)
3084. **Berggren S.** Musci et Hepaticae Spitsbergenses. (K. Sv. Vet. Aka'd. Handlingar, XIII, 1874, Nr. 7.)
3085. **Sundevall Carl J.** Spetsbergens Foglar med huvud sakligt avseende på dem som blivit funna under Nordenskiölds resor dit åren 1868 och 1872—1873. (Öfversigt af K. Vet. Akad. Förh. Stockholm, XXXI, 1874, Nr. 3, p. 11—25.)
3086. **Lilljeborg W.** De under Svenska vetenskapliga expeditionen till Spetsbergen 1872—1873 derstädes samlade Hafs-Entomostraceer. (Öfversigt af K. Vet. Akad. Förh. Stockholm, XXXII, 1875, Nr. 4, p. 3—12.)

f) Botanik.

3087. **Lindblöm** und **Beilschmied.** Flora von Spitzbergen. Regensburg, 1842.
3088. **Agardh J. G.** Om Spetsbergens alger. (Univ. Progr. Lund 1862. 4 pp. Fol.)
3089. **Fries Th.** M. Plantae vasculares insularum Spetsbergensium hactenus lectae. — Plantae vasculares in insula »Beeren Eiland« repertae. Upsala, 1871. Fol.
3090. **Höfer** Lichenen Spitzbergens und Novaja - Semljas auf der Graf Wilczek'schen Expeditition. 1872 gesammelt. Unters. u. beschr. v. Körber. 7 pp. Wien, Gerold's Sohn. 8⁰. (Aus Sitzungsb. der k. Akad. d. Wiss. Wien.)

Aufsätze und Notizen.

3091. **Lindberg S. O.** Mossor år 1858 på Spetsbergen insamlade af Professor A. E. Nordenskiöld. (Öfversigt af K. Vet. Akad. Förh. XVIII, 1861, p. 189—190.)
3092. **Malmgren A. J.** Öfversigt af Spetsbergens Fanerogamen Flora. (Öfversigt af K. Sv. Vet. Förh. XIX, 1862, p. 229—268.)
3093. **Agardh J. G.** Om Spetsbergens alger. (Univ. Progr. Lund, 1862, 4 pp. Fol.)
3094. **Martins Ch.** Prof. La végétation de Spitzberg comparée à celle des Alpes et des Pyrénées. 26 pp. 4⁰. (Extrait des Mémoires de l'Academie des sciences et lettres de Montpellier VI, 1865).
3095. **Anderson N. J.** Bidrag till den nordiske floran 1. Ett hittills obeskrifvet gräs från Spetsbergen. Med en tafla. (Öfversigt af K. Sv. Vet. Förh. XXIII, 1866, p. 121—124.)
3096. **Lindberg S. O.** Förteckning öfver mossor, insamlade under de Svenska expeditionerna till Spitzbergen 1858 och 1861. (Öfversigt af K. Sv. Vet. Akad. Förh. XXIII, 1866, p. 535 - 561.)
3097. **Fries Th. M.** Dr. Lichenes Spitzbergenses determinavit. (K. Sv. Vet. Akad. Handlingar, VII, 1. Hälfte, Nr. 2. 1867, 53 pp.)
3098. **Cleve P. F.** Diatomaceer från Spetsbergen. (Öfversigt af K. Sv. Vet. Akad. Förh. XXIV, 1867, p 661—669.)
3099. **Fries Th. M.** Dr. Die schwedischen Expeditionen nach Spitzbergen. XIII: Die Flechtenarten von Spitzbergen. Lichenes Spitsbergenses. Bericht von Dr. C. F. Frisch. (Petermann's Geogr. Mitth. XIV, 1868, p. 62—64.)
3100. **Agardh J. G.** Bidrag till Kännedomen af Spetsbergens Alger jenite Tillägg. Mit 3 Tafeln. (K. Sv. Vet. Akad. Handlingar, VII, 2. Hälfte, 1868, Nr. 8, p. 1—49.)
3101. **Agardh J. G.** Om den Spetsbergska Drif-vedens ursprung. (Öfversigt af K. Sv. Vet. Akad. Förh. XXVI, 1869, p. 97—120.)
3102. **Fries Th.** Mr Tillägg till Spetsbergens Fanerogam Flora, Tafel 2—5. (Öfversigt af K. Sv. Vet. Akad. Förh., XXVI, 1869, p. 121–156.)
3103. **Fries Th. M.** Die Gefässpflanzen Spitzbergens und der Bären-Insel. (Abhandlungen des Naturw. Vereines in Bremen, III., 1. Heft, 1872, p. 86—92.)

3104. **Fries** Th. M. Gefässpflanzen Spitzbergens. (Lotos, Prag, XXII. 1872, p. 108.)
3105. **Nordstedt** O. Desmidiaceae ex insulis Spetsbergensibus et Beeren Eiland in expeditionibus annorum 1868 et 1870 suecanis collectae. (Öfversigt af K. Sv. Vet. Akad. Förh. Stockholm, XXIX, 1872, Nr. 6, p. 23—40.)
3106. **Karsten** P. A. Fungi in insulis Spetsbergen et Beeren Eiland collecti. Examinat, enumerat— —. (Öfversigt af K. Sv. Vet. Akad. Förh., Stockholm, XXIX, Nr. 2, 1872, p. 91—108.)
3107. **Lagerstedt** N. G. W. Sötvattens Diatomaceer från Spetsbergen och Beeren Eiland. Mit 2 Tafeln. (Bihang till Sv. K. Vet. Akad. Handl. I., 2. Hälfte, 1873, Nr. 14, p. 1—52.)
3108. **Kjellman** F. R. Några tillägg till kännedomen om Spetsbergens Plantae vasculares. (Öfversigt af K. Sv. Vet. Akad. Förh. Stockholm, XXXI, 1874. Nr. 3, p. 31—42.)
3109. **Höfer** u. **Körber**. Lichenen Spitzbergen's und Novaja-Semlja's auf der Graf Wilczek'schen Expedition 1872. (Sitzungsberichte der k. Akad. d. Wissensch. Mathem. naturwiss. Classe, Wien, LXXI, 1875, p. 520—526.)
3110. **Kjellman** Fr. Förberedande anmärkningar om algvegetationen i Mosselbay enligt iakttagelser under vinterdragningar anställda af Svenska polarexpeditionen, 1872—1873. (Öfversigt af K Sv. Vet. Akad. Förh. Stockholm, XXXII, 1875, Nr. 5, p. 59—68.)
3111. **Kjellman** F. R. Om Spetsbergens marina Kloro-fyllförande thallophyter 1 Florideae. (K. Sv. Vet. Akad. Handlingar Bihang. III.)

g) Polarfischerei und Jagd.

Aufsätze und Notizen.

3112. **Charitonow**. Die russischen Promyschleniks auf Grumant (Spitzbergen). (Erman's Archiv f. wiss. Kunde v. Russland, IX. 1850, p. 154.)
3113. **Charitonow**. Die russischen Promyschleniks auf Grumant (Spitzbergen). (Russ. Arch. IX. 1851, p. 184.)
3114. **Russische Jäger** auf Spitzbergen (Nord. Biene. — Ausland, XXV, 1852, p. 1173.)
3115. **Russische Walrossfänger** und Pelzjäger auf Spitzbergen in den Jahren 1851 und 1852. (Erman's Archiv f. wiss. Kunde v. Russland, XIII, 1854, p. 260.)
3116. **Daa** L. K. Om Spitsbergens Russiske navn Grumant. (Öfversigt af K. Sv. Vet. Akad. Förh. XXVIII, 1871, p. 899—907.)
Siehe auch die Nummern: 4, 6, 125, 127, 131, 175, 198, 217, 219, 241, 415, 622, 746, 747, 957, 1884, 2085, 2088, 2093. 2097, 2098, 2111, 2239, 2246, 2328, 2390, 2759, 2769, 2772, 3164, 3464, 3520, 5232, 5237, 5242, 5244, 5246, 5253, 5283.

X. Lappland.

(Schwedisches, norwegisches und russisches.)

a) Allgemeines, Geographie und Reisen.

3117. **Goez** or **Goes** Damian dc. Gentis Lappiae Descriptio. Lovanii ex off. Rutg. Rescii, 1544, 4°.
3118. **Schefferus** Johannes. Lapponia i. e. Regionis Lapponum et gentis nova et verissima Descriptio. Cum fig. Erfurt, 1673. (Francofurti, 1673.) 4°.
3119. **Scheffer** John. The History of Lapland, shewing the original Manners, Habits, Religion and Trade of that People; with a particular Account of their gods and sacrifices, marriage, ceremonies, diabolical rites etc. London 1751, 8°. Francfurt, 1673, 4°.

3120. **Scheffer** Johann. Lappland, oder Beschreibung von Lappland und dessen Einwohnern. Mit Holzschnitten. Frankfurt und Leipzig, 1675, 4°.
3121. **Scheffer** J. Histoire de la Laponie sa description, l'origine, les moeurs etc. Avec plusieurs additions trad. du latin de J. Scheffer par Augustin Lubin. Paris, veuve de Varennes, 1678. 4°.
3122. **Scheffer** J. Waerachtige en Aenmerkenswaerdige Historie van Lapland, ofte eene beschr. van deszelfs oorspronck, geberchten, gewassen, gedierten etc. met noch een kort bericht van den toestand der Finnen. Uit het Fransch vert. 3 deelen, cart. mit Illustr. v. Luijken. Amsterdam, 1682, 4°.
3123. **Rudbeckius** Olaus. Nora Samolad; sive Laponia illustrata, Lat. et Suecice; cum figuris. Upsalae, 1701, 4°.
3124. **Negri** Franc. Laponia, data in luce da (Giov.) Cinelli Calvoli. Venezia, 1705, 8°.
3125. **Oern's** Nicol. Beschreibung des Lapplandes. Bremen, 1707, 12°.
3126. **Scheller's** Johann Gerhard. Reisebeschreibung von Lappland und Botheim. Jena, 1713, 8°; 1727, 8°; 1748, 8°.
3127. **Blefkenius** D. Het Vermaak der Tover-Hekzen van Lap- en Finland met haar Tover-trommelen enz. als mede de generale historie van Lapland ofte een beschr. van 't Klimaat etc. Hier by is gevoegt de beschryv. van Ys- en Groenland. 1 vol in 2 part. Leeuward, J. Klasen 1716, 8°; Leeuward. 1720, 8°.
3128. **Maupertuis** Pierre Louis. Moreau de la. Figure de la terre déterminée par les observations de MM. de Maupertuis, Clairault, Camus, Le Monnier, Outhier, Celsius etc., au cercle polaire. Paris, de l'impr. roy. 1738, 8°.
3129. **Högström** Pet. Beskrifning öfver de till Sveriges Krona lydande Lappmarker. Stockholm, 1746, 8°.
3130. **Högström's** Beschreibung v. Lappland, u. Ehrenmalm's Reise durch West-Nordland n. d. Lappmark Asehle. Copenhagen, 1748. 8°. Mit Anderson's Nachrichten v. Island, Grönland u. d. Strasse Davis. Mit Kupfr. u. Kart. Frankfurt, 1747, 8°.
3131. **Högström** Pet. Beschreibung des der Krone Schweden gehörigen Lapplands. Aus d. Schwed. Kopenhagen, Proft, 1748, 8°; Leipzig, 1748; Jena, 1748, 8°.
3132. **Högström** Pehr. Bekrivelse over de under Sverriges krone ligende Lapmarker; trykt med Andersons efterretninger om Island. Kjöbenhavn, 1748, 8°.
3133. **Maupertuis.** Relation d'un voyage dans la Laponie septentrionale. Dresde, 1752.
3134. **Fjellström** P. Kort Berättelse om Laparnas Björnafänge samt deras derwid brukade widskeppelser. Stockholm, 1755, 8°.
3135. **Bilmark** J. Status oeconomiae hodierna in Laponia. Pitensi Aboae, 1768.
3136. **Consett** Mathew. Tour through Sweden, Swedish Lapland, Finland, and Denmark, in a Series of Letters. Illustrated with engravings. London, 1789, 4°.
3137. **Consett** Mth. Reise durch Schweden, Schwedisch-Lappland, Finnland u Dänemark. Mit 4 Kupfr. Nürnberg, Schneider & Weigel, Bauer & Raspe 1790, 8°. (Auch Bibl. d. neuest. Reisebeschr. XV. 1 Abth.)
3138. **Schmidt** J. W. Reise durch einige schwedische Provinzen bis zu den nördl. Wohnplätzen der nomadischen Lappen. Mit maler. Ansichten gez. v. K. Gust. Gillberg. Hamburg, Hoffman, 1801, 8°.
3139. **Acerbi** Joseph. Travels trough Sweden, Finland and Lapland, to the North Cape, in the years 1798 and 1799; with a maps and 17 engravings, and a portrait of the author. 2 vol. 17 Tafeln. London, L. P. Longman, 1802, 4°.
3140. **Acerbi** Joseph. Reise durch Schweden u. Finnland bis an die äussersten Grenzen von Lappland i. d. J. 1798–1799. A. d. Engl. v. Cp. Weylandt;

nebst berichtigenden Bemerkungen eines sachkundigen Gelehrten. Mit Kupfr. u. 1 Karte. Berlin, Voss, 1803, 8°.

3141. **Acerbi** Joseph. Vues de la Suède, de la Finlande et de la Laponie, depuis le détroit du Sund jusqu'au Cap-Nord. 24 pl. Paris, Rey & Gravier, 1803, 4°.

3142. **Acerbi** Joseph. Voyage au Cap-Nord par la Suède, la Finlande et la Laponie. Traduction d'après l'original anglois par Jos. La Vallée. 3 tom. avec Atlas, 28 planches gravées. Paris, Levrault, Schoell & Comp. (an XII) 1804, 8°.

3143. **Wahlenberg** Göran. Beskrifning om Kemi Lappmark. Stockholm, 1804, 4°.

3144. **Acerbi** Joseph. Reizen door Zweden en Finland tot aan de uiterste grenzen van Lapland in 1798 en 1899. Uit het Eng. 4 vols. av. portr. carte et planches. Haarlem, Bohn, 1804—1806, 8°.

3145. **Svanberg** Jóns. Exposition des opérations faites en Laponie pour la detérmination d'un arc du méridien en 1801—1803, par Mss. Ofverbom, Svanberg, Holmquist et Palander. 196 pp. 3 pl. Stockholm, 1805, 8°.

3146. **Sjöborg** U. H. De Nicolao Oern se principem Laponiae professo. London, Goth, 1808.

3147. **Buch** Leop. v. Reise durch Norwegen u. Lappland, 2 Thle. Mit 3 (in Kupfr. gest.) Karten. Berlin, Leipzig, Nauck, 1810, 8°.

3148. **Linnaeus** C. Lachesis Laponica, or a Tour in Lapland translated from the original Swedish manuscript Journal by J. E. Smith, with wood engravings, 2 vols. London, 1811, 8°.

3149. **Wahlenberg** G. Bericht über Messungen und Beobachtungen zur Bestimmung der Höhe und Temperatur der lappländischen Alpen, unter dem 67. Breitengrade, angestellt im Jahre 1807. A. d. Schwed. mit Anmerkungen v. J. Fr. L. Hausmann. Mit Kupfr. u. 1 Karte. Göttingen, Dietrich, 1812, 4°.

3150. **Black** John. Travels through Norway and Lapland in 1806—1807 and 1808. From the German of Leopold v. Buch, with Notes and a Life of the Author, by Profess. Jamieson. Illustrated with maps' and physical sections. London, 1813. 4°.

3151. **Hermelin** J. H. Minerographie von Lappland und Westbothnien; nebst einem Auszuge von Wahlenberg's Topographie von Kemi Lappmark. Aus dem Schwedischen mit Anmerkungen von J. G. Ldf. Blumhof Freyberg, Craz und Gerlach, 1813. 8°.

3152. **Buch** Léopold de. Voyage en Norvège et en Laponie de 1806—1808. Traduit de l'allemand par M. Eyriés, précédé d'une introduction de M. de Humboldt. 2 vols avec cartes, 8°. Paris, Gide fils, 1816; (Eyriés, VIII).

3153. **Vargas** Bedemar. Reise nach dem hohen Norden durch Schweden, Norwegen und Lappland d. J. 1810—1812 und 1814. 2 Bde., Frankfurt a. M. Hermann Kettenbeil, 1819, 1820, 8°.

3154. **Zetterstedt** J. W. Resa genom Sveriges och Norriges Lappmarker, förätted år 1821. 2 tom. av. 3 pl. Lund, 1822, 8°.

3155. **Schubert** T. W. Reise durch Schweden, Norwegen, Lappland, Finnland und Ingermannland in den Jahren 1817, 1818 und 1820. 3 Bde. Mit 3 Kpfern. u. 1 Kart. Leipzig, Hinrichs, 1823, 8°.

3156. **Brooke** Arth. Capell. Travels through Sweden, Norway and Finmark to the North-Cape. Mit 31 Kupfern. London, 1823; 4°. 1826; 1827.

3157. **Schubert** F. W. v. Beschrijving van Lappland en zijne bewoners. Deventer 1826.

3158. **Reise** von Chr. Fr. Lessing durch Norwegen nach den Lofodden durch Lappland und Schweden, nebst einem astronomisch-geographischen Anhange und 1 Karte. Berlin, Mylius, 1831, 8°.

3159. **Laestidius** Petrus. Journal för hans tjenstgöring såsom Missionair i Lappmarken. 2 Thle., Stockholm, 1831, 1833.

3160. **Zetterstedt** J. W. Resa genom Umeå-Lappmarker i Vesterbottens Län förrättad år 1832. Med. 2 korter og 2 pl. Oerebro, 1833. 8°.

3161. **Hell's** P. Reise nach Wardoe in Lappland im Jahre 1769. Mit Erläuterungen herausgegeben von C. L. Littrow. Wien, 1835. 8°.
3162. **Lapland** and its Reindeer. Harvey, 1840, 8°.
3163. **Hogguér** Freih. v. Reise nach Lappland und dem nördlichen Schweden nebst 1 Atlas von 20 lith. Tafeln. (Imp. 4°.) Berlin, G. Reimer, 1841, 8°.
3164. **Marmier** X. Brieven over het Noorden Lapland, Spitsbergen. 2 Bde. Deventer, 1841.
3165. **Milford** Ino, Norway and her Lapplanders in 1841. London, Murray, 1842. 8°.
3166. **Martins** Ch. Un hivernage scientifique en Laponie. Paris, 1843.
3167. **Fellman** Antekningar under min virtelse i Lappmarken. Borga, 1844.
3168. **Schröder** J. H. Om Lapparne och deras gudar. Upsala, 1848.
3169. **Pancritius** Albr. Hägringar. Reise durch Schweden, Lappland, Norwegen und Dänemark im Jahre 1850. V u. 358 pp. Berlin, Königsberg, Gebr. Bornträger, 1852. 8°.
3170. **Malm** A. W. Resa i Skandinaviens nordl. Lapp-och Finn-Marker. Götheborg, 1851. 8°.
3171. **Schröder** J. H. Om Skysteanska Scholan i lycksele Lappmark. Sundsö, 1851.
3172. **Hurton** W. Voyage from Leith to Lapland. Bentley, 1852. 8°.
3173. **Struwe** W. Exposé historique des Travaux, exécutés jusqu'à la fin de l'année 1851 pour la mésure de l'arc du méridien entre Fuglendes 70° 40′ et Ismael 40° 20′. Suivi de deux Rapports de M. G. Lindhagen sur l'expédition de Finnmarken faite par ordre du gouvernement norvègien en 1850, et sur les opérations de Laponie, exécutées en 1851. 2 cartes. St. Pétersbourg, 1852. 4°.
3174. **Castrén** Alex. Matth. Reisen im Norden. Enthaltend: Reise in Lappland im Jahre 1838. Reise in Russisch-Karelien im Jahre 1839. Reise in Lappland im nördlichen Russland und Sibirien in den Jahren 1841—1844. Aus dem Schwedischen übersetzt von Henrik Helms. Mit 1 lith. Karte von dem nördlichsten Russland. (qu.-Fol.) Leipzig, Mendelssohn, 1853. 8°.
3175. **Castrén** Alex. Mathias. Reiseerinnerungen aus den Jahren 1838—1844. Reise nach Lappland 1838. Herausgegeben von A. Schiefner. St. Petersburg 1853. 8°; Leipzig, Voss.
3176. **Schiefner** Anton. M. Alexander Castrén's Reiseberichte und Briefe aus den Jahren 1845—1849. Herausg. im Auftrage der kais. Russischen Akademie d. Wissenschaften. Mit 3 lithogr. Beilagen. St. Petersburg, 1856.
3177. **Struwe** F. G. W. Arc du Méridien de 25° 20′ entre le Danube et la Mer glaciale, mesuré, depuis 1816 jusqu'en 1855 sous la direction de C. de Tenner, Chr. Hansteen, N. H. Selander et F. G. W. Struwe. 2 vols. avec Atlas, 26 pl. gr. 4°. St. Petersbourg 1856, 1857, 1860; 1861, 28 pl., 4°.
3178. **M'Dougall** G. F. Directions including a description of the Coast of Lapland etc. London, 1857, 8°.
3179. **Taylor** Bayard. Northern Travel. Summer and Winter Pictures of Sweden, Lapland and Norway. London, Low, 1857. 8°; New-York, 1858; 1869. 8°.
3180. **Taylor** Bayard. Nordische Reise. Sommer- und Winterbilder aus Schweden, Norwegen und Lappland. Autorisirte Ausgabe. VIII u. 387 pp. Leipzig, Voigt und Günther, 1858. 8°.
3181. **Taylor** Bayard. Eine Winterreise durch Lappland. Deutsch bearbeitet von F. Cossmann VII u. 168 pp. Auch unter dem Titel: Lorck's Eisenbahnbücher, XXIX. Leipzig, Lorck, 1858. 8°.
3182. **Taylor** Bayard. Nordisk Resa. Sommar och Winterbilder från Swerige, Lappland och Norrige. Öfversättning. 339 pp. Stockholm, Berg, 1859. 8°.
3183. **Stockfleth** N. V. Dagbog over mine Missionsreiser i Finnmarken. Christiania, 1860.
3184. **Ziegler** A. Meine Reise im Norden. In Norwegen auf den Orkney und Shetland-Inseln in Lappland und Schweden. 2 Bde. XVI u. 707 pp. Leipzig, Weber, 1860 8°.

3185. **Hutchinson** A. H. Try Lapland. A fresh field for Summer tourists. 228 pp. mit 1 Karte. London, Chapman and Hall, 1870. 8°.
3186. **Petersson** C. A. Lapland, dess natur och folk efter fyra somrar vandringar i bilder och text skildrade. Stockholm, Eklund, 1870.
3187. **Frijs** J. A. En Sommer i Finnmarken, Russisk Lappland og Nordkarelen. Skildringer af Land og Volk. Mit 1 Karte und 24 Holzschn. Christiania, Cammermeyer, 1871. 8°.
3188. **Spring** and Summer in Lapland by an Old Bushman'. 2. ed. London. 8°; Warne, 1871.
3189. **Shairp** Th. Up in the North. Notes on a journey from London to Lulea and into Lapland. 250 pp. London, Chapman, 1872. 8°.
3190. **Brun** A. W. S. Fjeldfinneliv i Finnmarken Vadsö. 48 pp. Christiana, Cammermeyer, 1873.
3191. **Goblet d'Alviella** Count. Sahara and Lapland; Travels, translated by Mrs. Hoey. London, Asher, 1873, 8°; 1874.
3192. **Goblet d'Alviella** Comte. Sahara et Laponie; I. Un mois au Sud de l'Atlas. II. Un voyage au cap Nord. 307 pp. avec Illustr. Paris, Plon, 1873. 18°.
3193. **Aubel** Carl und Hermann. Ein Polarsommer. Reise nach Lappland und Kanin. Mit 4 Holzschnitten u. 1 Karte. Leipzig, Brockhaus, 1874. 8°. Mit der Karte von Lappland und Kanin 1 : 3,500.000 und den Ansichten : Waldgrenze (Kola); Am Murmanski-Ufer; die Somokowskija Hügel auf Kanin.
3194. **Caton** J. D. Summer in Norway. Account of Reddeer, Reindeer and Elk. Chicago, 1875. 8°.
3195. **Rae** Edward. Land of the North Wind, Laplanders and the Samojedes. London, Murray, 1875. 8°.
3196. **Kent** S. H. Within the Arctic Circle. Experiences of Travel in Norway and Lapland. 2 vol. with 4 Illustr. London, Richard Bentley and Sons, 1876. 8°.
3197. **Montin** Loers. Beskrifning öfver en resa, år 1749 om sommaren förrättad til Lapska fjällarne åfvan Luleå stad. 4°.
3198. **Régnard's** Journey to Lapland. Pinkerton, Vol. I.
3199. **Leems** R. Account of Danish Lapland. Pinkerton, Vol. I.
3200. **Maupertuis** Peter. L. M. de. Journey to measure of a Degree of the Meridian at the Polar Circle. Pinkerton. Vol. I.
3201. **A Voyage** . . . . containing an Account of the . . . . Laplands, etc. Harris J. Vol. II.
3202. **Maupertuis** H. Reise nach Lappland 1736—1737. (Voyages and Travels. Allgemeine Historie etc. XVII.)
3203. **Outhiz**, Abt. Reise nach Lappland 1837. (Voyages and Travels. Allgemeine Historie etc. XVII.)
3204. **Régnard.** Reise nach Lappland 1681. (Voyages and Travels. Allgemeine Historie etc. XVII.)
3205. **Högström** P. Historische Beschreibung des Schwedischen Lapplandes. (Voyages and Travels. Allgemeine Historie etc. XIX.)
3206. **Acerbi's** Reise nach Schweden, Finnland und Lappland. (Magaz. v. merkw. neuen Reisebeschr. XXVI.)
3207. **Capell Brooke** A. de. Ein Winter im Lappland und Schweden. A. d. Engl. (Bibliothek d. neuesten Reisebeschreibungen von Bertuch, Weimar. Bd. L)

Aufsätze und Notizen.

3208. **Polhem** Christoph. Index experimentorum quae in montibus vallibusque Laponiae ut instituerentur, digna iudicavit. (Acta Litteraria Sueciae, I, p. 235.)
3209. **Rudbreck** Olaus. Descriptio cataractarum in Cascawari Laponiae. (Acta Litteraria Sueciae, III, 1734. p. 16.)

3210. **Maupertuis** Pierre Louis Moreau de Relation d'un voyage fait dans la Laponie septentrionale, pour trouver un ancien monument. (Mém. de Berlin, 1747 p. 432.)
3211. **Bayley** Joel. Astronomical Observations, made at the North Cape. (R. S. Phil. Trans. Abr. XII, 1769, p. 644.)
3212. **Mallet's** J. A. Beobachtungen zu Ponoi in Lappland, 1759. (Collectio omnium observat, quae occasione trans Verneris per Solem a 1769 etc. Petropoli 1770. 4°.)
3213. **Le Monnier.** Mémoire sur la longitude de Ponoi, Ville de Laponie située sous le 67° 4′ 30″ lat. et ou l'on a observé le dernier passage de Vénus. (Mémoires de l'Académie des sciences de Paris 1771, p. 241—243.)
3214. **Lexell** Andreas Johannes. Longitudo geographica promontorii Cap Nord. (Acta Acad. Petropolitanae, 1776, I, p. 359.)
3215. **Prosperin** Erich. Ueber die geogr. Länge des in Lappland im J. 1736 u. 1737 gemessenen Breiten-Grades. (Neue allg. geogr. Ephem. IV, p. 97.)
3216. **Die Lappländer.** (Journal für Land- und Seereisen. Berlin V, 1809. p. 358.)
3217. **Buch** Leopold v. Reise durch Norwegen und Lappland in den Jahren 1806—1808. Berlin, Nauk 1810, 2 Theile mit 2 Karten und Vignetten. (Journal für Land- und Seereisen, VIII, 1810, p. 349.)
3218. **M. F. W.** Lachesis Laponica or a Tour in Lapland, etc.; c'est-à-dire, Voyage en Laponie, ouvrage posthume de Linnaeus, publié d'après ses manuscrits, par M. Smith. II, 1811, 4°. (Annales des Voyages. Paris. XIX, 1812, p. 241—268.)
3219. **Friesswinkel.** Voyage en Norwège et en Laponie par Lèop. de Buch. 2 vols. en allemand Berlin (Extrait). 8°. (Annales des Voyages, Paris, XXIV, 1814, p. 254—255, 359—372.)
3220. **Vargas** Bedemar's Reise nach dem hohen Norden, durch Schweden, Norwegen und Lappland in den Jahren 1810—1812 und 1814. 2 Bde. (Journal für die neuesten Land- und Seereisen, XXXV, 1820, p. 1, 97; XXXVII, 1821, p. 84, 116.)
3221. **Catteau-Calleville.** Observations physiques, géographiques et historiques sur la Laponie d'après Hermelin et Wahlenberg. (Journal des Voyages, XII, 1821, p. 39—46.)
3222. **Cap Nord.** (Bulletin de la Soc. de Géogr. Paris, I Sér., II, p. 123.)
3223. **Capell Brooke** A. de. Travels trough Sweden, Norway and Finmark to the North Cape, in the Summer of 1820. Bodwell, Martin 1823. 4°. (Neue allg. geogr. Ephem. XIII, 1824, p. 53—58.)
3224. **Schubert** Fried. Wilh. v. Reise durch Schweden, Norwegen, Lappland, Finnland und Ingermannland in den Jahren 1817, 1818 u 1820. (Journal für die neuesten Land- und Seereisen, XLV, 1824, p. 67, 164, 268; XLVII, 1824, p. 161, 249, 341; XLVIII, p. 11, 113.)
3225. **Zetterstedt.** Voyage scientifique en Laponie. (Journal des Voyages, XXI, 1824, p. 124.)
3226. **Brooke,** Capitän. Ein Winter in Lappland. (Unterhaltungsblätter für Welt- und Menschenkunde, Aarau, IV, 1827, p. 496.)
3227. **Brooke** Capell. A Winter in Lapland etc. [un hiver en Laponie]. (Journal des Voyages, XXXIV, 1827, p. 210—234.)
3228. **Everest** Robert. Voyages en Norvège, en Laponie et dans une partie de la Suède. [A journey through Norway etc.] (Nouv. Annales des Voyages Paris, II Sér., XVII, 1830, p. 26—33.)
3229. **Everest** M. Voyage en Norvège, en Laponie et en Suède. (Revue de deux mondes. Journal des Voyages, II Sér. I, 1830, p. 245—251.)
3230. **Lessing** Christian Friedrich. Reise durch Norwegen nach den Loffoden, durch Lappland und Schweden. (Journal für die neuesten Land- und Seereisen, LXIX, 1831, p. 283.)
3231. **Lessing** Fr. Voyage de la cote de Norvège au Golf de Bothnie, à travers la Laponie. (Nouv. Annales des Voyages. Paris, II Sér. XXVIII, 1833, p. 265—319.)

3232. **Baer** K. E. v. Ueber die Lappländische Tundra. (Poggendorf. Annalen. XLIII, p. 188-190.)
3233. **Kurze Nachricht** von Parrot's Reise zum Nordcap. (Aus der russischen Zeitschrift »Das Inland«. — Journal für die neuesten Land- und Seereisen, LXXXVII, 1838, p. 181.)
3234. **Turtur** du fvor vid Qvickjock i Luleå Lappmark. (Öfversigt af K. Sv. Vet. Akad. Förh. I, 1844, p. 23.)
3235. **Bohemann,** Resa i Lappland. (Öfversigt af K. Sv. Vet. Förh. I, 1844, p. 95—105.)
3236. **Ryska** Vet. Akademien om grådmätning i Lappland. (Öfversigt af K. Sv. Vet. Akad. Förh. I, 1844, p. 199.)
3237. **Vatten** märken vid Bossekop i Alterfjörden. (Öfversigt af K. Sv. Vet. Akad. Förh. II, 1845, p. 212—213.)
3238. **Kola.** Eine Reiseskizze. (Ausland, XIX, 1846, p. 1177)
3239. **Däggdjur** i Lappland. (Öfversigt af K. Sv. Vet. Akad. Förh. III, 1846, p. 123—125.)
3240. **Selander.** Gradmätning och nivellering i Lappland. (Öfversigt af K. Sv. Vet. Akad. Förh., VII, 1850, p. 250—252.)
3241. **Kola.** (Ausland, XXV, 1852, p. 724.)
3242. **Bayard Taylor's** Reise am Nordcap. Juli und August 1857 (Petermann's geogr. Mitth. III, 1857, p. 513-516.)
3243. **Middendorff** A. v. Aníkiev, eine Insel im Eismeere, in der Gegend von Kola. (Bulletin de l'Acad. imp. des sciences de St. Petersbourg, II, I861, p. 152—158.)
3244. **Pettersson's** C. A. Reise durch Lappland. (Ausland, XXXV, 1862, p. 313.)
3245. **Das Nordcap.** G. Berna's Fahrt nach dem höchsten Norden Europas. (Ausland, XXXVI, 1863, p. 625.)
3246. **Aus Bayard Taylor's** Reise in Lappland. (Globus, Hildburghausen, III, 1863, p. 177 u. 212.)
3247. **Preller** E. H. Actien zur Reise nach Lappland. (Verhandl. d. k. k. zool.-bot. Ges. Wien, XVII, 1867, Sitz. 41.)
3248. **Förster** C. Das russische Lappland und seine Bewohner. (Petermann's geogr. Mitth, XV, 1869, p. 137.)
3249. **Die russisch-finnländisch-norwegische Grenze.** (Aus allen Welttheilen, II, 1870—71, Nr. 10, p. 318.)
3250. **Frijs** J. A. Russisch-Lappland. Mit Karte s. Tafel 18. (Petermann's Geogr. Mitth. XVI, 1870, p. 358—364.)
3251. **Frijs** J. A. Wanderungen in den drei Lappländern. (Globus, Braunschweig, XXII, 1872, p. 1, 17, 49, 162.)
3252. **Usher** Fr. An excursion in Lapland. (Illustrated Travels by Bates 1873, Part LIII, p. 146—150; Part LVI, p. 225—229; Part LVIII, p. 313—18.)
3253. **Fellman** Jakob. Förteckning öfver norrsken, observerade å Eriksnäs kyrkoherdeboh1 i Lappajärvi socken af Wasa län, år 1862—1873. (Öfversigt af Finska Vet. Soc. Förh. Helsingfors, XVI, 1873—1874, p. 48—51.)
3254. **Pauli** Gustav. Eine Reise durch das Innere von Finnmarken. (Jahresbericht des Vereins für Erdkunde in Dresden, XII, 1875, p. 59—80.)
3255. **Kohn** Albin. Am Imandra-See, Lappland. (Globus, Braunschweig, XXX, 1876, p. 235-238, 247—249.)
3256. **Horok,** Horn von der. Reise von Vadsoe durch Lappland bis zum Bottnischen Meerbusen und von da durch Finnland bis Petersburg. (Verhandl. d. Ges. f. Erdk. Berlin, III, 1876, p. 38—51.)
3257. **Laponie** [avec 2 fig.] (l'Explorateur, IV, 1876, p. 182—183.)
3258. **Longitudo** geographica urbis Wardhus. (Novi Commentar. Acad. Petropolitanae XV, p. 626.)
3259. **Lexell** Andreas Johannes. Longitudo geographica urbis Kolae. (Novi Commentar. Acad. Petropolitanae, XV, p. 627.)

b) Astronomie, Meteorologie und Erdmagnetismus.

Aufsätze und Notizen.

3260. **Burman.** Meteorologiska anteckningar i Lappland. (Öfversigt af K. Sv. Vet. Akad. Förh. XV, 1858, p. 455)
3261. **Ein Winter** in Lappland. [Chamber's Journal] (Ausland, XXXIII, 1860, p. 1057.)
3262. **Ångström** A. J. Om lufttemperaturen i Enontekis. (Öfversigt af K. Sv. Vet. Akad. Förh. XVII, 1860, p. 141—154.)
3263. **Forssman** L. A. Observationer öfver jordmagnetiska horizontalintensiteten och inklinationen inom Vesterbotten och Lappland. (K. Sv. Vet. Akad. Handlingar, X, 1871, Nr. 13, p. 1—26.)

c) Hydrographie.

3264. **Reineke** Capit. Description hydrographique des côtes septentrionales de la Russie. 2 partie: Côte de la Laponie. Traduction du russe par H. de Laplanche. 140 pp. et 3 pl. Paris, Depôt de la marine, 1863. 8°.

Aufsätze und Notizen.

3265. **Levee** des côtes de la Laponie. (Journal des Voyages, XX, 1823, p. 119.)
3266. **Vibe** A. Ueber den Golfstrom und den Maelstrom an der Küste Norwegens. (Ausland, XXXIII, 1860, p. 143.)

d) Geologie, Paläontologie, Mineralogie.

Aufsätze und Notizen.

3267. **Die Goldfelder** in Russisch-Lappland. (Globus, Braunschweig, XVII, 1870, p. 160.)
3268. **Gold** in den Alluviallagern der Lappmarken. (Globus, Braunschweig, XVII, 1870, p. 263—264.)
3269. **Schmidt** C. Dr. Essbare Erden aus Lappland und Süd-Persien. (Bulletin de l'Acad. imp. des sciences de St. Pétersbourg, XVI, Nr. 3, Mai 1871, p. 203—207.)

e) Zoologie und Thiergeographie.

3270. **Zetterstedt** Joh. Guil. Fauna Insectorum laponica. Pars I. (Coleoptera, Orthoptera et Hemiptera.) Hammonae, Schulz, 1828. 8°.
3271. **Zetterstedt** Joh. Guil. Insecta laponica descripta Voluminis unici VI Fasc. Lipsiae, L. Voss, 1838—1840. 4°.
3272. **Middendorf** A. Th. v. Bericht über die ornithologischen Ergebnisse einer Reise in Lappland während des Sommers 1840. Reise in den äussersten Norden. St. Petersburg, 1848. 4°.

Aufsätze und Notizen.

3273. **Om Lapplands** Fauna. (Öfversigt af K. Sv. Vet. Akad. Förh. I, 1844, p. 32.)
3274. **Nya Diptera** från Norrbotten och Luleå Lappmark. (Öfversigt af K. Sv. Vet. Akad. Förh. I, 1844, p. 64—68, 106—110, 217—219.)
3275. **Boheman.** Till Lapplands entomologi. (Öfversigt af K. Sv. Vet. Akad. Förh. XIV, 1857, p. 15—24.)
3276. **Boheman.** Bidrag till Lapplands Dipter-Fauna. (Öfversigt af K. Sv. Vet. Akad. Förh. XV, 1858, p. 55—57.)

3277. **Nordmann** Arthur v. Uebersicht der bis jetzt in Finnland und Lappland vorgekommenen Vogelarten. (Bulletin de la Société imp. des naturalistes de Moscou, 1860, Nr. 1, p. 1—55.)
3278. **Das Melken** der Renthiere in Lappland. (Globus, Hildburghausen, IV, 1863, p. 152—153.)
3279. **Fritsch** C. F. Dr. Ueber die Namen des Renthieres und der Lappen. (Petermann's geogr. Mitth. IX, 1863, p. 345.)
3280. **Ueber die Mücken** in Lappland. (Globus, Hildburghausen, VI, 1864, p. 381—382.)

f) Botanik.

3281. **Linnaeus** Car. Flora laponica exhib. plantas per Laponiam crescentes secundum systema sexuale, collectas in itinere imp. soc. reg. litt. et sci. Sueciae a. 1782 instituto. Add. synonymis et locis natalibus omnium descriptionibus et figuris rariorum, viribus medicatis et oeconom. plurimarum. Amstelodami ap. Sal. Schouten, 1737; London, 1792; Tübingen, Cotta.
3282. **Wahlenberg** Georgio. Flora Laponica exhibens plantas geographice et botanice consideratas in Laponiis Svecicis etc. et Finmarkia. Cum. tabul. 30. Berlin, Realschulbuchh. 1812. 8°.
3283. **Anderson** N. J. Salices Laponiae. 6 vol., cum. 28 fig., 2 pl. Upsala, 1845. 8°; Lipsiae, Brockhaus et Avenarius. 8°.
3284. **Anderson** N. J. Conspectus vegetationis Laponiae. 2 vol. Upsala, 1846.
3285. **Fries** Th. M. Lichenographia scandinavica sive dispositio lichenum in Dania, Suecia, Norwegia, Fennia, Laponia rossica hactenus collectorum. Pars II, p. 325—639. Upsala, Lundequist, 1874. gr.-8°.

Aufsätze und Notizen.

3286. **Plantes** de la Laponie. (Bulletin de la Soc. de Géogr. Paris, I. Sér., VI, p. 132.)
3287. **Växtformer** i Luleå Lappmark. (Öfversigt af K. Sv. Vet. Akad. Förh. I, 1844, p. 23—25.)
3288. **Växtfärgernas** förändring i Lappmarken. (Öfversigt af K. Sv. Vet. Akad. Förh. II, 1845, p. 213—214.)
3289. **Hellbom** P. J. Lichenologiska Anteckningar från en resa i Luleå Lappmark sommaren 1864. (Öfversigt af K. Sv. Vet. Akad. Förh. XXII, 1865, p. 451—478.)
3290. **Frauberger** Heinrich. Eine Gartenanlage in Lappland. (Ausland, XLV, 1872, Nr. 5.)
3291. **Zetterstedt** J. E. Om vegetationem vid Altenfjord. (Öfversigt af K. Sv. Vet. Akad. Förh. 1874, Nr. 10, p. 33—51.)
3292. **Hellbom** P. J. Bidrag till Luleå Lappmarks lafflora. (Öfversigt af K. Sv. Vet. Akad. Förh. 1875, Nr. 3, p. 49—82.)

g) Ethnographie, Culturgeschichte etc.

3293. **Anglerius** Petrus Martyr. De rebus oceanicis et novo orbe, decades tres etc. Deploratio Lapianae gentis. Lappia descriptio etc. Basileae, 1533, Fol.; Coloniae, 1574, 8°; London, R. Jugge, 1577, 4°.
3294. **ABC-Buoh** in lappischer Sprache, in Ordnung gebracht und verbessert von Nic. Andreä. Stockholm, 1619. 8°.
3295. **Andreä** Nic. Ein kleines Gesangbuch, welchergestalt die Messe im Lappischen gelesen und gesungen werden soll. Stockholm, 1619.
3296. **Kurtze Beschreibung** der Lappländer, Sitten, Gebräuche, wie auch Kriegsübungen. Strahlsund, 1630. 4°.
3297. **Scheffer**. Histoire de la Laponie, sa description, l'origine, les moeurs, les usages et la religion des Lapons. Trad. du latin par Richelet et Lubin. Avec nombr. figures. Paris, Oliv. de Varennes, 1678. 4°.
3298. **Schaeffer's** History of Lapland. With plates. London, 1704.

3299. Fjellström T. Grammatica et dictionarum lapponica. Holmiae 1738. 8°.
3300. Ihre J. Observat. in orthographiam Laponicam. Upsala, 1742.
3301. Leem Knud. En lappisk grammatica. Kopenhagen, 1748. 8°.
3302. Wegelii H. Animadvers. de oeconomia et moribus incolarum Laponiae Kimiensis. Aboe, 1754. 4°.
3303. Kalm P. De oeconomia et moribus incolarum Laponiae Kimiensis. Resp. (Sam.) Chydenio. Aboe, 1754. 4°.
3304. Klingstedt. Mémoires sur les Samoïèdes et les Lapons. Königsberg, 1762. Copenhague, 1766. 8°.
3305. Leem Knud. En lappisk Bønnebog. Drontheim, 1764. 8°.
3306. Leemius Canutus. De Laponibus Finnmarchiae eorumque lingua, vita et religione pristina commentatio; una cum J. E. Gunneri Notis; et E. J. Jessen's Tractatu singulari de Finnorum, Laponumque Norvegica religione pagana. Cum figuris et notis. tab. aenaae 100. Danice et Latine. Havniae, Haude, 1767, gr. 4°; 1768.
3307. Leem Knud. Beskrivelse over Finmarkens Lapper, med E. Gunneri Afhandling om de norske Finners og Lappers hedenske Religion, m. K. Kjöbenhavn, 1767. 4°.
3308. Leemius Canutus. Lexicon Laponicum bi partitum, Laponico-Danico-Latinum et Danico-Latino-Laponicum, cum indice Latino. Pars I, v. C. M. Nidrosiae 1768; II v. Sandbergius Gerhardus. Havniae, 1781. 4°.
3309. Klingstedt. Historische Nachricht von den Samojeden und den Lappländern. Riga und Mitau, 1769. 8°.
3310. Sajnovics Johannes. Demonstratio Idioma Ungarorum et Laponum idem esse. Hafniae 1770, 4°; 1772.
3311. Gunneri J. E. Nachrichten von den Lappen in Finnmarken, ihrer Sprache, Sitten, Gebräuchen und ehemaligen heidnischen Religion. Mit Anmerkungen. Aus dem Dänischen von J. Jac. Volkmann. Leipzig, Dyk, 1771. 8°.
3312. Ihre J. De convenientia linguae Hungar. cum Laponica. Upsala, 1772.
3313. Lostbom J. De Arieplog parvecia Laponiae. Upsala, 1773.
3314. Ihre J. Lexicon Laponicum cum interpretatione Vocabulorum suecolatina et indice suecano-laponico. — Auctum Grammatica laponica a F. Lindahl et J. Öhrling. Holmiae, 1780. 4°.
3315. Lindahl, und Jo. Öhrling. Lexicon laponicum, cum interpretatione vocabulorum suecco-latinâ et indice suecano lapponico, auctum grammaticâ laponicâ, à Dom . . . . confectum. Holmiae, Lange, 1780. 4°.
3316. Rask Rasmus Chr. Raesoneret Lappisk Sproglaere efter den Sprogart, som bruges af Fjaeldlapperne i Porsangerfjorden i Finmarken. En Omarb. af K. Leems lappiske Gram. Kjøbnhavn, 1832. 8°.
3317. Possart Paul Ant. Fed. Konst. Kleine lappländische Grammatik mit kurzem Vergleich der finnischen Mundarten. Stuttgart, Cast'sche Bnchh. 1840. 8°.
3318. Castrén M. A. Vom Einflusse des Accents in der lappländischen Sprache. 5³/₄ Bg. St. Petersburg, 1845. Leipzig, Voss. 4°. (Aus Mém. de l'Ac. imp. IV.)
3319. Mellin G. H. Das Volksleben und die Natur des Skandinavischen Nordens I. Bändchen: Lappland, Schwedens Nomaden- oder Hirtenleben der Gebirgswüsten. Aus dem Schwedischen von C. F. Schirf. 3 und 165 pp. Mit 1 lith. Taf. Leipzig, Einhorn's Verl. 1856. 8°.
3320. Helms H. Lappland und die Lappländer. Eine Skizze aus dem hohen Norden. 200 pp. Leipzig, Fritsch, 1868. 8°.
3321. Mellin G. H. Nomads of the North: a Tale of Lapland. Tinsley, 1871. 8°.
3322. Düben G. v. Om Lappland och Lapparne, företrädes vis de Svenske. Mit Karte, 8 Kpf. u. 78 Holzschn. Stockholm, 1873. 8°

Aufsätze und Notizen.

3323. **Epreuve à** laquelle on soumet les jeunes filles en Laponie pour le choix d'un époux. (Journal des Voyages, XXIX, 1826, p. 235—236.)
3324. **Spitznamen** der Lappländer. (Journal für die neuest. Land- u. Seereisen, LXXVIII, 1834, p. 279.)
3325. **Eine Begegnung** mit Lappen. (Aus S. Laing's Reise in Norwegen. Uebers. v. Lindau. (Ausland, XVII, 1844, p. 25.)
3326. **Die Lappen** und Lappland. (Nord. Biene. — Ausland, XXV, 1852, p. 763.)
3327. **Ein lappländisches** Liebeslied. (Ausland, XXVIII, 1855, p. 599.)
3328. **E. Z.** Dr. Das Freien in Lappland. (Ausland, XXIX, 1856, p. 79.)
3329. **Mellin G. H.** Bilder aus Lappmarkens Volksleben. Nach dem Schwedischen. (Ausland, XXIX, 1856, p. 673, 774.)
3330. **Religion** der heidnischen Lappen. (Erman's Archiv f. wiss. Kunde v. Russland, XX, 1860, p. 167, 349.)
3331. **Besiedelung** der Murmanischen Küste am Eismeere. (Petermann's Geogr. Mitth. XV, 1869, p. 107.)
3332. **Die lappländische** Industrie-Ausstellung zu Tromsöe. (Globus, Braunschweig, XVII, 1870, p. 366—367.)
3333. **Kohn Albin.** Ueber die Volkspoesie der Lappländer. [W. J. Njemirowitsch-Dantschenko.] (Globus, Braunschweig, XXVIII. 1875, p. 334.)
3334. **Lappische** Nomaden. (Illustrirte Zeitung, 1875, Nr. 1670, p. 8.)
3335. **Die Volkspoesie** der Lappen. (Ausland, XLIX, 1876, p. 532—534.)
3336. **Laponie**; Population, moeurs, usages. (l'Explorateur, IV, 1876, p. 191.)

h) **Polarfischerei und Jagd**.

Aufsätze und Notizen.

3337. **Mehwald.** Die Loddefischerei im norwegischen Lappland. (Globus. Braunschweig, XV, 1869, p. 148—151.)
Siehe auch die Nummern: 131, 132, 140, 151, 217, 219, 326, 746, 1096, 1125, 1126, 1127, 1133, 1141, 1753, 1802, 1809, 1815, 1856, 1884. 1899, 2224, 2759, 2761, 2804, 2816, 2817, 3065, 3363, 3364, 3604, 3644.

XI. Samojeden-Küste.

a) **Allgemeines, Geographie und Reisen**.

3338. **Massa Isaac.** Beschryvinghe van der Samoyeden Landt in Tartarien. Met verhael vande opsoeckingh ende ont deckinge vande nieuwe deurgang ofte straet int Noordwesten na de Rijcken van China ende Cathay. Amsterdam, Hessel Gerritsz opt Water inde Pascaert, 1609. VIII und 32 pp., 3 Karten, 1612. 4°. Neue Reproduction: Amsterdam, Fred. Muller, 1875.
3339. **Descriptio** geographica directionis freti in Chinam ducturi (Waigats), cum Descriptione terrarum Somoyedarum. Amsterdam, 1613. 4°.
3340. **Nachrichten** über das Land der Samoyeden und den Zustand dieser Völker. (Almanach des Voyages par Zimmermann pour l'an 1791, 3e. volume.)
3341. **A new account** of Samojedia. Pinkerton, Vol. I.
3342. **Johnson R.** Landing among the Samojeds 1556. Hakluyt, Vol. I.
3343. **A voyage** containing an account of Samojedia. Harris J. Vol. II.
3344. **Description** of Samojedia 1612. Purchas, Vol. III.
3345. **Neue Nachricht** von Samojedien. Voyages and Travels. Allgem. Histoire, Vol. XIX.

Aufsätze und Notizen.

3346. **Ruprecht** F. J. Reise nach der Halbinsel Kanin. (Recueil des actes des séances publiques de l'Académie imp. des sciences de St. Pétersbourg, 1841 et 1842, p. 45.)
3347. **Einige Nachrichten** über das Petschoragebiet. (Ausland, XVII, 1844, p. 265.)
3348. **Latkins** Reise im Petschoragebiet. (Ausland, XVII, 1844, p. 1377.)
3349. **Bystrow**. Die Stadt Mesen. (Erman's Archiv f. wiss. Kunde v. Russland. IV, 1845, p. 521.)
3350. **Erman** A. Ueber P. v. Krusenstern's und A. v. Keyserling's Reise an der Petschora und ihren Zuflüssen. (Erman's Archiv f. wiss. Kunde v. Russland, V, 1846, p. 709; VI, 1847, p. 342.)
3351. **Helmersen**. Nachrichten über die im Jahre 1847 von der Russischen Geographischen Gesellschaft ausgesandten Expedition zur Erforschung des nördlichen Ural. (Erman's Archiv für wiss. Kunde v. Russland, VII, 1848, p. 258.)
3352. **Šawelieff** A. S. Die Insel Kolgujeff. (Ausland, XXIII, 1850, p. 347, 351.)
3353. **Nikolowitsch**. Die Insel Kolgujew. (Kurländ. Ges. Arb., IX, 1851, p. 63.)
3354. **Šaweliew** A. S. Die Insel Kolgujew. (Erman's Archiv f. wiss. Kunde v. Russland, X, 1852, p. 302.)
3355. **Šaweliew** A. S. Die Halbinsel Kanin. (Erman's Archiv f. wiss. Kunde v. Russland, X, 1852, 384.)
3356. **Die Insel Kolgujew** im nördlichen Eismeere. (Ausland, XLVII, 1874, p. 919.)
3357. **Daublebsky** von Sterneck und Ehrenstein, Contre-Admiral. Rückreise von Graf Wilczek's Arktischer Expedition durch Nordost-Russland 1872. Mit Karte s. Tafel 6. (Geographie und Erforschung der Polar-Regionen Nr. 88. — Petermann's Geogr. Mitth. XX, 1874, p. 117—120, 132—142.)

b) **Hydrographie.**

Aufsätze und Notizen.

3358. **Sidorow**. Ueber die Bewegung des Eises und der Schiffahrt im Hafen der Petschora. (In russischer Sprache. — Iswestija der k. russ. Geogr. Ges.- 1866, Nr. 7.)

c) **Geologie, Paläontologie, Mineralogie.**

Aufsätze und Notizen.

3359. **Rose** G. E. Hoffmann's Untersuchsngen des nördlichen Ural und sein Werk darüber. (Zeitschr. d. Ges. f. Erdkunde. Berlin I, 1852, p. 129—131.)
3360. **Das Vorkommen** von Guano auf Kolgujew. (Erman's Archiv für wiss. Kunde v. Russland, XXII, 1863, p. 263.)

d) **Botanik.**

3361. **Ruprecht** F. J. Flores Samojedorum. Cum tabulis. Petropoli, typ. academiae scientiarum. [Lipsiae, Voss.] 1839, 4°.
3362. **Schrenok** Alexander. Beschreibung seiner botanischen Reise im Lande der Samojeden. 2 Bde. Deutsche Uebers. bei Purchas gedr. — Dorpat 1848—1854. gr. 8°.)

e) **Ethnographie, Culturgeschichte etc.**

3363. **Martinière**. Mémoire sur les Samojèdes et les Lapons. 112 pp. Königsberg et Paris 1762, 8°; Kopenhagen 1766.
3364. **Martinière**. Historische Nachrichten von den Samojeden und Lappländern. Aus dem Franz. Riga u. Mietau 1769, 8°.

3365. **Castrén's** Matth. Alex. Grammatik der samojedischen Sprachen. Herausg. von Ant. Schiefner. XXIV u. 609 pp. St, Petersburg, 1854. Leipzig, Brockhaus, Voss. Lex.-8°. — **Wörterverzeichniss** aus den samojodischen Sprachen, bearb. von Ant. Schiefner. XXXV u. 404 pp. St. Petersburg 1855, Leipzig, Brockhaus, Voss. Lex.-8°.
3365a.
3366. **Samoiédes** et Ostiaks par un Anonyme. Laharpe J., Vol. VIII.

Aufsätze und Notizen.

3367. **Das Waschen** mit Urin bei den Samojeden und Grönländern. (Journal für die neuesten Land- und Seereisen. Berlin, XIV, 1812, p. 192.)
3368. **Berichte** eines Russen über die Samojeden. (Hertha, X, 1827, p. 580—604.)
3369. **Bemerkungen** über die Samojeden. (Nach d. Journ. d. Min. d. Inn. Juli 1844. — Ausland, XVII, 1844. p. 1281, 1286, 1290, 1294.)
3370. **Einige Nachrichten** über die Samojeden. (Erman's Archiv für wiss. Kunde v. Russland, IV, 1845, p. 593.)
3371. **Castrén.** Proben samojedischer und sibirisch-tartarischer Mährchen-Poesie. (Erman's Archiv f. wiss. Kunde v. Russland, XVII, 1858, p. 307.)
3372. **Hunfalvy** Paul. Ueber die samojedische Sprache. (Erman's Archiv für wiss. Kunde v. Russl. XVII, 1858, p. 620.)
3373. **Das Petschoraland** und die Samojeden. (Globus, Braunschweig, XVIII, 1870, p. 127—128.)
3374. **Verminderung** der Samojeden im nördlichen Russland. (Aus allen Welttheilen, III, 1871/1872. Nr. 6, p. 190.)
3375. **Bilder** aus Russland. 3. Die Samojeden. 4. Das Kloster Solowetzk. 2 Ill. (Aus allen Weltheilen, III, 1871/1872, Nr. 12, p 356—8.)
3376. **Die Samojeden.** (Ausland, XLIV, 1871, p. 552.)
3377. **Das Aussterben** der Samojeden. (Globus, Braunschweig, XXI, 1872, p. 240.)

f) **Polarfischerei und Jagd.**

Aufsätze und Notizen.

3378. **Saweliew** A. S. Nachrichten über die Jagd auf der Insel Kolgujew. (Erman's Archiv für wiss. Kunde v. Russland, X, 1852, p. 311.)
Siehe auch die Nummern: 1125, 1126, 1127, 1138, 1824, 1899, 3193, 3195, 3304, 3309, 3645, 3733, 3953, 3956, 3974.

XII. Weisses Meer.

3379. **Reinecke.** Description hydrographique des côtes septentrionales de la Russie: 1me partie. Mer Blanche. Traduction du Russe par H. de Laplanche, 350 pp. 10 pl. Paris, Dépôt de la marine, 1861, 8°.
3380. **Untersuchungen** über den Zustand der Fischerei in Russland, herausgegeben vom Ministerium der Staatsdomänen. VI: Fang der Land- und Seethiere im Weissen und Eismeere. (Rybnyje i swerinyje Promysly na Bjelomm i Ledowitomm Morach [Russisch], 1862.
3381. **Koslow** J. Astronomische Beobachtungen zur Bestimmung der Ortslagen und Azimuthe, ausgeführt während der Fahrt Sr. kais. Hoheit des Grossfürsten Alexei auf der Wasserstrasse von St. Petersburg nach Archangel auf dem weissen Meer und dem Nordpolarmeer im Jahre 1870. 123 pp. Mit 1 Karte und 12 Plänen. (Russisch). St. Petersburg, 1871. 8°.
3382. **Ohthere.** Voyage to the White Sea in the ninth century. Kerr, Vol. I.

Aufsätze und Notizen.

3383. **Voyage** de Pétersbourg au monastère de Solovets. Trad. du russe. (Journal des Voyages, XLIV, 1829, p. 294—335.)
3384. **Sawelieff.** Magnetische Beobachtungen und geographische Ortsbestimmungen, abgeleitet i. J. 1841 während einer Reise an den Küsten des Weissen und Eismeeres. (Acad. de St. Pétersbourg, Mém. présent, VI, 1851, p. 199.)
3385. **Fahrt** des Klipperschiffes »Opritschnik« von Archangel nach Elsinör im Herbst 1856. (Russisches See. Magazin. März 1857.)
3386. **Knauss** Carl. Untersuchungen der Asche vom Seetang aus dem Weissen Meere, des Wassers des Weissen Meeres und zweier Salzsoolen aus Nonoxa, ausgeführt in Archangel v. August 1859 bis Februar 1860. (Bulletin de l'Acad.imp.des sciences de St.Petersbourg, II, 1861. p.303—317.)
3387. **Die Vögel** und der Vogelfang im Weissen Meere. (Erman's Archiv für wiss. Kunde v. Russland, XXII, 1863, p. 557.)
3388. **Das Weisse Meer.** (Erman's Archiv für wiss. Kunde v. Russland, XXIII, 1865, p. 361.)
3389. **Bilder** aus Russland. 1: Auf dem Weissen Meere. 2: Archangel. 2 Ill. (Aus allen Weltheilen, III, 1871—1872, Nr. 11, p. 339—42.)
3390. **Maclay** N. M. v. Bemerkungen zur Schwammfauna des weissen Meeres und des arktischen Oceans. (Bulletin de l'Acad. imp. des sciences de St. Pétersbourg, V, 1871, p. 203—205.)
3391. **Chardonneau** M. F. Navigation à vapeur Russe dans la Mer Blanche Trad. du russe. (Revue maritime et coloniale, Paris, XXXIII, 1872, livr. 131, p. 209—220.)
3392. **Unerwartet** reichlicher Häringfang im Weissen Meere. (Aus allen Welttheilen. Leipzig, V, 1874, p. 191.)
3393. **Häringsfang** im weissen Meere (Ausland, XLVII, 1874, p. 460.)
3394. **Schultz** Alexander. Fischerei und Robbenjagd im weissen Meere und nördlichen Ocean. (Jahresbericht des Vereines für Erdkunde in Dresden, XI, 1874, p 105—152.)

Karten.

3395. **Schuwalow** P. J. Karte vom Weissen Meere. 1754—1758.
3396. **Onega Gulf,** Shoujmuia Islands, Onega Road-Russian Surveys; corrections to 1862.
3397. **White Sea.** General Index Chart, with Views; Corrections to 1867.
3398. **Nicodimsko** and Intsi Points to Kammenoi Point and Unskaia Bai including. Arkhangel Gulf. Russian Surveys; corrections to 1867.
3399. **Arkhangel Bay,** North Dvina Mouths. Russian Surveys; corrections to 1867.

Siehe auch die Nummern: 665, 3375.

XIII. Ostspitzbergisches Eismeer.
(Meer zwischen Spitzbergen, Nowaja Semlja und Franz Josefs-Land).

a) **Allgemeines, Geographie und Reisen.**

3400. **Lütke** Fédor Capitaine. Quatre voyages dans la mer glaciale du Nord entrepris de 1826—1829.) 2 vol. St. Petersbourg, 1828, 4°.
3401. **Lytke** F. Flota-Kapitan Leitenantom. Tschetninokrátne puteschistwie w's sjewernii ledowitni Okéan. S. Peterburg, 1828.
3402. **Lütke's** viermalige Reise durch das nördliche Eismeer. In's Deutsche übersetzt von C. Erman. Berlin, Reimer, 1835.

3403. **Expédition** polaire de A. Weyprecht et Julius Payer. Traduit de l'allemand par V. Saillet. Brest, 1872, 8°.
3404. **Grad Charles.** Résultats scientifiques des explorations de l'océan glacial a l'ést des Spitzbergen en 1871. (Extrait du Bulletin de la Société de Géographie, Nov. 1873.) 8 pp. Mit der Karte: Océan glacial. Gez. v. Erhard 1:5,000.000. Paris, Ch. Delagrave. 8°.
3405. **Weyprecht** C. e G. Payer. La Spedizione Austro-Ungarica al Polo Nord 1872—1874, 29 pp. con carta: Spedizione Austro-Ungarica al Polo Nord 1872—1874. Franz.-Jos.-Land—Novaja-Semlja 1:9,000.000. Roma, G. Civelli, 1874. 8°.
3406. **Tagebuch** des Nordpolfahrers Otto Křisch, Maschinisten und Officiers der zweiten österr. ungar. Nordpol-Expedition. Aus dem Nachlasse des Verstorbenen herausgegeben von seinem Bruder Anton Křisch. 116 pp. Wien, Wallishausser, 1875. 8°.
3407. **Payer Julius und Obermüllner.** Die österr.-ungar. Nordpol-Expedition 1872—1874. 12 Photogr. nach Zeichn. desselben, gemalt v. A. Obermüllner, qu. Fol. Mit Text v. Jul. Payer (8 pp.) München, Bruckmann, 1875, gr. 4°.
3408. **Payer** Julius. Die österreich.-ungar. Nordpol-Expedition in den Jahren 1872—1874, nebst einer Skizze der 2. deutschen Nordpol-Expedition 1869—1870 und der Polar-Expedition von 1871. Mit 146 Illustrationen u. 3 Karten. 1. Ausgabe in Lieferungen, 800 pp. Wien, A. Hölder, 1875, 1876, 8°. Mit den Portraits: des Grafen Hans Wilczek, Brosch, Orel, Kepes u. Weyprecht. Mit den Karten: Kaiser Franz-Josefs-Land, Gletscher gez. v. Hajek, 1:1,450.000; Novaja-Semlja-Meer, gez. von Paternoss 1:6,000.000; Nord-Ost Grönland, gez. v. Fitz 1:2,800.000. Mit den Ansichten: Gwosdarew-Einfahrt, Nowaja-Semlja; Cap Tegetthoff; Cap Frankfurt; der Austria-Sund u. die Wüllerstorff-Berge; das Oster-Cap u. der Sternek-Sund, Cap Tyrol, das Alken-Cap, das Säulen-Cap, der Collinson-Fjord u. die Insel Wiener-Neustadt; der Markham-Sund u. die Richthofen-Spitze; Cap Wynn u. die Griper-Rhede im Mondlicht; die Bessel-Bay; der Kaiser Franz-Josef-Fjord u. die Petermann-Spitze; der Hornsundstind Spitzbergens; die Hope-Insel.
3409. **Weypreoht** C. Sulla spedizione polare austro-ungarica. Trieste, Dase, 1875, 8°.
3410. **Album** photographischer Ansichten aufgenommen vom Grafen Hans Wilczek auf seiner Reise auf dem Isbjörn im Jahre 1872. Wien, 1875. 50 Bl., kl. Fol., 51 Bl. Stereoscopbilder von Norwegen, Spitzbergen, Nowaja-Semlja und Nord-Russland: Nr. 1. Hanseturm zu Bergen, 2. Kathedrale zu Drontheim, 3.-u. 4. Tromsoe, 5.—7. Lappländer, 10.—21. im Hornsund, 22.—25. Matoschkin Scharr, 26. die Silberberge auf Nowaja-Semlja, 27.—33. Matoschkin-Scharr, 34. Lager (Nowaja-Semlja), 35. an den Quellen der Medwenka, 36. vor der nördl. Barentz-Insel, 37. Lebensmittel-Depot für den Tegetthoff auf Novaja-Semlja, 38. Einer der 3 Särge auf der Barentz-Insel, 39. Cap auf der Barentz-Insel, 40. ein Felskamm der Kostin-Scharr, 41. beim Goose-Cap, 42.—43. aus der Kostin-Scharr, 44. Hütte bei Chaborika (Petschora-Land), 45. Kirche zu Ust-Silma, 46. Thürme zu Isma, 47. Syrjänen Haus in Ust Uchta, 48. Zusammenfluss der Isma und Uchta, 49. an der Wytschegaa (Pomosdir), 50. Porträt des Grafen Wilczek. Stereoscopbilder; 51, 57, 59, 61, 63—72, 75, 77—80. Ansichten vom Isbjörn, Bemannung u. s. w. 82. Isbjörnen-Bai, 83—87. Ansichten von Spitzbergen, 88. Gegen die Duneninsel, 89. aus dem Hornsund (Isbjörn-Bai), 90. der Isbjörn bei der Hope-Insel, 91. Strandwellen vor Spitzbergen, 92. Seehundsjagd, 93. bei der Hope-Insel (Treibeis), 94—95, 98, 125. Matoschkin-Scharr, 96. im Hafen von Tschirakina (Novaja-Semlja), 99—104. im Treibeis bei Barentz-Eiland u. den Barentz-Inseln, 106. Kuja (Petschora-Land), 108, 110, 112—115, 120, 122. Samojeden u. Lappländer.
3411. **Payer** Julius. New Lands within the Arctic Circle; a Narrative of the Discoveries of the Austrian ship ,Tegetthoff' in 1872—1874. With upwards

of 100 Illustr. from Drawings by the Author, Route Maps. 2 vols. London, Macmillan and Comp., 1876, 8°.
3412. **Lütke** Friedr. Viermalige Reise durch das nördliche Eismeer. (Kabinets-Bibliothek etc. II Bde.)

Aufsätze und Notizen.

3413. **Petermann** A. Mittheilung betreffend die Entdeckung eines offenen Polar-Meeres durch J. Payer u. K. Weyprecht. (Sitzungsber. d. math.-naturw. Cl. d. Akad. d.Wiss. in Wien, LXIV. I. Ab. 187. p. 412; II. Ab. 187. p. 475.)
3414. **Weyprecht** Carl. Bericht über seine Reise in das Eismeer, Ost-Spitzbergen. (Sitzungsber. d. math.-naturw. Cl. d. Akad. d. Wiss. in Wien. LXIV. I. Ab. 187. p. 459; II. Ab. 187. p. 651).
3415. **Neu** versuchte Schifffahrt der Russen im Eismeer von Archangel aus (1765). (Büsching, Nachrichten, Berlin, II. 1774, p. 54.)
3416. **Russische Expedition** Lazarew's in's Eismeer i. J. 1819. (Bertuch, Neue allg. geogr. Ephem. VII. 1820, p. 132—3.)
3417. **Nouvelles expéditions** russes dans la Mer Glaciale. (Nouv. Annales des Voyages, VI, 1820, p. 232—234.)
3418. **Voyage** des Russes dans la Mer Glaciale. (Nouv. Annales des Voyages, V, 1820, p. 236—237.)
3419. **Zu F. Lütke's** viermaliger Reise durch das nördliche Eismeer. (Erman's Archiv f. wiss. Kunde v. Russland, XXV, 1867, p. 620.)
3420. **Nordpolar-Expedition** des Dampfers »Bienenkorb«. (Archiv. f. Seeweesen V, 1869, p. 59—60.)
3421. **Petermann** A. Notiz über die Nordpol-Expedition des Dampfers »Bienenkorb«. (Lotos, Prag, XIX, 1869, p. 47.)
3422. **Rückkehr** der Palliser'schen Nordpolar-Expedition; die Arbeiten von Dr. Dorst und Dr. Bessels auf den Rosenthal'schen Dampfern »Bienenkorb« und »Albert«. (Petermann's Geogr. Mitth., XV, 1869, p. 391—393.)
3423. **North Polar Expedition** of Mr. Lamont. (Proceedings of the R. Geogr. Society of London, XIII, Nr. 3, 20. July 1869, p. 225.)
3424. **Ueber** das neuentdeckte Land östlich von Spitzbergen. (Ausland, XLIII, 18.'0, p. 1175.)
3425. **Petermann**. Die Nordpol-Expedition, das sagenhafte Gillis-Land und der Golfstrom im Polarmeere. (Gaea, Köln u. Leipzig, VI, 1870, p. 535—537.)
3426. **Maury** T. B. The Eastern portal to the Pol. (Putnam's Monthly Magazine, Newyork, April 1870.)
3427. **Nordpol-**Expedition. [Ueber Weyprecht u. Payer]. (Archiv f. Seewesen, VII, 1871, p. 132—3.)
3428. **Zur Nordpolfahrt.** (Weyprecht's u. Payer's Recognosc.) (Archiv f. Seewesen, VII, 1871, p. 173—4.)
3429. **J. Payer's** u. K. Weyprecht's Expedition nach König Karl-Land im Osten von Spitzbergen. (Archiv. f. Seewesen, VII, 1871, p. 430—440.)
3430. **Von der Polar-Expedition** der Herren Payer u. Weyprecht. (Archiv f. Seeweesen, VII, 1871, p. 510—512.)
3431. **Die Fangfahrten** norwegischer Schiffe im Eismeere. (Ueber Tobiesen.) (Archiv f. Seewesen, VII, 1871, p. 552.)
3432. **Weyprecht's** u. Payer's Nordpolarfahrt. (Archiv f. Seewesen, VII, 1871, p. 568—572.)
3433. **Nordpolar-Expedition** des Grafen Hans Wilczek. (Aus allen Welttheilen, III, 1871/72, Nr. 10, p. 319.)
3434. **Oesterreichische Expedition** nach Gillisland. (Ausland, XLIV, 1871, p. 523.
3435. **Payer** Julius. Ein offenes Polarmeer. (Ausland, XLIV, 1871, p. 1079.)
3436. **Die Recognoscirungsfahrt** von Julius Payer u. A. Weyprecht. (Gaea, VII, 1871, p. 504—505.)
3437. **Die Entdeckung** eines offenen Polarmeers durch Payer u. Weyprecht im September 1871. (Gaea, VII, 1871, p. 577—580.)

3438. **Payer** Julius. Schreiben über d. Entdeckung e. offenen Polarmeeres a. d. Verein f. Geographie u. Statistik. in Frankfurt a. M. (Gaea, VII, 1871, p. 630—632.)
3439. **Petermann** A. A. Rosenthal's Forschungs-Expedition in's sibirische Eismeer. (Petermann's Geogr. Mitth., XVII, 1871, p. 335—340.)
3440. **Petermann** A. J. Payer's und K. Weyprecht's Expedition nach König Karl-Land im Osten von Spitzbergen. (Petermann's Geogr. Mitth., XVII, 1871, p. 344—350.)
3441. **Petermann** A. Die Entdeckung eines offenen Polarmeeres durch Weyprecht u. Payer im September 1871. (Petermann's Geogr. Mitth., XVII, 1871, p. 423—424.)
3442. **Vorbericht** über die österreichische Expedition zur Untersuchung des Nowaja-Semlja Meeres durch Schiffslieutenant. Weyprecht und Oberlieutenant Payer, Juni—September 1871, Geographie und Erforschung der Polar-Regionen Nr. 51. (Petermann's Geogr. Mitth. XVII, 1871, p. 457—463.)
3443. **Petermann** A. James Lamonts Nordfahrt, Mai—August 1871. Die Entdeckungen von Weyprecht, Payer, Tobiesen, Mack, Carlsen, Ulve und Smyth im Sommer 1871 und Stand der Nordpolfrage zu Ende des Jahres 1871. Nebst Karte s. Tafel 22. Geographie und Erforschung der Polar-Regionen Nr. 53. (Petermann's Geogr. Mitth. XVII, 1871, p. 466—472.)
3444. **Weyprecht** Carl. Eine Recognoscirungsfahrt nach dem Norden. (Mitth. der Geogr. Ges. in Wien, XIV, 1871, p. 265—267.)
3445. **Die Recognoscirungsfahrt** von J. Payer u. C. Weyprecht. (Schreiben v. J. Payer). (Mitth. d. Geogr. Ges. in Wien, XIV, 1871, p. 305—306.)
3446. **Polarexpedition** Payer's und Weyprecht's. (Mitth. der Geogr. Ges. in Wien, XIV, 1871, p. 435—437.)
3447. **Telegramm** über die Entdeckung eines offenen Polarmeeres durch Weyprecht und Payer. (Mitth. der Geogr. Ges. in Wien, XIV, 1871, p. 486—488.)
3448. **Vorbericht** über die Expedition zur Untersuchung des Nowaja-Semlja-Meeres durch Weyprecht und Payer (Juni—September 1871). (Mitth. der Geogr. Ges. in Wien, XIV, 1871, p. 497—507.)
3449. **Resolution** der k. k. Geogr. Ges. in Wien, die Ausrüstung einer österr. ungar. Polarexpedition zur Erforsch. d. Meeres zwischen Spitzbergen und Nowaja-Semlja betreffend. (Mitth. der Geogr. Ges. in Wien, XIV, 1871, p. 543—4.)
3450. **Bericht** Weyprecht's über die Expedition an die kais. Akademie der Wissenschaften in Wien. (Sitzung v. 7. December 1871. — Mitth. der Geogr. Ges. in Wien, XIV, 1871, p. 545—555.)
451. **Stimmen** über Weyprecht's und Payer's Expedition. (Mitth. der Geogr. Ges. in Wien, XIV, 1871, p. 597—598.)
3452. **Payer** Julius. Wissenschaftliche Resultate der von demselben gemeinschaftlich mit K. Weyprecht unternommenen Nordpol-Expedition des Jahres 1871. (Sitzungsber. der math. naturw. Cl. d. Akad. d. Wiss. in Wien, LXIV, I. A. p. 517, II. Abth. 701. — Anzeiger, XXVII, 1871, p. 230—234.)
3453. **Expédition** arctique de MM. Payer et Weyprecht. (Le Globe, Genève, Bulletin, X, 1871, p. 217—221, 238—242.)
3454. **König Karl-Land.** (Tromsö Stiftstidende, 12. März 1871.)
3455. **Capt. Macks** Expedition. (Tromsö Stiftstidende, 14. October 1871.)
3456. **Die projectirte** österreichische Polar-Expedition. (Archiv für Seewesen, Wien, VIII, 1872, p. 51—53.)
3457. **Die österr.** Nordpolar-Expedition. (Archiv für Seewesen, Wien, VIII, 1872, p. 105, 134.)
3458. **Das Nordpolar** - Expeditionsschiff »Tegetthoff«. (Archiv für Seewesen, Wien, VIII, 1872, p. 139—141.)
3459. **Zur Ausrüstung** der österreichischen Nordpolar-Expedition. (Archiv für Seewesen, Wien, VIII, 1872, p. 228.)
3460. **Die Nordfahrten** im Jahre 1871 und Gillis Land. (Archiv für Seewesen, Wien, VIII, 1872, p. 234.)

3461. **Weyprecht.** Von der österreichischen Nordpolar-Expedition. Ein Schreiben desselben aus Norwegen. (Archiv für Seewesen, Wien, VIII, 1872, p. 257—261.)
3462. **Die Instructionen** für die österreichische Polar-Expedition. (Archiv für Seewesen, Wien, VIII, 1872, p. 272—4.)
3463. **Von der österreichischen** Polar-Expedition. (Archiv für Seewesen, Wien, VIII, 1872, p. 500—6.)
3464. **Wilczek's** und Sterneck's Nordfahrt nach Spitzbergen und Nowaja-Semlja. (Archiv für Seewesen, Wien, VIII, 1872, p. 530—3.)
3465. **Genauere** Untersuchung von Gillisland. (Aus allen Welttheilen, IV, 1872—1873, Nr. 1, p. 30.)
3466. **Die österreichische** Nordpolar-Expedition in Tromsö. (Aus allen Welttheilen, IV, 1872—1873, Nr. 2, p. 62.)
3467. **Die Resultate** der norwegischen Fahrten im nördlichen Eismeere. (Ausland, XLV, 1872, Nr. 44, p. 1038.)
3468. **Bericht** des k. k. Schiffslieutenants Weyprecht über die Polar-Expedition an die k. k. Akademie der Wissenschaften in Wien. (Gaea, VIII, 1872, p. 80—91.)
3469. **Gillis-Land** und König Karl-Land im Spitzbergischen Meere nach dem Standpunkte der Kenntnisse im Jahre 1872. (Gaea, VIII, 1872, p. 190—192.)
3470. **Die österreichische** Nordpol-Expedition. (Gaea, VIII, 1872, p. 224—229.)
3471. **Neue Forschungen** im spitzbergischen Meere. (Gaea, VIII, 1872, p. 229—233.)
3472. **Capitän Altmann's** Erreichung von König Karl-Land. (Gaea, VIII, 1872, p. 623.)
3473. **Payer** Julius. Die österreichisch-ungarische Nordpol-Expedition 1872. (Gaea, VIII, 1872, p. 721—727.)
3474. **Carlsen's** Fahrt im nördlichen Eismeere. (Globus, Braunschweig, XXI, 1872, p. 47.)
3475. **Payer** J. Der Plan zu Weyprecht's und Payer's Polar-Expedition. (Globus, Braunschweig, XXI. 1872, p. 78—79.)
3476. **Bericht** des k. k. Schiffslieutenants Weyprecht an die kaiserl. Akademie der Wissenschaften in Wien über seine und Payer's Expedition im Nowaja Semlja-Meer. Juni bis September 1871. Geographie und Erforschung der Polar-Regionen. Nr. 56. (Petermann's geogr. Mitth. XVIII, 1872, p. 69—74.)
3477. **Die Englisch-Norwegischen** Entdeckungen im Nordosten von Spitzbergen, Nordfahrten von Smyth, Ulve, Torkildsen. 19. Juni bis 27. September 1871. Nebst 2 Karten. Tafel 5 u. 6. Geographie und Erforschung der Polar-Regionen Nr. 58. (Petermann's Geogr. Mitth. XVIII, 1872, p. 101—111.)
3478. **Petermann** A. Gillisland, König Karl-Land und das Seeboden-Relief um Spitzbergen nach dem Standpunkte der Kenntniss in 1872. Nebst Karte s. Tafel 5. Geographie und Erforschung der Polar-Regionen Nr. 59. (Petermann's Geogr. Mitth. XVIII, 1872, p. 111-112.)
3479. **Petermann** A. Die neue österreichische Nordpol-Expedition unter dem Commando von Weyprecht und Payer und 6 andere neue Expeditionen; Rückblick auf die Geschichte arktischer Entdeckungen; die Walfische und das offene Polarmeer. Geographie und Erforschung der Polar-Regionen Nr. 60. (Petermann's Geogr. Mitth. XVIII, 1872, p. 145—150.)
3480. **Nachrichten** über die neuen Nordpolar-Expeditionen bis zum 2. September 1872. Capitän Altmann's Erreichung und Erforschung von König Karl-Land. Geographie und Erforschung der Polar-Regionen Nr. 67. (Petermann's Geogr. Mitth. XVIII, 1872, p. 353—364.)
3481. **Die fünfmonatliche** Schiffbarkeit des sibirischen Eismeeres und Nowaja Semlja, erwiesen durch die norwegischen Seefahrer in 1869 und 1870, ganz besonders aber in 1871. Mit 2 Karten s. Tafel 19 und 20. Geographie und Erforschung der Polar-Regionen Nr. 68. (Petermann's Geogr. Mitth. XVIII, 1872, p. 381—395.)

3482. **Die österreichische** Nordpol-Expedition. (Mitth. der Geogr. Ges. in Wien, 1872, XV, p. 19, 54, 104, 196, 243, 296, 344, 363, 415, 471.)
3483. **Die österreichische** Nordpol-Expedition. Gutachten der kaiserlichen Akademie der Wissenschaften in Wien. (Mitth. der Geogr. Ges. in Wien, 1872, XV, p. 57—61.)
3484. **Die Nordpolfahrten** im Jahre 1871 und Gillis-Land. (Mitth. der Geogr. Ges. in Wien, 1872, XV, p 150—151.)
3485. **Das Nordpolar-Expeditionsschiff** »Tegetthoff«. (Mitth. der Geogr. Ges. in Wien, 1872, XV, p. 153—155.)
3486. **Expéditions** Norvégiennes dans l'océan glaciale arctique en 1870. (Annales du commerce extérieur. Nov. 1872.)
3487. **Rapport** du lieutenant Weyprecht à l'Académie Impériale des Sciences de Vienne. (Le Globe, Genève, Bulletin, XI, 1872, p. 95—110.)
3488. **Expédition** arctique de MM. Smyth et Ulve. (Le Globe, Genéve, Bulletin XI, 1872, p. 166—173.)
3489. **Negri** Chr. La spedizione Polare Austriaca e i Dalmati. (Bolletino della Società geogr. italiana, Roma, VIII, Ottobre 1872, p. 119—121.)
3490. **La spedizioni** polari artiche nel 1871. (Bolletino della Società geogr. italiana, Roma, VIII, 1872, p. 152—153.)
3491. **Negri** Christoforo. La spedizione austriaca. (Bolletino della Società geogr. italiana, Roma, VIII, 1872, p. 162—165.)
3492. **Negri** Christoforo. La spedizione austriaca e le regioni polari. (Bolletino della Società geogr. italiana, Roma, VIII, 1872, p. 163—165.)
3493. **Spedizione** polare austriaca. Lettere del luog. ten. Payer. Aus: Neue Freie Presse, 30 Juli 1871. (Bolletino della Società geogr. italiana, Roma, VIII, 1872, p. 165—170)
3494. **La terra** di Gillis e la terra di Re Carlo. Aus Petermann's Mittheilungen. (Bolletino della Società geogr. italiana, Roma, VIII. 1872. p. 175.)
3495. **Payer** J. Weyprecht's und Payer's Vorexpedition im Nowaja Semlja Meer. (Leipziger Illustrirte Zeitung, 1872, Nr. 1527 ; 1873, Nr. 1542.)
3496. **Osborn** Sh., Captain. On the Exploration of the North Polar Basin, with a resumé of recent Swedish German and Austrian attempts to reach the Polar Circle from the Atlantic Ocean. (Proceedings of the R. Geogr. Society of London, XVI, 1872, Nr. 3, p. 227—240.)
3497. **Die Polar-Expedition** des Schraubendampfers »Diana« 1873. (Ausland, XLVI, 1873, Nr. 47, p. 940.)
3498. **Die Bedeutung** von Payer's und W   recht's österreichischer Nordpolar-Expedition. Uebersicht des ganzen Unternehmens. (Globus, Braunschweig, XXIII, 1873, p. 25, 41.)
3499. **Mohn** H. König Karl-Land im Osten von Spitzbergen und seine Erreichung und Aufnahme durch Norwegische Schiffer im Sommer 1872. Mi* Karte, Taf. 7. Geographie und Erforschung der Polar-Regionen, Nr. 76. (Petermann's Geogr. Mitth. XIX, 1873, p. 121.)
3500. **Mohn** H. Resultate der Beobachtungen angestellt auf der Fahrt des Dampfers Albert nach Spitzbergen im November und December 1872. Mit Karte s. Tafel 13. Geographie und Erforschung der Polar-Regionen Nr. 79. (Petermaun's Geogr. Mitth. XIX, 1873, p. 252—258.)
3501. **Voyage** d'hiver dans l'océan glacial 1872—1873. (Bulletin de la Soc. de Géogr. Paris, VI. Sér. V, 1873, p. 322—325.)
3502. **Markham** C. R. Esq. On discoveries East of Spitzbergen and Approaches towards the North Pole on the Spitzbergen Meridian. [Read 10. February 1873.] Mit 1 Karte. (Journal of the R. Geogr. Society of London, XLIII, 1873, p. 83—97.)
3503 **Markham** C. R. On discoveries East of Spitzbergen and Attempts to reach the Pole on the Spitzbergen Meridians. (Proceedings of the R. Geogr. Society of London XVII, Nr. 2, 1873, p. 97—108.)
3504. **Jansen.** Discoveries East of Spitzbergen. (Ocean Highways, I, 1873, p. 33.)

3505. **Mohn H.** Discoveries to the East of Spitzbergen. (Ocean Highways, I, 1873, p. 33—34.)
3506. **Whiche's** Land revisited. Whit 1 chart. (Ocean Highways, I, 1873, p. 19, 34—35.)
3507. **Mohn H.** Prof. Cruise of the Albert (A Winter Arctic Voyage). With 1 chart. (Ocean Highways, Juni 1873, p. 104—106.)
3508. **Markham Cl. R.** Discovery East of Spitzbergen and attempts to reach the Pole on the Spitzbergen meridians. Whit 3 Chart. Chart 1: Latest edition of Van Keulen's chart of Spitzbergen 1707. Chart 2: Greenland, from Purchas his Pilgrimes, Vol. III. Chart 3: North end East of Spitzbergen. (Ocean Highways by Cl. Markham, März 1873, p. 387—390.)
3509. **Wyche's** Land, nicht König Karl's Land. (Aus allen Welttheilen Leipzig, V, 1874, p. 191.)
3510. **Wissenschaftliche** Ergebnisse von M. Th. v. Heuglin's Nordpolarfahrt. (Ausland, XLVII, 1874, p. 718.)
3511. **Rückkehr** der österreichisch-ungarischen Nordpolar-Expedition. (Ausland, XLVII, 1874, p. 740.)
3512. **Die österreichisch-ungarische** Nordpol-Expedition. (Ausland, XLVII, 1874, p. 801.)
3513. **Die österreichische** Nordpol-Expedition. (Gaea, X, 1874, p. 562—3.)
3514. **Wilczek Graf.** Ueber die österreichische Polar-Expedition Weyprecht's und Payer's. (Globus, Braunschweig, XXV, 1874, p. 326—328.)
3515. **Weyprecht und Payer's** Polar-Expedition. (Globus, Braunschweig, XXVI, 1874, p. 207.)
3516. **Kořistka C.** Die zweite österreichische Nordpol-Expedition. (Lotos, Prag, XXIV, 1874, p. 189—194.)
3517. **Empfang** der österreichisch-ungarischen Nordpol-Expedition unter Führung C. Weyprecht's in Hamburg am 22. September 1874. (Jahresber. d. Geogr. Ges. Hamburg, II, 1874—1875, p. 35—53.)
3518. **Ausserordentliche Sitzung** zu Ehren der österreichisch-ungarischen Nordpol-Expedition im grossen Saale der Bürgerschaft, Mittwoch 23. September 1874 Morgens 10 Uhr. (Jahresber. d. Geogr. Ges. Hamburg. II, 1874—1875, p. 53—82.)
3519. **Oesterreichisch - Ungarische** Nordpol-Expedition 1872 — 1874. (Mitth. a. d. Gebiete d. Seewesens, Pola, II, 1874, p. 617.)
3520. **Reise** von Tromsö nach Spitzbergen, Nowaja Zemlja und Russland am Bord der Jacht »Isbörn«. Arktische Expedition des Grafen Hans Wilczek im Sommer 1872. Nach den Aufzeichnungen des Contre-Admirals Max Frhr. Daublebsky v. Sterneck und Ehrenstein. Mit 2 Karten. (Mitth. a. d. Gebiete d. Seewesens, Pola, II, 1874, Beilage.)
3521. **Die Rückkehr** der österreichischen Nordpolar-Expedition. 1 Blatt. (Supplement zu Heft X.) (Mitth. a. d. Gebiete des Seewesens, Pola, II, 1874, Beilage.)
3522. **Wilczek Graf.** Nordpolarfahrt im Jahre 1872. Nach den Aufzeichnungen des Contre-Admirals Max Freih. Daublebsky v. Sterneck und Ehrenstein. Mit Karte s. Tafel 4. Geographie und Erforschung der Polar-Regionen Nr. 87. (Petermann's Geogr. Mitth. XX, 1874, p. 65—72.)
3523. **Petermann A.** Die zweite österreichisch-ungarische Nordpol-Expedition unter Weyprecht und Payer 1872—1874. 1. Provisorische Bemerkungen von A. Petermann. 2. Die Resultate der zweiten österreichisch-ungarischen Nordpolar-Expedition in ihrer Beziehung zum gegenwärtigen Standpunkte der Kenntniss arktischer Geographie v. J. Chavanne. (Aus: Neue Freie Presse 19. Sept. 1874, im Auszug). 3. Die zweite österreichisch-ungarische Nordpol-Expedition in Beziehung zu der in's Eismeer setzenden Strömung aus Süden, genannt Golfstrom, alias Nordatlantische Triftströmung etc. v. J. Chavanne. (Aus: Neue Freie Presse, 22. Sept. 1874.) 4. Heinrich v. Littrow über die Mannschaft der zweiten österreichisch-ungarischen Nordpolar-Expedition. (Aus: N. Fr. Presse, Mitte September 1874.) Mit Karte Tafel 20. Geographie und Erforschung der Polar-Regionen Nr. 97. (Petermann's Geogr. Mitth., XX, 1874, p. 381—392.)

3524. **Die zweite österreichisch-ungarische Nordpol-Expedition** unter Weyprecht und Payer 1872—1874. K. k. Schiffslieutenant C. Weyprecht's Bericht an das Comité 12. Sept. 1874. Geographie und Erforschung der Polar-Regionen Nr. 98. (Petermann's Geogr. Mitth. XX, 1874, p. 417—421.)

3525. **Payer J.**, k. k. Oberlieutenant. Die zweite österreichisch-ungarische Nordpolar-Expedition unter Weyprecht und Payer 1872—1874. Officieller Bericht desselben an das Comité ddo. Sept. 1874. Mit Karte s Tafel 23. Geographie und Erforschung der Polar-Regionen.Nr. 101. (Petermann's Geogr. Mitth. XX, 1874, p. 443—451.)

3526. **Petermann A.** Schlussfolgerungen aus dem Verlauf der zweiten österr.-ung. Nordpolar-Expedition. Schreiben von Weyprecht und Payer an denselben. ddo. 1., 5. und 6. Nov. 1874. Geographie und Erforschung der Polar-Regionen Nr. 102. (Petermann's Geogr. Mitth. XX, 1874, p. 451—453.)

3527. **Die österreichische Nordpol-Expedition** von Graf Wilczek. (Mitth. d. Geogr. Ges. in Wien. XVII, 1874, p. 98—100.)

3528. **Krausohner C.** Oesterreichische Nordpol-Expedition. (Mitth. d. Geogr. Ges. in Wien. XVII, 1874, p. 283—284.)

3529. **Die österreichische** Nordpol-Expedition 1872—1874. (Mitth. d. Geogr. Ges. in Wien, XVII, 1874, p. 330—333.)

3530. **Bericht** über die ausserordentliche Sitzung der k. k. Geographischen Gesellschaft in Wien, zu Ehren der von ihrer arktischen Forschungsreise heimgekehrten Herren Weyprecht, Payer, Brosch, Orel und Kepes. (Mitth. d. Geogr. Ges. in Wien, XVII, 1874, p. 385—388.)

3531. **Oesterreichisch-ungarische** Nordpol-Expedition 1872—1874. Berichte der Führer der Expedition an das Comité. (Mitth. d. Geogr. Ges. in Wien, XVII, 1874, p. 389—417.)

3532. **Chavanne Josef Dr.** Die österreichisch-ungarische Nordpol-Expedition und die Polarfrage. Mit einer Kartenskizze. (Mitth. d. Geogr. Ges. in Wien, XVII, 1874, p. 433—439.)

3533. **Curs** des Schiffes »Tegetthoff«. (Mitth. d. Geogr. Ges. in Wien, XVII, 1874, p. 569—570.)

3534. **Chavanne Josef Dr.** Die österreichisch-ungarische Nordpol-Expedition. (Illustrirte Zeitung, LXIII, 1874, p. 289—291.)

3535. **Weyprecht et Payer, Rapports de —**, sur l'Expédition Austro-Hongroise au Pôle Nord de 1872—1874. Mit 1 Karte im Text p. 389. (Bulletin de la Soc. de Géogr. Paris, VI Sér., VIII, 1874, p. 359—399.)

3536. **Aperçu de l'Expédition** autrichienne aux régions boréales 1872—1874. Aus: Mitth. d. Geogr. Ges. in Wien, 1874. (Le Globe, Genève, Bulletin XIII, 1874, p. 185—219.)

3537. **La spedizione** austriaca al polo Nord. (Bolletino della Società geogr. italiana, Roma, XI, 1874, p. 559—564.)

3538. **Weyprecht C. e Payer G.**, Raporti dei — La spedizione austro-ungarica al polo nord. 1872—1874. (Bolletino della Società geogr. italiana, Roma, XI, 1874, p.623—647.)

3539. **La spedizione** polare austro-ungarica 1872—1874. (Cosmos di Cora II, 1874, p. 144—163.)

3540. **Wyohe's Land.** (Ocean Highways, London, I, 1874, p. 465—466.)

3541. **The Arotic Campaign of 1874.** Mit einer Karte des Ostspitzbergischen Meeres und Küsten im Text. (The Geogr. Magazine, London, I, 1874, p. 269—271.)

3542. **The Austro-Hungarian.** Polar-Expedition 1874. Mit 1 Karte des Franz Joseph Landes 1 : 2,000.000. Lith. v. T. Pettitt. (The Geogr. Magazine, London, I, 1874, p. 354—356, 358—364.)

3543. **De Oostenrijksohe-Hongaarsohe** Nordpool-Expeditie. (Tijdschrift van het aardrijkskundig genootschap, Amsterdam I, Nr. 3, 1874, p. 116.)

3544. **Weyprecht.** Die zweite österreichisch-ungarische Nordpol-Expedition unter Weyprecht und Payer 1872—1874. Vortrag über die von ihm geleiteten wissenschaftlichen Beobachtungen, gehalten in Wien 18. Jänner 1875. Geographie und Erforschung der Polar-Regionen Nr. 106. (Petermann's Geogr. Mitth. XXI, 1875, p. 65—73.)

3545. **Die zweite** österreichisch - ungarische Nordpolar - Expedition unter Weyprecht und Payer 1872—1874. Aus: Petermann's Geogr. Mitth. 1875, Heft II. (Mitth. a. d. Gebiete d. Seewesens. Pola, III, 1875, p. 81—94.)
3546. **Payer** Julius. The Austro-Hungarian Polar-Expedition of 1872—1874. Mit einer Karte des Franz Josefs-Landes. Gest. v. E. G. Ravenstein, 1:1,500.000. (The Journal of the R. Geogr. Soc. of London, XLV, 1875, p. 1—19.)
3547. **Weyprecht.** Scientific Work of the Second Austro-Hungarian Polar-Expedition 1872—1874. Aus: Geogr. Mitth. in Wien. XXI, p. 65. (The Journal of the Geogr. Society of London, XLV, 1875, p. 19—23.)
3548. **Payer** Julius. The Austro-Hungarian Polar-Expedition. (Proceedings of the R. Geogr. Society of London XIX, 1875, p. 17—37.)
3549. **Die Entdeckung** des Franz Josefs-Landes durch die zweite österreichisch-ungarische Nordpol-Expedition 1873—1874. Mit Karte (Tafel 11) von Payer 1:1,000.000. Geographie und Erforschung der Polar-Regionen Nr. 117. (Petermann's Geogr. Mitth. XXII, 1876, p. 201—209.)
3550. **Von der österreichisch-ungarischen** Nordpol-Expedition in den Jahren 1872—1874. Mit einer Karte im Text [Franz-Josefs-Land] und den den Ansichten: Cap Tyrol, Alkencap, Cap Fligely und Cap Wien, Dunenbay. (Globus, Braunschweig, XXX, 1876, p. 225—232, 241—247, 257—264.)
3551. **La Terre** François Joseph. (l'Explorateur, III, 1876, p. 52.)

b) Astronomie, Meteorologie, Erdmagnetismus.

3552. **Wüllerstorf-Urbair,** B. v. Die meteorologischen Beobachtungen und die Analyse des Schiffskurses während der Polar-Expedition unter Weyprecht und Payer 1872—1874. Wien, Gerold, 1875. 4º.
3553. **Weyprecht** Carl. Hauptresultate der magnetischen Beobachtungen während der österr.-ungar. Polar-Expedition. 19 pp. Wien, Gerold's Sohn, 1876. 8º.

Aufsätze und Notizen.

3554. **Mohn** H. Beiträge zur Klimatologie und Meteorologie des Ost-Polarmeeres. Geographie und Erforschung der Polarregionen Nr. 91. (Petermann's Geogr. Mitth. XX, 1874, p. 162—178.)
3555. **Mohn** H. Beiträge zur Klimatologie und Meteorologie des Ost-Polarmeeres. Aus Petermann u. Videnskabs Selskabs Förh. for 1874. (Zeitschrift d. österr. Ges. f. Meteorologie. Wien, IX, 1874, p. 235—237.)
3556. **Die Nordlicht-Beobachtungen** der österr.-ungar. Polar-Expedition. (Gaea, XI, 1875, p. 315.)
3557. **Die zweite** österr.-ungar. Nordpolar-Expedition unter Weyprecht und Payer 1872—1874. Die meteorologischen Beobachtungen und die Analyse des Schiffskurses von Vice-Admiral B. v. Wüllerstorf Urbair. Mit einer Original-Karte der Eistrift dieser Expedition von A. Petermann. 1 : 1,800.000, Tafel 12. Geographie und Erforschung der Polarregionen Nr. 109. (Petermann's Geogr. Mitth. XXI, 1875, p. 222—228.)
3558. **Wüllerstorf-Urbair** B. v. Die meteorologischen Beobachtungen und die Analyse des Schiffskurses während der Polar-Expedition unter Weyprecht und Payer 1872—1874. (Mitth. a. d. Gebiete d. Seewesens, III, 1875, p. 378—386.)
3559. **Wüllerstorf-Urbair** B. v. Die meteorologischen Beobachtungen und die Analyse des Schiffskurses während der österr.-ungar. Nordpol-Expedition unter Weyprecht und Payer 1872—1874. Aus: Denkschr. d. k. k. Akad. Wien XXXV. (Zeitschrift d. österr. Ges. f. Meteorologie, Wien, X, 1875, p. 180.)
3560. **Weyprecht** Karl. Hauptresultate der magnetischen Beobachtungen während der österr.-ungar. Polar-Expedition. (Sitzungsber. d. math.-naturw. Cl. d. Akad. d. Wiss. in Wien, LXXIII, 1876, p. 313—331.)

c) Hydrographie.

Aufsätze und Notizen.

3561. **Middendorff** A. v. Der Golfstrom ostwärts vom Nordcap. (Petermann's Geogr. Mitth. XVII, 1871, p. 25—34.)
3562. **Weyprecht** über die Eisverhältnisse im arktischen Norden. (Ausland, XLV, 1872, Nr 2, p. 25.)
3563. **Chavanne** Josef Dr. Der Golf- und Polarstrom im ostspitzbergischen Meere. (Ausland, XLVII, 1874, p. 927.)

d) Zoologie und Thiergeographie.

3564. **Heller** Camil. Die Crustaceen, Pycnogoniden und Tunicaten der k. k. österr.-ungar. Nordpol-Expedition. 22 pp. mit 5 lith. Taf. Aus: Denkschrift der k. Akademie der Wissenschaften. Wien, Gerold's Sohn, 1875. Imp. 4°.

e) Botanik.

Aufsätze und Notizen.

3565. **Reichardt.** Ueber die botanische Ausbeute der Polar-Expedition des Jahres 1871. (Sitzungsber. d. math.-naturw. Cl. d. Akad. d. Wiss. in Wien. LXV, I. Abth., p. 213.)
    Siehe auch die Nummern: 955, 2011, 2103, 2124, 3612, 3613, 3616, 3617, 3618, 3619, 3635.

XIV. Nowaja Semlja.

a) Allgemeines, Geographie und Reisen.

3566. **Schmeringius** Dan. Nova Zembla, sive descriptio contracta navigantium trium admirandum a Belgis per mare hyperboreum in Chinam tentatarum [1594—1596]. Flissingae, S. Verstervius, 1631.
3567. **Flawes** W. Journal of a Voyage from Nowa Zembla to England. Account of several late Voyages and Discoveries to the South and North. London, 1694.
3568. **Le Roy.** Account of Nowa Zembla. London, Heydinger, 1774.
3569. **Tollens** C. Tafereel van de overwintering der Hollanders op Nova Zembla in 1596—1597. Leyden, 1824; 1840; Leeuwarden, 1855.
3570. **Tollens** H. Les Bataves à la Nouvelle Zemble; poëme (en deux chants) traduit de Tollens par Aug. Clavereau; suivi d'un choix de traductions de Tollens et de Bilderdick et de quelques poésies du traducteur. Bruxelles, H. Tarlier, 1827. 18°.
3571. **Baer** K. E. v. Expédition à Novaia Zemlia. St. Petersbourg, 1837—1838.
3572. **Tollens** Hendrik. L'hivernage des Hollandais à la Nouvelle Zemble 1596—1597. Traduit de Tollens par Auguste Clavereau. 1 vol. av. lith. et portr. Maestricht et Paris, 1839, 4°; 1847, 4°.
3573. **Tollens** Hendrik. De Overwintering der Hollanders op Nova Zembla. Gedicht met houtsneden van H. Brown, naar teeken v. J. H. J. van den Bergh. Leeuwarden, 1840. 4". Suringar, 1861.
3574. **Tollens** H. Die Holländer auf Nova Zembla. Aus dem Holländ. von F. M. Duttenhofen. Mit 50 Holzschnitten von P. W. Quack. Stuttgart, 1850.

3575. **Tollens G. H.** The wintering of the Hollanders on Nowa Zembla during 1596 and 1597. Transl. by Anglo-Saxon by A. S. London, 1860; Leeuwarden, 1860.
3576. **Swenske Carl.** Nowaja Semlä in seinen geographischen, naturhistorischen und ökonomischen Beziehungen. [Russisch.] St. Petersburg, 1866.
3577. **Spörer J.** Nowaja Semlä in geographischer, naturhistorischer und volkswirthschaftlicher Beziehung. 120 pp. und 2 Karten: 1. Das Meer der nordöstlichen Durchfahrten. In Mercators - Projection 1 : 7,000.000. 2. Specialkarte von Nowaja Semlä. Nach russischen Karten zusammengestellt 1 : 1,700.000. Autogr. von F. Hanemann. (Petermann's Geogr. Mitth. Ergänzungsheft Nr. 21, Gotha 1867.)
3578. **Blytt A.** Bidrag til Kundskaben om vegetationen paa Nowaja Semlja, Waigatschöen og ved Jugrorstraedet. Efter samlinger hjembragte fra den Rosenthalske Expedition i 1871 ved Hr. Student Agaard. 13 pp. Aftrykt af Vidensk. Selskab Förh. for 1872. Stockholm. 8°.
3579. **Tollens G. H.** Die Ueberwinterung auf Nova Sembla. Uebersetzt von A. Haeger Amsterdam, Binger, 1871.
3580. **Jonge J. K. J. de.** Nova Zembla. De Voorwerpen door de Nederlandsche Zeevaarders na hunne Overwintering aldaar in 1597 achtergelaten en in 1871 door Kapitein Carlsen teruggevonden; Uitgegeven op last van Zijne Excellentie den Minister van Buitenlandsche Zaken, Baron Gericke van Herwijnen. 36 pp. mit 1 Karte und 2 Illustr. s'Gravenhage, Martinus Nijhoff, 1872. 8°.
3581. **Vergers P.** Nova Zembla. Een merkwaardige zeetocht onzer voorvaderen beschreven. Schoonhoven, van Nooten, 1873. 8°.
3582. **Overwintering** op Nowa Zembla door Heemskerk, Barents en togt genooten in de jaren 1596—1597. Getrokken uit het journaal van Gerrit de Veer en toegelicht in verband met den bevindingen van de Kapitein Carlsen bij zijn bezoek in 1871 van de oude overwinterings plaats. 44 pp. mit 4 Tafeln. s'Gravenhage, van Stockum, 1873: 8°.
3583. **Third** Voyage toward Nova Zembla and Newfoundland 1609. Purchas, Vol. III.
3584. **Veer G. de.** Voyages of W. Barents behind Muscovia 1594—1596. Purchas, Vol. III.
3585. **Von dem russischen** Neulande oder Nova Semlia. Voyages and Travels. Allgemeine Historie Vol. XIX.

Aufsätze und Notizen.

3586. **A letter** containing a true description of Nova Zembla, together with an intimation of the advantage of its shape and position. (Philos. Transact. 1674, p. 3.)
3587. **Le Monnier.** Mémoire sur la Logitude de la Nouvelle Zemble. (Mémoires de l'Académie des sciences de Paris, 1779, p. 381—85.)
3588. **Nachricht** von einer im Jahre 1806 nach Nova Zemla unternommenen Entdeckungsreise. (Bertuch, Neue allgem. geogr. Ephem. III, 1818, p. 265—278.)
3589. **Ludloff.** Notice du voyage de découvertes dans la Nouvelle Zemble, entrepris en 1807. (Journal des Voyages, II, 1819, p. 129—155.)
3590. **Astronomische** und nautische Aufnahme von Novaja Semlja durch Lütke, (Bertuch, Neue allgem. geogr. Ephem. XII, 1823, p. 104, 243.)
3591. **Nouvelle Zemble.** (Journal des Voyages, XVII, 1823, p. 141—144.)
3592. **Exploration** de la Nouvelle Zemble. (Nouv. Annales des Voyages, XX, 1823, p. 419—420.)
3593. **Lütke's** Bereisung von Novaja Zembla. (Bertuch, Neue allgem. geogr. Ephem. XIV, 1824, p. 95—96.)

3594. **Relation** de deux expéditions aux côtes de la Nouvelle Zemble faites en 1821—1822 sous les ordres du Cap. Lieut. Lutke. (Nouv. Annales des Voyages, XXIII, 1824, p. 5—24.)
3595. **Neueste Kunde** über Nowaja Zemlja. (Aus Zavalischin's Sieverni Arkhif 1824 Julius. Bertuch, Neue allgem. geogr. Ephem. XVI, 1825. p. 289—297.)
3596. **Berghaus.** Bericht Lütke's über zwei Expeditionen nach den Küsten Novaja Semlja's unternommen in den Jahren 1821—1822. (Hertha, I, 1825, p. 225—240.)
3597. **Description** de la Nouvelle Zemble. (Journal des Voyages, XXVIII, 1825, p. 19—31.)
3598. **Bennet.** Examen de la relation de deux expéditions aux côtes de la Nouvelle Zemble de capit. Lutke. Trad. par J. Van Wyk Roelandszoon. (Nouv. Annales des Voyages, XXVII, 1825; p. 236—246.)
3599. **Etendue** de la Nouvelle Zemble, ou mieux Novaïa Zemlia. (Bulletin de la Soc. de Géogr. Paris, I Sér., VIII, 1826, p. 66.)
3600. **Ueber die neuesten** Entdeckungen an der Küste von Nowaja-Semlja. (Journal f. d. neuest. Land- u. Seereisen 1837. Neue Folge, I [der ganz. Reihe LXXXV Bd.], p. 225, 241.)
3601. **Nowaja-Semlja.** (Journ. f. d. neuest. Land- u. Seereisen, LXXXVI, 1837, p. 471.)
3602. **Baer** K. E. v. Bericht über die neuesten Entdeckungen an der Küste von Nowaja-Semlja. (Bulletin scientifique de l'Acad. de St. Pétersbourg, II, 1837, p. 137—172.)
3603. **Expédition** à Novaia-Zemlia et en Laponie. (Bulletin scientifique de l'Acad. de St. Pétersbourg, III, 1808, col. 96—107, 132—144, 151—159, 171—192, 343—352.)
3604. **Baer** K. E. v. Physisches Gemälde der besuchten Gegenden auf der Expedition nach Nowaja-Semlja und Lappland im Jahre 1837. (Froriep, Notizen, V, 1838, p. 49—57.)
3605. **Nouvelle Zemble.** (Nouv. Annales des Voyages, Paris, III Sér., XX, 1838, p. 370—386.)
3606. **Baer** Prof. On the recent Russian Expedition to Nowaja-Semlja. (Journal of the R. Geogr. Society of London, VIII, 1838, p. 411—415.)
3607. **Expédition** à la Nouvelle Zemble. (Nouv. Annales des Voyages, Paris, III Sér., XXIV, 1839, p. 129—168.)
3608. **Nowaja-Semlja.** (Nord. Biene, 30. Mai. — Ausland, XIX, 1846, p. 721.)
3609. **Roquette** de la. Explorations de la Nouvelle Zemble par les navigateurs Russes. (Bulletin de la Soc. de Géogr. Paris, IV Sér., I, 1851, p. 220—226.)
3610. **Spörer** J. Nowaja-Semlä in geographischer, naturhistorischer und volkswirthschaftlicher Beziehung. Nach den Quellen von demselben bearbeitet. Mit einer Uebersichtskarte und 1 Specialkarte. (Ergänzungsheft Nr. 21 zu Petermann's Geogr. Mitth., Gotha, Justus Perthes 1867, 112 pp. 4°.)
3611. **A Schooner** trip to Nova Zembla. [Steamer Kong Carl of Drontheim, 22. Sept. 1869.] (The Athenaeum, 1869, Nr. 2190, p. 498.)
3612. **Johannesen,** Capitän. Umfahrung von Nowaja-Semlja im Sommer 1870. (Ausland, XLIV, 1871, p. 21.)
3613. **Petermann** A. Capitän Johannesen's Bericht über seine Umfahrung von Nowaja-Semlä. (Gaea, VII, 1871, p. 378—379.)
3614. **Nordenskjöld.** Geräthe aus dem hohen Norden in Gothenburg. (Globus, Braunschweig, XIX, 1871, p. 208.)
3615. **Vorschläge** zu einer Expedition nach dem russischen Polarmeere. (Globus, Braunschweig, XX, 1871, p. 174.)
3616. **Mack.** Umsegelung von Nowaja-Semlja. (Globus, Braunschweig, XX, 1871, p. 331—332.)
3617. **Koldewey** Carl. Bemerkungen über Mack's Umsegelung von Nowaja-Semlja. (Globus, Braunschweig, XX, 1871, p. 332—333.)

3618. **Heuglin** Th. v. Capitän E. H. Johannesen's Umfahrung von Nowaja-Semlä im Sommer 1870, und Norwegischer Finwalfang östlich vom Nordcap. (Petermann's Geogr. Mitth. XVII, 1871, p. 35—36.)
3619. **Petermann** A. Capitän E. H. Johnnesen's Umfahrung von Nowaja-Semlä im September 1870. Begleitworte zur Tafel 12. (Petermann's Geogr. Mitth. XVII, 1871, p. 230—232.)
3620. **Heuglin** Th. v. Nachrichten über Nowaja-Semlja. Auszug aus einem Schreiben an Herrn v. Middendorff. (Bulletin de l'Acad. imp. des sciences de St. Pétersbourg, XVI, 1871, p. 566—570.)
3621. **Voyage** du Capitaine Mack à la Nouvelle Zemble. (Bulletin de la Soc. de Géogr., Paris, VI Sér., II, Dec. 1871, p. 478—483.)
3622. **Heuglins** Reise nach Nowaja-Semlja. (Ausland, XLV, Nr. 8, 1872, p. 191.)
3623. **Ueberwinterung** auf Nowaja-Semlja. (Ausland, XLV, Nr. 17, 1872, p. 408.)
3624. **Eine Ueberwinterung** der Russen auf Nowaja-Semlja. (Globus, Braunschweig, XXI, 1872, p. 302.)
3625. **A. Rosenthal's** Forschungs-Expedition nach Nowaja-Semlä. II. Bericht. Von M. Th. v. Heuglin. Am Bord des Dampfers »Germania«, September 1871. Geographie und Erforschung der Polar-Regionen Nr. 55. (Petermann's Geogr. Mitth. XVIII, 1872, p. 21—31.)
3626. **A. Rosenthal's** Forschungs-Expedition nach Nowaja-Semlja, Juli bis September 1871. III. Bericht: Aufnahmen in Nowaja-Semlja. Nebst 4 Karten s. Tafel 4. Geographie und Erforschung der Polar-Regionen Nr. 57. (Petermann's Geogr. Mitth. XVIII, 1872, p. 75—77.)
3627. **Petermann** A. Aufenthalt und Ueberwinterung der Holländischen Expedition unter Heemskerk und Barrents auf der nordöstlichsten Küste von Nowaja-Semlja (76° 7' n. Br.), 26. August 1596 bis 14. Juni 1597. Geographie und Erforschung der Polar-Regionen Nr. 63. Nebst 4 Illustrationen nach den alten Originalen s. Tafel 10 und 11. (Petermann's Geogr. Mitth., XVIII, 1872, p. 177—189.)
3628. **Die neuen Norwegischen** Aufnahmen des nordöstlichen Theiles von Nowaja-Semlja durch Mack, Dörma, Carlsen u. A. 1871. Geographie und Erforschung der Polar-Regionen Nr. 69. (Petermann's Geogr. Mitth. XVIII, 1872, p. 395—397.)
3629. **Découverte** de la cabane d'hivernage de Barents et de ses compagnons. Aus : Petermann's Geogr. Mitth. (Le Globe, Genève, Bulletin, XI, 1872, p. 195—204.)
3630. **Expédition** polaire d'Autriche. La Nouvelle Zemble. (La Science pour tous, Nr. 48, 1872.)
3631. **Eine Ueberwinterung** auf Nowaja-Semlja. — Der Fangschiffer Tobiesen. (Globus, Braunschweig, XXIV, 1873, p. 381—382.)
3632. **Un inverno** alla Nowaja Semlja. (Bulletino della Società geogr. italiana, IX, 1873, p. 160.)
3633. **Kosakewitsch.** Instructionen zur Schifffahrt an den Küsten von Nowaja-Semlja. [Russisch.] (Morskoi Sbornik, Febr. 1873.)
3634. **A winter** in Nova Zembla. (Nautical magazine, Febr. 1874, p. 150—154.)
3635. **Het landten** noorden van Nowaja Zemlja. (Tijdschrift van het aardr. genootschap, Amsterdam, I, 1874, p. 157—158.)
3636. **Nordenskjöld's** Expedition nach Novaja-Semlja und in den Busen des Jenissei. (Globus, Braunschweig, XXVIII, 1875, p. 347—349.)
3637. **Wilozek** Graf, Nordpolfahrt im Jahre 1872. Mittheilungen von Hans Höfer in Klagenfurt, Geologe der Expedition. III. Ueber die Gletscher von Nowaja-Semlä. Geographie und Erforschung der Polar-Regionen Nr. 105. (Petermann's Geogr. Mitth., XXI, 1875, p. 53—56.)
3638. **Weyprecht** C. Aufnahme der Nordküste von Nowaja-Semlja, September und October 1872. Mit Tafel 20, Karte der Nordküste von Nowaja-Semlja 1 : 720.000. Geographie und Erforschung der Polar-Regionen Nr. 113. (Petermann's Geogr. Mitth., XXI, 1875, p. 393—394.)

3639. **Die schwedische Expedition** nach Nowaja-Semlja. (Mitth. der Geogr. Ges. in Wien, XVIII, 1875, p. 248—249.)
3640. **Nordenskjöld.** Voyage à la Nouvelle-Zemble. Extrait d'une lettre adressée à M. Oscar Dickson. (Bulletin de la Soc. de Géogr. Paris, VI Sér., X, 1875, p. 531—538.)
3641. **Spedizione** alla Nuova Zembla. (Bolletino della Società Geogr. italiana, Roma, II Ser., XII, Anno IX, 1875, p. 716—722.)
3642. **Baer** E. K. v. Erster Bericht über seine wissenschaftliche Expedition nach Nowaja-Semlja und Lappland. (Journ. f. d. neuest. Land- und Seereisen, LXXXV, p. 470.)
3643. **Baer** K. E. v. Bericht über die neuesten Entdeckungen an der Küste von Nowaja-Semlä. (Bulletin scientifique de l'Acad. de St. Pétersbourg, II, p. 137—172.)
3644. **Baer** K. E. v. Expédition à Nowaia Zemla et Laponie. Tableau physique des contrées visitées. (Bulletin scientifique de l'Acad. de St. Pétersbourg, III, p. 135—136.)

Karten.

3645. **Janssonius.** Nova Zembla, Strait Weygats and Nassau. Northern coast of the land of the Samoyedes. Amsterdam, 1657.
3646. **Nieuve Landkaarte** van het Noorder en Oosterdeel van Asia en Europa strekkende van Nova Zemla tot China, getekent en in Kaart gebr. door Nicolaes Witsen. Anno 1687, 6 Bl.
3647. **Schett.** Reise der Nordpol-Expedition unter Weyprecht und Payer. Nach dem Berichte an das Comité der österr.-ung. Nordpol-Expedition gezeichnet. Farbendruck, Wien, Lechner, 1874.

b) **Astronomie, Meteorologie, Erdmagnetismus.**

3648. **Baer** K. E. Ueber das Clima von Nowaja-Zemlja. St. Petersburg, 1857.

Aufsätze und Notizen.

3649. **Le Gentil.** Mémoire sur les refractions horizontales au bord de la mer dans la Zone torride ; avec quelques remarques sur l'observation des Hollandois dans la Nouvelle Zemble. (Mémoires de l'Académie des sciences, Paris, 1774, p. 330—351.)
3650. **Baer** K. E. v. Ueber das Klima von Nowaja Semlja und die mittlere Temperatur insbesondere. (Bulletin de l'Acad. imp. des sciences de St. Petersbourg, II, 1837, p. 225—238.)
3651. **Baer** K. E. v. Ueber den jährlichen Gang der Temperatur in Nowaja-Semlja. (Bulletin de l'Acad. imp. des sciences de St. Petersbourg, II, 1837, p. 272—254.)
3652. **Baer** K. E. v. Ueber den täglichen Gang der Temperatur in Nowaja-Semlja. (Bulletin de l'Acad. imp. des sciences de St. Petersbourg. II, 1837, p. 289—300.)
3653. **Baer** K. E. v. Ueber das Klima von Nowaja-Semlja und die mittlere Temperatur insbesondere. (Poggend. Annal. XLIII. 1838, p. 33b—360.)
3654. **Johannesen** E. H. Observationer, Iisforholde og Dybde under Faugstreisen på Novasemlia i Sommeren 1869. Uddragen af Journalen ombord i Skonnerten »Nordland«. (Öfversigt af K. Sv. Vet. Akad. Förh. XXVII, 1870, p. 111—115.)
3655. **Johannesen** E. H.! Hydrografiske Jakttagelser under en Fangstour 1870 rundt om Nowaja-Semlia. Med en Karta. (Öfversigt af K. Sv. Vet. Akad. Förh. XXVIII, 1871, p. 157—168.)

c) Hydrographie.

Aufsätze und Notizen.

3656. **Johannesen** Edv. H. Observationer af Strömsaetninger, Iisforholde og Dybde under Fangstreisen paa Novasemlia i Sommeren 1869. Uddragen af Journalen ombord i Skonnerten »Nordland«. [Öfversigt af K. Sv. Vet. Akad. Förh. XXVII, 1870, p. 111—115.)

3657. **Johannesen** E. H. Hydrografiske jakttagelser under en Fangsttour 1870 rundtom Nowaja-Semlia. Taf. III. (Öfversigt af K. Sv. Vet. Akad. Förh. XXVIII, 1871, p. 157—168.)

d) Geologie, Paläontologie, Mineralogie.

3658. **Toula** Franz. Kohlenkalk-Fauna von den Barents-Inseln (Nowaja-Semlja NW.) Mit 6 (lith.) Taf. (in gr.-8°. u. gr.-4°.) 77 pp. u. 6 Tafeln Erklärungen. Lex.-8°. Wien, Gerold's Sohn. (Sitzungsber. d. Akad. d. Wiss. in Wien, 1875.)

Aufsätze und Notizen.

3659. **Höfer** Hanns, Dr., in Klagenfurt. Graf Wilczek's Nordpolarfahrt im Jahre 1872. II. Ueber den Bau Novaja.Semlja's. Mit Karte s. Tafel 16. Geographie und Erforschung der Polar-Regionen, Nr. 95. (Petermann's Geogr. Mitth. XX, 1874, p. 297—305.)

e) Zoologie und Thiergeographie.

Aufsätze und Notizen.

3660. **Ueber die Thierwelt** in Nowaja-Semlja. (Journ. f. d. neuest. Land- u. Seereisen, LXXXVIII, 1838, p. 37.)

3661. **Baer** K. E. v. Thierisches Leben auf Nowaja-Semlja. (Froriep, Notizen. VI, 1838, p. 82—88.)

3662. **Baer** K. E. v. Thierisches Leben auf Nowaja-Semlja. (Wiegmann, Archiv, V, 1839, p. 160—170.)

3663. **Baer** K. E. v. Thierisches Leben auf Nowaja-Semlja. (Annalen, Nat. Hist. IV, 1839, p. 145—154.)

3664. **Baer** K. E. v. Animal life upon Nova-Zembla. (New philos. Journal, Edinburgh, XXVIII, 1840, p. 93—103.)

3665. **Spörer**. Das Thierleben auf Novaja-Zemlja. (Lotos, Prag, XVIII, 1868, p. 47.)

3666. **Heuglin** Th. v. A. Rosenthal's Forschungs-Expedition nach Nowaja-Semlja, Juli bis September 1871. 4. Bericht über die Land-Säugethiere von Nowaja-Semlja und der Waigatsch-Insel. Geographie und Erforschung der Polar-Regionen, Nr. 64. (Petermann's Geogr. Mitth. XVIII, 1872, p. 217—222.)

3667. **Pelzeln** A. Vögel von Novaja-Semlja. (Verhandl. d. zoolog. botan. Ges. Wien, XXIV, 1874, p. 30—31.)

3668. **Baer** K. E. v. Schilderung des thierischen Lebens auf Nowaja-Semlja. (Bulletin de l'Acad. imp. des sciences de St. Petersbourg, III)

f) Botanik.

3669. **Kraus** G. Untersuchungen von Treibhölzern aus Nowaja-Semlja. 2 pp. Halle, Schmidt, 1874, 4°

Aufsätze und Notizen.

3670. **A. Rosenthal's** Forschungs-Expedition nach Novaja-Semlja, Juli bis September 1871. 5. Bericht: Verzeichniss der von Th. v. Heuglin auf Novaja-Semlja gesammelten Lichenen, aufgestellt von Dr. Ernst Sitzenberger in Constanz. Geographie und Erforschung der Polar - Regionen. Nr. 71. (Petermann's Geogr. Mitth. XVIII, 1872, p. 420—421.)
3671. **Blytt** A. Bidrag til kundskaben om vegetationen paa Nowaja-Semlja, Waigatschöen og ved Jugorstraedet. Efter samlinger hjembrogte fra den Rosenthalske Expedition i 1871 ved Hr. Student Aagaard. (Vidensk. Selsk. Förh. for 1872, Stockholm.)
3672. **Kraus** G. Treibhölzer von Nowaja-Semlja. (Lotos, Prag, XXIII, 1873, p. 116—117.)
3673. **Heuglin** Th. v. Treibholz-Sammlung von Novaja-Semlja, untersucht vom Forstrath Nördlinger zu Hohenheim. (Petermann's Geogr. Mitth. XIX, 1873, p. 189.)

g) **Polarfischerei und Jagd.**

Aufsätze und Notizen.

3674. **Der Walrossfang** auf Nowaja-Semlja. (Petermann's Geogr. Mitth. XII, 1866, p. 118.)
3675. **Die Jagd** auf Novaja-Semlja im Jahre 1865. (Erman's Archiv für wiss. Kunde v. Russland, XXV, 1867, p. 238.)
    Siehe auch die Nummern: 4, 6, 115, 127, 131, 132, 140, 175, 241, 415, 747, 1125, 1126, 1753, 1757, 1761, 1772, 2085, 2110, 2111, 2798, 2824, 2830, 2832, 2927, 3046, 3090, 3109, 3464, 3520, 3845.

XV. Kara-See.

Aufsätze und Notizen.

3676. **Zweifelhafter Ausgang** der Expedition des Lieutenant Krusenstern in das nördliche Eismeer. (Globus, Hildburghausen, III, 1863, p. 160.)
3677. **Die missiungene Expedition** des Lieutenant Krusenstern im Nördlichen Eismeere. (Globus, Hildburghausen, IV, 1863, p. 287.)
3678. **P. v. Krusenstern** Expedition zur Erforschung des Karischen Meeres. (Leipziger Illustrirte Zeitung, Juli bis December, 1863, p. 14—16.)
3679. **Naufrage** du Lieutenant Krusenstern dans les glaces de la Mer de Kara. Avec 1 carte. (Le Tour du Monde, VIII, 1863, Nr. 195, 196, p. 1074—1076, 1108—1110.)
3680. **Genaueres** über die Fahrt eines norwegischen Dampfers in der Kara-See. (Ausland, XLII, 1869, p. 1056.)
3681. **Norwegische Schiffe** im Karischen Meerbusen. (Ausland, XLII, 1869, p. 1008.)
3682. **Durchschiffung** des Karischen Meeres. (Gaea, V, 1869, p. 551.)
3683. **Das Karische Meer.** (Annales des Voyages. — Archiv für Seewesen, VI, 1870, p. 350—352.)
3684. **Zweite** merkwürdige Fahrt von Norwegern in die Kara-See 1869. (Ausland, XLIII, 1870, p. 407.)
3685. **Norwegische Schiffe** im Karischen Meere. (Globus, Braunschweig, XVII, 1870, p. 80.)
3686. **Capitän Johannesen's** Fahrt nach dem Karischen Golfe. (Globus, Braunschweig, XVII, 1870, p. 272.)
3687. **Petermann** A. Capitän Johannesen's Fahrt im Karischen Meere 1869, und Stand der Polarfrage im Jahre 1870. Mit Karte s. Tafel 11. (Petermann's Geogr. Mitth. XVI, 1870, p. 194—199.)

3688. **Petermann A.** Capitän Johannesen's Fahrt im Karischen Meere 1869 und Stand der Polarfrage 1870. (Mitth. der Geogr. Ges. in Wien, XIII, 1870, p. 294—304.)
3689. **Mers Polaires.** Navigation dans la Mer de Kara. (Le Globe, Genève, Bulletin, IX, 1870, p. 312—316.)
3690. **Grad Ch.** Recents voyages dans la Mer de Kara et voie nouvelle pour l'exploration du Pôle Nord. (Bulletin de la Soc. de Géogr. Paris, V Sér., XX, 1870, p. 18—31.)
3691. **Die Norweger** in der Kara-See. (Ausland, XLIV, 1871, p. 263.)
3692. **Das Karische Meer.** (Gaea, VII, 1871, p. 234—241.)
3693. **Die Erschliessung** eines Theiles des nördlichen Eismeeres durch die Fahrten und Beobachtungen der Norwegischen Seefahrer Torkildsen, Ulve, Mack, Qvale und Nedrevaag im Karischen Meer 1870. Nebst 2 Karten s. Tafel 5 und 6. (Petermann's Geogr. Mitth. XVII, 1871, p. 97—110.)
3694. **Résultats** des cinq expéditions norvègiennes des capitaines Torkildsen, Ulve, Mack, Nedrewaag et Quale dans la Mer de Kara. (Le Globe, Genève Bulletin, X, 1871, p. 127—131.)
3695. **La mer de Kara.** (Revue maritime et coloniale. Paris, XXXI, 1871, 121 livr. p. 587—588.)
3696. **Capitän Mack's** Reisen in die Kara-See. (Ausland, XLV, 1872, Nr. 4, p. 96.)
3697. **Expeditionen** in die Karische See. (Gaea, VIII, 1872, p. 675—680.)
3698. **Der englische** Schooner »Diana« 1874 im Karischen Meere. (Aus allen Welttheilen. Leipzig, VI, 1875, p. 64.)
3699. **Petermann A.** Neuer Seeweg von Europa nach Sibirien. Nordenskiöld's Expedition von Tromsö zum Jenissei, 8. Juni bis 15. August 1875. Mit Tafel 24 von A. Petermann, 1 : 20,000.000. Geographie und Erforschung der Polar-Regionen, Nr. 115. (Petermann's Geogr. Mitth. XXI, 1875, p. 469—474.)
3700. **Chavanne J.** Nordenskjöld's Entdeckungsfahrt von Norwegen nach dem Jenissei. (Mitth. d. Geogr. Ges. in Wien, XVIII, 1875, p. 569—578.)
3701. **Die schwedische** Nordpolar-Expedition. [Notiz]. (Aus allen Welttheilen VII, 1876, p. 30.)
3702. **Expedition** des Prof. Nordenskjöld ins Nordpolarmeer 1876. [Notiz] (Aus allen Welttheilen, VII, 1876, p. 382.)
3703. **Baer K. E. v. Dr.** Verdient das Karische Meer die Vergleichung mit einem Eiskeller? (Ausland, XLIX, 1876, p. 217—219.)
3704. **Die Nordenskjöld'sche** Expedition durch das Karische Meer. (Globus, Braunschweig, XXX, 1876, p. 351—352, 365—367.)
3705. **Der schiffbare** Weg durch das Sibirische Eismeer abermals nachgewiesen und als Handelsweg von Nordenskjöld factisch eröffnet, 1876. Mit Karte s. Tafel 23 von A. Petermann in 1 : 5,000.000. Geographie und Erforschung der Polar-Regionen Nr. 123. (Petermann's Geogr. Mitth. XXII, 1876, p. 441—447.)
3706. **Nordenskjöld's** diessjährige Expedition. Aus: Finnmarkens Posten. (Mitth. d. Geogr. Ges. in Wien, XIX, 1876, p. 531—532.)
3707. **Baer K. E. v.** Verdient das Karische Meer die Vergleichung mit einem Eiskeller? (Bulletin de l'Acad. imp. des sciences de St. Pétersbourg, XXI, 1876, p. 289—292.)

Siehe auch die Nummern: 115, 681, 1753, 1755, 1756, 1757, 1759, 1761, 3612, 3613, 3616, 3617, 3618, 3619, 3636, 3645, 3861, 3929, 3932, 3953.

XVI. Arktisches Asien.

(Samojeden-Halbinsel, Taymir-Halbinsel, nördliches Sibirien.)

a) Allgemeines, Geographie und Reisen.

3708. **Hubert de l'Espine.** Description des admirables et merveilleuses régions de Tartarie. Paris, 1558, 8°.
3709. **Beschryvinghe** van Moscovien ofte Russlandt en Weghwyser om te reysen door Moscovien enz na groot Tartaryen. Amsterdam, G. J. Saeghman, 1663.
3710. **Schleusing** A. G. Neu entdecktes Siberia. Jena, Quedlinburg, 1690, 12°.
3711. **Witsen** N. Noord en Oost Tartarije behelz eene beschrijving van verscheyte Tartarsche een naburige gewesten in Noord en Oost Asie. Amsterdam, Holma, 1692, 1694, 1707; Amsterdam, Schalecamp, 1785, 2 vol. mit 92 Karten und Tafeln; Fol.; Amsterdam, 1805.
3712. **Voyage** of M. Wood. London, Smith and Walford, 1694.
3713. **Der allerneueste** Staat von Sibirien, entdeckend die ehemalige und gegenwärtige Beschaffenheit des Landes etc. die Sitten der Samojeden, Ostiaken etc. Nürnberg, 1720 ; 1725.
3714. **Gmelin** Joh. Georg. Reise durch Sibirien, von den Jahren 1733—1743, 4 Thle. Mit 4 Karten. Göttingen, Vandenhoeck & Ruprecht, 1751—1752. 8°.
3715. **Gmelin** John George. Travels through Siberia, between the years 1733—1743; containing a Description of the Manners and Customs of the people; the principal Rivers. 4 part With plat. Harlem, 1752—1757, 4 vols. 8°; Paris, 1767. 2 vols. 12°.
3716. **Gmelin** Joh. George. Reize door Siberien naar Kamtschatka van 1733—1743. Uit het Hoogd. door H. Elvervelt. 4 vol. d. c. v. av. carte Haarlem, 1754, 8°.
3717. **Strahlenberg** Phil. Joh. v. Historie der Reisen in Russland, Sibirien und der grossen Tartarey. Mit Karte. Leipzig, Heinsius, 1755, 4°.
3718. **Bell** John of Antermony. Travels from St. Petersburg in Russia to various Parts of Asia; with maps. Glasgow, 1762—1763, 2 vols. 4°. Reprinted Dublin, 1764, 8°; Edinburgh, 1788, 2 vols. 8°.
3719. **Gmelin** Jean Georges. Voyage en Sibérie contenant la description des moeurs et usages des peuples de ce pays, le cours des rivières considérables, la situation des chaînes de montagnes, des grands forêts, des mines, avec tous les faits d'histoire naturelle qui sont particuliers à cette grande contrée. Trad. de l'allemand par de Kéralio. Paris, 2 vols. Desaint, 1767, 12°.
3720. **Chappe** d'Auteroche, Abbé. The antidote, or an enquiry into the merits of a book, entitled a journey into Siberia. (London, 1770, 4°.) Translated into english by a Lady. London, 1772, 8°.
3721. **Gmelin** Joh. Georg. Naturhistorische Reisen in Russland. 1768—1769, 4. Thl. (Dasselbe illustr. 4 Bde.) Petersburg, 1770—1784; Leipzig, Hartknoch. 4°.
3722. **Chappe** d'Auteroche, abbé. Voyage en Sibérie. Suivi de l'Antidote ou Réfutation de cet ouvrage. 6 vols. Amsterdam, Rey, 1769—1771, 12°.
3723. **Laxmann** Erich. Sibirische Briefe herausgegeben von Schlözer und Th. Beckmann. Göttingen u. Gotha, Dietrich, 1769, 8°.
3724. **Chappe** d'Auteroche, abbé. Reize naar Siberien op bevel des Konigs van Vrankrijk ondernommen en 1761. 2 vols. Deventer, 1771.
3725. **Pallas** P. S. Reise durch verschiedene Provinzen des russischen Reiches. Mit Karten. Original-Ausgabe. 3 Bde. St. Petersburg, Acad. Buchhdlg. 1771, 4°.
3726. **Lepeohina** (Iwana), dnewnija sapiski puteschestwija po rasu' üm' prowintzijam' Rossijskagho Ghosudarstwa 1768—1769 ghodu (1770). W.

Sanktpeterburghje 1771, 4°; w. Sanktpeterburghje 1772, 4°, cum. fig. 3 vols; 1781, 4°.
3727. **Antidote** ou examen d'un voyage en Sibérie par Chappe d'Auteroche. 2 vols. Première Partie St. Petersbourg 1770. Seconde Partie Amsterdam 1771—1772 12°.
3728. **Lepechin** Iwan. Tagebuch seiner Reise durch verschiedene Provinzen des russischen Reiches in den Jahren 1768—1769. Deutsch von Chr. H. Hase. 3 Bde. Altenburg u. Jena, 1774—1782, 4°.
3729. **Levesque.** Histoire des différens peuples, soumis à la domination des Russes, ou suite de l'histoire de Russie, 2 vols. Paris, 1783.
3730. **Witsen** N. Prospectus de l'ouvrage de Witsen contenant un. aperçu de l'ouvrage et quelques annotations sur la première édition et celle de 1785. 8 pp. Amsterdam, 1785, 8°.
3731. **Bell** J. Reisen von Petersburg in verschiedene Gegenden Asiens. [A. d. Engl.] Hamburg, Bohn, 1787, gr. 8°.
3732. **Coxe** William. Comparative view of the Russian Voyages, with those made by Capt. Cook and Clerke; and a Sketch of what remains to be ascertained by future Navigators. London, 1787, 4°.
3733. **Histoire des découvertes.** 6 vols. V, p. 231—353: Observations sur le voyage au Nord; Ostiaques, Samojedes; de la Pêche le long de l'Ob Occupations de la Chasse; Voyage à Irkuzk. Berne, T. Seizer & Comp. 1787, 8°.
3734. **Voyage** en Sibérie. Tiré des journaux des divers savans voyageurs. 2 vol. Berne, 1791.
3735. **Anderson** James. An Account of the different kinds of Sheep found in the Russian dominions, and among the Tartar Hordes of Asia, by Dr. Pallas, illustrated with six plates, to which are added five appendixes, tending to illustrate the natural and economical history of sheep, and other domestic animals. Edinburgh, 1794, 8°.
3736. **Sievers** Joh. Aug. Karl. Briefe aus Sibirien an Brandes, Ehrhard und Westrumb. St. Petersburg, Logan 1796. gr. 8°; Leipzig, Knobloch.
3737. **Fischer** J. E. Recherches historiques sur les principaux nations établies en Sibérie et dans les pays adjacens lors de la conquête de Russie. Trad. du Russe par Stollenwergk. Paris, Lavan, 1801.
3738. **Gawrilow** Iwanowitsch, Dawydow. Reisen der Flotten-Officiere Chwostow und Dawydow von St. Petersburg durch Sibirien nach Amerika und zurück in den Jahren 1802—1804. A. d. Russ. v. C. J. Schultz. Berlin, 1816, 4°.
3739. **Murray** H. Account of Discoveries and Travels in Asia from the Earliest Ages to the present time. 3 vols. Edinburgh, 1820.
3740. **Cochrane** J. Duncan. Narrative of a pedestrian journey through Russia and Siberian Tartary from the frontiers of China to the Frozen Sea and Kamtschatka performed during the years 1820—1823. 2 vols. w. charts. Philadelphia, Carey and Lea, 1824, 8°; 3. edit. London, C. Knight, 1824; 4. edit. London, 1825, 8°.
3741. **Cochrane** J. Duncan. Reize te voet door het Russische rijk en Siberië voorafgegaan door eene beschryving van het Karakter en de zeden der Russen door R. Lyall. 2 vols. Med Kart. Delft, 1826.
3742. **Erman** Adolf Georg. Reise um die Erde durch Nord-Asien und die beiden Oceane in den Jahren 1828, 1829 und 1830. In einer historischen und einer physikalischen Abtheilung dargestellt und mit einem Atlas begleitet. I. Abthl.: 1. Reise von Berlin bis zum Eismeere 1828, 2. Reise von Tobolsk bis zum Ochotzker Meere i. J 1829; 3. Die Ochotzker Küste, das Ochotzker Meer u. die Reisen auf Kamtschatka i. J. 1829. II. Abthl.: 1. Ortsbestimmungen und Declinationsbeobachtungen auf dem festen Lande; 2. Inclinationen und Intensitäten, Declinationsbeobachtungen auf der See,— Periodische Declinationsveränderungen. Berlin, G. Reimer 1833—1848.

3743. **Muller** G. F. and Pallas P. S. Conquest of Siberia and the history of the Transactions between Russia and China from the earlist period. London, 1842.
3744. **Middendorf** und Baer. Instructionen, Berichte, Erlebnisse und Ergebnisse der Expedition nach dem nordöstlichen Sibirien. 6 Abhd. Petersburg, 1842—1844. 8⁰.
3745. **Galitzin**, prince Emm. de. Le nord de la Sibérie, voyages parmi les peuplades de la Russie asiatique et dans la Mer Glaciale exécuté par MM. de Wrangel, Matiouchkine et Kozmine. Trad. du Russe. 2 vol. avec 1 carte, 2 pl. Paris, Amyot, 1843; 8⁰.
3746. **Middendorff** A. Th. v. Reise in den äussersten Osten und Norden Sibiriens während der Jahre 1843 und 1844. Band I, Theil. I: Einleitung der meteorologisch, geothermometrisch, magn. u. geogn. Beobachtungen v. K. E. v. Baer etc. 1848. Mit 15 Taf. Th. II: Botanik v. E. R. v. Trautwetter u. C. A. Meyer 1847—1853, 3 Liefer. Mit 8 u. 31 Taf. 56 u. 274 pp. 9 u. 253 pp. Band. II. Zoologie. Th. I: Wirbellose Thiere v. F. Brandt, W. F. Erichson etc. 1851. Mit 32 Taf. Th. II: Wirbellose Thiere v. A. T. v. Middendorf. I. Liefer. 1853, Mit 26 Taf. II. Liefer. Fische v. F. Brandt. Band III: Ueber d. Sprache der Jakuten v. O. Böthlingk 1851. Th. I: Einl. Jakut. Text, Jak. Grammatik. Th. II: Jakut.-deutsches Wörterb. 1848, 1851, 8 und 406 pp. 175 pp. 1848. Band IV. Th. I: Uebersicht der Natur Nord- u. Ost-Sibiriens, 31 u. 1177 pp. (Mit Taf. II—XVIII des Karten Atlases.) Petersburg, 1847 —1876. Leipzig, Voss. 4⁰.
3747. **Baer** K. E. v. Neueste Nachrichten über die nördlichste Gegend von Sibirien zwischen den Flüssen Pjäsina und Chatanga mit Erläuterung und Anmerkungen. St. Petersburg, 1847.
3748. **Hamel** J. Tradescant der Aeltere 1618 in Russland. Rückblick auf einige der älteren Reisen im Norden, 264 pp. mit 1 Karte und Portrait. Leipzig, Voss.; Petersburg, 1847, 4⁰.
3749. **Palmer** Aaron H. Memoir geographical, political, commercial, on . . . . Siberia, Manchuria, and the Asiatic Islands of the Northern Pacific-Ocean. With 2 maps. Washington, 1848 ; New-York 1848, 8⁰.
3750. **Hansteen** Chr. Ph. Reiseerinnerungen aus Sibirien. Deutsch v. H. Sebald. 215 pp. 1. Aufl. Leipzig, Lork, 1854 ; Leipzig, Senf, 1865, 1867, 1874. (Auch Hausbibliothek für Länder- u. Völkerkunde. 8⁰.)
3751. **Hill** S. S. Travels in Siberia and Russia. 2 vols. London, Longman, 1854. 8⁰.
3752. **Hansteen** Chr. Reiz door Siberie vert. d. J. Ja. Gaeverneur. Groningen, 1855.
3753. **Castrén** M. Alex. Reisebericht und Briefe aus den Jahren 1845—1849. Herausgegeben von Ant. Schiefner. XI und 529 pp. mit 3 lithogr. Beilagen. St. Petersburg, 1856; Leipzig, Brockhaus, Voss. Lex. 8⁰.
3754. **Whittingham** B. Notes on the late expedition against the russian settlements in Eastern Siberia ; and of a visit to Japan and to the shores of Tartary and of the Sea of Okhotsk. M. K. London, Longman 1855, 2. edit. 1856. 8⁰.
3755. **Hansteen** Chr. Souvenirs d'un voyage en Sibérie. Trad. par Colban et revus par Sédillot et de la Roquette. Avec une carte. Paris, 1857.
3756. **Holmes** M. J. Lena Rivers, a Tale. London, Simpkin, 1857. 32⁰.
3757. **Bulitschoff** J. Reise in Ostsibirien. Aus dem Russischen von C. Baumgarten: 3 Bde. I. Jakutskischer Kreis, ochotskischer Landstrich. 8 u. 143 pp. Leipzig, Schlicke, 1858, 8⁰.
3758. **Middendorff** A. v. Die Natur Nord- und Ost-Sibiriens. Geographie, Hydrographie, Orographie und Geognosie, nebst Einleitung über die Entdeckungsgeschichte Sibiriens. 2 Thle. 332 pp. Mit Holzschn. u. Atlas v. 17 Karten in gr. Fol. Petersburg, 1859—1861, gr. 4⁰.
3759. **Karamzin** Nicolai M. První dobytí Sibiře od Russů. Prag, 1861, 8⁰.
3760 **Pietrowski** R. Gedenkschr. van een Siberier. Kamp, 1863.

3761. **Atkinson** T. W. Oriental and Western Siberia. London, Hurst and B. 1864. 8°.
3762. **Etzel** und **Wagner**. Reisen in den Steppen und Hochgebirgen Sibiriens. Nach Aufzeichnungen von Atkinson, Middendorff, Radde etc. 12 und 352 pp. Mit Kupf. und 120 Abbildungen. Leipzig, Spamer, 1864.
3763. **Lanoye** Baron F. de. La Sibérie d'àprès les voyages les plus récents. Paris, 1868. 12°.
3764. **Knox** T. W. Overland through Asia. Pictures of Siberian Life. London, Trübner, 1871. 8°.
3765. **Sidorov** M. K. Reichthümer der nördlichen Gegenden v. Sibirien und die dortigen Nomaden. 19 pp. St. Petersburg, 1873, 1874 [Russisch.]
3766. **Argant** Paul. Relations sur la Sibérie. 1. Conférence. 37 pp. Posen, Callier, 1874. 8°.
3767. **Kohn** Albin und Rich. Andree. Sibirien und das Amurgebiet. Geschichte und Reisen, Landschaften und Völker zwischen Ural und Beringstrasse. 2 Bde. 1. Bd. VIII und 350 pp.; 2. Bd. VI und 264 pp. Leipzig, Spamer, 1876. gr. 8°.
3768. **Voyage** to Sibire and the river Ob in a letter written to Gerardus Mercator. Hakluyt, Vol. I.
3769. **Marsh** A. Notes concerning the Discovery of the river of Ob 1581. Purchas, Vol. III.
3770. **Description** of Catay and the great river Ob. Purchas, Vol. III.
3771. **Cherry** F. and Lyndes T. Report touching a warme Sea to the S. E. of the River Ob. Purchas, Vol. III.
3772. **The first** voyage in which Muscovia was discovered 1553. Purchas, Vol. III.
3773. **Voyage** of Discovery to the North-West of Siberia 1785. A Collection of Voyages and Travels 1810, Vol. VI.
3774. **Reisen** in den mittleren und nördlichen Festländern Asiens 1855. Die Weltkunde, Fried. Heinzelmann, 16. Bd.
3775. **Cochrane** J. D. Fussreise durch Russland, die sibirische Tartarei und von der chinesischen Grenze nach dem Eismeere und Kamtschatka. Aus dem Engl. (Aus Bibliothek der neuesten Reisebeschreibungen von Bertuch. XL.) Weimar 1825.
3776. **Petelin** Evesko. Voyagie van E. P., en Andrasko, na Tartaryen en Cathay, of China. In het jaar 1619. Nu aldereerst vertolkt. Leyden, 1707. 8°. Pieter Van der A. A. (Aus: Naukerige versameling der reysen na Ost en West Indien. CXl.)

Aufsätze und Notizen.

3777. **Chappe** d'Auteroche abbé. Extrait d'une voyage fait en Sibérie, pour l'observation de Vénus sur le disque du soleil faite à Tobolsk le 6 juin 1761. (Mémoires de l'Académie des sciences, Paris, 1761, p. 337—373.)
3778. **Ob Asia** in seinem nördlichen Theil so breit sey, als es auf den neuern Landcharten abgebildet wird? (Büsching, Nachrichten, Berlin, I, 1773, p. 299.)
3779. **Sibirien**. Ortsbestimmungen. (Büsching, Nachrichten, Berlin, II, 1774, p. 288.)
3780. **Reise** der kais.-russ. Flotten-Officiere Chwostow und Dawydow von St. Petersburg durch Sibirien nach Amerika und zurück in den Jahren 1802—1804. Aus dem Russischen. (Journ. für die neuesten Land- und Seereisen, XXIV, 1816, p. 145—181.)
3781. **Burney** James Capitain, F. R. S. A memoir on the geography of the north-eastern part of Asia and on the question whether Asia and America are continous or are separated by the Sea. (Philos. Transact. of the Royal Society of London, 1818, p. 9.)
3782. **Cochrane's** merkwürdige Entdeckungsreise. (Bertuch, Neue allg. geogr. Ephem, IX, 1821, p. 131.)

3783. **Voyage** de Cochrane au nord de la Russie asiatique. (Journal des Voyages, XII, 1821, p. 105—106.)
3784. **Geographische** Vermuthung vom Sibirischen Vorgebirge Shehaladsky. (Bertuch, Neue allg. geogr. Ephem., X, 1822, p. 344.)
3785. **Retour** du voyageur Cochrane. (Journal des Voyages, XVI, 1822, p. 135.)
3786. **Liste** des points de la Sibérie dont les élévations au dessus de la mer ont été determinées par Ronovanz et Pansner. Trad. du russe par M. Klaproth. (Nouv. Annales des Voyages, XVII, 1823, p. 353.)
3787. **Voyages** pédestres du Capitaine Cochrane. (Journal des Voyages, XX, 1823, p. 115—117.)
3788. **Speransky.** Kritische Blicke auf die Geographie Sibiriens. Aus dem Russischen nach Berghaus. (Hertha, I, 1825, p. 193—224.)
3789. **Eine neue** Karte von Sibirien. (Hertha, II, 1825, p. 28—29.)
3790. **Cochrane** M. John. Le pédestrien. (Nouv. Annales des Voyages, XXV, 1825, p. 113—117.)
3791. **Sibirische** Reisen und sibirische Paradoxien. (Journal für die neuest. Land- und Seereisen, LXIII, 1829, p. 174.)
3792. **Fragmente** aus dem Briefwechsel des in Nordasia reisenden Dr. A. Erman. (Annal. der Erdkunde, I, 1830, p. 65, 185, 321, 596 ; II, p. 357, 779.)
3793. **Reise** des Herrn Beläwski von Tobolsk zum Eismeere. (Journal für die neuest. Land- und Seereisen, LXXVII, 1834, p. 89.)
3794. **Voyage** de M. Erman dans le Nord de l'Asie. (Nouv. Annales des Voyages, Paris, II Sér., XVII, 1830, p. 34—59, 360—365.)
3795. **Baer** K. E. v. Neueste Nachrichten über die nördlichste Gegend von Sibirien zwischen den Flüssen Pjäsina und Chatanga. (Beiträge z. Russ. Reich, IV, 1841, p. 269—300.)
3796. **Bilder** aus Sibirien und vom nördlichen Eismeere. (Pfennig-Magazin, Leipzig, IX, 1841, p. 389, 397.)
3797. **Erman** A. Ueber von Middendorff's Reise nordöstlich von Turuchansk. (Erman's Archiv für wiss. Kunde von Russland, III, 1843, p. 492.)
3798. **Middendorff's** Reise im nordöstlichen Sibirien. (Ausland, XVII, 1844, p. 375, 379, 383, 387 ; Nachtrag p. 391, 395, 399.)
3799. **Krusenstern** Admiral. Narrative of M. Middendorff's Journey in Northern Siberia. (Journal of the R. Geogr. Society, XIV, 1844, p. 247—260.)
3800. **Unternehmungen** der Russen nach Sibirien vor Jermok. (Ausland, XVIII, 1845, p. 155.)
3801. **Ein Blick** auf die Provinz Irkutsk. (Ausland, XVIII, 1845, p. 561.)
3802. **Reisen** des Dr. Castrén. (Ausland, XVIII, 1845, p. 1165.)
3803. **Baer, v.** Nachrichten aus Sibirien. (v. Baer u. v. Helmersen, Beiträge zur Kenntn. d. russ. Reiches, VII, 1845, p. 41.)
3804. **Neueste** Nachrichten über die nördlichste Gegend von Sibirien zwischen den Flüssen Pjäsina und Chatanga. (v. Baer u. v. Helmersen, Beiträge zur Kenntniss d. russ. Reiches, VII, 1845, p. 41.)
3805. **Middendorff** A. Th. Bericht über die Ergebnisse der Expedition in das nordöstliche Sibirien während der Sommerhälfte des Jahres 1843. (Monatshefte der Ges. f. Erdkunde, Berlin, N. F. II, 1845, p. 206—231.)
3806. **Castrén's** Reise in Sibirien. (Ausland, XIX, 1846, p. 219, 223, 227, 231, 236, 839 ; XX, 1847, p. 267, 272, 275, 279, 283, 287, 291.)
3807. **Ueber einige Ergebnisse** der sibir. Reisen des Dr. v. Middendorff und Dr. Schrenk. (Monatsh. d. Ges. f. Erdkunde, Berlin, N, F. III, 1846, p. 53—55.)
3808. **Martoss.** Lettres écrites de la Sibérie Orientale. (Annales des Voyages, II. 1846, p. 274; IV, 1848, p. 307; I, 1849, p. 5.)
3809. **Karmiloff.** Excursion exécuté par eau sur l'Irtiche et l'Ob, dans la Sibérie Occidental. (Annales des Voyages, I, 1847, p. 257.)
3810. **Castrén.** Voyage en Sibérie. (Bulletin de l'Acad. imp. des sciences de St. Pétersbourg, III, 1847, Nr. 8 ff. u. in den folgenden Jahrgängen.)
3811. **Castrén's** Wanderungen in Sibirien und dessen Briefe. (Erman's Archiv f. wiss. Kunde v. Russland, VII, 1848, pp. 66, 183, 513, 516.)

3812. **Castrén's** Reise in Sibirien. (Ausland, XXI, 1848, pp. 323, 327, 332, 335, 339, 343.)
3813. **Minitski.** Le district d'Ochotsk. (Annales des Voyages, III, 1848, p. 205.)
3814. **Der District Ochotsk.** (Ausland, XXII, 1849, p. 111.)
3815. **Castrén's Reiseaufzeichnungen.** (Ausland, XXII, 1849, p. 816.)
3816. **Kostrow.** Die Stadt Turuchansk. (Erman's Archiv f. wiss. Kunde v. Russl. XI, 1851, p. 337.)
3817. **Aus den Reise-Erinnerungen** von Alex. Castrén. (Erman's Archiv f. wiss. Kunde v. Russland, XII, 1852, p. 519.)
3818. **Expedition** gegen die russischen Niederlassungen in Ost-Sibirien. (Ausland, XXIX, 1856, p. 157.)
3819. **Spiegel** Fr. Castrén's Reisen in Sibirien. (Ausland, XXX, 1857, p. 481, 512.)
3820. **Chitrov, Erzpriester.** Der Uluss (District) Shigansk am nördlichen Eismeere. Mit Karte s. Tafel 5. (Petermann's Geogr. Mitth., III, 1857, p. 117—122.)
3821. **Hansteen** Christophe. Souvenirs d'un voyage en Sibérie. Trad. du norvèg. par madame Colban, et revus par MM. Sédillot et de la Roquette, 3 extraits de l'ouvrage de M. Hansteen. 1 vol. 8°. (Nouv. Annales de Voyages, Mai 1857, p. 201—214.)
3822. **Poulain** de Bossay. Rapport sur les souvenirs d'un voyage en Sibérie, de M. Christophe Hansteen. (Bulletin de la Soc. de Géogr., Paris, IV Sér., XIV, p. 42—65.)
3823. **Dampfschifffahrt** auf dem Jenissei. (Petermann's Geogr. Mitth. X, 1864, p. 149.)
3824. **Ochotsk** und seine Geschichte. (Ausland, XLVIII, 1865, p. 381.)
3825. **Krusenstern** Lieutenant. Ueber die im Jahre 1862 unternommene Expedition nach der Mündung des Jenissei. (Erman's Archiv f. wiss. Kunde v. Russl. XXIII, 1865, p. 107.)
3826. **Aus Hedenström's** Fragmenten über Sibirien (Okrinje o. Sibirje). (Erman's Archiv. f. wiss. Kunde v. Russland, XXIV, 1866, p. 125.)
3827. **Der sibirisch-**amerikanische Telegraph. (Erman's Archiv f. wiss. Kunde v. Russland, XXIV, 1866, p. 474.)
3828. **Erforschung** der sibirischen Provinz Turuchansk. (Petermann's Geogr. Mitth., XII, 1866, p. 193.)
3829. **Ueber die nördlichen Regionen** von Sibirien u. des europ. Russland. (Gaea, Köln, III, 1867, p. 193—212.)
3830. **Latkin** Nicolaus. Die Dampfschifffahrt in Sibirien. (Petermann's Geogr. Mitth., XIV, 1868, p. 64—66.)
3831. **Tretjakow.** Das Turuchansker Gebiet. [russisch.] (Sapiski der Russ. Geogr. Ges. II, 1869, p. 215—531.)
3832. **Svěceny** F. Das Land Turuchansk. Nach dem Russ. des H. Tretjakow. (Mitth. der geogr. Ges. in Wien, XIII, 1870, p. 304—311, 358—364, 396—413.)
3833. **Petermann** Dr. A. Karte von Nord-Sibirien. (Aus allen Welttheilen, IV, 1872/73, Nr. 5, p. 159.)
3834. **Bilder aus Ost-Sibirien:** 3. Ochotsk. Mit Ill. (Aus allen Welttheilen, IV, 1872/73, Nr. 12, p. 364—6.)
3835. **Russ. Expedition** nach dem nördl. Asien. Zur Mündung der sibirischen Ströme (St. Petersburger Zeitung. — Ausland, XLV, 1872, Nr. 1, p. 24.)
3836. **Das untere Flussgebiet** des Jenissei. (Zeitschrift d. Ges. f. Erdk., Berlin, III. Ser., VII, 1872, p. 367—370.)
3837. **Die Entdeckungsgeschichte** der nördlichen Gebiete von Asien, zwischen Lena und Jenissei 1734—1866. Mit der Karte, Taf. I. von Hanemann. Geographie und Erforschung der Polar-Regionen Nr. 73. (Petermann's Geogr. Mitth. XIX, 1873, p. 9)
3838. **Expedition** nach der Tunguska. (Aus allen Welttheilen, Leipzig, V, 1874, p. 351.)

3839. **Czekanowski's** Forschungen in Sibirien. (Ausland, XLVIII, 1875, p. 463-464.)
3840. **Vaugondy.** Nouvelle représentation des côtes Nord et Est de l'Asie, grav. 1772. (Büsching, Nachrichten, Berlin, III, 1775, p. 84.)
3841. **Die Olenek-Expedition** von Czekanowski und Müller. (Globus, Braunschweig, XXVIII, 1875, p. 236—238.)
3842. **Czekanowski's und Müller's Expedition** in Sibirien. (Globus, Braunschweig, XXVII, 1875, p. 255.)
3843. **Czekanowski's** A. Aufnahme der Tunguska und Reise zum Olenek. (Notiz.) (Petermann's Geogr. Mitth., XXI, 1875, p. 154—155.)
3844. **Die zweite Olenek-Expedition** (Notiz). (Petermann's Geogr. Mitth., XXI, 1875, p. 394.)
3845. **Expédition** norvègienne en Sibérie et à la Nouvelle Zemble. (l'Explorateur, II, 1875, p. 658.)
3846. **Reise nach Sibirien** von Dr. Otto Finsch und Dr. Alfred Brehm. (Notiz). (Aus allen Welttheilen, VII, 1876, p. 382.)
3847. **Hellwald F. v.** Professor Nordenskjölds Fahrt am Jenissei und das »Aftonbladet«. (Ausland, XLIX, 1876, p. 25—29.)
3848. **Deutsche Expedition** nach Sibirien. (Ausland, XLIX, 1876, p. 180.)
3849. **Czekanowski's und Sosnowski's** Forschungsreisen in Asien. (Ausland, XLIX, 1876, p. 419.)
3850. **Die deutschen Forschungsreisenden** in Sibirien. (Ausland, XLIX, 1876, p. 709—712, 733—737, 776—779, 792—796.)
3851. **Eine Forschungsreise** nach West-Sibirien. (Gaea, XII, 1876, p. 251—252.)
3852. **Neue Expedition** nach der Nordküste von Sibirien. (Globus, Braunschweig, XXIX, 1876, p. 63.)
3853. **Finsch, Dr.** Zwei Briefe desselben über seine Forschungsreise nach West-Sibirien. (Globus, Braunschweig, XXX, 1876, p. 87—89, 103—105, 184—187, 202—205, 268—270, 281—283.)
3854. **Nordenskjöld's Expedition** nach Sibirien 1875. (Globus, Braunschweig, XXIX, 1876, p. 121—123.)
3855. **Czekanowski A.** Vorläufiger Bericht über die Lena-Olenek-Expedition des Jahres 1875. (Aus d. Nachrichten d. k. russ. Geogr. Ges. XII, [1876], Heft 2, p. 161-171. — Globus, Braunschweig, XXX, 1876, p. 217—219, 232.)
3856. **Latkin N.** Der Obi und sein Flussgebiet. (Globus, Braunschweig, XXIX, 1876, p. 254—255.)
3857. **Czekanowski's** sibirische Reise von 1875. (Globus, Braunschweig, XXIX, 1876, p. 384.)
3858. **Schwedische, Russische und Deutsche Reisen** nach West-Sibirien. (Petermann's Geogr. Mitth. XXII, 1876, p. 152—155.)
3859. **Petermann A.** Die geographische Festlegung des Mündungs-Gebietes des Ob und Jenissei durch Nordenskjöld's Expedition, 1875. Mit Karte s. Tafel 14. 1: 5,000.000. Geographie und Erforschung der Polar-Regionen Nr. 118. (Petermann's Geogr. Mitth. XXII, 1876, p. 247—250.)
3860. **Astronomische Bestimmungen** einiger Punkte am Olenek und im System der Flüsse Lena und Jana. (Petermann's Geogr. Mitth. XXII, 1876, p. 270—271.)
3861. **Abschluss** der Bremer Forschungsreisen (Finsch, Brehm, Zeil) in West-Sibirien. Von Obdorsk am untern Ob und bis zum Karischen Meerbusen, Juli und August 1876. Geographie und Erforschung der Polar-Regionen Nr. 124. (Petermann's Geogr. Mitth. XXII, 1876, p. 448—456.)
3862. **Neue Expedition** zur Erforschung der Ob- und Jenisei-Mündung. (Aus Mitth. des Vereines für die deutsche Nordpolarfahrt in Bremen. — Mitth. der Geogr. Ges. in Wien, XIX, 1876, p. 374—375.)
3863. **Voyage** de M. A. E. Nordenskjöld dans la Sibérie Septentrionale. (Bulletin de la Soc. de Géogr. Paris, X Sér., XII, 1876, p. 78—97.)
3864. **Expédition** de Nordenskjöld dans l'Océan glacial Arctique. (l'Explorateur, III, 1876, p. 480—481.)

3865. **Sibérie** orientale; les principales tribus indigènes. (l'Explorateur, III, 1876, p. 500—502.)
3866. **L'embouchure** d'Obi (l'Explorateur, III, 1876, p. 538—539.)
3867. **The Basin** of the Ob and Yenisei Rivers. (The Geogr. Magazine. London, III, 1876, p. 208—210.)
3868. **The German** Expedition to Northern Siberia. (The Geogr. Magazine, III, 1876, p. 77, 296—299.)
3869. **The Expedition** to the Lena and Olenek. (Aus Isvestija der k. Russischen Geogr. Ges. XII, 1876, p. 161. — The Geogr. Magazine, London, 1876, III, p. 299—301.)
3870. **Mallet** Jacobus Andreas. Determinatio latitudinis et longitudinis Jakutski. (Nov. Commentar. Acad. Petropolitanae, XIV, P. 2, p. 270, 276, 308.)
3871. **Godofredus**. Jakuti urbis Sibiriae ad fluvium Lenam sitae. (Nov.Commentar. Acad. Petropolitanae, XIV, p. 385.)
3872. **Lexell** Andreas Johannes. Longitudo geographica urbis Jakutsk. (Nov. Commentar Acad. Petropolitanae, XV, p. 627.)
3873. **Expédition** projetée au Nord-Est de la Sibérie. (Bulletin de la Soc. de Géogr. Paris, I Sér., IX, 1827, p. 221.)

Karten.

3874. **Tartarie.** Par Guillaume Delisle, Premier Géographe du Roi. Paris, 1706.
3875. **Atlas Russicus,** Opera Academiae Scientiarum Petropolitanae Max. Petropolis, 1745. fol.
3876. **Güssefeld** F. L. Oestlicher Theil des Russischen Reiches oder Sibirien mit den Kurilischen, Aleutischen und Fuchs-Inseln. 1 : 11,000.000. Nürnberg, Homann's Erben, 1805, Imp. Fol.
3877. **Wischnewskji.** Karta sjewerno wostotschnoi Asji isd. ponoweischim nabliudeniam. 1818.
3878. **Generalnaja** karta Asiatskoi Rossii po noweischemu rosdjeleniju i. pr. sotschinena Korpusa Topographow Porutschikom Posnjakowuim i isdanna wojenno Topographitscheskim Depot. 1825.
3879. **Sokolow.** Karte der Ufer des Eismeeres zwischen den Mündungen des Ob und der Lena nach den Aufnahmen in 1734—1742. (Sapiski des hydrographischen Departements, 1851, p. 76.)
3880. **Generalkarte** des asiatischen Russlands oder Sibirien und die russischamerikanischen Länder. Petersburg, 1857. Fol. 1 Bl. [Russisch].
3881. **Karte** des asiatischen Russland's. Herausgegeben vom Kriegstopographischen Dépôt. Petersburg, 1860. Chromolithographirt. 1 : 8,400.000. 4 Bl.
3882. **Nordenskjöld** A. E. Karta öfver Prövensfärd till Jenisej och ater 1875.

b) **Astronomie, Meteorologie, Erdmagnetismus.**

3883. **Hansteen** Ch. Resultate magnetischer, astronomischer und meteorologischer Beobachtungen auf einer Reise in das östliche Sibirien in den Jahren 1828—1830. Christiania, 1863. 4°.
3884. **Gourdon** W. Later Observations in his wintering of Pustozera 1614—1615. Purchas. Vol. III.

Aufsätze und Notizen.

3885. **Sur les** grands froids observés en Sibérie. (Histoire de l'Académie des sciences de Paris, 1749, p. 1—7.)
3886. **Delisle** M. Observations de thermomètre faites pendant les grands froids de la Sibérie. Mit 1 Tafel. (Mémoires de l'Académie des sciences de Paris, 1749, p. 1—14.)
3887. **Sabine** Edward. On M. Hansteen's recent magnetic observations in Siberia. (Quart. Journal of Science II, 1829, p. 1—14.)

3888. **Baer K. E. v.** Ueber die Bodentemperatur von Jakutsk. (Poggend. Annal. XLIII, 1838, p. 191—192.)
3889. **Baer Prof.** On the ground ice or frozen soil of Siberia. (Journal of the R. Geogr. Society, VIII, 1838, p. 210—213.)
3890. **Baer, Prof.** Recent Intelligence upon the frozen Ground in Siberia. (Journal of the R. Geogr. Society, VIII, 1838, p. 401—406.)
3891. **Baer K. E. v.** On the ground ice or frozen soil of Siberia. (Silliman Journal, XXXVI., 1839, p. 210—212.)
3892. **Das Klima im Lande Taymir.** (Ausland, XVIII, 1845, p. 1413. 1419.)
3893. **Baer K. E. v.** Ueber das Klima des Taimyr-Landes. Nach Middendorff. (Bulletin de l'Acad. imp. des sciences de St. Petersbourg, IV, 1845, p. 315—336.)
3894. **Baer K. E. v.** Ueber nothwendig scheinende Ergänzungen der Beobachtungen über die Bodentemperatur in Sibirien. 1849. (Bulletin de l'Acad. imp. des sciences de St. Petersbourg, VIII, 1850, p. 209—224. — Poggend. Annal. LXXX, 1850, p. 242—262.)
3895. **Dove H. W.** Die Temperatur von Jakutsk. (Zeitschr. d. Ges. f. Erdk. Berlin. NF. V, 1858, p. 355 358.)
3896. **Erman A.** Ueber Barometerbeobachtungon in Nord-Asien und deren hypsometrische Anwendung. (Erman's Archiv für wiss. Kunde v. Russland, XX, 1860, p. 403.)
3897. **Gross Wilhelm.** Die Burane oder die sibirischen Winterstürme. (Aus allen Welttheilen, III, 1871—1872, Nr. 3, p. 86—88.)
3898. **Ein Polarlicht** im nordöstlichen Sibirien. (Ausland, XLIV, 1871, pag. 331.)
3899. **Koeppen W.** Klima am Unteren Jenissei. (Aus Röttger's Russischer Revue.— Zeitschr. d. österr. Ges. f. Meteorol. Wien, X, 1875, p. 165—171.)

c) Geologie, Paläontologie, Mineralogie.

3900. **Bojanus L. H.** De Merycotherii Sibirici, seu gigantei animalis ruminantis, antediluviano quodam, dentibus commentatio. Wilna, 1823. 4°.

Aufsätze und Notizen.

3901. **Bojanus L. H.** De Merycotherii Sibirici, seu gigantei animalis ruminantis, antediluviano quodam, dentibus incerto Sibiriae loco erutis, declarato vestigio. (Verhandl. d. leop.-carol. Akad. d. Naturf. Bonn, III, 1824, p. 263.)
3902. **Erman A.** Die geognostischen Verhältnisse von Nord-Asien in Beziehung auf das Goldvorkommen in diesen Erdtheilen. Mit 1 geogn. Karte. (Erman's Archiv f. wiss. Kunde v. Russland. II, 1842, p. 522, 712, 809.)
3903. **Auszug aus einem Briefe von Motschulsky** betreffend das Vorkommen antediluvianischer Dickhäuter in Sibirien. (Monatsb. der Ges. f. Erdkunde, Berlin, N. F. IV, 1847, p. 216—222.)
3904. **Herter P. Dr.** Petrographische Untersuchungen über Gesteine aus Nord-Asien. (Erman's Archiv f. wiss. Kunde v. Russland XX, 1860, p. 192.)
3905. **Herter P. Dr.** Petrographische Untersuchungen über Gesteine aus Nord-Asien. Ueber das Vorkommen von Pechsteinen bei Ochotzk. Mit Karten und Profilen. (Erman's Archiv f. wiss. Kunde v. Russland, XXII, 1863, p. 504, 571.)
3906. **Das Graphitvorkommen** im Turuchansker Kreise. (Erman's Archiv f. wiss. Kunde v. Russland, XXIII, 1865, p. 323; XXIV, 1866, p. 434.)
3907. **Ein neues Mammuth** entdeckt in der Nähe der Bay von Tas. (Ausland, XXXIX, 1866, p. 528.)
3908. **Ein wohlbehaltenes** Mammuth im arktischen Sibirien. (Globus, Hildburghausen, X, 1866, p. 160.)
3909. **Die neuesten** Arbeiten über das Mammuth. (Petermann's Geogr. Mitth. XII, 1866, p. 325—333.)
3910. **Die Mammuth-Expedition.** (Petermann's Geogr. Mitth. XII, 1866, p. 427.)

3911. **Schmidt's** Expedition zur Aufsuchung eines Mammuths. (St. Petersburger Wochenblatt v. 13. (25.) Februar 1866.)
3912. **Brandt** J. F. Mittheilungen über die Gestalt und Unterscheidungs-Merkmale des Mammuth oder Mamont [Elephas primigenus]. (Bulletin de l'Acad. imp. des sciences de St. Pétersbourg, X, 1866, Nr. 1, p. 94—118.)
3913. **Baer** K. E. v. Neue Auffindung eines vollständigen Mammuths mit der Haut und den Weichtheilen im Eisboden Sibiriens, in der Nähe der Bucht des Tas. (Bulletin de l'Acad. imp. des sciences de St. Pétersbourg, X, 1866, Nr. 2, p. 230—296.)
3914. **Ueber die neueste** Auffindung eines Mammuth-Körpers in Sibirien. (Erman's Archiv f. wiss. Kunde v. Russland, XXV, 1867, p. 202.)
3915. **Ein sibirischer** Elephantenzahn. (Jahrb. d. Geolog. R. Wien, 1869, p. 172.)
3916. **Schrenk**, Leop. v. Dr. Bericht über die neuerdings im Norden von Sibirien angeblich zum Vorschein gekommenen Mammuthe nach brieflichen Mittheilungen des Herrn Gerh. von Maydell, nebst Bemerkungen über den Modus der Erhaltung und die vermeintliche Häufigkeit ganzer Mammuthleichen. (Bulletin de l'Acad. des sciences de St. Pétersbourg, XVI, 1871, Nr. 2, p. 147—173.)
3917. **Reste** eines Mammuths am Ufer des Obi. (Aus allen Welttheilen, III, 1871—1872, Nr. 12, p. 382.)
3918. **Schmidt** Fr. Mag. Wissenschaftliche Resultate der zur Auffindung eines Mammuth-Cadavers von der k. Akademie der Wissenschaften an den untern Jenissei ausgesandten Expedition. 174 pp. mit 1 Karte und 5 Tafeln. (Mémoires de l'Acad. imp. des sciences de St. Pétersbourg, VII Sér., XVIII, 1872, Nr .1.)
3919. **Geologische** Reise des Tchékanovsky entlang den Flüssen Lena und Olenek. (Verhandl. d. Ges. f. Erdkunde, Berlin, III, 1876, p. 100—101.)
3920. **Baer** K. E. v. Schreiben über die neuerliche Auffindung eines Mammuths in der Nähe der Tas-Bucht. (Sitzungsber. d. math.-naturw. Cl. d. Akad. d. Wiss. in Wien, LIII, 1. Abth. p. 311, 2. Abth. p. 465; LIV, 1. Abth. p. 465, 2. Abth. p. 565.)
3921. **Schmidt** Fr. Vorläufige Mittheilungen über die wissenschaftlichen Resultate der Expedition zur Aufsuchung des angekündigten Mammuth-Cadavers. (Bulletin de l'Acad. imp. des sciences de St. Pétersbourg, XIII, Nr. 2, p. 97—130.)
3922. **Schmidt** F. Ausgang der zur Aufsuchung und Bergung eines Mammuths ausgerüsteten Expedition. Brief des Magisters Fr. Schmidt, mit einem Vor- und Nachworte von Leop. v. Schrenk. (Bulletin de l'Acad. imp. des sciences de St. Pétersbourg, X, Nr. 4, p. 513—534; XI, Nr. 1 p. 80—90.)
3923. **Auszug** aus M. Adam's Reise zum nördlichen Polarmeer, veranlasst durch die Entdeckung der Ueberbleibsel eines Mammuths. (Bertuch, Neue allgem. geogr. Ephem. XXV, p. 257.)

d) Zoologie und Thiergeographie.

3924. **Pallas** Pet. Sim. Icones ad geographicam Rosso-Asiaticam. Fasc. I—VI (6 illum. Kupfr.) Petropolis, 1834—1842. Fol. min.
3925. **Bush** R. J. Reindeer, dogs and snow shoes. A journal of Siberian travels and explorations made in the years 1865, 1866 and 1867. 550 pp. mit Illustr. London, Low, 1871. 8°.

Aufsätze und Notizen.

3926. **Vorkommen** des Bibers in Sibirien. (Ausland, XIX, 1846, p. 609.)
3927. **Nordmann** Arthur. Ueber das Vorkommen des Polarfuchses [Canis lagopus] am Amur. (Bulletin de la Soc. imp. des naturali-tes de Moscou 1861, Nr. 3, p. 321—325.)
3928. **Der Zobel** in Sibirien. (Ausland, XLVIII, 1865, p. 595.)

3929. **Ueber das Thierleben** des untern Obi und einige meteorologische Erscheinungen im karischen Meere. (Globus, Braunschweig, XXIX, 1876, p. 299—302.)

e) **Botanik.**

3930. **Gmelin,** Joannes Georgius. Flora Sibirica, sive historia plantarum. Sibiriae. 4 vols. Petropoli, typ. Acad. scientiarum, 1747—1769. IV Tomi. cum. fig. Leipzig, Hartknoch, 1749—1770. 4°.

Aufsatz.

3931. **Erman** A. Ueber die obere Verbreitungsgrenze der sibirischen Lärche. (Erman's Archiv f. wiss. Kunde v. Russland, XXIV, 1866, p. 640.)

f) **Ethnographie, Culturgeschichte, etc.**

3932. **Müller** Joh. Bernh. Leben und Gewohnheiten der unter dem polo Arctico wohnenden Ostyaken, nebst einigen Anmerkungen vom Königreich Siberien und dem Freto Nassavico oder Waigatz. Berlin, 1720, 8°; 1726.
3933. **Fischer** J. E. und G. F. Müller. Sibirische Geschichte von der Entdeckung Sibiriens bis auf die Eroberung dieses Landes durch die russischen Waffen. 2 Thle. St. Petersburg, 1768—1769. Leipzig, Hartknoch, 1768. 4°.
3934. **Stollenwerck** M. Recherches historiques sur les principales nations établies en Sibérie et dans les pays adjacens, lors de la conquête des Russes; traduit du russ. de Fischer. Paris, Laron et Comp.; Treuttel et Würtz, 1801.
3935. **Castrén** M. Alex. Elementa gramatices syrjaenae. VIII u. 169 pp. Helsingforsiae, 1844, 8°; Lipsiae, Brockhaus; Berlin, Schroeder. 8°.
3936. **Wiedemann** Ferd. Joh. Versuch einer Grammatik der syrjänischen Sprache nach dem in der Uebersetzung des Ed. Matthaei gebrauchten Dialekte. 144 pp. Reval, Eggers, 1847. gr.-8°.
3937. **Wenjaminow.** O koloschenkom i kadjakskom jasuikach etc. St. Petersburg, 1846.
3938. **Castrén's** M. Alex. Versuch einer ostjakischen Sprachlehre nebst kurzem Wörterverzeichniss. X u. 102 pp. St. Petersburg, 1849. Leipzig, Brockhaus. 8°.
3939. **Wiedemann** Ferd. Joh. Grammatik der wotjakischen Sprache nebst einem kleinen wotjakisch-deutschen und deutsch-wotjakischen Wörterbuche. XLVI u. 390 pp. Reval, Kluge, 1851. gr.8°.
3940. **Castrén** M. Alex. Grundzüge einer tungusischen Sprachlehre nebst kurzem Wörterverzeichniss. Herausg. von Anton Schiefner. XIX u. 140 pp. St. Petersburg, 1856; Leipzig, Voss. 8°.
3941. **Berg** E. v. Ueber den Jassak oder Fell-Tribut der nomadischen Volksstämme Sibiriens. Lodz, 1868.
3942. **Arssenjew** F. A. Die Syrjänen und ihr Jagdgewerbe. 65 pp. Moskau, 1872. [Russisch.]
3943. **Besondere** Nachricht von den Ostiaken. (Voyages and Travels. Allgem. Historie der Reisen, Vol. XIX.)

Aufsätze und Notizen.

3944. **Müller.** Mittel der Ostiaken, sich gegen die Kälte zu schützen. (Journal für die neuest. Land- und Seereisen, Berlin, II, 1808.)
3945. **Sonntag.** Werth des Silbers bei den Tungusen. (Journal für die neuest. Land- und Seereisen, Berlin, VII, 1810, p. 288.)
3946. **Account** of the Buriats. (Asiat. Journ. XVIII, 1824, p. 588.)
3947. **Notice** sur les Yakouts. (Journal des Voyages, XXVIII, 1825, p. 47—64.)
3948. **Die Bewonner** Siberiens. (Unterhaltungsblätter für Welt- und Menschenkunde, Aarau, III, 1826, p. 327.)

3949. **Die tschudischen Sprachen** nach Reguly Antal. (Erman's Archiv f. wiss. Kunde v. Russland, III, 1843, p. 30.)
3950. **Dawydow** Dimitri. Jakutisches Wortregister. (Erman's Archiv für wiss. Kunde v. Russland, III, 1843, p. 312.)
3951. **Schott** W. Ueber die Jakutische Sprache. (Erman's Archiv für wiss. Kunde v. Russland, III, 1843, p. 333.)
3952. **Einiges** über die Tungusen. (Ausland, XVII, 1844, p. 317—331.)
3953. **Baer** K. E. v. Vergleichung eines von Hofmann mitgebrachten Karagassen-Schädels mit dem von Ruprecht mitgebrachten Samojeden-Schädel. (Bulletin de l'Acad. imp. des sciences de St. Pétersbourg, III, 1845, p. 177—187.)
3954. **Castrén.** Voyage ethnologique dans l'intérieur de la Sibérie. (Annales des Voyages, IV, 1845, p. 59; I, 1846, p. 149; III, 1847, p. 264; IV, p. 23, 199; I, 1848, p. 257; IV, p. 5; I, 1849, p. 252; III, p. 117; IV, p. 5, 307; III, 1850, p. 309.)
3955. **Die einheimischen** Völker Ostsibiriens: 1. Buräten, 2. Tungusen, 3. Jakuten, 4. Wanderstämme im Gouvernement Jeniseisk. (Ausland, XIX, 1846, p. 1357.)
3956. **Allgemeine Schilderung** der Samojeden in Sibirien. (Ausland, XX, 1847, p. 651, 655, 659, 663, 667, 671.)
3957. **Die Sprache** der Ijmo-Syrjänen. (Erman's Archiv für wiss. Kunde v. Russland, VII, 1848, p. 124.)
3958. **Castréns** Versuch einer Ostjakischen Sprachlehre. (Erman's Archiv für wiss. Kunde v. Russland, X, 1852, p. 366.)
3959. **Jakutisch-russisches** Wörterbuch. (Erman's Archiv für wiss. Kunde v. Russland, XIII, 1854, p. 84.)
3960. **Die Ostjaken** Sibiriens (Ausland, XXXI, 1858, p. 345.)
3961. **Erman** A. Bemerkungen über ein bei den Jakuten und in Andalusien gebräuchliches Feuerzeug. (Erman's Archiv für wiss. Kunde v. Russland, XIX, 1860, p. 298.)
3962. **Ueber die Tungusen** der Küstenprovinz von Ostsibirien. (Erman's Archiv für wiss. Kunde v. Russland, XXI, 1862, p. 18.)
3963. **Schott** W. Castrén's Ostjakische Sprachlehre. (Erman's Archiv für wiss. Kunde v. Russland, XXI, 1862, p. 467.)
3964. **Schott** W. Castrén's Tungusische Sprachlehre. (Erman's Archiv für wiss. Kunde v. Russland, XXII, 1863, p. 410.)
3965. **Ostsibirische Volkstypen.** (Leipziger Illustr. Zeitung, Januar bis Juni 1863, p. 52.)
3966. **Bastian** Dr. Zwei sibirische Traditionen. (Erman's Archiv für wiss. Kunde v. Russland, XXIV, 1866, p. 605.)
3967. **Das Gebiet** der Jakuten in Sibirien. (Globus, Hildburghausen, X, 1866, p. 256.)
3968. **Das Schamanenthum** in Sibirien. (Erman's Archiv für wiss. Kunde v. Russland, XXV, 1867, p. 175)
3969. **Kropotkin** A. in Irkutsk. Statistisches aus Sibirien. (Petermann's Geogr. Mitth., XIV, 1868, p. 95.)
3970. **Schiefner** A. Ueber Baron Gerhard von Maydell's Jukagirische Sprachproben. (Bulletin de l'Acad. des sciences de St. Pétersbourg, XVII, 1871, p. 86—103.)
3971. **Kohn** Albin. Der Jakuter Volksstamm. (Globus, Braunschweig, XXV, 1874 p. 215, 235, 246.)
3972. **Schiefner** A. Baron Gerhard von Maydell's Tungusische Sprachproben. (Bull. de l'Acad. des sciences de St. Pétersbourg, XX, 1874, p. 209—246.)
3973. **Schiefner** A. Tungusische Miscellen. (Bulletin de l'Acad. des sciences de St. Pétersbourg, XX, 1874, p. 247—257.)
3974. **Kohn** Albin. Zwei dahinsiechende Volksstämme Nordsibiriens. 1. Das Land am Obi, p. 97—98; 2. Ostjaken, p. 129—132; 3. Die Chasowaren oder Samojeden, p. 170—171. (Aus allen Welttheilen, Leipzig, VI, 1875.)
3975. **Böhtlingk** O. Zur Orthographie im Jakutischen. (Bulletin de l'Acad. des sciences de St. Pétersbourg, XXI, 1876, p. 512—517.)

g) Polarfischerei und Jagd.

Aufsätze und Notizen.

3976. **Die Jagd** im östlichen Sibirien. (Ausland, XX, 1847, p. 1019, 1023, 1027, 1032, 1036, 1040.)
3977. **Baer** K. E v. Materialien zu einer Geschichte des Fischfanges in Russland und den angrenzenden Meeren. (Bulletin de l'Acad. des sciences de St. Pétersbourg, XI, 1853, p. 225—254, 257—288.)
3978. **Kostrow** Knjas. Die Bärenjagd in Sibirien. (Erman's Archiv für wiss. Kunde v. Russland, XVII, 1858, p. 527.)

Siehe auch die Nummern: 2, 130, 131, 132, 140, 144, 146, 152, 169, 184, 227, 229, 292, 325, 373, 418, 541, 778, 983, 999, 1060, 1097, 1100, 1125, 1126, 1127, 1133, 1138, 1142, 1753, 1758, 1759, 1829, 3174, 3371, 3636, 4521.

XVII. Sibirisches Eismeer.

3979. **Dumas** C. G. F. Voyages et découvertes faites par les Russes le long des côtes de la mer glaciale et sur l'Océan oriental tant vers le Japon, que vers l'Amérique, on y a joint l'histoire du fleuve Amur etc., traduit de l'allemand de Mr. G. P. Müller. 2 tom. Amsterdam, M. M. Rey, 1756, 12°.
3980. **Dumas**, C. G. F. Voyages et découvertes faites par les Russes le long des côtes de la mer glaciale et sur l'Océan oriental tant vers le Japonique vers l'Amérique etc. Traduit de l'allemand par G. P. Müller. 2 vols. avec carte. Amsterdam, M. Rey, 1766, 12°.
3981. **Coxe.** Les nouvelles découvertes des Russes, entre l'Asie et l'Amérique, avec l'histoire des conquêtes de la Sibérie. Traduit de l'anglais par M. Demeunier. Avec des cartes. Paris, Panckoucke, 1781. 4°
3982. **Coxe.** Die neuen Entdeckungen der Russen zwischen Asien und Amerika, nebst der Geschichte der Eroberung Sibiriens und des Handels der Russen und Chinesen. Aus dem Englischen übersetzt. Frankfurt a. M. und Leipzig, J. G. Fleischer, 1783, 8°; 1784, gr.-8°.
3983. **Pallas** P. S. Notice sur les îles Laechof, situées vis-à-vis du Swoetoi-nos dans la mer glaciale. Observations faites dans un voyage... 2 vols. Leipzig 1799. 4° et Atlas in Fol. (Nouv. Mém. du Nord par Pallas.)
3984. **Sauer** M. An account of a geographical and astronomical expedition to the Northern parts of Russia for ascertainig the degrees of latitude and longitude of the mouth of the River Lena; of the whole coast of the Tshutski, to East Cape; and of the islands of the Eastern Ocean, stretching to the American coast. Performed by command of her imper. Majesty Catharine II. by J. Billings in the years 1785—1794. The whole narrated from the original papers. London, Cadell u. Davier, 1800, 4°.; 1802.
3985. **Sauer.** Voyage fait par Ordre de l'impératrice de Russie, Catharina II. dans le Nord de la Russie asiatique dans la mer glaciale etc. depuis 1785—1794 par le Commandeur Billings. Traduit de l'anglais avec de notes par J. Castéra. 2 vols. avec 1 Atlas, 15 pl. Paris, Buisson, 1802. 8°.
3986. **Billings** J. Reise zur Untersuchung der Küsten des Eismeeres, oder geographisch-astronomische Reise nach den nördlichen Gegenden Russlands 1785—1794. Herausgegeben von Martin Sauer. Aus dem Englischen. Mit Kupf. u. Karte. Berlin, Flittner (G. Reimer), 1802, 8°; Öhmigcke, 1803; Berlin, 1820. 8°.
3987. **Sauer.** Voyage fait par Ordre de l'impératrice de Russie Catharina II. dans le Nord de la Russie asiatique, dans la mer glaciale etc., depuis 1785—1794. par le Commandeur Billings. Traduit de l'anglais

avec de notes par Castéra. 2 vols. avec l'atlas de 15 cartes. 1. vol. 385 pp., 2. vol. 417 pp. avec la carte : Carte du Détroit de Bering 1786—1794. Gravée par Tardieu 1 : 5,750.000. et avec les vues (gravées par Adam): Vue du Port d'Okhotsk, Vue de la Montagne de Schilkap, et des Tentes de Tougouth, Vue de la Ville de Zaschiversk, Vue du Tombeau du Cap Clerke au Kamtchatka, Vue des Etablissement de Schelikoff dans l'Ile de Kadiak, Extrémité septentrional de l'Ile d'Yanaga, l'Ile d'Atcha, Ile d'Attou, Ile d'Agattou, Ile de Bouldyr, Ile de Kyska, Ile de Gore, Ile de Semiposchnoï, Vue des sources chaudes d'Ozornoï au Kamtchatka. Paris, Buisson, 1802. 8°.

3988. **Billings** J. Account of a Geographical and Astronomical Expedition to the Northern Parts of Russia, for ascertaining the degrees of Latitude and Longitude of the river Lena; of the white coast of the Tshutski to East Cape; and of the Islands in the Eastern Ocean, stretching to the American Coast. Performed by command of the Empress of Russia in 1785—1794. London, 1802. 4°.

3989. **Sauer** M. Geschichte einer geographischen und astronomischen Reise nach den nördlichen Gegenden vom russischen Asien und Amerika unter dem Commando Billings' in den Jahren 1785—1794. Aus dem Englischen mit Anmerkungen von M. C. Sprengel. 233 pp. mit Kupf. u. Karten. Weimar, Industr.-Compt. 1803, gr. 8°. (Dasselbe im VIII. Bd. der Bibliothek der neuesten Reisebeschreibungen von Sprengel.)

3990. **Coxe** William. An account of the russian Discoveries between Asia and America, to which are added the conquest of Siberia and the history of the transactions and commerce between Russia and China. With maps and a view of the Chinese Frontier Town of Maimatschin. London, 1780, 4°; 1781; 1787; 1804. 4°.

3991 **Sarytschew** Kapitan. Puteschestwie flota po sewerowostotschnoi tschasti Siwirie, ledowitomu moru i wostotschnomu Okeanu etc. 2 vol. Pétersbourg, Schnor. 4°.

3992. **Sarytschew** G. Achtjährige Reise durch den nordöstlichen Theil Sibiriens auf dem Eismeer und dem östlichen Ocean in den Jahren 1785—1793. Aus dem Russischen mit Noten von J. H. Busse. 2 Thl. Mit Landkarten. Leipzig, Rein, 1804 1806; 3. Thl. 1815.

3993. **Sarytschew** G. Reis in het NO.-Siberie en op de Ijszee en den Noordoostel. Oceaan. 2 vols. av. pl. Amsterdam, 1808. 8°.

3994. **Wrangell** F. L. Baron v. Physikalische Beobachtungen. Herausgegeben von G. F. Parrot. Berlin, 1827. 8°.

3995. **Zugaben** zu der Reise längs der Nordgestade Sibiriens und über das Eismeer, ausgeführt in den Jahren 1820—1824 von der Expedition unter F. v. Wrangell. [In russ. Sprache.] Petersburg, 1828.

3996. **Reise** des F. v. Wrangell, k. russischer Flotten Lieutenant, längs der Nordküste von Sibirien und auf dem Eismeere in den Jahren 1820—1824. Bearbeitet von G. Engelhardt. Herausgegeben nebst einem Vorwort von C. Ritter. Mit Temperatur-Tafeln und 1 Karte. 2 Theile. Berlin, Voss'sche Buchhandlung, 1839. (38. u. 39. Band des neuen Magazins von merkwürdigen Reisebeschreibungen. Herausgegeben von J. R. Forster und anderen Gelehrten.)

3997. **Wrangell** F. v. Narrative of an expedition to the Polar Sea in the years 1820—1823. Edited by Lieut. Col. E. Sabine. London, Madden, 1840; 2. ed. Bohn, 1844 with complements by E. Sabine. 12°.

3998. **Die Fahrten** und Abenteuer von Wrangell auf der Reise von Petersburg nach der Nordküste von Sibirien zu Wasser und zu Lande unter den Tartaren, Baschkiren, Kirgisen, Tungusen, Jakuten, Ostiaken, Jukahiren, Tschukischen und andern Völkerschäften daselbst. Mit 2 Ansichten. Reisen für die Jugend (G. W. Becker). Leipzig, Hinrichs, 1841.

3999. **Voyage** au côtes septentrionales de la Sibérie et dans la mer glaciale. sous le comand. du Lieut. Wrangel. 2 vols. Pétersbourg, 1841, 1843. 8°.

4000. **Billings et Saritchew.** Voyage dans le Grand Océan boréal 1785—1794. (Eyriès, Vol. VI.)
4001. **Reisen** der Russen nach Norden. Beerings 1725, Spanberg 1739—1741. (Voyage and Travels. Allg. Historie Vol. XVII.)
4002. **Reisen** von der Lena in das Eismeer. (Allg. Historie XIX.)

Aufsätze und Notizen.

4003. **Reconnaissance** de la côte septentrionale de la Sibérie par MM. Wrangell, Anjou et Matuchkin. (Bulletin de la Soc. de Géogr. Paris, I Sér., II, p. 180.)
4004. **Retour** du baron Wrangell. (Bulletin de la Soc. de Géogr. Paris, I Sér., VIII, p. 115.)
4005. **Sarytschew's** Gowrila achtjährige Reise im nordöstlichen Sibirien, auf dem Eismeere und dem nordöstlichen Ocean. Aus dem Russ. übers. v. J. H. Bosse. (Bertuch, Neue allg. geogr. Ephem. XVIII, p. 47.)
4006. **Sarytschew's** Reise in das Nordmeer zwischen Asien und Amerika. [Auszug aus dem Originalwerke] (Bertuch, Neue allg. geogr. Ephem. XVI, p. 407; XVII, p. 155, p. 435.)
4007. **Euler Leonard.** On the Discoveries of the Russian on the North-East Coast of Asia. (Philos. Transact. IX, 1747, p. 320.)
4008. **Neue** Entdeckung im Eismeere von Syrawatskoi (Neu Sibirien.) (Archiv f. Welt-, Erd- u. Staatenkunde in Wien. Herausg. v. J. M. v. Lichtenstern Jahrg. I, I, 1801, p. 176—180.)
4009. **Sarytschew.** Reise durch den nordöstlichen Theil Sibiriens, das Eismeer und den östlichen Ocean in den Jahren 1785—1793. (Russ. Merkur I, p. 1; II, p. 1; III, p. 1, 1805.)
4010. **Fernere** Untersuchungen der neuentdeckten Inseln im nördlichen Eismeere. (N.-Küste v. Sibirien.) (Bertuch, Neue allg. geogr. Ephem. VII, 1820, p. 255.)
4011. **Schreiben** Erman's über Neu-Sibirien an den Herausgeber, ddo. 23. Mai 1820. (Bertuch, Neue allg. geogr. Ephem. VII, 1820, p. 372—374.)
4012. **Expéditions** russes à la Nouvelle-Sibérie et dans la mer Glaciale. (Journal des Voyages, X, 1821, p 384—388.)
4013. **Erforschung** der Küsten des Eismeeres durch Wrangell und Bemerkungen über das Meer in Nord-Ost-Asien. (Bertuch, Neue allg. geogr. Ephem., XI, 1822, p. 103—105.)
4014. **Tolstoy M. de.** Reconnaissance de la côte septentrionale de la Sibérie, faite par M. Wrangell, Anjou et Matuchkin dans les années 1820 à 1823. (Bulletin de la Soc. de Géogr. Paris, II, 1822, Notices p. 180.)
4015. **Autre** expédition Russe à la Nouvelle Sibérie et au N. E. de l'Asie. (Journal des Voyages, XIV, 1822, p. 128.)
4016. **Exploration** des côtes de la mer glaciale par le baron Wrangell et observations sur celle de la côte N. O. d'Amérique. (Journal des Voyages, XIV, 1822, p. 380—382.)
4017. **Wrangell** und Anjou an der Nordküste von Sibirien. (Bertuch, Neue allg. geogr. Ephem., XII, 1823, p. 471.)
4018. **Bericht** über die Reise Andrejew's im Jahre 1763. (Sibirskoj Westnik. Nr. 23 u. 24, 1823.)
4019. **Prochain retour** du Voyageur Russe. M. le baron de Wrangell. (Journal des Voyages, XX, 1823, p. 113—115.)
4020. **Expedition** russe au Pôle Nord. Wrangell. (Journal des Voyages, XXIII, 1824. p. 115—117.)
4021. **Wrangell's** neue Reise zur Untersuchung des Nord-Osten von Sibirien. Von B. (Hertha, geogr. Zeitung, II, 1825, p. 39—48; III, 1825, p. 125.)
4022. **Wrangell F., Admiral.** Ueber das Nord-Asiatische Eismeer und die Erreichung des Erdpoles auf dem Atlantischen Ocean. (Erman's Archiv fur wiss. Kunde v. Russland, VII, 1848, p. 275.)

4023. **De la détermination** des côtes septentrionales de la Sibérie 1821--1823. par Wrangell et Anjou. Communiqué par le prince Emanuel Galitzin. (Bulletin de la Soc. de Géogr. Paris, III, Sér. VIII, 1847, p. 362--375.)
4024. **Erman A.** Bemerkungen über eine englische Expedition zum sibirischen Eismeere. (Erman's Archiv für wiss. Kunde v. Russland, XI, 1851, p. 82.)
4025. **Die Küsten** der Westhälfte des Asiatischen Eismeeres. Mit Karte. (Erman's Archiv für wiss. Kunde v. Russland, XXIII, 1865, p. 317.)
4026. **Neumann** Karl v. Expedition nach den Bäreninseln vor der sibirischen Küste. (Globus, Braunschweig, XXVIII, 1875, p. 43—46, 55—58, 74—77.)

Siehe auch die Nummern: 554, 3742, 3775, 3796, 3864, 3979, 3980, 4140.

XVIII. Tschuktschen-Halbinsel.

4027. **Hooper** W. H. Ten Months among the Tents of the Tchuktski with incidents of an arctic boat expedition in search of J. Franklin, as far as the Mackenzie river, and cape Bathurst. Whit map and illustr. London, Murray, 1853.
4028. **Ditmar** C. v. Die Korjäken und die ihnen verwandten Tschuktschen. Mit col. Karte, Petersburg, 1855, 8°.
4029. **Radloff** L. Ueber die Sprache der Tschuktschen. 3 Thle. St. Petersburg, (Leipzig, Voss.) Lex. 8°. (Mém. de l'acad. imp. des sciences de St. Pétersbourg.)

Aufsätze und Notizen.

4030. **Kobelef's** Tagebuch. Tschuktschische Landenge in Nordasia. (Büsching's Nachrichten. Berlin, XII, 1784, p. 164.)
4031. **Eine sonderbare Probe** bei den Tschuktschen. (Journal für die neuesten Land- u. Seereisen, XII, 1811, p. 288.)
4032. **Nachrichten** von den Sitten und Gebräuchen der Tschuktschen, gesammelt von Dr. H. K. Merk auf seinen Reisen im nordöstlichen Asien. [Aus einer Handschrift.] (Journal für die neuest. Land- und Seereisen. Berlin, XVI, 1814, p. 1—184; XVII, 1815, p. 45, 137.)
4033. **Bemerkungen** über die Tschuktschen. (Russ. Merkur, III, 1831, p. 8.)
4034. **Lütke** F. Die Tschuktschen. (Erman's Archiv für wiss. Kunde v. Russland, III, 1843, p. 446.)
4035. **Die Tschuktschen** und ihr Land von der Entdeckung bis auf die jetzige Zeit. (Ausland, XXIV, 1851, p. 1009, 1014, 1017, 1022.)
4036. **Die Zahl** der Tschuktschen. (Ausland, XXV, 1852, p. 1132.)
4037. **Hooper** W. H. Die Völkerschaft der Tschuktschen oder Tusken. (Ausland, XXVI, 1853, p. 832.)
4038. **Der Handel** der Tschuktschen mit den Russen und den Inselbewohnern des nordöstlichen Oceans. (Erman's Archiv für wiss. Kunde v. Russland. XIV, 1855, p. 202.)
4039. **Scala** Graf de. Ueber die Tschuktschen. (Ausland, XXVII, 1855, p. 233.)
4040. **Sitten** und Charakter der Korjäken, Tschuktschen und Tungusen. (Ausland, XXVII, 1855, p. 978.)
4041. **Vogel** Ch. Les Tchouktchis et le trafic des foires du nord de la Sibérie Orientale. (Nouv. Annales des Voyages, 1855 Dec., p. 257—272.)
4042. **Brahe** H. Ein Winter bei den Tschuktschen. Mit Illustr. (Westermann's illustr. Deutsche Monatshefte, VI, 1859, Mai, p. 180, 277.)

4043. **Romberg** Heinrich. Ein Tschuktschisches Wörter-Verzeichniss. (Erman's Archiv für wiss. Kunde v. Russland, XIX, 1860, p. 340.)
4044. **Radloff** L. Ueber die Sprache der Tschuktschen und ihr Verhältniss zum Korjäkischen. (Mém. de l'Acad. imp. des sciences de St. Pétersburg, VII Sér., III, Nr. 10, 1861, p. 1—59.)
4045. **Expédition** du baron Maidel dans le pays des Tchouktchi. (Le Globe, Genève, Bulletin, VIII, 1869, p. 180—182.)
4046. **Latkin** N. Die Baidaratzky-Landenge und ihre Bedeutung für den sibirischen Handel. (Globus, Braunschweig, XXX, 1876, p. 11—12.)
Siehe auch die Nummern: 4204, 4208.

XIX. Ochotzker-See.

4047. **Schelechof** Gr. Erste und zweite Reise von Ochotsk in Sibirien, durch den östlichen Ocean nach den Küsten von Amerika in den Jahren 1783—1789; nebst Beschreibung der von ihm neu entdeckten Inseln Küktak, Afagnak und mehreren anderen, zu welchen selbst der berühmte Capt. Cook nicht gekommen, und die sich der Russischen Herrschaft unterworfen haben. A. d. Russ. übers. v. J. Z. Logan. St. Petersburg, Logan, 1793, gr. 8°; Petersburg, 1812.
4048. **Erman** A. Ortsbestimmungen bei einer Ueberfahrt von Ochotzk nach Kamtschatka und darauf begründete Untersuchung der Strömungen im Ochotzker oder Penjinsker Meere. Berlin, 1838, 8°.
4049. **Sahlberg** Regin. Ferd. In faunam insectorum rossicam symbola, novas ad Ochotsk lectas carabicorum species continens. Resp. Jos. Benj v. Pfaler 69 pp. Helsingforsiae, 1844 8°; Leipzig, Brockhaus. 8°.
4050. **Reise** um die Erde nach Japan, unter Commodore M. C. Perry, 1853—1855. Deutsche Ausgabe von Wilh. Heine. Illustr. in Holz und in Tondruck. Leipzig, 1856. gr.-8°.
4051. **Heine** W. Graphic Scenes in the Japan Expedition by William Heine, Artist of the Expedition. Printed in Colours and Tints by Savony and Co. 10 Pl. Newyork, 1856.
4052. **Montravel** de Tardy. Instruction sur la mer d'Ochotzk. Paris, 1857.
4053. **Heine** W. Die Expedition in den Seen von China, Japan und Ochotsk unter Commando von Commodore Colin Ringgold und John Rodgers im Auftrage der Vereinigten Staaten unternommen in den Jahren 1853 bis 1856 unter Zuziehung der officiellen Autoritäten und Quellen. Deutsche Originalausgabe. 3 Bde. mit 16 Tondrucktafeln u. 3 Karten. Leipzig, Costenoble, 1858.
4054. **Graas** M. A. le. Renseignements hydrographiques sur la Mer d'Ochotzk. Paris, 1859.
4055. **Schrenck** L. v. Strömungsverhältnisse im ochotskischen und japanischen Meere. Petersburg, 1874. 4°. (Aus Mém. de l'Acad. imp. des sciences de St. Petersbourg.)

Aufsätze und Notizen.

4056. **Journal** of a route from Ochotsk to the Persian Gulf. (Asiat. Journ. XII, 1821, p. 8.)
4057. **Erman.** Ortsbestimmungen bei einer Ueberfahrt von Ochotzk nach Kamtschatka und darauf begründete Untersuchung der Strömungen im Ochotzker oder Penjiinsker Meere. (Annal. d. Erdkunde. III B. V, 1838, p. 385.)
4058. **Erman** A. Ueber Ebbe und Fluth an den Ochotsker und Kamtschatischen Küsten des Grossen Oceans. (Erman's Archiv für wiss. Kunde v. Russland, III, 1843, p. 634.)

4059. **Erman A.** Ortsbestimmungen bei einer Ueberfahrt von Ochotsk nach Kamtschatka und darauf begründete Untersuchung der Strömungen in der Nordhälfte des Ochotskischen Meeres. (Erman's Archiv für wiss Kunde von Russland, V, 1846, p. 530.)
4060. **Poplonsky.** Découverte de deux îles dans la Mer d'Ochotsk en 1847 (Annales des Voyages, I, 1849, p. 151.)
4061. **Die amerikanische** Expedition in die See von Ochotsk. (Ausland, XXXII, 1859, p. 493.)
4062. **Extracts** from a Journal kept on the shore of the Ochotsk Sea. (Nautical Magazine, May 1859.)
4063. **Schrenk Leopold, Dr. v.** Strömungs-Verhältnisse im Ochotskischen Meere und in den zunächst angrenzenden Gewässern. 70 pp. mit 2 Karten und 10 Diagr. Tafeln. (Mém. de l'Acad. imp. des sciences de St. Petersbourg. VII. Sér., XXI, 1873, Nr. 3.)
4064. **Die Strömungen** im Ochotskischen und Japanischen Meere. (Hydrogr. Mitth. Berlin, II, 1874, p. 233—238, 245—251.)
4065. **Die Strömungen** im Ochotskischen und Japanischen Meere. (Aus allen Welttheilen, Leipzig, VI, 1875, p. 127.)

Karten.

4066. **Ochotsk Sea**, with Plan of Aian Port. Russian Surveys, 1849—1851; corrections to 1868. Adm. Hydr. Off. London.

Siehe auch die Nummern : 3742, 4048, 4224.

XX. Wrangell-Land.

4067. **Baer, Dr. K. v.** Das neuentdeckte Wrangell-Land. 35 pp. Dorpat, W.Gläser, 1868. 8°.

Aufsätze und Notizen.

4068. **Die Französische** Nordpol-Expedition. (Petermann's Geogr. Mitth. XIII, 1867, p. 384.)
4069. **Das Wrangell-Land** entdeckt. (Ausland, XLI, 1868, p. 192, 233.)
4070. **Ein neues** Polarland. (Ergänzungshefte, Hildburghausen, Heft 8, 1868, p. 472—473.)
4071. **Die Entdeckung** eines neuen Landes im nördlichen Eismeere. (Gaea, IV, 1868, p. 123—124.)
4072. **Das neuentdeckte** Wrangell-Land. Controverse von Sophus Ruge. (Globus, Braunschweig, XIV, 1868, p. 12—13.)
4073. **Entdeckung** eines neuen Polar-Landes durch den amerikanischen Capitän Long, 1867. (Petermann's Geogr. Mitth. XIV, 1868. p. 1—6.)
4074. **Das neue** Polarland. [Long] (Mitth. der Geogr. Ges. in Wien, XI, 1868, p. 202.)
4075. **Nouvelles** terres polaires au Nord de la Sibérie. (Le Globe, Bulletin, Genéve. VII, 1868, p. 264—272.)
4076. **Wheildon W. W.** The new arctic continent, or Wrangell's Land discovered, August 14, 1867 by Captain Long and seen by Captains Rayhor Bliven and others with a brief notice of Baron Wrangell's explorations in 1823. (American Association for the advancement of science. 17th meeting held at Chicago, XVII, August 1868, Cambridge, p. 304—311.)
4077. **Das neuentdeckte** Polar-Land und die Expeditionen im Eismeere nördlich der Bering-Strasse von 1648—1867. Mit Karte s. Tafel 2. (Petermann's Geogr. Mitth. XV, 1869, p. 26.)

4078. **Octave** Pavy's Expedition nach dem Wrangell-Lande im Norden der Bering-Strasse. (Archiv für Seewesen, VII, 1871, p. 507—509.)
4079. **Neue Polar-Expedition.** Octave Pavy's. (Gaea, VII. 1871, p. 697.)
4080. **Petermann** A. Octave Pavy's Expedition nach dem Wrangell-Lande im Norden der Bering-Strasse. (Petermann's Geogr. Mitth. XVII, 1871, p. 357—358.)
4081. **Octave** Pavy noch in San-Francisco. (Aus allen Welttheilen, IV, 1872 73, Nr. 1, p. 31.)
4082. **Nachrichten** von Pavy's Expedition. (Gaea, IX, 1873, p. 118—119.)
4083. **Eine Mähr** über das Wrangell-Land im Eismeere. Angebliche Entdeckungen Pavy's. (Globus, Braunschweig, XXIII, 1873, p. 125—126.)
4084. **Pavy's** arktische Expedition. (Mitth. der Geogr. Ges. in Wien, XVI, 1873, p. 45—46.)
4085. **Wrangell-Land.** (The Geogr. Magazine, London, III, 1876, p. 263—165.)

XXI. Bering-Strasse und -Meer.

a) Allgemeines, Geographie und Reisen.

4086. **A Letter** from a Russian Sea-Officer containing his remarks upon Delisle's chart and memoir relative to the new discoveries northward and eastward from Kamtschatka. London, 1754.
4087. **Müller** G. F. Voyage from Asia to America for completing the discoveries of the NW. Coast of America. To which is prefixed a summary of the voyages made by the Russians in the Frozen Sea in search of a North-East Passage. Translated from the high dutch with additions by Jefferys. With maps. London, T. Jefferys, 1761; 1764.
4088. **Steller** Georg Wilhelm. Topographische und physikalische Beschreibung der Berings-Insel. Frankfurt, Fleischer, 1774, gr.-8°.
4089. **Staehlin** Jakob v. Von den Russen, in den Jahren 1765, 1766 und 1767 entdecktes nordisches Inselmeer, zwischen Kamtschatka und Nordamerika. Stuttgart, 1774. 8°.
4090. **Vaugondy** M. de. Mémoire sur les pays de l'Asie et de l'Amérique situés au nord de la Mer du Sud. Paris, 1774. 4°.
4091. **Staehlin.** An account of the new Northern Archipel lately discovered by the Russians in the Seas of Kamtchatka. Translated from German. With a map. London, 1774. 8°.
4092. **Staehlin.** Neue Nachrichten von den neu entdeckten Inseln zwischen Asien und Amerika. Von J. B. Scherer übersetzt. Mit 1 Karte. Hamburg und Leipzig, 1776. 8°.
4093. **Cook** James. A voyage towards the North Pole and round the world. Performed in H. M. S. in the years 1772—1775. Written by J. Cook. In which is included captain Fourneaux's narrative of his proceedings in the Adventure during the separation of the ships. Illustrated by Hodges. 2 vols. London, W. Strahan, 1777, 4°; 2 ed. 1778; 3 ed. 1779; 4 ed. 1784. 4°.
4094. **Engel** Sam. Anmerkungen über den Theil von Capitän Cook's Reiserelation, so die Meerenge zwischen Asia und Amerika angehet. Basel, Serini, 1780, 8°; Bern, 1780. 8°.
4095. **Cook**, Clerke, Gore und King. Tagebuch einer Entdeckungsreise nach der Südsee. 1776—1780. Uebersetzt mit Anmerkungen von Forster. Mit 1 Karte. Berlin, 1781.
4096. **Demeunier** J. Nic. Découvertes (nouvelles) des Russes entre l'Asie et l'Amérique. Trad. de l'anglais (1781). Paris, Panckoucke, 1781, in 4°. et in 8°.

4097. **Engel** Samuel. Remarques sur la partie de la relation du voyage du capitaine Cook qui concerne le détroit entre l'Asie et l'Amérique. Avec carte. Berne, 1781. 4°.
4098. **Ellis** W. An authentic narrative of a Voyage performed by Captains Cooke and Clerke 1776—1780 in search of a north-west passage between the Continents of Asia and America; including a faithful account of their Discoveries, and the unfortunate Death of Captain Cook. 2 vols. Plates. London, 1782. 8°.
4099. **Cook** J. and King. A Voyage to the Pacific Ocean undertaken of the command of H. M. for making discoveries in the northern hemisphere. Performed under the direction of Captains Cook, Clerke and Gore in his M. Ships »the Resolution« and »the Discovery« in the years 1776—1780. Vol. I and II written by Cook, Vol. III by King. 3 vols. London, G. Nicol, 1782, 2 ed. 1784, 3 ed. 1785. 4°.
4100. **Demeunier** M. Troisième voyage de Cook, ou voyage à l'Océan pacifique, ordonné par le roi d'Angleterre pour faire des découvertes dans l'hémisphère Nord, pour determiner la position et l'étendue de la côte ouest de l'Amérique sept., sa distance de l'Asie, et resoudre la question du passage au Nord, exécuté sous la direction des Capitaines Cook, Clerke et Gore, sur les vaisseaux la »Résolution« et la »Découverte« en 1776 à 1780, traduit de l'anglais. par M. D... 5 vols. Paris, Pissot fils, 1782, 8°; Paris, Panckouke, 1785, 4°.
4101. **Cook** J. Dernière voyage du capit. Cook autour du monde. Publié en allemand par Henri Zimmermann, témoin oculaire etc. Traduit par Rolland. Berne, 1782.
4102. **Ellis** W. Zuverlässige Nachricht von der dritten und letzten Reise der Capt. Cook und Clerke 1776—1780. A. d. Engl. Mit 1 Karte. Frankfurt u. Leipzig, Schwickert, 1783.
4103. **Ledyard** (John). A Journal of Captain Cook's last Voyages to the Pacific Ocean, and in question of a north west passage between Asia and America 1776—1779. Hartford, 1783, 12°.
4104. **Cook** J. Dernier voyage autour du monde du capt. Cook célébre marin de ce siècle avec un court exposé de sa mort par H. Tsemermann. En langue Russe. Pétersbourg, 1786.
4105. **Cook** J. en J. King. Reis naar den Stillen Oceaan in 1776—1780. Uit het Eng. vertaald. Rotterdam, 1787, 4°.
4106. **Cook** James. Dritte Entdeckungsreise in der Südsee u. nach dem Nordpol während der Jahre 1776—1780. Aus den Tagebüchern der Schiffsbefehlshaber Cook, Clerke, Gore, King und Anderson's vollständ. beschrieben. Aus d. Engl. mit Zusätzen und mit einer Einleitung über Cook's Verdienste u. Character, und über Entdeckungsreisen überh. v. G. Forster. 2 Bde. Mit Kupfr. u. Karten. Berlin, Haude & Spener, 1787—1788, gr. 4°. Dieselbe: 4 Bde. Mit Kupfr. u. Kart. Berlin, Haude & Spener, 1789, gr. 8°; Magdeburg, v. Schütz, 1818.
4107. **Cook** James. Dritte u. letzte Reise, od. Geschichte einer Entdeckungsreise nach dem Stillen Ocean, welche zu genauerer Erforschung der nördl. Halbkugel unternommen u. unter der Anführung der Capt. Cook, Clerke u. Gore während der Jahre 1776—1780 ausgeführt worden ist. Aus den Tagebüchern der Capt. Jam. Cook u. Jam. King. Eine Uebersetzung nach der 2. grossen engl. Ausgab. mit einigen Anmerkungen von J. L. Wetzel. 2 Bde. mit Karte, Berlin, Mylius, 1788; 3 Bde. mit Karte, Wien, Carmesino 1803; 5 Bde., Anspach, Gassert, 1787—1811; 2 Bde., Nürnberg, Schneider, 1790; 3 Bde., Altona, Berthold, 1804—1807; 1 Bd., Altona, Berthold, 1805; Frankfurt, Kunze, 1785; 1 Bd., Berlin, Sauli, 1810; 3 Bde., Wien, Bauer, 1803; Leipzig, Weiggard, 1776; Berlin, Klitter, 1783, 8°
4108. **Cook** James. An authentic narrative of a Voyage performed by Capt. Cook and Capt. Clerke, during the years 1776—1780 in search of a northwest Passage between the continents of Asia and America; including a faith-

full account of all their discoveries and the infortunate death of Capt. Cook. 2 vols. With a map. Altenburg, Richter, 1788, 8°.
4109. **Webber.** Twelwe plates in Illustration of Capt. Cooks last voyage. Atlas. London, 1788, Fol.
4110. **Kotzebue** (Otto von). A Voyage of Discovery into the South Sea and Beering's Straits, for the purpose of exploring a North-East passage, 1815—1818. 3 vols. London, 1821, 8°
4111. **Kotzebue** Otto von. Entdeckungsreise in die Südsee und nach der Beringsstrasse zur Erforschung einer nordöstlichen Durchfahrt unternommen i. d. J. 1815—1818, auf Kosten Romanzoff's auf dem Schiffe »Rurik«. 3 Bde., 20 Taf., 5 Karten, Weimar. Gebrüder Hoffmann, 1821; Offenbach, C. L. Brede, 1821; Ausgabe für die Jugend, 3 Bde. mit 1 Atlas, Fol.; Hannover, 1821; 3 Bde. 4°. mit 1 Atlas Fol., Original-Ausgabe, Petersburg, 1821—1823; 3 Bde.; Wien, 1825.
4112. **Choris** Louis. Voyage pittoresque autour du monde, sur le brigg le »Rurick« commandé par Kotzebue en 1815—1818. Paris, Firmin, 1822.
4113. **Kotzebue** Otto von. Ontdekkingsreis in de Zuidzee en naar de Beringsstraat, in 1815—1818. Uit het Hgd. 3 vols. Amsterdam, 1822, 8°
4114. **Erste Seereise** der Russen zur Lösung der Frage, ob Asien mit Amerika zusammenhängt, unter Bering nebst seiner kurzen Biographie. St. Petersburg (?) 1823.
4115. **Narrative** of a voyage to the Pacific and Behring's Strait to cooperate with the Polar Expeditions performed in H. M. S. »Blossom« under the command of Capt. F. W. Beechey in the years 1825—1828. 2 vols. With maps and illustr. London, Colburn & Bentley, 1831, 4°; Philadelphia, Carey L. & B., 1832, 8°.
4116. **Beechey** F. W. Reise nach dem stillen Ocean und in die Behringsstrasse 1825—1828. A. d. Engl. (Bd. 59 u. 61 der Bibliothek der neuesten Reisebeschreibungen von Bertuch.) Weimar, 1832.
4117. **Kellett** Captain. Narrative of the Proceedings of her majesty's ship »Herald«, trough Behring's-Straits, and Discovery of Herald Island in 1849. London, Adm. Hydr. Office, 1850.
4118. **Moore** T. E. L. Commander of her m. ship »Plover«. Narrative of the Proceedings from September 1849, to Sept. 1850. London, Adm. Hydr. Office, 1850.
4119. **Moore** T. E. L. Commander of her m. ship »Plover«. General Proceedings through Behring's Straits, and towards Mackenzie's River 1848-1849. London, Adm. Hydr. Office, 1850.
4120. **Frederick** Charles, Captain, Commander of her m. ship »Amphitrite«. Proceedings on a visit to Behring's Straits and the vicinity 1852. London, Adm. Hydr. Office, 1852.
4121. **Communication** to the United States senate (Hon. W. R. King, President) by W. A. Graham. Secretary of the United States Navy, relative to the importance of the Navigation of Behring's Straits d. d. Navy Departement. Washington, 5. April 1852.
4122. **Kellett** Capt. Her. Three cruises to the Arctic Regions. Reeve, 1853, 8°.
4123. **Moore** Thomas Captain, Commanding her m. ship »Plover«. Proceedings in the vicinity of Behring's Straits, during the winter of 1851—1852. London, Adm. Hydr. Office, 1853
4124. **Seemann** Brth. Reise um die Welt und 3 Fahrten der königlich Britischen Fregatte »Herald« nach dem nördlichen Polarmeere zur Aufsuchung Sir John Franklin's in den Jahren 1845—1851. 2 Bde. (in 1 Bd.) 18 und 626 pp. Mit 4 Lithographien in Tondruck; Hannover, Rümpler, 1853, 1858, 8°.
4125. **Seemann** B. Narrative of the voyage of H. M. S. »Herald« round the globe during the years 1845—1851 under the the command of Captain H. Kellett, being a Circumnavigation of the globe and three cruises to the Arctic Regions in search of Sir John Franklin. 2 vols. with map. London, Reeve, 1853, 8°.

4126. **Kellett** C. B Captain, of .I. M. S. »Resolute«, and Senior Officer in Barrow Strait. Proceedings, August 1852 to May 1853. London, Adm.Pr. Office 1854.
4127. **Maguire** Rochfort. Narrative of Proceedings at Moore's Harbor (east of Cape Barrow), September 1852 to August 1853. London, Adm. Hydr. Office, 1854.
4128. **Maguire** Rochfort Commander. Commanding her m. ship »Plover«. Proceedings in the vicinity of Behring's Straits. With a Journal of Proceedings of Plover's boats on an Expedition to and from Point Barrow, commencing 19th. July, and ending 12th. August 1852, and further Report of Proceedings to August 1853. London, Adm. Hydr. Office, 1854.
4129. **Collinson** C. B. Captain her majesty's discovery ship »Entreprise«. Proceedings of Behring's Strait division of Arctic Search 1851—1854. London, Adm. Pr. Office, 1855, 4°.
4130. **Maguire.** Commander her m. discovery ship »Plover«. Proceedings of Behring's Straits division of Arctic Search, during her second winter passed at Point Barrow 1853—1854. London, Adm. Hydr. Office, 1855.
4131. **Lambert** G. Projet de Voyage au Pôle Nord. Paris, 1866.
4132. **Comettant** I. R. O. Gustave Lambert au Pôle Nord, ce qu'il y va faire. 48 pp. avec 1 carte. Paris, Dentu, 1868, 8°.
4133. **Lefévre** Achille. Souvenirs de la conférence de M. Gustave Lambert sur l'Expédition au Pôle Nord. Caen, 1869.
4134. **Ruge** Sophus. Fretum Anian. Die Geschichte der Behringsstrasse nach ihrer Entdeckung. [Sep.-Abdruck aus dem Programm der Annen-Realschule]. 14 pp. Dresden, 1873
4135. **Cook,** Clerke and Gore. Voyage to the Pacific Ocean in 1776—1780. Pelham, Vol. I.
4136. **Kotzebue** Otto von. Voyage to Behring's Strait 1815—1818. (New Voyages and Travels, VI, 1819.)
4137. **Reisen** und Niederlassungen auf den Inseln des nördlichen Amerika in dem Nordmeere. (Allgem. Historie, XVII.)

Aufsätze und Notizen.

4138. **Delisle.** Sur les nouvelles découvertes au Nord de la mer du Sud. (Histoire de l'Académie Royale des sciences de Paris, 1750, p. 142—152.)
4139. **Sur l'ouvrage** de M. Buache: Considérations geographiques et physiques sur les nouvelles découvertes au Nord de la grande Mer, appélée vulgairement la mer du Sud, avec des cartes qui y sont relatives. (Histoire de l'Académie des sciences de Paris, 1753, p. 259—271.)
4140. **Neue Entdeckungen** der Russen im Anadirschen Meer und Bemühungen von Archangel aus im Eismeer Entdeckungen zu machen. (Büsching, Nachrichten, Berlin, I, 1773, p. 214, 215, 401, 409.)
4141. **Nordpol-Archipelagus** von den Russen neu entdeckt. (Büsching, Nachrichten, Berlin, II, 1774, p. 56, 57, 65, 121, 129, 137, 167.)
4142. **Stählin** J. v. Kurze Nachricht von dem neulich entdeckten Nordarchipelagus. (Büsching, Nachrichten, Berlin, II, 1774, p. 57, 121, 421.)
4143. **Vaugondy.** Mémoire sur les pays de l'Asie et de l'Amerique situées au Nord de la mer de Sud. 1774, gr. 4°. (Büsching, Nachrichten, Berlin, III, 1775, p. 77.)
4144. **J. L. S.** Neue Nachrichten von den neu entdeckten Inseln in der See zwischen Asien u. Amerika 1776. (Büsching, Nachrichten, Berlin, IV, 1776, p. 323.
4145. **Cook's** letzte Reise. (Büsching, Nachrichten, Berlin, VIII, 1780, p. 9.)
4146. **Anian-Strasse** [Cook's Meerenge.] (Büsching, Nachrichten, Berlin, VIII, 1780, p. 338, 353.)
4147. **Pallas.** Nachricht von den russ. Entdeckungen im Meere zwischen Asia und Amerika. (Büsching, Nachrichten, Berlin, IX, 1781, p. 112, 132.)
4148. **Behrings-Strasse.** (Büsching, Nachrichten, Berlin, IX, 1781, p. 387.)

4149. **Billings** zu nordischen Entdeckungen ausgesaodt. Auszug aus einem Briefe Pallas' in Petersburg 4. Juni 1785. (Büsching, Nachrichten, Berlin, XIII, 1785, p. 344.)
4150. **Nordische Meerenge** zwischen Asia und Amerika, warum dieselbe vom Cook und nicht vom Bering zu benennen billig sey. (Büsching, Nachrichten, Berlin, XIV, 1786, p. 209.)
4151. **Blumenbach** J. F. Nachricht von der letzten grossen russischen Entdeckungsreise im nord-östlichen Weltmeer. (Zach, Allg. geogr. Ephem. Weimar, I, 1798, p. 525.)
4152. **Ueber** Maldonado's nordwestliche Schifffahrt von Lissabon in die Berings-Strasse im Jahre 1588. (Zach, Monatl. Corresp. XXVI, 1812, p. 413, XXVII, 379.)
4153. **Notizen** von der neuen Entdeckungsreise des Schiffes »Rurik« des Grafen v. Romanzow, geführt von O. v. Kotzebue. (Bertuch, Neue allg. geogr. Ephem., II, 1817, p. 101—124.)
4154. **Nouvelles** des voyageurs. Voyage de Kotzebue. (Journal des Voyages, I, 1818, p. 89—95.)
4155. **Noch etwas** über die Entdeckungsreise des russischen Schiffes »Rurik« unter Führung Kotzebue's. (Bertuch, Neue allg. geogr. Ephem. II, p. 101—107; III, 1818, p. 92—97; IV, 1818, p. 229—232.)
4156. **Notice** des découvertes faites par M. de Kotzebue. (Journal des Voyages, H, 1819, p. 166—176.)
4157. **Entdeckungsreise** in der Südsee und nach der Berings-Strasse, zur Erforschung einer nordöstlichen Durchfahrt 1815, 1816, 1817, 1818 unter O. v. Kotzebue, 3 Bde. Mit Kpf. u. Landk. Weimar, Hoffmann, 1821. 4°. (Bertuch, Neue allg. geogr. Ephem. X, 1822, p. 59—71.)
4158. **Choris.** Extrait de la Campagne de M. Otto de Kotzebue dans le Grand Océan. (Nouv. Annales des Voyages, IV, 1820, p. 393—409.)
4159. **Entdeckungsreisen** in die Südsee und nach der Beringsstrasse in den Jahren 1805—1818 unter O. v. Kotzebue. 3 Bde. 4°. (Journal für die neuest. Land- und Seereisen, XXXIX, 1821, p. 265, 289; XL, p. 57, 159, 193, 289.)
4160. **Krusenstern.** Analyse des îles découvertes dans le grand Océan, sur le vaisseau »le Rurik« par de Kotzebue. (Journal des Voyages, IX, 1821, p. 317—343.)
4161. **Voyage** de découvertes dans la mer du Sud au détroit de Behring, par O. de Kotzebue (Nouv. Annales des Voyages, XIII, 1822, p. 132—137, 255—261, 396—409.)
4162. **Dernières nouvelles** du Capitaine Franklin. (Journal des Voyages, XXXII, 1826, p. 225—233.)
4163. **Nouvelles** du Cap. Beechey, envoyé sur la Côte NO. au devant du Capitaine Franklin. (Journal des Voyages, XXIX, 1826, p. 247—248.)
4164. **Nachrichten** über Capitän Beechey's Reise. (Hertha, X, 1827, p. 57—60.)
4165. **Nouvelles** du Capitaine Beechey. (Nouv. Annales des Voyages. Paris, II Sér., V, 1827, p. 279—280.)
4166. **Expédition** du capitaine Beechey. (Aus Litterary gazette. — Nouv. Annales des Voyages, II Sér., X, 1828, p. 374—376.)
4167. **Reise** nach dem stillen Meere und der Behringsstrasse von Capitain F. W. Beechey in den Jahren 1825, 1826, 1827 und 1828. (Journal für die neuest. Land- und Seereisen, LXVIII, 1831, p. 78, 193; 348. LXIX, p. 1, 138, 193, 366; LXX, p. 1, 155, 193.)
4168. **Geographische Ortspositionen**, welche auf der Expedition des Capitän Beechey nach der Südsee und der Behringsstrasse bestimmt worden sind. Hydrographische Bemerkungen. (Krit. Wegweiser d. Landkartenkunde, Berlin, III, 1831—1832, p. 74, 93.)
4169. **Voyage** du capitaine Beechey dans le Grand Océan 1825—1828. (Nouv. Annales des Voyages, Paris, II Sér., XX, 1831, p. 56—84.)
4170. **Ainsworth** W. Analysis of a Narrative of a Voyage to the Pacific and Beerings Strait to cooperate with the Polar Expedition under the Com-

mand of Captain F. W. Beechey. (Journal of the R. Geogr. Soc, London, I, 1831, p. 193—222.)
4171. **Die Expedition** der Sloop Blagonamjérenny zur Untersuchung der Nordküsten von Asien und Amerika jenseits der Behringsstrasse in den Jahren 1819—1822. (Erman's Archiv für wiss. Kunde v. Russland, IX, 1850, p. 272.)
4172. **Die Fahrten** des Schiffes Herald. (Ausland, XXV, 1852, p. 965.)
4173. **Rodger's** Entdeckungen im Polar-Meere. (Petermann's Geogr. Mitth. I, 1855, p. 375.)
4174. **Exploration** du Commodore Rodgers dans la mer polaire Arctique. (Nouv. Annales des Voyages, 1856, Févr, p. 248—249.)
4175. **Eine Kreuzfahrt** nach der Behringsstrasse. [Schiff »San Diego« 1861.] (Globus, Hildburghausen, I, 1862, p. 63.)
4176. **Der Telegraph** durch die Behringsstrasse. (Ausland, XXXVIII, 1865, p. 888.)
4177. **Project** einer französischen Nordpol-Expedition. [G. Lambert] (Archiv für Seewesen, III, 1867, p. 419—420.)
4178. **Eine französische** Nordpol-Expedition. (Zeitschr. d. österr. Ges. f. Meteorol. II, 1867, p. 510.)
4179. **Lambert Gustave.** Projet de Voyage au Pôle Nord. (Bulletin de la Soc. de Géogr., Paris, V Sér., XIII, 1867, p. 187—201.)
4180. **Petermann** A. Dr. Lettre à M. Charles Maunoir sur le Patronage pour l'expédition au Pôle Nord. (Bulletin de la Soc. de Géogr., Paris, V Sér., XIII, 1867, p. 315—318.)
4181. **Lambert Gustave.** L'expédition au Pôle Nord. avec une carte(Bulletin de la Soc. de Geogr., Paris, V Sér., XIII, 1867, p. 561—695.)
4182. **Die französische** Nordpol-Expedition. (Archiv für Seewesen. Wien, IV, 1868, p. 179—182.)
4183. **Ueber die** französiche Nordpol-Expedition. (Gaea, IV, 1868, p. 486.)
4184. **Foncin** P. Le Pôle Nord, projet de voyage de M. Gustave Lambert. (Bulletin de la Société des lettres, sciences et arts du département des Landes. 1868, Juin.)
4185. **Delocre.** Note sur l'expédition au Pôle Nord, projetée par M. Gustave Lambert. 8°, 16 pp. Lyon, Pitrat, 1868. — (Extraits des Comptes rendus de la Société impériale d'agriculture de Lyon Nr. 1. 1868, janvier.)
4186. **Long** Th. Arctic Discoveries from Behring Strait. (Nautical Magazine, 1868, May, p. 233—242.)
4187. **Whymper** Frederick Esq. A Journey from Norton Sound, Behring Sea to Fort Yukon at the Junction of the Porcurpine and Youkon Rivers. (Proceedings of the R. Geogr. Society, London, XII, Nr. III, 15. July 1868, p. 186—188.)
4188. **Die französische** Nordpol-Expedition. (Gaea, V, 1869, p. 57.)
4189. **Russische Expedition** zur Erforschung der Behringsstrasse. (Globus, Braunschweig, XV, 1869, p. 123—124.)
4190. **Expedition** nach der Behringsstrasse. (Globus, Braunschweig, XVI, 1869, p. 13—14.)
4191. **Pechuel-Lösche** M. E. [M. E. Plankenau.] Die Nordfahrten durch die Behringsstrasse. (Aus allen Welttheilen, III, 1871—1872, Nr. 11, p. 321—324.)
4192. **Französische Nordpol-Expedition.** [Ueber Lambert.] (Archiv für Seewesen, Wien, VII, 1871, p. 487.)
4193. **Französische Nordpolar-Expedition.** (Archiv für Seewesen, Wien, VIII, 1872, p. 230.)
4194. **Telegraph** von Asien nach Alaska. (Aus allen Welttheilen, IV, 1872—1873, Nr. 1, p. 31.)
4195. **Die arktische** Expedition Pavy's (Globus, Braunschweig, XXII, 1872, p. 59—63.)
4196. **Pavy's** arktische Expedition. (Mitth. aus dem Gebiet des Seewesens, Pola, I, 1873, p. 206.)

4197. **Les îles Pribyloff.** [Mer de Behring.] (Aus Alaska Herald, 9 july 1872. — Bulletin de la Soc. de Géogr., Paris, VI Sér., V, 1873, p. 213—215.)
4198. **Eine neue** russische arktische Forschungsreise nach der Behringsstrasse. [Notiz.] (Aus allen Welttheilen, VII, 1876, p. 126.)

Karten.

4199. **De l' Isle** Carte des nouvelles découvertes au Nord de la Mer du Sud. Paris, 1750.
4200. **Douze cartes** concernant les nouvelles découvertes au nord de la Grande Mer appelée vulgairement la Mer du Sud. Paris, 1752—1755. avec le titre: Exposé des Découvertes au Nord de la Grande Mer, soit dans le Nord-est de l'Asie, soit dans le Nordouest de l'Amérique. Découvertes de l'amiral De Fonte. Paris, 1755. avec des cartes sur les quatre quarts du globe par Janvier et Demos. 1 vol. Paris, 1753, 1763. 4°.
4201. **Nouvelle carte** de Découvertes faites par des vaisseaux Russiens aux côtes inconnues de l'Amérique septentrionale avec les Pays Adjacents. Petersbourg, 1758. Gravée par L. Schenk 1765. 1 : 15,000.000. Amsterdam, chez Marc Michel Rey, 1766.
4202. **The Russian Discoveries**; from the Map published by the Imp. Ac. of St. Petersburg. London, R. Sayer, 1775.
4203. **Robert** Heinr. Karte von den NW.-amerikanischen und NO.-asiatischen Küsten. Nach den Untersuchungen des Capitän Cook in den Jahren 1778—1779 entworfen. Gestochen von J. C. v. Lackner. 1 : 8,000.000. Wien, F. A. Schraembl, 1788. Imp. Fol.
4204. **Arrowsmith.** A Chart of the Strait between Asia and America with the Coast of the Tschutski-land down from the astron. Observ. made in the Icy Sea, during 1786 to 1796.
4205. **Reichard** Ch. Gli. Der nördliche Theil des grossen Weltmeeres nach den neuesten Bestimmungen und Entdeckungen. Kupfst. Weimar, (Landes-Industrie-Comptoir) 1802. Imp. Fol.
4206. **Karte** der Seeentdeckungen durch russische Seeleute im Stillen und Eismeere gemacht. Vom kais. Karten-Depot. Nach Mercator's Projection. 1 : 5,500.000, St. Petersburg, 1802.
4207. **Lapie,** Karte von einem Theile des nördlichen Oceans u. von Nordamerika. Kpfst. Weimar, Landes-Industrie-Comptoir, 1822. Fol.
4208. **Karte** des Behring-Meeres mit der Nordostküste v. Asien zwischen den Caps Oljutorski- und Tschukotsky. Nach der Karte des Capitäns Lütke und vervollständigt durch die Aufnahme der Bai von Anadir durch die Schiffe der Russ.-Amerikan. Compagnie, 1847, 1849. 1 : 1,718.000, Cartons: Mündung des Flusses Anadir. – Strasse Senjawin zwischen der Insel Arakam und dem Festlande. — (Russische Seekarte.)
4209. **Karte** des östlichen Oceans und des Behring-Meeres mit der Halbinsel Aljaska und den Aleutischen Inseln. Nach verschiedenen Journalen und Karten. 1847, 1 : 1,478.000. Cartons: Hafen von Unga. — Die Insel Unga und die nächstliegenden. — Der Kupreja-Hafen. — Der Wrangell-Hafen. (Russische Seekarte.)
4210. **Karte** des östlichen Oceans und des Behrings-Meeres mit den Aleutischen und Komandorsky-Inseln. Nach verschiedenen Journalen und Karten. 1 : 1,539.000, 1848. Cartons: Der nördliche Theil der Behringsinsel. — Plan der nordwestlichen Bucht der Behringsinsel. — Plan der nordöstlichen Bucht der Medni-Insel. — Das Ostende der Insel Attu. — Plan der Kirilowsky-Bai der Insel Amtschitka. — Die Inseln Atcha und Amalia. (Russische Seekarte.)
4211. **Karte** der Wrangell - Strasse nach Lindenberg, 1: 37.600, 1850. (Russische Seekarte.)
4212. **Atlas** des stillen Oceans (russischer Antheil) Nikolajew. Verschiedene Maassstäbe, 12 Bl., 1851.

4213. **Karte** des östlichen Oceans und des Behrings-Meeres mit der Halbinsel Kamtschatka. Nach verschiedenen Journalen und Karten. 1 : 1,907.000, 1852. (Russische Seekarte.)
4214. **Karte** des Eis- und Behring-Meeres mit der Nordwestküste von Amerika zwischen Cap Lisburne und der Halbinsel Aljaska. Nach verschiedenen Journalen und Karten. 1 : 1,689,000, 1852. Cartons: Die Insel Chamisso im Kotzebue-Sund, Port Clarence und Grautley-Hafen. (Russische Seekarte.) St. Petersburg Hydrographisches Departement des Kriegsministeriums 1852.
4215. **Arctic Sea,** Behring-Strait. Sheet III. 1 : 4,500.000, Published at the Hydrographic Office of the Admiralty. London, 1853, Nr. 2172.
4216. **Mercator-Karte** des Eismeeres von der Tschaun-Bay bis zum Eiskap mit der Behring-Strasse. Herausgegeben vom Hydrographischen Departement des Marine-Ministeriums, St. Petersburg, 1854. (Abdruck 1860). 1 : 1,500.000, Nr. 2495.
4217. **Arctic Sea,** Behring-Strait, 1853, corrections to 1868. London, Adm. Hydr. Office.
4218. **Behrings-Strait** and Arctic Ocean. From Surveys of the U. S. North Pacific Surveying Expedition in 1855, Commander John Rodgers, U. S. N. Commanding and from Russian and English Authorities. July 1868, 1 : 2,500.000 Hydrographic Office, U. S. Navy, Washington.

b) **Astronomie, Meteorologie, Erdmagnetismus.**

4219. **Bayly** William. Astronomical Observations made in a Voyage to the North Pacific Ocean in 1776, 1777, 1778, 1779 and 1780; with a plate. London, 1782, 4°.

Aufsätze und Notizen.

4220. **The Climate** of Behring-Strait (The Bureau, March 1870).
4221. **Klima** der Insel St. Paul im Behringsmeer, aus Annal Report of the Chief Signal Officer for 1874. (Zeitschr. d. österr. Ges. f. Meteorol. in Wien, XI, 1876, p. 139—141.)

c) **Hydrographie.**

4222. **Shedden** R. Nautical Observations taken during the voyage of the Nancy Dawson to Behring-Strait 1848—1849. London, 1851.
4223. **Findlay** A. G. A Directory for the navigation of the North Pacific Ocean with descriptions of its coasts, islands etc. from Panama to Behring-Strait and Japan, its winds, currents and passages. 2 ed., w. maps. London, 1870.

Aufsatz.

4224. **Ulski.** Die hydrographischen Arbeiten im Behring-, Ochotskischen und Japanischen Meere. (Iswestija der k. russ. Geogr. Ges. III., 1867, Nr. 2.)

d) **Geologie, Paläontologie, Mineralogie.**

Aufsatz.

4225. **Fossilien** in der Eschholzbai. (Ausland, XXV, 1852, p. 1099.)

e) **Zoologie und Thiergeographie.**

4226. **Forbes** E. The zoology of the voyage of H. M. S. Herald, under the command of capt. H. Kelett, during the years 1845—51. Fossil animals by J. Richardson. 2 vols. London, 1852, 4°.

4227. Richardson J., N. A. Vigors, G. T. Lay, E. T. Bennett, R. Owen, J. E. Gray, W. Buckland and G. B. Sowerby. The zoology of captain Beechey's voyage; compiled from the collections and notes made by captain Beechey, the officers and naturalist of the expedition during a voyage to the Pacific and Behring-Straits performed in H. M. ship Blossom, under the command of captain F. W. Beechey in the years 1825—28. London, H. G. Bohn, 1839; Leipzig, T. O. Weigel. 4°.

Aufsätze und Notizen.

4228. De animalibus quibusdam e classe Vermium Lineana, in circumnavigatione terrae, auspicante Comite N. Romanzoff, duce Ottone de Kotzebue, annis 1815—18 peracta, observatis, Adalbertus de Chamisso et Carolus Guilelmus Eysenhardt. Fasciculus secundus, reliquos vermes continens. (Verhandl. d. k. leop.-carol. Acad. d. Naturf. Erlangen, Bonn, II, 1821.)

4229. Agassiz Alex., Synopsis of the Echinoids collected by Dr. W. Stimpson in the Pacific Exploring Expedition under Capts. Ringgold and Rodgers. (Philad. Proc. 1863, p. 352—361.)

4230. Scammon C. M., Meersäugethiere des nördlichen stillen Oceans. Verlag J. H. Carmany in S. Francisco. (Ausland, XLVII, 1874, p. 800.)

f) **Botanik.**

4231. Hooker William Jackson and G. A. W. Arnott. The botany of Captain Beechey's voyage to the Pacific- and Bering-Strait. Comprising an account of the plants collected by M. Lay in the years 1825 - 28, 10 part 1 vol. with 100 pl. London, H. Bohn and E. Khull, 1831—1841, 4°.

4232. Seemann Berth., Botany of the voyage of the Herald round the Globe. London, Reeve, 1857, 4°.

g) **Ethnographie, Culturgeschichte etc.**

Aufsatz.

4233. Erman A. Ethnographische Wahrnehmungen und Erfahrungen an den Küsten des Behrings-Meeres. Mit einer Karte. (Zeitschrift für Ethnologie, 1870, Heft IV, p. 295—327, Heft V und VI, p. 369—393; 1871, Heft III, p. 149—175, Heft IV, p. 205—219.)

h) **Polarfischerei und Jagd.**

4234. Mohr Eduard. Reise und Jagdbilder aus der Südsee, Californien und Südost-Afrika. Reise nach der Behrings-Strasse 1851. 110 pp. Bremen, Schünemann, 1868, 8°.

Aufsätze und Notizen.

4235. Zug der Walfische nach den nördlichen Theilen des stillen Meeres. (Ausland, XVII, 1844, p. 356.)

4236. Pêche de la baleine en 1867 aux Etats-Unis. (Revue maritime et Coloniale Paris, XXIX, 1868, 88 livr, p. 887—888.)

4237. Die nordamerikanische Walfischfahrer-Flottille. [Philadelphia Times.] (Archiv f. Seewesen, Wien, VII, 1871, p. 542.)

Siehe auch die Nummern: 187, 374, 1424, 3781, 3981, 3982, 3984 3990 4006.

XXII. Arktisches Amerika.

a) Allgemeines, Geographie und Reisen.

4238. **Cartier** Jaques. Second voyage en Occident 1536. Bibliotheca regia Parisiensis vide Montfaucon. (Bibliotheca bibliothecarum manuscript. II.)
4239. **Castell** Will. A short Discovery of the coasts and continent of America from the equinoctial Northward and the adjacent islands. London, 1644, 1745, 4°.
4240. **Laon** Jean, sieur d'Aigremont. Relation du voyage des François fait au cap du Nord en l'Amérique sous la conduite de Royville. Av. une carte. Paris, Edm. Pepingué (ou R. Rocolet ou de Sommaville), 1654, 8°.
4241. **Hennepin** Ludwig. Neue Entdeckungen vieler sehr grosser Landschaften in Amerika, zwischen Neu-Mexico und dem Eismeere gelegen, übersetzt von J. G. Langen. Bremen, 1690, 12°. — Ausgabe mit Kupferstichen unter dem Titel: „Reisen und Entdeckungen vieler Länder in Amerika." Bremen, Sauermann, 1742, 12°.
4242. **Hennepin**, Le P. Louis. Voyage et nouvelle découverte d'un très grand pays dans l'Amérique, entre le nouveau Mexique et la mer Glaciale, connu sous le nom de la Louisiane, avec un voyage qui contient une relation des Caraïbes, par de la Borde. Avec 2 cartes. Utrecht, Broedelet, 1697, 12°; 2. edition: Amsterdam, Van Semeren, 1698, 12°. Englische Uebersetzung London, 1698—1699, 8°. Amsterdam, Braakman, 1704; Auch 1711 und 1720, 12°. Avec fig.
4243. **Marquette** Joseph. Ontdekking van eenige landen en volkeren in't noordergedeelte van America, door M. en Joliet gedaan in het jaar 1673. Door den eerst-genoemden reysiger selfs beschreeven, en nu aldereerst uyt het Frans vertaalt. Pieter Van der A A. 122. Bd. der Naukeurige versameling der reysen na Oost- en West-Indien. Leyden, 1707, 8°.
4244. **Sundström** Sw. De statu regiminis Americanorum ante Adventum Christianorum. Upsaliae, Werner, 1716.
4245. **Cassell** J. P. Observatio historica de Frisonum navigatione fortuita in Americam. Magdeburg, 1741; 1742, 4°.
4246. **Kalm** P. Resa till Norra America. 3 vol. Stockholm, 1753—61, 4°.
4247. **Kalm** P. Reise nach dem nördlichen America. 3 Bd. Deutsch, Göttingen 1757, 8°.
4248. **Engel** S. Essai sur la question: Quand et comment l'Amérique a-t-elle été peuplée d'hommes et d'animaux, 5 vols. Amsterdam, Rey, 1767, 4°; 2. édition 1768, 12°.
4249. **Da Costa**. The Northmen in Maine. Albany, 1870.
4250. **Klausing** E. E. v. Geschichte der englischen Colonien in Nord-Amerika von der Entdeckung durch Sebastian Cabot bis 1763, A. d. Engl. 2. Aufl. 2 Thle. Leipzig, 1777.
4251. **Owen**. Collection of Antiquities. An Account of the Discovery of America by the Welch, 300 years before the Voyage of Columbus. Oxford, 1777, 8°.
4252. **Carver** Joh. Reisen durch die inneren Gegenden von Nordamerika i. d. J. 1766—1768. A. d. Engl. Altenburg, Schuphase; Hamburg, Bohn 1780, gr. 8°.
4253. **Carver** Jonat. Travels trough the interior parts of North-America. London, 1781; Traduit en français, Paris, 1784, 8°.
4254. **Barton** M. Observations on some parts of natural History, to which is prefixed an account of several remarkable vestiges of an ancient date wich have been discovered in North-America. London, 1788, 8°.
4255. **Forster**. Geschichte der Reisen, die seit Cook an der Nord-West- und Nord-Ost-Küste von Amerika und in dem nördlichsten Amerika, selbst von

Meares, Dixon, Portlock, Coxe, Long u. a. m., unternommen worden sind. A. d. Engl. mit Zuziehung aller anderweitigen Hülfsquellen ausgearbeitet Mit Karten u. Kupfr. 3 Bde. Berlin, 1791; 1792, 4°.

4256. **Williams** John. An Inquiry into the Truth of the Tradition concerning the Discovery of America by Prince Madog ab Owen Gwynedd about the year 1170. London, 1791, 8°.

4257. **Long** J. Voyages and Travels of the North-American Indians, to which is added a Vocabulary of the Chippeway Language and with a map of the Western Countries of Canada. London, 1791, 4°.

4258. **Williams** John. Further Observations on the Discovery of America by Prince Madog, about the year 1170. London, 1792, 8°.

4259. **Billecocq** (Jean-Baptist, Louis, Joseph.) Voyages chez les différentes nations sauvages de l'Amérique septentrionale traduits de l'angl. de J. Long trafiquant anglais, avec des notes et des additions interessantes par le traducteur, et ornés d'une carte des pays situés à l'ouest du Canada, gravée par Tardieu. Paris, Prault ainé, 1794, 8°; Paris, Hautbout ainé 1797.

4260. **Weld** J. Travels through the states of North-America and the provinces of Canada, 1795—7, 4 ed. with pl. and maps. London, Stockdale, 1800, 8°.

4261. **Mackenzie** Alex. Reisen zur Erforschung des Innern von Nordwest-Amerika, nämlich nach dem Eismeer und der Südsee in den Jahren 1789 und 1792—3, nebst einer Geschichte des Pelzhandels in Canada. Aus dem Englischen mit Karte. Berlin, Haude und Spener, 1802. Weimar, Ind.-Compt. 1802. (Mit Anmerkungen von M. Sprengel.)

4262. **Mackenzie** Alex. Reisen von Montreal durch Nordwestamerika nach dem Eismeer und der Südsee in den Jahren 1789—93. Aus dem Englischen. Mit 1 Karte. Hamburg, Hoffmann (A. Campe), 1802. gr. 8°. (XVI. Band der neuen Geschichte der See- und Landreisen.)

4263. **Mackenzie** Alex. Voyages from Montreal on the River of Lawrence through the continent of North-America to the Frozen and Pacific Oceans in the Years 1789 and 1793, with a preliminary account of the furtrade of that country. With 3 maps. London, 1801; 2. ed. 1802; Philadelphia, Morgan, 1802; Strassburg and Paris, Levrault, 1802, 2 vols. with ill. 8°.

4264. **Mackenzie** Alex. Voyages dans l'intérieur de l'Amérique septentrionale faits 1789 et 1792—93, traduit de l'anglais par J. Castéra, avec de notes du Bougainville. Avec 3 cartes, redigée par Buache. Paris, Dentu, 1802.

4265. **Stenström** H. De America, Norwegia ante tempora Columbi adita. Lundae, 1801.

4266. **Harmon** D. W. H. A Journal of Voyages and Travels in the Interior of North-America between the 47 and 58 degrees of North lat. extending from Montreal nearly to the Pacific Ocean during the years 1800—1819. With a map. Andover, 1820.

4267. **Franklin** John. Entdeckungsreisen an die Küsten des Polarmeeres in den Jahren 1819—22. Aus dem Englischen. Jena, 1823, gr. 8°. Ethnogr. Archiv, Sonder-Abdr., Jena, Bras, 1824, gr. 8°. Deutsch für die Jugend. 2 Bändchen, mit Kupfer und Karte. Darmstadt, Leske, 1827. 16°. (XXXVI. Bd. der Bibliothek der neuesten Reisebeschreibungen von Bertuch, Weimar.)

4268. **Franklin** John. Narrative of a journey to the Shores of the Polar Sea, in the years 1819—22, with an appendix on various subjects relating to science and nature history. 2 vols. Illustrated by numerous pl. and maps. London, Murray, 1823; 2 ed. 1824; Philadelphia, 1824. 4°.

4269. **Franklin** John, Captain. Narrative of a Second Expedition to the Shores of the Polar Sea in the years 1825—7. Including an account of the progress of a detachment to the eastward by J. Richardson. Illustrated with numerous pl. and maps. London, 1828; 1829. Philadelphia, C. and L. Carey 1828, 8°.

4270. **Murray** D. H. Historical account of discoveries and travels in North America including the shores of the Polar Sea and the voyage in search of a North-West Passage. 2 vols. with map. London, 1829, 8°.

4271. **Estancelin** Louis. Recherches sur les voyages des navigateurs normands en Amérique etc. Paris, Pinard, Delaunay, 1832, 8°.
4272. **Expedition** under Dr. Rae from Fort Confidence, April 1831, in which he examined the shore of Wollaston Land to the eastward of long. 110°, and westward as far as long. 117° 17'. London, Adm. Pr. Office, 183?.
4273. **Fraser Tytler** P. Historical view of the progress of discovery on the more northern coasts of America, with descriptive sketches of the natural history of the north american region by J. Wilson. Illustrated by a map and 9 engravings by Jackson. 2 ed. Edinburgh, 1833; New-York Harpers, 1833. (In Harper's Family Library und in Edinburgh literat. Library vol. 9.)
4274. **Back** Georg. Reise durch Nord-Amerika bis zur Mündung des grossen Fischflusses und an den Küsten des Polarmeeres in den Jahren 1833, 1834 und 1835. A. d. Engl. von Karl Andree. Mit 1 Lith. u. 2 Portr. Leipzig, (Wiedemann) Weber, 1836; 1845, gr. 8.
4275. **Back** Capt. Officier de la Marine royal. Voyage dans les Régions Arctiques à la recherche du Capt. Ross en 1834 et 1835 et reconnaissance du Thlew-ce-Choh. Traduit de l'anglais par P. Cazeaux. 2. vols. I, 328 pp., II, 407 pp. avec la Carte des découvertes faites dans les régions polaires arctiques pendant les années 1833 et 1834. Dessinée par Back. Gravée par Tardieu, 1:2,500.000 et 1:1,375.000. Paris. Bertrand, 1836.
4276. **Back** Captain. Narrative of the Arctic Land Expedition to the mouth of the Great Fish River and the shores of the Arctic Ocean in the years 1833 – 1835. Illustr. by a map and pl. London, Murray, 1836, 8°; 2 Ed. 1839; New-York, Carey and Hart, 1836, 8°; Edinburgh, 1836; Paris, Beaudry, 1836, 8°. (Collection of ancient and modern british authors.)
4277. **King** Rich. Narrative of a journey to the shores of the Arctic Ocean in 1833—1835 under the command of capt. Back: 2 vols. London, Bentley, 1836, 8°.
4278. **Rafn** Ch. C. America discovered in the Tenth Century. New-York, Jackson, 1836. 1838, 8°.
4279. **Back** Georg. Wunderbare Reisen und Abenteuer zu Wasser und zu Lande, in den Jahren 1834 und 1835, um den für verloren gehaltenen Cap. Ross aufzusuchen. Nach dem engl. Reisejournale im Ausz. bearb. Wien, Gerold, 1837, gr. 12°.
4280. **Irving** (Washington.) Adventures of captain Bonneville, or Scenes beyond the Rocky mountains of the far west. Paris, Baudry, Galignani, 1837. 8°. (Collection of ancient and modern british authors.)
4281. **Back** Capt. George. Perils and Escape of H, M. Ship »Terror«. Narrative of an Expedition in H. M. S. »Terror« undertaken with a view of Geographical Discovery on the Arctic Shores in the years 1836—1837. London, Murray, 1838.
4282. **Buddingh** D. Ontdekking van Amerika en tenhalde zeereizen derwaarts in de XI—XIV eeuws Gravenhage, 1838.
4283. **Rafn** C. C. Die Entdeckung Amerikas im 10. Jahrhundert. A. d. dän. Handschrift v. G. (C. F.) Mohnike. Stralsund, Löffler, 1838.
4284. **Rafn** C. C. Mémoire sur la découverte de l'Amérique au dixième siècle etc. Trad. par X. Marmier. Paris, 1838; 2 ed. Copenhague, 1843; Hamburg, Besser et Mauke, 1838.
4285. **Rafn** C. C. Narichten betreffende de ontdekking van Amerika in te tiende eeuw. Naar het deensch door M. Heltema. Leeuwarden, 1838.
4286. **Rafn** C. C. Wiadomość o odkrycia Ameryki w dziesiatym wieku. W Krakowie, 1838.
4287. **Biondelli** B. Scoperta dell' America fatta nel Seculo X. da alcuni Scandinavi. Milano, 1839.
4288. **Rafn** C. C. Memoria sulla scoperta dell' America nel secolo decimo. Trad. de J. Gråberg de Hemsö Pisa, 1839.

4289. **Smith** (Joshua Toulmin.) The Discovery of America by the Northmen in the tenth century, with translations of original narratives. London, 1839; 1842.
4290. **Beamish.** North Ludlow. The Discovery of America by the Northmen in the 10. century. London, Boone, 1841, 8°.
4291. **Rafn** C. C. Amerika's Opdagelse i det tinde Aarhundrede. Kjöbenhavn, 1841.
4292. **King** R. On the Unexplored Coast of North-America. London, 1842.
4293. **Simpson** Th. Esq. Narrative of the Discoveries on the north-coast of America effected by the Officers of the Hudsonsbay-Company, during the years 1836—1839. With 2 maps. London, Bentley, 1843. 8°.
4294. **Buckingham** James. Canada, Nova Scotia, New Brunswick and the other british provinces in North-America. London, 1843, 8°.
4295. **Cartier** Jaques. Voyage de découvertes en Canada entre les années 1534 et 1542. Quebec, W. Cowai, 1843, 8°.
4296. **Hermes** Karl Heinrich. Die Entdeckung Amerika's durch die Isländer im 10. und 11. Jahrhundert. 9 Lith. und 1 Karte. Braunschweig, Vieweg u. Sohn, 1844, 8°.
4297. **Rafn** C. C. The Discovery of America by the Northmen. New-York, 1845.
4298. **Rafn** Carl Christian. Americas arctiske landes Gamle Geographie efter de Nordiske Oldskrifter. Saerskilt aftryk af Grönlands historiske Mindesmaerker udgivne af det kong. Nordiske Oldskrift-Selskab. 48 pp. Kjöbenhavn, L. Möller, 1845, 8°. Mit den Karten: General Chart exhibiting the discoveries of the Scandinavians in the Arctic regions and America. Gest. v. P. Seehusen 1:75,000 000. A map of Vinland; Ruiner ved Ikigeit, i Tessermint Fjorden, i Igalikko, i Kakortok (mit der Ansicht von Karkortork); kort over julianehaabs district eller de Gamles Österbygd. efter W. A. Graahs Opmaaling 1:620.000; kort over den Deel af Godthaabs District som antages fornemmelig at have udgjort de Gamles Vesterbygd udkastet af H. P. C. Möller.
4299. **Davis** Rev. A. Discovery of New-England by the Northmen. A lecture. Rochester, 1841; Troy, 1845.
4300. **Gray** (Asa.) Chloris Boreali-Americana. Illustrations of new, rare, or otherwise interesting North-American Plants. Decade 1. 3 vols., Cambridge, Pam, 1846, 4°.
4301. **Narrative** of the Proceedings of an Expedition, under the command of Dr. Rae, from Fort Confidence to the Shores of the Arctic Sea, by way of the Coppermine River, in the Summer of 1849. London, Adm. Hydr. Office, 1850.
4302. **Richardson,** Sir John. Narrative of the Proceedings to the Shores of the Polar Sea, between the Mackenzie and Coppermine Rivers in 1848. London, Adm. Hydr. Office, 1849.
4303. **Report** from Sir John Richardson Arctic Expedition. (Parliamentary Papers Rep. and Papers-Bills 1849, Nr. 97.)
4304. **Bergh,** L. Ph. C. v. d. Nederlands aanspraak op de ontdekking van Amerika voor Columbus. Arnhem, 1850. 8°.
4305. **Hooper,** W. H. Lieutenant R. N. Journal of Proceedings, from Fort Macpherson, on the Peel's River (6. September, 1849), to Winter Quarters on the Bear Lake, and subsequently after he had separated from Commander Pullen. London, Adm. Hydr. Office, 1850.
4306. **Pullen** W. J. S. Proceedings of a Boat Expedition from Wainwright Inlet to Fort Simpson, on the Mackenzie River, July 25 to October 3, 1849. London, Adm. Hydr. Office, 1850.
4307. **Rae** John. Narrative of an Expedition to the Shores of the Arctic Sea on 1846—47. With maps. London, Boone, 1850, 8°.
4308. **Pullen** W. J. S. Journal of the Proceedings of the Party from Mackenzie River towards Cape Bathurst, in search of Sir John Franklin's Expedition, thence back again. and on to Fort Simpson July 17 to October 5, 1850. London, Adm. Hydr. Office, 1851.

4309. **Richardson** John. Arctic searching expedition; boat voyage through Rupertsland and Arctic sea in search of J. Franklin, with appendix on the physical geography of North-America. 2 vols. London, Longman, 1851, 8°.
4310. **Report** of Dr. Rae. With a Plan. (Parliamentary Papers Rep. and Papers-Bills 1852. Nr. 248.)
4311. **Sleigh** Col. Travel, Life and Adventure in British-Northern-America. London, Bentley, 1853. 8°.
4312. **Proceedings** of Dr. John Rae, Chief Factor Hudson's Bay Company, by Repulse Bay to Castor and Pollux River in 1853/4. during which journey he obtained conclusive information of the fate of a portion of Sir John Franklin's Expedition. London, Adm. Hydr. Office, 1855.
4313. **Simpson** John. Observations on the Western Esquimaux and the Country they inhabit. With a map [Parliamentary Papers.] (Further Papers relative to the Recent Arctic Expeditions in search of Sir John Franklin. Presented to both Houses of Parliament. Jan. 1855)
4314. **Scripps** J. L. The undeveloped portion of the American continent. A lecture. Chicago, 1856, 8°.
4315. **Voyages** and travels of Dr. Rae in Arctic Regions. London, 1856, 8°.
4316. **Kunstmann** F. Die Entdeckung Amerika's. Nach den ältesten Quellen geschichtlich dargestellt. Mit Atlas zur Geschichte Amerikas von 13 Karten aus dem XV. u. XVI. Jahrhundert; zuerst veröffentlicht von F. Kunstmann, K. von Spruner und M. Thomas auf Kosten der königl. Akademie 1 Bd. gr. 4° Atlas fol. München, 1859.
4317. **Morse** Rev. Abner. Further Traces of the ancient Northmen in America with geological evidences of the location of their Vineland. 16 pp. Boston, Engl. Hist. Geneal. Society, 1861.
4318. **Bref** recit et succincte narration de la navigation faite en 1535 et 1536 par le Capt. Cartier aux Iles de Canada, Hochelaga, Saguenay et autres. Reimpression figurée de l'édition originale : Paris, Ponce Roffet, 1545. Avec une introduction historique de M. 'd'Avezac. Paris, 1863 – 65.
4319. **British-North-America**. Comprising Canada, British Central North-America British Columbia, Vancouver's Island, Nova Scotia and Cape Breton, New Brunswick, Prince Edward's Island, Newfoundland and Labrador. 378 pp., with maps. London, Religious-Tract-Society, 1864, 8°.
4320. **Costa**, P. F. da. The Pre-Columbian Discovery of America by the Northmen, illustrated by translations from the Icelandic Sagas, edited with notes and a general introduction. Albany, J. Munsell, 1868, 1869; Charleston, 1869.
4321. **Butler**, Capt W. F. The Wild North-Land; being the story of a winter journey, with dogs, across Northern North-America. 360 pp. With a map and Illustrations. London, Low, 1873 ; 1874 ; 1875, 8°.
4322. **Anderson**, R. B. America not discovered by Columbus. Chicago, 1874, 12°.
4323. **Gravier** Gabr. Découverte de l'Amérique par les Normands au X me siècle. avec 4 cartes. Paris et Rouen, 1874.
4324. **Horetzky** C. Canada on the Pacific: Journey from Edmonton to Pacific. London, Low, 1874, 8°.
4325. **Petitot**, l'abbé E. Géographie de l'Athabaskaw-Mackenzie et des grands lacs du bassin arctique. Paris, 1875, 8°.
4326. **Bowen** B F. America discovered by the Welsh in 1070. a. d. Philadelphia, 1876, 12°.
4327. **Mackenzie** A Voyage du Fort Chippeway aux côtes du Grand Océan 1789—93. Eyriès. Vol. VII.
4328. **Mackenzie** A. Reise vom Fort Chippeway nach dem nördlichen Eismeer, 1789. Aus dem Englischen, von Sprengel, 1798. VII. Bd. der Bibliothek der neuesten und wichtigsten Reisebeschreibungen von Sprengel, Ehrmann und Bertuch. Weimar, Industrie-Comptoir, 1802 gr. 8°
4329. **Franklin** J. Zweite Reise an den Küsten des Polarmeeres 1825 – 27. Aus dem Englischen. LI Bd. der Bibliothek der neuesten Reisebeschreibungen von Bertuch. Mit 1 Karte. Weimar, 1829.

Aufsätze und Notizen.

4330. **Carte** des Parties nord et ouest de l'Amérique par Engel et Vaugondy. (Büsching, Nachrichten, Berlin, III, 1775, p. 85.)
4331. **Tableau** historique des découvertes géographiques des Scandinaves ou Normans, et spécialement de celle de l'Amérique avant Christophe Colomb. (Voyage des frères Zeni.) Avec une carte. (Annales des Voyages, [Paris, X, 1810, p. 50—87.)
4332. **Franklin's** Landexpedition nach dem Nordpol. (Bertuch, Neue allg. geogr. Ephem., VIII, 1820, p. 222.)
4333. **Nachricht** über die Landexpedition Franklin's nach dem Nordpol. (Bertuch, Neue allg. geogr. Ephem. IX, 1821, p. 502—505.)
4334. **Notice** sur l'éxpedition dans les terres arctiques sous le commandement du lieut. Franklin, dans une lettre au professeur Jameson. (Nouv. Annales des Voyages, VIII, 1821, p. 426—430; IX, 1821, p. 407—410.)
4335. **Expédition** arctique, par terre, sous les ordres du lieut. Franklin. (Journal des Voyages, XII, 1821, p. 237—41.)
4336. **Rückkehr** Franklin's von seiner Landexpedition nach dem Nordpol. (Bertuch, Neue allg. geogr. Ephem. X, 1822, p. 107.)
4337. **Lapie.** Ueber die Reisen im arktischen Eismeere von Nordamerika. Mit einer Karte des nördlichen Oceans und der Nebenkarte; Ferrer-Maldonado-Strasse. Weimar, 1822. (Bertuch, Neue allg. geogr. Ephem. X, 1822, p. 113—157.)
4338. **Nordpol-Expedition** zu Lande unter Franklin. Aus englischen Zeitschriften. (Bertuch, Neue allg. geogr. Ephem. X, 1822, p. 215—20.)
4339. **Nachricht** von Franklin's Expedition. (Bertuch, Neue allg. geogr. Ephem. XI, 1822, p. 219.)
4340. **Expédition** terrestre dans les régions polaires commandée par le Capt. Franklin. (Nouv. Annales des Voyages. XVI, 1822, p. 139—144.)
4341. **Nouveaux** details sur l'expédition par terre aux régions arctiques. (Journal des Voyages, XIII, 1822, p. 119—121.)
4342. **Retour** en Angleterre de l'expédition par terre sous les ordres du Capt. Franklin. Details sur cette expédition. (Journal des Voyages, XVI, 1822, p 136—42.)
4343. **Franklin** John. Narrative of a Journey to the shores of the Polar Sea in the years 1819, 1820, 1821 and 1822. 768 pp., Mit Kpf. und Charten. London, Murray, 1823, 4°. (Bertuch, Neue allg. geogr. Ephem. XII, 1823, p. 189—206, vide auch p. 360.)
4344. **Franklin** John. Narrative of a Journey to the shores of the Polar Sea etc. Voyage fait dans les années 1819—1822 aux rivages de la mer Polaire. (Journal des Voyages, XVIII, 1823, p. 183—234.)
4345. **Tentatives** qui ont eu lieu pour gagner la mer polaire par la Rivière Mackenzie. (Journal des Voyages, XIX, 1823, p. 288—291.)
4346. **Expédition** aux Terres Arctiques. (Journal des Voyages, XXIII, 1824, p. 117—118.)
4347. **Missionen** in den Nordpolarländern Amerika's. (Basler Magazin, IX, 1825. Hft. 2.)
4348. **Expédition** par terre dans l'Amérique Septentrionale. (Journal des Voyages, XXVII, 1825, p. 123—124.)
4349. **Journal** du troisième voyage du capit. Parry pour la découverte du passage NO. (Nouv. Annales des Voyages, Paris, II Sér. I, 1826, p. 286—7.)
4350. **Expédition** du Capt. Franklin. (Nouv. Annales des Voyages, XXX, 1826, p. 409—410.)
4351. **Richardson** John. Topographical and geographical notices, from information collected during the Expedition to the North-west coast of America under Franklin [1828]. (Geol. Soc. Proc. I, 1826 — 1833. p. 66—69.)
4352. **Schreiben** über Franklin's arktische Expedition. (Hertha, X, 1827, p. 54—57.)

4353. Franklin's Reise. (Unterhaltungsblätter f. Welt- u. Menschenkunde. Aarau, IV, 1827, p. 476.)
4354. Expédition du Capt. Franklin. (Nouv. Annales des Voyages, Paris, II Sér., V, 1827, p. 273—279.)
4355. Nouveaux détails sur l'expédition du Capit. Franklin. (Nouv. Annales des Voyages, Paris, II Sér., VI, 1827, p. 413—416.)
4356. Richardson John. Narrative of a second expedition to the Shores of the Polar Sea, in the years 1825, 1826 and 1827 by John Franklin etc. Including an account of the progress of a detachement to the Eastward. London, 1828. (Hertha, XII, 1828, p. 581—607.)
4357. Franklin John Narrative of a second Expedition. Relation d'une Seconde Expédition aux Côtes de la mer Polaire. (Journal des Voyages, XL, 1828, p. 275—303.)
4358. Des englischen Capitäns John Franklin Kampf mit den Eskimo's im Juli 1826, an der Mündung des Mackenzie. (Neues Journal f. d. neuesten Land- u. Seereisen, XXXVIII. (Journ. LXII.), 1829, p. 51—68.)
4359. Franklin John etc. Narrative of a second Expedition to the Shores of the Polar Sea in the years 1825, 1826 and 1827. London, 1828. II. Artikel. (Hertha, XIII, 1829, p. 180—209.)
4360. Larenaudière. Narrative of a second expedition to the Shores of the Polar Sea par John Richardson, London, 1828, 1 vol. 4°. (Nouv. Annales des Voyages, Paris, II. Sér., XI, 1829, p. 337—357; XII, p. 353—367.)
4361. Expedition to Ascertain to the Fate of Captain Ross. (Journal of the R. Geogr. Soc., London, II, 1832, p. 336.)
4362. Expédition du Cap. Back, chargé par le gouvernement anglais d'aller à la recherche du Cap. Ross. (Bulletin de la Soc. de Géogr. à Paris, XIX, 1833, p. 107, 210—212.)
4363. Allgemeine Nachrichten über die letzte Reise des Capt. Ross. (Pfennig-Magazin, Leipzig, II, 1834, p. 517.)
4364. Reise des Franklin in den Jahren 1819—1822. (Pfennig-Magazin, Leipzig, II, 1834, p. 675.)
4365. Back. Account of the route to be pursued by the Arctic Land expedition in search of Captain Ross. (Journal of the Geogr. Soc., London, III, 1834, p. 64.)
4366. Ergebnisse der Reise des Capitain Back 1833—1834. (Journal f. die neuesten Land- u. Seereisen, LXXXI, 1835, p. 374.)
4367. Voyage du Capit. Back. (Nouv. Annales des Voyages, Paris, III Sér., VIII, 1835, p. 263—264.)
4368. Sur le Voyage du Cap. Back. [Extrait du Nautical Magazine.] (Bulletin de la Soc. de Géogr. à Paris, II Sér., IV, 1835, p. 196—200.)
4369. Arctic Land Expedition. (Journal of the R. Geogr. Soc., V, 1835, p. 405.)
4370. Back M. Voyage fait par terre aux terres arctiques, jusqu'à l'embouchure de la grande rivière des poissons et le long des côtes de l'océan arctique, dans les années 1833—1835. (Nouv. Annales des Voyages, Paris, III Sér. X, 1836, p. 277—313.)
4371. Nouvelle expédition du Cap. Back. (Extrait d'une lettre de M. le Cap. Duperrey.) (Bulletin de la Soc. de Géogr. à Paris, II Sér., V, 1836, p. 436—437.)
4372. Back. An Account of the route and appearances of the country through which the Arctic Land expedition passed from Great Slave Lake to the Polar Sea. (Journal of the R. Geogr. Society, London, VI, 1836, p. 1—11.)
4373. Retour du Cap. Back. (Nouv. Annales des Voyages, Paris, III Sér., XV, 1837, p 389—395.)
4374. Back's Bericht über seine letzte Nordpolreise. (Journal für die neuesten Land- und Seereisen, LXXXVI, 1837, p. 67.)
4375. A brief Account of the late Voyage of H. M. S. »Terror.« (Journal of the R. Geogr. Soc., VII, 1837, p. 457—460.)
4376. Expédition et découvertes faites dans l'Amérique boréale. (Nouv. Annales des Voyages, Paris, III Sér., XVIII, 1838, p. 257—272.)

4377. **Rafn.** Histoire ante-colombienne de l'Amérique. (Bulletin de la Soc. de Géogr. à Paris, X Sér., II, 1838, p 48—49)
4378. **Abstract** of the Evidence for the Discovery of America by the Scandinavians in the X. century. Extracted from the Antiquitates Americanae. (Journal of the R. Geogr. Society of London, VIII, 1838, p. 114—129.)
4379. **Dease** and Simpson. An account of the recent Arctic Discovery. (Journal of the R. Geogr. Society of London, VIII, 1838, p. 213—226; IX, p. 325; X, p. 268.)
4380. **Découvertes** dans l'Amérique boréale, par W. Dease et Th. Simpson. (Nouv. Annales des Voyages, Paris, III Sér., XXII, 1839, p. 265—271.)
4381. **Pelly** An account of Arctic Discovery on the Northern Shore of America in the Summer 1838. By Dease and Simpson. Communicated by Pelly. (Journal of the R. Geogr. Society of London, IX, 1839, p. 321—331.)
4382. **Dease** and Simpson Narrative of the Progress of Arctic Discovery on the Northern Shores of America in the Summer of 1839. With map. (Journal of the R. Geogr. Society of London, X, 1840, p. 268—275.)
4383. **Der äusserste** Norden von Amerika. [Dease's und Simpson's Entdeckungen.] (Pfennig-Magazin, Leipzig, X, 1841, p. 220.)
4384. **Die Entdeckung** Amerikas durch die Isländer. (Pfennig-Magazin, Leipzig, N. F. III, 1843, p. 53.)
4385. **Rafn** Charles. Aperçu de l'ancienne Géographie des Régions Arctiques de l'Amérique, selon les rapports contenus dans les Sagas du Nord. Avec une carte. (Mémoires de la Société Royale des Antiquaires du Nord, 1845—1849, p. 126—132.)
4386. **Isbister.** Some account of Peel River, North-America. (Journal of the R. Geogr. Society of London, XV, 1845, p. 332)
4387. **Expedition** nach dem nordöstlichen Amerika. (Ausland, XIX, 1846, p. 1364.)
4388. **Dease** and Simpson. Narrative of the progress of arctic discovery on the northern shores of America in the summer of 1839. (Journal of the Geogr. Society of London, XVI., 1846, p. 268.)
4389. **Richardson** in Betreff der Nachricht über Sir J. Franklin. (Ausland, XXI, 1848, p. 1064.)
4390. **Rafn.** View of the ancient geography of the Arctic regions of America. (Americ. Ethnol. Soc., II, 1848. p. 209.)
4391. **Misslingen** der vorjährigen Landexpedition zur Aufsuchung des Sir J. Franklin. (Ausland, XXII, 1849, p. 700.)
4392. **Wanderung** Sir J. Richardson's zur Aufsuchung Sir J. Franklin's. (Ausland, XXII, 1849, p. 1119.)
4393. **Rae's** Ausflug nach Wollaston-Land. (Ausland, XXIV, 1851, p. 1156.)
4394. **Hilfsleistung** der Russisch-Amerikanischen Compagnie bei den zur Aufsuchung Sir John Franklin's abgeschickten Expeditionen. (Erman's Archiv für wiss. Kunde v Russland, XI, 1851, p. 175.)
4395. **Rae's** Zug nach Victorialand. (Ausland, XXV, 1852, p. 331.)
4396. **Rae's** neue Aussendung. (Ausland, XXV, 1852, p. 620, 689.)
4397. **Neue** arktische Expedition. (Rae.) (Ausland, XXV, 1852, p. 1184.)
4398. **Rae,** Dr. John. Journey from Great Bear Lake to Wollaston Land. (Journal of the R. Geogr. Soc. XXII, 1852, p. 73—82.)
4399. **Uhrig** W., Sir J. Richardson's Reise durch das arktische Amerika zur Aufsuchung Sir J. Franklin's und seiner Gefährten. (Ausland, XXVI, 1853, p. 17, 42.)
4400. **Ritter** C. Die Ueberwinterung des Capt. Maguire auf der polaren Nordwestküste Amerika's und die West-Eskimostämme 1852—1853. (Zeitschr. d. Ges. f. Erdkunde, Berlin, II, 1854, p. 125—167.)
4401. **Gumprecht.** Capt. Collinson's Rückkehr aus dem Nordpolarmeere. (Zeitschr. d. Ges. f. Erdkunde, Berlin, III, 1854, p. 519—521.)
4402. **Collinson** Captain. Account of the Proceedings of H. M. S. Entreprise from Behrings Strait to Cambridge Bay. With map. (Journal of the R. Geogr. Soc. of London, XXV, 1855, p. 194—206.)

4403. **Rae** Dr. Arctic Exploration with Informations respecting S. J. Franklin missing Party. Whit map. (Journal of the R. Geogr. Soc. of London, XXV, 1855, p. 246—256.)
4404. **Anderson,** Chief Factor J. Search for Remains of the Franklin-Expedition. (Proceedings of the R. Geogr. Soc. of London, I, 1855 — 1856, Nr. 1, p. 21.)
4405. **Findlay** A. G., Esq. On the probable course persued by Sir J. F. Franklin. (Proceedings of the R. Geogr. Soc. of London, I, 1855—1856, Nr. 1, p. 21—26.)
4406. **Letter** from Chief Factor James Anderson to S. G. Simpson, Gardner of Rupert Land. (Journal of the R. Geogr. Soc. of London, XXVI, 1856, p. 18—26.)
4407. **Extract** from Chief Factor James Anderson Arctic Journal. (Journal of the R. Geogr. Soc. of London, XXVII 1857, p. 321—328.)
4408. **Pim** Bedford, Lieut. R. N. Plan for a further Search after the Remains of the Franklin-Expedition. (Proceedings of the R. Geogr. Soc. of London, I, January 1857, Nr. 6, p. 209—215.)
4409. **Hunter.** Exploratory Mission Voyage to Mackenzie River Districts. (Church Missionary Intelligencer, October 1859.)
4410. **Das amerikanische Nordcap.** (Ausland, XXXIII, 1860, p. 72.)
4411. **Farlane** Mac. Esq. An account of the Mackenzie River District. (Proceedings of the R. Geogr. Soc. of London, IX, Nr. 4, 9 June 1865, p. 125—131.)
4412. **Girard** J. Exploration du Mackenzie. Voyage et récits de l'abbé Petitot (l'Explorateur, I, 1875, p. 143—144.)
4413. **Cortambert** Eugène. Le Bassin du Mackenzie, les Esquimaux, les Déné [d'après le père Petitot]. (l'Explorateur, I, 1875, p. 298—299.)
4414. **Hepp,** consul français à Christiania. Découverte des Normands en Amérique aux X. et XI. siècles. (l'Explorateur, II, 1875, p. 345—346.)
4415. **Malte-Brun** M. V. A. Découverte de l'Amérique par les Normands au X. siècle par Gabriel Gravier. 1 vol. 4°, IX, 250 pp., avec 3 cartes et une planche. Rouen, Espérance Cagniard 1874. (Bulletin de la Soc. de Géogr. Paris, VI Sér., IX, 1875, p. 300— 302.)
4416. **Petitot** E. Géographie de l'Athabaskaw-Mackenzie et des grands lacs du bassin arctique. Avec carte. (Bulletin de la Soc. de Géogr., Paris, VI Sér., X, 1875, p. 5—42, 126—183, 242—290.)
4417. **Petitot's** Forschungen im Nordwestlichen Amerika. (Ausland, XLIX, 1876, p. 286—289, 309—312)
4418. **Renaudière** M. de la. Projet de voyage vers les mers polaires. [Amérique boréale]. (Bulletin de la Soc. de Géogr., Paris, I Sér., I., p. 253)
4419. **Relation** de l'expédition du capitaine Lyon à la baie Répulse. (Bulletin de la Soc. de Géogr., Paris, III, Voyages p. 225.)
4420. **Explorations** au nord de l'Amérique boréale. (Bulletin de la Soc. de Géogr., Paris, I Sér., III, p. 298.)
4421. **Franklin.** Son expédition au nord de l'Amérique. (Bulletin de la Soc. de Géogr., Paris, I Sér., III, p. 298; V, p. 666; VI, p. 44, 113; VII, p. 47, 119, 204; VIII, p. 30, 116.)
4422. **Exploration** des côtes de l'Amérique boréale par le capit. Franklin; (Bulletin de la Soc. de Géogr., Paris, I Sér., V, p. 666; VII, p. 47, 53; VIII, p. 30, 31, 39, 166, 229.).
4423. **Franklin.** Son rétour. (Bulletin de la Soc. de Géogr., Paris, I Sér., VIII, p. 229.)
4424. **Projet** d'une nouvelle expédition dans l'Amérique boréale. (Bulletin de la Soc. de Géogr., Paris, I Sér., IX, p. 162; X, p. 192; XII, p 55; XIII, p. 126; XVI, p. 251; XVIII, p. 296 II Sér., XI, p. 250.)
4425. **Découvertes** de Franklin sur les côtes de l'Amérique boréale. (Bulletin de la Soc. de Géogr., Paris, I Sér., XII, p. 294.)
4426. **Excursions** sur les neiges de l'Amérique boréale, dont que l'on éprouve parfois durant ces voyages. (Bulletin de la Soc. de Géogr., Paris, I Sér., XV, p. 82.)

4427. **Voyage** du capitain Back dans l'Amérique boréale. (Bulletin de la Soc. de Géogr., Paris, II Sér., VII, p. 194; VIII, p. 249; X, p. 170.)
4428. **Explorations** de M. M. Dease et Simpson. (Paris, Bulletin de la Soc. de Géogr., II Ser., X, p. 313; XI, p. 199; XII, p. 350; XIV, p. 407; XV, p. 224.)
4429. **Sur les nouvelles découvertes** du Dr. Rae. (Bulletin de la Soc. de Géogr., Paris, III Sér, IX., Fevr. 1848, Nr. 50, p. 129—132.)

Karten.

4430. **A Map** of America between latitudes 40 deg. and 70. deg. north, and longitudes 45 deg and 180 deg. west; exhibiting Mackenzie's track from Montreal to Fort Chipewyan, and from thence to the North Sea in 1789, and to the West Pacific Ocean in 1793. London, 1801.
4431. **Arrowsmith A.** Map exhibiting all the new discoveries in the interior parts of North America 1795. 4 sheet in 2 maps,
4432. **Rodney** Point to Barrow Point, with Chamisso, Clarence and Grantley Ports, with Views. Capt. Beechy, R. N. 1827; additions to 1855. London, Adm. Hydr. Office.
4433. **Barrow** Point and Port Moore. Thos. Hull,. Master R. N. London, Hydr. Office, 1854.
4434. **America**, North Coast. Mackenzie River to Behring Strait. From the observations of Beechey, Franklin, Richardson, Dease and Simpson, Kellett, Pullen and Hooper, Moore, Collinson, Mc. Clure and Maguire. 1 : 2.000.000. London, Hydr. Office, 1857, Nr. 2434.
4435. **Map** of the North West Part of Canada, Indian Territories, and Hudsons Bay, by Th. Devyne. Compiled and drawn by the order of the Hon. Jos. Cauchon. Toronto, Deibishire and Desbarats, 1857. Folio, 4 sheets.
4436. **Plans** refered to in the Report from the select Committee on the Hudsons Bay Company. Ordered by the House of Commons to be printed 31 July and 11 August 1857, 1 : 11,590.000 and 1 : 8,300.000.
4437. **A. H. Dufour.** Amérique anglaise et terres arctiques. Paris, Barba. Folio.

b) Astronomie, Meteorologie, Erdmagnetismus.

4438. **Richardson** Sir J. On the Frozen Soil of North America. Edinburgh, 1841.
4439. **Richardson** Sir John and Lefroy J. H. Magnetical and meteorological observations at Lake Atabasca, Fort Simpson and Fort Confidence on Great Bear Lake. London, 1855.
4440. **Sabine** Edw. On hourly observations of the magnetic declination made by Capt. Rochfort Maguire in 1852—1854 at Point Barrow in the Shores of the Polar Sea. London, 1857.

Aufsätze und Notizen.

4441. **Richardson** John. On the Aurora Borealis. (New phil. Journal, Edinb. V, 1828, p. 241—242. — Poggend. Annal., XIV, 1828, p. 615—618.)
4442. **Richardson** John. Ueber das Nordlicht. (Hertha, XIII, 1829, p. 317—319.)
4443. **Richardson** John. Notice of a few observations which it is desirable to make on the frozen soil of British North America. (Journal of the Geogr. Soc. of London, IX, 1839, p. 117—120.)
4444. **Richardson** Dr. Results of Thermometrical Observations, made at S. Edward Parry several Wintering Places on his Arctic Voyage and at Fort Franklin. (Journal of the R. Geogr. Soc. of London, IX, 1839, p. 331 —381.)
4445. **Mahlmann** W. Die Witterungsverhältnisse des nordöstlichen Theiles von Nord-Amerika, nebst Bemerkungen über die Vegetation daselbst und die

allgemeine vergleichende Klimatologie. (Monatsschrift der Ges. für Erdkunde, Berlin, N. F. I, 1844, p. 145—155.)
4446. **Ueber** die Klimatologie des nordöstlichsten Theiles von Nord-Amerika. (Ausland, XXV, 1852, p. 583.)
4447. **Sabine** Edward. On the amount and frequency of the magnetic disturbances and of the Aurora at Point Barrow on the shores of the Polar Sea. (Brit. Assoc. Rep. 1857, [pt 2] p. 14—15.)
4448. **Sabine** Edward On hourly observations of the magnetic declination made by R. Maguire and the officers of H. M. S. »Plover« in 1852—1854 at Point Barrow on the shores of the Polar Sea. (Philosophical Transactions 1857, p. 497—532. — Bibl. Univ. Archives, II, 1858, p. 12—21.)
4449. **Dove** H. W. Ueber die Temperatur von Point Barrow. (Zeitschr. der Ges. für Erdkunde, Berlin, N. F. V, 1858, p. 483—486.)

c) Zoologie urd Thiergeographie.

4450. **Richardson** John, Swainson and Kirby. Fauna boreali-americana; or the zoology of the objects of natural history collected in the late northern land expeditions, under the command of Capt. Sir John Franklin, by John Richardson, assisted by Will. Swainson and Will. Kirby etc. 4 vols. With numerous beautifully coloured plates. Norwich, Jos. Fletcher; London, Bentley; London, Murray, 1829, 1831, 1836, 1837. 4°.
4451. **Richardson,** J. Icones piscium, or plates of rare fishes. London, 1843, 4°.

Aufsätze und Notizen.

4452. **Richardson** John. Account of some fishes observed during Capt. Franklin's and Dr. Richardson's journey to the Polar Sea. (Mem. Wern. Soc. Edinburgh, V, 1823—24, p. 509—522.)
4453. **Richardson** John. Short characters of a few quadrupeds procured on Capt. Franklin's last expedition. (Zool. Journal III, 1828, p. 516—20.)
4454. **Richardson** John. On Aplodontia, a new genus, of the order Rodentia, constituted for the reception of the Sewellel, a burrowing animal which inhabits the north-western coast of America. (Zool. Journal, IV, 1829, p. 333—37.)
4455. **Richardson** John. Birds and Mammalia collected during the last Arctic land expedition under Franklin. (Proceedings of Zoological soc. I, 1831, p. 132.)
4456. **Richardson** John. Report on North-American Zoology. (Brit. Assoc. Rep. 1836, p. 121—224.)
4457. **Ross** B. R. A popular treatise on the fur-bearing animals of the Mackenzie River District. (The Canadian Naturalist and Geologist, Febr. 1861, p. 5 — 36.)

d) Botanik.

4458. **Michaux** André. Flora boreali-americana, sistens characteres plantarum quas in America septentrionali collegit et detexit. 2 vol. Avec 51 Fig., tab. 51 orn. Parisiis et Strassburg, Levrault, an XI, (1803.) Paris, Jouannaux, 1820, 8°.
4459. **Richardson** John. Appendix to Captain John Franklin's voyage, containing the botany and zoology. London, Murray, 1823, 4°.
4460. **Hooker** William Jackson. Flora Boreali-Americana or the botany of the northern parts of British-America. Compiled principally from the plants coll. by Dr. Richardson and Mr. Drummond on the last Northern Exped. under the Command of Capt. Sir John Franklin. 2 vols, with 238 pl. and a map. London, Bohn, 1829—40, 4°.
4461. **Harwey** William Henry. Nereis Boreali-Americana; or, contributions towards a history of the marine algae of the Atlantic and Pacific Coasts of North-America. 2 vols Washington, 1851; London, Van Voorst, 1852—3, 4°.
4462. **Seemann,** Berth., Flora of the Esquimaux Land. London, Reeve, 1852, 4°.

e) Ethnographie, Culturgeschichte etc.

4463. Grotii H. Dissertatio de origine gentium Americanarum. Paris, 1642, 8°; Hagae Com. 1652, 12°; Lipsiae, 1669, 4°.
4464. Laet, Joannis de. Notae ad Hugonis Grotii dissertationem de origine gentium Americanarum. Amstelodami, apud Elzevirum, 1643, 12°.
4465. Laet, Joannis de. Responsio ad dissertationem secundam Hugonis Grotii de origine gentium Americanarum. Amstelodami, apud Elzevirum, 1644, 4°.
4466. Long J. See- und Landreisen oder Beschreibung der Sitten und Gewohnheiten der nordamerikanischen Wilden, ferner ein umständliches Wörterbuch der Chippewäischen und anderen nordamerikanischen Sprachen. Aus dem Englischen mit einer kurzen Einleitung über Canada und 1 verb. Karte von Ebh. A. W. v. Zimmermann. Hamburg, Hoffmann, 1791, gr. 8°. (V. Band der See- und Landreisen.)
4467. Long J. Reisen eines amerikanischen Dolmetschers und Pelzhändlers, welche eine Beschreibung der Sitten und Gebräuche der nordamerikanischen Eingebornen und einige Nachrichten von den Porten am St. Lorenz-Flusse, dem See Ontario u. s. w. enthalten. Aus dem Englischen, nebst einer vorläufigen Schilderung des Nordens von Amerika, von G. R. Forster. Mit 1 Karte und 1 Kupfer. Berlin, Voss, 1792, gr. 8°.
4468. Antiquitates americanae sive scriptores septentrionales rerum ante columbianarum in America. Edidit soc. reg. antiq. septentr. Cum figuris et tabulis geogr. Isl. Dan. Lat. Hafniae, Schultz, 1837; Hamburg, Perthes, Besser et Maucke 4°.
4469. Rafn C. C. Supplement to the Antiquitates Americanae. Kopenhagen, 1841.
4470. Rafn C. C. Antiquités Américaines d'après les monuments historiques des Islandais et des anciens Scandinaves. Avec pl. Copenhague, J. H. Schulz, 1845, 4°.
4471. Simpson Dr. John. The Western Esquimaux Arctic BlueBooks for 1855, p. 917.
4472. Petitot le R. P. E. Monographie des Esquimaux Tchiglit du Mackensie et de l'Anderson. Paris, E. Leroux, 1876. 4°.
4473. Petitot E. Dictionnaire de la langue dènè-dindjié, dialectes montagnais ou chippewayan, peaux-de-lièvre et loucheux, renfermant en outre un grand nombre de termes propres à sept autres dialectes de la même langue; précédé d'une monographie des Dènè-Dindjié, d'une grammaire et de tableaux synoptiques des conjugaisons. 1 vol. Paris, 1876, gr. 4°.
4474. Petitot E. Vocabulaire français-esquimaux, dialecte des Tchiglit des bouches du Mackenzie et de l'Anderson, précédé d'une monographie de cette tribu et de notes grammaticales. 1 vol. Paris, 1876, 4°.

Aufsätze und Notizen.

4475. Die Eskimos im westlichen Nordamerika. (Pfennig-Magazin, Leipzig, II, 1834, p. 519.)
4476. Ross J. Die Boothier. (Journal für die neuest. Land- u. Seereisen, LXXXI, 1835, p. 376.)
4477. Die Eskimos in der Repulse-Bay. (Ausland, XXXI, 1858, p. 168.)
4478. Buschmann. Ueber die Völker und Sprachen im Innern des Britischen Nord-Amerika's. (Monatsbericht der Berliner Akademie, September und October, 1858, p. 482.)
4479. Les Esquimaux et les animaux de Repulse Bay, (Nouv. Annales des Voyages, 1858, Janv., p. 113—115.)
4480. Yderigere spor af de gamle Nordboer i America. (Antiquarisk Tidsskrift, 1858—60, p. 361—366.)
4481. Gibbs George. Notes on the Tinneh or Chepewyan Indians of British and Russian America. (Annual report of the Smithsonian Institution, 1866, p. 303—327.)
4482. Die Chippeway-Indianer des Mackenzie-Flusses und ihre Nuturproducte. (Ausland, XLII, 1869, p. 110.)

Siehe auch die Nummern: 152, 276, 373, 394, 418, 1036, 1040, 1054, 1104, 1222, 1262, 1273, 1424, 1559, 2780.

XXIII. Alaska.

(Halbinsel und Territorium.)

a) Allgemeines, Geographie und Reisen.

4483. **Reise** der k. russ. Flotten-Officiere Chwostow und Dawydow von Petersburg nach Amerika in d. J. 1802, 1803—1804. Berlin, Fr. Maurer, 1816. 8°.
4484. **Kittlitz** F. H. v. Denkwürdigkeiten einer Reise nach dem russischen Amerika, nach Mikronesien und durch Kamtschatka. 2 Bde. Mit Holzschn. und 4 Stahlst. 383 pp. und 463 pp. Gotha, Justus Perthes, 1858. 8°.
4485. **Tichmenieff** G. Historische Uebersicht der russisch-amerikanischen Compagnie. 2 Thle. Mit Karten [russisch]. St. Petersburg, 1861—1863.
4486. **Black** Lieut. J. Notes on the Russian-American Trading Posts. Washington, Departement of State, 16. Oct. 1867.
4487. **Snow** W. Parker. Russian-America its physical characteristics and native tribes. Hours at Home, ed. by Sherwood. New York, Juli 1867.
4488. **Speech** of Hon. Charles Sumner of Massachusetts, on the cession of Russian-America to the United States. 48 pp. With a map. Washington, Congressional Globe Office, 1867, 8°.
4489. **Blake** William P. Geographical notes upon Russian-America and the Stickeen river. Washington, 1868, 8°.
4490. **White** Capt. J. W. A cruise in Alaska. 40 th. Congress, III. Session. Ex Doc. No. 8. 10 pp. Washington, 1868, 8°.
4491. **Whymper** Fred. Travels and adventures in the Territory of Alaska, formerly Russian America, now ceded to the United States and in various other parts of the North Pacific. 347 pp. With a map and Illustr. London, Murray, 1868; New York, 1869, 8°.
4492. **Seward** W. H. Our North Pacific States. Speeches in Alaska, Vancouver's and Oregon. August 1869. 32 pp. Washington, 1869, 8°.
4493. **Whymper** F. Alaska. Reisen und Erlebnisse im hohen Norden. Autorisirte deutsche Ausgabe von F. Steger. 367 pp. Mit einer Karte. Braunschweig, Westermann, 1869, 8°.
4494. **Dall** W. H. Alaska and its resources. 640 pp. With a map. Boston, 1870, 8°.
4495. **Dall** W. H. Report of geographical and hydrographical explorations on the coast of Alaska. Washington, 1870, 4°.
4496. **Raymond** Capt. Ch. W. Report of reconnaissance of the Yukon River, Alaska Territory. July to Sept. 1869. 113 pp. Senate, 42 d. congress. I. session Ex Doc. No. 12. Washington, 1871, 8°.
4497. **Pinart** A. Catalogue des collections rapportées de l'Amérique russe aujourd'hui Territoire d'Alaska. 30 pp. Paris, Claye, 1872, 8°.
4498. **Vahl** J. Alaska, Folketog Missionen. 114 pp. Kopenhagen, Gad, 1872, 8°.
4499. **Dallas** A. G. San Juan, Alaska and the North West Boundary. 11 pp. London, King, 1873, 8°.
4500. **Elliott** H. W. A report upon the condition of affairs in the territory of Alaska. Washington, 1875, 8°.
4501. **Pinart** Alph. L. Voyages à la côte nord-ouest de l'Amérique exécutés durant les années 1870—1872. Vol. I, Partie 1 histoire naturelle. Paris, 1875. Fol.

Aufsätze und Notizen.

4502. **Saikof.** Reise nach Alaska von 1772—79. [russ.] (Geogr. histbr. Kalender, Petersburg [russ.] für 1782.)
4503. **Schifffahrt,** von Russland bis Alaska. (Büsching, Nachrichten, Berlin, XI, 1783, p. 289.)
4504. **Langsdorf** M. G. H. Voyage dans l'Amérique Russe, Extrait et traduit de l'ouvrage. (Annales des Voyages, Malte Brun. XXI, 1813, p. 43—72.)

4505. **Bruchstücke** aus dem Reise-Journal des H. Chromtschenko, geführt während einer Fahrt längs der Küsten der russ. Niederlassungen in Nordwest-Amerika im Jahre 1822. Aus dem Russischen übersetzt. (Hertha, II., 1825, p. 199—224, 258—273, 583—604.)
4506. **Nachrichten** von der Expedition der russ. Sloop Smirnoi. Aus der nord. Biene, 1825, Nr. 1. (Hertha, geogr. Zeitung, III, 1825. p. 7—8.)
4507. **Voyage** aux Colonies russes de l'Amérique, fait à bord du Sloop de guerre l'Apollon, pendant les années 1821, 1822, 1823, par Achille Schabelski. 1 Bd., 106 pp St. Petersbourg, 1826, 8° (Hertha, XII, 1828, p. 173—185.)
4508. **Colonies russes** de la côte nord-ouest d'Amérique. Aus der nord. Biene, Journ. d. St. Pétersbourg. (Nouv Annales des Voyages, Paris, II Sér., VII, 1828, p. 229—231.)
4509. **Amérique Russe.** (Revue des deux mondes. — Journal des Voyages, II Sér., I, 1830. p. 487—488.)
4510. **Wrangell** v. Briefe aus Sibirien und den russ. Niederlassungen in Amerika. (Dorpat. Jahrb. I, 1833, p. 169, 263, 353; II, p. 179, 356.)
4511. **Tardieu Ambroise.** Voyage aux Colonies Russes de l'Amérique par Ach. Schabelski. (Bulletin de la Soc. de Géogr. à Paris, II Sér., IV, 1835, p. 201—220.)
4512. **Glasunow.** Voyage dans le nord-ouest de l'Amérique. (Nouv. Annales des Voyages, I, 1841, p. 5.)
4513. **Nachrichten** über den gegenwärtigen Zustand der russisch-amerikanischen Colonie. (Annalen der Erdkunde, IV, 1843, p. 79.)
4514. **Russian America.** (Asiatic Journal, III Ser., I, 1843, p. 71, 153.)
4515. **Kaschewarow's** Reise im äussersten Norden von Amerika. (Erman's Archiv f. wiss. Kunde v. Russland, V, 1846, p. 389.)
4516. **Yermoloff** de. Extrait d'une note sur l'Amérique Russe. (Nouv. Annal. des Voyages, III, 1846, p. 87.)
4517. **Ueber** die Reise und Entdeckungen des Lieutenants L. Sagoskin im Russischen Amerika. Mit 1 Karte. (Erman's Archiv für wiss. Kunde v. Russland, VI, 1847, p. 499, 613.)
4518. **Lieutenant Sagoskin's** Reise im Russischen Amerika. (Erman's Archiv für wiss. Kunde v. Rusland, VII, 1848, p. 429.)
4519. **Bericht** der Russisch-Amerikanischen Handels-Compagnie für das Jahr 1848. (Erman's Archiv für wiss. Kunde v. Russland, VIII, 1849, p. 702.)
4520. **Seleny.** Auszug aus dem Tagebuche des Hrn. Sagoskin über seine Expedition auf dem festen Lande des nordwestlichen Amerika's. (Iswestija der Geogr. Ges., Petersburg, I, 1849, p. 307, 651.)
4521. **Russische** Entdeckungsreisen nach dem nordöstlichen Asien und nordwestlichen Amerika. (Erman's Archiv für wiss. Kunde v. Russland, XIV, 1855, p. 212.)
4522. **Ertrag** der Russischen Besitzungen im Stillen Ocean. (Petermann's Geogr. Mitth., II, 1856, p. 486.)
4523. **Erforschungs-Expedition** nach dem nordwestlichen Amerika. (Ausland, XXX, 1857, p. 479.)
4524. **Aus dem Jahresbericht** der Russisch-Amerikanischen Handels-Compagnie für 1856—1857. (Erman's Archiv für wiss. Kunde v. Russland, XVII, 1858, p. 3.)
4525. **Aus** den Jahresberichten der Russisch-Amerikanischen Handels-Compagnie für 1856—1857. (Erman's Archiv für wiss. Kunde v. Russland, XVII, 1858, p. 471.)
4526. **Kittlitz** F. H. v. Denkwürdigkeiten einer Reise nach dem Russischen Amerika. (Die Natur, VII, 1858. — Naturw. Literaturblatt, p. 62.)
4527. **Das Russische Amerika,** seine Bewohner und seine administrative Eintheilung. (Petermann's Geogr. Mitth., IX, 1863, p. 70.)
4528. **Nachrichten von Whymper.** (Ausland, XL, 1867, p. 1056.)
4529. **Die Gletscher** von Alaska. (Zeitschr. d. Ges. f. Erdk., Berlin, III. Ser., II, 1867, p. 523—524.)

4530. **Bone J. H. A.** Russian America. (The Atlantic Monthly, 1867, Juni.)
4531. **Alaska.** With a map. (Colton's Journal of Geography, 1867, October, p. 3—7.)
4532. **Blake W P.** The glaciers of Alaska, Russian America. (Siliman's American Journal, 1867, July, p. 96—101.)
4533. **Das Aliaskagebiet.** (Frederik Whymper, vid. Athenäum.) (Ausland, XLI, 1868, p. 406.)
4534. **Whymper Fr.** A journey from Norton Sound, Bering Sea to Fort Youkon. With a map. (Journal of the R. Geogr. Society of London, XXXVIII, 1868, p. 219—237.)
4535. **Alaska.** What is it worth? With a map. (Lippincott's Magazine of litterature, science and education. Philadelphia, 1868 February.)
4536. **A scientific** Expedition to Alaska. (Lippincott's Magazine of litterature science and education. Philadelphia, 1868, November.)
4537. **Blake T. A.** Explorations in Alaska. (Mercantil Marine Magazine, 1868, March. p. 73 - 75.)
4538. **Dall W. H.** Remarks of Alaska. (Proceedings of Boston Society of Natural History, XII, 4. Nov. 1868, p. 143—151.)
4539. **Dall W. H.** Explorations in Russian America. (Silliman's American Journal of science and arts, 1868, January, p. 96—99.)
4540. **Reisen und Entdeckungen** im ehemals russischen Amerika. (Ausland, XLII, 1869 p. 97.)
4541. **Whymper Ferd.** Erforschung des Jukon-Stromes im Alaska-Gebiete. (Ausland, XLII, 1869, p. 125.)
4542. **Whimper's** Schilderungen aus dem Innern von Alaska. (Globus, Braunschweig, XVI, 1869, p. 43, 56, 75, 105)
4543. **Die Telegraphen-Expedition** auf dem Jukon in Alaska. Mit Karte s. Tafel 19. (Petermann's Geogr Mitth., XV, 1869, p. 361—366.)
4544. **Flächeninhalt** des Territoriums Alaska. Planimetrisch bereehnet von Fr. Hanemann in Gotha. (Petermann's Geogr. Mitth., XV, 1869, p. 419—420.)
4545. **Whymper F.** Russisches Amerika Untersuchung Alaska's. (Mitth. der Geogr. Ges. in Wien, XII, 1869, p. 44.)
4546. **Alaska.** (The Athenaeum, 1869, Nr. 21 3, p. 597.)
4547. **Notes** on Alaska, United States. (Mercantil Marine Magazine, 1869, March, p. 79—85, April, p. 105—108.)
4548 **Neue** Erforschungen im Alaska-Gebiete. (Ausland, XLIII, 1870, p 94.)
4549. **Das Territorium Alaska.** (Ergänzungsblätter zur Kenntniss der Gegenwart, Hildburghausen, 1870, p. 108—113.)
4550. **Walrussia** [Alaska]. (Globus, Braunschweig, XVIII, 1870, p. 144.)
4551. **Capitän Raymond's** Reise nach Port Yukon in Alaska. (Petermann's Geogr. Mitth ., XVI, 1870, p 304—305)
4552. **Quelques mots** sur le Territoire d'Alaska. (Le Globe, Bulletin, Genève, 1870, p.48— 53.)
4553. **Nouveaux details** sur l'Alaska. (Le Globe, Bulletin, Genève, 1870, p. 280—285.)
4554. **Das Gebiet** Alaska und seine geringen Fortschritte. (Aus allen Welttheilen, III, 1871—1872, Nr. 2, p. 63.)
4555. **Handelsstädte** im Gebiete Alaska. Aus allen Welttheilen, III, 1871—1872, Nr. 6, p. 191.)
4556. **Alaska.** Küstenaufnahme. (Globus, Braunschweig, XX, 1871, p 240)
4557. **Zimmermann** Hermann Dr. Alaska Mit Illustr. (Aus allen Welttheilen, IV, 1872—1873, Nr. 4, p. 115—116; Nr. 5, p. 140—143.)
4558. **Am Yukon** in Alaska. (Globus, Braunschweig, XXI, 1872, p. 79.)
4559. **Reymond Ch. W. Capt.** The Yukon River region, of Alaska. Journal of the American Geographical Society of New-York. III. 1872, p. 158 192)
4560. **Pinart A. L.** Voyage à la côte nord ouest d'Amérique d'Ounalaschka à Kadiak. Avec une carte. (Bulletin de la Soc. de Géogr, Paris, VI Sér., VI, Déc. 1873, p. 561—580.)

4561. **Dall** W. G. Die Küstenaufnahme der Halbinsel Alaska. (Ausland, XLVII, 1874, p. 480.)
4562. **Aus dem** Territorium Alaska. (Globus, Braunschweig, XXVII, 1875, p. 79.)
4563. **Arbeiten** der Küstenaufnahme von Alaska. [Notiz.] (Petermann's Geogr. Mitth., XXI, 1875, p. 155–156.)
4564. **Pinart** M. Voyage en Amérique septentrionale. (l'Explorateur, II, 1875, p. 430.)
4565. **Pinart** M. Explorations Américaines. [Lettre.] (Bulletin de la Soc. de Géogr. Paris, VI Sér., X, 1875, p. 521–523.)
4566. **Amérique russe.** (Bulletin de la Soc de Géogr., Paris, I Sér., X, p. 76.)
4567. **Découvertes** de Behring et de Tchiricoff dans l'Amérique russe. (Bulletin de la Soc de Géogr., Paris, II Sér., II, p. 353.)
4568. **Nachrichten** aus den Colonien der russisch-amerikanischen Compagnie. (Aus der Nord. Biene, 1825, Nr. 1 und 6. — Hertha, Geogr. Zeitung, III, p. 36—37.)

Karten.

4569. **Chart** of a part of the Northwest Coast of America from Point Rodney to Point Barrow. By Captain F. W. Beechey assisted by Belcher, Elson, Wolfe 1826 and 1827. Additions by Kellett, Collinson, Moore and Hell 1849—1854. 1 : 1,000.000. London, 1855.
4570. **South East** Coast of Alaska, Alexander Archipelago. Nach der britischen Admiralitätskarte: Cordova Bay to Cross Sound 1865, berichtigt nach Aufnahmen des Commdr. Meade jun. U. S. N. 1 : 850.000, 1869. Cartons Fresh Water Bay, Takon Harbour, Pyramid Island Harbour, 1 : 75.000, Security Bay 1 : 110.000, Bay of Etholine, Plan of Kootznahoo Roads and Koteosok Harbour 1 : 105.000. Plan of Wrangel Straits 1 : 100.000. 1868, Nr. 225. Washington.
4571. **Capt. Raymond** and Mr. Ev. Diezelski. The Yukon River. Alaska from Fort Yukon to the sea. From a reconnaissance made under the orders of Major General H. W. Halleck U. S Army, Juli-Sept. 1869, 1 : 1,000.000. Lith. Washington, Office of the Chief of Engineers, 1871.
4572 **Kodiak Island, Alaska.** Nach russischen Autoritäten 1 : 750.000. Washington, 1869.
4573. **Alaska** and adjoining territory. U. S. Coast Survey. H. Lindenkohl 1 : 3,400.000. Washington, 1869.
4574. **Alaska.** Drawn at the United States Coast Survey Office. Washington, D. C., July 1869 under the direction of William Dall, 1 : 4,800.000.
4575. **North-West Coast of America.** 3 sheets. 1 : 1,200.000, 1868. Washington, U. S. Coast Survey, 1871.

b) **Astronomie, Meteorologie, Erdmagnetismus.**

Aufsätze und Notizen.

4576. **Erman** A. Ueber einige meteorologische Resultate der Sagoskin'schen Reise. (Erman's Archiv für wiss. Kunde von Russland, VII, 1848, p. 467.)
4577. **Vessélofski** C. Sur le climat d'Ikogmut. (Dorpater Repertor. für Meteorol. red. v. Kämtz, 1859, p. 179—186.)
4578. **Dall** W. H. A winter's day in the Yukon Territory. (The American Naturalist, 1870, June.)
4579. **Dall** W. H. Spring time on the Yukon. (The American Naturalist, Salem, 1870, Dec.)
4580. **Vessélofski** C. Sur le climat d'Ikogmut. (Tiré des Mélanges physiques et chimiques, III.)

c) Hydrographie.

4581. **Davidson** G. Coast Pilot of Alaska (first part) from southern boundary to Cooks Jnlet 1869. 251 pp. Washington, U. S. Coast Survey, 1869, 8°.
4582. **Dall** W. H. Harbours of Alaska and the tides and currents in their vicinity. Washington, 1870. 4°.

d) Geologie, Paläontologie, Mineralogie.

4583. **Perrey** Alexis. Documents sur les tremblements de Terre de la Peninsule d'Alaska, des îles Aleoutiennes et de la côte N. O. de l'Amérique du Nord. Dijon, 1866.
4584. **Heer** O. Prof. Dr. Flora fossilis Alaskana. Leipzig, Brockhaus, 1871, 4°.

Aufsätze und Notizen.

4585. **Doroschin** P. Beobachtungen und Bemerkungen über das Goldvorkommen in den Besitzungen der russisch-amerikanischen Compagnie. (Erman's Archiv für wiss. Kunde von Russland, XXV, 1867, p. 229.)
4586. **Flora fossilis** Alaskana. (Verhandl. d. Geolog. Reichsanstalt Wien, 1869, p. 115.)
4587. **Heer** Oswald. Flora Fossilis Alaskana. Fossile Flora von Alaska. Mit 10 Tafeln. (K. Sv. Vet. Akad. Handlingar, VIII, 1869, Nr. 4, p. 1—41.)
4588. **Alaska.** Kohlen. (Globus, Braunschweig, XX, 1871, p. 96.)
4589. **Kohlen** in Alaska. (Ausland, XLV, 1872, Nr. 21, p. 504.)
4590. **Silberminen** in Alaska. [Notiz.] (Aus allen Welttheilen, VII, 1876, p. 159.)

e) Zoologie und Thiergeographie.

Aufsätze und Notizen.

4591. **Nordmann** Alex. v. Notiz über eine Riesenform der Miesmuschel aus den russisch-amerikanischen Besitzungen, Mytilus edulis, forma gigantea. Mit 3 Tafeln. (Bulletin de la Soc. imp. des naturalistes de Moscou, 1862, Nr. IV, p. 408—426.)
4592. **Dall** W. H. and H. M. Bannister. List of the birds of Alaska, with biographical notes. (Transactions of the Chicago Academy of Sciences, I, p. 267—310.)

f) Botanik.

Aufsatz.

4593. **Rothrock** J. T. Dr. Sketch of the Flora of Alaska. (Annual Report of the Smithsonian Institution for the year 1867. Washington, 1868, p. 433—463.)

g) Ethnographie, Culturgeschichte etc.

4594. **Holmberg** H. J. Ethnographische Skizzen über die Völker des russischen America. 1. Abth., 142 pp. u. 1 Karte. Helsingfors, 1855; Leipzig, Brockhaus. 4°.
4595. **Pinart** Alph. Notes sur les Koloches. Paris, Broch, 1873. 8°.
4596. **Pinart** Alph. Sur les Atnahs. Paris, 1875, 8°.
4597. **Pinart** Alph. L. La caverne d'Aknah, île d'Ounga (archipel Shumagin, Alaska). Paris, 1875. Fol.

Aufsätze und Notizen.

4598. **Einwohner** des russischen Amerika. (Neue allg. geogr. Ephem., XIV, 1824, p. 478—479.)

4599. **Wrangell v.** Statistische und ethnographische Nachrichten über die russischen Besitzungen an der Nordwestküste von Amerika. (v. Baer u. v. Helmersen, Beiträge zur Kenntniss des Russischen Reiches, I, 1839.)
4600. **Etwas** über die Sprache der Koloschen. (Erman's Archiv für wiss. Kunde v. Russland, III, 1843, p. 439.)
4601. **Ueber die Eskimos** im Russischen Amerika. (Ausland, XIX, 1846, p. 1265, 1270, 1274.)
4602. **Schott.** Ueber einige ethnographische Ergebnisse der Sagoskin'schen Reise im Russischen Amerika. (Russisches Archiv, VII, 1848, p. 480.)
4603. **Schott W.** Ueber die Sprachen des Russischen Amerika nach Wenjaminow. (Erman's Archiv für wiss Kunde v. Russland, VII, 1848, p. 126.)
4604. **Notizen** über den Tauschhandel im Russischen Amerika. (Erman's Archiv für wiss. Kunde v. Russland, VII, 1848, p. 464.)
4605. **Schott W.** Ueber einige ethnographische Ergebnisse der Sagoskin'schen Reise im Russischen Amerika. (Erman's Archiv für wiss. Kunde v. Russland, VII, 1848, p. 480.)
4606. **Ritter H.** Land und Leute im Russischen Amerika. (Zeitschr. der Ges. für Erdkunde, Berlin, N. F. XIII, 1862, p. 241—270.)
4607. **Dall W. H.** On the distribution of the native tribes, of Alaska and the adjacent territory. (Proceedings of the American Association for advancement of science, XVIII, 1869, p. 263—273.)
4608. **Pinart A.** Esquimaux et Koloches, idées religieuses et traditions des Kaniagmioutes. (Revue d'Anthropologie, 1873, Nr. 4.)
4609. **Radloff Leopold.** Wörterbuch der Kinai-Sprache, herausgegeben von A. Schiefner. (Mémoires de l'Acad. des scinces de St. Pétersbourg, VII. Sér., XXI, Nr. 8, 1874, p. I—X und 1—33.)
4610. **Gatschet Adalbert S.** Alaska und seine Bewohner. Aus dem Englischen. (Aus allen Welttheilen, Leipzig, VI, 1875, p. 195—204.)
4611. **Dall W. H.** Vorgeschichtliches aus Alaska. (Globus, Braunschweig, XXVII, 1875, p. 95.)

h) Polarfischerei und Jagd.

4612. **Pinart Alph.** La chasse aux animaux marins et les pêcheries chez les indigènes de la côte nord-ouest d'Amérique. Boulogne sur Mer, 1875, 8°.

Aufsätze und Notizen.

4613. **Ueber die Jagd** in den russischen Colonien von Nord-Amerika. (Journal für die neuest. Land- und Seereisen, LXXXIV, 1836, p. 174.)
4614. **Lachsfischerei** in Alaska. (Globus, Braunschweig, XVI, 1869, p. 160.)
4615. **Robbenjagd** und Pelzhandel in Alaska. (Ausland, XLIII, 1870, p. 280.)
4616. **Schiffbrüche** nordamerikanischer Walfischfahrer im Eise nördlich von Alaska. (Aus allen Welttheilen, III, 1871—72, Nr. 2, p. 62.)
4617. **Klein Nicolaus.** Die Pelzrobben-Inseln von Alaska. (Aus allen Welttheilen, III, 1871—72, Nr. 8, p. 246—8.)
4618. **Alaska,** Stockfischfang. (Globus, Braunschweig, XXVI, 1874, p. 336.)
   Siehe auch die Nummern: 325, 957, 1099, 1100, 1142, 1149, 3880, 3989, 4194, 4209.

XXIV. Hudsons-Bay und anliegendes Territorium.

a) Allgemeines, Geographie und Reisen.

4619. **Detectio** freti Hudsoniani. Collection of Hessel, Gerritsz', Isac Massa's and de Quir's tracts on the Arctic Voyages, on Siberia, on H. Hudsons third Voyage and on Australia. Amsterdam, 1612. Facsimile reproduction of the rare dutch edition of 1612 and reprint of the latin edition of 1613. With a new English translation by J. F. Millard and historical introduction by S. Muller. With 2 maps. Amsterdam, F. Muller, 1875.

4620. **Beschreibung** der Reisen durch Capitain Joh. Munken, im Jahr 1609—20, nach dem freto Hudson. Frankfurt, 1650, 4°.

4621. **Jérémie** M. Relation du détroit et de la Baie de Hudson. Amsterdam, 1720.

4622. **Dobbs** Arthur. An account of the Countries adjoining to Hudson's Bay, in the North-west part of America; with an Abstract of Captain Middleton's Journal. To which are added: a Letter from Bartholomew de Fonte; giving an account of his Voyage to prevent any Ships, that should attempt to find a North-west Passage to the South Sea; an Abstract of all the Discoveries which have been published of the Islands and Countries and adjoining to the Great Western Ocean; the Hudson's Bay Company's Charter; the Standard of Trade in those parts of America; and Vocabularies of several Indian Nations adjoining to Hudson's Bay; with a drawn map of North America, as described by Joseph La France, a French Canadia Indian. London, L. P. 1744. 4°.

4623. **Dobbs** Arthur. Remarks on Capt. Middleton's Defence, wherein his conduct during a passage from Hudson's Bay to the South Sea is impartially considered. London, 1744, 8°.

4624. **Voyage** de la Baye de Hudson fait en 1746 et 1747, pour la découverte du passage de Nord-Ouest etc., trad. de l'anglais de Mr. Henri Ellis. 2 vols.: I, 182 pp.; II, 319 pp. avec la Nouvelle Carte des Parties où l'on a cherché la Passage de Nord-Ouest dans les années 1746 et 1747. Par Henry Ellis. Gravée par Lattré (1 : 20,000.000) et avec les vues gravées par Flipart: La Pointe de Sud-Est des Isles de Resolution; Cap Walsingham; Les Vaisseaux en Quartier d'Hiver dans la River de Hayes; Vue de la Maison de Montague du côté de la Crique des Castors; Port de Douglas; Cataracte au haut de la Baye Wager. Paris, Ballard fils, 1749; 2 vols. Paris, Ivry, 1749; Paris, Desaint et Saillent, 1750; Leiden, Lezac fils, 1750, 12°.

4625. **Ellis** H. Reise nach den Hudsonsbay, aus dem Englischen (1748) von J. Ph. Murray. 364 pp. Mit den Karten: Gegend der projectirten nordwestlichen Durchfahrt von H. Ellis, 1746—7. 1 : 25,000.000; Karte von der Hudsons-Meerenge. 1 : 7,750.000. und den Ansichten: Die süd-östliche Spitze von den Resolutions-Inseln; Cap Walsingham von Nord-Osten; Bucht im Hayes-Fluss; Montagus Haus von der Biber-Kriek; Douglas-Hafen; Wasserfall im obersten Theil von Wagers Bay. Göttingen, Vandenhöck et Ruprecht, 1750. gr. 8°.

4626. **Ellis** H. Reize naar de Baai van Hudson ter ontdekkinge van eenen Noord-Wester doortogt. Uit het Engl. vertaalt. Met Kaart en platen. Leiden, E. Luzac, 1750.

4527. **Robson** Joseph. An account of six years residence in Hudson's Bay, from 1733 to 1736 and 1744 to 1747; with an Appendix and draughts of Nelson's, Hayes' and Churchill's Rivers, and plans of York Fort, and Prince of Wales' Fort. London, 1752, 8°.

4628. **Bacqueville** de la Potherie, Sieur de. Histoire de l'Amérique Septentrionale contenant le Voyage du Fort de Nelson, dans la Baie de Hudson, la prise du dit Fort, la description du Fleuve de Saint-Laurent et depuis

1534—1701. sous le gouv. de M. l. C. de Frontenay et le Chv. de Callières; 4 vols. avec. fig. Paris, 1753, 12°.
4629. **Dalrymple** Alexander. Plan for promoting the Furtrade and securing in to this Country, by uniting the operations of the East India and Hudson's Bay Companies. 1789, 4°.
4630. **Umfreville** Edward. The Present State of Hudson's Bay; containing a full Description of that Settlement an the adjacent Country etc. London, Ch. Skalker, 1790. 8°.
4631. **Umfreville** Ed. Ueber den gegenwärtigen Zustand der Hundsonsbay, der dortigen Etablissements und ihres Handels, nebst einer Beschreibung des Innern von Neu-Wallis und einer Reise von Montreal nach New-York. Aus dem Englischen von Ebh. A. W. Zimmermann. Mit 1 Karte. Helmstädt, Fleckeisen, 1791. gr. 8°.
4632. **Hearne** Sm. Reise von dem Prinzen von Walis Fort an der Hudsonsbai bis zu dem Eismeere, in den Jahren 1769—72. Aus dem Englischen mit Anmerkungen von J. Rbld. Forster. Berlin, Voss, 1794; Halle, Renger, 1796, 1798, gr. 8°. (Vergl. Magaz. v. merkwürd. neuen Reisebeschreibungen. XIV.)
4633. **Hearne** Samuel. A journey from Prince of Wales Fort in Hudsons-Bay to the Northern Ocean undertaken by order of the Hudson's Bay Company for the Discovery of Copper Mines, a North-West Passage etc. in the years 1767—1772. With maps. London, 1795, 4°.
4634. **Hearne** S. Voyage du Fort du Prince des Galles dans la Baie de Hudson à l'Océan nord, entrepris par ordre de la Compagnie de la Baie de Hudson en 1769—72, pour la découverte d'un passage au Nord-Ouest. Trad. de l'anglais par Lallemand. 2 vols. avec les cartes: Baie de Hudson, gravé par Blanchard. 1:4,100.000; Cours de la rivière de la mine de Cuivre, 1:166.000; Plan de la rivière Moose 1774; Plan de la rivière Slude, 1:450.000; Plan de la rivière d'Albanie, 1:530 000 et avec le vues: Vue de la Partie Nord-Ouest du Fort du Prince de Galles (1777) et vue d'Hiver prise sur le lac Athabasca. Paris, 1798; Paris, Patris, 1799; 1817.
4635. **Hearne** S. Landreis van 't Prins van Wallis Fort aan Hudsons-Baai naar den Noorder Oceaan. Uit het Engelsch vert. met aanmerk. van J. R. Forster. 2 Bde. mit Karten. s'Hage, 1798. 8°.
4636. **Mackenzie** Alex. Tableau historique et politique du commerce des pelleteries dans le Canada depuis 1608 jusqu' à nos jours; contenant beaucoup des détails sur les nations sauvages qui habitent ce pays, et sur les vastes régions qui y sont contiguës; avec un Vocabulaire de la langue de plusieurs peuples de ces contrées; trad. de l'angl. par J. Castéra. Avec portrait de l'auteur. Paris, Dentu, 1807, 8°.
4637. **Chappell** Edw. Narrative of a voyage to Hudson's Bay in his M. Ship »Rosamond«; containing some account of the North East coast of America and of the Tribes inhabiting that remote Region. With a map. London, Mawman, 1817. 2. edition, 1818, 8°.
4638. **Mercator**. Communications of Hudson's Bay Company. Boston, 1817.
4639. **Selkirk** Earl of. A Narrative of occurrences in the Indian countries of North America, since the connexion of the Earl of Selkirk with the Hudson's Bay Company. London, 1817; Montreal, 1818, 8°.
4640. **Mac Keevor** Thomas. A Voyage to Hudsons Bay during the summer of 1812. London, 1819.
4641. **Reise** im Süden und Norden von Amerika enthaltend: Gillespie's Reisen im Innern von la Plata und M'Keevor's Reise nach der Hudsonsbay. Jena, Bran, 1820. gr. 8°. (Ethnogr. Archiv.)
4642. **Franklin** John. Narrative of a journey from the shores of Hudson's Bay to the mouth of the coppermine River and from thence, — overland to Hudson's Bay. With maps and colour. plates. London, 1823. 4°.
4643 **Murphy** H. C. Henry Hudson in Holland. An inquiry into the origin and object of the Voyage which led to the discovery of the Hudson's Straits. With bibliographical notes. 72 pp. Hague, 1839. 8°.

4644. **Irving** Washington. Voyages dans les contrées desertes de l'Amérique du Nord, entrepris pour la fondation du comptoir d'Astoria sur la côte nord-ouest. Trad. de l'anglais par Grolier. 2 vols. Paris, Dufart, 1839. Autre edit. Astoria, voyage au de la des montagnes rocheuses traduit par Grolier. 2 éd. 2 vols. Paris, Alcuard, 1843, 8°.
4645. **Ballantyne** Robert. Un séjour à la Baie d'Hudson ou esquisses de la vie sauvage en Amérique. Londres, 1848.
4646. **Martin** (Montgomery Robert). The Hudson's Bay Territories and Vancouvers Island; with an Exposition of the chartered rights.... of the Hudson's Bay Corporation; with a map. London, Boone, 1848; 1849, 8°.
4647. **Fitzgerald** James E. An Examination of the charter and proceedings of the Hudson Bay Company, with reference to the Grant of Vancouver's Island. London, 1849. 12°.
4648. **Mac Lean** John. Notes of twenty five years service in the Hudson's Bay Territory. 2 vols. London, Bentley, 1849. 8°.
4649. **Return** relating to Hudson's Bay Company (Red River Settlement). Parliamentary Papers. Rep. and Papers Bills. 1849. Nr. 227.
4650. **Irving** W. Astoria. 3 vols. London, H. Bohn, 1850, 8°.
4651. **Northern** Coasts of America and Hudsons Bay Territories. London, Nelson, 1853. 8°.
4652. **Ryerson**, Rev. J. A missionary tour in the Territory of the Hudson's Bay Company. Toronto, 1855.
4653. **Report** from the Select Comittee on the Hudson's Bay Company. London, 1857.
4654. **Ballantyne**, Rb. Mch. Hudson's Bay; or Every day life in the Wilds of North America during six years residence in the Territories of the Hon. Hudson's Bay Company, 3. edit. 330 pp. Edinburgh, 1848; Boston, Phinney, 1859; London, Nelson, 1859; 1876. 12°.
4655. **Rawlings** T. The Confederation of the british North American Provinces including also Hudson's Bay Territory. London, 1865.
4656. **Dodds** J. The Hudsons Bay Company, its position and prospects. With a map. London, Stanford, 1866. 8°.
4657. **Geography** of Hudson's Bay being remarks in many voyages to that locality in 1727—1751. With an appendix containing extracts from the log of Capt. Middleton on his voyage for the Discovery of the N. W. Passage in 1741—1742. Published by the Hakluyt Society, Vol. XII.
4658. **Müller** Karl. Die jungen Pelzjäger im Gebiet der Hudsonsbay-Compagnie. Ein Naturgemälde zur Lust und Lehre für die reifere Jugend gebildeter Stände. Mit 8 Bildern in lith. Farbendr. 2. Aufl. VIII, 367 pp. Breslau, Trewendt. 8°.
4659. **Monck** J.. Capt. Account of a Voyage to Hudson's-Strait with a description of Old and New Greenland. Churchill, Vol. I.
4660. **Mac Keevor** F. Voyage to Hudson's Bay 1812. New Voyages and Travels 1819, Vol. II.
4661. **Beschreibung** der Hudsonsbay und dasiger Wilden. Voyages and Travels. Allgemeine Historie, Vol. XVI.

Aufsätze und Notizen.

4662. **Hutchins** Thomas. Hudsons-Bay. (R. S. Phil. Trans. Abr., XIV, 1771, p. 20.)
4663. **Chapell** Edward R. N. Narrative of a voyage to Hudsons-Bay in His Maj. Ship »Rosamond«, containing some account of the North-East Coast of America etc. 279 pp., London, Mewman, 1817. 8°. (Bertuch, Neue allg. geogr. Ephem., II, 1817, p. 500—502.)
4664. **Mac Keevor** Thomas. Relation d'un voyage dans la Mer d'Hudson. (Journal des Voyages, V, 1820, p. 5—44.)
4665. **Expédition** à la mer polaire, par les pays au nord de la Baie d'Hudson. (Journal des Voyages, IX, 1821, p. 250—253.)

4666. **Arktische** Expedition der Hudsons-Bay-Compagnie. (Journ. für die neuest. Land- und Seereisen, LXXXVIII, 1838, p. 47.)
4667. **Irving** Washington Astoria: Voyages au-delà des Montagnes Rocheuses, traduit par P. N. Grolier 2. edit. (Bulletin de la Soc. de Géogr., Paris, II Sér.. XIX, Mars, Nr. 111, 1843, p. 203—207.)
4668. **Poussin** G. T. Die Hudsons-Bay-Compagnie und das Oregongebiet. (Ausland, XVII, 1844, p. 249.)
4669. **Arctic** expedition of the Hudsons-Bay-Company. (Colon. Magaz., XII, 1847, p. 401.)
4670. **Die arktische** Expedition der Hudsons-Bay-Compagnie. (Ausland, XX, 1847, p. 1147—1151.)
4671. **Freimann.** Bemerkungen über eine Reise von Sitcha durch die Besitzungen der Hudsons-Bay-Compagnie. (Russisches Archiv, VI, 1848, p. 226.)
4672. **Ballantyne.** Un séjour à la Baie d'Hudson. (Bibl. univ. de Genève, IV Sér., IX, 1848, p. 87, 223, 336; X, p. 95, 134.)
4673. **Etwas** über die Hudsons-Bay-Gesellschaft. (Ausland, XXII, 1849, p. 1157.)
4674. **Neumann,** Prof Die Hudsonsbucht-Gesellschaft und ihre russ.-amerik. Beziehungen. (Ausland, XXIX, 1856, p. 782.)
4675. **Retour** de l'expédition arctique de la Baie d'Hudson. (Nouv. Annales des Voyages, 1856, Janv., p. 116—117.)
4676. **Banister** Thomas. Proposed Communication through North-America from Vancouver Island to Hudson's Bay. (Proceedings of the R. Geogr. Society of London, I, 1857, February, Nr. 7, p. 263—268.)
4677. **Zur Charakteristik** des Territoriums der Hudsons-Bai-Compagnie; umherziehende Forts; wo ist Fort Nascopie? (Petermann's Geogr. Mitth., IV, 1858, p. 379.)
4678. **Das Schicksal** der Hudsons-Bay-Gesellschaft. (Ausland, XXXII, 1859 p. 417.)
4679. **The Hudsons Bay Territory.** (Edinburgh Review, No.221, January 1859.)
4680. **Malte-Brun.** Map of the North-West Part of Canada, Indian Territories and Hudson's-Bay compiled and drawn by Thomas Devine, Toronto, 1857. (Bulletin de la Soc. de Géogr., Paris, IV Sér., V, 1860, p. 203—208.)
4681. **Circular** to Officers of the Hudson's Bay Company. VIII. (Smithsonian Miscellaneous Collections, Washington, II, 1862, p. 5.)
4682. **Verkauf** der Hudsonsbay-Gebiete (Ausland, XXXVI, 1863, p. 751.)
4683. **Hilfsquellen** und Aussichten des Hudsonsbay-Gebiets.(Ausland, XXXVI, 1863, p. 1218.)
4684. **Gunn** Donald. Indian remains near red river Settlement, Hudson's Bay Territory. (Report of the Smithsonian Institution, Washington, 1867, p. 399—400.)
4685. **Die Hudsons-Bay-Compagnie.** (Globus, Braunschweig, XV, 1869. p. 28.)
4686. **Ende** der Hudsons-Bay-Compagnie. (Globus, Braunschweig, XVI, 1869, p. 154—155.)
4687. **Compagnie** de la Baie d'Hudson. (Le Globe, Genève, Bulletin, VIII, 1869, p. 54—59.)
4688. **Zusammenhang** zwischen Thier- und Menschenleben in den Hudsonsbay-Ländern. (Globus, Braunschweig, XXI, 1872, p. 228.)
4689. **Am westlichen** Ufer der Hudsons-Bay. (Petermann's Geogr. Mitth., XIX, 1873, p. 57.)
4690. **Im amerikanischen** Norden. Athabasca-See, Rocky Mountains. (Ausland, XLVII, 1874, p. 612, 646, 689.)

b) **Astronomie, Meteorologie, Erdmagnetismus.**

Aufsätze und Notizen.

4691. **Middleton** Christopher. A new and exact table, collected from several observations, taken in four voyages to Hudson's Bay in North-America from London; Showing the variation of the magnetical needle, or sea-compass, in the path-way to the said bay, according to the several latitudes and longitudes from the years 1721 to 1725. (Philosophical Transactions, London, 1726, p. 73.)

4692. **Middleton** Christopher. A new and exact table, collected from several observations taken from the year 1721 to 1729 in nine voyages to Hudson's Bay in North-America; showing the variation of the compass according to the latitudes and longitudes, accounting the longitude from meridian of London. (Philosophical Transactions, London, 1731, p. 71.)

4693. **Middleton** Christopher. Table of magnetic Variations in nine voyages to Hudson's Bay. (Philosophical Transactions, London, VII, 1731, p. 465.)

4694. **Middleton** Christopher. Observations on the variations of the needle and weather made in a voyage to Hudson's Bay, in the year 1731. (Philosophical Transactions, London, 1733, p. 127.)

4695. **Middleton** Christopher. The effects of cold, together with observations of the longitude, latitude and declination of the magnetic needle at Prince of Wales' Fort, upon Churchill river in Hudson's Bay, North-America. (Philosophical Transactions, London, 1742, p. 157.)

4696. **An account** of the succes of some attempt to freeze quicksilver at Albany Fort, in Hudson's Bay in the year 1775, with observations on the dipping-needle. (Philosophical Transactions, London, 1776, p. 174.)

4697. **Richardson** John. Remarks on the climate and vegetable productions of the Hudson's Bay countries. (New philos. Journal, Edinburgh, XII, 1825, p. 197—231.)

4698. **Richardson** John. Observations on solar radiation, made at Fort Franklin, in the years 1825—1827. (New philos. Journal, Edinburgh, XXX, 1841, p. 240—252, 419—421.)

4699. **Sabine** Edward. Remarks on the magnetic observations transmitted from York Fort, in Hudson's Bay, in Aug. 1857 by Blakiston. (Proceedings of the R. Soc. of London, IX, 1857—1859, p. 81—91.)

4700. **Sabine** Edward. Remarks upon the magnetic observations transmitted from York Fort in Hudson's Bay in Aug. 1857 by Lieut. Blakiston. (Proceedings of the R. Society of London, 1858.)

*c) * Geologie, Paläontologie, Mineralogie.

4701. **Logan** Sir W. E. Geological Map of Canada and Adjacent Regions. London, Nisbet, 1868. 12°.

Aufsätze und Notizen.

4702. **Guetard.** Mémoire dans lequel on compare le Canada à la Suisse par rapport à ses mineraux. [Canada damals auch Hudsonsbailänder.] Avec une carte. (Mémoires de l'Académie des sciences, 1752, p. 189—221, 323—361, 524—539.)

4703. **Richardson** John. General view of the geognostical structure of the country extending from Hudson's Bay to the shores of the Polar Sea. (Edinburgh Philos. Journ., IX, 1823, p. 372—377.)

4704. **Die neuentdeckten Goldlager** im Britischen Nordamerika [Hudsonsbai-Territorium]. (Zeitschr. der Ges. für Erdkunde, Berlin N. F. IV, 1858, p. 413—417.)

*d) * Zoologie und Thiergeographie.

Aufsätze und Notizen.

4705. **Forster** John Reinhold. Account of several quadrupeds from Hudson's Bay. (Philos. Transactions, London, 1772, p. 326.)

4706. **Forster** John Reinhold. Account of several quadrupeds from Hudson's Bay. (Philos. Transactions, London, 1772, p. 370.)

4707. **Forster** Reinhold John. Account of the birds sent from Hudson's Bay, with observations relative to their natural history, and latin descriptions of some of the most uncommon. (Philos. Transact. London, 1772, p. 382.)

4708. **Forster** John Reinhold. Of some curious Fisches from Hudson's Bay. (Philosophical Transactions, London, 1773, p. 410.)
4709. **Murray** And. Contributions to the Natural History of the Hudsons-Bay Company Territories. II. part. Mammalia (Cont.) (New philosophical Journal, Edinburgh, 1859, April.)

e) Ethnographie, Culturgeschichte etc.

4710. **Delessert** Ed. Les Indiens de la Baie d'Hudson. Imité de l'Anglais. 280 pp. Paris, Amyot, 1861, 18°.

Aufsätze und Notizen.

4711. **Lyon**, Cap. Les Esquimaux des Iles Sauvages dans le détroit d'Hudson. (Nouv. Annales des Voyages, XXX, 1826, p. 161—178.)
4712. **Die Sitten** der Bewohner der Hudsons-Bai. (Tedeschi. Das Interessanteste aus der Länderkunde, III, Wien, 1828, p. 209.)
4713. **Die Eskimos** in den Ländern der Hudsons-Bai. (Pfennig-Magazin, Leipzig II, 1834, p. 515.)
4714. **Curtis** R. Fragments sur les Esquimaux, la Mer d'Hudson et le Labrador. (Nouv. Annales des Voyages, Paris, III Sér., XX, 1838, p. 329—339.)
4715. **Die Indianer** unter der Hudsonsbai-Compagnie. [Aus King's Narrative to the Shores of the arctic Ocean, 1833—1835.] (Ausland, XVII, 1844, p. 1433.)
4716. **Die Indianer** der Hudsonsbai-Compagnie. (Zeitschr. der Ges. für Erdkunde, Berlin, N. F. V, 1858, p. 70—74.)

Siehe auch die Nummern: 742, 1415, 1416, 1417, 1564, 4435, 4436.

XXV. Labrador.

4717. **Hackitt** Thomas. To the king of France Francis the first the relation of John Vezaranus a Florentine of the land discovered in the name of his Majestie written in Dieppe, 1524, and the true discovery by Capt. J. Ribault in the year 1563, translated into english. (Dieppe, 1524.) London, Dawson, 1582. 4°.
4718. **New-Mexico**, otherwise the Voyage of Antoni de Espejo who in the yeare 1583 with his company and go to the land tearmed the Labrador, translated out of the spanish. London for T. Cadman, 1587. 12°.
4719. **Cartier** J Discours du voyage aux Terres neuves, les Canadas, Labrador etc 2. ed. Rouen, Bapt. du Petit-Val, 1595; 1598. 12°.
4720. **Torfaeus** Th. Historia Vinlandiae antiquae seu partis Americae septentrionalis. Ex antiquitatibus Islandicis in lucem producta. Havniae, Typogr. Regin. Imp. auth. 1705; 1706; 1715. 8°.
4721. **Chabert** M. de. Voyage fait par ordre du roi en 1750 et 1751, dans l'Amérique septentrionale, pour rectifier les cartes de l'Arcadie de l'Isle Royale et de l'Isle de Terre Neuve ; et pour en fixer les principaux points par des observations astronomiques. Paris, 1753. 4°.
4722. **Cook** S., M. Lane, J. Gilbert, J. Gaudy. The New Foundland Pilot, containing a collection of Directions for sailing round the whole Island, including etc. and part of the coast of Labrador. London, Th. Jefferys, 1769.
4723. **A brief** account etablished among the Eskimaux, on the coast of Labrador. London, 1774. 8°.
4724. **The North-American** pilot for New Foundland, Labrador, the gulf and river St. Laurence etc., by J. Cook and others. London, 1775. 22 sheets.

4725. **Cartwright** George. A Journal of Transactions and Events during a residence of nearly 16 years on the Coast of Labrador containing many interesting particulars, both of the country and its inhabitants, not hitherto known. 3 vols. With Charts. Newark, 1792. 4°·
4726. **Zurla**. Dissertázioni intorno ai viaggi e scoperte settentrionali di Nicolo e Antonio fratelli Zeni. Venezia, 1808, 8°.
4727. **Kohlmeister**. B, G. Kmoch. Journal of a Voyage from Okkak in Labrodor to Ungava Bay to visit the Exquimaux missions. London, 1814. 8°.
4728. **Kohlmeister** Benjamin. Journal of a Voyage from Okkak, on the Coast of Labrador, to Ungava Bay, westward of Cape Chudleigh; undertaken to explore the Coast, and visit the Esquimaux in that unknown region. London, 1815.
4729. **Chappel** E. Reise nach Neufundland und der südlichen Küste von Labrador. A. d. Engl. Jena, 1819. 8°.
4730. **Anspach** L. A. History of the Island of New Foundland and the Coast of Labrador. London, 1819.
4731. **Meyer** E. De plantis Labradoricis. Libri III. Lipsiae, Voss, 1830. 8°.
4732. **Biddle** R. Memoirs of Sebastian Cabot with a review of the history of maritime discovery. Illustrated by documents from the rolls, now first published. Philadelphia, 1831; 2 ed. London, 1832.
4733. **Michelant** H. Voyage de Cartier Jacques au Canada en 1534. Nouvelle édition, publiée d'après l'édition de 1598 et d'après Ramusio, Vol. III, 1606,avec 2 cartes. Documents inédits sur J. Cartier et le Canada, communiqués par A. Ramé. Paris, 1865; 2 édit. 1867.
4734. **Ballantyne** R. M. Ungara: a Tale of Exquimaux Land. London, Nelson, 1857; 1860.
4735. **Hind** H. Y., Prof. Explorations in the Interior of the Labrador Peninsula the country of the Montagnais and Nasquapee Indians. 2 vols, 686 pp. with 2 charts, 12 Chromolithogr. and 23 wood-cuts. London, Longman, 1863; 1867. 8°.
4736. **Pakard** A. L. Dr. Observations on the glacial phenomena of Labrador and Maine, with a view of the recent invertebrate fauna of Labrador. Boston, 1867. 4°.
4737. **Die Missionen** der Brüder-Unität in Labrador. 85 pp. mit 1 Karte. Gnadau, Pemsel, 1871. 8°.
4738. **Stephens** C. A. Left on Labrador. Illustrated. 21 pp. Boston, 1872. 8°.
4739. **Early** discovery of Winland or America by the Icelanders,1001. Kerr, Vol, I.
4740. **La Terre** de Labrador. Eyriés. Vol. VIII.
4741. **Cartier** Jaques and others. Voyage to New France. Pinkertou, Vol. XII; Hakluyt, Vol. III; Ramusio, Vol. III.
4742. **Anspach** C. A. Geschichte und Beschreibung von Neu-Fundland und der Küste von Labrador. Aus dem Engl. 30. Bd. der Bibliothek der neuesten Reisebeschreibungen von Bertuch, Weimar.

Aufsätze und Notizen.

4743. **Layritz** ist bei den Eskimos in Labrador gewesen. (Büsching, Nachrichten Berlin, II, 1774, p. 72, 87.)
4744. **Curtis** Lieut. Particulars of the Country of Labrador. (Philosophical Transactions-Abr. London, XIII, 1774, p. 547.)
4745. **Gilbert** J. Terra Labrador, 1768. (Büsching, Nachrichten, Berlin, III, 1775, p. 224.)
4746. **Reisen** der Missionäre Kohlmeister und Kmoch an der nördlichen Spitze von Labrador i. J. 1811. (Magazin, Basel, III, 1818.)
4747. **Eskimos** zu Nain in Labrador. (Journal für die neuest. Land- und Seereisen, LXXXVIII, 1838, p. 373.)
4748. **Rafn** M. De la longeur du Jour au pays de Viniana. Article comm. par M. Jomard. (Bulletin de la Soc. de Géogr., Paris, III Sér., III., 1845, Juin (Nr. 18.), p. 357—360.)
4749. **Müller** Karl. Die Winlandsfahrten der Normänner. (Die Natur, Halle, VIII, 1859, p. 41, 65, 81.)

4750. **Labrador.** (Bulletin de la Soc. de Géogr. de Genève, I, 1860, p. 113—114.)
4751. **Die Robbenschlägerei in Labrador.** (Ausland, XXXIV, 1861, p. 1171.)
4752. **Die amerikanische** Expedition nach Labrador im Juli 1860. (Petermann's Geogr. Mitth., VII, 1861, p. 78.)
4753. **Die amerikanische** astronomische Expedition nach Labrador im Juli 1860. Von Oscar Montgomery Lieber, Geolog der Expedition, früherem Staats-Geolog von Süd-Carolina. Mit Karte. (Petermann's Geogr. Mitth., VII, 1861, p. 213.)
4754. **Retour** d'une expédition canadienne au Labrador. (Nouv. Annales des Voyages, 1861, Sept., p. 375—377.)
4755. **Observations** météorologiques au Labrador. (Bulletin de la Soc. de Géogr. de Genève, II, 1861, p. 163—165.)
4756. **Richardson** John. List of plants collected on the island of Anticosti and coast of Labrador in 1860. (Canada, Botanical Soc. Ann., I, 1861-1862, p. 58—59.)
4757. **Three months** in Labrador. (Harpers New Monthly Magazine, April 1861, p. 577—599, May, p. 743—765.)
4758. **Ashe** E. D. Lieut. Journal of a Voyage from Quebec to Labrador. (Nautical-Magazine, 1861, January, p. 1—13.)
4759. **Aus den** Aufzeichnungen eines Kabeljaufischers in Labrador. (Globus, Hildburghausen, II, 1862, p. 281, 314.)
4760. **Levin** Th. Reichel, Mitglied der Direction der Brüder-Unität. Labrador, Bemerkungen über Land und Leute. Mit 2 Originalkarten. (Petermann's Geogr. Mitth., IX, 1863, p. 121.)
4761. **Hind's** Wanderungen in Labrador. (Globus, Hildburghausen, V, 1864, p. 208—209.)
4762. **Moosvegetation** und Moosbrände in Labrador. (Zeitschr. der Ges. für Erdkunde, Berlin, XVI, 1864, p. 290—292.)
4763. **Hind** Henry Youle. Prof. Observations and supposed glacial drift in the Labrador Peninsula. (The Canadian Naturalist and Geologist, 1864, August, p. 300—304.)
4764. **Hind** H. Y. An Exploration up the Moisie River to the Edge of the Table Land of the Labrador Peninsula. With 2 charts upon on table. (Journal of the R. Geogr. Society of London, 1864, XXXIV, p. 82—87.)
4765. **Hamilton** R. V., Captain. On the portion of the Coast of Labrador between Blanc Sablon Bay in lat. 51° 20' N. and Cape Harrison in lat. 55° N. (Proceedings of the R. Geogr. Society of London, IX, Nr. 4, 1865, p. 131—137.)
4766. **Packard** A. S. Observations on the Glacial-Phenomena of Labrador and Maine, with a View of the recent invertebrate Fauna of Labrador. With 2 plates. (Memoirs of the Nat. Hist. Soc. Boston, I, part-2, 1867, p. 210—303.)
4767. **Chimmo** W., Commander. A visit to the North-East coast of Labrador during the autumn of 1867. With a map. (Journal of the R. Geogr. Society of London, XXXVIII, 1868, p. 258—281.)
4768. **Die Missionen** der mährischen Brüder unter den Eskimo's in Labrador. (Ausland, XLII, 1869, p. 788.)
4769. **Positionsbestimmungen** an der Küste von Labrador. (Petermann's Geogr. Mitth., XV, 1869, p. 230.)
4770. **Chimmo** W., Commander. A visit to the fishing grounds of Labrador by H. M. S. Gannet in the autumn of 1867. (Nautical-Magazine, 1869, March, p. 113—120, April, p. 187—195.)
4771. **Kurzer** Abriss der Geschichte unserer Mission in Labrador. (Missions-Blatt aus der Brüdergemeinde, 1871, April.)
4772. **O' Hara.** Reise nach dem Süden von Hoffenthal, in Labrador. (Missionsblatt aus der Brüdergemeinde, 1871, August, p. 211—219.)
4773. **Beschreibung** der Küste von Labrador vom Cap St. Charles bis zur Sandwich-Bucht. [Aus Hydrographie. Notice, Nr. 3, London, 1873.] (Hydrogr. Mittheil., Berlin, I. 1873, p. 175—177.)

4774. **Packard** A. S. jr. Notes on some Pyralidae from New-England with remarks on the Labrador Species of this Family. (Annals of the Lyceum of Natural History of New-York, X, 1873, Nr. 9, p. 267.)
4775. **Scudder** H. Samuel. Description of Some Labradorian Butterflies. (Proceedings of the Soc. of Nat. Hist. Boston, XVII, 1874, p. 294—314.)
4776. **Thorell** T. Notice of some Spiders from Labrador. (Proceedings of the Soc. of Nat. Hist., Boston, XVII, 1875, p. 490—504.)
4777. **Ribbach** C. A. Labrador vertaald door J. H. Van Lennep. (Tijdschrift van het aardr. Gen. Amsterdam, I, 1875, Nr. 7, p. 281—291.)
4778. **Beschreibung** einiger Häfen, Buchten und Ankerplätze an den Küsten von Neufundland und Labrador. (Annalen der Hydrographie, Berlin, IV, 1876, p. 21.—26.)
4779. **Vogelsang** H. Sur le Labradorite coloré de la côte de Labrador. (Verhandl. d. Geolog. Reichsanst., Wien, 1868, p. 107.)
4780. **L'intérieur** du Labrador est inconnu. (Bulletin de la Soc. de Géogr, Paris, I Sér., I, p. 50.)
4781. **Plantes** du Labrador. (Bulletin de la Soc. de Géogr., Paris, I Sér, VI, p. 132.)

Karten.

4782. **Northern** Labrador, Greenland with Baffinsbay, Strait Davids and Hudson. Amsterdam, P. Mortier, 1700.
4783. **Canada** et Pays voisins. Par Guillaume Delisle, Premier Géographe du Roi. Paris, 1703.
4784. **A Collection** of Charts of the coasts of New Foundland and Labrador the with particular plans of the principal harbours. Drawn from original surveys taken by James Cook and M. Lane, J. Gilbert . . . . chiefly engerand by Thomas Jefferys, geographer to the King. London, T. Jefferys, 1766—1770.
4785. **Labrador** and Greenland, including the North-west Passages of Hudson, Frobisher and Davis, with Plan of Manvers Port, 1808—1863.
4786. **Chart** of part of the Coast of Labrador, from Cape Charles to Sandwich Bay, surveyed by order of Hon. Commodore Byron: By Michael Lane, surveyor, 2. ed. London. W. Faden, 1809.
4787. **Reichel** Levin Th. Missionsatlas der Brüder-Unität. 15 Karten in Qu. Folio, Farbendruck mit Text. Herrnhut, Expedition der Missions-Verwaltung, 1861.
4788. **Labrador,** Spear Point to Camp Islands including St. Lewissound and Inlet, surv. by Bayfield 1835, 1:72.000 London, Hydogr. Office, 1863, Nr. 133.
4789. **Labrador Coast,** Hamilton Inlet. Capt. Sir F. Mc. Clintock, 1860. London, Hydogr. Office, 1864.
4790. **Labrador Coast,** Indian Harbour, Commander Chimmo, 1867, 1:12.172. London, Hydogr. Office, 1868, Nr. 222.
4791. **Labrador Coast,** Webeck and Hopedale Harbours and Allik-Bay. Commander Chimmo, 1867, 1:24.344. London, Hydogr. Office, 1868, Nr. 223.
4792. **Labrador Coast,** Indian Tickle and Occasional Harbours. Commander Chimmo, 1867, 1:24 344, London, Hydogr. Office, 1868, Nr. 225.
4793. **Labrador Coast,** Domino Run. Lieut; J. J. A. Gravener, 1867, 1:18.255. London, Hydogr. Office, 1868, Nr. 226.
4794. **Labrador Coast,** Cape Charles te Sandwich Bay, various authorities, corrected to 1867, 1:243.440. London, Hydrogr. Office, 1869, Nr. 263.
4795. **Labrador** with plans of Port Manvers and Eclipse Harbour. London, Hydrogr. Office, 1871. Nr. 1422.
4796. **Reichel** L. Th. Labrador. Aivektök oder Eskimo-Bay 1873, Lith. 1: 2,300.000. Missionsblatt der Brüdergemeinde.

Siehe auch die Nummern: 2086, 4319, 4957, 4958, 4959, 4960, 4961, 5633, 5637.

XXVI. Arktisch - Amerikanischer Archipel.

a) Allgemeines, Geographie und Reisen.

4797. **Lyon** G. F. Capt. A brief narrative of an unsuccessful attempt to reach Repulse Bay, through T. Rowe's »Welcome,« in His Majesty's Ship »Griper« in the year 1824. W. a. chart and engravings. London 1825, 1826.
4798. **Ross** J. Cl. Appendix to the second Voyage of Sir John Ross. London, 1835. — Ten coloured views taken during the Arctic Expedition of Her Majesty's Ships »Entreprise« and »Investigator,« under the command of Capt. Sir James C. Ross drawn by A. H. Browne on stone by Ch. Haghe. With a Summary of the various Arctic expeditions in search of Capt. Sir John Franklin and his Companions in H. M. Ships »Erebus« and »Terror.« Uppernavik, Port Leopold, Cap Seppings, Pointe du Baleinier, Ansé de Mer du Prince Régent, Le Pouce du Diable. etc. London, Ackermann, 1850, fo.
4799. **Mangles** J. Illustrated Geography and Hydrography of Wellington Channel. London, 1851.
4800. **Force** Peter. Grinnell Land. Remarks on the English maps of Arctic Discoveries in 1850 and 1851. Washington, 1852; London, 1852.
4801. **Force** Peter. Supplement to Grinnell Land. Washington, 1853.
4802. **Hall** Charles Francis, Capt. Life with the Esquimaux; the narrative of the whaling barque »George Henri,« from the 29. May 1860 to the 13. September 1862. 2 vols. London, S. Low & Martson, 1864, 1865. 8°.
4803. **Hall** Chas. F. Arctic Researches and life among the Esquimaux in 1860—1862. Harper, 1865. 8°.
4804. **Greig** C. M. Prince Alberts Land. Reminiscences. London, Newby, 1871. 12°

Aufsätze und Notizen.

4805. **Notizen** über die englische Entdeckungs-Expedition nach dem Nordpole. (Bertuch. Neue allg. geogr. Ephem, VIII, 1820, p. 94—95.)
4806. **Neueste Nachricht** von Parry's englischer Nordpol - Expedition. [Mit einem Kärtchen]. (Bertuch, Neue allg. geogr. Ephem., VIII, 1820, p. 210—204, 220—221.)
4807. **Capt. Parry's** Reise zur Entdeckung einer nordwestlichen Durchfahrt aus dem atlantischen in das stille Meer. Aus dem Engl. (Journal für die neuest. Land- und Seereisen, XXXVIII, 1821, p. 132, 212; XXXIX, p. 73, 97.)
4808. **Description** de l'île du Prince Edouard [Prince Edward Island]. (Journal des Voyages, X, 1821, p. 307—311.)
4809. **Journal** of a Voyage for the discovery of a N.-W.-Passage [1819—1820] sous W. E. Parry. (Journal des Voyages, XI, 1821, p. 190—236.)
4810. **Sabine** Edward. Some account of the Expedition to the Polar Regions in 1818 - 1819, under Capt. W. E. Parry, R. N. (Quart. Journal Scientific, X, 1821, p. 355—361.)
4811. **Nachrichten** über die Reise Parry's nach dem Nordpole. (Bertuch, Neue geogr. Ephem., X, 1822, p. 220—221.)
4812. **Expédition** arctique du capitaine Parry. (Journal des Voyages, XVI, 1822, p. 135—136.)
4813. **Conjectures** sur l'issue de l'expédition du capitaine Parry. (Journal des Voyages, XVI, 1822, p. 272.)
4814. **Parry.** Neue Polar-Expedition. (Bertuch, Neue allg. geogr. Ephem., XII, 1823, p. 468.)

4815. **Correspondance** par bouteille du Cap. Parry. (Nouv. Annales des Voyages, XIX, 1823, p. 289—290.)
4816. **Retour** du Capitaine Parry, et détails sur son expédition. (Nouv. Annales des Voyages, XX, 1823, p. 138—142.)
4817. **Retour** du Capitaine Parry. (Journal des Voyages, XX, 1823, p. 101—108.)
4818. **Notice** sur la dernière expédition septentrionale du Capitaine Parry. (Journal des Voyages, XX, 1823, p. 183—206.)
4819. **Nouveau Voyage** du Capitaine Parry. (Journal des Voyages, XX, 1823, p. 249—250.)
4820. **Expédition** du Capitaine Parry. (Journal des Voyages, XIX, 1823, p. 262—264.)
4821. **Expédition** du Capitaine Parry. (Journal des Voyages, XVII, 1823, p. 270.)
4822. **Vaisseau** envoyé à la recherche du Capitaine Parry. (Journal des Voyages, XIX, 1823, p. 373.)
4823. **Lyon**. Die dritte Nordpol-Expedition. (Neue allg. geogr. Ephem., XIII, 1824, p. 476—477.)
4824. **Nachrichten** von Parry's dritter Reise. (Neue allg. geogr. Ephem., XIV, 1824, p. 100.)
4825. **Sur le plan** d'expédition polaire actuelle. [Avec carte.] (Nouv. Annales des Voyages, XXIII, 1824, p. 126—128.)
4826. **Nouvelles expéditions** anglaises vers le pôle Nord. (Journal des Voyages, XXI, 1824, p. 120—121.)
4827. **Sur le nouveau voyage** du Capitaine Parry. (Journal des Voyages, XXI, 1824, p. 121—123.)
4828. **Nouvelles expéditions** au pôle Nord. (Journal des Voyages, XXII, 1824, p. 130—131.)
4829. **Journal** du Second Voyage du Capitaine Parry fait en 1821—1823 pour la découverte d'un passage N. O. de la mer Atlantique à la mer Pacifique etc. (Journal des Voyages, XXII, 1824, p. 204—221.)
4830. L. L. Journal particulier du capitaine G. F. Lyon montant le vaisseau de S. M.»l'Hécla« pendant la dernière expédition au pôle Arctique, commandée par le capitaine Parry. Londres, Longman. 8°. (Journal des Voyages, XXIII, 1824, p. 171—200.)
4831. **Nouvelle** expédition anglaise au pôle arctique. (Journal des Voyages, XXIII, 1824, p. 245—246.)
4832. **Copie** d'une lettre de l'expédition anglaise dans les mers du nord a bord du v. »l'Hécla« île Whalefish 29 juin. [Aus: The courirer u. Tyne Mercury, The New Times.] (Journal des Voyages, XXIII, 1824, p. 373—374, 374—375. XXIV, p. 129—130.)
4833. **Reflexions** sur l'expédition actuelle des capitaines Parry et Lyon. [Aus: Glasgow Courier.] (Journal des Voyages, XXIV, 1824, p. 130—134.)
4834. **Nouvelles** des vaisseaux de découvertes »le Fury« et »l'Hécla « (Journal des Voyages, XXIV, 1824, p. 254—255.)
4835. **Retour inopiné** du capitaine Lyon.— Nouvellesde l'expéditon du Capitaine Parry. (Journal des Voyages, XXIV, 1824, p. 255—257.)
4836. **Englische Nordpol-Expedition** von 1824. [Parry.] (Hertha, Geogr. Zeitschr., I, 1825, p. 1—2, 113—119; III, p. 119—124.)
4837. **Dangers courus** par le Capitain Lyon, Commandant du Griper. (Journal des Voyages, XXVI, 1825, p. 382—398.)
4838. **Nouveau voyage** du Capitaine Ross. (Nouv. Annales des Voyages, Paris, II Sér., XII, 1829, p. 107—110.)
4839. **Expédition** à la recherche du Capitaine Ross. [Aus d. Times.] (Nouv. Annales des Voyages, Paris, II Sér., XXVI, 1832, p. 249—251.)
4840. **Retour du Capitaine Ross** de son expédition aux mers Arctiques. [Aus d. Times.] — (Nouv. Annales des Voyages, Paris, II Sér., XXX, 1833, p. 265—271.)

4841. **Voyage** de découverte à la recherche du Capitaine Ross. (Bulletin de la Soc. de Géogr., Paris, XIX, 1833, p. 107—110.)
4842. **Renseignements** sur le plan de voyage du Capitaine Ross. (Bulletin de la Soc. de Géogr., Paris, XIX, 1833, p. 358.)
4843. **Expédition** du Capitaine Ross. (Bulletin de la Soc. de Géogr., Paris, XX, 1833, p. 246—253, 375.)
4844. **Parry's** erste Reise und Winteraufenthalt auf der Insel Melville. (Pfennig-Magazin, Leipzig, II, 1834, p. 627.)
4845. **Lettre** de M. John Ross, Capitaine R. N. à M. M. les présidents etc. de la Société de Géographie à Paris. (Bulletin de la Soc. de Géogr., Paris, II Sér., II, 1834, p. 185—186.)
4846. **Back** Capt. On the North East shore of Southhampton Islands. (Journal of the R. Geogr. Soc. of London, VII, 1837, p. 460.)
4847. **La Roquette** de. Régions Arctiques. Terre Grinnell, Mont Franklin, Question de Priorité de découverte. (Bulletin de la Soc. de Géogr., Paris, IV Sér., IV, 1852, p. 598—600.)
4848. **Rae** J. Dr. Explorations along the S. and East Coast of Victoria Land. With map. (Journal of the R. Geogr. Soc., London, XXII, 1852, p. 82—97.)
4849. **E. S.** Grinnell-Land. (Ausland, XXVI, 1853, p. 311.)
4850. **Expédition** du Capt. Mac Clure dans l'Océan Glacial arctique Américain. Découverte de Passage du Nord-Ouest. (Bulletin de la Soc. de Géogr. de Paris, IV Sér., VI, 1853, p. 249—252.)
4851. **Report** on the Return of Lady Franklins vessel »the Prince Albert« under Capt. W. Kennedy from the Arctic Regions. With map. (Journal of the R. Geogr. Soc. of London, XXIII, 1853, p. 122—129.)
4852. **Discovery** of the North-West Passage by Mc. Clure of H. M. S. »Investigator.« With map. (Journal of the R. Geogr. Society of London, XXIV, 1854, p. 290—295.)
4853. **Petermann** Aug. Dr. Die Entdeckungen in dem arktischen Archipel der Parry-Inseln bis zum Jahre 1855. Nach den englischen Parlaments-Acten und Documenten der Britischen Admiralität. Mit 1 Karte, Tafel 8. (Petermann's Geogr. Mitth., I, 1855, p. 98.)
4854. **M'Clure's** Entdeckung der nordöstlichen Durchfahrt. (Ausland, XXX, 1857, p. 49.)
4855. **Die Rettung** des »Investigator«. (Ausland, XXX, 1857, p. 78.)
4856. **Mac Clintok** F. L. Captain. Die Expedition zur Aufsuchung des »Erebus« und »Terror« und ihre geographischen Entdeckungen und Aufnahmen in den arktischen Regionen. 1. Juli 1857 bis 21. September 1859. Mit 1 Karte. (Petermann's Geogr. Mitth.. V, 1859, p. 471.)
4857. **Eine zweite** amerikanische Nordpolfahrt (Hall). (Westermann's Jahrbuch, VIII, 1860, p. 573.)
4858. **C. F. Hall's.** Franklin Expedition. (Ausland, XXXIV, 1861, p. 456.)
4859. **Rückkehr** der amerikanischen Nordpolar-Expedition. (Ausland, XXXIV, 1861, p. 1104.)
4860. **C. F. Hall's** Rückkehr aus den Polar-Gegenden. Ergebnisse seiner Forschungen. (Globus, Hildburghausen, II, 1862, p. 371—372.)
4861. **Nouvelles** de l'exploration américaine de M. Hall, à la recherche des restes de l'expédition de Franklin. (Nouv. Annales des Voyages, 1862, Sept., p. 359—360.)
4862. **Hall's** neue Reise nach den Nordpolar-Gegenden. (Globus, Hildburghausen, IV, 1863, p. 223.)
4863. **Hall's** Erforschung der Forbisher Bay in Nord-Amerika. (Petermann's Geogr. Mitth., IX, 1863, p. 110.)
4864. **Hall** C. F. Forbisher Strait proved to be a Bay and on the Fate of Five Men of the Arctic Expedition in the Reign of Elizabeth. (Proceedings of the R. Geogr. Society of London, VII, Nr. 3, 1863, p. 99—102.)
4865. **Noch eine** Expedition nach den Nordpolar-Ländern (C. F. Hall.) (Den Spuren von Franklin's Gefährten folgend.) (Globus, Hildburghausen, VI, 1864, p. 223—224.)

4866. **Nachrichten** über Reisende. [Hall.] (Globus, Hildburghausen, VI, 1864, p. 378—379.)
4867. **C. F. Hall's** zweite Polarfahrt. (Petermann's Geogr. Mitth., X, 1864, p. 223.)
4868. **Capitän Hall's** Reise nach Frobishers Bay, 1860—1862. (Globus, Hildburghausen, VII, 1865, p. 315—316.)
4869. **Franklin-Expedition.** Hall's search for the survivors. (Hunt's Merchant's Magazine and Commercial Review, New-York, Dec. 1865.)
4870. **L'exploration** de C. F. Hall à la recherche des restes de l'expédition de Franklin. (Bulletin de la Soc. de Géogr., Paris, V Sér., XII., 1866, p. 496—499.)
4871. **Hall's** arktische Expedition und Spuren von Franklin's Leuten. (Globus, Hildburghausen, XI, 1867, p. 28, 62.)
4872. **Das nördlichste** Land der Erde. Mit 6 Karten s. Tafel 6 und 7. (Petermann's Geogr. Mitth., XIII, 1867, p. 176—200.)
4873. **Hall's** Expedition in den Polargegenden. (Globus, Braunschweig, XIV, 1868, p. 221—222.)
4874. **Hall's** Bericht über seine arktische Reise und Franklin's Expedition. (Globus, Braunschweig, XVI, 1869, p. 219—221.)
4875. **Philpots** Ed. P. An account, of the land in the vicinity of Cape Horsburgh, lat. 74°.44' 24" N., long 79° W. and of the island discovered there. (Proceedings of the R Geogr. Society of London, XIII, 1869, Nr. 5, p. 372—375.)
4876. **De l'expédition** boréale du Capitaine Parry. (Bulletin de la Soc. de Géogr. Paris, I Sér., I, p. 50.)
4877. **Position** du Parry, le Août 1824. (Bulletin de la Soc. de Géogr., Paris, III. Nouvelles p. 238; IV, p. 133, 265; V, p. 664; VI, p. 220; IX, p. 226.)
4878. **Troisième expédition polaire** du Parry. (Bulletin de la Soc. de Géogr., Paris, IV, Nouvelles géogr. p. 130—134.)
4879. **Troisième expédition** du Capt. Parry au Pôle Nord. (Bulletin de la Soc. de Géogr., Paris, I Sér., IV, p. 130; V, p. 664; VIII, p. 163.)
4880. **Lettre** de Douglas, botaniste, sur le Passage du nord-ouest. (Bulletin de la Soc. de Géogr., Paris, I Sér., VI, p. 219.)
4881. **Analyse** du troisième voyage du Parry à la découverte de passage de N.-O. (Bulletin de la Soc. de Géogr., Paris, I Sér., VI, p. 43—60.)
4882. **Journal** d'un troisième voyage à la recherche du Passage du nord-ouest par le Capit. Parry. (Bulletin de la Soc. de Géogr., Paris, I Sér., VI., p. 43—60.)
4883. **Zoologische** Reise. John Ross' zweite Nordpol - Reise. (Wiegmann's Archiv, II, p. 183.)

Karten.

4884. **Arrowsmith** J. Discoveries in the arctic Sea between Baffin Bay and Melville Island by Capt. Ommaney in search of Sir John Franklin 1850 and 1851.
4885. **North-West-Passage** von 65° bis 80° N. Br. und 60° bis 170° W. L. Gr. Lithographirte Ausgabe 11. Oct. 1853. 1:3,400.000. Britische Admiralität.
4886. **Northumberland-Sound,** Prince Albert Island. Capt. Sir E. Belcher R. N. C. B. 1853.
4887. **Arctic Sea.** Melville Sound. Sheet II. London, Hydrogr. Office, 1856. Fol.
4888. **Hamilton Inlet,** with a Plan of Eclipse Harbour Capt. Sir F. M'Clintock and Lieut. R. C. Curry, R. N. 1823—1860, additions to 1868.
4889. **Arctic America,** Winter, Victoria and E izabeth Harbours, Bowen Neill, and Leopold Ports, also Batty Bay. London, 1851.

b) Astronomie, Meteorologie, Erdmagnetismus.

Aufsätze und Notizen.

4890. **Sabine** Edward. Observations on the dip and variation of the magnetic needle, and on the intensity of the magnetic force, made during the late voyage in search of a north-west passage. (Philos. Trans., 1819, p 132—144.)

4891. **Foster** Henry. Account of experiments made with an invariable pendulum at the Royal Observatory, Greenwich on the eastern side of Prince Regent's Inlet. (Philosophical Transactions, London, IV, 1826, p. 1—70.)
4892. **Foster** Henry and W. E. Parry. Magnetical Observations at Port Bowen in the years 1824—1825. (Philos. Trans., IV, 1826, p. 73—117.)
4893. **Foster** Henry. Observations on the diurnal changes in the position of the horizontal needle, under a reduced directive power, at Port Bowen, 1825. (Philos. Trans., London, IV, 1826, p. 129—176.)
4894. **Foster** Henry. A comparison of the diurnal changes of intensity in the dipping and horizontal needles at Port Bowen. (Philos. Trans., London, IV, 1826, p. 177—187.)
4895. **Foster** Henry. Account of the repetition of Mr. Christie's experiments on the magnetic properties imparted to an iron plate by rotation, at Port Bowen, in May and June 1825. (Philos. Trans., IV, 1826, p. 188—199.)
4896. **Foster** Henry, Parry and Ross. Observations to determine the amount of atmospherical refraction at Port Bowen, in the years 1824—1825. (Philos. Trans., London, IV, 1826. p. 209—236.)
4897. **Foster** Henry. Observations of refraction in Latitude 73°. (Quart. Journ. Scientific, XXI, 1826, p. 353—357.)
4898. **Foster** Henry. Corrections to the reductions of Lieut. Foster's observations on atmospherical refractions at Port Bowen; with Addenda to the table of magnetic intensities at the same place. (Philos. Trans., London, 1827, p. 122—125.)
4899. **Foster** Henry. On the longitude of Port Bowen by the method of Moon-culminating stars 1826. (Astron. Soc. Mem. III, 1829, p. 39—46.)
4900. **Sabine** Edward. Results of hourly observations of the magnetic declination made by Sir F. L. Mc. Clintock, and the officers of the Yacht »Fox«, at Port Kennedy, in the Arctic Sea in the winter of 1858—1859; and a comparison of these results with those obtained by Capt. R. Maguire and the officers of H. M. S. »Plover«, in 1852— 1854 at Point Barrow. (Philos. Trans., London, 1863, p. 649—663.)

c) Hydrographie.

Aufsatz.

4901. **Foster** Henry and W. E. Parry. Remarks on the experiments for ascertaining the velocity of sound at Port Bowen. (Philos. Mag., I., 1827, p. 12—13.)

d) Geologie, Paläontologie, Mineralogie.

Aufsätze und Notizen.

4902. **Hall** C. F. Report on the geological and mineralogical specimens collected by Hall in Forbisher Bay. (American Journal of sciences and arts, 1863, March, p. 293—295.)
4903. **Meek** F. B. Preliminary notice of a small collection of fossils found by Dr. Hayes on the west shore of Kennedy Channel at the highest northern localities ever explored. (Silliman's American Journal, 1865, July, p. 31—34.)

e) Botanik.

Aufsatz.

4904. **Flora** des Grinnell-Landes zwischen 78° und 82° Nördl. Br. (Petermann's Geogr. Mitth., X., 1864, p. 487.)

Siehe auch die Nummern: 788, 1468, 1473, 1498, 1506, 1515. 1525.

XXVII. Davis-Strasse, Baffins-Bai, Smith-Sund.

a) Allgemeines, Geographie und Reisen.

4905. **Haan** Feykes. Beschryving van de Straat Davis benevens des zelven inwooners, zede, hunne vischvangst. Met een vertaal van de Westkust of Noord-Amerika. Amsterdam, G. v. Keulen, 1720—21.
4906. **Fisher** Alex. Voyage of Discovery to the Arctic Regions in 1818, with Capt. W. E. Parry. London, 1819.
4907. **Ross** Sir John.. Entdeckungsreise unter den Befehlen der britischen Admiralität mit den königl. Schiffen »Isabella« und »Alexander«, um die Baffinsbay auszuforschen, und die Möglichkeit einer nordwestlichen Durchfahrt zu erforschen. Uebers. von P. A. Nemnich. Mit 27 Holzschnitten, Tabellen u. der Entdeckungskarte. Mit 27 zum Theil color. Kupfern. Leipzig, F. Fleischer, 1820, gr. 4°. Dasselbe aus dem ethnographischen Archiv bes. abgedr. Jena, Bran, 1819, gr. 8°.
4908. **Voyage** vers le pôle arctique dans la Baie de Baffin fait en 1818 par Capt. Ross et le Lieut. Parry. Rédigé sur la relation du capit. Ross et Sabine. Traduit de l'anglais par A. J. B. Defauconpret; avec cartes et gravures. Paris, Gide fils, 1819, 8°.
4909. **Ross** John. A voyage of Discovery in his Majesty Ships »Isabella« and »Alexander« for the purpose of exploring Baffins Bay and inquiring in to the probability of a North-West Passage in the year 1818. 2 vols. With Illustr. and maps. 2. ed. London, 1819.
4910. **Ross** John. An explanation of Captain Sabine's remarks on the late Voyage of Discovery to Baffins Bay. London, 1819, 8°.
4911. **Sabine** Edward. Remarks on the account of the late Voyage of Discovery to Baffins Bay, published by Capt. J. Ross. London, 1819, 8°.
4912. **Ross** J. Reizen naar Ysland en de Baffinsbaai ter ontdekking van eene doorvaart ten Noord-Westen van Groenland. Naar het Hoogduitsch. Met een Kaart. 's Gravenhage, 1821, 8°.
4913. **Duncan** David. Voyage to Davis' Strait of the ship Dundee. London 1827.
4914. **Hoekstra** Kl. Dagverhaal van het verongelukken van het Galiootschip »Harlingen« in Straat-Davis. Met een Kaart. Haarlem, 1828, 8°.
4915. **Ross.** Die zweite Entdeckungsreise nach den Gegenden des Nordpols und Aufenthalt daselbst während der Jahre 1829—1833. Aus dem Englischen von Becker und Sporschil; 2 Thle. in 1 Bd. Leipzig, 1835; 1845, gr. 8°.
4916. **Ross** Sir John. Zweite Entdeckungsreise nach den Gegenden des Nordpols. A. d. Engl. von J. Graf v. d. Gröben. 3 Thle. Mit 17 Kpfr. u. 5 Karten. Berlin, G. Reimer, 1835—36, gr. 8°.
4917. **Huish** R. The last voyage of Capt. Sir J. Ross to the Arctic Regions. London, 1835.
4918. **Ross** John. Zweite Entdeckungsreise nach den Gegenden des Nordpols f. d. Jugend bearb. v. Ed. Maukisch. 6 ill. Kpfr. u. 1 Karte. Leipzig, Serig'sche Buchh. 1836, 8°.
4919. **Huish** Robert. The last Voyage of John Ross, to the Arctic Region, in 1829—33; with an Abridgment of former voyages, London, 1836, 8°.
4920. **Körber** Phil. Zweite Nordpolarexpedition in den Jahren 1829—33 des Sir J. Ross 120 pp. mit 3 ill. Stnt. in Tondr. [Unterhaltende lehrreiche Jugend-Bibliothek. Jahrgang 1850.] Nürnberg, Lotzbeck, 1851.
4921. **Allen** R. C., Snow W. P. and Inglefield E. A. Remarks on Baffins Bay. London, 1853; 1854.
4922. **Kane** F. K. Access to an open polar Sea in connection with the search after Sir John Franklin and his companions. Read before the american geographical and statistical society at its regular monthly meeting, Dec. 14th., 1852. New-York, 1853.

4923. **Kane** Elisha Kent M. D., U. S. N. The U. S. Grinnell Expedition in search of Sir John Franklin. A personal Narrative. New-York, Harper and brothers, 1854; New-York, 1857.

4924. **Kane Elisha Kent.** M. D., U. S. N. Arctic Explorations. The second Grinnell Expedition in search of Sir John Franklin 1853—1855. Illustr. by upwards of three hundred Engravings, from Sketches by the Author. 2 vols. New-York; Philadelphia, Childs & Peterson, 1856; London, Trübner, 1856; 1857 I, 464 pp.; II, 467 pp. Philadelphia, 1858; London, Nelson, 1867, 1871, 1872, 1875. Mit den Portraits: Elisha Kent Kane, Dagpd. von Brady, gez. v. R. Whitechurch; Henry Grinnell, gez. v. Halpin und des Eskimos Hans Cristian. Mit den Karten: Chart of the Smithsound of the 2. Grinnell Exped. by Kane 1:1,180.000; Barrow's Straits; Smith' Straits; Chart exhibiting the discoveries of the american arctic expedition in search of Sir John Franklin with the revised Survey of the Greenland Coast and the Escape of the Party to the South projected by A. Sonntag 1:8,500.000; Mean Monthly Isothermal Lines of Baffins Bay projected by Ch. A. Schott. 12 Cartons 1:37,000.000 und den Ansichten: Fiskernaes, gez. v. Hamilton; Fiskernaes from the governors house, gest. v. J. M. Butler; Moravian Settlement of Lichtenfels Swarte-Huk-Black Head; Melville Bay; the North Water; Hakluyt Point, from North-Northwest; Cape Alexander; Hartstene Bay-Leaving Cape Alexander; Refuge Harbor; Ice-Hills on the Coast above Refuge Harbor preparing to enter the Shallows-Bedevilled Reachforce Bay; Cape Cornelius Grinnell; Parting Hawsers of Godsend Ledge (gest.); the nip of Cape Cornelius Grinnell; Force-Bay; Sylvia Headland-Inspecting a Harbor; Mary Minturn River; the look out from Cape George Russell (gest.); Rensselaer Harbor; Thackeray Headland; Returning Bay; Mary Leiper River, the Ice-Belt; the Pack of Sylvia Headland (gest); Northwestern-Headland; Etah, and my Brother John's Glacier; Cap Hayes; Dobbin Bay; Fletcher Webster Headland; Entering the Channel-Capes Andrew Jackson and John Barrow; Mount Parry and Victoria Range, the open water from Cape Jefferson (gest.); Cape Isabella; South Point of Northumberland Island; Northumberland Island; Glacier of Northumberland Island; Ice Bergs near Kosoak life Boat Cove; Cape Inglefield; Cape Forbes; Great Glacier of Humboldt (gest.); Cape James Kent; Pekiutlik; Cape Welcome; my Brother John's Glacier; the Escape of Weay Men's Rest; Providence Halt; the Bridge; Providence Cliffs; Passing the Crimson Cliffs; Imalk; Kasarsoak; Sandersons's Hope; Upernavik.

4925. **Ross** John. Die heilige Dreieinigkeit. Zwei noch ungedruckte Vorträge auf der Rückkehr von seiner Nordpol-Expedition gehalten. Nach d. engl. Handschrift in's Deutsche übertr. 19 pp. Halle, Pfeffer, 1854, gr. 8°.

4926. **Kane** Elias Kent. Kane, der Nordpolfahrer. Arktische Fahrten und Entdeckungen der zweiten Grinnell-Expedition zur Aufsuchung Sir John Franklin's in den Jahren 1853, 1854, 1855. Beschrieben von ihm selbst. Mit 120 Abbildungen, 10 Tondrucktafeln und 1 Karte der Nordpolarländer. [Auch unter dem Titel: Das Buch der Reisen und Entdeckungen I., 8°.] 14 und 310 pp. 125 Abbild. 2 Karten. Leipzig, Spamer, 1857; 1859; 1861; 1867; 1873. 8°.

4927. **Die Grinnell-Expedition** nach dem Arktischen Ocean in den Jahren 1853, 1854, 1855 zur Aufsuchung Sir John Franklin's unter dem Commando des Dr. Elisha Kent Kane von der Verein. Staaten Flotte. Mit 30 charakteristischen Holzschn. 111 pp. Philadelphia, Schäffer und Koradi, 1857, 8°.

4928. **Hayes** Isaak J. An Arctic Boat Journey in the Autumn of 1854. Philadelphia, J. B. Lippincott; New-York, Sheldon & Co. 1860, 375 pp. 8°. Mit den Karten: Chart of the upper limit of Baffin Bay. Lithogr. v. Bowen 1:2,660.000; Chart of the Arctic regions projected from Berghaus & Petermann 1:30,000.000 und Chart of Smith Strait and Kennedy Channel 1:7,000.000. London, Bentley, 1860. 420 pp., 8°. Boston, Brown Tryggaert and Chose, 1860; Bentley, 1861, 8°.

4929. **Shaw** N. Introductory Notice to Dr. Hayes's Boat Journey with Lists of Arctic Expeditions and Works. 1860.
4930. **Kane** E. K. Far North: Explorations in the Arctic Regions. London, Simpkin, 1865, 12°.
4931. **Jones** M. Elisha Kent Kane Arctic Explorations etc. 4 vols. Philadelphia, 1856—1857. 8°. — Arctic Hero: A Narrative. London, Nelson, 1866, 12°.
4932. **Hayes** Dr. J. J. The open Polar Sea, a narrative of a voyage of discovery towards the North Pole in the schooner »United States.« 478 pp. with 3 charts. New-York, Kurd and Houghton, 1867; London, Low, 1867, 8°.
4933. **Hayes** J. J. Das offene Polar-Meer. Eine Entdeckungsreise nach dem Nordpol. A. d. Engl. v. J. C. A. Martin. Nebst 3 Karten u. 6 Illustrat. in Holzschnitt. 389 pp. Mit den Karten (lithogr. v. Müller, gedr. b. E. Gilisch in Jena), Polar-Gegenden gez. v. C. A. Schott Smith-Sund zur Erläut. v. Hayes' Reise 1860—1861, 1:4,500.000; Port Foulke u. seine Umgeb. in Nord-Grönland 1:288.000 und den Ansichten: Die Ufer des Polar-Meeres; Berg Murchison; Church-Spitze; Cap Lieber. Berg Parry; Cap Eugenie; Cap Frederick VII; Cap Union, gez. v. Hayes; Tyndall-Gletscher im Whale-Sund, nach einer Photographie gez. v. H. Fenn. Jena, H. Costenoble, 1868, 8°. (I. Bd. der Bibliothek geographischer Reisen und Entdeckungen älterer und neuerer Zeit, Gera, 1874.)
4934. **Hayes** J. J. La mer libre du Pôle. Voyage des découvertes dans les mers arctiques 1860—1861. Trad. de l'angl. avec notes par F. de Lanoye. Avec 3 cartes. Paris, 1868. 8°; le même abrégé par Belin de Launay, Hachette, 1871, 1872, 12°.
4935. **Hayes** J. J. Perdus dans les glaces. Traduit par Lion Renard. 58 grav. Paris, Hachette, 1869, 8°.
4936. **Hayes** J. L. Cast away in the Cold. Adventures of Captain J. Hardy, Mariner. Boston, 1869; London, Low, 1869, 12°.
4937. **Instructions** for the Expedition towards the North-Pole, from Hon. Geo. M. Robeson, Secretary of the Navy. With an Appendix from the National Academy of Sciences. Washington, Governement printing Office, 1871.
4938. **Major** R. H. The voyages of the Venetian brothers Nicolo and Antonio Zeno to the Northern Seas in 14th. century; comprising the latest known accounts of the last colony of Greenland and of the Northmen in America before Columbus. Translated and edited with notes and introduction. London, Hakluyt Society, 1873.
4939. **Report** to the President of the United States of the Action of the Navy Departement in the matter of the disaster of the United States exploring expedition toward the North-Pole, accompanied by a report of the examination of the rescued party. 154 pp. Washington, Navy Departement, 17th. June 1873, 8°.
4940. **Annual** report of the Secretary of the Navy on the operations of the Departement in 1873. 628 pp. with 3 maps. Washington, 1873, 8°.
4941. **Blake** E. Vale. Arctic experiences, containing Capt. G. E. Tyson's wonderful drift on the ice floe. A history of the Polaris Expedition. 486 pp. With a map and engr. New-York, Harper, 1874; London, Low, 1874, 8°.
4942. **North Pole**, Polaris Expedition. Report to the President of the United States. Washington, 1874, 8°.
4943. **Young** Allen. Search for Sir John Franklin. London, Griffin, 1875, 8°.
4944. **Arctic** Expedition. Papers and correspondence relating to the equipment and fitting out of the arctic Expedition of 1875 including report of the Admiralty Arctic Comittee. Presented to Parliament. 40 pp. with a map. London, 1875; Further Papers, London, 1876, 4°.
4945. **Remarks** on Davis Strait, Baffin Bay, Smith Sound and the channels thence Northward to 82½° N. Compiled from various authorities. 55 pp. London, Hydrogr. Office, 1875, 8°.
4946. **Arctic** Expedition of 1875—1876. Reports of Sir George Nares, Capt. Stephenson and the Sledging Journals of Capt. Markham, Commander Beaumont and Commander Aldrich. With a map. London, Murray, 1876, 8°.

4947. **Koolemans Beijnen** L. R. De reis der »Pandora« naar de Noordpool geweste in den Zomer van 1875. IV und 96 pp. Mit einer Karte. Amsterdam, C. F. Stemler, 1876, gr.-8°.
4948. **Lillingstone** F. G. Inne, Lieut. The Land of the White Bear: being a Short Account of the »Pandora's« Voyage during the Summer of 1875. London Low, 1876; Portsmouth, J. Griffin & Co. 1876 8°.
4949. **Mudge** Rev. Z. A. North-Pole Voyages embracing sketches of the important facts and incidents in the latest efforts to reach the North-Pole. From the second Grinnell - Expedition to the »Polaris «. 390 pp. New-York, 1876, 12°.
4950. **Cruise** of the »Pandora« from the Private Journal Kept by Allen Young, R. N. R., F. R. G. S. Commander of the Expedition. (Private circulation.) London, Adm. Hydr. Of. 1876,
4951. **Report** of Capt. Allen Young Arctic Yacht »Pandora«. London, 1876.
4952. **Chavanne** Josef Dr. Die englische Nordpol-Expedition 1875—1876 unter Capt. Nares und ihre Resultate. Wien, A. Hartleben, 1877. (XI. Heft der Sammlung gem. populär-wissensch. Vorträge.)
4953. **Le Clerc.** Expédition anglaise au Pôle Nord (1875—1876). Relation du voyage effectué par les bâtiments de S. M. B. »Alert« et »Discovery« sous le com. du capt. Nares. Trad. de l'angl. Avec cartes et vignettes Paris, Delagrave, 1877, 12°.
4954. **Ross** John. Voyage dans la Mer de Baffin 1818. Eyriès, Vol. VII.
4955. **A generall** description of Meta incognita, Hakluyt, Vol. III.
4956. **Seybt** Julius. Elisha Kent Kane, zwei Nordpolreisen zur Aufsuchung Sir John Franklin's. Deutsch bearbeitet. Mit 2 lith. Karten, 28 u. 298 pp. Leipzig, Senf, 1857; 1865; 1869. 8°.
4957. **Feuilleret** H. Les successeurs de Sir John Franklin. 143 pp. Tours, Mame, 1876. 8°:
4958. **Marcel** G. Aventures et découvertes de l'expédition anglaise au pôle Nord 1875—76. 16 pp. Paris, impr. Debons, 1876, 8°.
4959. **Bessels** E. Scientific results of the United States Arctic Expedition Steamer »Polaris«, C. F. Hall commanding. Vol. I: Physical observations 863 pp. with charts. Washington, Gov. Print. Office, 1876, 4°.

Aufsätze und Notizen.

4960. **Busche** M. Mémoire sur l'isle de Frislande. (63° N. B. versunken.) Avec une carte. (Mémoires de l'Académie des sciences, Paris, 1784, p. 430 - 454.)
4961. **Pickersgill** Richard, Lieut. Track of his Majesty's armed brig Lion, from England to Davis's streights und Labrador; with observations for determining the longitude by sun and moon, and the error of common reckoning; also the variation of the compass and dip of the needle as observed during the said voyage in 1776. (R. S. Phil. Trans. Abr. XIV, 1778, p. 1057.)
4962. **Frobisher** Martin, Sir. Navigateur anglais du XVI siècle. [Avec portrait.] (Biogr. Univers., Paris, Michaud, XVI, 1816, p. 92.)
4963. **Englische** Entdeckungsreise nach dem Nordpole. [4 Schiffe zu Deptford.] (Bertuch, Neue allg. geogr. Ephem., II, 1817, p. 529.)
4964. **Die Engländer** unter dem Nordpol. (Bertuch, Neue allg. geogr. Ephem., III, 1818, p. 107—108.)
4965. **Neueste** Nachricht von der englischen Nordpol - Expedition. [Capitän Naim.] (Bertuch, Neue allg. geogr. Ephem., IV, 1818, p. 123.)
4966. **Auslaufen** der Englischen Expedition nach dem Nord-Pole. (Bertuch, Neue allg. geogr. Ephem., III, 1818, p. 228—229.)

4967. **Fernere** Nachrichten von der Nordpol-Expedition. (Marrel.) (Bertuch, Neue allg. geogr. Ephem., IV, 1818, p. 239—241.)
4968. **Ehtdeckungsreise** der Engländer nach dem Nordpol. Mit einem Kärtchen, Weimar, 1818. Nördlichster Abschnitt der Erdkugel. (Bertuch, Neue allg. geogr. Ephem., III, 1818, p. 241—265.)
4969. **Fernere** Notizen über die Englische Nordpol-Expedition. (Bertuch, Neue allg. geogr. Ephem., IV, 1818, p. 497—507.)
4970. **Extraits** de plusieurs lettres écrites à bord de l'Isabella, l'un des vaisseaux de l'expédition anglaise au nord-ouest vers le détroit de Davis, pour trouver un passage dans le Grand Océan. (Annal. marit., 1818, p. 879.)
4971. **Die vorjährige** Nordpol-Expedition. (Bertuch, Neue allg. geogr. Ephem., V, 1819, p. 471—476.)
4972. **Ross** John. Reise nach der Baffins-Bay, zur Untersuchung der Möglichkeit eines nordwestlichen Durchganges. Aus dem Engl. (Journal für die neust. Land- und Seereisen, Berlin, XXXII, 1819, p. 276, 324; XXXIII, p. 75, 229; XXXIV, p. 79.)
4973. **Expédition** des Anglais au Pôle boréal en 1818. (Nouv. Annales des Voyages, I, 1819, p. 477—480.)
4974. **A Voyage** of Discovery for the purpose of exploring Baffins-Bay .... by John Ross. (Nouv. Annales des Voyages, II, 1819, p. 384—434.)
4975. **Observations** critiques sur l'expédition du Capitaine Ross dans la Baie de Baffin en 1818. (Journal des Voyages, IV, 1819, p. 10—20.)
4976. **Addition** au précis de l'expédition anglaise dans la Mer de Baffin. (Journal des Voyages, III, 1819, p. 32—39.)
4977. **A Voyage** of Discovery etc. Voyage de Découvertes fait sous les ordres de l'Amirauté, à bord des bâtiments de S. M. »l'Isabelle« et »l'Alexandre« etc. par John Ross. (Journal des Voyages, III, 1819, p. 57—111, 177—207; IV, 1819, p. 46—65.)
4978. **Hansteen.** Remarques préliminaires sur les expéditions anglaises de 1818. (Journal des Voyages, III, 1819, p. 145—151.)
4979. **Précis** du Voyage de découvertes dans la Mer de Baffin exécuté en 1818, sous Ross. Avec carte gravée par Lemaitre. (Journal des Voyages, II, 1819, p. 265—365.)
4980. **A Voyage** of discovery made under the orders of the Admiralty by H. M. S. »Isabella« and »Alexander«, for the purpose of exploring Baffins-Bay and inquirnig into the probability of a N. W. Passage. By John Ross, London, Murray, 1819, 4°. (Bertuch, Neue allg. geogr. Ephem., VII, 1820, p. 113.)
4981. **Sabine.** Considérations sur le résultat de la dernière expédition du Capt. Ross sur »l'Isabella« et »l'Alexandre«, en 1818, relativement à la question d'un passage au nord-ouest. (Annal. marit., 1820, p. 571.)
4982. **Sabine** Edward. Considérations sur le résultat de la dernière expédition du Capitaine Ross, relativement à la question de l'existence d'un passage N. O. (Journal des Voyages, VI, 1820, p. 144—147.)
4983. **Navigation** dans la Baie de Baffin. (Journal des Voyages, VIII, 1820, p. 393—395.)
4984. **Perrin** N. Relation d'un voyage fait au Détroit de Davis en 1820 par William Jameson. (Journal des Voyages, XIV, 1822, p. 5—22.)
4985. **Bréauté** Nell de. Relation du voyage du capitaine Guedon à la Baie de Baffin. Erzählung der Reise des Cap. Guédon in die Baffinsbucht, auf dem Walfischfahrer »Der Grönländer«, im Jahre 1825. [Auszug aus den See-Annalen.] Mit einer Karte. Paris, 1826, 22 pp. 8°. (Unterhaltungsblätter für Welt- und Menschenkunde, Aarau, III, 1826, p. 762.)
4986. **Bréauté** Dr. Relation du voyage du Capt. Guédon, à la baie de Baffin, (Annal. marit., 1826, p. 204.)
4987. **Voyage** d'un navire français dans la Baie de Baffin. (Journal des Voyages, XXX, 1826, p. 374—380.)
4988. **Entdeckung** der Insel Dieppe in der Baffins-Bay im Jahre 1825. (Hertha IX, 1827, p. 70—71.)

4989. **Voyages à la baie de Baffin.** Expedition du capit. Guédon. (Journal des Voyages, XLIV, 1829, p. 241—244.)
4990. **Roux de Rochelle M.** Sur les voyages de Sébastien Cabot. (Bulletin de la Soc. de Géogr. de Paris, XVII, 1832, p. 197—217.)
4991. **Rückkehr** des Capitän Ross und dessen Bericht (ddo. Bord d. »Isabella«, Baffinsbay Sept. 1833) über seine letzte Nordpol-Expedition. (Journal für die neuesten Land- und Seereisen, LXXV, 1833, p. 280.)
4992. **Zahrtmann.** Remarks on the voyages to the Northern Hemisphere, ascribed to the Zeni of Venice. (Journal of the R. Geogr. Society of London, V, 1835, p. 102.)
4993. **Becher.** Commander of Hydr. Office. The voyages of Martin Frobisher. With map. (Journal of the R. Geogr. Society of London, XII, 1842, p. 1—21.)
4994. **Eine Schilderung** des Meeres an der Küste von Grönland. [Penny.] (Ausland, XXV, 1852, p. 797.)
4995. **La Roquette** de. Voyage du Cap. Inglefield, R. N., à la recherche de S. J. Franklin et observations de M. Augustus Petermann. (Bulletin de la Soc. de Géogr. de Paris, II Sér., IV, 1852, p. 541—548.)
4996. **Petermann A.** Baffin Bay and the Polar-Sea. (The Athenaeum, 11. Dec. 1852.)
4997. **Neue Polarreise.** [Kane.] (New-York Herald, 9. Febr. — Ausland, XXVI, 1853, p. 216.)
4998. **Arktische Expedition.** Grinnell, Inglefield, Lady Franklin. (Ausland, XXVI, 1853, p. 264.)
4999. **Analyse** de la relation du premier voyage dans le Bassin Polaire par le Commandant E. A. Inglefield à la recherche de S. J. Franklin. [Extrait de l'Athenaeum.] (Bulletin de la Soc. de Géogr. de Paris, IV Sér., VI, 1853, p. 241—249.)
5000. **Inglefield.** Report of the Return of the »Isabel« from the Arctic Regions. With map. (Journal of the R. Geogr. Society of London, XXIII, 1853, p. 136—145.)
5001. **Nachrichten** über die Nordpol-Expedition unter Capitän Inglefield. (Ausland, XXVII, 1854, p. 933.)
5002. **Ritter C.**, Dr. Kane's Nordpolar-Expedition. (Zeitschr. der Ges. für Erdkunde, Berlin, III, 1854, p. 73—77.)
5003. **The Grinnell** Expedition in search of Sir J. Franklin by E. K. Kane etc. Journal d'un voyage au mers polaires par J. R. Bellot etc, (Bulletin de la Soc. de Géogr. à Paris, IV Sér., VIII, 1854, p. 121—141.)
5004. **Arktische Expeditionen** der Vereinigten Staaten. (Ausland, XXVIII, 1855, p. 288.)
5005. **Dr. Kane's** Arktische Expedition. (Ausland, XXVIII, 1855,
5006. **Petermann Aug.** Dr. Dr. E. K. Kane's Expedition nach dem Mai 1853 bis October 1855. Mit 1 Kartenskizze. (Petermann's Geogr. Mitth., I, 1855, p. 291.)
5007. **Brandes C.** Nachrichten über die Expedition des Dr. Kane nach den Gegenden jenseits des Smithsundes 1853—1855. (Zeitschr. der Ges. für Erdkunde, Berlin, V, 1855, p. 396—412.)
5008. **Expédition** à la recherche du Lieutenant Kane. (Nouv. Annales des Voyages, VII Sér., I, 1855, Juill., p. 93—95.)
5009. **Retour** de l'expédition arctique du Dr. Kane. (Nouv. Annales des Voyages, 1855, Nov., p. 243—247.)
5010. **Cortambert E.** Expéditions Arctiques du Dr. Kane et du Lieut. Hartsteene. (Bulletin de la Soc. de Géogr. à Paris, IV Sér., X, 1855, p. 314—319.)
5011. **Kane's** Nordpol-Expedition. (Weekly Herald, New-York, 17. Oct. 1855.)
5012. **Kane Dr.** Search for Sir J. Franklin. (Proceedings of the R. Geogr. Society of London, I, 1855—1856, Nr. 1, p. 17—21.)
5013. **Dr. Kane's** Nordpolar-Expedition. (Petermann's Geogr. Mitth., II, 1856, p. 382—386.)
5014. **Andree. C.** Aus dem Tagebuche des Dr. Kane. (Zeitschr. der Ges. für Erdkunde, Berlin, N. F. I, 1856, p. 175—177.)

5015. **Brandes** C, Die Smith-Sund-Expedition unter Dr. Kane. (Zeitschr. der Ges. für Erdkunde, Berlin, N. F. I, 1856, p. 491—532.)
5016. **Remarques** à propos de la dernière exploration arctique du Dr. Kane. (Nouv. Annales des Voyages, 1856, Janv., p. 115—116.)
5017. **Malte Brun** M. V. A. Expédition arctique du Dr. Kane pendant les années 1853—1855. (Nouv. Annales des Voyages, 1856, Févr., p. 129—141.)
5018. **La Roquette** de. Note sur la prochaine publication de la relation du voyage du Dr. Kane aux régions arctiques à la recherche de Sir John Franklin. (Nouv. Annales des Voyages, 1856, Nov., p. 244—247.)
5019. **Malte Brun**. Note sur la carte des découvertes du Dr. K. Kane. (Bulletin de la Soc. de Géogr., Paris, IV Sér., XI, 1856, p. 125—128.)
5020. **La Roquette** M. de. Note sur la prochaine publication de la relation du voyage du Dr. Kane aux régions arctiques à la recherche de Sir J. Franklin, The second Grinnell Expedition. 2 vols. Philadelphia, Van Ingen and Snyder 1856, 8°. (Bulletin de la Soc. de Géogr., Paris, IV Sér., XII, 1856, p. 312—314.)
5021. **Kane** Elisha Kent. Report to the Secretary of the United States Navy at Washington of the Expedition in Search of Sir John Franklin during the Years 1853—1855, with a Chart showing the Discoveries made in the Arctic Regions. (Journal of the R. Geogr. Society of London, XXVI, 1856, p. 1—18.)
5022. **Dr. Kane's** Entdeckungen im Smithsunde: 1. der Humboldtgletscher; 2. das offene Polarmeer; 3. Nekrolog p. 291. (Ausland, XXX, 1857, p. 169, 202, 291.)
5023. **Steger** F. Dr. Kane und seine zweite Nordpolarreise. (Westermann's Ill. Deutsche Monatshefte, 1857, Juni.)
5024. **Kane** Elisha K. Dr. Arctic Explorations. (Silliman's American Journal of science and arts, 1857, Sept.)
5025. **Zwei Polarreisen** von Elisha Kent Kane. Deutsch v. J. Seybt. (Die Natur, VII, 1858, — Naturw. Literaturbl., p. 64.)
5026. **Nouveau** projet d'exploration arctique par les Americains. (Nouv. Annales des Voyages, 1858, Août, p. 238—239.)
5027. **The Romance** of the Icefields. [Kane.] (Titan, 1858, March.)
5028. **Rink's** Kritik der Kane'schen Entdeckungen. (Ausland, XXXII, 1859, p. 1149.)
5029. **Die neue** Amerikanische Nordpol-Expedition. [Hayes.] (Petermann's Geogr. Mitth., V, 1859, p. 127.)
5030. **Letter** from Isaac J. Hayes to the President, on the Arctic Expedition under the late Dr. Kane. (Proceedings of the R. Geogr. Society of London, III, 1859, Nr. 3, p. 146—149.)
5031. **Eine Episode** aus Kane's Polarreise. (Ausland, XXXIII, 1860, p. 520.)
5032. **Dr. Hayes'** Reise nach dem Nordpol. (Petermann's Geogr. Mitth., VI, 1860, p. 442.)
5033. **Zwei neue** Polarfahrten der Amerikaner. (Petermann's Geogr. Mitth., VI, 1860, p. 486.
5034. **Chaix** P. Explorations Arctiques. Le Dr. Kane; Mac Clintock. (Mém. de la Soc. de Géogr. de Genève, I, 1860, p. 133—189, 237—303.)
5035. **Hayes'** Nordpolar-Expedition. (Ausland, XXXIV, 1861, p. 456)
5036. **Hayes'** Polar-Reise. (Ausland, XXXIV, 1861, p. 1143.)
5037. **Rückkehr** der Amerikanischen Expedition aus den Arktischen Regionen. (Petermann's Geogr. Mitth., VII, 1861, p. 435.)
5038. **Söchting**. Die Nordpolar-Expeditionen von Hayes und Hall. (Zeitschr. der Ges. für Erdkunde, Berlin, N. F. X, 1861, p. 240—242.)
5039. **Nouvelles** de l'expédition arctique du Dr. Hayes de New-York. (Nouv. Annales des Voyages, 1861, Oct., p. 112—113.)
5040. **Return** of the Arctic Expedition of Dr. Hayes. (Silliman's American Journal, 1861, Nov., p. 451—453.)
5041. **Reste** von Frobisher's Expedition entdeckt. (Ausland, XXXVI, 1863, p. 168.)

5042. **Die letzten** amerikanischen Nordpol-Reisen. (Zeitschr. der Ges. für Erdkunde, Berlin, XVI, 1864, p. 377—379.)
5043. **Hayes** I. J., Dr. Account of the scientific results of the Arctic Expedition under the Command of Dr. Isaac J. Hayes. (Proceedings of the R. Geogr. Society of London, IX, 1865, Nr. 4, p. 181—187.)
5044. **Hayes'** J. Expedition 1861. (Petermann's Geogr. Mitth., XII, 1866, p. 123.)
5045. **Hayes'** Reise nach dem Amerikanischen Polarmeere. Mit einer Karte. (Ausland, XL, 1867, p. 385.)
5046. **Ueber** das offene Polarmeer im Norden des Smithsunds. (Ausland, XL, 1867, p. 477.)
5047. **Die Nordpol-Reise** des Amerikaners Hayes. (Globus, Hildburghausen, XI, 1867, p. 220.)
5048. **Die Nordpolfahrt** des Dr. I. J. Hayes. (Zeitschr. der Ges. für Erdkunde, Berlin, III Ser., II, 1867, p. 273—279.)
5049. **Die amerikanische** Nordpolar-Expedition. [Geogr. Mitth.] (Archiv für Seewesen, Wien, V, 1869, p. 301.)
5050. **Nachrichten** von der amerikanischen Nordpol-Expedition.-(Ausland, XLII, 1869, p. 1032.)
5051. **Aus der Nordpolarreise** des Dr. Hayes. (Globus, Braunschweig, XV, 1869, p. 225, 257.)
5052. **Progretto** d'esplorazione del mare artico per lo stretto di Smith. (Bolletino della Società geogr. italiana, Roma, III, 1869, p. 484.)
5053. **Maury** T. B. The new American Polar-Expedition and its hopes. (The Atlantic Monthly, Boston, Oct. 1870.)
5054. **Hayes** J. J. Dr. Adress on arctic exploration. With map. (Journal of the American Geographical and Statistical Society, II, Part 2, 1870, p. 1—31.)
5055. **Neue Nordpol-Expedition.** [Hall.] (Archiv für Seewesen, Wien, VII, 1871, p. 120.)
5056. **Nordamerikanische Polarfahrt.** [Hall.] (Archiv für Seewesen, Wien, VII, 1871, p. 327—328.)
5057. **Von der amerikanischen Nordpol-Expedition.** [Polaris.] (Archiv für Seewesen, Wien, VII, 1871, p. 460.)
5058. **Amerikanische** Expedition nach dem Nordpol unter Capitän C. F. Hall. (Archiv für Seewesen, Wien, VII, 1871, p. 493—503.)
5059. **Arktische Expeditionen** im Jahre 1871. Capitän Hall's Polarfahrt. (Globus, Braunschweig, XIX, 1871, p. 336, 384.)
5060. **Polarfahrten.** Hall's Polarexpedition. (Globus, Braunschweig, XX, 1871, p. 96, 120, 173.)
5061. **Petermann** A. Amerikanische Expedition nach dem Nordpol unter dem Commando von Capitän C. F. Hall. (Petermann's Geogr. Mitth., XVII, 1871, p. 351—357.)
5062. **Amerikanische Nordpolexpedition.** (Mitth. der Geogr. Ges. in Wien, XIV, 1871, p. 378—379; XV, 1872, p. 531.)
5063. **Expédition polaire** américaine dirigée par le Capitaine Hall. (Le Globe, Bulletin, Genève, X, 1871, p. 221—229.)
5064. **l'Expédition polaire** du Capitaine Hall. (Bulletin de la Soc. de Géogr. Paris, VI Sér., II, 1871, p. 293—296.)
5065. **Rapport** de M. le Capitaine Ward, de la marine royale britannique, au ministère de la Marine à Washington sur un projet d'expédition au Pôle Nord. (Revue maritime et coloniale, Paris, XXXI, 1871, liv.119, p.148—150.)
5066. **Capitain Hall's** Arctic Expedition of 1871. (Proceedings of the R. Geogr. Society of London, XV, 1871, Dec., Nr. 5, p. 382—384.)
5067. **Agassiz** L. Expedition toward the North Pole. Instructions to Captain Hall by Hon. G. M. Robeson, Secretary of the Navy. (Smithsonian Report, Washington, 1871, p. 361—387.)
5068. **Die amerikanische** Expedition nach dem Nordpol unter dem Commando von C. F. Hall. (Archiv für Seewesen, Wien, VIII, 1872, p. 150—156.)

5069. **Nachrichten** über Capitän Hall. (Aus allen Welttheilen, IV, 1872—1873, p. 63.)
5070. **Capitain Hall's Tod** und die Mannschaft der »Polaris«. (Aus allen Welttheilen, IV, 1872—1873, Nr. 10, p. 298—300.)
5071. **Die Nordpol-Expedition** des Capitän Ch. F. Hall. (Gaea, VIII, 1872, p. 92—99.)
5072. **Neueste Nachrichten** von Capitän Hall. (Gaea, VIII, 1872, p. 624.)
5073. **Walker's strenges** Urtheil über Capitän Hall's Polar-Expedition. (Globus, Braunschweig, XXI, 1872, p. 343, 352.)
5074. **Petermann A.** Schreiben von Dr. Emil Bessels an denselben. Die Amerikanische Expedition nach dem Nordpol unter dem Commando des Capitän C. F. Hall. 2. Von Washington bis Upernavik, 10. Juni bis 20. August 1871. Geographie und Erforschung der Polar-Regionen Nr. 54. — (Petermann's Geogr. Mitth., XVIII, 1872, p. 17—21.)
5075. **Expédition américiane** au pôle Nord. (Le Globe, Bulletin, Genève, XI, 1872, p. 129—134.)
5076. **Expédition** au Pôle Nord du Capitaine Hall. (Les Mondes, 1872, Nr. 8.)
5077. **Champeaux P. de,** Capitain. Nouvelle Expédition des Américaines au Pôle Nord. (Revue maritime et coloniale, XXXIII, livr. 130, 1872, Juillet, p. 685 - 727.)
5078. **Hall C. F.** Capt. Geographical discoveries in the Arctic Regions. (Journal of the American Geographical Society of New-York, III, 1872, p. 216--221.)
5079. **Report** of the reception by the American Geographical Society of Capt. Hall and his officers, previous to their departure for the Arctic Regions held 26 June 1871. (Journal of the American Geographical Society of New-York, III, 1872, p. 401—415.)
5080. **Die Nordfahrt** der »Polaris.« (Ausland, XLVI, 1873, p. 671.)
5081. **Neue Nachrichten** von der »Polaris.« (Ausland, XLVI, 1873, p. 840.)
5082. **Der Ausgang** der Hall'schen Nordpol-Expedition. (Gaea, IX, 1873, p. 344—351.)
5083. **Näheres** über die Schicksale der »Polaris« und den Tod des Capitän Hall. (Gaea, IX, 1873, p. 631—636)
5084. **Hall's Polar-Expedition** verunglückt. (Globus, Braunschweig, XXIV, 1873, p. 12—14.)
5085. **Das dunkle Drama** auf der »Polaris.« (Globus, Braunschweig, XXIV, 1873, p. 43, 48.)
5086. **Die von der »Polaris« Geretteten** auf der Eisscholle. (Globus, Braunschweig, XXIV, 1873, p. 62—63.)
5087. **Amtlicher Bericht** über das Schicksal der »Polaris« und weitere Nachrichten. (Globus, Braunschweig, XXIV, 1873, p. 141, 256.)
5088. **Die amerikanische Nordpolar-Expedition** unter C. F. Hall 1871—1873. Geographie und Erforschung der Polar-Regionen Nr. 80. Mit Karte s. Tafel 16. (Petermann's Geogr. Mitth., XIX, 1873, p. 307—317.)
5089. **Die Trift** der Hall'schen Nordpol-Expedition 16. August bis 15. October 1872 und die Schollenfahrt der Zwanzig bis zum 30. April 1873. Geographie und Erforschung der Polar-Regionen Nr. 82. Mit 1 Karte s. Tafel 20. (Petermann's Geogr. Mitth., XIX, 1873, p. 379—392.)
5090. **Ueberwinterung** der Mannschaft des Amerikanischen Expeditionsschiffes »Polaris« in Lifeboat Cove (Smith Sund) 1872—1873; Mittheilung von Dr. E. Bessels über die Amerikanische Nordpol-Expedition. Geographie und Erforschung der Polar-Regionen Nr. 83. (Petermann's Geogr. Mitth., XIX, 1873, p. 401—408.)
5091. **Das Schicksal** der amerikanischen Nordpolar-Expedition. (Mitth. aus dem Gebiete des Seewesens, Pola, I, 1873, p. 563, 656.)
5092. **Die amerikanische Nordpol-Expedition.** (Mitth. der Geogr. Ges. in Wien, XVI, 1873, p. 276—277, 511—513.)
5093. **Nachträgliches** über Hall's Nordpol-Expedition. (Mitth. der Geogr. Ges. in Wien, XVI, 1873, p. 330--333.)

5094. **Dr. Bessels** und die amerikanische Nordpol-Expedition. (Mitth. der Geogr. Ges. in Wien, XVI, 1873, p. 427—428.)
5095. **Die Mannschaft** der »Polaris«. (Mitth. der Geogr. Ges. in Wien, XVI, 1873, p. 513—514.)
5096. **Capt. Hall's Tagebuch.** (Mitth. der Geogr. Ges. in Wien, XVI, 1873, p. 514—516.)
5097. **Abschluss** der »Polaris«-Expedition. (Verhandl. der Ges. für Erdkunde, Berlin, 1873, p. 36—37.)
5098. **Expédition de Hall** au Pôle Nord. Premières nouvelles authentiques ; 1871 —1873, d'après le Dr. Petermann. (Le Globe, Bulletin, Genève, XII, 1873, p. 84—91.)
5099. **La question polaire** discutée en Amérique en 1870. Introduction au récit des aventures du »Polaris« en 1873. [Aus Daly Discours à la Soc. de Géogr. améric. 1873, p. 39.] (Le Globe, Bulletin, Genève, XII, 1873, p. 111—119.)
5100. **Aventures** des premiers naufrages de l'équipage du »Polaris« d'après leur journal. [Aus Petermann's Mitth.] (Le Globe, Bulletin, Genève, XII, 1873, p. 119—137.)
5101. **Hivernage** de l'équipage de l'expédition américaine nord - polaire du »Polaris«, à Life-boat Cove, dans le détroit de Smith 1872—1873. (Le Globe, Bulletin, Genève, XII, 1873, p. 137—147.)
5102. **Hayes** I. J., Dr. La Terre de Désolation. (Le Tour du Monde, XXVI, 2me semestre de 1873, p. 1—64.)
5103. **Spedizione** Americana di Hall. (Bolletino della Società geogr. italiana, Roma, A. VII, Vol. X, 1873, Fasc. 1, p. 56—59.)
5104. **Spedizione artica americana.** (Bolletino della Società geogr. italiana, Roma, A. VII, Vol. X, 1873, Fasc. 2, p. 56—58.)
5105. **La spedizione americana al polo nord.** (Bolletino della Società geogr. italiana, Roma, A. VII, Vol. X, 1873, Fasc. 4—5, p. 75—79.)
5106. **Arctic** Meeting of the American Geographical Society 16. Febr. 1874. (Bulletin of the American Geographical Society, IV, 1873—1874, p. 21—41.)
5107. **Markham** Cl. R. An Arctic Expedition in 1874. (The Contemporary Review, Oct. 1873.)
5108. **The Voyage** of the »Polaris«. With map. (Ocean Highways, I, 1873, July, p. 133—135.)
5109. **The Crew** of the »Polaris«, rescued by English Whalers and an account of the voyage of the »Arctic«. (Ocean Highways, I, 1873, p. 288—289.)
5110. **Rückkehr** der übrigen Mannschaft von der »Polaris.« (Aus allen Welttheilen, Leipzig, V, 1874, p. 31.)
5111. **Die Umkehr** der Hall'schen Polar-Expedition nach den Aussagen der Officiere. Geographie und Erforschung der Polar-Regionen Nr. 94. Mit Karte s. Tafel 13. (Petermann's Geogr. Mitth., XX, 1874, p. 252—261.)
5112. **Negri** C. La Spedizione artica inglese. (Bolletino della Società geogr. italiana, XI, 1874, p. 648—651.)
5113. **The Arctic Expedition.** (Ocean Highways, I, 1874, p. 466—467.)
5114. **The Arctic Expedition.** (The Geogr. Magazine, I, 1874, p. 357—358.)
5115. **Letters** from the Officers of the »Polaris«. (The Geogr. Magazine, I, 1874, p. 125—129.)
5116. **Markham** C. R. The Discoveries of the »Polaris« and Voyage of the »Arctic«. (Proceedings of the R. Geogr. Society of London, XVIII, 1874, Nr. 1, p. 12—22.)
5117. **Englische** Nordpolar - Expedition. (Aus allen Welttheilen, Leipzig, VI, 1875, p. 318.)
5118. **Von der** englischen Polar-Expedition. (Gaea, XI, 1875, p. 128—130, 257, 333—339, 703—704.)
5119. **Die englische** Nordpol-Expedition in der Baffinsbai. (Gaea, XI, 1875, p. 637—638.)

5120. **Die Polar-Expedition** der Engländer. (Globus, Braunschweig, XXVII, 1875, p. 262—264.)
5121. **Von der** englischen Nordpol-Expedition. (Globus, Braunschweig, XXVIII, 1875, p. 224.)
5122. **Die Nordfahrt** der »Pandora« und Nachrichten von der englischen Nordpol-Expedition. (Globus, Braunschweig, XXVIII, 1875, p. 351—352.)
5123. **Die diesjährige** englische Nordpol-Expedition. (Lotos, Prag, XXV, 1875, p. 31—32.)
5124. **Nachrichten** aus dem hohen Norden. Pandora. (Lotos, Prag, XXV, 1875, p. 162—163.)
5125. **Die Englische Polar-Expedition.** |Notiz.] (Petermann's Geogr. Mitth., XXI, 1875, p. 231.)
5126. **Englische** Nordpol - Expedition. |Nach »Times«, »Iron«.] (Mitth. aus dem Gebiete des Seewesens, Pola, III, 1875, p. 243—247.)
5127. **Die neue** arktische Expedition. [Aus Daily-News 21. Nov. 1874.] (Mitth. der Geogr. Ges. in Wien, XVIII, 1875, p. 41—45.)
5128. **Nachträgliche** Bemerkungen über die amerikanische Polar-Expedition unter Capitän Hall. (Mitth. der Geogr. Ges. in Wien, XVIII, 1875, p. 249—250.)
5129. **Der Plan** der englischen Nordpol-Expedition. (Mitth. der Geogr. Ges. in Wien, XVIII, 1875, p. 322—323.)
5130. **Die Polar-Expedition** der »Pandora«. (Mitth. der Geogr. Ges. in Wien, XVIII, 1875, p. 384.)
5131. **Nachrichten** der englischen Polar-Expedition. (Mitth. der Geogr. Ges. in Wien, XVIII, 1875, p. 578—579.)
5132. **Die Fahrt** des Expeditionsschiffes »Pandora«. [Aus: Mitth. des Vereins für die deutsche Nordpolfahrt.] (Mitth. der Geogr. Ges. in Wien, XVIII, 1875, p. 579—582.)
5133. **Bessels** E. Dr. L'expédition polaire américaine, sous l'ordre du capt. Hall. (Bulletin de la Soc. de Geogr., Paris, VI Sér., IX, 1875, p. 291—299.)
5134. **L'expédition polaire anglaise.** (l'Explorateur, I, 1875, p. 70, 95, 154—155, 282, 409—411, 445—447; II, 1875, p. 71—72, 291—292, 431—432, 442, 443, 554—555.)
5135. **L'expédition** anglaise de recherches dans les régions arctiques. (Le Globe, Bulletin, Genève, II Sér., I, 1875, p. 106—108.)
5136. **Bellot** M. A. La prochaine expédition arctique Anglaise. (Revue maritime et coloniale, Paris, XLV, 1875, p. 504—511.)
5137. **Spedizione artica inglese.** (Bolletino della Società geogr. italiana, Roma, A. IX, II Ser., XII, 1875, p. 59—60.)
5138. **La spedizione** artica inglese 1875—1876. Con una Carta (Tavola VIII). (Cosmos di Cora, III, 1875—1876, p. 441—452.)
5139. **Taberno** Giorgio. »L'Alert« e il »Discovery« e la spedizione artica inglese. (Rivista marittima, Roma, VIII, 1875, p. 126—133.)
5140. **Barlocci** Gaetano, La Spedizione artica inglese nel 1875. Tradotto dal Naval Science. (Rivista marittima, Roma, VIII, 1875, p. 142—155.)
5141. **The Arctic Expedition.** (The Geogr. Magazine, II, 1875, p. 21—22.)
5142. **The Arctic Expedition.** (The Geogr. Magazine, II, 1875, p. 54—55.)
5143. **The Arctic Expedition of 1875.** (The Geogr. Magazine, II, 1875, p. 90—91.)
5144. **On the route** towards the pole for the Arctic Expedition of 1875. (The Geogr. Magazine, II, 1875, p. 91—94.)
5145. **Arctic Appointements.** (The Geogr. Magazine, II, 1875, p. 152.)
5146. **The Arctic Expedition.** (The Geogr. Magazine, II, 1875, p. 171—173.)
5147. **Arctic Sledge Travelling.** (The Geogr. Magazine, II, 1875, p. 218—222.)
5148. **The Arctic Expedition.** With maps. (The Geogr. Magazine, II, 1875, p. 292—304, 327—334, 357—358.)
5149. **Report** of the Arctic Committee of the Admiralty. (Proceedings of the R. Geogr. Society, London, XIX, 1875, p. 349—356.)

5150. **Mac Clintock** L. M. On Arctic Sledge-travelling. (Proceedings of the R. Geogr. Society of London, XIX, 1875, p. 464—479.)
5151. **Markham** C. R. On the Progress of the Arctic Expedition to the 17th of July, and the Return Voyage of the »Valorous«. (Proceedings of the R. Geogr. Society of London, XX, 1875, p. 55—67.)
5152. **Friedemann** Hugo. Die Ausrüstung der englischen Nordpol-Expedition. (Aus allen Welttheilen, VII, 1876, p. 55.)
5153. **Die englische Nordpol-Expedition** und ihre Ergebnisse. (Ausland, XLIX, 1876, p. 994—997.)
5154. **Die Fahrt des** Expeditionsschiffes »Pandora«. (Gaea, XII, 1876, p. 117—120.)
5155. **Die Rückkehr** der englischen Nordpol-Expedition. (Gaea, XII, 1876, p. 734—738.)
5156. **Die englische Nordpol-Expedition** unter Nares 1875—1876. Mit einer Kartenskizze. (Globus, Braunschweig, XXX, 1876, p. 333—336.)
5157. **Die grosse** englische Nordpol-Expedition unter Capitän Nares 29. Mai 1875 bis 27. October 1876. Geographie und Erforschung der Polar-Regionen Nr. 125. Mit 2 Karten [Tafel 24 und 25.] (Petermann's Geogr. Mitth., XXII, 1876, p. 456—482.)
5158. **Eine zweite** englische Polar-Expedition. (Mitth. der Geogr. Ges. in Wien, XIX, 1876, p. 192.)
5159. **Becker** Alois Ritter v. Die Fahrt der »Pandora« im Jahre 1876 von Plymouth nach Godhavn, Disko. (Mitth. der Geogr. Ges. in Wien, XVIII, 1876, p. 534—540.)
5160. **Bericht** des Capitän Allen Young über die Fahrt der »Pandora.« (Mitth. der Geogr. Ges. in Wien, XIX, 1876, p. 585—596.)
5161. **Malte-Brun** V. A. l'Expédition polaire anglaise en 1875. Avec une carte. (Bulletin de la Soc. de Géogr., Paris, X Sér., XI, 1876, p. 5—24.)
5162. **Une nouvelle Expédition arctique** [Pandora]. (l'Explorateur, III, 1876, p. 433, 566.)
5163. **Boutet** Paul. La dernière expédition Anglaise au Pôle Nord. Avec une carte d'après la Carte publ. p. E. Ravenstein dans le Géogr. Magaz., grav. par R. Hausermann. (l'Exploration, Paris, I, 1876, p. 19—24.)
5164. **E. W.** Voyage de la »Pandora« à la recherche des restes de l'expédition Franklin. Extrait du Navy. (Revue maritime et coloniale, Paris, XLVIII, 1876, p. 264—272.)
5165. **Spedizione** polare inglese. Con una carta. (Bolletino della Società geogr. italiana, Roma, A. X, Ser. II, Vol. XIII, 1876, p. 549, 680—681.)
5166. **Markham.** The Arctic Expedition. (The Geographical Magazine, London, III, 1876, p. 1—3, 117—119, 301—304, 313—324.)
5167 **Communication** with the Arctic Expedition in 1876. (The Geographical Magazine, London, III, 1876, p. 77.)
5168. **Records** of the Pandora's Cruise. (The Geogr. Magazine, London, III, 1876, p. 132.)
5169. **The Pandora.** (The Geogr. Magazine, London, III, 1876, p. 193.)
5170. **The Arctic Expedition** 1875—1876. (Capt. Nares R. N.) With maps. 1 : 2.200.000. (The Geogr. Magazine, London, III, 1876, p. 301—304.)
5171. **The Second Voyage** of the »Pandora«. (The Geogr. Magazine, London, III, 1876, p. 325—326.)

Karten.

5172. **Northern parts** of America. Chart of the coast from Baffins Bay to Nova Francia. Amsterdam, J. v. Keulen, 1615.
5173. **Chart of Baffin Bay,** with Davis and Barrow Straits, by Captain Ross and Lieutenant Parry by the Hydrographic Office, London, 1822, Nr. 262, 1 : 5,000.000—1 : 2,500.000.

5174. **Cumberland Isle,** Davis Strait. Capt. William Penny. London, Hydr. Off., 1839.
5175. **Arctic Sea,** Baffin Bay. London, Hydrogr. Office, 1853. 2 sheets.
5176. **Arctic Sea,** Baffin-Bay, sheet 1. from $59^1/_2°$ to $79^1/_2°$ N. Br. and from $42°$ to $90°$ W. L. Gr. Mit 8 Cartons: Omenak Fjord, Disko-Bay und North Star-Bay; und 10 Küstenansichten. 1 : 3,500.000. London, Hydrogr. Office, 1853; 1869. Nr. 2177.
5177. **Carta** dello Terre Polari Artiche della Baja di Baffin all Isola Baring, 1853.
5178. **Discoveries** of the American Arctic Expedition in search of Sir John Franklin 1853—1855 under the command of Dr. E. K. Kane. 1 : 1,700.000 to 1 : 3,500.000. London, Hydrogr. Office, 14 January 1856.
5179. **Chart** by Charles A. Schott, newly projected from revised astronomical reductions at the expence of the Smithsonian Institution 1860, 1 : 2,500.000. (Kane's Expedition, Smith-Sound.)
5180. **Chart** showing the vicinity of Port Foulke, the Winterquarters in 1860 —1861 of the Artic Exploring Expedition of Dr. Hayes reduced by Schott U. S. C. S. 1 : 170.000. Washington, 1865.
5181. **Chart** showing the discoveries tracks and surveys of the Arctic Exploring Expedition of 1860 and 1861. J. J. Hayes Commanding; newly projected from revised materials discussed for the Smithsonian Institution by Charles A. Schott. 1 : 1,200.000. Washington, January 1865 (published in 1867).
5182. **Arctic Sea.** The Discoveries North of Smith-Sound. By the ship Polaris under Command of C. F. Hall 1871—1873. Washington, Hydrogr. Office, 1874.
5183. **Diagramm** of the Explorations of the Polaris by F. Meyer, Signal Service U. S. A. 1 : 1,750.000.
5184. **Arctic Sea** northward from Baffin Bay; Smith Sound etc., 1 : 1,112.000. London, Hydrogr. Office, 1875, Nr. 275.
5185. **Arctic Sea.** Davis Strait and Baffin Bay to $75° 45'$ N. 1 : 1,183.000. London, Hydrogr. Office, 1875, Nr. 235.
5186. **Chart** of Baffin Bay, from Disko to the furthest point of Smith-Sound Scale 1 inch = $1^1/_2°$. London, Hydrogr. Office.

b) Astronomie, Meteorologie und Erdmagnetismus.

5187. **Astronomical Observations** in the Arctic Seas by Elisha Kent Kane, made during the second Grinnell Expedition in search of Sir John Franklin in 1853, 1854, and 1855. Reduced and discussed by Charles A. Schott, Assistent U. S. Coast Survey. Washington, Smithsonian Institution, May 1860.

Aufsätze und Notizen.

5188. **Sabine Edward.** On the irregularities observed in the direction of the compass-needles of H. M. S. Isabella and Alexander in their late Voyage of Discovery and caused by the attraction of the iron contained in the ships. (Philosophical Transactions, London. 1819, p. 112—122.)
5189. **Bauer M.** Cause définitive de la couleur rouge de la neige receuillie dans la Baie de Baffin lors de l'expédition du Cap. Ross. (Journal des Voyages, V, 1820, p. 44 – 47.)
5190. **Foster** Henry Observations on the diurnal variation of the magnetic needle at the Whale-fish Islands, Davis Straits. (Philosophical Transactions, London, 1826, (pt. IV), p. 71—72.)
5191. **Temperaturminima** der englischen Nordpol-Expedition. (Zeitschr. d. österr. Ges. f. Meteorol. in Wien, XI, 1876, p. 364.)
5192. **The Arctic Winter** of 1875—1876. (The Geogr. Magazine, London, III, 1876, p. 193.)
5193. **Adams.** Remarks on the Weather, Winds and Ice in the Arctic Seas during the past Season, as affecting the Prospects of the Arctic Expedition. From Observations in Davis Strait and Baffin Bay 1873. (Proceedings fo the R. Geogr. Society, London, XX, 1876, p. 160—161.)

c) Hydrographie.

5194. **Kane** Elisha Kent. Tidal Observations in the Arctic Seas. Made during the second Grinnell Expedition in Search of Sir J. Franklin in 1853, 1854 and 1855, at Van Rensselaer Harbor. Reduced and discussed by Ch. A. Schott. Washington, 1860. 4°. [From: SmithsonianContrib. to Knowledge, XII, 1860.)

5195. **H. M. S. Valorous** Deep-sea soundings and temperatures, North atlantic Ocean 1875. London, Adm. Hydrogr. Office, 1875. 4°.

Aufsätze und Notizen.

5196. **Ein Brief** Mac Clintock's über seine Sondirungsreise im nördlichen atlantischen Ocean. [Athenäum]. (Ausland, XXXIII, 1860, p. 1152.)

5197. **Ehrenberg.** Ueber die Tiefgrundverhältnisse des Oceans am Eingange der Davis-Strasse und bei Island. (Monatsbericht der k. Preuss. Acad. der Wissensch., Berlin, 1861, Februar, p. 275—315.)

5198. **Mac Clintock** Leopold Sir. The recent Voyage of H. M. S. »Bulldog« for Deep Sea Soundings, Faroe, Iceland, Greenland and Labrador. Report to the Hydrographer of the Admiralty, 11. Nov. 1860. (Nautical Magazine, 1861. Febr.)

5199. **Mc. Clintock.** Surveys of H. M. S. »Bulldog«. (Proceedings of the R. Geogr. Society of London, V, 1861, Nr. 2, p. 62—70.)

5200. **Bright** Charles T. Synopsis of the Surveys of the Fox under the Command of Capt. Allen Young. (Proceedings of the R. Geogr. Society of London, V, 1861, No. 2, p. 70—80.)

5201. **Das Treibholz** und die Strömungen im Smithsund. (Aus allen Welttheilen Leipzig, V, 1874, p. 95.)

5202. **Die Tiefseelothungen** l. Br. M. S. »Valorous« im Nördl. Atlantischen Ocean und der Davis-Strasse im Juli und August 1875. (Annalen der Hydrographie, Berlin, 1876, p. 108—109.)

5203. **Bessels.** Marées dans la Baie Polaris. (Bulletin de le Soc. de Géogr. X Sér., XII, 1876, p. 654—656.)

5204. **Bizemont** H. de. Le régime des marées dans la Baie du Polaris. Trad. de l'anglais. (Revue maritime et coloniale, Paris, L, 1876, livr. 178, p. 297—298.)

5205. **The Tides** up Smith Sound. (The Geogr. Magazine, London, III, 1876, p. 104.)

d) Zoologie und Thiergeographie.

Aufsatz.

5206. **Brown** Robert. Notes on the History and Geographical Relations of the Cetacea frequenting the Davis Strait and Baffin's Bay. (Proceedings of the Zoological Society of London, 12. Nov. 1868.)

e) Botanik.

5207. **Kraus.** Ueber die Treibhölzer der Hall'schen Nordpolar-Expedition. Halle, Schmidt, 1876, gr. 4°.

Aufsätze und Notizen.

5208. **Taylor** J. Notice of flowering plants and ferns collected on both sides of Davis Strait and Baffin's Bay. (New philos. Journal, Edinburgh, 1862, July, p. 76—87.)

5209. **Durand** E., Thos. P. James, Sam. Ashmead. Enumeration of the Arctic plants collected by Dr. I. J. Hayes in his exploration of Smith's Sound, between parallels 78th. and 82th. during the months of July, August and beginning of September 1861. (Proceedings of the Academy of Natural sciences of Philadelphia, 1863, March, p. 93—96.)

5210. **Dickie** Dr. G. Notes on mosses etc. collected by Mr. James Taylor on the shores of Davis Straits. (Journal of the Linnean Society, Botany, X, Nr. 48, p. 461—467.)
5211. **Dickie** Dr. G. Notes on a collection of plants from the North-East shore of Lancaster Sound. (Journal of the Linnean Society, Botany, XI, Nr. 99, p. 32—35.)

f) Polarfischerei und Jagd.

5212. **Official Documents** from the Resolutions of the States of Holland concerning the Whalefishing, the navigation to Greenland, the Straits of Davids etc. London, 1768—79.
5213. **Chronicle** of the Dutch Whalefishery in the years 1753—1773. Notices of the vessels which have sailed in each year to Greenland, the Strait of Davids etc. for the whalefishery with details of their success. Amsterdam, 1775, Dutch M. S. S.
5214. **Devereux** and Lambert. Account of the number of Fish brought by each ship from the Greenland and Davis Strait Whalefisheries for the years 1814—17. London, 1820.
5215. **Markham** A. H. A whaling cruise to Baffins-Bay and the Gulf of Boothia and an account of the rescue of the crew of the Polaris. 340 pp. with map. London, Low, 1874; 2 ed. 1875.

Aufsätze und Notizen.

5216. **Waxlhann.** Appendix to Captain Becher's Paper Northumberland Inlet, an Extract from the Journal of a Whaling Voyage. (Journal of the R. Geogr. Soc. of London, XII, 1842, p. 21—28.)
5217. **Die Kabliaufischerei** in der Davisstrasse [Cap. Penny.] (Ausland, XXVI, 1853, p. 264.)
5218. **Eine Walfischjagd** in der Davisstrasse. (Ausland, XXXVII, 1864, p. 614.)
5219. **Eine Walrossjagd** im Smith-Sund. [Aus J. J. Hayes' The open Polar Sea.] (Ausland, XL, 1867, p. 443.)
5220. **Ueberwinterung** von Walfängern in der Davisstrasse. (Ausland, XL, 1867, p. 553.)
5221. **Brown** R. A cruise with the whalers on Baffin-Bay. (Ocean Highways, London, I, 1873, May, p. 51—55.)
  Siehe auch die Nummern: 127, 252, 681, 799, 1431, 1464, 1498, 1506, 2110, 2111, 2113, 2116, 2141, 2145, 2146, 2150, 2204, 3130, 4782, 4884, 5253, 5256, 5281.

XXVIII. Grönland.

a) Allgemeines, Geographie und Reisen.

5222. **Ziegleri** Jacobi. Scondia seu Descriptio Groenlandiae, Islandiae, Norvegiae et Sueccia. 1579, 8°.
5223. **Blefkenius** Dithmarus. Een corte ende warachtige Beschriving der twee Eylanden Iislandt ende Groenland. Groningen (Gorinchem), 1608, 12°.
5224. **Munk** Jan. Beskrivelse of Seigland og resa til Nova Dania. Kiobenhavn, 1619.
5225. **Wolf** J. L. Norriges Island och Groenland beskrivelse. Kiobenhavn, 1619; 1651. 4°.
5226. **Pellham** Edward. God's Power and Providence, shewed in the miraculous Preservation and Deliverance of eight Englishmen; left by mischance in Greenland, anno 1630, nine months and twelve dayes. With a true

Relation of all their miseries, their shifts and hardship they were put to, their food etc., such as neither Heathen nor Christian men ever before endured. With a description of the Chief Places and Rarities to that barren and cold country. Faithfully reported by Edw. Pellham, one of the eight men aforesaid. As also with a map of Greenland. London, 1631.

5227. **Twee Journaelen** by 7 matroosen in 't overwinteren op 't Eylandt Mauritius in Groenlandt in 1633, en 1634, doch syn 't samen aldaer gestorven enz. Verhal de wonder heden v. de Beeren onlydel. Koude . . . en v 't vangen der Walvisschen, enz. Amsterdam (1634), G. J. Saeghman, 1663, 4°.

5228. **Münken** Captain John. Description of a very dangerous Voyage, in the Year 1619 and 20 . with an Introduction containing an account of old and new Greenland. 10 plates 1 map. Francfort, Le Blon, 1640.

5229. **La Peyrére** J. Relation d'un voyage à Groenland. Avec 1 carte, Copenhague 1646; Paris, A. Courbe, 1647; Paris, Courtot, 1647; Paris, A. Courbe, 1651; 1663; Paris, Courtot, 1715, 8°.

5230. **Ravennaer** D. A. Journael van de Ongeluck Voyagie na Groenlandt in 1639. Amsterdam, G. J. Saeghman, 1663, 4°.

5231. **Voyagien** (Drie). Gedaen na Groenlandt om te ondersoecken of men door de Naeuwte Hudsons sonde kunnen seylen, ten versoecke van Christianus IV v. Denemark : 1° door J. Monnick, 2° door M. Forbisser, en 3° door G. Lindenau. Met korte beschryving van Groenlandt, manieren en hoedan d. inwoond. Amsterdam, G. J. Saeghman, 1663, 4°.

5232. **Bullen** Christianus. Tagregister, was auf der Schiffart nach der Nordt-See und denen Inseln Grönland und Spitzbergen vorgefallen. 1667. Worin der Walfisch-Fang beschrieben werde. Bremen, 1668; Hamburg, 1670. 4°.

5233. **Beschreibung** des so genannten Grönlands.... Von des Alt (nunmehr verlohrenen) Grönlands Gelegenheit, Erfindung, Inwohnern. Von dem Neuen Grönland, Eigenschaft der Wilden etc. Nebst den seltsamen Reisen so Forbeisser, Lindenau, Richard etc. Alt-Grönland wieder zu finden gethan. Mit Anfügung des Tagebuchs eines die Durchfahrt zwischen Grönland und Amerika suchenden Schiffes, Capt. J. Munk etc. (Hamburg, 1674) Mit Tafeln. Nürnberg, 1679. 4°.

5234. **V. S. von.** Neueste Beschreibung des alten und neuen Grönlands, nebst einem Begriff der Reisen, die Forbisser, Götzke, Lindenau, Richard u. a. m. (nach Norden) gethan, mit Anführung des Tagebuchs eines, die Durchfahrt zwichen Grönland und Amerika suchenden dänischen Schiffs. Mit Karten. Hamburg, 1674; Nürnberg, 1679. 4°.

5235. **Strange** and wonderfull news from Greenland. London, 1674, 4°.

5236. **Capel** Rudolphus. Syntagma de regionibus Arctois navigationibusque in eas institutis et speciatim de Groenlandia. c. mappa geogr. Hamburg, 1675 et mutato titulo 1684 Germanice.

5237. **Martens** Frederick. Observations on his Voyage to Spitzbergen and Greenland; printed in an account of Several late Voyages to the South and North. (In the original. German. Hamb. 1675, 4°.) London, 1691, 8°.

5238. **Scriverius** P. Het Oude Goutsche Chronyexken van Hollandt, Zeelandt, Nauwkeurig Beschryvingh van Groenlandt aen Heer de la Mothe le Vayer;... nevens 't kort begrijp der seldsaeme Reysen, gedaen om Oud-Groenland weer te vinden enz. Met aanhangingh van Joh. Munck. Vertaeld door S. de V(ries). Met 2 Kaarten. Amsterdam, J. Hoorn, 1678, 4°.

5239. **Vayer** de la Mothe, le. Nauwkeurige Beschryvingh van Groenlandt verdeeld in twee boeken 't eerste van 't oud (nu verloorne) Groenland; 't tweede van 't nieuw (door 't soecken van 't oud gevondene) Groenland nevens 't Kort begryp der selds Reysen gedaen om Oud-Groenland weer te vinden door Forbeisser uit Engelland in 1577, door Lindenau in 1605 en 1606 enz. Met 2 Kaarten. Amsterdam, 1678. 4°.

5240. **La Peyrére** Is. Ausführliche Beschreibung... Grönlands. Nebst kurzem Begriff der seltsamen Reisen, so M. Forbisser, Golzke, Lindenau etc. gethan. Beschrieben und mit historischen Anhängen durch S. von V(ries). 2 Karten. Nürnberg, Chr. Riegel, 1679, 4°.

5241. **Vries** Simon de. Ausführliche Beschreibung des theils bewohnt, theils unbewohnt sogenannten Grönland in 2 Thln. Mit 1 Karte. Nürnberg, 1679. 4°.

5242. **Viaggio** di Spitsberg a Groenland fatto da Frederico Martens l'anno 1571; portato della lingua allemana nell' italiana da Giacomo Rautenfels. Bologna, Monti, 1680, 12°.

5243. **Arngrim's** Johnson. Grönlandia oversatt paa Islandske af Eynar Ejolffen. Skalholt, H. Cruse, 1688. 4°.

5244. **Pelham**. Greenland and Spitzbergen. Two journals of shipwrecks in 1633 to 1634, 1646; translaled from the Low Dutch. London, 1704.

5245. **Torfäus**. Groenlandia antiqua seu Groenlandiae veteris descriptio, ubi caeli marieque natura ex antiquis memoriis praecipue Islandicis exponuntur. Autore Thormodo Torfaeo, rerum Norvegicarum Historiographo Regio. Hauniae, ex typographio Regiae majest. et univers. 1706. Impensis autoris; 2. Auflage 1706; Spätere Auflage: Hauniae, apud Hier. Christ. Pauli Reg. Univers. Bibliopolam, 1715.

5246. **Martens** Fred. Nauwkeurige beschryvinge van Groenland of Spitsbergen waer in de Walvisch-vangst... duydelijk wordt aangewesen etc. Amsterdam, G. de Groot, 1710; Verschiedene Ausgaben: Dortrecht, 1750; H. Walpot 1760; Amsterdam, Abr. Cornelius, 1770. 4°.

5247. **Journaal** en Daghregister van D. Jacobsz. Taysee avontuurel Reyse na Groenlandt, gedaen met het Schip Den Dam. Uytgeg. d. W. P. Poort, Stierman v. d. Dam. Amsterdam, 1711. 4°.

5248. **Mesange** Cordelier Pierre de. La vie, les aventures et le voyage de Gronlande. Avec une relation de l'origine etc. des habitants du Pôle Arctique. 2 vols. Amsterdam, 1720. Paris, Tyssot de Patot, 12°.

5249. **Egede** H. De gamle Grönlands nye perlustration, eller en kort beskrivelse om de gamle Nordske coloniers begyndelse og undergang etc., forst anno 1724 forfattet af H. Egede, og nu Anno 1729 efter seet.... af een der paa nog en tiid har vaeret i Grönland. Kjöbenhaven, H. Chr. Paulli, 1729; 1738; 1741. 8°.

5250. **Egede** H. Des alten Grönlandes neue Perlustration oder Naturell-Historie, Mit 1 Karte und Kupfern. Aus dem Dänischen. Frankfurt, 1730; Kopenhagen 1742.

5251. **Verhaal** (Gedenkenswaardig) hoe dat agt Mannen in Groenland zyn overwintert, en in 't Lewen gebleven. Sneck. M. en J. Olingius Amsterdam, 1730. 24°.

5252. **Egede** Hans. Omsfaendelig og udförlig Relation, Angaaende den Grönlandske Missions Bogyndelse og Fortsaelttelse samt Hvad ellers mere der ved Landets Recognoscering, dets Beskaffenhed og Indhygernes Vaesen og Leve Maade vedkommende. Kjöbenhavn, Chr. Groth, 1738.

5253. **Kuehn** Joh. Mich. Reisebeschreibung nach Groenland, Spitzbergen, Strasse Davis etc. Gotha, 1741, 8°.

5254. **Egede** H. A description and Natural History of Greenland. Translated from the Danish with plates and augmented with an historical introduction With a map of Greenland. London, 1745; 2 ed. London, 1818, with the life of the author.

5255. **Egede** H. Description et histoire naturelle du Groënland. Trad. en Franç. (par Des Roches de Parthenay.) Copenhague et Genève, les fréres Philibert, 1763. 8°.

5256. **Egede** H Beschryving van Oud-Groenland of eigentlyk van de zoogenaamde Straat Davis. Uit het deensch in 't nederduitsch overgebragt. Met 1 Kaart en print verbeeldingen. Delft, 1746, 4°.

5257. **Dalager** Laurentius. Grönlandske Relationer. Hafniae, 1752; 1758, 4°.

5258. **Egede Saabye,** Hans. Beschreibung und Naturgeschichte von Grönland. In's Deutsche übersetzt von J. G. Krünitz. Mit Kupfern u. Karten. Berlin, Mylius, 1763, 8°.

5259. **Verhaal** der merkwaard. reize van Jansen met het schip de Vrouw Elizabeth, van Hambourg naar Groenland ter walvischvangst uitgezeild 1769. Uit het Hoogduitsch. Haarlem, J. Enschede, 1770, 4°.

5260. **Stauning** G. Anmaerkninger over de tre förste Böger af David Crantze's Historie af Grönland. Kiöbenhavn, 1771, 8°.

5261. **Stauning** Georgius. Kort beskrivelse over Groenland. Wiborg, 1775, 8°.

5262. **Geschichte** der Drangsale eines Holländischen Schiffes von Grönland 1777. Hamburg, 1796, 8°.

5263. **Verhaal** (Echt Historisch) van drie zeelieden . . . wegens het verongelukken van hun schip . . . in Groenland. Amsterdam, D. Schuurman, 1778, 8°.

5264. **Verhaal** (Merkwaardig) van Reinier Hylkes, uitgevaren na Groenland en aldaar met 9 andere schepen verongelukt. 12 pp. Amsterdam, Nic. Byl, 1779, 4°,

5265. **Verhaal** van de reys van J. Iz. Groot uit Texel na en in Groenland, deszelfs verblijf op de kust van Oud-Groenland etc. 1777—1778. 16pp.Amsterdam, 1779, 4°.

5266. **Udtog** af Breve fra de Kongens Soë-officerer der ere beordrede til af oplede gamle Groenland. Kiöbenhavn, 1786, 8°.

5267. **La Roche** Gallichon F. O. de. Sendschreiben an den Verfasser des politischen Journals über die Wiederfindung des alten Grönlands und der unzertrennlich damit verknüpften sogenannten nordwestlichen Durchfahrt. Kopenhagen, 1787.

5268. **Journaal** (Omstandig) van de reize naar Groenland, gedaan door Commandeur Maarten Mooy, met het schip Frankendaal. Amsterdam, D.Weege, 1787, 4°.

5269. **Eirikson** Jon. Udtog af Christian Lunds Indberetning til kong Friedrich den Tredie, angaaende de i Aarene 1652 og 1653 under General - Toldforvalter i Danmark, siden Rentemester, Henrik Möllers Bestyrelse foranstaltete Sötoge til Grönland. Videre oplyst med nogle Anmaerkninger og Documenter ved John Erichsen. Kjöbenhavn, 1787, 8°.

5270. **Egede** P. Efterretninger om Grönland uddragne af en Journal holden fra 1721 til 1788. Kjöbenhavn, 1788.

5271. **Egede.** Reisbeskrivelse til Oester-Groenland opdagelse 1786- 1787. Kjöbenhavn, 1789; 1796, 8°.

5272. **Egede** P. Nachrichten von Grönland. Aus einem Tagebuch, geführt von 1721—1788. Aus dem Dänischen. Kopenhagen, Ch. Proft. Brummer, 1790, 4°.

5273. **Eggers** H. P. v. Priisskrift om Grønlands Østerbygds sande Beliggenhed. Met 2 Kort. Kjøbenhavn, 1793.

5274. **Eggers** H. P. v. Ueber die wahre Lage des alten Ost-Grönlands. Mit 2 Karten. Kiel, Schulbuchhandlung, 1794, 8°.

5275. **Bing** Lars Hess. Beskrivelse over Kongeriget Norge öerne Island og Faeroërne, samt Groenland efter oeldre og nyere trykte og haandskrevne, Geographiske, Chorographiske, Topographiske og Statistiske skrifterafhandlinger og efterretninger saavelsom ved brevvexlinger etc. 886 pp., Kjöbenhavn, 1796, 8°.

5276. **Gruber** J. G. Grönland und Spitzbergen, mit den Merkwürdigkeiten der Natur und Menschenwelt, um den Nordpol; nach Egeden, Anderson, Cranz, Fabricius, de Pagès and anderen, mit Kupfern und Landkarten. 4 Thle. Leipzig, Schiegg, 1803; Hamburg, Vollmer und Herold, 1803.

5277. **Egede** H. Saabye. Bruchstücke eines Tagebuches gehalten in Grönland i. d. Jahren 1770—1778. Aus dem Dänischen von G. Fries. Mit einer Vorrede des Uebersetzers u. 1 Karte. Hamburg, Fr. Perthes und Bessert, 1807; 2. Aufl. 1817, 8°.

5278. **Egede** H. Saabye. Brukstykker af en Dagbog i Grönland. Odense, 1816, 8°.
5279. **Egede** H. Saabye. Greenland, being extracts from a journal kept in 1770—1778. Now first published. With an account of the manners of the Greenlanders etc. by G. Fries. Transl. from the German. London, Allmann, 1818, 8°.
5280. **Egede** H. Saabye. Fragmenten uit een dagboek gehouden in Groenland 1770—1778. Groningen, 1818, 8°.
5281. **O' Reily** Bern. Greenland and adjacent seas and the North West Passage to the Pacific Ocean, illustrated in a voyage to Davis's Strait during the summer of 1817. London, 1818; Philadelphia, Eastburn & Co, 1818; New York, 1818. 8°.
5282. **Köhler** F. G. Reise ins Eismeer und nach der Küste von Grönland i. J. 1801. Nebst einer genauen Beschreibung des Walfischfanges. Mit Kpfrn. Leipzig, Kollmann 1820. 8°.
5283. **Köhler** F. G. Reis naar de Jjszee, en naar de Kusten van Groenland en Spitsbergen 1801. Benev. eene beschrijving d. walvischvangst. Naar het Hoogd. Amsterdam, 1820. 8°.
5284. **Mandt** M. G. Observationes in historia naturali et anatomia compar. in itinere Grönlandico factae. Berolinae, 1822. 8°.
5285. **Manby** G. W. Journal of a voyage to Greenland in the year 1821. With graphic illustrations. London, 1822; 2. edition 1823. 4°.
5286. **Manby** G. W. Reise nach Grönland im Jahr 1821. Aus den Englischen von C. F. Michaelis. Mit 4 color. und 2 schwarz. Kupf. nebst 1 Karte. Leipzig, E. Fleischer, 1823. 8°.
5287. **Manby** G. W. Reis naar Groenland in 1821. Amsterdam, 1824. 8°.
5288. **Tabel** over adskillege Punkters observerede Brede og Laengde paa Vestkysten af Grönland in Beskrivelse til det vissende Situations Kaart over den vestilige Kyst af Grönland etc. etc. Kjöbenhavn, 1825.
5289. **Beres** Iver. Groenlands Beskrivelse med et Kort og Forendringing af Ar. Aschlund. Kjöbenhavn, 1832.
5290. **Graah** W. A. Capitain Lieutenant i Soe Etaten. Undersögelses Reise til Ostkysten af Grönland. Efter Kongelig Befaling udfört i Aarene 1828 — 1831. Mit schönen colorirten Kupfern. Kjöbenhavn, 1832. 4°.
5291. **Beres** Iver. Beschreibung von Grönland. Mit 1 Karte und Vorrede von Arent Aschlund. Aus dem Dänischen übers. Kopenhagen, Schubothe, 1833. 8°.
5292. **La Roquette** de. Sur les découvertes faites en Groënland. Paris, 1835.
5293. **Narrative** of an Expedition to the East Coast of Greenland, sent by order of the King of Denmark, in search of the lost Colonies under the command of Captain W. A. Graah of the Danish Royal Navy, Knight of Dannebrog etc. London, 1837.
5294. **Fabricius** O. Naturhistoriske Bidrag til en Beskrivelse af Grönland. Kjöbenhavn, 1850.
5295. **Mathiesen** J. Om Grønland dets Indbyggere, Producter og Handel. Kjøbenhavn, H. Hagerup, 1852. (Leipzig, Lorck.) gr.-8°.
5296. **Rink** H. Om den geographiske Beskaffenhed af de Danske Handelsdistrikter i Nordgrönland tilligemed en Udsigt over Nordgrönlands Geognosi. Kjöbenhavn, 1852. 4°.
5297. **Rink** H. De Danske Handelsdistrikter i Nordgrönland. 2 deelen. Kjöbenhavn, 1852—1855. 8°.
5298. **Markham** Clement Robert. Franklin's Footsteps, a Sketch of Greenland along the shores of which his Expedition passed and of the Parry Isles where the last traces were found. London, Chapman and H., 1853. 12°.
5299. **Naparsimas** onut ikiortîk sat. Nalakamis Nakors amidls Noungmionit Nakitigkat kaladlit Nunane, 1856.
5300. **Rink** H. Grönland geographisk og statistisk beskrevet. 2 Bde. mit Ill. und Karten. 1. Bd. Det nordre Inspectorat eller: »De danske Handels distrikter i Nordgrønland.« 1. 2. deel. 2. Bd. Det søndre Inspectorat med

Afbildninger, Kaart og naturhistoriske Tillaeg. Kjøbenhavn, A. F. Host, 1852, 1855, 1857.
5301. **Pok**, kalalek avalangek, nunalikáme nunakatiminut okalugtuartok. Angakordlo, palasimik napitsivdlune agssortuissok agdlagkat pisorkat navssarissat nongmiut ilanit nalagkap nongmetup nakiteriv fiane nakitigkat R. Bertelsen mit Pelivdls erneranit Lars Móller mit erneranit Lars Móller mit 1857.
5302. **Etzel** Anton von. Grönland, geographisch und statistisch beschrieben. Aus dänischen Quellenschriften. Auch unter dem Titel: Reisen und Länderbeschreibungen der älteren und neuesten Zeit. Hrsg. von Hrn. Hauff und O. F. Peschel. 44. Liefg. XV u. 665 pp. Stuttgart, Cotta, 1860, 8°.
5303. **Jaoobsen** F. Et Aar i Grönland. 56 pp. mit 2 Karten. Kopenhagen, Wöldike, 1862, 8°.
5304. **Bluhme** E. Fra et Ophold i Grönland 1863—1864. 276 pp mit 1 Lithographie, Kopenhagen, Wöldike, 1865, 8°.
5305. **Normann**. Oplysninger over Beseilingen af Arsuk-Fjorden i Syd Grönland. 18 pp. Kopenhagen, Sökort Archivet, 1866, 8°.
5306. **Rink** H. Om den formeentlinge Opdagelse af Grönlands Nordskyst og et aabent Polarhav. Kjöbenhavn, 1870.
5307. **Hayes** I. J. Dr. The Land of Desolation, being a personal narrative of adventure in Greenland. 328 pp. London, Low, 1871, 8°.
5308. **Nordenskiöld** E. A. Redogörelse för en Expedition till Grönland, År 1870. Stockholm, 1871.
5309. **Fries** T. M. Grönland, dess natur och imevånare. Efter äldre och nyare författares skildringar samt efter egen erfarenhet tecknade. 176 pp. mit ľ'. Upsala, Edquist, 1872. 8°.
5310. **Hayes** I. J. Dr. La terre de désolation. Excursion d'été au Groënland. Traduit par J. M. L. Reclus. (Illustré) Paris, Hachette & Cie. 1873; 2 vols. 1874, 43 grav. 1 Carte.
5311. **Atuagagliutit** Nalinginarnik lus aruminåsassunik univkat Kalåtdlit dlo Kavdlu naitdlo agdlagait nugtigaitdlo. Uko ilagait Atuagagdliutit imait 1861 — 1874 (autdlarkåtinit mana liktdlugo). Nungme nakitig kat L. Möller 1873—1874.
5312. **Helland** A. Om de isfyldte fjorde og de glaciåle dannelser i Nordgrönlånd. 68 pp. Stockholm, 1875, 8°.
5313. **Rink** H. Om Grönlands indland og muligheden af at berejse samme. 51 pp. Kopenhagen, Gad, 1875, 8°.
5314. **Jones** Rupert. Manual of the natural history, geology, and physics of Greenland and the neighbouring regions; prepared for the use of the arctic expedition of 1875, under the direction of the arctic committee of the Royal Society. Together with instructions suggested by the arctic committee of the Royal Society for the use of the expedition. Published by authority of the lords commissioners of the admiralty. With the maps Line of equal horizontal force in absolute measure (Approximate 1875). By Evans; designed by Creak. Lithogr. by Malby and Sons, 1:14,500.000. Sheet II. Lines of equal inclination. sheet III. Lines of equal declination (variation of Compass). London, G. E. Eyre and W. Spottiswoode 1875. 8°.
5315. **Pet** A. and Jackman E. Voyage beyond the Island of Vaigats 1580. Hakluyt, Vol. I.
5316. **Thorlacius** Gudbrandus bishop of Holm. Letter concerning the ancient state of Gronland. Hakluyt, Vol I.
5317. **La Peyrère**. Account of Greenland. Churchill, Vol. II.
5318. **Two Journals**. The first kept in Greenland 1633—1634 Churchill, Vol. II.
5319. **History** of Greenland 1585—1746. Harris J., Vol, II.
5320. **Zeno** N. and A. Voyage to Engronland 1380. Hakluyt, Vol. II.
5321. **Baffin** W. Fourth Voyage of J. Hall to Groneland 1612. Purchas, Vol. III.
5322. **Baffin** W. Journal of the voyage made to Greenland 1613. Purchas, Vol III.

5323. **Blefkens** D. Voyages and Hystory of Greenland 1563. Purchas, Vol III.
5324. **Edge** Th. Northern Discoveries . . . with a Description of Greenland 1553—1622. Purchas, Vol III.
5325. **Fotherbye** R. Voyage of Discovery to Greenland 1614. Purchas, Vol III.
5326. **Hall** J. Forth Voyages of Denmark for the Discovery of Greenland 1605—1606. Purchas, Vol III.
5327. **Navigationi** fatte dagli Olandesi dove scopersero un paese creduto la Groenlandia 1594—1597. Ramusio, Vol. III.
5328. **Pelhams** preservation of eight men in Greenland. Churchill, Vol. IV.
5329. **Original** discovery of Greenland by the Icelanders in the ninth century. Kerr, Vol. V.
5330. **Martens** F. Observations made in Greenland 1711. Account of several late Voyages.
5331. **Supplement.** Description of Greenland 1711. Account of several late Voyages.

Aufsätze und Notizen.

5332. **Inquiries** for Greenland. (R. S. Philosophical Transactions, 1667, p. 554.)
5333. **Cranz** David. Historie von Grönland. Bibliothek der neuesten Reisebeschreibungen zu Frankfurt und Leipzig, Nürnberg. Bauer'sche Buchhandlung. (Büsching's Nachrichten, VII, 1779, p. 256.)
5334. **Egede** Paul. Om Grönlands Oesterböjds Opdagelses Mulighed. (Minerva. I, 1786, p. 274.)
5335. **En gammel** efterretning om Grönland. (Danske Magazin, I, 1794, p. 189.)
5336. **Collin.** Efterretninger om Grönland 1798—1807. (Skandin. Litt. Selskabs-Skrifter, V, 1809, p. 173.)
5337. **Rühs.** Neueste Nachrichten von Grönland. (Bertuch, allg. geogr Ephem., XXXII, 1810, p. 236.)
5338. **Ueber den** jetzigen Zustand von Grönland. (Bertuch, allg. geogr. Ephem., XXXVII, 1812, p. 3.)
5339. **Beaufoy.** Some account of a set of Experiments made at Greenland Dock in the years 1793—1798 by Capt. James Scott and John Leard. (Philos. Annals, III, 1814.)
5340. **Wormskjold.** Gammelt og Nyt om Grönlands, Viinlands, og nogle flere af Forfaedrene kjendte Landes formeentlige Beliggende. (Skandin. Litt. Selskabs. Skrifter, 1814, p. 298—403.)
5341. **Gemälde** von Grönland. Mit einer Ansicht von Neu-Herrnhuth. (Journ. f. d. neuest. Land- u. Seereisen, XXVI, 1817, p. 77—93.)
5342. **Beaufoy.** On the North-West Passage and the Insular Forms of Greenland. (Philos. Annals, IX, 1817.)
5343. **Bruchstücke** eines Tagebuches, gehalten in Grönland i. d. J. 1770—1778 von Hans Egede Saabye. A. d. dän. v. Fries, Hamburg, Perthes u. Besser 1817, 8°. Mit einer Karte: Ueber Grönland die Westküste nach P. Egedes Karte entw. v. G. Fries. (Bertuch, Neue allg. geogr. Ephem., III, 1818, p. 437—456.)
5344. **Neue Notizen** über Grönland. (Bertuch, Neue allg. geogr. Ephem., III, 1818, p. 491—492.)
5345. **Nachrichten** über Ostgrönländ. [Giesecke.] (Bertuch, Neue allg. geogr. Ephem., IV, 1818, p. 123.)
5346. **Giesecke** Sir Charles Lewis. Extrait d'une lettre contenant une notice d'un voyage en Groënland renfermant des observations de tout genre, faites par M. Giesecke pendant un séjour de sept ans entre le 60° et le 77° degré de latitude boréale. (Bibl. Univ., VII, 1818, p. 133—139. — New philos. Journal, Edinburgh, I, 1819, p. 117—120. — Gilbert Annal. LXII, 1819, p. 167—184.)
5347. **O'Reilly** Bernad. Greenland and adjacent Seas and the North-West Passage to the Pacific Occan. (Nouv. Annales des Voyages, I, 1819, p. 421—431.)

5348. **Eine neuentdeckte** Landstrecke auf der Seeküste Grönlands. (Bertuch, Neue allg. geogr. Ephem., X, 1822, p. 97—99.)
5349. **Extrait** de la relation d'un voyage fait par ordre de S. M. le Roi de Danemarck, pendant l'année 1786, pour la découverte de la côte orientale du Groënland. (Annal. marit., I, 1822, p. 7.)
5350. **Scoresby** capitaine. Exploration de la côte orientale du Groënland. (Journal des Voyages, XV, 1822, p. 384 ; XVI, 1822, p. 124—125.)
5351. **Mission** à la côte méridionale du Groënland. (Journal des Voyages, XVI, 1822, p. 143—144.)
5352. **Prétendues** découvertes dans les mers du Groënland. (Nouv. Annales des Voyages, XXI, 1824, p. 284—285.)
5353. **Estrup.** Nogle bemerkninger angaaende Grönland's österbygd. (Skandin. Litt. Selskabs Skrifter, XX, 1829, p. 243.)
5354. **Auszug.** aus dem Bericht einer Reise auf Befehl Sr. Majestät des Königs von Dänemark im Jahre 1786 unternommen zur Entdeckung der östlichen Küste von Grönland und der ersten europäischen Niederlassungen in diesem Lande. Von dem Herrn v. Löwenörn. Nebst 1 Karte. (Hertha, III, 1825, p. 684— 732.)
5355. **Loewenoern** de. De la Relation d'un voyage entrepris en 1786. Trad. de l'allemand. (Nouv. Annales des Voyages, Paris, II Sér., I, 1826; p. 289 – 309 ; II, p. 129—174.)
5356. **Rühs** M. Notice sur le Groënland. (Nouv. Annales des Voyages, Paris, II Sér., V, 1827, p. 35—48.)
5357. **Scoresby** W. Les Glaces du Groënland ou du Pôle. [Aus : Memoirs of the Wernerian natural history Society.] (Nouv. Annales des Voyages, Paris, II Sér., V, 1837, p. 145—224.)
5358. **Breite und Länge** von Godhavn in Grönland. (Krit. Wegweiser der Landkartenkunde, Berlin, II, 1830, p. 104.)
5359 **Côte orientale** du Groënland. (Nouv. Annales des Voyages, Paris, II Sér., XVIII, 1830, p. 400—403.)
5360 **Extrait** du journal du capitaine Graah. (Bulletin de la Soc. de Géogr., Paris, XIV, 1830, p. 182—188, 265)
5361. **Clavering.** Journal of a voyage to the East Coast of Greenland. (New philos. Journal, Edinburgh, July 1830.)
5362. **Account** of Danish Discoveries in the East Coast of Greenland in 1829. (Journal of the R. Geogr. Society of London, I, 1831, p. 247—252.)
5363. **Graah** W. A. Untersuchungsreise nach der Ostküste von Grönland. Auf k. dän. Befehl ausgeführt in den Jahren 1828—1831. (Journal für die neuest. Land- und Seereisen, LXXIV, p. 80, 97, 225, 289 ; LXXV, p. 69, 97, 220.)
5364. **Geographische Lage** von Cap Farewell. (Krit. Wegweiser der Landkartenkunde, Berlin, VI, 1834, p. 376.)
5365. **Carte** d'une partie de la côte du Groënland reconnue par M. de Blosseville, commandant le brick la Lilloise. (Bulletin de la Soc. d. Géogr. à Paris, II Sér., II, 1834, p. 400.)
5366. **La Roquette** de. Sur les découvertes faites en Groënland. (Bulletin de la Soc. de Géogr., Paris, II Sér., III, 1835, p. 333—350, 396—408 ; IV, p. 41—54.)
5367. **Munch.** Om beliggenheden af det gamle Grenland, Grenmar, og andre steder, som i oldskrifterne nævnes i forbindelse dermed. (Annal for Nordisk Oldkynd, 1836—1837, p. 62.)
5368. **Grönland.** (Pfennig Magazin, Leipzig, VII, 1839, p. 138.)
5369. **Robert.** Notice sur le Groënland. (Bulletin de la Soc. de Géogr., Paris, II Sér., XVIII, 1842, p. 138—144.)
5370. **Nachricht** aus Grönland. (Ausland, XVIII, 1845, p. 180.)
5371. **Die dänische Expedition** nach Grönland. [Atheneum.] (Ausland, XXV, 1852, p. 900.)
5372. **Etzel** A. v. H. Rink's physik.-geogr. Beschreibung von Nord-Grönland. Mit einer Karte. (Zeitschr. d. Ges. f. Erdkunde, Berlin, II, 1854, p. 177—239.)

5373. **Petermann A.** Die amerikanischen Entdeckungen im Polar-Meere nebst einigen Notizen über die physikalische Geographie des nördlichen Grönlands. Mit Karte s. Tafel 2. (Petermann's Geogr. Mitth., II, 1856, p. 46—52.)
5374. **Der Ertrag** Grönlands. (Petermann's Geogr. Mitth., II, 1856, p. 115.)
5375. **Gumprecht.** H. Rink's neueste Untersuchungen in Grönland. (Zeitschr. d. Ges. f. Erdkunde, Berlin, VI, 1856, p. 150.)
5376. **Ritter C.** Kane über den Humboldt-Gletscher. (Zeitschr. d. Ges. f. Erdkunde, Berlin, N. F. I, 1856, p. 459—460.)
5377. **Nord-Grönland.** (Ergänzungs-Conversations-Lexicon, XII, 1857, p. 48.)
5378. **Arktische Forschungen.** Der Humboldt-Gletscher. (Petermann's Geogr. Mitth., III, 1857, p. 207.)
5379. **Etzel A. v.** Ueber die physische Beschaffenheit Südgrönlands. Nach H. Rink. (Zeitschr. d. Ges. f. Erdkunde, Berlin, N. F. III, 1857, p. 6—32.)
5380. **Borring L. S.** Le Groënland, sa géographie et sa statistique par H. Rink. 2 vols, (en danois) avec cart. et planch. Copenhague, M. A. F. Hoest, 1857. 8°. (Nouv. Annales des Voyages, 1857, Août, p. 192—198.)
5381. **Rink H.** Om den formeentlige Opdagelse af Greenlands Nordkyst og et aabent Polarhav, om den saakaldte Humboldts-Gletscher og andet, Gronlands Iisdannelser vedkommende, som findes beskrevet i Reisevaerket: Arctic Explorations in the years 1853—1855 by Elisha Kent Kane. Philadelphia, 1856. (Dansk Maanedskrift, 1857, Juni.)
5382. **Steenstrup M. G. G.** Hoved traekkene af Gronlands fysiske Beskaffenhed. (Dansk Maanedskrift, 1857, Dec.)
5383. **Scharling E. A.** Gronland. (Oversigt over det K. Danske Vid. Selsk. Förh. 1857, p. 143—147.)
5384. **Rink H.** On the supposed Discovery by Dr. E. K. Kane, U. S. N. of the North Coast of Greenland and of an Open Polar Sea; as described in Arctic Explorations in the years 1853, 1854 and 1855. Condensed from the Danish by Shaw. With map. (Journal of the R. Geogr. Society of London, XXVIII, 1858, p. 272—288.)
5385. **Rink H.** On the supposed Discovery of the North-Coast of Greenland and an Open Polar Sea, the great »Humboldt Glacier« and other matters relating to the formation of Ice in Greenland as described in Arctic Explorations in the years 1853, 1854, 1855 by Elisha Kent Kane. (Proceedings of the R. Geogr. Society of London, II, 1858, Nr. 4, p. 195—201.)
5386. **On Dr. Rink's** remarks respecting the supposed discovery by Dr. Kane of the North Coast of Greenland and an Open Polar Sea. (Proceedings of the R. Geogr. Society of London, II, 1858, Nr. 6, p. 359—362.)
5387. **Dr. H. Rink gegen Kane.** (Westerm. Jahrb., VII, 1860, p. 461—462.)
5388. **Tayler J. W.** Fjords of South Greenland. (Proceedings of the R. Geogr. Society of London, V, 1861, Nr. 2, p. 90—94.)
5389. **Vallö V.** Grönland. (Danske Folkeskrifter, Nr. XXXIV, 1861.)
5390. **Petermann A.** Neue Karte d. Dänischen Monarchie. 4. Grönland 1:15,000.000. (Petermann's Geogr. Mitth., VIII, 1862, p. 227.)
5391. **Etzel A. v.** Ueber den Abfluss des Wassers aus dem Innern Grönlands durch Quellen unter dem Eise. Nach einer Abhandlung von H. Rink. (Zeitschr. für allg. Erdkunde, Berlin, N. F. XIV, 1863, p. 130—144.)
5392. **Colonisation** du Groënland. (Revue maritime et coloniale, IX, 1863, Nov., 35 livr., p. 467—470.)
5393. **Rink H. Dr.** On the discharge of Water from the Interior of Grenland trough Springs underneath the Ice. (Proceedings of the R. Geogr. Society of London, VII, 1863, Nr. 2, p. 76—80.)
5394. **Grönländische** Expedition [Hayes]. (Ausland, XXXVIII, 1865, p. 1124.)
5395. **Grad Ch.** Études sur les glaciers du Groënland. (Nouv. Annales des Voyages, Dec. 1865, p. 257—271.)

5396. **Erforschung** des Innern von Grönland. (Ausland, XXXIX, 1866, p. 696.)
5397. **Abgang** der Expedition in das Innere von Grönland. (Ausland, XL, 1867, p. 432.)
5398. **Whymper's** Rückkehr aus Grönland. [Athenäum, 7. Dec.] (Ausland, XL, 1867, p. 1236.)
5399. **Whymper's** Erforschung des Innern von Grönland. (Globus, Hildburghausen, XII, 1867, p. 27, 377.)
5400. **Reise** in's Innere von Grönland. (Petermann's Geogr. Mitth., XIII, 1867, p. 225.)
5401. **Arktische Forschung.** Edward Whymper's Gletscher-Fahrt in's Innere von Grönland; Fortgang der Sammlungen für die Französische Nordpol-Expedition. (Petermann's Geogr. Mitth., XIII, 1867, p. 435.)
5402. **Whymper** Edward. Greenland exploration. (The Athenaeum, Nr. 2093, II. Sem., 1867, p. 766.)
5403. **Whymper's** Forschungen in Grönland. (Globus, Braunschweig, XIV, 1868, p. 190.)
5404. **Petermann** A. Graah's Expedition 1829. (Petermann's Geogr. Mitth., XIV, 1868, p. 218.)
5405. **Die Grönlandsfahrt** des Dr. Hayes. (Globus, Braunschweig, XVI, 1869, p. 31, 158.)
5406. **Notizie** sul Groënlandia. (Bolletino della Societa geogr. italiana, Roma, II., 1869, p. 356—360.)
5407. **Nordenskiöld** in Nordgrönland. (Globus, Braunschweig. XVIII, 1870, p. 245—246.)
5408. **Die Entdeckung** und Erforschung des nördlichen Theiles von Ost-Grönland. (Petermann's Geogr. Mitth., XVI, 1870, p. 320—329.)
5409. **Nordenskiöld** A. E. Professor. Expedition nach West-Grönland, Mai bis Juli 1870. (Petermann's Geogr. Mitth., XVI., 1870, p. 423—424.)
5410. **Whymper** Edw. Greenland. (Alpine Journal, 1870, May, p. 1—23.)
5411. **Tayler** J. W. On Greenlands fjords and glaciers. (Journal of the R. Geogr. Society of London, XL, 1870, p. 228—230.)
5412. **Nordenskjöld** A. E. Redogörelse för en expedition till Grönland år 1870. Taf. 18—21. (Öfversigt af K. Sv. Vet. Akad. Förh., XXVII, 1870, p. 973—1082.)
5413. **Eine Schlittenfahrt** im hohen Norden. [Koldewey.] Mit Ill. (Aus allen Welttheilen, III., 1871/72, Nr. 4, p. 124—125.)
5414. **Brown** Dr. Robert. Ein Besuch auf Grönland. (Evangelisches Missions-Magazin, 1871, Juli, p. 259—264.)
5415. **Brown** Robert Dr. Das Innere von Grönland. (Petermann's Geogr. Mitth, XVII., 1871, p. 377—389.)
5416. **Koldewey** K. Eine Schlittenreise in Ost-Grönland. (Westermann's Monatshefte, 1871, Mai.)
5417. **Copeland** Dr. Eine Gletscherbesteigung auf der Ost-Grönländischen Küste. (Zeitschr. d. Ges. f. Erdk., Berlin, III. Ser., VI., 1871, p. 20—24.)
5418. **Grad** Ch. Observations sur les recherches de M. Payer sur les glaciers du Groënland. (Archives des sciences de la Bibliothéque universelle, 1871, Avril.)
5419. **Grad** Ch. Notice sur les glaciers du Groënland. (Bulletin de la Soc. de Géogr. Paris VI. Sér., II, 1871, Août, p. 109—127.)
5420. **Le Groënland** au point de vue géographique, orographique et glaciaire. [Payer.] Extrait des Mittheil. (Le Globe, Bulletin, Genève, X, 1871, p. 185—197.)
5421. **Jäderin** E. Geografiska ortsbestämningar under svenska expeditionen till Grönland 1870. (Öfversigt af K. Sv. Vet. Akad. Förh., XXVIII, 1871, p. 925—939.)
5422. **Whymper** Eduard in Nordwest-Grönland 1872. Entdeckung eines Flusses. (Globus, Braunschweig, XXIII, 1873, p. 36.)

5423. **Grad** Charles. Compte rendu sur l'oeuvre: Relation d'une Expédition au Groënland occidentale [Redogörelse för en Expedition till Grönland. Ar 1870.] par A. E. Nordenskjöld 1 vol. de 110 pages et 4 planches. Stockholm, 1872. (Bulletin de la Soc. de Géogr. Paris, VI Sér., VI, 1873, p. 318-325.)
5424. **Whymper** Edw. Some notes on Greenland and the Greenlanders. (Alpine Journal, 1873, May, p. 161—168; August, p. 209—220.)
5425. **Das offene Polarmeer** bestätigt durch das Treibholz an der Nordwestküste von Grönland. Geographie und Erforschung der Polar-Regionen Nr. 90. (Petermann's Geogr. Mitth., XX, 1874, p. 161—162.)
5426. **Tissander** G. Les glaciers du Groënland. (La Nature, Paris, I. Sémestre 1874, p. 263.)
5427. **Davis** J. E. Capt. A boat cruise in Greenland. (Illustrated Travels, 66 Part, 1874, p. 175—179.)
5428. **Davis** J. E. Capt. Leaves from my journal of the Fox's telegraphic voyage Frederickshaab. Frederickshaab to Julianehaab. (Illustrated Travels VI, 1874, Part 67 p. 207—210, Part 68 p. 254—256, Part 69 p. 264—266, Part 70 p. 311—317.)
5429. **Rink** H. Ueber das Binnenland Grönland und die Möglichkeit selbiges zu bereisen. Geographie und Erforschung der Polar Regionen Nr. 110. (Petermann's Geogr. Mitth., XXI, 1875, p. 297—300.)
5430. **Brown** R. Diseo Bay, North-Greenland. With a map. (The Geogr. Magazine, London, II, 1875, p. 33—38.)
5431. **Bemerkungen** über einige Häfen und Inseln bei der Westküste von Grönland und über die Reise I. Br. M. S. »Valorous« von Disco bis Plymouth. (Annalen der Hydrographie, Berlin, IV, 1876, p. 102—104.)
5432. **Aus den Reiseberichten** J. Br. M. Schiffe »Alert«, »Discovery«, »Valorous« und »Pandora«. Bemerkungen über einige Häfen u. Inseln an der Westküste von Grönland. (Annalen der Hydrographie, Berlin, IV, 1876, p. 325—331.)
5433. **Zur Erforschung** des Innern von Grönland. (Ausland, XLIX., 1876, p. 155—159.)
5434. **Forschungsreisen** in Grönland. (Ausland, XLIX., 1876, p. 680.)
5435. **Le Groënland.** (L'Explorateur, III., 1876, p. 299.)
5436. **Relâche** de la Pandora sur la côte du Groënland. (Revue maritime et coloniale, Paris, XLVIII., 1876, livr 173, p. 637—639.)
5437. **Exploring** Expeditions in Greenland. (The Geogr. Magazine, London, III., 1876, p. 193.)
5438. **Sketches** of life in (Danish) Greenland. By S. N. R. (The Geogr. Magazine, London, III., 1876, p. 206—208, 233—236, 265—267, 291—296.)
5439. **Ginge** Andr. Breden og Laengden af Kolonien Gothaab. (Skrifter det Kiöbenhavnske Selskap Nye Saml. Deel 3, p. 176.)
5440. **Löwenörn.** Abhandling om en maerkelig feiltagelse i henseende til Frobischer straede, at det ikka kan have vaeret i Gronland, som det paa Soekaarterne almindelig afloegges; og tillige, at det land, Frobischer kalder Vest-Friseland maae vaere den sydligste östre kyst af Grönland. (Skrifter det Kiöbenhavnske Selsk. Nye Saml. III, p. 220.)
5441. **Eggers** Henrich, Peter v. Om Grönlands österbygds sande beliggenhed. (Danske Landhuus holdings Selsk. Skr. IV, p. 239.)
5442. **Glahn** Henric Christopher. Efterretning om det af Grönlaenderne saa kaldte angiak. (Nye Saml. af det Norske Selsk. Skr. I., p. 269.)
5443. **Reinhardt** sen. Tilläg og Förandringer i den Fabriciske Fortegnelse paa Grönlandske Hrirveldyr. (Danske Videnskaberne Selsk. Naturvid. Afhandlinger VII.)
5444. **Giesecke.** Greenland. (D. Brewster's Edinburgh Encyclopädia, p. 22.)
5445. **Udskrift** af en Dagbog, holden i Grönland af Aaron Arctander paa en Recognoscerings - Reise i Julianehaabs District i Aarene 1777—1779. (Samleren, VI., p. 1105—1242.)
5446. **Ueber den** jetzigen Zustand von Grönland. (Bertuch, allg. geogr. Ephem., XXXVII., p. 3.)

5447. **Rühs** Prof. Neueste Nachrichten von Grönland. (Bertuch, allg. geogr. Ephem., XXXII., p. 236.)
5448. **Il Signor** Whymper al Groenland. (Bolletino della Società geogr. italiana, Roma, Anno VII, Vol. X, p. 79—80.)
5449. **Spedizioni** artiche. Il Grönland. La spedizione di Nordenskjöld. (Bolletino della Società geogr. italiana, Roma, Anno VII, Vol. X, p. 54—56.)
5450. **Tayler** J. W. On Greenland-Fjords and Glaciers. (Proceedings of the Royal Geogr. Society of London, XIV, Nr. 2, p. 156—158.)

Karten.

5451. **Map** of Greenland. Amsterdam, J. Houdins. 1619.
5452. **The Greenland** pilot, beeing 3 charts of Greenland and Davis's Straits from the best surveys corrected by T. Peeters. London, 1801.
5453. **Fries** G. Westküste Grönlands, nach P. Egede's Karte entworfen. Kupferstich und color. gr. 4°. Weimar, Landes-Industrie-Comptoir, 1818.
5454. **Grönland** und die angrenzenden Länder nach T. Gliemann, von Weiland. 1 : 4,600.000. Weimar, 1834.
5455. **Rink** Dr. Karte von Nord-Grönland, 1852.
5456. **Holsteinborg** Harbour. Westcoast of Greenland, 66° 55' 46" N. Lat. 1:12.000. London, Hydrogr. Office, 1854, Nr. 2266.
5457. **Upernivik** Harbour — Capt. Inglefield, R. N. C. B. London, Hydrogr. Office, 1854.
5458. **Good Havn** or Lievely Port. Capt. Sir E. Belcher, R. N. C. B. London, Hydrogr. Office, 1854.
5459. **Grönland.** Kart over Vest-Kysten af Grönland fra Arsuk til Holsteensborg. 1 Zoll = 1 Seemeile. Kopenhagen, Sökort Archivet, 1866.
5460. **Grönland.** Kaart over Arsuk Fjord. Opmaalt i 1863 af Falbe og Bluhme. Med »Normann, Oplysninger over Beseilingen af Arsuk Fjorden i Syd Grönland 18 pp.« 1 Zoll = 1 Seemeile. Kjöbenhavn, Sökort Archivet, 1866. 8°.
5461. **Skizze** Kaart over den sydlige Deel af Grönland, sammendraget efter det bedste forhaanden vaerende Materiale. 1 : 600.000. Kjöbenhavn, K. Sökort Archivet, 1863.
5462. **Kleinschmidt.** Karte von Grönland mit grönländischem Text. Nûk (Godthaab) 1866.
5463. **Kart** over den beboede Kyststraekning af Gronland, tegnet af S. k. Missionaer i Gronland. Kjöbenhavn, A. Bang, 1870.
5464. **Map** of Danish Greenland, with the Eskimo names of localities, compiled from all available sources, for the use of the Greenlanders. By Mr. Kleinschmidt, teacher in the Mission School in Godthab, South Greenland. Dr. Robert Brown. Copenhagen, 1870.
5465. **Harbours** and anchorages on the West-Coast of Greenland. London, Hydrographic Office. 1875. Nr. 276.
5466. **Gliemann** Theod. Grönland und die angränzenden Länder. Nach den Karten und Berichten von Cranz, Egede etc. entworfen uud gezeichnet. Nach Graah's Reise in Grönland. Weimar, Landes-Industrie-Comptoir. Imp.-Fol.
5467. **Graah.** Voxende Situations-Kaart over den vestlige Kyst af Grönland fra 68° 30' til 73° N. Brede 1825.
5468. **Kaart** over den vestlige Kyst af Grönland fra 68° 30' til 73° Brede. Beskrivelse til bemeldte Kaart. — Havnekaart og Landtoninger hos kobberstikkeren. Kjöbenhavn, Sökort Archivet.

b) **Astronomie, Meteorologie, Erdmagnetismus.**

5469. **Ostergaard** C. C. Observationes meteorologicae per annos 1832 usque 1854 in Groenlandia factae. Hafniae, 1856.
5470. **Groënland.** Glaces, Climat, Mineraux. Laharpe, Vol. XVII.

Aufsätze und Notizen.

5471. **Température** du Groënland et de l'Islande. (Journal des Voyages, VIII, 1820, p. 256.)
5472. **Temperatur** in Grönland. (Ausland, XXV, 1852, p. 660.)
5473. **Warmes** Wetter in Grönland während der grossen Kälte 1854—55. (Petermann's Geogr. Mitth. I, 1855, p. 303.)
5474. **Pedersen** Prof. Oversigt af Resultaterne over meteorologiske Jagttagelser i Grønland. (Oversigt over det K. Danske Vid. Selsk. Forh. 1857, p. 40—46.)
5475. **Abstract** of the principal results of the magnetic observations of the second Grinnell Expedition 1853—1855 at Van Rensselaer Harbor and other points of the West-Coast of Greenland by E. K. Kane. Presented by A. D. Bache. (Proceedings of the Am. Assoc. for adv. of sciences, XII, 1858, p. 120—126.)
5476. **Kane** Elisha Kent. Magnetical Observations in the Arctic Seas. Made during the second Grinnell Expedition in Search of Sir John Franklin in 1853, 1854 and 1855 at Van Rensselaer Harbor and other points on the West-Coast of Greenland. Reduced and discussed by C. A. Schott. (Smithsonian Contributions to Knowledge. Washington, X, 1858, pp. 72.)
5477. **Tayler** J. W. On the Aurora Borealis in Greenland. (Proceedings of the R. Geogr. Society of London, III, 1859, No. 3, p. 117—122.)
5478. **Abstract** of the principal results of the observations for temperature at Van Rensselaer Harbor, North-Greenland, made by the Second Grinnell Expedition under command of Dr. E. K. Kane 1853—55. Presented by Dr. Bache from a reduction by Schott. (Proceedings of the Am. assoc. for adv. of sciences, XIII, 1859, p. 264—70)
5479. **Abstract** of the principal results of the discussion of observations for atmospheric pressure at Van Rensselaer Harbor, North-Greenland, made by the Second Grinnell Expedition under command of Dr. E. K. Kane 1853—55. Presented by Bache from a discussion by Schott. (Proceedings of the assoc. for adv. of sciences XIII, 1859. p. 270—75).
5480. **Abstract** of the principal results of the discussion of the observations for direction and force of the wind at Van Rensselaer Harbor, North-Greenland, Second Grinnell Expedition, under the command of Dr. E. K. Kane 1853—55. Presented by Bache from a discussion by Schott. (Proceedings of the Am. Assoc. for adv. of sc. XIII, 1859, p. 276—280.)
5481. **Kane** Elisha Kent. Meteorological Observations in the Arctic Seas. Made during the second Grinnell Expedition. Reduced and discussed by C. A. Schott. (Smithsonian Contributions to Knowledge, XI, 1859, 120 pp.)
5482. **Abstract** of the Principal Results of the Astronomical Observations at Van Rensselaer Harbor and other places near the north-west coast of Greenland made by the Second Grinnell Expedition, under command of Dr. E. K. Kane, U. S. N., during 1853, 1854, 1855 from a reduction and discussion by Charles A. Schott, Assistant Coast Survey. Presented by Prof. Dr. A. Bache. (Proceedings of the Am. Assioc. for adv. of sciences, XIV, 1860, p. 9—16.)
5483. **Schott** Charles A. Elisha Kent Kane. Astronomical Observations in the Arctic Seas reduced and discussed. With map. (Smithsonian Contribution to Knowledge, XII, 1860, 49 pp.)
5484. **Mühry** A. Die milde Winter-Temperatur in Grönland. (Petermann's Geogr. Mitth. X, 1864, p. 35.)
5485. **Hayes** Dr. J. Physical Observations in the arctic seas, reduced and discussed by Ch. A. Schott. with Charts and many diagrams. (Smithsonian Contributions to Knowledge, Washington, XI, 1867, p. 281.)
5486. **Hayes** J. Physical Observations in the Arctic Seas. Reduced and discussed by Ch. Schott Washington. June 1867. (Zeitschr. d. österr. Ges. f. Meteorol. Wien, IV, 1869, p. 318—320.)
5487. **Die Polarlichter** in Ostgrönland. (Ausland, XLIII, 1870, p. 1199.)

5488. **Nordenskjöld** A. E. Temperatur von Omenak. (Zeitschr. d. österr. Ges. f. Meteorol. Wien, VII, 1871, p. 141—142.)
5489. **Aus Grönland**. Witterungsverhältnisse, Bevölkerung, Steinkohlen. (Globus, Braunschweig, XXI,1872, p. 144.)
5490. **L'été** au Groënland [D'après le Dr. Pansch, de l'Expedition allemande]. (Le Globe. Bulletin, Genéve. XI, 1872, p. 39—47.)
5491. **Cristoforo** Negri. Osservazioni fisico-astronomiche nella Groenlandia. (Bolletino della Società geogr italiana, VII, 1872, Gennaio, p. 179.)
5492. **Mühry** A. Das Klima der Sabine-Insel an der Nordküste von Grönland $74^{1}/_{2}°$ N. Br. nach den Beobachtungen der 2. deutschen Nordpol-Expedition. (Zeitschr. d. österr. Ges. f. Meteorol. Wien, VIII, 1873, Nr. 3, p. 33—39.)
5493. **Beitrag** zur Meteorologie und Hydrographie der Ostküste von Grönland. (Hydrogr. Mittheilungen, Berlin, III, 1875, p. 55—60.)
5494. **Rudolph's** Beobachtungen in Jacobshaven in Grönland. (Collect. Meteor. Soc. Scienc. Danicae IV.)

c) Hydrographie.

Aufsätze und Notizen.

5495. **Rink** Dr. On the large Continental Ice of Greenland and the origin of Icebergs in the Arctic Seas. With map. (Journal of the R. Geogr. Soc. of London, XXIII, 1853, p. 145—154.)
5496. **Irminger** Capt. The Arctic Current account Greenland. With map. (Journal of the R. Geogr. Soc. London, XXVI. 1856, p. 36—43.)
5497. **Irminger** Commodore. Current along the Coast of Greenland. (Proceedings the R. Geogr. Soc. of London, I, 1856, Nr. 3, p. 61—62.)
5498. **Eisbildungen** an der grönländischen Küste. [Nach Etzel.] (Ausland XXXIII, 1860, p. 512.)
5499. **Abstract** of the principal results of the observations of the Tides at Van Rensselaer Harbor made by the Second Grinnell Expedition under command of Dr. E. K. Kane 1853--55 from a reduction and discussion by Charles A. Schott. (Proceedings of the Am. Assoc. for adv. of sciences, XIV, 1860, p. 61—74.)
5500. **Die beiden** Treibeisströme an den grönländischen Küsten. [Athenäum.] (Ausland, XXXIV, 1861, p. 216.)

d) Geologie, Paläontologie, Mineralogie.

5501. **Rink** H. Udsigt over Nordgrönlands Geognosi og Geografi. 1 Karte. Kjöbenhavn, 1853.
5502. **Vrba** K. Dr. Beiträge zur Kenntniss der Gesteine Süd-Grönlands. 33 pp. mit 3 Tafeln. Wien, Gerold, 1874. 8°.

Aufsätze und Notizen.

5503. **Allan** Thomas. Remarks on a Mineral from Greenland, supposed to be crystalized Gadolinite. (Transact. of the R. Soc. of Edinburgh, VI, 1812, p.345.)
5504. **Giesecke** Sir Charles Lewis. On the mineralogy of Disko Island. (Transactions of the R. Society of Edinburgh, IX, 1823, p. 263—272.)
5505 **Das Mineralreich Grönlands**. (Ausland, XXIV, 1851, p. 16.)
5506. **Expeditionen** nach Grönland zur Anlage und Betrieb des Bergbaues. (Petermann's Geogr. Mitth., II, 1856, p. 118.)
5507. **Rink** H. Der Mineralreichthum Grönlands. Aus dem Dänischen von A. v. Etzel. (Zeitschr. der Ges. für Erdkunde, Berlin, N. F. I, 1856, p. 325—39.)
5508. **Rink** H. Ueber die Mineralproducte Süd-Grönlands. Bearb. von A. v. Etzel. (Zeitschr. der Ges. für Erdkunde, Berlin, N. F. III, 1857, p. 281—295.)

5509. **Rink H.** Die Mineralien Grönlands und ihre Fundorte. Bearb. von A. v. Etzel. (Zeitschr. der Ges. für Erdkunde, Berlin, N. F. IV, 1858, p. 378—394.)
5510. **Giesecke Sir Charles Lewis.** Catalogue of a Geological and Geographical Collection of Minerals from the Arctic Regions, from Cape Farewell to Baffins-Bay, Lat. 59' 14' N. to 76° 32' N. (Journal of the R. Society of Dublin, III, 1860—1862, p. 198—215.)
5511. **Etzel A. v.** Meteoreisenfall in Grönland. (Zeitschr. d. Ges. f. Erdkunde, Berlin, N. F. XI, 1861, p. 479.)
5512. **Heer Oswald.** Ueber die von Dr. Lyell in Grönland entdeckten fossilen Pflanzen. Sendschreiben an Herrn Dr. Jos. D. Hooker in Kew. (Vierteljahrsschrift der naturforsch. Ges. in Zürich, VII, 1862, p. 176—182.)
5513. **Den parallel** traadige eller asbestagtige Okenit fra Nordgronland. (Oversigt over det K. Danske Vid. Selsk. Forh., 1864, p. 73—76.)
5514. **An Account** of the Cryolite of Greenland by Paul Quale. Communicated by Lewis & Sons. (Report. of Smithson. Inst., Washington, 1866, p. 398—401.)
5515. **Fossile Wälder** in Grönland. (Ausland, XL, 1867, p. 234.)
5516. **Haidinger W.** Kryolith aus Grönland. (Jahrbuch d. Geolog. Reichs-Anst. in Wien, XII, 1868, p. 118)
5517. **Heer Oswald,** über die alte Flora von Grönland und Spitzbergen. (Globus, Braunschweig, XV, 1869, p. 368—371.)
5518. **On the elevation** and depression of the Greenland Coast. (British Assoc. at Exeter 1869.)
5519. **Heer Oswald.** Contributions to the fossil Flora of North-Greenland being a Description of the Plants collected by Mr. Edward Whymper during the Summer of 1867. 17 Tabl. (Transactions of the R. Society of London, 1869, p. 445.)
5520. **Buchner O.** Das Meteoreisen von Grönland. (Gaea, VII, 1871, p 733—736.)
5521. **Nordenskiöld A. E.** Der Eisenfund bei Ovifak in Grönland. (Tschermak, Mineralog. Mittheil., Wien, I, 1871, p. 109—112.)
5522. **Meteoric iron** from Greenland. (Geological Magazine, VIII, 1871, p. 570—571)
5523. **Nordström Th. Dr.** Kemisk undersökning af Metorjern från Ovifak på Grönland. (Öfversigt af K. Sv. Vet. Förh., XXVIII, 1871, p. 453—462.)
5524. **Heer Oswald.** Vorläufige Bemerkungen über die Kreideflora Nordgrönlands, gegründet auf die Entdeckungen der schwedischen Expedition vom Jahre 1870. (Zeitschr. d. Deutsch. Geol. Ges., Berlin, XXIV, 1. Heft, 1872, p. 155—165.)
5525. **Wöhler F.** Analyse des Meteoreisens von Ovifak in Grönland. Nachträgliche Bemerkungen. (Nachrichten d. K. Ges. d. Wiss., Göttingen, 1872, p. 197—204, 499—501.)
5526. **Das Meteoreisen** in Grönland. (Globus, Braunschweig, XXI, 1872, p. 254, 309.)
5527. **Nordenskjöld** über die Meteoriten. (Globus, Braunschweig, XXI, 1872, p. 364—377.)
5528. **Toula Franz.** Kurze Uebersicht der geologischen Beschaffenheit von Ostgrönland zwischen 73° und 76° N. Br. Nach den Sammlungen der zweiten Deutschen Nordpol-Expedition. (Verhandl. d. k. k. geol. Reichsanstalt, 1872, Nr. 4, p. 71—74)
5529. **Daubrée G. A.** Examen des météorites d'Ovifak (Groënland) au point de vue du carbone et des sels solubles qu'ils renferment. (Acad. des Sciences, Comptes rendus des séances, Paris, LXXV, 1872, p. 240—246.)
5530. **Daubrée G. A.** Examen des roches avec fer natif, découvertes en 1870 par M. Nordenskiöld, au Groënland. (Acad. des Sciences, Comptes rendus des séances, Paris, LXXIV, 1872, p. 1541—1549.)
5531. **Nordenskiöld A. E.** Remarks on the Greenland meteorites. (Geolog. Soc. Quaterly Journ., London, XXVIII, 1872, p. 44—46.)
5532. **Steenstrup J.** Oplysninger om de Grönlandske Jernmasser. (Naturhist. Foren. Videnskab. Meddelelser, Kjöbenhavn, 1872, p. 11.)

17

5533. **Nauckhoff** Gustaf. Om förekomsten af gediget jern i en basaltgång vid Ovifak i Grönland. Geognostik och Kemisk Undersökning. Stockholm. P. A. Norstedt & Sönes, 1872. (Bihang till K. Sv. Vet. Akad. Handlingar I, Nr. 5. p. 1—38.)
5534. **Nauckhoff** E. G. Vorkommen von gediegenem Eisen in einem Basaltgang in Grönland. (Lotos, Prag, XXIII, 1873, p. 223—225.)
5535. **Laube** C. Gustav, Dr. Geologische Beobachtungen, gesammelt während der Reise auf der »Hansa« und gelegentlich des Aufenthaltes in Süd-Grönland. (Sitzungsber. d. math.-naturw. Cl. d. Akad. d. Wiss. in Wien, LXVIII, 1. Abth., 1873, Juni-Heft.)
5536. **Heer** O. Die Kreideflora der arktischen Zone, gegründet auf die von den schwedischen Expeditionen von 1870 u. 1872 in Grönland und Spitzbergen gesammelten Pflanzen. Mit 38 Abbildg. (K. Sv. Vet. Akad. Handlingar, XII, 1873, p. 1—138.)
5537. **Heer** Osw. Om de miocena växter, som den Svenska expeditionen 1870 hemfört från Grönland. (Öfversigt af K. Sv. Vet. Akad. Förh., XXX 1873, Nr. 10, p. 5—12.)
5538. **Steenstrup** K. J. V. Bemerkungen zur Geognostischen Uebersichtskarte der Küsten des Waigattes in Nord-Grönland. Mit Karte s. Tafel 7. Geographie und Erforschung der Polar-Regionen, Nr. 89. (Petermann's Geogr. Mitth., XX, 1874, p. 142—144.)
5539. **Nauckhoff** E. G. Vorkommen von gediegenem Eisen in einem Basaltgang in Grönland. (Tschermak, Mineralog. Mitth., Wien, 1874, p. 109—136.)
5540. **Tschermak** G. Der Meteoritenfund bei Ovifak in Grönland. (Tschermak, Mineralog. Mitth., Wien, 1874, p. 165— 174.)
5541. **Das gediegene** Eisen von Ovifak in Grönland. (Der Naturforscher, hrsg. v. W. Sklarek, VII, 1874, Nr. 50, p. 473—475.)
5542. **Heer** Oswald. Nachträge zur miocänen Flora Grönlands, enthaltend die von der Schwedischen Expedition im Sommer 1870 gesammelten miocänen Pflanzen. (K. Sv. Vet. Akad. Handlingar, XIII, 1874, Nr. 2.)
5543. **Flight** W. A chapter in the history of metorites. Meteoric irons found August 1870, Ovifak (or Uigfak) near Godhavn, Kekertarssuak or Island of Disko, Greenland. (Geological Magazine, N. Ser., II Decade, II, 1875, p. 115—123.)
5544. **Steenstrup** K. J. V. Ueber das Eisen von Grönland. A. d. Dän. von C. Rammelsberg. (Zeitschr. d. deutsch. geolog. Ges., Berlin, XXVIII, 2. Heft, 1876, 225—234.)
5545. **Boué** Ami. Ueber den Stinkspath von Iviksut in Süd-Grönland. (Sitzungsbericht d. math.-naturw. Cl. d. Akad. d. Wiss. in Wien, XLII, p. 503.)
5546. **Schrauf** A. Apophyllitzwillinge von Grönland. (Sitzungsber. d. math.-naturw. Cl. d. Akad. d. Wiss. in Wien, LXII, 2. Abth., p. 699—703.)

e) Zoologie und Thiergeographie.

5547. **Mylius** Christlob. Translation from High German of his Account of a New-Zoöphite, or Animal Plant, from Greenland, in a Letter to Dr. Haller. London, 1754, 8°.
5548. **Fabricius** Otto. Fauna Groenlandica, systematice sistens animalia Groenl. occident. hactenus indagata etc. maximaque parte secundum propria observ. Cum tabula. Hafniae et Lipsiae, (Rothe) 1780; 1782, 8°.
5549. **Reinhardt** J. Om Grönlands Fugle efter de nyeste Erfaringen. Kjöbenhavn, 1824, 8°. (Aus: Tidskrift for Naturvidenskaberne, III.)
5550. **Reinhardt** J. Ichthyologiske Bidrag til den Grönlandske Fauna. Häft I, 8 Kpfrt., 114 pp. Kjöbenhavn, 1838, 4°. (Aus: Vidensk. Selsk. Naturvid. etc. Afhandl., VII, 1838, p. 83—196.)
5551. **Reinhardt** J. Tillaeg til det förste Bidrag til den Grönlandske Fauna. Kjöbenhavn, 1838, 4°.(Aus: Vidensk. Selsk. Naturvid. etc. Afhandl. 1838, p. 221—228.)
5552. **Moeller** H. P. C. Index molluscorum Groenlandiae. Hafniae, Reitzel, 1842, 8° maj.

5553. **Holböll** C. Ornitholog. Bidrag til den Grönlandske Fauna. Kjöbenhavn, 1843. 8°.
5554. **Holböll** Carl. Ornithologischer Beitrag zur Fauna Grönlands. Uebersetzt und mit einem Anhang von J. H. Paulsen. 1854, X u. 102 pp. Mit 1 illum. Kpft. Leipzig, Er. Fleischer, 1846. gr.-8°.
5555. **Lütken** Chr. Fr. Oversigt over Grönlands Echinodermata samt over denne Dyreklasses geographiske og bathymetriske Udbredingsforhold i de nordiske Have. Med et Kort over de geographiske Havbaelter omkring Nordpolen og nordlige deel af Atlanterhavet. 114 pp. Kjöbenhavn, Reitzel, 1857. 8°.
5556. **Mörch** O. A. L. Tilläg til Rink, om Grönland. Prodromus faunae moluscorum Grönlandiae. Descript. ab H. Rink. Leipzig, A. Dürr, 1857. gr.-8.
5557. **Brown** R. Mammalian Fauna of Greenland. Edinburgh, 1869.

Aufsätze und Notizen.

5558. **Ellis** John. On the Cluster Polypi (Vorticella Enrcrinus Lin.) found in the sea near the Coast of Greenland. (Philos. Trans., London, 1752, p. 409.)
5559. **Fabricius** Otho. Om de Grønlandske Saele. (Dansk. Skriv. Nat. Selsk. Kjöbenhavn, I, 1790, p. 79—156, [deel. 2] 73—170.)
5560. **Fabricius** Otho: Beskrivelse over den Blennius punctatus. (Dansk Skriv. Nat. Selsk. Kjöbenhavn, II, 1792, [deel. 2] p. 84—96.)
5561. **Fabricius** Otho. Nöiagtig Beskrivelse over alle Grønlaendernes Fange-Redskaber ved Saelhunde Fangsten, hvoraf vil sees deres mechaniske og ret hensigtsfulde Indretning. (Dansk Vid. Selsk. Skriv., Kjöbenhavn, V, 1807—1808, Haeft 2, p. 125—178.)
5562. **Fabricius** Otho. Nöjagtig Beskrivelse over Grønlaendernes Landdyr-Fugle- og Fiskefangst, med dertil horende Redskaber. (Dansk Vid. Selsk. Skriv. Kjöbenhavn, VI, 1809—1812, Haeft 2, p. 231.)
5563. **Sabine** Sir Edward. A memoir on the Birds of Greenland. (Linn. Soc. Trans., XII, 1818, p. 527—559 — Oken, Isis, 1826, col. 97—99.)
5564. **Reinhardt** J. C. H. Bidrag til Grönlands fauna. (Oversigt, Kjöbenhavn, 1822—1823, p. 8. — Dansk. Vid. Selsk., Afh. Kjöbenhavn, II, 1826, p. 20.)
5565. **Reinhardt** J. C. H. Om Grönlands fiske Lycodes Vahlii og Paralepis coregonoides. (Oversigt, Kjöbenhavn, 1830—1831, p. 18—21. — Dansk. Vid. Selsk. Afh., Kjöbenhavn, V, 1832, p. 74—76. — l'Institut, II, 1834, p. 174—175.)
5566. **Reinhardt** J. C. H. Om en Grönlandsk Ulkeart. (Oversigt, Kiöbenhavn, 1833—1834, p. 2—3; Dansk. Vid. Selsk. Ath., Kjöbenhavn, VI, 1837, p. 44.)
5567. **Reinhardt** J. C. H. Om den Islandske Vaagmaer, Ichthyologiske bidrag til Grönlands fauna. (Oversigt, Kjöbenhavn, 1835—1836, p. 8—12; — Dansk Vid. Selsk. Afh., Kjöbenhavn, VI, 1837, p. 107—111. — Wiegmann, Archiv, III, 1837, p. 263—267.)
5568. **Reinhardt** J. C. H. Tvende nye Grönlandske fiskearter. [Lycodes Vahlii L. reticulatus.] (Dansk. Vid. Selsk. Afh., Kjöbenhavn, VI, 1837, p. 75—77; Wiegmann, Archiv, III, 1837, p. 234—236.)
5569. **Reinhardt** J. C. H. Ichthyologiske bidrag til den Grönlandske Fauna. (Dansk. Vid. Selsk. Afh., Kjöbenhavn, VII, 1838, p. 83—196, 221—228.)
5570. **Reinhardt** J. C. H. Om nye Grönlandske fiske. [Microstomus Grönlandicus, Cottus bicornis]. (Oversigt, Kjöbenhavn, 1839, p. 8—10. — Krøger, Nat. Tidssk., III, 1840—1841, p. 225—227. — Oken Isis, 1841, col. 706—707.)
5571. **Reinhardt** J. T. Meddelelse af nogle hidindtil i Grönland ikke trufne Fugle. (Krøger Nat. Tidssk., IV, 1842—1843, p. 72—75.)
5572. **Reinhardt** J. T. Notitser til Grönlands Ornithologie. (Vidensk. Meddel., Kjöbenhavn, 1853, p. 69—85. — Cabanis Journ. Ornithol., II, 1854, p. 423—443.)
5573. **Thierleben** im nördlichen Grönland: 1. die Seehunde, 2. das Walross, 3. das Renthier, 4. die Bären. (Ausland, XXX, 1857, p. 224, 243.)

5574. **Der grönländische Hund.** (Ausland, XXXV, 1862, p. 861.)
5575. **Brown** Robert. On the Mammalian Fauna of Greenland. (Proceedings of the Zoological Society of London, 1868, p. 330—362.)
5576. **Brown** Robert. Die Säugethiere Grönlands und der Grönländischen Meere. (Petermann's Geogr. Mitth., XV, 1869, p. 461—465; XVI, 1870, p. 41—47, 133—139.)
5577. **Heer** Oswald. Förutskickade anmärkningar öfver Nordgrönlands Kritflora, grundade på den svenska expeditionens upptäckter 1870. (Öfversigt af K. Sv. Vet. Akad. Förh., XXVIII, 1871, p. 1175—1184.)
5578. **Bergh** Rudolf. Ueber eine grönländische Aplysie. Mit Tafeln. [Mollusken.] (Verhandl. der k. k. zool.-bot. Ges., Wien, XXII, 1872, p. 437.)
5579. **Holmgren** A. E. Insekter från Nordgrönland, samlade af A. E. Nordenskiöld år 1870. Granskade och beskrifna. (Öfversigt af K. Vet. Akad. Förh., Stockholm, XXIX, 1872, Nr. 6, p. 97—104.)
5580. **Torell** T. Om några Arachnider från Grönland. (Öfversigt af K. Vet. Akad. Förh., Stockholm, XIX, 1872, Nr. 2, p. 147—166.)
5581. **Finsch** O. Dr. Ueber *·* Vögelsammlung aus Süd-West-Grönland. (Abhandlungen des Nat.. wissensch. Vereines zu Bremen, IV, 1874, 2. Heft, p. 99—118.)
5582. **Lindahl** J. Om Pennatulid slägtet Umbellula Cuv. 22 sid 3 tafl. (K. Sv. Vet. Akad. Handlingar, XIII, 1874, Nr. 3.)
5583. **Holböll.** Ornithologiske Bidrag til den Grönlandske Fauna. (Krøger, Nat. Tidssk., IV, p. 361.)
5584. **Sabine** Edw. A memoir on the Birds of Greenland. London, 1819. 4°. (From the Transactions of the Linnean Society.)

f) Botanik.

5585. **Mylius** Christlob. Beschreibung einer neuen Grönländischen Thierpflanze. Epist. ad Alb. Haller. London, 1753; Hahn, Hannover, 1753. 4°.
5586. **Fries** M. Elias Magnus. Lichenes Arctoi Europae Groenlandiaeque. Schedulae crit. de Lichenibus exsiccatis. London, Goth. (Lincopiae et Norcopiae) 1824—1833. 4°.
5587. **Durand** E., Thos. P. James and Sam. Ashmead. Enumeration of Arctic Plants, collected by Dr. Hayes. Philadelphia, 1863. 8°.
5588. **Brown** Robert. Flora Discoana (der Insel Disco). Edinburgh, 1868.

Aufsätze und Notizen.

5589. **Sabine** Joseph. An account of a new species of Gull, lately discovered on the coast of Greenland. (Linn. Soc. Trans., XII, 1818, p. 520—524.)
5590. **Hooker** S. William Jackson. Some account of a collection of Arctic Plants formed by Edward Sabine, Esq.. Capt. R. A. during a voyage in the Polar Sea in the year 1823. [1824]. (Linn. Soc. Trans., XIV, 1825, p. 360—394. — Oken, Isis, 1825, col. 1173—1176.)
5591. **Rink** H. Die Vegetation von Nord-Grönland, mit besonderer Rücksicht auf die Pflanzen, die für die Einwohner von Nutzen sind. (Petermann's Geogr. Mitth., I, 1855, p. 57.)
5592. **Weltenweber** Dr. Die von E. K. Kane in Grönland gesammelten Pflanzen. (Lotos, Prag, VII, 1857, p. 219—223.)
5593. **Durand** E. Plantae Kaneanae Groenlandicae. (Zeitschr. f. d. gesammten Naturwissenschaften, Mai und Juni 1857.)
5594. **Hooker** J. D. Dr. An account of the plants collected by Dr. Walker in Greenland and Arctic America during the Expedition of Sir Francis M'Clintock, R. N. in the Yacht »Fox«. (Journal of the Proceedings of the Linnean Society, Botany, V, 1861, Nr. 18, p. 79—89.)
5595. **Fries** Th. M. Lichenes Arctoi Europae Groenlandiaeque hactenus cognitae. Collegit, examinavit, disposuit Th. M. Fries. (R. Soc. Sc. Upsaliensis Nova Acta. III. Ser., III, 1861. p. 103—398.)

5596. **Brown R.** Florula Discoana, contributions to the phyto-geography of Greenland, within the parallels of 68° and 70° North latitude. 37 pp. Edinburgh, 1868. 8°. (From the Transactions of the Botanical Society, IX, 1867—1868.)
5597. **Die Nutzpflanzen** Nord-Grönlands. (Petermann's Geogr. Mitth., XV, 1869, p. 110.)
5598. **Sohmidt O.** Vorläufige Mittheilungen über die Spongien der grönländischen Küste. (Mitth. des naturw. Vereines, Graz, II, 1. Heft, 1869, p. 89.)
5599. **Pansoh.** Zur Flora der grönländischen Ostküste. (Aus: Flora. — Gaea, VII, 1871, p. 632.)
5600. **Agardh J. G.** Bidrag till Kännedomen af Grönlands Laminarieer och Fucaceer. (K. Sv. Vet. Akad. Handlingar, X, 1871, Nr. 8, p. 1—31.)
5601. **Berggren A. S.** Alger från Grönlands inlandis. Tafl. V. (Öfversigt af K. Sv. Akad. Vet. Förh, XXVIII, 1871, p. 293—296.)
5602. **Berggren A. S.** Bidrag til kännedom om Fanerogamfloran vid Diskobugten och Auleitsivik-fjorden på Grönlands vestkust. (Öfversigt af K. Sv. Akad. Vet. Förh., XXVIII, 1871, p. 853—897.)
5603. **Treibhölzer** aus Ostgrönland. (Archiv für Seewesen, Wien, VIII, 1872, p. 445.)
5604. **Nordenskiöld.** Gefässpflanzen von Nordwest-Grönland. (Lotos, Prag, XXII, 1872, p. 42.)
5605. **Verzeiohniss** der von Dr. G. Laube in Grönland gesammelten Pflanzen. (Lotos, Prag, XXIII, 1873, p. 93—95.)
5606. **Müller K.** Die botanischen Ergebnisse der 2. deutschen Nordpolfahrt. (Die Natur, 1873, p. 217, 233, 249, 257, 273.)
5607. **Berggren S.** Undersökning af mossfloran vid Diskobugten och Auleitsivik-fjorden. (K. Sv. Vet. Akad. Handlingar, XIII, 1874, Nr. 8.)
5608. **Plantes** du Groënland. (Bulletin de la Soc. de Géogr., Paris, I Sér., VI, p. 133.)
5609. **Lindsay L. W.** Observations on the lichens, collected by Dr. Robert Brown in West-Greenland in 1867. (Transactions of the Linnean Society of London, XXVII, p. 305—368.)
5610. **Lindsay W. L.** The Licheen Flora of Greënland. (Transactions of the Botanical Society of Edinburgh, X, p. 32—67.)
5611. **Rottböll Christen Friis.** Afhandling om en deel enten gandske nye eller vel forhen bekiendte, men dog for os rare planter, som i Island og Grönland ere fundne, tilligemed en kort inledning om urtelaerens tillstand i Dannemark, laest i de sidste sammenkomster Aar 1766 og de forste af 1767. (Skr. det Kiöbenhavnske Selsk., X, p. 393.)

g) Ethnographie, Culturgeschichte, etc.

5612. **Lysohander Claudius Christophorus.** [Claus Christopherszön.] Grönlandske Chronica paa Danske Rym; i. e. Chronica Gronlandiae Danicis versibus conscripta. Kjøbenhavn, R. Laurentz, 1608; 1726. 8°.
5613. **Einar Eiolfssine.** Grönlandia, edur Grönlandsz Saga. Skalhollte, Hendrik Kruse, 1688. 4°.
5614. **Torfäus Thormodus.** Descriptio veteris Groenlandiae. Hafniae, 1705. 8°.
5615. **Bussaeus Andreas.** Danus. Arngrimi Jonae Grönlandia, eller historie om Grönland paa Dansk fortolket. Kjöbenhavn, 1732. 8°.
5616. **Arngrim Jonssön.** Arngrimi Jonae Grönlandia Eller Historie. Om Grønland. Af Islandske Haand-skrevne Historie-Bøger og Aar-Registere samlet, og først i det Latinske Sprog forfattet. Kjøbenhavn, H. Rotmer, 1732.
5617. **Egede Hans.** Kort Beretning om den Grönlandske Missions Beskaffenhed. Kjöbenhavn, 1737. 4°.
5618. **Arngrimi Jonae or Jonssön.** Groenlandia eller Historie om Grönland of Islandske Haand-Skrevne Histori-Böger og Aar Registere. Af det Latinske

manuscript paa det Islandske Sprog udsat ved E. Ejolfsön og trijkt i 1688. Nij paa Dansk fortsket af A. Bussaeus. Kjöbenhavn, 1738.
5619. **Einar.** Grönland oder die Grönländssage. Ins Deutsche übersetzt von Bussaeus. Kopenhagen, 1732. 8°.
5620. **Egede** Hans. Ausführliche und wahrhafte Nachricht vom Anfange und Fortgange der grönländischen Mission. Hamburg, 1740. 4°.
5621. **Continuation** af Relationerne betreffende den Grønlandske Missions Tilstand og Beskaffenhed forfattet Icrom af en Journal fra A 1734 til 1740. Af. Col. Chr-Hast. P. Egede. Kjøbenhavn, J. Chr. Groth, 1741.
5622. **Cinerii** P. Dissertationes litterariae. Florentiae, 1742, 8°. Cont. Dissert. V, VI, p. 69—106. De Gronlandia veteri. De Gronlandiae veteris. et novae geographia.
5623. **Egede** Niels. Tredie Continuation af Relationerne betraeffende den Grönlandske Missions Tilstand og Beskaffenhed. Kjöbenhavn, 1744.4°.
5624. **Evangelium** okausek tussarnersok Gub Niarnanik Innungortomik etc. (De Vier Evangelien, in 't Groenlandsch vertaald door Paul Egede.) Kjöbenhavn, 1744. 8°.
5625. **Egede** Paul. Dictionarium Grönlandico - Danico - Latinum, complectens Primitiva cum suis Derivatis, quibus interjectae sunt voces primariae è Kirendo-Angekkutoram adornatum. Hafniae, Gottmann, 1750.
5626. **Egede** Paul. Grammatica Grönlandica Danico Latina. Hafniae, (1750) 1760.
5627. **Hoyer** Janus. Juris Groenlandici Capitibus nonnullis adumbrati Specimen prius. Hafniae, 1756. 4°.
5628. **Hoyer** Janus. Dissertatio de religione Grönlandorum naturali. Hafniae, Pett, 1756. 4°.
5629. **Kalm** P. Specimen academicum de Esquimaux gente Americana. Aboae, 1756.
5630. **Hoyer** Janus. Juris Groenlandici Specimen posterius. Hafniae, 1757. 4°.
5631. **Cranz** David. Historie von Grönland, enthaltend die Beschreibung des Landes und der Einwohner, insbesondere die Geschichte der dortigen Mission zu Neu-Herrnhut und Lichtenfels. 2 Thle. Barby u. Leipzig, 1765, 1770; Kummer, 1770; 1780. Mit beträchtlichen Zusätzen und Anmerkungen zur natürlichen Geschichte bis auf das Jahr 1779. 1780; Nürnberg u. Leipzig, Weigel & Schneider, 1782. 8°. Auch in der Bibliothek der neuesten Reisebeschreibungen. Nürnberg, Schneider & Weigel (Bauer & Raspe) 1782, 8°. Mit Kupf. u. Karten.
5632 **Cranz** David. Histoire du Groënland. Trad. de l'allemand. 2 tom. Leipzig, 1765, 8°.
5633. **Cranz** David. The History of Greenland containing a Description of the Country and its Inhabitants with an account of the Mission of the United Brothren in Labrador. 2 vols., 8 pl. Barby, 1765 ; London, 1767. Amsterdam, 1767 ; London, 1820. 8°.
5634. **Cranz** D. Historie van Groenland. Uit het Hoogdutch. Haarlem, C. H. Bohn, 1767 ; Amsterdam, 1767.
5635. **Gambold** John. The History of Greenland; containing a description of the country and its inhabitants ; and particularly a relation of the Mission carried on for above these 30 years, by the Unitas-Fratrum, at New-Hernhut and Lichtenfels, in that country, by D. Crantz. 2 vol., Illustrated with maps and other copperplates. Printed for the Brothren's Society for the furtherance of the Gospel among the heathen 1767, with continuation 1820, 8°.
5636. **Cranz** David. Anmerkninger over de tre förste Böger af Davis Cranze's Historie om Grönland. Kjøbenhavn, 1771. 8°.
5637. **Cranz** David. Alte und neue Brüderhistorie oder Geschichte der evangelischen Brüderunität (Grönland und Labrador). Barby, 1771. 8°.
5638. **Fortsetzung** von D. Cranz's Brüderhistorie I—IV Abschnitt. Barby und

Gnadau 1769—1801; Leipzig, Kummer, 1770, 8°; Barby, 1791—1816, 3 Bde. 2. Fortsetzung 1804, 3. Fortsetzung 1805, 1817. (Bibliothek der neuest. Reisebeschreibungen, I Bd.)

5639. **Egill Þórhallason.** Efterretning om Rudera eller Levninger af de gamle Nordmaends og Islaenderes Bygninger paa Grönlands Vester-Side, tillige med et Anhang om deres Undergang sammesteds. Kjöbenhavn, 1776. 8°.

5640. **Crantz David.** The Ancient and Modern History of the Brothren in the Remoter Ages, and particularly in the present century. Translated from the German, with additional Notes, by Benjamin la Trobe. London, 1780. 8°.

5641. **Abel** Iwarus. Schediasma hocce etymologico-philologicum prodromum Americano-Grönlandicum in patronis appropriatum insinuat J. A. Havniae, 1783. 4°.

5642. **Egede Paul.** Account of his Mission to Greenland. London, 1789. 8°.

5643. **Fabricius Otto.** Grønlandsk Gramatik. Hafniae et Lipsiae, 1791; 1801. 8°.

5644. **Earnshaw James.** Abstract of various Penal and other Statutes relative to the Customs, from 28th Edw. III. to 32 Geo. III; togeether with the laws in and subsequent to 1780, relating to the Southern, Greenlandj and Newfoundland Fisheries. With Lists of Goods prohibited to be imported and exported; as also a List of Goods on importation, duty free. Vol. I, 1793. 8°.

5645. **Alphabetum** groenlandicum. Kjøbenhavn, 1796. 8°.

5646. **Fabricius Otto.** Grønlandske Ordbog. Kjöbenhavn, Raetzel, 1804. 8°.

5647. **Richter J. P. Fr.** Grönländische Processe oder historische Skizzen. 2 Bde. 2. Aufl. Berlin, Voss, 1821. 8°.

5648 **Kragh P.** Okalloutit, Sabbátinne akkudleesiksaet, Evangeliumit etc. [Grönländisch.] 464 pp. Kjøbenhavn, 1833. 8°.

5649. **Backley F. K.** Greenland Minstrel; a Poem. London, Simpkin, 1839.

5650. **On the physical** characters of the Esquimaux. London, King, 1844, 8°.

5651. **Rafn C. C.** Renseignements sur les premiers habitants de la côte occidentale du Groenland. Traduit du Groënlandais par Samuël Kleinschmidt. 10 pp. avec une carte: Grönlands Östrebygd ved C. Rafn 1845 et une illustration de l'église de Hvalseyiarfjörd. Paris, 1850.

5652. **Bullar** Miss A. Domestic scenes in Greenland and Iceland. London, Van Voorst, 1850.

5653. **Arctic** Expeditions. Esquimaux and English Vocabulary. London, 1850.

5654. **Irving** Washington. Esquimaux and English Vocabulary. London, 1853.

5655. **Rink H.** Om de groenlandske Handel. Kjöbenhavn, 1856.

5656. **Møllermit L.** Kaladlit Okalluktu alliait Kaládlisut kablunâtudlo Attuakat sisamai. Noungme. [Grönlandske Folkesagn opskrevne og meddeelte af Sndfødte med dansk Oversoettelse. Gödthaab, L. Møller, 1860.]

5657. **Jansen.** Elementarbog i Eskimoernes Sprog til Brug for Europaerne ved Colonierne i Grönland. Kjöbenhavn, 1862.

5658. **Rink Henry.** Eskimoiske Eventyr og Sagn oversatte Supplement indeholdende et Tillaeg om Eskimoerne. 270 pp. med 1 Kort. Kjöbenhavn, Reitzel, 1866, av. pl. photogr.; 1872, 8°.

5659. **Helms H.** Grönland und die Grönländer. Eine Skizze aus der Eiswelt. VIII und 185 pp. Leipzig, Fritsch, 1867, 8°.

5660. **Rink H.** Om Eskimoernes Herkomst. 33 pp. Kjøbenhavn, Thieles, 1871, (Saerskilt Aftryk af Aarbog for nordisk Oldkynd og Historie. 1871), 8°.

5661. **Flood J.** Grönland. Missionshistorie i Fortaellinger. 40 pp. Christiania, Cammermeyer, 1873.

5662. **Rink Dr. Henry.** Tales and Traditions of the Eskimo. With a Sketch of their Habits, Religion, Language and other Peccularities Transl. from the Danish by the author. Edited by Dr. Rob. Brown. With num. Ill. drawn

and engraved by Eskimo. London, W. Blackwood and Sons, 1875, 1876, 1877, 8°
5663. **Annales** ou Histoire civile du Groënland. Laharpe, Vol. XVII.
5664. **Cranz.** Historie von Grönland und Kamtschatka. Voyages and Travels. Allgemeine Historie, Vol. XIX.

Aufsätze und Notizen.

5665 **Cranz.** Einige Nachrichten von den Eskimos. (Büsching's Nachrichten, I 1773, p. 71—72.)
5666. **Grönländische** Zweikämpfe. *(Journ. f. d. neuest. Land- u. Sereisen in Berlin, III, 1808, p. 89.)*
5667. **Schicksale** der grönländischen Säuglinge und Witwen. (Dereste). (Journal für die neuesten Land- u. Seereisen, Berlin, IV, 1809, p. 275.)
5668. **Die Eskimos** auf der Westküste von Grönland. Von W. A. Ld. (Journ. f. d. neuest. Land-, und Seereisen, XXXIII, 1819, p. 193.)
5669. **Sabine** Edward. An account of the Esquimaux inhabit the west coast of Greenland. (Quart. Journal of Sciences, VII, 1819, p. 72—94.)
5670. **Population** du Groënland. (Journal des Voyages, VII, 1820, p. 264.)
5671. **Missions** du Groënland. (Journal des Voyages, XIII, 1822, p. 124—125.)
5672. **Giesecke.** On the Norwegian settlements on the eastern coast of Greenland or Osterbygd and their situation. (Irish Acad., XIV, 1825.)
5673. **Grönland.** Geschichte d. erst. europ. Niederlassungen. (Unterhaltungsblätter f. Welt- u. Menschenk., IV, 1827, p. 96.)
5674. **Alterthümer** in Süd-Grönland. (Ausland, XXVIII, 1855, p. 719.)
5675. **Gewandtheit** der Eskimos. (Pfennig-Magazin, Leipzig, 1835, p. 18.)
5676. **Pingel** Antiquariske efterretninger fra Grönland. (Annal. for Nordisk Oldkynd, 1836—1837, p. 122.)
5677. **Inscription** sur une pierre trouvée dans un point de la côte du Groënland, et qu'on soupçonne contenir quelque renseignement sur le sort de la Lilloise. (Nouv. Annales des Voyages, Paris, III Sér., XVI, 1837, p. 236—237.)
5678. **Montémont** Albert. Moeurs et coutumes des Esquimaux, d'après les récits des derniers voyageurs (Bulletin de la Soc. de Géogr., Paris, II Sér., XVI, 1841, p. 189—196.)
5679. **Vermehrung** der dänischen Missionen in Grönland. (Ausland, XVIII, 1845, p. 200.)
5680. **Reinlichkeit** der Eskimos (Ross). (Pfennig-Magazin, Leipzig, N. F. III, 1845, p. 349.)
5681. **Die Eskimos.** (Pfennig-Magazin, Leipzig, N. F. III, 1845. p. 364.).
5682. **Rafn** M. Charles-Christian. Monuments historiques du Groënland et autres antiquités Américaines. (Bulletin de la Soc. de Géogr., Paris, III Sér. VI, 1846, Juillet, Nr 31, p. 62—67.)
5683. **Sutherland** Dr. Ueber die Eskimos. (Ausland, XXVII, 1854, p. 216.)
5684. **Etzel** A. v. Die productiven Erwerbsquellen und Bedingungen für den Lebensunterhalt der Bewohner Nord-Grönland's. (Zeitschr. d. Ges. f. Erdkunde, Berlin, IV, 1855, p. 36—52.)
5685. **Les Esquimaux** du Groënland septentrional. (Nouv. Annales des Voyages, 1856, Avril, p. 111—113.)
5686. **Berghaus.** Die Eskimo's. (Die Natur, Halle, VI, 1857, p. 310, 319, 327, 333.)
5687. **Rink** H. Grönlandske folkesagn, udgivne i noungme i Grönland. (Antiquarisk Tidsskrift udg. af d. K. Nord. Oldsk. Selsk., 1858—1860, p. 200—224.)
5688. **Rink** H. Grönlandske folkesagn. (Antiquarisk Tidsskrift, udg. af. d. K. Nord. Oldsk. Selsk., 1858—1860, p. 320—330.)
5689. **Die Lebensart** der Eskimos. (Ausland, XXXIV, 1861, p 380.)

5690. **Ueber die Ursachen** des materiellen Zurückgehens der Grönländer und ähnlichen von der Jagd lebenden Völkerschaften durch Berührung mit den Europäern. (Ausland, XXXV, 1862, p. 1052, 1075, 1146, 1166.)

5691. **Etzel A.** Entwicklung der dänischen Handelsdistrikte in Süd-Grönland in statistischer, administrativer und Culturbeziehung. Nach Original-Mittheilungen zusammengestellt. (Zeitschr. f. allg. Erdkunde, Berlin, XII, 1862, p. 414—428; XIII, 1862, p. 104—123.)

5692. **Du prochain établissement** d'une compagnie commerciale sur les côtes orientales du Groënland. (Nouv. Annales des Voyages, 1863, Août, p. 248—249.)

5693. **Charakter und Bräuche** der Eskimos. (Ausland, XXXVIII, 1865, p. 68.)

5694. **Markham Cl.** On the origin and migrations of the Greenland Esquimaux. With map. (Journal of the R. Geogr. Society of London, XXXV, 1865, p. 87—99.)

5695. **Die Sprache** der grönländischen Eskimos. (Globus, Hildburghausen, X, 1866, p. 378.)

5696. **Die dänischen** Ansiedlungen in Grönland. (Globus, Hildburghausen, XI, 1867, p. 318.)

5697. **Rink H.** Om Grønlaendernes gamle tro og hvad der af Samme er bevaret under Kristendommen. (Aarbøger for Nordisk Oldkyndighed og Historie Kjöbenhavn, 1868, 3. Heft, p. 192—256.)

5698. **Brown Rob.** Friends in high latitudes (Greenlanders). (Cornhill Magazine, 1869, July, p. 52—67.)

5699. **Rink. Dr.** Die Dichtkunst der Eskimo. (Ausland, XLIII, 1870, p. 574, 594.)

5700. **Mestorf J.** Die alt — grönländische Religion und die religiösen Begriffe der heutigen Grönländer. (Globus, Braunschweig, XIX, 1871, p. 11, 23, 38, 55, 70.)

5701. **Ueber die Herkunft** der Eskimos. (Mitth. der Geogr. Ges., Wien, XIV, 1871, p. 490—492.)

5702. **Rink** über Heimath und Abstammung der Eskimos. Krauss über Heimath der hochnordischen Treibhölzer. [Aus: den Protokollen des Bremer Ver. f. Polarfahrten. Uebersicht auf Nowaya Semlja.] (Globus, Braunschweig, XXI, 1872, p. 302.)

5703. **Howorth H. H.** and Dr. J. Rae. The Wanderings of the Esquimaux. (Nature, weekly illustr. journal of science, 1872, 13 June, p. 120; 11 July, p. 201.)

5704. **Die Colonie** Grönland vor der Entdeckung Amerika's. (Gaea, IX, 1873, p. 583—584.)

5705. **Major R. H.** The site of the lost Colony of Greenland determined and Pre-Columbian Discoveries of America confirmed from 14th Century Documents. With 4 maps. (Journal of the R. Geogr. Society of London, XLIII, 1873, p. 156—206.)

5706. **Morrow Robert.** Ancient Colonies of Greenland. (Ocean Highways, I, 1873, p. 434.)

5707. **Major R. H.** The site of the lost Colony of Greenland determinated and Pre-Columbian Discoveries of America confirmed. (Proceedings of the R. Geogr. Society of London, XVII, 1873, Nr. 5, p. 312—326.)

5708. **Leben** in Grönland. (Ausland, XLVII, 1874, p. 867.)

5709. **Lapeyrouse S. de.** Une légende groënlandaise. (l'Explorateur, II, 1875, p. 142—143.)

5710. **Statistics** of Danish Greenland. (The Geogr. Magazine, London, III, 1876, p. 177—179.)

5711. **Inscription** runique trouvée dans l'île de Kingiktorsouk sur la côte du Groënland. (Bulletin de la Soc. de Géogr., Paris, I Sér., X, p. 129.)

5712. **Markham Cl. R.** On the origin and migrations of the Greenland Esquimaux. (Proceedings of the R. Geogr. Society of London, IX, Nr. 3, p. 88—90.)

h) **Polarfischerei und Jagd.**

5713. **Woerschouwinge** etc. . . . . Edict of the General States suspending the restrinctions of laid upon the Fishery of Greenland in consequence of the late war. S'Gravenhage, J. Scheltus, 1674.
5714. **King** E. C. View of the Greenland trade and whale fishery. London, 1725, 8°.
5715. **Cranz** D. Hedendaagsche historie of tegenwoordige Staat van Groenland en Straat Davis benevens eene uitvoerige beschryving van de walvisch en robben vangst. 3 deelen. Amsterdam, W. Vermandel, 1786.

Aufsätze und Notizen.

5716. **Die Seehundsjagd** in Grönland. (Pfennig-Magazin, Leipzig, IV, 1836, p. 260.)
5717. **Grönländische** Eisbär-Jagden. [Aus: Petermann's Mitth., 1871, p. 413.] (Gaea, VII, 1871, p. 668—674.)
5718. **Payer** Julius. Die zweite deutsche Nordpolar-Eypedition, 1869—1870. Nr. 9. Arktisches Thierleben. Grönlandische Jagd. (Petermann's Geogr. Mitth., XVII, 1871, p. 413.)
Siehe auch die Nummern: 4, 6, 109, 115, 123, 124, 125, 127, 131, 132, 138, 174, 175, 276, 308, 326, 353, 400, 474, 747, 759, 813, 956, 957, 1096, 1175, 1236, 1417, 1597, 1753, 1757. 1761, 1942, 1949, 1969, 1972, 2044, 2046, 2061, 2085, 2086, 2088, 2091, 2094, 2102, 2105, 2106, 2107, 2108, 2109, 2110, 2111, 2112, 2113, 2114, 2115, 2116, 2117, 2118, 2119, 2120, 2121, 2123, 2125, 2126, 2129, 2132, 2137, 2140, 2141, 2144, 2145, 2146, 2150, 2165, 2168, 2229, 2221, 2223. 2226, 2227, 2231, 2254, 2265, 2281, 2319, 2356. 2512, 2754, 2786, 2787, 2788, 2807, 2819, 2858, 2903, 2995, 3017, 3019, 3076, 3077, 3130, 3367, 4659, 4782, 4785, 4912, 4958, 4994, 5212, 5213, 5214.

XXIX. Südpol.

a) **Allgemeines, Geographie und Reisen.**

5719. **Hammelmann's** Nik. als Nachfolger Nil Stairs, merkwürdige Reisen nach dem orientalischen Océan und unter den Südpol. [Ist eine Erdichtung.] 2. Aufl. Erfurt, 1747,8°.
5720. **Hawkesworth** J. An account of the voyages undertaken by the order of his Majesty, for making discoveries in the southern hemisphere and successively performed by Com. Byron, Capt. Wallis, Carteret and Cook. 3 vols. London, Strahan, 1773. 4°.
5721. **Hawkesworth** J Relation des voyages entrepris par ordre de S. M. Britannique, pour faire des découvertes dans l'hémisphère meridional, et successivement exécutés par le Commodore Byron, le Capitaine Carteret, le Capitaine Wallis et le Capitaine Cook, dans les vaisseaux le Dauphin, le Swallow et l'Endeavour. Traduite de l'anglois par J. B. A. Suard. 4 vols. Paris, Saillant & Nyon, 1774 ; Lausanne, 1774; Amsterdam, E. v. Horrevelt, 1774. 4°.
5722. **Cook** Jaques. Journal du second Voyage du Cap. Cook, sur les vaisseaux »la Résulution» et »l'Aventure« ; entrepris par ordre de S. M. Britannique, dans les années 1774 et 1775, trad. de l'angl. par A. F. L. Fréville. Avec une carte. Amsterdam et Paris, Pissot, 1777. 8°.

5723. **Cook** James. A voyage towards the South Pole and round the world, performed in his Majesty's ships the »Resolution« and »Adventure«, in the years 1772—1775, in which is included Captain Furneaux's narrative of his proceedings in the »Adventure,« during the separation of the Ships. 3 vols. Tabl. aeneae 62. London, B. White, 1777; 2. ed. 2 vols. 1778; 1779. 4°.

5724. **Cook** J. Reis naar de Zuidpool en rondom de weereld, gedaan op bevel van zijne Brittannische Majesteit met de schepen de »Resolution« en de »Adventure« in 1772, 1773, 1774 en 1773, waarbij gevoegd is Furneaux's verslag van deszelfs reize met de »Adventure«, nadat hetzelve van de »Resolution« was afgeraakt. Uit het Engelsch. Rotterdam, 1778. 4°.

5725. **Forster** J. R. Voyage second dans l'hémisphère austral et autour du monde, fait sur les vaisseaux du roi »l'Aventure« et »la Resolution« en 1772—1775, écrit par James Jacques Cook, dans lequel on a inseré la rélation du Capitaine Furneaux et celle de M. Forster. Traduit de l'anglois par J. B. Ant. Suard. Ouvrage enrichi de plans, de cartes, de planches, de portraits et de vues de pays dessinés pendant l'expédition par M. Hodges. 5 vols. 65 pl. Paris, Panckouke, 1778. 4°.

5726. **Forster** J. R. Observations faites pendant le seconde voyage du Capt. Cook. Trad. de l'anglais. Paris, 1778.

5727. **Forster** George. Reply to Mr. Wale's Remarks on Mr. F.'s account of Capt. Cook's last Voyage round the World. London, 1778. 4°.

5728. **Cook** James. Sammandrag af Cap. J. Cooks åren 1772—1775 omkring Södra Polen förrättade resa, hvarvid Herrar Forsters och Furneaux journaler blifvit jämförde och nyttiade. Upsala, 1783. 8°.

5729. **Sparrmann** And. Resa til Goda-Hopps Udden, soedra-Polkretsen, och omring jord klotet, samt til Hottentot och Caffer-Landen. Aeren 1772—1776. M. 13 K. Stockholm, 1783. 8°.

5730. **Sparmann** A. Reise nach dem Vorgebirge der guten Hoffnung, den südlichen Polarländern und um die Welt, haupsächlich aber in den Ländern der Hottentotten und Kaffern in den Jahren 1772—1776. Aus d. Schwed. frei übersetzt von C. H. Grosskund; herausgegeben und mit einer Vorrede begleitet von G. Forster. 1 Karte. Berlin, Haude und Spener. 1784.

5731. **Sparrmann** Andrew. A Voyage to the Cape of Good Hope, towards the antarctic polar Circle and round the World; but chiefly into the Country of the Hottentots and Caffres, from the year 1772 to 1776; translated from the Swedish by George Forster. 2 vols. with a map and plates. London, 1785; 1786, 4°; 1789, 8°.

5732. **Sparrmann** André. Voyage au Cap de Bonne Espérance, au pôle méridional depuis les années 1772—1776. Trad. de l'anglois par J. P. Brissot. 2 vols. Londres et Paris, Regnaut, 1786; 1788. 8°.

5733. **Sparrmann** André. Voyage au Cap de Bonne Espérance et autour du monde, avec le Capitaine Cook et principalement dans les pays des Hottentots et des Caffres. Avec 'cartes, figures et planches. Traduit par Le Tourneur d'après une version anglaise. 3 vols. Paris, 1787, 4°; Paris, Buisson, 1787. 8°.

5734. **Sparmann** And. Reize naar de Kaap de goede Hoop, de Landen van den Zuidpool en rondom de Weereld. 2 vols. Leiden, 1787. 8°.

5735. **Cook** J. Reis naar de Zuidpool en rendom de weereld in 1772—1775. Uit het Engl. vertald en vermeerd Druk met een Lofrede over J. Cook door P. L. Paris. Met pl. Utrecht, 1793. 4°.

5736. **Simonow** J. Beschreibung einer neuen Entdeckungsreise in's südliche Eismeer. Aus dem Russ. von M. Banyi, mit einer Vorrede von J. Littrow. Wien, Wallishausser, 1824. gr.-8°.

5737. **Weddell** J. A Voyage towards the South-Pole performed in the years 1822—1824 containing an examination of the antarctic sea to the 74th degree of latitude and a visit to Tierra del Fuego with a particular

account of the inhabitants. With 16 maps and plates. London, 1825. 8°.
5738. **Weddell** James. Reise nach dem Südpol in den Jahren 1822—1828. (Aus dem Ethnogr. Archiv abgedr.) Jena, Bran, 1827. gr.-8°.
5739. **Bellingshausen** Capitän. Dwukratnya isyskania w' Jujnom Ledowitom Okeanje i plawonie wokrug swieta i pr. (Zweimalige Untersuchungen im Südlichen Eismeere und Reise um die Welt in den Jahren 1819, 1820, 1821 ausgeführt auf den Corvetten (Sloops) »Wostok« und »Mirny« durch den Capitän Bellingshausen als Chef der Expedition und Commandeur des »Wostok« und den Lieutenant Lasarew als Commandeur des »Mirny«). 2 vols. 397 u. 326 pp. St. Petersburg, 1831. 4°.
5740. **Morell** Benjamin, Captain. A narrative of four voyages to the South Sea, North and South Pacific Ocean, Chinese Sea, Ethiopic and Southern Atlantic Ocean, Indian and Antarctic Ocean. From the year 1822—1831. New-York, Harper, 1832: 1841; 1850. 12°.
5741. **Biscoe** J. Journal of a Voyage towards the South Pole 1830 to 1832. Edinburgh, 1834.
5742. **Exploring** expedition to South seas. Message from the President of the United States transmitting copies of letters, documents and communications in relation to the delay of the sailing of the exploring expedition. (Wilkes) Washington, 1838. 8°.
5743. **Report** relative to Observations to be made in the antarctic Expedition. London, 1840.
5744. **Report** on the instructions for the expedition to the antarctic regions. London, 1840. 8°.
5745. **Wilkes** Ch. Die Entdeckungs-Expedition der Vereinigten Staaten in den Jahren 1838—1842. 2 Bde. Stuttgart, 1840—1850.
5746. **Dumont d'Urville** J. Reise nach dem Südpole und nach Oceanien auf den Corvetten »Astrolabe« und »Zelée« auf Befehl des Königs unternommen i. d. J. 1837—1840. Darmstadt, Leske, 1843—1848, gr. 8°. I. u. II. Bd., 41 Bog.,2 Taf., 3 Karten u. D'Urville's Bild; III Bd., VIII u. 626 pp. mit 4 Karten u. 3 Ansichten. Bildet den IV u. Bd. der Sammlung der vorzüglichsten neueren Reisebeschreibungen, Herausgegeben von Phil. Hedw. Külb. Darmstadt, Leske, gr. 8°.
5747. **Nouveau** Voyage autour du monde en 1838—1840 par le capitaine de »l'Astrolabe« et la »Zelée« d'Urville. Toulon, Matray, 1841. 8°.
5748. **Voyage** au Pôle Sud et dans l'Océanie sur les corvettes »l'Astrolabe« et la »Zelée« exécuté par ordre du roi pendant 1837—1840 sous le commandement de M. J. Dumont d'Urville publié par ordonnance de S. M. sous la direction supérieure de M. Jacquinot. 32 vols., avec un Atlas en 6 vols. (environs 500 pl. en fol. et 64 cartes hydrographiques). 8°. Paris, Gide 1842—1854; Histoire du Voyage, 23 vols., 6 Atlas, fol. Paris, 1841—1845. Hydrographie par Vinendon Dumoulin. Paris, 1843. 8°.
5749. **Wilkes** Charles. Exploring Expedition by Authority of Congress, during the years 1838—1842. Philadelphia, 1844—1854, 16 vols. 4°, 5 vols. fol., 21 vols.
5750. **Wilkes** Ch. American Exploring Expedition. Narrative of the United States Exploring Expedition during the years 1838—42. 5 vols. With an Atlas. Philadelphia, 1845; New-York, Putnam, 1856; idem condensed and abridged. London, 1850. 4°.
5751. **Becker** G. W. Die Fahrten und Abenteuer des Capitän James Ross auf seinen Entdeckungsreisen nach den Gegenden des Südpols. Mit 5 lith. Ansichten und 1 Karte. Leipzig, H. Fritzsche, 1848.
5752. **Sabine** Edw. Observations made by the Antarctic naval Expedition 1841—48. London, 1848—53.
5753. **Swart** J. De Zuidpool-landen en de latere reizen naar de streken ondernomen. 30 pp. Mit 1 Karte. Amsterdam, 1848. 8°.
5754. **Ross** James Clark. A voyage of discovery and research in the Southern und Antarctic Regions during the years 1839—1843. 2 vols. With plates, maps and woodcuts. London, Murray, 1847. 8°.

5755. **Seybt** Julius. Entdeckungsreisen nach dem Südpolarmeere in den Jahren 1839—1843 von Sir James Clark Ross. 432 pp. Mit Abbildungen und einer Karte. Leipzig, Lorck, 1847, 8°.
5756. **Widenmann** und H. Hauff. Reisen und Länderbeschreibungen der älteren und neuesten Zeit. Die Entdeckungsexpedition der Vereinigten Staaten in den Jahren 1838—1842 unter Ch. Wilkes. Abgekürzt übersetzt. 2 Bde. I. Bd. X und 372 pp. 1848; II. Bd. VIII und 499 pp. Stuttgart und Tübingen, 1850.
5757. **Brutel** de la Rivière P. M. Togt vanhet Engelsche barkschip Pagoda naar de Zuidpoel. 16 pp. Leiden, 1850, 8".
5758. **J. Dumont** d'Urville's Reise nach dem Südpol und Oceanien nebst Reisen auf Neuholland und Tasmanien 1838—40. Herausgegeben von Friedrich Heinzelmann in »Die Weltkunde«, 6. Theil. Leipzig, Heinzelmann, 1851.
5759. **Wilkes** Charles. Voyage round the World; embracing the principal events of the United States Exploring Expedition. New-York, 1851; Boston, A. S., 1856. 8°.
5760. **Palmer** J. C. Antarctic Mariner's Song. Illustrated. New-York, 1868, 8°.
5761. **Kingston** W. H. G. At the South Pole, or the adventures of R. Pengelley. With pl. London, Cassell, 1870, 8°.
5762. **Delitsch** Dr. Otto. Westindien und die Südpolarländer, geographisch und statistisch bearbeitet. Aus der 7. Auflage von Stein's Handbuch der Geographie und Statistik. Leipzig, J. C. Hinrichs, 1871.
5763. **Müller** E. Diamilla. Esplorazioni al polo antartico Memoria. 48 pp. Milano, Gazetta di Milano, 1872, 16°.
5764. **Neumayer.** Die Erforschung des Südpolargebietes. 60 pp. Berlin, D. Reimer, 1872, gr. 8°.
5765. **Perry** S. J. Notes of a Voyage to Kerguelen Island to observe the transit of Venus, Dec. 8, 1874. Reprinted from the »Month and Catholic Review«. 48 pp. Roehampton, Manresa Press, 1876.
5766. **Nouveaux** voyages dans la mer de Sud: Byron, Carteret, Wallis, Cook. Laharpe J. Vol. XVII—XXIV.
5767. **Weddell** J. Reise in das südliche Polarmeer 1822—24. Aus dem Englischen 44. Bd. der Bibliothek der neuesten Reisebeschreibungen von Bertuch. Weimar.

Aufsätze und Notizen.

5768. **Buache** Philipp. Considérations géographiques et physiques sur les terres Australes et Antartiques. (Mémoires de l'Académie des sciences de Paris, 1755, p. 17—20.)
5769. **Observations** géographiques et physiques. [Terres antarctiques.] (Histoire de l'Académie des sciences, Paris, 1757, p. 143—144.)
5770. **Buache** M. Observations géographiques et physiques, ou l'on donne une idée de l'existence des terres antarctiques et de leur Mer glaciale intérieure. Avec quelques remarques sur un globe physique en relief, d'un pied de diamètre qui sert de modèle pour celui de neuf pieds. Avec 2 cartes. (Mémoires de l'Académie des sciences de Paris, 1757, p. 190—203.)
5771. **Hawkesworth** Johann. Geschichte der Seereisen und Entdeckungen im Südmeer. (Büsching, Nachrichten, Berlin, II, 1774, p. 109, 113, 126, 270, 281—289.)
5772. **Entdeckungen** im Südmeer. (Büsching, Nachrichten, Berlin, II, 1774, p. 226, 248, 255, 256, 261.)
5773. **Südpol**; wie weit man gegen denselben gekommen sei. (Büsching, Nachrichten, Berlin, II, 1774, p. 227.)
5774. **Karten** von den neuen Entdeckungen im Südmeer. (Büsching, Nachrichten, Berlin, II, 1774, p. 271.)
5775. **Cooks** Reise um die Erde, beendet. (Büsching, Nachrichten, Berlin, III, 1775, p. 235.)
5775a. **Sur** le Cap de la Circoncision. (Histoire de l'Académie des sciences de Paris, 1776, p. 38.)

5776. **Le Monnier.** Nouvelles preuves que le Cap de la Circoncision existe par une latitude australe de 54 degrées et que sa longitude géographique a été supposée jusqu'ici trops grande d'environ 7 degrées. Avec une carte. (Mémoires de l'Académie des sciences de Paris, 1776, p. 665—670.)
5777. **Zatta.** Welt-Charten. Bougainville's 1766—1769 und Cook's 1768—1771 neue Entdeckungen in der Südsee. (Büsching, Nachrichten, Berlin, VI, 1778, p. 137, 267, 268.)
5778. **Le Monnier.** Second Mémoire sur le Cap de la Circoncision. [54° 3′ S. Lat.] (Mémoires de l'Académie des sciences de Paris, 1779, p. 12—14.)
5779. **Le Monnier.** Additions aux découvertes déjà publiées sur le Cap de la Circoncision. (Mémoires de l'Académie des sciences de Paris, 1779, p. 15—18.)
5780. **Forster.** Tagebuch einer Entdeckungs-Reise nach der Südsee. (Büsching, Nachrichten, Berlin, IX, 1781, p. 377, 385 ; XII, 1784, p. 130.)
5781. **Tagebuch** einer Entdeckungsreise nach der Südsee in den Jahren 1776 bis 1880 unter Cook, Clerke, Gore u. King. (Büsching, Nachrichten, Berlin, IX, 1781, p. 377)
5782. **d'Agelet le Paute.** Observations faites dans un voyage aux Terres Australes en 1773 et 1774. Avec 2 cartes. (Mémoires de l'Académie des sciences de Paris, 1788, p. 487—504.)
5783. **Buache.** Ueber die Entdeckungen, welche im grossen Ocean oder Süd-Meere zu machen sind. (Bertuch, Allg. geogr. Ephem. III, April 1799, p. 329.)
5784. **Neuentdecktes** Land im Süden. Smith [Drake's Land.] (Bertuch, Neue allg. geogr. Ephem. VII, 1820, p. 261—262.)
5785. **Découverte** d'une terre dans l'Océan Atlantique austral. (Journal des Voyages, VII, 1820, p. 382—384.)
5786. **Neuentdeckte** Insel-Gruppe in der Südsee durch Graaner. [Oscars-Insel.] (Bertuch, Neue allg. geogr. Ephem. VII, 1820, p. 503; VIII, p. 221.)
5787. **Der neue** antarktische Continent oder Neu-Schottland. (Bertuch, Neue allg. geogr. Ephem. VIII, 1820, p. 81—85.)
5788. **Der antarktische** Continent und weitere Entdeckungen davon. (Bertuch, Neue allg. geogr. Ephem. VIII, 1820, p. 373—374, 490—493.)
5789. **Nähere** Nachrichten von der Entdeckungsreise von Bellingshausen. (Bertuch, Neue allg. geogr. Ephem. IX, 1821, p. 508—512.)
5790. **Notizen** über das neue südliche Land. (Bertuch, Neue allg. geogr. Ephem. IX, 1821, p. 514.)
5791. **Détails** sur la découverte faite dans la mer Australe, par l'expédition russe. (Journal des Voyages, XI, 1821, p. 124—126.)
5792. **Expédition** projétée vers le Pôle Austral. (Journal des Voyages, IX, 1821, p. 388.)
5793. **Miers J.** Relation de la découverte de la Nouvelle Shetland, méridionale [New South Shetland]; avec des remarques sur l'importance de celle découverte sous les rapports géographiques, commerciaux et politiques. Communiquée par H. Hodgskin. Avec une carte. (Journal phil. d'Edinbourg. Journal des Voyages, X, 1821, p. 5—24.)
5794. **Le Nouveau Shetland** Austral. (Nouv. Annales des Voyages, IX, 1821, p. 428; XVII, 1823, p. 237—240.)
5795. **Neue Nachrichten** über das Antarktische Land. (Bertuch, Neue allg. geogr. Ephem. XI, 1822, p. 107—108.)
5796. **Voyage** de découvertes du Capt. Bellingshausen dans l'Océan austral. (Journal des Voyages, XIV, 1822, p. 126—128.)
5797. **Exploration** de la côte de la Nouvelle Shetland méridionale. (Journal des Voyages, XVI, 1822, p. 392.)
5798. **Relation** de M. Simonoff sur les découvertes des Russes dans les mers polaires australes. (Nouv. Annales des Voyages, XX, 1823, p. 279—286.)
5799. **Duncan.** Neuentdeckte Inseln und Festland im nördl. Polarmeere. (Bertuch, Neue allg. geogr. Ephem. XIII, 1824, p. 100—101.)

5800. **Simonoff.** Nachricht von der Entdeckungsreise, welche auf Befehl der russ. Regierung von Bellinghausen, in den Jahren 1819—1821 im stillen Ocean und in den südlichen Meeren gemacht ist. (Neue allg. geogr. Ephem. XIV, 1824, p. 285—306.)
5801. **Extrait** du journal du voyages du Cap. Powell à South-Shetland pendant les années 1821 et 1822. (Journal des Voyages, XXII, 1824, p. 93—111. — Annal. marit. I, 1824, p. 5.)
5802. **Précis** du voyage de découvertes fait en 1819—1821 par Bellinghausen dans l'océan Pacifique et les mers Australes. Redigé par Simonoff. (Journal des Voyages, XXIII, 1824, p. 5—43.)
5803. **Neue wissensch. Reise** der Briten in die Südsee. (Hertha, I, 1825, p. 2—3.)
5804. **Eine Entdeckungsreise** in das Südmeer. (Hertha, I, 1825, p. 3.)
5805. **A voyage** towards the South-Pole by Weddell etc. Voyage au Pôle du Sud. (Journal des Voyages, XXVIII, 1825, p. 215—226.)
5806. **Découvertes** au Pôle Sud. (Journal des Voyages, XXVII, 1825, p. 369—371.)
5807. **A voyage** towards the South Pole etc. Reise in die Südpolar-Regionen während der Jahre 1822—1824 von James Weddell. (Hertha, VII, 1826, p. 4—19.)
5808. **Fildes** Capitän, Robert. Bemerkungen auf einer Reise nach Neu-Süd-Shetland. Mitgetheilt von dem Herrn Admiral Krusenstern in St. Petersburg. (Hertha, IX, 1827, p. 442—447.)
5809. **Nouvelles** de l'Expédition du Cap. d'Urville, commandant de »l'Astrolabe.« (Journal des Voyages, XXXVII, 1828, p. 115—118, 232—254.)
5810. **Exploration** des régions australes. (Nouv. Annales des Voyages, II Sér., XIV, 1829, p. 379—380.)
5811. **Expédition** Nord-Américaine au Pôle Antarctique. (Nouv. Annales des Voyages, II Sér., XIV, 1829, p. 384—385.)
5812. **Pôle** Antarctique, Expedition de M. Palmer. (Revue des deux mondes. — Journal des Voyages, II Sér., I, 1830, p. 202—203.)
5813. **Terres Australes.** (Revue des deux mondes. — Journal des Voyages, II Sér., II, 1830, p. 229.)
5814. **Reise** des kön. grossbrit. Schiffes »Chanticleer« [Capitän Foster]. (Journ. f. d. neuest. Land- u. Seereisen, LXVIII, 1831, p. 88.)
5815. **Kendal.** Account of the Island Deception, one of the New-Shetland-Isles. (Journal of the Geogr. Soc., I, 1831, p. 62.)
5816. **Nouveau** continent découvert par le Capt. Anglais Biscoe commandant le brick »Tula«. (Bulletin de la Soc. de Géogr., Paris, XIX, 1833, p. 165—167.)
5817. **Découvertes** du Cap Américain Morrell, et Observations par M. J. d'Urville. (Bulletin de la Soc. de Géogr., Paris, XIX, 1833, p. 249—270, 270—277.)
5818. **Nouvelles** découvertes dans l'Océan Antarctique, extrait de la table de lok du brick »Tula« commandé par M. John Biscoe R. N. (Bulletin de la Soc. de Géogr., Paris, XX, 1833, p. 65—77.)
5819. **Découvertes** dans l'océan Antarctique. [Aus: Journal of the R. Geogr. Society of London.] (Nouv. Annales des Voyages, II Sér., XXIX, 1833, p. 303—316.)
5820. **Notice** de l'île Déception l'une des New-Shetland Extrait. d'un journal de Kendal. (Nouv. Annales des Voyages, II. Sér., XXX, 1833, p. 85—95.)
5821. **Biscoe.** Recent discoveries in the Antarctic Ocean. (Journal of the R. Geogr. Society of London, III, 1833, p. 104—112.)
5822. **Extrait** d'une lettre de M. le Cap. John Biscoe à M. le Duc Decazes. (Bulletin de la Soc. de Géogr., Paris, II Sér., III, 1835, p. 137—142.)
5823. **Dumont** d'Urville. Note sur le Voyage de découvertes au Pôle Austral et dans l'Océanie de l'Astrolabe et de la Zélée. Avec une carte. (Bulletin de la Soc. de Géogr., Paris, II Sér., VII, 1837, p. 281—286.)
5824. **Lettre** au président de la Soc. de Géographie de Londres sur les découvertes antarctiques. Trad. par M. Dumont d'Urville. (Bulletin de la Soc. de Géogr., Paris, II Sér., VII, 1837, p. 286—305.)

5825. **Rivinus.** Südsee-Expedition der Vereinigten Staaten von Nord-Amerika. (Jahrb. d. Gesch., I, 1838, p. 357.)
5826. **Voyage** dans les mers australes. Lettre de M. d'Urville à M. le ministre de la marine. (Nouv. Annales des Voyages, III Sér., XIX, 1838, p. 385—390.)
5827. **Rapport** de Dumont M. d'Urville à S. E. M. le Ministre de la marine et des colonies, sur les opérations de la campagne, depuis le départ de Rio-Janeiro jusqu'à l'arrivée à Valparaiso. (Nouv. Annales des Voyages, III Sér., XX, 1838, p. 265—301.)
5828. **Magnetische** Südpolar-Expedition (Ross mit den Schiffen »Terror« und »Erebus«). (Pfennig-Magazin, Leipzig, VII, 1839, p. 287; VIII, 1840, p. 67.)
5829. **Mahlmann** W. Ueber eine neue Inselgruppe in der Südpolar-See und schwimmende Felsblöcke. (Monatsber. d. Ges. f. Erdk. Berlin, I, 1839 —1840, p. 186—188.)
5830. **Balleny** Capitaine. Extrait du journal du navire l'Elisa Scott allant de l'île Campbell vers le Pôle Sud. (Bulletin de la Soc. de Géogr., Paris, II Sér., XII, 1839, p. 84—88.)
5831. **Balleny.** Discoveries in the Antarctic Ocean in February 1839. (Journal of the R. Geogr. Soc. of London, IX, 1839, p. 517—526.)
5832. **Expédition** américaine dans l'hémisphère austral. (Annal. marit., II, 1840, p. 830.)
5833. **Rapport** de M. Dumont d'Urville à M. le ministre de la marine et des colonies. (Bulletin de la Soc. de Géogr., Paris, II. Sér., XIII, 1840, p. 345—365.)
5834. **Discovery** of the Antarctic Continent. (Asiatic Journal, N. Ser., XXXIII, 1840, p. 31.)
5835. **Zeune.** Ueber die neuesten Entdeckungen im antarktischen Ocean. Das Südpolarland. (Monatsber. d. Ges. f. Erdk., Berlin, III, 1841—1842, p. 23—24.)
5836. **Expédition** anglaise vers le Pôle Antarctique. Avec carte. (Bulletin de la Soc. de Géogr., Paris, II Sér., XVI, 1841, p. 63—64.)
5837. **Extrait** d'une lettre du Cap. Ross, commandant l'Erébus, datée d'Hobart Town, Terre de Van Diemen, le 7 avril 1841. (Bulletin de la Soc. de Géogr., Paris, II Sér., XVI, 1841, p. 159—165.)
5838. **Löwe F.** Bellingshausen's Reisen nach der Südsee und Entdeckungen im südlichen Eismeere. (Erman's Archiv für wiss. Kunde v. Russland, I, 1842, p. 125.)
5839. **Das Südpolarland.** Entdeckungen von James Clark Ross. (Pfennig-Magazin, Leipzig, X, 1842, p. 143.)
5840. **Lowe.** Bellingshausen's Reise nach der Südsee. (Russisches Archiv, II, 1842, p. 125.)
5841. **Entdeckungan** des »Erebus« und des »Terror« am Südpol. (Pfennig-Magazin, Leipzig, N. F. I, 1843, p. 339.)
5842. **Daussy M.** Exposé des travaux de l'expédition américaine pendant les a. 1838—1842, lu à l'Institut national de Washington par son command. Charles Wilkes. (Bulletin de la Soc. de Géogr., Paris, II Sér., XIX, 1843, Nr. 109, p. 37—66.)
5843. **Daussy P.** Sur la découverte du continent austral par l'expédition américaine. (Bulletin de la Soc. de Géogr., Paris, II Sér., XIX, 1843, Janvier, Nr. 109, p. 66—79.)
5844. **Montémont** Albert. Voyage au Pôle Sud etc. sous le comm. M. Dumont d'Urville. (Bulletin de la Soc. de Géogr., Paris, II Sér., XX, 1843, Août, Nr. 116, p. 77—110.)
5845. **Daussy M.** Sur la dernière expédition du capit. James Ross, vers le Pôle Austral. (Bulletin de la Soc. de Géogr., Paris, II Sér., XX, 1843, Oct., Nr. 118, p. 267—277.)
5846. **Neueste** antarktische Fahrt. (Ausland, XVIII, 1845, p. 1203.)
5847. **Die antarktische** Kreuzfahrt der nordamerikanischen Entdeckungs-Expedition unter Lieutenant Wilkes. I. u. II. Abschnitt. (Ausland, XX, 1847, p. 955, 959, 963, 967, 971, 999, 1003, 1007, 1011.)

5848. **Ross.** Notice of, and citations from a voyage of discovery and research in the Southern and Antarctic Regions during the years 1839—1843. (Americ. Journ., II. Ser., VII, 1849, p. 313; IX, p. 14.)
5849. **Die Entdeckungen** im Südmeere. (Ergänzungs Conversations-Lexicon. XIV, 1858, p. 6.)
5850. **Ellesmere** Earl. Voyage to the Antarctic Regions. (Essays on History, Biography, Geography, Engeenering etc. Contributed to the »Quarterly Review«. VI, 474 pp. London, Murray, 1858. 8°.)
5851. **Enderby** Charles. Note on Sabrina Land. (Proceedings of the R. Geogr. Society of London, II, 1858, June, Nr. 3, p. 171—173.)
5852. **Projectirte** Erforschung der antarktischen Regionen. (Petermann's Geogr. Mitth., VI, 1860, p. 487.)
5853. **Ein Schiff** (Jenny) im Eise des südlichen Polarmeeres. (Globus, Hildburghausen, I, 1862, p. 60—61.)
5854. **A. Petermann's** antarktische Entdeckungsgeschichte. (Ausland, XXXVI, 1863, p. 1231.)
5855. **Petermann** A. Neue Karte der Südpolar-Regionen. (Petermann's Geogr. Mitth., IX, 1863, p. 407.)
5856. **Petermann's** neue Karte der Südpolar-Regionen. (Leipziger Illustrirte Zeitung, 1864, Jan.—Juni, p. 43—44.)
5857. **Petermann** A. Weddell's antarktische Expedition 1823. (Petermann's Geogr. Mitth., XIV, 1868, p. 224.)
5858. **Davis** J. E. Commander. On antarctic discovery and its connection with the transit of Venus in 1882. With 3 maps. (Journal of the R. Geogr. Society of London, XXXIX, 1869, p. 91—95.)
5859. **Davis** J. E. On antarctic discovery and its connexion with the transit of Venus in 1882. (Proceedings of the R. Geogr. Society of London, XIII, Nr. 2, 17. April 1869, p. 114—122.)
5860. **Spedizione** al polo antartico. (Bolletina della Società geogr. italiana, Roma, IV, 1870, p. 230—231.)
5861. **Dr. Neumayer's** antarktische Expedition. (Archiv für Seewesen, Wien, VII, 1871, p. 347—348.)
5862. **Dr. Neumayer's** Route zur Erforschung des antarktischen Oceans. (Mitth. der Geogr. Ges. in Wien, XIV, 1871, p. 437—438.)
5863. **Jelinek** C. Dr. Neumayer's Südpolar-Expedition. (Zeitschr. d. österr. Ges. f. Meteorol., Wien, VI, 1871, p. 124—125.)
5864. **Ueber die** Erforschung des Südpolar-Gebietes. (Archiv f. Seewesen in Wien, VIII, 1872, p. 418—420.)
5865. **Haug's** Menschen des südpolaren Erd-Innern. (Globus, Braunschweig, XXI, 1872, p. 160.)
5866. **Neumayer** Dr. Die Erforschung des Südpolar-Gebietes. Mit Karte. (Zeitschr. d. Ges. f. Erdk., Berlin, III. Ser., VII, 1872, p. 120—170.)
5867. **Der »Challenger«** im südlichen Eismeere. Termination-Eiland nicht vorhanden. Antarktische Eisberge. (Globus, Braunschweig, XXVI, 1874, p. 8—10.)
5868. **Die deutsche** wissenschaftliche Forschungsreise durch S. M. S. »Gazelle« und ihre Aufgaben. (Hydrogr. Mitth., Berlin, II, 1874, p. 123—127.)
5869. **Die Kerguelen** und Mac Donald-Inseln nach den neuesten Forschungen S. M. S. »Arcona« und J. B. M. S. »Challenger«. Mit 1 Karte. (Hydrogr. Mitth., Berlin, 1874, Nr. 18, p. 207—214; Nr. 19, p. 221—228.)
5870. **Die Aufnahme** der Heard- und Mac Donald-Inseln und die Erforschung der Südpolar-Regionen. Bemerkung zu Tafel 24. Mit Karte s. Tafel 24. Geographie und Erforschung der Polar-Regionen Nr. 103. (Petermann's Geogr. Mitth., XX, 1874, p. 466—467.)
5871. **Die Arbeiten** des »Challenger« zwischen Australien und Neuseeland. Aus einem Brief von Dr. v. Willemoes-Suhm, dd. Cook-Strasse, 25. Juni 1874. (Petermann's Geogr. Mitth., XX, 1874, p. 467.)
5872. **Die Südpolar-Regionen.** (Mitth. der Geogr. Ges. in Wien, XVII, 1874, p. 570.)

5873. **Neumayer.** Ueber die Betheiligung der k. Marine bei den Expeditionen zur Beobachtung des Vorüberganges der Venus vor der Sonnenscheibe und insonderheit über die wissenschaftlichen Aufgaben S. M. S. »Gazelle«. (Verhandl. d. Ges. f. Erdk., Berlin, 1874, p. 163—166.)

5874. **Le regione** antartiche ed il viaggio del »Challenger«. Con una carta. [Tavola III]. (Cosmos di Cora, II, 1874, Nr. 2—3, p. 111—120.)

5875. **Howorth H.** H. Recent Changes in the Southern Circumpolar Region. (Journal of the R. Geogr. Society of London, XLIX, 1874, p. 252—262.)

5876. **Kerguelen** Island. Indian Ocean. (Nautical Magazine, London, 1874, August, p. 687—694.)

5877. **Die Weltumsegelung** des »Challenger«: IV. Vom Cap nach Kerguelen Island; V. Kerguelen Island. (Ausland, XLVIII, 1875, p. 758—761, 798—801.)

5878. **Deutsche** Entdeckungen am Südpol. (Globus, Braunschweig, XXVIII, 1875, p. 127.)

5879. **Bemerkungen** zur Karte der Kerguelen-Insel. Tafel 7. Mit der Karte: Kerguelen-Insel von A. Petermann 1:500.000. (Petermann's Geogr. Mitth., XXI, 1875, p. 132—134.)

5880. **Zwei neue** Lieferungen zu Stieler's Handatlas, betreffend die Südpolkarte. [Notiz.] (Petermann's Geogr. Mitth., XXI, 1875, p. 231.)

5881. **Deutsche** Entdeckungen am Südpol. Geographie und Erforschung der Polar-Regionen Nr. 111. (Petermann's Geogr. Mitth., XXI, 1875, p. 312.)

5882. **L'île Kerguelen.** (L'Explorateur, II, 1875, p. 96.)

5883. **Davis J. E.**, The Voyage of the »Challenger«: VI. Voyage from Kerguelen to Australia. With a map. (The Geogr. Magazine, II, 1875, p. 38—41.)

5884. **Die Expedition** der deutschen Corvette »Gazelle« in der Südsee. Reisebericht von A. H. (Aus allen Welttheilen, VII, 1876, p. 198—203.)

5885. **Die Ergebnisse** der Challenger-Expedition. (Leopoldina, Dresden, XII, 1876, p. 78—80, 93—96, 104—110, 118—122.)

5886. **Schleinitz.** Uebersicht über die Forschungsreise Sr. M. Schiff »Gazelle« in den Jahren 1874—1876. (Verhandl. d. Ges. f. Erdk., Berlin, III, 1876, p. 108—126, 204—217.)

5887. **Die naturwissenschaftlichen** Ergebnisse der Expedition S. M. S. »Gazelle«. Mit Karte. (Zeitschr. d. Ges. f. Erdk., Berlin, III. Ser., XI, 1876, p. 59—78, 81—142.)

5888. **Expédition antarctique.** (l'Explorateur, III, 1876, p. 351.)

5889. **Hamilton R. V.** Captain. On Morells antarctic voyage in the year 1823, with remarks on the advantages steam will confer on future antarctic explorers. (Proceedings of the R. Geogr. Society of London, XIV, Nr. 2, p. 145—156.)

5890. **Buache.** Considérations géographiques et physiques sur les terres Australes et Antarctiques. (Mém. de l'Acad. des Sciences, de Paris, VII, p. 533.)

5891. **Archipel** des New-South-Shetland. (Bulletin de la Soc. de Géogr., Paris, I Sér., I, p. 282; IV, p. 326; VI, p. 143.)

5892. **Détails** sur la navigation vers le Pôle Austral du Weddell. (Bulletin de la Soc. de Géogr., Paris, I Sér., III, Nouvelles, p. 239.)

5893. **Weddell.** Voyage d'exploration dans les Mers Antarctiques pendant les années 1822—1824. (Bulletin de la Soc. de Géogr., Paris, III, Voyages, p. 286.)

5894. **Weddell J.** Voyage au Pôle Austral, dans les années 1822—1824. (Bulletin de la Soc. de Géogr., Paris, IV, Voyages, p. 323—328; VI, p. 143.)

5895. **Voyage** de James Ross au Pôle Nord avec des navires à vapeur. (Bulletin de la Soc. de Géogr., Paris, I Sér., XI, p. 307.)

Karten.

5896. **Polus antarcticus.** Janssonius, Amsterdam, 1657.

5897. **Hemisphere Meridional.** Par Guillaume Delisle, Premier Géographe du Roi. Paris, 1714.

5898. **Buache** Ph. Cartes des Terres Australes comprises entre le Tropique du Capricorne et le Pôle Antarctique, où se voyent les nouvelles découvertes faites en 1739 au Sud du Cap de Bonne Espérance; dressée sur la Carte de M. de Lozier Bouvet 1739. La même augm. 1754.
5899. **Vaugondy** Sr. de. Maps of parts of the World. Hemisphere Austral ou Antartique: dressé sous les yeux du Duc de Croy. 1773.
5900. **Dumoulin** Vincendon. Carte contenant les routes et les connaissances des Corvettes »l'Astrolabe« et »la Zelée« dans les régions Australes 1 : 3,000 000. Paris, 1838.
5901. **Dumoulin** Vincendon. Carte d'une portion des Terres Australes. Expédition de »l'Astrolabe« et de »la Zélée« 1 : 300.000. Paris, 1838.
5902. **Dumoulin** Vincendon Carte des Mers du Cape Horn. Expédition de »l'Astrolabe« et de la »Zélée«. 1 : 2,000.000.
5903. **Macqueen.** Chart of the Southern Atlantic Ocean. Scale 1 inch = 115 geogr. miles. By Isaac Purdy. London, R. H. Laurie, 1840.
5904. **Daussy.** Carte des Mers australes. Partie comprise entre les méridiens du Cap de Bonne Espérance et du Port du Roi Georges. Paris, 1842.
5905. **The South Shetland** and South OrkneyIslands with the tracks of the several discoveries 1819—1843. 1:2,000.000. London, Hydrogr. Office, 1844. Nr. 1438.
5906. **Ross** Sir J. C. Capt. South Shetland Islands with the tracks of H. M. Ships »Erebus« and »Terror« 1842—1843. 1 : 5,000.000. In : Voyage to the S)uthern Seas, II, London, 1847.
5907. **Dumoulin** Vincendon. Cartes des Isles South Orkney, Sandwich, Géorgie et d'une partie des Terres australes. 1 : 2,000.000. Paris, 1847.
5908. **Ice Chart** of Southern. Hemisphere published at the Admiralty under the Superintendance of Capt. G. H. Richards, R. N. Hydrographer. London, Hydrogr. Office, 1866. Nr. 1241.
5909. **Friedrichsen** L. Karte zu Dr. G. Neumayer's Project der Erforschung der antarktischen Regionen. 1 : 30,000.000. Chromolith. Hamburg, Friedrichsen, 1871.
5910. **Mer des Indes.** Carte des îles Kerguelen d'après Cook, Rhodes et Ross. Paris, Dépôt de la marine, 1871.
5911. **South Atlantic Ocean,** 1 : 7,300.000. 2 sheets. London, Hydrogr. Office, 1871, Nr. 2202 a, b.
5912. **Indian Ocean.** Kerguelen Island 1 : 292.148. London, Hydrogr. Office, 1874, Nr. 2398.
5913. **Indian Ocean.** Prince Edward, Crozet, Heard and Mac Donald Islands. London, Hydrogr. Office, 1874, Nr. 202.

b) Astronomie, Meteorologie, Erdmagnetismus.

5914. **Wales** William and William Bayly. The original astronomical observations, made in the Course of a voyage of Capt. Cook and King towards the South Pole and round the World in his M. S. the »Resolution« and »Adventure« in 1772—1775. Whit plates; published by order of the Commissioners. London, L. P. 1777 ; 2. edition, 1784. 4°.
5915. **Scott** R. H. Contributions to our Knowledge of the meteorology of the Antarctic Regions. Published by the Authority of the Meteorol. Comittee London, 1873.

Aufsätze und Notizen.

5916. **Mahlmann** Wilh. Bericht über den »Report of the Committee of Physics and Meteorology of the Royal Society relative to the observations to be made in the antarctic expedition and in the magnetic observatories.« Nebst einen »Supplement to the Report etc.« London, 1840. (Monatsber. d. Ges. f. Erdkunde, Berlin, I, 1839—1840, p. 203—205.)

5917. Sabine Edward. Contributions to Terrestrial Magnetism. §. 8. Observations within the Antarctic Circle made on board H. M. S. »Erebus« and »Terror«. §. 9 Observations between Kerguelen Island. July and Aug. 1848 etc. (Philos. Trans., 1843, p. 145—232; 1844, p. 87—224; 1846, p. 337—432.)

5918. H. K. Ueber die Lage des magnetischen Südpols. (Gaea, III, 1867, p. 357—359.)

5919. Mühry. Ueber die Frage der Wahrscheinlichkeit von zwei Winterkälte-Polen auch auf der Süd-Hemisphäre. (Zeitschr. d. österr. Ges. f. Meteorol., II, 1867, p. 33, 57.)

5920. Sabine Edw., Lieut. General. Contributions to terrestrial magnetism. (South-Pole) Nr. XI. With 3 maps. (Philos. Trans., 1863, p. 371—416.)

c) Hydrographie.

5921. Weddell. Portulan du cap Horn, ou Description du cap Pilarès au cap Horn, côtes du Brésil, fleuve de la Plata, Montévideo et Buénos-Ayres; trad. sur le manuscrit par un capitaine de corvette, suivi d'un tableau des îles, bancs et récifs, qui ne sont pas portés sur les cartes françaises. 48 pp. Avec le capit. King. Toulon, Bellue, 1838. 8°.

5922. Dumoulin Vincendon C. A. Atlas hydrographique du voyage au pôle sud et dans l'Océanie exécuté sous le commandement de J. Dumont d'Urville. 57 cartes. Paris, 1847. fol.

5923. Petermann A. Dr. Neueste Beobachtungen über das Polar-Eis und die Polar-Strömungen. Commentar zu A. Petermann's Südpolarkarte in der 4. Lieferung der neuen Ausgabe von Stieler's Hand-Atlas. Gotha, Justus Perthes, 1866.

Aufsätze und Notizen.

5924. Iles de Glaces dans la mer du Sud. (Journal des Voyages, XVI, 1822, p. 393—394.)

5925. Débacle des glaces du pôle austral. (Nouv. Annales des Voyages, Paris, II Sér., XIV, 1829, p. 381.)

5926. Notice sur les glaces flottantes dans l'Océan austral. (Nouv. Annales des Voyages, Paris, II Sér., XXIII, 1832, p. 257—261.)

5927. Darwin. Note on a Rock seen on a Iceberg in 61° South Lat. (Journal of the R. Geogr. Society, London, IX, 1839, p. 526—528.)

5928. Notes sur les îles de glace vues dans les environs du Cap de Bonne Espérance. (Bulletin de la Soc. de Géogr., Paris, II Sér., XV, 1841, p. 58—59.)

5929. Hombron. Ueber das Eis in der Südsee. (Ausland, XVII, 1844, p. 76.)

5930. Daussy M. Sur les glaces du Pôle Austral. Examen d'une notice de M. Le Dr. Hombron sur ce suject. (Bulletin de la Soc. de Géorgr., Paris, III Sér., I, 1844, Janv., Nr. 1, p. 5—26.)

5931. Towson. Ueber die Eisberge des Südpolarmeeres. (Die Natur, IX, 1860, p. 176.)

5932. Neumann K. Eisberge im südlichen Ocean. (Zeitschr. d. Ges. f. Erdkunde, Berlin, N. F. VIII, 1860, p. 171—174.)

5933. Die Fahrt des englischen Vollschiffes George Thompson durch die südlichen Eismassen. (Archiv f. Seewesen, Wien, IV, 1868, p. 196—198.)

5934. Ice in the South Pacific Ocean. (Mercantil Marine-Magazine, 1868, June, p. 170—175.)

5935. Südpolarmeer. Neueste Karte der Meeresströmungen von Neumayer. (Aus allen Welttheilen, III, 1871—1872, Nr. 10, p. 320.)

5936. Die hydrographische Expedition des Dr. Carpenter auf dem »Challenger.« (Aus allen Welttheilen, Leipzig, V, 1874, p. 219, 255.)

5937. Glaces de la Zone antarctique reconnues par les Russes. (Bulletin de la Soc. de Géogr., Paris, I Sér., IV, p. 265.)

d) Geologie, Paläontologie, Mineralogie.

5938. **Dana** J. D. Geology of the U. S. Exploring Expedition. 2 vols. Philadelphia, 1849.

e) Zoologie und Thiergeographie.

5939. **Ehrenberg** Christ. Gtfr. Vorläufige Nachricht über das kleinste Leben im Weltmeer, am Südpol und in den Meerestiefen. Mit einer Charakteristik von 7 neuen Generibus und 71 neuen Arten. [Aus: d. Bericht d. Berlin. Akad.] Berlin, 1844; Leipzig, Voss. gr.-8.
5940. **Dana** James D. Zoophytes of the U. S. Exploring Expedition. With an Atlas concerning 61 Plates. Philadelphia, 1846; 1849.
5941. **Peale** Tit. R. Mammalia and Ornithology of the U. S. Exploring Expedition. Philadelphia, 1848.
5942. **Dana** James D. The Crustacea of the U. S. Exploring Expedition during the years 1838—1841 under Capt. Wilkes. The Atlas 96 plates. Philadelphia, 1852—1853; 1855.
5943. **Dana** James D. On the classification and geographical distribution of Crustacea from the Report of the U. S. Exploring Expedition during the years 1838—1842. Philadelphia, 1853.
5944. **Richardson** John and John Edw. Gray. The zoology of the voyage of H. M. S. S. »Erebus« and »Terror«, under the command of Capt. Sir James Clark Ross 1839, 1840, 1841, 1842 and 1843. (In 15 Pts.) Pt. I—X. Illustr. with colour. pl. London, Longman and Co., 1844—1845. 4°.

Aufsätze und Notizen.

5945. **Hooker** Joseph Dalton. Notes on some marine animals, brought up by deep-sea dredging, during the Antarctic Voyage of Capt. Sir James C. Ross. (Ann. Nat. Hist., XVI, 1845, p. 238—239.)
5946. **Studer.** Ueber das Thierleben auf den Kerguelen. (Verhandl. d. Ges. f. Erdkunde, Berlin, III, 1876, p. 159—168.)

f) Botanik.

5947. **Hooker** Sir W. S. Notes on the Botany of the Antarctic Voyage conducted by Capt. J. C. Ross. London, Baillière, 1843, 2. ed. 1853—1855. 8°.
5948. **Hooker** Jos. Dalton. The Botany of the Antarctic Voyage of H. M. Discovery Ships »Erebus« and »Terror« in the years 1839—1843 under the command of Capt. Sir James Clark Ross. With plates. London, 1844, 1845. 4°.
5949. **Hooker** J. D. The cryptogamic Botany of the Antarctic Voyage etc. London, Reeve, 1845—1847. 4°.
5950. **Hooker** J. D. Flora Antarctica. 2 vol. With plates. London, 1845—1848. 4°.

Aufsätze und Notizen.

5951. **Hooker** Sir William Jackson. On the Fagus antarctica of Forster, and some other Species of Beech of the Southern Hemisphere. (Hooker, London Journal. Botany, II, 1840, p. 147—157.)
5952. **Hooker** Sir William Jackson. Notes on the botany of H. M. Discovery ships »Erebus« and »Terror« in the Antarctic Voyage; with some account of the Tussac grass of the Falkland Islands. (Hooker Lond. Journal Botany, II, 1843, p. 247—329.)
5953. **Hooker** J. Dalton and T. Taylor. Hepaticae Antarcticae. (Hooker, Lond. Journal. Botany, III, 1844, p. 366—400, 454—480; IV, 1845, p. 79—97.)

5954. **Hooker** J. Dalton. Musci Antarctici. (Hooker, Lond. Journal. Botany, III, 1844, p. 533—556)
5955. **Hooker** J. Dalton and T. Taylor. Lichenes Antarctici. (Hooker, Lond. Journal Botany, III, 1844, p. 634—658.)
5956. **Hooker** J. Dalton and W. H. Harvey. Algae Antarcticae. (Hooker, Lond. Journal Botany, IV, 1845, p. 249—276, 293—298.)
5957. **Hooker** J. Dalton. On the diatomaceous vegetation of the Antarctic Ocean. (Brit. Assoc. Rep. 1847, Part II, p. 83—85.)
5958. **Aus Dalton Hooker's** »The Botany of the Antarctic Voyage«. Uebersetzt von A. Fr. Grafen Marschall. (Oesterr. botan. Wochenblatt, [Zeitschr.] XI, 1861, p. 65, 118, 155.)

Siehe auch die Nummern: 2, 38.

Zweiter Theil.

Der
Polarregion angrenzende Gebiete.

I. Kamtschatka.

a) **Allgemeines, Geographie und Reisen.**

5959. **D'Anville.** Lettre au P. Castel au sujet des pays de Kamtschatka et Jedo. Avec carte. Paris, 1737, 12⁰.
5960. **Kraschenninikow** St. Opisanie Zemli Kamtschatki, d. i. Beschreibung des Landes Kamtschatka. Aus d. Russ. u. Engl. von J. T. Köhler. Mit Karten. Lemgo, Meyer, 1766; 1789, gr.-4⁰; St. Petersburg, Academie der Wissenschaften, 1754/55, 2 Bde., 4⁰.
5961. **Kraschenninikow.** The history of Kamtschatka and the Kurilski Islands with the adjacent countries. Transl. from the Russian by J. Grieve With 5 maps. London, 1763; Gloucester, 1764; Petersburg, 4⁰.
5962. **Histoire** de Kamtschatka, des îles Kurilski etc. publiée à St. Petersbourg en langue russe par St. Kraschenninikow (Trad. par la trad. angl. par Eidous) 2 vols. Lyon, Duplain, 1767, 12⁰.
5963. **Kraschenninikow** Stephan. La description du Kamtschatka. Vol. III du voyage en Sibérie par Chappe. 2 vols. 17 gravures et 6 cartes. Erlangue, Breuring, 1768; Paris, 1768, 8⁰.
5964. **Chappe** d'Auteroche. Voyage en Sibérie fait par ordre du roi en 1761. Vol. III. Voyage en Sibérie contenant la description du Kamtschatka par M. de Kraschenninikow. Traduit de russe. 2 vols., 1 vol. atlas. Paris, Debure père, 1768; Amsterdam, 1769—1770. 4 vols., 4⁰.
5965. **Kamtschatka.** Aardrijkskundig en naturlijke beschrijving van Kamtschatka en de Kurilische eilanden met een ged. der Kust v. Amerika. Uit het Russ. Met pl. Haarlem, Enschede, 1770, 8⁰.
5966. **Kraschenninikow.** Description du Kamtschatka, traduite du russe par le Saint Pré et ornée de figures. 2 vols. Amsterdam, Rey, 1770; 1771, 8⁰.
5967. **Kraschenninikow** Etienne. Voyage de Kamtschatka des îles Kurilski et des contrées voisines. 2 vols. Lyon, 1771, 12⁰.
5968. **Steller** G. W. Beschreibung von dem Lande Kamtschatka, dessen Einwohnern, deren Namen, Sitten, Lebensart und verschiedenen Gewohnheiten; herausgeg. von J. B S. (Scherer.) Mit Kupf. Frankfurt a. M. und Leipzig, Fr. Fleischer, 1774, gr.-8⁰.

5969. **Staehlin** v. J. An Account of the new Northern Archipelago discovered in the Seas of Kamtschatka. London, 1774.
5970. **Trusler** Rev. John. Descriptive Account of the Islands lately discovered in the South Seas; giving a full detail of the present state of the Inhabitants, their Government, Religion, etc. from the first Discovery to the present times; with some Account of the country of Kamtschatka. London. 1778, 8°.
5971. **Oedmann**. Beschreibung von Kamtschatka, dessen Inwohner und physikalische Merkwürdigkeiten. Upsala, 1787, 8°.
5972. **Odmann** S. Beskr. om Kamtschatka des invånare och physiska Markvärdigheter. Upsala, 1787, 12°.
5973. **Benjowsky** M. A. v. Reisen durch Sibirien und Kamtschatka, über Japan und China nach Europa, nebst einem Auszug seiner übrigen Lebensbeschreibung aus d. Engl. übers. (von Dr. Mary Liebeskind.) Mit Anmerkungen von J. Rhld. Forster 1780; Tübingen, Cotta, 1790; Berlin, Voss, 1790; Leipzig, 1791.
5974. **Benjowsky** M. A. Count. Memoirs and travels of his Military Operations in Poland, his exile into Kamtschatka, his escape and voyage from that penninsula through the North Pacific Ocean. Translated from his Original by Nicholsen. 2 vols. London, 1790; 1798; 1800.
5975. **Lesseps** M. de. Journal historique de son Voyage de Kamtschatka en France, depuis le 6. Sept. 1787 jusqu'au 17. Oct. 1788. Avec deux cartes, l'une de Kamtschadale et l'autre de la Sibérie et une planche de l'arrivée d'une Caravanne Kamtschadale dans un village et avec un Vocabulaire des langues Kamtschadale, Koriaque, Tchouktchi et Lamoute. 2 vols. Paris, 1790, 8°.
5976. **Benjowsky** M. A. v. Begebenheiten und Reisen. Mit einem Auszug aus H. Stefanow's Reise von Kamtschatka nach Makao. Hamburg, Hoffmann, 1791; Tübingen, 1791; III, u. IV. Bd. der Neuen Geschichte der See- und Landreisen. Mit Karten. Hamburg, Hoffmann, 1797, gr.-8°.
5977. **Voyages** et mémoires du comte Benjowsky contenant ses opérations en Pologne, son exil au Kamtschatka et son Voyage à travers l'Océan Pacifique au Japon, à Formose etc. traduit de l'anglais. 2 vols. Paris, 1791, 8°.
5978. **Lesseps** v. Reise durch Kamtschatka und Sibirien nach Frankreich. A. d. Franz. übers. und mit Anmerkungen von J. R. Forster. Mit Landkarten. Berlin, 1791. — Dasselbe im Magazin der merkwürdigen neuen Reisebeschreibungen v. J. R. Forster. Berlin, IV. Bd, 1794, gr-8°.
5979. **Lesseps** v. Reise von Kamtschatka nach Frankreich 1788. Aus dem Französ. von Prof. Villaume. 2 Thle. Riga und Leipzig, Hartknoch, 1791, 8°.
5980. **Lesseps**. De Historisch dagverhaal zijner reize, zedert het verlaten van de Laperouse in de haven van St. Pieter. Naar het Fr. 2 vols. Met pl. en kort. Utrecht, 1792, 8°.
5981. **Benjowsky** Graaf M. A. v. Gedenkschrifter en reizen. Naar het Englisch. Haarlem, 1793.
5982. **Steller** G. W. Reise von Kamtschatka nach Amerika unter dem Com. Capt. Bering. Ein Pendant zu dessen Beschreibung von Kamtschatka. Herausg. von St. Sim. Pallas. St. Petersburg, Logan, 1793; Leipzig, Cnobloch, 8°.
5983. **Kotzebue** A. v. Graaf Benjowsky of de zamen zwering of Kamtschatka. Amsterdam, 1796.
5984. **Plumptre** Anne. Voyages and travels to Brazil, the South Sea, Kamtschatka and Japan; with a voyage to the Aleutian Islands and North-West Coast of America and his return by land over the North-East Coast of Asia, through Siberia to Petersburgh, a route never before performed. From the German of Langsdorf. 2 vols. London, 1813—1814, 4°.
5985. **Campbell** Archibald. A voyage round the world from 1806 to 1812 in which Japan, Kamtschatka, the Aleutian Islands were visited. With notes by Dr. Nordgoost. Translated from the Russian with a map. Edinburgh, 1816, 8°.

5986. **Solownin.** Voyage du sloop russe Diane de Kronstadt au Kamtschatka. (Russisch.) 2 vols. Petersburg, 1819, 4°.
5987. **Reise um die Welt auf Befehl Sr.** Majestät des Kaisers Alexander mit der Sloop Kamtschatka in den Jahren 1817—1819 vom Flotten-Capitän Solownin. 2 Bde. St. Petersburg, 1823.
5988. **Dobell** H. Travels in Kamtschatka and Siberia with a narrative of a residence in China. 2 vols. London, 1830, 12°.
5989. **Lesseps** Jean Bapt. Barthélemy de. Voyage de La Pérouse, rédigé d'après ses manuscrits originaux, suivi d'un Appendice renfermant tout ce que l'on a découvert depuis le naufrage jusqu'à nos jours et enrichi de notes. Par M. de Lesseps, seul débris vivant de l'expédition. Avec une portr., une carte et une facsimile. Paris, A. Bertrand, Delaunay, 1831, 8°.
5990. **Tronson** J. M. R. N. Personal Narrative of a voyage to Japan, Kamtschatka, Siberia, Tatary and various Parts of the coast of China; in H. M. S. Barracouta. With charts and views. 415 pp. London, Smith Elder & Comp., 1859, 8°.
5991. **Collins** P. A voyage with incidental notices of Kamtschatka. New York and London, 1860.
5992. **Schwarz** L. Ausführlicher Bericht über die Resultate der Untersuchungen welche die mathematische Abtheilung der Sibirischen Expedition der Kais. Russ. Geographischen Gesellschaft ausgeführt hat. 400 pp. 1 Karte, (Russisch.) Petersburg, 1864, 4°.
5993. **Kennan** G. Tent life in Siberia and adventures among the Koryaks and other tribes in Kamtschatka and Northern Asia. 432 pp. With map. London, Low, 1870; 1871, 8°.
5994. **Castell** P. Abhandlung über Kamtschatka und Jesso. Allgemeine Historie, Vol. XIX.
5995. **Lesseps** M. de. Travels in Kamtschatka 1787—1788. Pelham, Vol. II.
5996. **The Islands** of Kamtchatka. Climat, minéraux et animaux. La Harpe J. Vol. XVI.
5997. **Camtchatka.** Habitants, découverte etc. La Harpe J. Vol. XVII.
5998. **Account** of Kamtchatka. Harris J. Vol. II.

Aufsätze und Notizen.

5999. **Kraschennikow.** An account of that part of America, which is nearest to the land of Kamtchatka; extracted from the description of Kamtchatka printed at Petersburgh in two volumes 1759 and translated and communicated by Dumaresque. (Philos. Transact. London, 1760, p. 477.)
6000. **Neue Entdeckungen,** welche die Russen von Kamtschatka aus gegen Nordosten gemacht haben. (Büsching's Nachrichten, Berlin, I, 1773, p. 214.)
6001. **Müller.** Anmerkungen über die Karte von den entdeckten Inseln zwischen Kamtschatka und Amerika und Stählin's Erläuterung derselben. (Büsching's Nachrichten, Berlin, II, 1774, p. 121, 129, 137.)
6002. **Steller** Georg. Wilh. Beschreibung von Kamtschatka herausg. v. Scherer 1774. (Büsching's Nachrichten, Berlin, II, 1774, p. 163, 185.)
6003. **Langsdorff** G. H. v. Bemerkungen auf einer Reise um die Welt in den J. 1803—1807. [Kamtschadalen.] (Journ. f. d. neuest. Länd- u. Seereisen. XVII, 1814.)
6004. **Neueste** Nachricht von Otto v. Kotzebue's Entdeckungsreise [aus Kamtschatka]. (Bertuch, Neue allg. geogr. Ephem., I, 1817, p. 395.)
6005. **Perrin** N. Journal d'un Voyage du Kamtchatka au Golfe Persique; par le capitaine Gordon. Première partie comprenant le voyage d'Okhotsk jusqu'au delà de Tobolsk. Trad. de l'anglais. (Journal des Voyages, XI, 1821, p. 137—169.)
6006. **Nouvelles** maritimes du Kamtchatka. (Journal des Voyages, XV, 1822, p. 270—272.)

6007. **Aus Kamtschatka.** (Bertuch, Neue allg. geogr. Ephem., XIII, 1824, p. 96—97.)
6008. **Cochrane** John Dundas. Relation d'un voyage à pied en Russie, en Sibérie et au Kamtchatka pendant les années 1820—1823. Londres, 1824. (Journal des Voyages, XXIII, 1824, p. 319—340; XXIV, p. 190—224.)
6009. **Kamtschatka.** (Tedeschi, Das Interessanteste aus der Länderkunde, Wien, IV, 1828, p. 219.)
6010. **Fernerer** Bericht über die russische Weltumseglungs-Expedition unter dem Capitän v. Lütke, nach Briefen v. 27. Oct. 1828 aus Peter Pauls Hafen in Kamtschatka. (Journ. f. d. neuest. Land- u. Seereisen, XXXVIII, [Journ. LXII.] 1829, p. 271—275.)
6011. **Dobells** Reisen in Kamtschatka und Sibirien. (Journ. f. d. neuest. Landu. Seereisen, LXV, 1830, p. 280.)
6012. **Kamtschatka** (1829). Aus Dr. Erman's mit Nächstem erscheinender Reise. (Journ. f. d. neuest. Land- u. Seereisen, LXXI, 1832, p. 134, 193; LXXII, p. 83.)
6013. **Fahrt** von Manilla nach Kamtschatka und Aufenthalt daselbst. (Ausland, XVII, 1844, p. 1203, 1207, 1211, 1215, 1219.)
6014. **Schirren** C. Die ostsibirische Expedition der K. Russischen Geographischen Gesellschaft. (Zeitschr. d Ges. für Erdk., Berlin, N. F. II, 1857, p. 487—505.)
6015. **Schirren** C. Die ostsibirische Expedition der K. Russischen Geographischen Gesellschaft. (Zeitschr. d. Ges. f. Erdk., Berlin, N. F. III, 1857, p. 246—250.)
6016. **Maynard** Félix. Une relâche de Kamtchatka 2e partie: Productions du sol, les animaux à fourrures, le trainage, les condamnés politiques. (Revue contemporaine, 15. Oct. 1857.)
6017. **Kittlitz** F. H. v. Denkwürdigkeiten einer Reise nach dem russ. Amerika, Mikronesien und Kamtschatka. (Ausland, XXXI, 1858, p. 1177, 1207.)
6018. **Uebersicht** der von den Mitgliedern der ostsibirischen Expedition in den Jahren 1855—1857 ausgeführten Reisen. (Zeitschr. d. Ges. f. Erdk., Berlin, N. F. IV, 1858, p. 407—413.)
6019. **Schlittenfahrten** in Kamtschatka. (Journal pour Tous.—Ausland, XXXIII, 1860, p. 1042.)
6020. **Beaumont** H. Essais d'agriculture dans le Kamtchatka. (Mém. de la Soc. de Géogr. de Genève, I, 1860, p. 117—131.)
6021. **Spörer** J. Die sibirische Expedition der Kais. Russischen Geographischen Gesellschaft. Nach dem Russischen bearbeitet. Mit Karte s. Tafel 14. (Petermann's Geogr. Mitth., X, 1864, p. 408, 456.)
6022. **Bremer** Otto. Lepidopteren Ost-Sibiriens, insb. des Amur-Landes gesammelt von G. Radde, R. Maack u. P. Wulffius. Mit 8 Tafeln. (Mém. de l'Acad. imp. du sciences des St. Pétersbourg, VII Sér., VIII, Nr. 1, 1864, p. 1—103.)
6023. **Kennan** G. Zweijährige Wanderungen durch Kamtschatka, das Korjäkenund das Tschuktschen-Land. (Ausland, XLIV, 1871, Nr. 12, p. 265—271; Nr. 13, p. 308- 312.)
6024. **Note** sur le Kamtchatka. Extrait d'Alaska Herald d'après le Chamber's Journal. (Bulletin de la Soc. de Géogr., Paris, VI Sér., IV, 1872, p. 175—176.)
6025. **Ueber Götze's** Karte von dem Meere von Kamtschatka. (Bertuch, Neue allg. geogr. Ephem., XI, p. 386.)
6026. **Benjowsky.** Son exil au Kamtchatka. (Bulletin de la Soc. de Géogr. Paris, II Sér., II, p. 36.)
6027. **Die Ostküste** von Kamtschatka nach den Beobachtungen Iljin's und Skrypow's 1830—1835. (Otetschestwennyja Sapiski.)
6028. **Die Westküste** Kamtschatka's nach den Aufnahmen Uschakow's und Jelistralow's in den Jahren 1742 und 1787. (Otetschestwennyja Sapiski.)

Karten.

6029. **Götze** E. Karte von dem Meere von Kamtschatka, mit Capit. Jos. Billings u. Mr. Sauer's Reiserouten. Kpfst. Weimar, Landes Industrie Comptoir, 1802. Fol.
6030. **Generalnaja** Karta Kamtschatskago ókruga. W St. Pétersburgje, 1826.
6031. **Avatcha Bay**, with Plan of Petropaulowski and Views. Capt. F. W. Beechey, R. N. London, Hydr. Office, 1827.
6032. **Karte des** östlichen Oceans und der Küste von Kamtschatka zwischen den Kaps Schipunski und Poworotni nebst der Awatscha Bay. 1851. 1 : 206.500. Cartons : Die Awatscha Bay nach Beechey 1827, 1:76.000. Hafen von Petro Paulowsk 300 Saschen = 1·2 Pr. Zoll. [Russische Seekarte.]
6033. **Erman** A. Karte von Kamtschatka. Aufnahmen nach Kraschenninikow's Bestimmungen und den Aufnahmen der Ostküste durch die Cap. Lütke und Beechey entworfen. Gez. v. K. v. Reinhard. Mit 7 Rand-Ansichten. Lith. Berlin, Schropp u. Co., 1838. gr.-Imp.-Fol.
6034. **The Kuril** Islands from Nipon to Kamchatka (Japan). London, Hydr. Office, 1856. Nr. 17.
6035. **Plans** au Kamtchatka et à la côte de Tartarie. Port Aïan. — Baie de Castries. — Petit détroit de Kuril. Paris, Depôt de la marine, 1871.

b) **Astronomie, Meteorologie, Erdmagnetismus.**

Aufsatz.

6036. **Ueber den Boden** und das Klima Kamtschatka's. (Journ. f. d. neuest. Land- u. Seereisen, LXXXIV, 1836, p. 179.)

c) **Geologie, Paläontologie, Mineralogie.**

6037. **Perrey** Al. Documents sur les tremblements de terre et les phénomènes volcaniques dans l'Archipel des Kouriles et au Kamtchatka. Extrait des Annales de la Société impériale d'agriculture de Lyon 1863. Lyon, imprimerie Barret, 1864.

Aufsätze und Notizen.

6038. **Postels.** Bemerkungen über die Vulkane der Halbinsel Kamtschatka. (Mém. de l'Acad. imp. des sciences de St. Pétersbourg, II, 1835, p. 11.)
6039. **Geologie** von Kamtschatka. (Petermann's Geogr. Mitth., II, 1856, p. 387.)
6040. **Ditmar** Carl v. Die Vulkane und heissen Quellen Kamtschatka's. (Petermann's Geogr. Mitth., VI, 1860, p. 66.)

d) **Zoologie und Thiergeographie.**

6041. **Tilesii** Icones et descriptiones piscium et vermium zoophytorum Camtschaticorum quae in itinere Krusensterniano ad portum divi Petri et Pauli observavit W. G. Tilesius. Petropoli, 1810.
6042. **Chamisso** Adalb. de. Cetaceorum maris Kamtschatici imagines, ab Aleutis e ligno fictas, adumbravit recensuitque etc. Cum tab. 5 lithogr. Bonnae, 1824. (Sonderabdruck: Ex Nov. Actis acad. Leopold. XII, p. 1. — Verhandl. d. k. Leopold -Carol. Akad. der Naturforscher, Bonn 1824. p. 249—262. 4°.)

e) Botanik.

Aufsätze und Notizen.

6043. **Plantes** du Kamtchatka. (Bulletin de la Soc. de Géogr., Paris, I Sér., VI, p. 132.)
6044. **Regel** E. Aufzählung der von Radde in Baikalien, Dahurien und am Amur, sowie der von Herm. von Stubendorff auf seiner Reise von Sibirien nach Kamtschatka und der von Rieder, Kussmischeff und Anderen in Kamtschatka gesammelten Pflanzen. (Bulletin de la Soc. imp. des naturalistes de Moscou, 1861, Nr. 3, p. 1—211.)

f) Ethnographie, Culturgeschichte etc.

Aufsatz.

6045. **Ditmar** Carl v. Die Korjäken auf Kamtschatka. (Ausland, XXIX, 1856, p. 2118.)

g) Polarfischerei und Jagd.

Aufsatz.

6046. **Ein Jagdabenteuer** in Kamtschatka. (Ausland, XXXII, 1859, p. 577.)
Siehe auch die Nummern: 250, 3716, 3740, 3742, 3775, 4048, 4057, 4058, 4059, 4086, 4091, 4484, 5664.

II. Aleuten.

6047. **Pallas** Petrus. Aleutica seu Canagica lingua audiunt Allak incolis insulae Kadiak Ahuk. Linguarum totius orbis vocabularia . . . collecta a P. S. Pallas. 2 part. Petrop. J. C. Schnorr, 1786—1789, 4°.
6048. **Kurze** geographische Beschreibung der kurilischen und aleutischen Inseln. A. d. Russ. Mit 1 Karte. Ulm, Wohler, 1792. 8°.
6049. **Berg** W. v. Chronologische Geschichte der Entdeckungen der aleutischen Inseln u. s. w. mit historischen Nachrichten über den Pelzhandel. I, Bd. St. Petersburg, 1823.
6050. **Wenjaminow** J. Nachrichten über die Inseln des Gebietes Unalaschka. 3 Bde. [In russ. Sprache]. St. Petersburg, 1840.
6051. **Eichwald** E. v. Geognostisch-paläontologische Bemerkungen über die Halbinsel Mangischlak und die Aleutischen Inseln. Leipzig, Voss, 1872, 8°.
6052. **Belknap** George E. Commander. U. S. Hydrographic office Nr. 54. Deep-Sea Soundings in the North Pacific Ocean obtained in the U. S. Steamer Tuscarora. With Tables Profiles and maps. 51 pp. Washington, 1874, 8°.
6053. **Langsdorff** G. H. de. Voyages aux îles aléoutiennes 1805—1808. Eyriès, Vol. VI.

Aufsätze und Notizen.

6054. **Unalaschka** zwischen Asia und Amerika. (Büsching's Nachrichten, Berlin, VIII, 1780, p. 35.)
6055. **Sarytschew**. Beschreibung der Insel Unalaschka. (Russ. Merkur, III, 1805, p. 60.)

6056. **Die Insel Kodiak.** Mit einem Kärtchen. (Bertuch, Neue allg. geogr. Ephem., II, 1817, p. 178—186.)
6057. **Habitants des îles Aléoutiennes.** (Bulletin de la Soc. de Géogr., Paris, II Sér., IV, p. 214.)
6058. **Iles Aléoutiennes;** Religion ; manière de vivre; caractère des habitants. (Bulletin de la Soc. de Géogr. de Paris, II Sér., XV, 1841, p. 366—373.)
6059. **Lowe** H. Wenjaminow über die Aleutischen Inseln und deren Bewohner. (Erman's Archiv f. wiss. Kunde v. Russland, II, 1842, p. 459.)
6060. **Wenjaminow.** Ueber die Aleutischen Inseln und deren Bewohner. (Russ. Archiv, II, 1842. p. 501.)
6061. **Blaschke** E. Einige Bemerkungen über das Reisen in Baidarken und über die Aleuten der Fuchsinseln. (Monatsber. d. Ges. f. Erdk., Berlin, N. F. II, 1845, p. 94—105.)
6062. **Les îles** Aléoutes et leurs habitants. (Annales des Voyages, II, 1849, p. 66; IV, p. 105.)
6063. **Ritter** C. Ein neuer submariner Vulkan. (Meerenge von Unimak, Aleuten.) (Zeitschr. d. Ges. f. Erdk., Berlin, N. F. II, 1857, p. 85—86.)
6064. **Dall** H., in Unalaschka. (Ausland, XLV, 1872, Nr. 31, p. 744.)
6065. **Reisen** und Arbeiten von W. H. Dall in den nördlichsten Theilen des grossen Oceans. (Petermann's Geogr. Mitth., XVIII, 1872, p. 232.)
6066. **Dall** W. H Notes on prehistoric remains in the Aleutian Islands. (Proceedings of the California Academy of sciences, IV, Part V, 1872, p. 283—287.)
6067. **Dall** W. H. Die Aufnahme der Aleuten und die Untersuchnng der Behring-See. (Hydrogr. Mitth., Berlin, I, 1873, p. 316—317.)
6068. **Dall** W. H. Notes on the avi-fauna of the Aleutian Islands, from Unalashka eastward. Descriptions of new species of mollusca from the coast of Alaska, with notes on some rareforms. (Proceedings of the California Academy of sciences, V, Part I, 1873, p. 25—35, 57—62.)
6069. **Dall** W. H. On further examinations of the Amaknak cave, Captains Bay, Unalashka. (Proceedings of the California Academy of sciences, V, Part II, 1873, p. 196—200.)
6070. **Fuchs** Paul. Die Aleuten. (Ausland, XLVII, 1874, p. 913.)
6071. **Dall** W. H. Forschungen in den Aleutischen Inseln 1873. (Petermann's Geogr. Mitth., XX, 1874, p. 151.)
6072. **Da Unalaska** a Kadiak. Le isole Aleutine e la penisola di Aliaska. (Bolletino della Società geogr. italiana. Roma, XI, 1874, p. 68—73.)
6073. **Dall** W. H. Notes on the avifauna of the Aleutian Islands, especially those west of Unalashka. — Catalogue of shells from Bering Strait and the adjacent positions of the Arctic Ocean with descriptions of three new species. Notes on some tertiary fossils from the California coast. (Proceedings of the California Academy of sciences, 1874, 26. Febr., 14., 26. March.)
6074. **Eine isländische** Colonie auf der Insel Kadiak. [A. d. Californischen Staats-Ztg., 26. Nov.] (Globus, Braunschweig, XXVII, 1875, p. 61—62.)

Karten.

6075. **Karte** der Strasse Kuprejanow zwischen den Inseln Kodjak und Afgonak. Nach Murascheff 1849. 1 : 76.000. [Russische Seekarte.]
6076. **Aleutian Archipelago.** Sheet No. 2. By the U. S. Schooner Fenimore Cooper, July and Aug. 1855.
6077. **Karte** vom östlichen Ocean zwischen den Baranow und Kadiak Inseln. Herausgegeben vom Hydrographischen Departement des Kriegsministeriums [Russisch].

Siehe auch die Nummern : 3876, 4047, 4210, 4714.

III. Nordwestküste von Amerika.

(Südlich vom Nootka-Sund bis nördlich der Vancouver-Insel.)

6078. **Dixon** George. Remarks on the Voyage of John Meares; in a Letter to that Gentleman. London, 1790. 4°.
6079. **Dixon** George, Capt. Voyage autour du monde et principalement à la côte Nord-Ouest de l'Amérique, fait en 1785—1788 par les Capit. Portlock et Dixon. Traduit de l'anglais par M. Lebas. 2 tom. Paris, Maradan, 1789, gr. 8°.
6080. **Dixon** George. A voyage round the World, but more particulary to the North-West Coast of America, performed in 1785—1788 in the »King George« and »Queen Charlotte« captains Portlock and Dixon. 20 tab. London, J. Stackdale, 1789, 4°.
6081. **Dixon** Georg Portlock u Dixon. Reise um die Welt besonders nach der Nordwest-Küste von Amerika 1785—1788. Herausgegeben von G. Dixon. A. d. Engl. übers. u. mit Anmerk. erläut. von J. R. Forster. Mit 1 Karte u. Kpfr. Berlin, Voss, 1789; 2. Aufl. 1796, gr. 4°.
6082. **Meares** John. Voyage made in the years 1788—1789 from China to the north-west coast of America. 2 vols. with Charts. London, 1790, 4°; 1791; 1796, 8°.
6083. **Meares** John. An Authentic Copy of his Memorial; containing every particula respecting the capture of the Vessels in Nootka Sound. London, 1790. 8°.
6084. **Dixon** George. Further Remarks on the Voyages of John Meares. London, 1791. 4°.
6085. **Meares** John. An answer to Mr. George Dixon. London, 1791, 4°.
6086. **Mortimer** G. Waarneemingen en aanmerk. geduur. eene reize naar Teneriffe, Van Diemensland, Sandwich-Eiland, de Noord-West-Kust van Amerika enz onder bevel van J. H. Cox. Uit het Englisch vert. d. J. D. Pasteur. Leyden, 1793. 8°.
6087. **Bllleoocq** J. B. L. S. Voyage de la China à la côte nord-ouest d'Amérique, fait dans les années 1788—1789 précédé de la Relation d'un autre voyage exécuté en 1786 . . . d'un Recueil d'observations sur la probabilité d'un passage N. O., et d'un Traité abrégé du commerce entre la côte nord-ouest de Chine par John Meares. Trad. de l'angl. 3 vols. et Atlas 4 composé de 28 cartes géogr., vues maritimes, plans et portraits. Paris, Puissant, 1794; Paris, Buisson, 1795, 8°.
6088. **Reis naar** de Noord-West Kust van Amerika, gedaan in 1785—1788 door de Kapt. N. Portlock en Geo. Dixon. Uit derz oorspronkelijke Reisverhalen zamengesteld en vertaald. Amsterdam, M. Schalekamp, 1795, 4°.
6089. **Meares** John Capt. Collection de cartes géographiques, vues, marines, plans et portraits relatifs au Voyage de la Chine à la côte nord-ouest d'Amérique du Capt. John Meares. Paris, Buisson, 1795, 4°.
6090. **Reise** nach der nordwestlichen Küste von Amerika von den Capitänen Meares, Dixon, Portlock u. A. Nürnberg, Grattenauer jetzt Eichhorn, 1795. gr. 8.
6091. **Meares** Douglas. Reisen nach der Nordwestküste von Amerika 1786—89. A. d. Engl. und mit Anmerk. von G. Forster. Nebst einer Abhandlung desselben über die N. W. Küste von Amerika. Mit 2 Karten. Berlin, Voss, 1796. 4°.
6092. **Fleurien** Claret. Voyage autour du monde pendant les années 1790—92 par Etienne Marchand, précédé d'une Introduction historique, auquel on a joint les recherches sur les terres australes de Drake, un Examen critique du Voyage de Roggeween etc. 4 vols; Paris, 1798—1800; 5 vols. 1800.

6093. **A voyage** of discovery to the North Pacific Ocean and round the world in which the Coast of North West America has been carefully examined and accurately surveyed. Performed in the years 1790—1795 in the »Discovery« aud »Chatham«. under the command of Capt. George Vancouver. 3 vols and 1 vol maps. London, Robinson, 1798, 4°.
6094. **Vancouver** George. A voyage of discovery to the North Pacific Ocean and round the world in the years 1790—1795. Edited by his brother John Vancouver. Pelham, Vol. I. London, 1798, 4°.
6095. **Vancouver** George. Entdeckungsreise in den nördlichen Gewässern der Südsee und längs den westlichen Küsten von Amerika von 1790—1795. A. d. Engl. von M. C. Sprengel. Halle, Renger, 1799, 1800.
6096. **Vancouver** George. Reisen nach dem nördlichen Theile der Südsee 1790—1795. A. d. Engl. von J. Fr. Herbst, 2 Bde., mit 1 Karte. Berlin, 1799—1800. (Magazin von merkwürd. neuen Reiseb. XVIII u. XIX Bd.)
6097. **Vancouver** George. Voyage de découvertes à l'océan pacifique du Nord et autour du monde dans lequel la côte N. Ouest de l'Amerique a été soigneusement reconnue et exactement levée; ordonné par le Roy d'Angl. principalement pour constater s'il existe à travers le continent de l'Amérique un passage par les vaisseaux... de l'Océan Pacifique etc. ... exécuté en 1790—1795. 3 vols. avec Atlas, 18 pl. Paris, 1800, 4°. Traduit de l'anglais par Demeunier et Morelet 1799. 6 vols avec cartes 8°.
6098. **Vancouver** Georg. Opdagelses Reise i de nordlige dele af Sydhavet fra 1790—1795 overs. af Brun Juul. Kjöbenhavn, 1799, 8°.
6099. **Relation** del viage hecho para reconocer el estrecho de Juan de Fuca. Madrid, 1802, 4° et Atlas.
6100. **Vancouver** George. Le même voyage (voyez Nr. 6097) traduit par P.F Henry. Paris, Lepetit jeune, an X (1802) 6 vols. y compris un Atlas composé de neuf cartes et de dix-sept vues de nouvelles découvertes, gravé par Tardieu, 8°.
6101. **Jewitt** John R. Narrative of the adventures and Sufferings of — only Survivor of the Crew of the Ship »Boston« during a captivity among the Sauvages of Nootka Sound and during three years. New York, 1815; Philadelphia, 1861.
6102. **Franchère** G. Relation d'un voyage à la côte du Nord-Ouest de l'Amérique septentrionale dans les années 1810—1814 Montreal, 1820, 8°.
6103. **Péron** Capitaine. Mémoires sur ses voyages aux côtes d'Afrique en Arabie, à l'île d'Amsterdam, aux îles d'Anjouan et de Mayotte, aux côtes Nord Ouest de l'Amérique etc. 2 vols. Paris, 1824.
6104. **Wrangell** F. L. Baron v. Skizze der Reise von Sitka nach St Petersburg. [Russisch.] St. Petersburg, 1836.
6105. **Wrangell** F. L. Baron von. Statistische und Ethnographische Nachrichten über die russischen Besitzungen an der Nordwestküste von Amerika. St. Petersburg, 1839.
6106. **Greenhaw** R. Memoirs on the N. W. Coast of America. Washington, 1840.
6107. **Blaschke** Eduard. Topographia medica portus Novi-Archangelscensis. Petropoli, 1842, 8°.
6108. **Bradford** W. S. Notes on the North-West of America. Wiley, 1847.
6109. **Grewingk** C. Beitrag zur Kenntniss der orographischen und geognostischen Beschaffenheit der Nordwestküste Amerika's mit den Aleutischen Inseln 351 pp. Mit den Karten: Kupferinsel und der Gebirgsverbreitung in der westl. Hälfte Nord-Amerika's 1:10,000.000. St. Petersburg, C. Kray, 1850, 8°.
6110. **Franchère** G. Narrative of a voyage to the N. W. Coast of America 1811 to 1814. Transl. by J. V. Hurtington. New York, 1853; London, Trübner, 1855, 8°.
6111. **Brown** R. On the Coal Fields of the North Pacific Coast. Edinburgh, 1869.
6112. **Dall** W. H. Report on mount St. Elias. Washington, 1869, 4°.

6113. **Taché.** Esquisse sur le nord-ouest de l'Amérique. Montréal, 1869, 8°.
6114. **Lyndon J. W.** Queen Charlotte's Islands: Narrative of Discovery and adventure of Francis Poole. London, Hurst & B., 1871, 8°.
6115. **Butler Major.** Great Lone Land. Narrative of Travels and Adventures (in North Western America 1873) London, Low, 1874; 1875, 8°.
6116. **Gualle F.** Voyage by the N. W. part of America to Acapulco 1582—1584. Hakluyt, Vol. III.
6117. **Harmon de Montreal D. W.** Voyage aux côtes Nord-Ouest de l'Amérique. Eyriès, Vol. VIII.
6118. **Marchand E.** Voyage à la côte nord-ouest de l'Amérique 1788—1789. Eyriès, Vol. II.

Aufsätze und Notizen.

6119. **Vaugondy. N. W.** Stück von Amerika und N. O. Stück von Amerika. Mém. sur les pays de l'Asie et de l'Amérique 1774, gr.-4°. (Büsching, Nachrichten, Berlin, III, 1775, p. 77.)
6120. **Vancouver G.** Reise nach dem nördlichen Theile der Südsee während der Jahre 1790—1795. Aus d. Engl. übers. und mit Anmerkungen begleitet von J. S. W. Herbst. 2 Bde. (Mag. v. merkw. neuen Reisebeschreibungen, XVIII u. XIX. Berlin, Voss 1799—1800.)
6121. **Reise** nach der Nordwestküste von Amerika. (Bertuch, Neue allg. geogr. Ephem., III, 1818, p. 237—238.)
6122. **Notice** des nouveaux établissements formés sur la côte Nord-Ouest d'Amérique. (Journal des Voyages, IV, 1819, p. 21— 30.)
6123. **Voyages** faits par M. P. Corney entre la côte N. O. d'Amérique et la Chine en 1813—1818. Etablissements Russes sur cette côte. (Journal des Voyages, XIII, 1822, p. 56—92.)
6124. **Différents** relatifs aux côtes Nord-Ouest de l'Amérique. (Nouv. Annales des Voyages, XIV, 1822, p. 281—284.)
6125. **Expedition** in das nordwestliche Amerika. [Long.] (Neue allg. geogr. Ephem. XIII, 1824, p. 99—100.)
6126. **Vertrag** zwischen England und Russland, die Nordwestküste von Amerika betreffend. Von B. (Hertha, IV, 1825, p. 83—84.)
6127. **Jewitt.** Ueber einige Volksstämme in der Gegend des Nootka-Sundes (Nootka-Sound) an der Westküste von Nord-Amerika. (Hertha, IV, 1825, p. 84—86.)
6128. **Schreiben** aus Sitka. (Journ. f. d. neuest. Land- u. Sereisen, LXXXIX, p. 188.)
6129. **Baer K. E. v.** Ueber das Klima von Sitcha und den russ. Besitzungen an der Nordwestküste von Amerika überhaupt, nebst Untersuchung der Frage, welche Gegenstände des Landbaues in diesen Gegenden gedeihen können. (Journal f. d. neuest. Land- u. Seereisen, LXXXIX, 1838, p. 372.)
6130. **Lichtenstein.** Klima von Sitcha. Abhandlung von Baer. (Monatsber. d. Ges. f. Erdkunde, Berlin, I, 1839—1840, p. 19—21.)
6131. **Scouler.** Observations on the indigenous tribes of the northwest coast of America. (Journ. of the R. Geogr. Society. London, XI, 1841, p. 215.)
6132. **Gerald.** Vancouver's Island, the Hudson's Bay Company and the government. (Colon. Magaz., XV, 1848, p. 81, 205.)
6133. **Die neueren Aufnahmen** und Forschungen in dem nordwestlichen Theile von Nord-Amerika. Zum Theil nach dem Eskimo-Geographen Erk-sin-ra. Mit Karte. (Petermann's Geogr. Mitth., V, 1859, p. 41.)
6134. **Vessélofsky C** Note sur la température moyenne de Sitkha. (Repertor. für Meteorolog., herausg. v. d. k. Geogr. Ges. zu St. Petersburg, I, 3. Heft, p. 275—282.) [Dorpat, 1860.]

6135. **Suckley George.** Descriptions of several new Species of Salmonide, from the North-West Coast of America. (Annals of the Lyceum of Nat. History of New-York, VII, 1862, p. 1—10.)
6136. **Greene John W.** Description of Several New Hymenopterous Insects from the North-West Coast of America. (Annals of the Lyceum of Nat. Hystory of New-York, VII, 1862, p. 11—12.)
6137. **Golowin, P. N.** Die russischen Colonien an der Norwestküste von Amerika. (Erman's Archiv. für wiss. Kunde von Russland, XXII, 1863, p. 47.)
6138. **Blake T. A.** Topographical and geological features of the Northwest Coast of America. (Siliman's American Journal, 1868, March, p. 242—247.)
6139. **Nordenskjöld A. E.** Utdrag ur ett bref af Professor Oswald Heer rörande fossila vexter från Nordvestra Amerika, insamlade af Bergmästaren Hj. Furuhjelm. (Öfversigt af K. Sv. Vet. Akad. Förh., XXV, 1868, p. 63—68.)
6140. **Die Wälder** im nordwestlichen America. (Petermann's Geogr. Mitth., XV, 1869, p. 308.)
6141. **Streifzüge** im nordwestlichen Amerika. (Globus, Braunschweig, XVII, 1870, p. 97—103.)
6142. **Finsch,** Dr. O. Zur Ornithologie Nordwest-Amerika's. (Abhandlungen des Bremer Naturwissensch. Vereins, III, 1. Heft, 1872, p. 17—87.)
6143. **Höhe des Eliasberges** in Nordamerika. (Aus allen Welttheilen, Leipzig, VI, 1875, p. 159.)
6144. **Douglas David.** Contrées Nord-Ouest de l'Amérique. (Bulletin de la Soc. de Géogr., Paris, III, Nouvelles, p. 368)
6145. **Kurze Geschichte** der Entdeckung der Nordwestküste von Amerika seit 1537 bis gegen das Ende des 18. Jahrhunderts. Im Auszuge aus C. P. Claret Fleurien's Abhandlung. (Allg. geogr. Ephem., VIII, p. 95, 191.)

Karten.

6146. **Red Bay,** Belle-isle Strait. Capt. Bayfield R. N. 1834; corrections to 1869 London, Hydrogr. Office.
6147. **Karte des östlichen Oceans** zwischen den Inseln Sitka und Kodjak. Nach verschiedenen Journalen und Karten, 1847, 1 : 1,394.000. (Cartons: Oestliche Mündung der Kuprejanow-Strasse. — Die Kukak-Bai-Mündung des Flusses Kaknu. — Nutschek-Bai. — Rurik-Hafen. — Schelichow-Bai oder Port-Meri). [Russische Seekarte.]
6148. **Karte des östlichen Oceans** mit der Nordwestküste von Amerika und dem Koloschensky - Arckipel. Nach verschiedenen Journalen und Karten, 1848, 1 : 1,274.000. (Cartons: Mündung des Flusses Tschilkat in den Linnakanal. — Hafen von Bojebodsk an der Admiralitäts-Insel. — Hafen Atolin auf Wrangels Insel. — Hafen Tomgas auf der Insel Grabinna. — Hafen Kaigan auf der Prinz von Wales Insel). [Russische Seekarte]. Hydrograph. Departement, St. Petersburg.
6149. **Karte der Zugänge** zu Neu-Archangelsk durch die Sitka- und Klokatschewa-Strasse und die Pogibschi-Bai. Nach Wasiljew I. 1809 und Wasiljew II. 1833. 1848. 1 : 145.000. [Russische Seekarte].
6150. **Karte** des südlichen Theiles des Koloschensky-Archipels (Prinz von Wales-Insel u. s. w.) 1 : 526.000. Nach verschiedenen Journalen und Karten. (Russische Seekarte.)
6151. **Simpson** Part to Cross Sound, including Koloschensk Archipelago, with a Plan of Highfield Point Anchorage. Russian Survey, 1853; corrections to 1869. London, Hydrogr. Office.
6152. **North-America,** West coast. Cordova Bay to Cross Sound including Koloschensk Archipelago, corrected from a Russian chart 1853. London, Hydrogr. Office, 1865. Nr. 2431.

Siehe auch die Nummmern: 102, 4087, 4203, 4214, 4255, 4261, 4262, 4319, 4330, 4351, 4400, 4417, 4435, 4501, 4569, 4575, 4671, 4905.

IV. Magellan Strasse, Falklands-Inseln.

6153. **Newe Schiffart.** Wahrhaftige und eygentliche Beschreibung der langwierigen, sorglichen und gefährlichen Reise, so Ollivier van Noort. Gen. Oberster über vier Schiffe durch das gefehrliche Fretum Magellanicum um die ganze Welt gethan hat, verteutscht durch M. Gotthard Arthus von Dantzig. Francfurt, Becker, 1602, 4°.

6154. **Kurtze** und wahrhaftige Beschreibung der wunderbarsten 4 Schiffahrten so jemals verrichtet worden, als nemlich Ferd. Magellani, Portugalesers mit Sebast. de Cano; Franc. Draconis, Engelländers; Thom. Candish, Engelländers; Olivarii van Noort, Niederländers etc. Francofurti, impensis Hulsianis, 1602; Nürnberg, 1603, 4°.

6155. **Noort** Olivier a. Descriptio navigationis, quam per fretum Magellanicum confecit, qui triennii spatio (1598—1601) velis universum terrae globum obivit, e Germanico latinitate donata. Aditamentum quae partis Americae de Bry. Francoforti, 1602. fol.

6156. **Jansz** Bernhardus. Vera et accurata descriptio eorum omnium, quae acciderunt quinque navibus, anno 1598. Amstelredami expeditis, et per fretum Magellanicum ad Moluccanas insulas perrecturis: navi praecipuè Fidei, Capitaneo de Weert addictae, qui post infinitos labores et aerumnas biennio integro toleratas tandem anno 1600 re infecta ad suos rediit. Francofurti, 1602. fol.

6157. **Jansz. Cirugni.** Descriptio Navigationis per Fretum Magellanicum in Moluccanas Iusula. Francofurti, 1602.

6158. **Description** du pénible voyage fait à l'entour de l'univers ou globe terrestre, par Jean-Olivier du Nort, d'Utrecht etc., pour-traversant le destroict de Magellanes, découvrir les côtes de Ciça, Chili et Pérou, et y trafiquer, puis, passant le Molucque et circumnaviguant le globe du monde retourner à la patrie. Amsterdam, 1602. fol.

6159. **Beschryving** van de voyagie om den geheelen wereldkloot, gedaen door Olivier van Noort van Utrecht. Rotterdam, Cornelius Claesz, 1602, 4°.

6160. **Journal** ou relation exacte du voyage de Guillaume Schouten dans les Indes par un nouveau détroit et par le pôle Antarctique. 2 vols. Paris, Gobert, 1619; Amsterdam, 1617; 1706. 12°.

6161. **Reyse** gedaen in de Jahren 1615—17, door de straet Magellanes door Will Corn. Schouten. Amsterdam, 1617, 4°.

6162. **Wahrhafte** Beschreibung der wunderbarlichen Reise und Schiffahrt, so Wilhelm Schout von Hom aus Holland nach dem Süden gethan und was dergestalt er hinter der Magellanischen Enge eine newe und zuvor unbekanndte Durchfahrt in die Südsee gefunden. Arnheim, J. Jansen, 1618; Francfurt, 1619, 4°.

6163. **Novi** freti in parte meridionali freti Magellani in magnum mare Australe dedectio facta a Guill. Cornel. Schouten, ab anno 1615 usque ad 1617. Amsterdam, Pierre Kaer, 1618; 1619, 4°.

6164. **Spilbergen** G. A. et J. Lemaire. Speculum orientalis, occidentalisque Indiae navigationum, exhibens novi in mare australe transitus, incognitarumque hactemus terrarum ac gentium inventionem, praelia aliquot, expugnationesque urbium una cum duabus novis utriusque Indiae historiis. Lugd. Bat., 1619, 4°.

6165. **Diarium**, vel Descriptio laboriosissimi et molestissimi itineris facta Guillelmo Cornelio Schoutenio, germano, annis 1615—17, quâ parte australis freti Magellanici novum ductum, aut fretum, in Magnum mare Australe detexit, toturmque orbem terrarum circum navigavit. Amsterdam, apud P. Koerium, 1619; Janson, 1620; Vlasi Blaeu, 1648 4°.

6166. **The relation** of a wonderfull voyage by W. C. Schouten of Horne showing how he found and discovered a new passage thro' the great South sea and that way sailed round about the World. London, 1619, 4°.

6167. **Relacion** diaria del viage de Jacobo Lemaire y Guillelmo Cornelio Schouten enque descubrieron nuevo estrecho y passage del mar del Norte al mar del Sud a la parte austral del estrecho de Magellanes. Madrid, 1619, 4°.
6168. **Spilbergen** J. v. Oost-ende West-Indische spieghel. Waerin... de 2 laetste navigatien, ghedaan in 1614—8 door J. van Spilbergen, door de strate van Magellanes enz. Mit Kupf. und Karten. Amsterdam, 1621, 4°.
6169. **Relacion** del viage que per orden de su majestad hizieron los capitanos B. Garcia de Nodal y Gonzalo de Nodal ad descubrimiento del estrecho nuevo di S. Vicente y reconoscimiento de Magellanes. Madrid, Correo de Montenegro, 1621. Avec une carte. Cadiz, 1766, 4°.
6170. **Herrera** Ant. de, metaphraste C. Barlaeo. Novus orbus sive descriptio Indiae occidentalis Accesserunt navigationis nuperae australis Jacobi Lemaire historia uti et navigationum omnium per fretum magellanicum succincta narratio. Amstelodami, M. Colinus, 1622. fol.
6171. **L'Hermite** James. A true relation of the relation of the fleete which went under the Admirall Jaquis le Hermite, trough the straights of Magellane. London, print. for Mercurius Britanicus, 1625, 4°.
6172. **L'Hermite** Jacques. Diurnal vnd Historische Beschreibung der Nassauschen Flotten So unter dem Admiral Jacob l'Hermite vmb die gantze welt gefahren ist, im 1623, 1624, 1625 und 1626 Jahr. Ad. Decker von Strassburg. Gedr. zu Strassburg, in verl. Eberh. Zetzners, 1629, 4°.
6173. **Oekkers** A. Diurnal der Reise der Nassauischen Flotte unter Jacob l'Hermite um die ganze Welt. Strassburg, 1629, 4°.
6174. **Moore** Jan van. Relation des deux caravelles que le roy d'Espagne envoya de Lisbonne l'an 1618 au mois d'octobre sous la conduite du capt. Don Jean Moore pour visiter et découvrir la passage de Lemaire, devers le sud, lesquelles retournèrent en Séville au mois d'août 1619 et firent le rapport au roi de tout ce qui leur était advenu. Amsterdam, 1632, 4°.
6175. **Fletcher.** The Rev. Francis. The World encompassed by Sir Francis Drake, being an Account of his second Voyage in the years 1577—1579 and 1580. London, 1635, 4°,
6176. **Halle** Jos. Mundus alter et idem; sive Terra australis antehoc semper incognita authore Mercurio Brittanico. Ultrajecti, J. Waesberge, 1643.
6177. **Journalen** van drie Voyagien 1. Thom. Candish door de Magallaensche Straet etc. 2. Van Fransoys Draek ende Jan Haukeins naer West-Indien. 3. Van J. L'Hermite door de Straet Lemaire etc. Beschrijvinghe van de Regheringe van Peru door P. de Madriga. Av. fig. Amsterdam, 1643, 4°.
6178. **Weerte** Sebald de. De Voyagie naer de Strate Magelanes. Amsterdam. 1648; 1650, 4°.
6179. **Description** geografica de la Region Austral y Magellanica, por Seyxas de Louero. Madrid, 1690, 4°.
6180. **Narborough's** John Voyage to the streights of Magellan, account of several late voyages to the south and north. London, 1694.
6181. **Froger** Fr. Relation d'un voyage fait en 1695—1697 aux côtes d'Afrique, Détroit de Magellan, Brezil, Cayenne et Isles Antilles, par une escadre des vaisseaux du Roy, commandée par M. de Gennes. Paris, 1698; 2 ed. 1699; 1700; Amsterdam, 1702; 1715, 12°.
6182. **Froger** F. A Relation of a voyage on the coasts of Africa, Streights of Magellan, Brasil, Cayenna and the Antilles. London, 1698, 8°.
618 . **Cowley.** Voyage aux Terres Magellaniques. Trad. de l'anglais. Rouen, 1711, 12°.
6184. **Wood** Jean. Voyage aux Terres Magellaniques par Jean Wood; rédigé par le même. Trad de l'anglais. Amsterdam, 1712. 12°.
6185. **Relation** des Voyages de Jean Narborough aux Terres Magellaniques. Rédigée et trad. de l'anglais. Paris, Bernard, 1722; Amsterdam, 1722, 12°.

6186. **Rolt** Richard. A new and accurate Hystory of South America; containing a particular account of some Anecdotes leading to the discovery of the New World; of the discovery made by Columbus and other adventurers; of the several attempts made to find a north-west passage. London, 1755, 8°.
6187. **Sarmiento** de Gambóa. Viage al estrecho de Magellanes, en los años de 1579 y 1580, y noticia de la expedicion que despues hizo pare poblarle; con laminas. Madrid, 1768, 4°.
6188. **Ortoga**. Resumen historico del primero viago hecho ad rededor del mundo por Fernando Magellanes. Madrid, 1769, 4°.
6189. **Pernetti** Antoine Joseph. Histoire d'une voyage aux îles Malouines fait en 1763 et 1764. Nouv. édition refondue et augmentée d'un discours préliminaire de remarques etc. par Delisle de Sales. 2 vols. avec fig. Paris, Saillant et Nyon, 1760. 8°.
6190. **Pernetti** Antoine J. History of a Voyage to the Malouine (or Falkland) islands, made under M. de Bougainville; and of Two Voyages to the Straits of Magellan: in 1763 and 1764. transl. from the French, London, 1771; 1778. 4°.
6191. **A Justification** of the Conduct of the Ministry relative to Falkland Islands; in a Letter to both Houses of Parliament. London, Organ, 1771, 8°.
6192. **A Refutation** of a Pamphlet, called Thoughts on the late Transactions respecting Falkland Islands; in a letter adressed to the author and dedicated to Samuel Johnson. London, Evans, 1771, 8°.
6193. **History** of a Voyage to the Malouine or Falkland Islands made in 1763 and 1764 under the command of L. A. Bougainville and of two Voyages to the Streights of Magellan. Translated from Pernety's Journal. London, 1773, 4°.
6194. **Falkner** Thomas. Description of Patagonia, and the adjoining parts of South America and some particulars relating to the Falkland Islands. With Maps. Hereford, 1774; London, 4°.
6195. **Falkner** Thom. Beschreibung von Patagonien und den angränzenden Theilen von Süd-Amerika, in einem Auszuge. Gotha, 1775.
6196. **Penrose** Bernard. An account of the last expedition to Port Egmont, in Falkland's Islands in the year 1772, together with the transactions of the company of the Penguin Shallop, during their stay there. London, 1775, 8°.
6197. **Warthen** E. Viage a los tierras incognitas australes y al Pais de los minas por E. de Guzman y Mauriquos. 4 vols. Madrid, 1778, 8°.
6198. **Relacion** del ultimo viage al estrecho de Magellanes de la fragata de S. M. Santa Maria de la Cabeza en los años de 1785 y 1786. Av. cartes et portr. Madrid, Ibarra, 1788. On y ajoute: Appendice a la Relacion. Madrid, 1791, 4°.
6199. **Pigafetta**. Premier voyage autour du monde par le chevalier Pigafetta sur l'escadre de Magellan pendant les années 1519—1522 publ. pour la première fois en italien sur un manuscrit de la bibliothèque ambrosienne de Milan avec des notes par Ch. Amoretti. Trad. en francais (par H. Jansen) etc. Avec cartes et fig. Paris, Jansen, an IX, 1800, 8°.
6200. **Pigafetta** Ant. Primo viaggio intorno al globo terraqueo ossia ragguaglio della navigazione alle Indie orientali, per la via d'occidente, fatta sulla squadra del capit. Magagliaues negli anni 1519—1522. Milano, 1800, 4°. Deutsch von K. W. Jacobs, Gotha, A. F. Kries, 1801, 8°.
6201. **Pigafetta** Ant. Le voyage et navigation fait par les Espaignoles isles de Mollucques (de 1519 à 1522), des isles quils ont trouue au dict voyage, des roys dicelles, de leur gouvernement manicre de viure, avec plusieurs aultres choses. Paris, S. d. Colines; Gotha, 1801, 8°.
6202. **D'Urville** J. Flore des îles malouines. Paris, 1825. 8°.
6203. **Navarrette** D. Martin Fernandez de. Coleccion de los viages y descubrimientos que hicieron por mar los Españoles, desde fines del siglo XV.

Con varios documentos ineditos concernientes à la Historia de la marina castellana y de los establecimientos españoles en Indias. 5 vols. Madrid, imprenta real, 1825 - 1837 pet in fol. Diese äusserst seltene Sammlung enthält folgende Bände: Vol. I. Relaciones, cartas y otros documentos, concernientes à los cuatros viages que hizo el almirante D. Christobal Colon para el descubrimiento de las Indias Occidentales. Appendice de documentos relativos à la dignidad del almirantazgo mayor de Castilla sus prerogativas y jurisdiccion. Vol. II. Documentos diplomaticos. Vol. III. Viages menoresa. Viages de AmericoVespucio. Noticias exactas de Americo Vespucio. Establecimentos de los Españooles en el Darien. Noticia biografica del adelandato Pascual de Andagoya. Observaciones sobre las anteriores probanzas. Vol. IV. Noticia biografica de Fernando de Magellanes [mit seinem Porträt.] Primero el de Fernando de Magellanes y Juan Seb. de Elcano. [Mit Porträt.] Vol. V. Viages de Loaisa y Alvaro de Saavedra.

6204. **Sailing** direction for the coast of Eastern and Western Patagonia from Port St. Elena in the East Side to Cape Tres Martes on the West Side; including the Strait of Magelhaens out the Sea Coast of Tierra de Fuego. Being the result of a voyage performed in H. M. Sloops »Adventure« and »Beagle« under the direction of Capt P. P. King between the years 1826 and 1830. London, Admiralty Hydrogr. Office, 1832.

6205. **King**, Fitzroy. and Darwin. Voyages of H. M. S. »Adventure« and »Beagle,« narrative of the surveying 1826—1836 describing their examination of the Southern Shores of South America, 3 vols. London, Colburn, 1839; 2 ed. 4 vols. 1839, 8°.

6206. **Mackinnon** L. B. Some account of the Falklands Islands from a six months residence in 1838 and 1839. With maps. London, Baily, 1840, 8°.

6207. **Whitington** G. F. The Falklands Islands. With 2 maps. London, 1840.

6208. **Maynarde** T. Voyage of Sir Francis Drake 1595 ed. by Cooley. Hakluyt Society, 1849. 8°.

6209. **King** P. P. Capt. and R. Fitzroy. Sailing directions for South-America II Part; La Plata, Patagonia, Magellan-Strait, Tierra de Fuego, Falkland and Staten Islands etc. London, Admiralty Hydrogr. Office, 1850.

6210. **Findlay** Alex. G. A directory for the navigation of the Pacific Ocean; with description of its coasts, islands from the Strait of Magelhaens to the Arctic Sea and those of Asia and Australia etc. London, 1851.

6211. **Snow** Parker W. A two years cruise of Tierra del Fuego, the Falkland Islands. Patagonia and the River Plate a narrative of life in the Southern Seas. 2 vols., with maps. London, Longman, 1857, 8°.

6212. **Cunningham** R. O. Natural History of the Strait of Magellan and West Coast of Patagonia. Edinburgh, Hamilton, 1871.

6213. **Mayne** Richard C. Sailing Directions for Magellan Strait, and Channels Leading to the Gulf of Peñas. 116 pp. London, Admiralty Hydrogr. Office, J.D. Potter, 1871 8°.

6214. **Meteorology** of Cape Horn and West Coast of South-America. London, Stanford, 1871, 4°.

6215. **Lytton** Lord. Falkland and Zicci. London, Routledge, 1875, 8°; 1876, 12°.

6216. **Kohl.** Geschichte der Entdeckungsreisen und Schifffahrten zur Magellan's Strasse. Berlin, D. Reimer, 1877.

6217. **Carjaval** and Ladrilleros. Voyage to Magellanica in 1524. (Callander's Voyages, I, 1766, p. 110.)

6218. **Loaisa** Garcia de. Voyage to Magellanica and Polynesia, in 1525. (Callander's Voyages, I, 1766, p. 112.)

6219. **Alcazova** Simon. Voyage to Magellanica in 1539. (Callander's Voyages, I, 1766, p. 124.)

6220. **Drake** Francis Sir. Voyage to Magellanica and Polynesia in 1577. (Callander's Voyages, I, 1766, p. 283.)

6221. **Silva** Nuno da. Voyage to Magellanica in the year 1578. (Callander's Voyages, I, 1766, p. 321.)

6222. **Winter** John. Voyage to Magellanica in 1577. (Callander's Voyages, I, 1766, p. 337.)
6223. **Vaz** Lopez. Account of Sir F. Drake's Voyage to Magellanica. (Callander's Voyages, I, 1766, p. 355.)
6224. **Sarmiento** Pedro. Voyage to Magellanica in 1579. (Callander's Voyages, I, p. 363.)
6225. **Spilberg** George. Voyage to Magellanica and Polynesia in the year 1614. (Callander's Voyages, II, 1766, p. 191.)
6226. **Sharp** Bartol. Voyage to Magellanica in 1680. (Callander's Voyages, II, 1766, p. 524.)
6227. **Dampier** William, Capt. Voyage to Magellanica and Polynesia in 1683. (Callander's Voyages, II, 1766, p. 556.)
6228. **Wafer.** Voyage to Magellanica in 1685. (Callander's Voyage, II, 1766, p. 673.)
6229. **Vesputius** Americus. Voyages to Magellanica in the year 1501. (Callander's Voyages, II, 1766, p. 53.)
6230. **Barbinais** C. Voyage to Magellanica in 1715. (Callander's Voyages, III, 1766, p. 419.)
6231. **Clipperton** John. Voyage to the South Seas and East Indies in 1719. (Callander's Voyages, III, 1766, p. 444.)
6232. **Ulloa** Don Ant. Voyage to Magellanica in the year 1735. (Callander's Voyages, III, p. 659.)
6233. **Brignon** Henry. Voyage to Magellanica, in 1735. (Callander's Voyages, III, 1766, p. 669.)
6234. **Beauchesne** Gonin. Voyage to Magellanica in 1696. (Callander's Voyages, III, 1766.)
6235. **Fenton** Edward. Voyage to Magellan in 1582; written by his Vice Admiral, Luke Ward. (Callander's Voyages, I, 1766, p. 373.)
6236. **Cavendish** Thomas Sir. Voyage to Magellanica in 1586. (Callander's Voyages, I, 1766, p. 424.)
6237. **Ellis.** Kort berigt van Mr. Ellis een der Kapiteynen van d'heer R. Hawkins, aangande syn reys door de straat van Magellanes in't jaar 1593. Mitsgaders Engelse reysen na de Bermudas, of Summer Eylanden. En eerst H. May's schip-breuk daar ontrent in't jaar 1593. Beneffens de eerste Engelse volkplanting aldaar, onder het beleyd van R. Moore. Door hemselfs beschreeven, en van R. Norwood vervolgd. Leyden, 1706. 8°. Pieter Van der A A. Naakeurige versameling der reysen na Oost en West Indien. LXXII Vol.
6238. **Narborough** John Sir. Voyage to the streights of Magellan. Account of several late Voyages to the South and North. London, 1694. 8°.
6239. **Mendana** Adelenado Alvaro de Negra. Voyage to the South Sea. (Dalrymple's Voyages, 1769, p. 57.)
6240. **Wood** John Capt. Voyage through the Strait of Magellan. (Hacke's Voyage, 1699, p. 56.)

Aufsätze und Notizen.

6241. **Delisle.** Sur la longitude du Détroit de Magellan. (Mém. de l'Acad. des Sciences de Paris, 1716, p. 86—89.)
6242. **Clarke** Charles. Account of a very Tall Man seen naar the Straits of Magellan 1764. (R. S. Phil. Trans. Abr., XII, 1767, p. 391.)
6243. **Kerguelen** Tremarec. Beschreibung seiner Reise nach der Südsee. (Büsching's Nachrichten, Berlin, I, 1773, p. 304.)
6244. **Parkinson** Sidney. Journal of a voyage to the south seas in his Mayesty's ship the Endeauvour 1773. (Büsching's Nachrichten, Berlin, I, 1773, p. 235.)
6245. **Forster.** Reise nach dem Südmeer. (Büsching's Nachrichten, Berlin, III, 1775, p. 96, 236.)

6246. **Cook's** dritte und letzte Reise. Neueste Reisebeschreibungen 1776—1780. I, 1786. (Büsching's Nachrichten, Berlin, XIV, 1786, p. 260; XV, 1787, p. 45.)
6247. **Reise** um die Welt in den Jahren 1803—1806 auf den Schiffen Nadeschda und Newa von J. A. v. Krusenstern. (Journal f. Land- und Seereisen, VIII, 1810, p. 261.)
6248. **Entdeckungsreise** in die Südsee 1815—1818 unter O. de Kotzebue. (Journal des Voyages, XII, 1821, p. 161—185.)
6249. **Reise** um die Welt von Freycinet in den Jahren 1817—1820. (Hertha, Geogr. Zeitschr., I, 1825, p. 3—12.)
6250. **Nachrichten** über die Reise um die Welt der kön. französischen Corvette »la Coquille«, unter den Befehlen des Capitäns Duperrey. (Hertha, I, 1825, p. 119—136.)
6251. **Nachrichten** von der von Duperrey befehligten Corvette »la Coquille«. (Journal des Voyages par Frick et Devilleneuve, LXXVI, Febr. 1825, p. 258. — Annales maritimes, 1825, Nr. 6, p. 429. — Hertha, Geogr. Zeit., II, 1825, p. 10—11, 69—76.)
6252. **Dillon** Peter. Voyage aux iles de la mer du Sud en 1827 et 1828 et relation de la découverte du sort de Lapérouse. (Revue d. deux mondes. Journal des Voyages, II Sér., I, 1830, p. 27—59.)
6253. **Notice** sur quelques découvertes faites par delà le cap Horn dans l'Océan pacifique. [Extrait d'une lettre de Boston.] (Bulletin de la Soc. de Géogr. Paris, XVII, 1832, p. 57—58.)
6254. **Parkerking** Ph. Observations sur la Géographie de l'éxtrémité méridionale de l'Amérique du Sud, la terre du feu et le détroit de Magellan faites par — —. (Nouv. Annales des Voyages, Paris, II Sér., XXIV, p. 5—42.)
6255. **Warden.** Voyages autour du monde, avec des extraits choisis de voyages dans les mers du Sud et les Océans Pacifique, Septentrionale . . . par Edmund Fanning. (Bulletin de la Soc. de Géogr., Paris, II Sér., I p. 5—13.)
6256. **Notice** sur l'île d'East Falkland, communiquée par M. Woodbine Parish. (Nouv. Annales des Voyages, Paris, III Sér., III, p. 129—139.)
6257. **Lehmann** J. Ueber die Expedition der von den Capitains King und Fitzroy befehligten Kriegsschiffe »Adventure« und »Beagle« nach den südlichsten Gegenden von Amerika. (Verhandl. der Gesellschaft für Erdkunde, Berlin, I, 1839—1840, p. 115—116.)
6258. **Route** tenue par le navire du commerce le Staouëli, pour doubler le cap Horn, en 1839. (Annal. maritimes, II, 1840, p. 445.)
6259. **Les îles Malouines** ou Falkland. (Nouv. Annales des Voyages, 1856, Mai, p. 240—241.)
6260. **Gezeiten-Strömung** in den English Narrows. Magellan-Strasse. Aus: Notice to Mariners, Nr. 16, London, 1873. (Nachrichten für Seefahrer, Berlin, IV, 1873, p. 38.)
6261. **Berichtigte** Lage des Vaudreuil-Felsens im Indian Reach der Magellan-Strasse. Aus: Hydrographic Notice. No. 15, Washington D. C., 1873. (Nachrichten für Seefahrer, Berlin, IV, 1873, p. 58.)
6262. **A. G.** The Straits of Magellan. (Ocean Highways, I, 1873, p. 356—359.)
6263. **Meinicke,** Prof. Dr. Jacob Roggeveens Erdumseglung 1721 und 1722, (Jahresbericht des Vereins für Erdkunde, Dresden, XI, 1874, p. 3—34.)
6264. **Reisen** von Europa um das Kap Horn nach Honolulu. (Hydrogr. Mitth., Berlin, II, 1874, p. 88—90.)
6265. **Egret** L. V. Gérant du Consulat de France à Valparaiso. Territoire et Colonisation de Magellan. (Bulletin de la Soc. de Géogr. Paris, VI Sér., VII, p. 641—645.)
6266. **Kohl** J. G. Geschichte der Entdeckungsreisen und Schifffahrten zur Magellans-Strasse und den ihr benachbarten Ländern und Meeren. Mit 8 Karten. (Zeitschrift der Gesellsch. für Erdkunde, Berlin, III Ser., XI, 1876, p. 315—404, 405—495.)

6267. **Krusenstern's,** A. J. v., Reise um die Welt in den Jahren 1803—1806. (Neue allg. geogr. Ephem., Berlin, XXXI, p. 410.)
6268. **Expédition** de Freycinet. (Bulletin de la Soc. de Géogr. Paris, VIII, p. 244, 290.)
6269. **Voyages** autour du monde de David Leslie. (Bulletin de la Soc. de Géogr. Paris, I Sér., III, p. 394.)
6270. **Voyages** autour du monde de la Coquille. (Bulletin de la Soc. de Géogr. Paris, I Sér., III, p. 151; IV, p. 74.)
6271. **Les îles Malouines.** (Bulletin de la Soc. de Géogr. Paris, I Sér., IV, p. 325.)
6272. **Précis** de l'expédition Duperrey. (Bulletin de la Soc. de Géogr. Paris, I Sér., IV, p. 16, 30; VIII, p. 244, 290; II Sér., XVIII, p. 574.)
6273. **Voyages** autour du monde de Golowin. (Bulletin de la Soc. de Géogr. Paris, I Sér., IV, p. 93.)
6274. **Flore** des îles Malouines sous le rapport des climats et de la distribution des plantes. (Bulletin de la Soc. de Géogr. Paris, I Sér., IV, p. 335—336.)
6275. **Expédition** des Cap. King et Stockes chargés d'explorer les côtes du Détroit de Magellan. (Bulletin de la Soc. de Géogr. Paris, I Sér., IX, p. 40; XVII, p. 170.)
6276. **Note** sur les îles de Malouines. (Bulletin de la Soc. de Géogr. Paris, I Sér., XVI, p. 272.)
6277. **Lettre** de Krusenstern à M. Malte-Brun. (Bulletin de la Soc. de Géogr. Paris, III, Documents, p. 274.)

Karten.

6278. **Arrowsmith** A. Chart of the Southern Promontory of America from the Spanish Survey of 1789—1795. London, 1802.
6279. **Port Stanley** and Ports William and Harriet (Falklands-Islands). London, Hydrogr. Office, Nr. 2726.
6280. **Baie Française,** Berkeley Sound (Falklands-Islands). London, Hydrogr. Office, Nr. 2727.
6281. **Port Fitzroy** and Port Pleasant (Falklands-Islands, South East Coast). London, Hydrogr. Office, Nr. 2728.
6282. **Port Albemarle** and Port Stephens (Falklands-Islands). London, Hydrogr. Office, Nr. 2742.
6283. **Bay Fox** and Port Edgar (Falklands-Islands). London, Hydr. Office, Nr. 2743.
6284. **Port Egmont** and Bay Keppel (Falklands-Islands). London, Hydrogr. Office, Nr. 2754.
6285. **Baie Choiseul** (Falklands-Islands). London, Hydrogr. Office, Nr. 2755.
6286. **Rade Bull** (Falklands-Islands). London, Hydrogr. Office, Nr. 2756.
  Siehe auch die Nummern: 4, 6.

Welt-Reisen.

(Circumnavigations of the globe.)

6287. **Pigafetta** M. Ant. Il viaggio fatto degli Spanioli ottorno il mondo. Milano, 1536.
6288. **Beschryvinge** van de Zee-vaerdt van Thomas Candisch (om de Wereld). Byghevygt de voyagie van Franz Drak en J. Hawkins naer West-Indien. Amsterdam, 1598. Fol.
6289. **Le voyage** de l'illustre seigneur et chevalier Francis Drake. Paris, Espelin, 1627; 2 ed. 1641. Voyagie. Amsterdam, 1643. Englische Uebersetzung des Werkes: London, 1761. 4°

6290. **Decker** A. Diurnal der Nassawischen Flotta, oder Tagregister und hist. Beschreibung einer gewaltigen Schiffahrt um die gantze Erdkugel, in den Jahren 1623—1627. Aus. flämmischer Spraach. Mit 5 Kupfern. Straszburg, Zetzner, 1629. 4°.
6291. **Dampier** William. A new Voyage round the World. London, 1697—1699. 1. edition, 3 vols., London, 1703; 2. ed., 4 vols., 1729; 3 ed., 3 vols., 1729, 8°. — A supplement to the voyage round the world. With maps and plates. London, 1703—1709, 8°.
6292. **Dampier** Guill. Nouveau voyage autour du monde. 2 vols. Amsterdam, 1698, 12°; Le même: Où ont été ajouté: a) Wafer Lionel voyage à l'isthme de Darien, b) Wood Jean voyage à travers de détroit de Magellan, c) Scharf journal de son expedition vers l'istme de Darien et dans la mer de Sud, d) Cowley voyage autour du Monde, e) Robert Voyage du Levant. 5 vols. Amsterdam, 1701 et suiv.; 5 vols. Amsterdam, 1711—1712, gr.-12°.
6293. **Dampier** Guill. Voyage aux terres Australes, à la Nouvelle Hollande etc fait en 1699. Av. le voyage de L. Wafer. Trad. de l'angl. Av. de cartes et fig. Amsterdam, 1705, 8°.
6294. **Funnell** Will. Voyage round the World, containing an Account of Dampier's Expedition into the South Seas, in the Ship »St. George« in the years 1703—1706. With cuts. 4 vols. 1707, 8°.
6295. **Rogers** Woods. Cruizing voyage round the World. With Cuts. London, 1712; 1726, 8°.
6296. **Roger**, Woods. Voyage autour du monde, depuis 1708 jusqu'en 1711, traduit de l'Anglois, ou l'on a joint quelques pièces curieuses, touchant la rivière des Amazones et la Guiane. 2 vols. Amsterdam, 1716, gr.-12°.
6297. **Shelvoke's**, Jorg, voyage round the world, by the way of the South-Sea, performed in the years 1719—1722. London, 1726, 8°.
6298. **Le Gentil**. Nouveau voyage autour du monde; 3 Tomes en 1 vol. Amsterdam, 1731, 8°.
6299a. **Behrens** Carl Fridr. Wohlversuchter Südlaender d. i. ausführliche Reisebeschreibung um die Welt (unter Roggewein von 1720—1723). Hamburg, 1738; Leipzig, 1739. 8°.
6299b. **Drake** Sir Francis. Voyage round the world. (Osburn's Voyages, II, 1745, p. 433.)
6300. **Pascoe** Thomas. Journal of a voyage to the South Seas, and round the Globe, in the Centurion, under the command of Lord Anson. London, 1745. 8°.
6301. **Anson** George, Lord. A Voyage round the world in the years, 1740—1744. Composed by Richard Walter with 42 pl. and maps. London, Benjamin Robins, 1748; 1749; Dublin, 1748; 9 ed. London, 1756. 4°; Mainz, Kupfenberg, 1815, gr. 8°.
6302. **Anson** George Reize rondsom de wereld. 2 deelen. met Karten en pl. Amsterdam, 1748; 1766, 4°.
6303. **Anson** George. Reise um die Welt. Zusammengetragen von Rich. Walter. Aus dem Englischen übersetzt von Eobald Toze. Mit Karten. Leipzig u. Goettingen, v. Vandenböck, 1749. gr.-4°; Verbessert: Goettingen, 1763; Mit Karten. Tübingen, Cotta, 1796, gr.-8°.
6304. **Coyer** Arbe. A Supplement to Lord Anson's Voyage round the World, containing a discovery and description of the Island of Trivola. London, 1752, 8°.
6305. **Anson** George. Voyage autour du monde, fait dans les années 1740 et 1744 (rédigé par Benjamin Robins) publié par Rich. Walter; trad. de l'anglais (par Ellie de Joncourt). 2 vols. Amsterdam, Arkstée et Merkus, 1749—1751; Genéve, Wolff, 1756, 4°; édit. revue, par l'abbé de Gua de Malves. Paris, Quillan, 1750. 4° et 4 vosl. 12°.
6306. **Anson**. Voyage à la mer du Sud fait par quelques officiers command. le vaisseau »le Wager«. Trad. de l'anglais. Lyon, 1756, 4°.

6307. **Anson** Georg. Viaggio ottorno el mondo, fatto negli anni 1740—1744. Livorno, 1756, 4°.
6308. **Roger** (Wood.). Beschreibung der vierjährigen Reise von 1708—1711 mit Dampier, nach der Südsee, von da nach Ostindien, und weiter um die Welt. Frankfurt u. Leipzig, 1760. 8°
6309. **Anson.** Waar by het vervolg zynde de reis van het Schip »de Wager«. Amsterdam, 1754; 1766, 4°.
6310. **Byron** John. Voyage autour du monde, fait dans le vaisseau du roi »le Dauphin«, commandé par le chef d'escadre Byron, où l'on trouve la Relation exacte de plusieurs îles découvertes dans les mers du Sud; une Description du détroit de Magellan et des Géants connus sous le nom de Patagons. Par un officier qui était à bord de ce même vaisseau; trad. de l'anglais par Suard. Paris, Molini, 1767. 12°; — Byron, Carteret, Wallis et Cook voyages autour du monde. 8 vols. Lausanne, 1796, gr.-8°.
6311. **Byron** John. Voyage round the World, in the years 1764—1766 in his Maj. Sloop »the Dolphin«, containing a minute and exact description of the Straits of Magellan, and the gigantic people called the Patagonians. London, 1767, 8°. The same: Callander's Voyages, III, 1766, p. 673. Hawkesworth's Voyages, I, 1773, p. 1.)
6312. **Byron** John. Reise um die Welt in den Jahren 1764 und 1765 nebst einer genauen Beschreibung der magellanischen Strasse, der patagonischen Riesen und der ganz neu entdeckten sieben Inseln in der Südsee. Mit einem Anhange (des Uebersetzers), worinnen eine Beschreibung der patagonischen Küste; übersetzt von (Christ. Heinr.) Korn. Mit Karten. Frankfurt und Leipzig (Stuttgart), Matzler, 1769. 8°.
6313. **Byron.** Viage al rededor del mundo, hecho ultimamente de orden del almirantazgo de Inglaterra. Traducido del inglés con notas por Cas de Ostega. 2 edic. Madrid, 1769, 4°.
6314. **Bougainville** (le Comte Louis Ant.). Voyage autour du monde par la frégate du roi la Boudeuse et la flûte l'Étoile de 1766 à 1769. Avec cartes. Paris, Saillant et Nyon, 1771, 3 vols, 1772, 4°; 8°. — Le même: Nouv. édit., avec le Journal d'un Voyage autour du monde, par Banks et Solander; trad. de l'angl. par De Fréville. 3 vols. avec cartes. Paris, 1793, 8°. Paris, Bibliothèque des communes, 1861, 12°.
6315. **Reisen** in das Südmeer, als Beytrag zu Anson's Reisen nebst dessen Lebensbeschreibung. Aus dem Englischen. Nürnberg, Raspe, 1772. gr.-8°.
6316. **Banks** Sir Joseph. A Journal of a Voyage round the World, in his Maj. Ship »Endeavour« in the years 1768—1771 undertaken in pursuit of Natural Knowledge, at the desire of the Royal Society, containing various Occurrences, with Descriptions of several new discovered Countries in the Southern Hemisphere etc. To which is added: A Concise Vocabulary of the Language of Otaheite. London, 1772. 4°.
6317. **Banks** et Solander. Supplément au Voyage de M. de Bougainville au Journal d'un Voyage autour du monde fait par..... en 1768—1771. Traduit de l'anglais par M. de Fréville. Paris, Saillant, Nyon, 1772; 1793. 8°.
6318. **Bougainville.** Reise um die Welt mit der Fregatte »la Boudeuse« von 1766 — 1769. Mit 1 Karte. Leipzig, Fritsch, 1772; 1783, gr.-8°.
6319. **Bougainville** Louis, Ant. A voyage round the world 1766—1769. Translated by J. R. Forster. With 6 pl. London, 1772; 2 ed. 1773. 4°.
6320. **Banks** Sir Jos. Voyage autour du monde 1768—1771. Traduit de l'anglais par M. de Fréville. Paris, 1773.
6321. **Fleurieu** Claret de. Voyage fait en 1768—1769 en différentes parties du monde pour éprouver en mer les horloges marines, inventées par Berthoud. 2 vols. Paris, 1773, 4°.
6322 **Hawkesworth.** Reizen rondom de Wereld van By.on, Wallis, Carteret en Cook. Uit het Engl. vert. Rotterdam, 1774. 4°.
6323. **Forster** George. Reise um die Welt. Aus dem Englischen übersetzt vom Verfasser, mit Zusätzen für den deutschen Leser vermehrt. 12 Tafeln.

Berlin, 1778, 4°; 2 Thle. Berlin, Spener, 1784, 8°; Altona, Buchtold, 1805; Magdeburg, v. Schutz, 1820.
6324. **Forster** Joh. Reinhold. Observations faites dans un voyage autour du monde, sur la géographie physique, l'histoire naturelle et la philosophie morale; trad. de l'Angl. par Pingeron. Imp. à la suite du cinquième vol. de l'édit. française du second voyage de Cook. Paris, 1778, 4°.
6325. **Forster** Joh. Reinhold. Observations made during a voyage round the world on physical geography, natural history, and ethic philosophy: especially the earth and its strata; water and the ocean, the atmosphere; the changes of the globe; organic bodies, and the human species. London, 1778, 4°.
6326. **Wales** William. Remarks of Forster's account of Cooks last voyage round the World, in the Years 1772—1775. London, 1778, gr.-8°.
6327. **The Narrative** of the honourable John Byron, (commodore in a late expedition round the world), containing an account of the great distresses suffered by himself and his companions on the coast of Patagonia, from the years 1740 to their arrival in England 1746. London, Baker, 1780, 12°.
6328. **Zimmermann** Heinr. Dernier voyage du Capitaine Cook autour du monde. Berne, 1782, 8°.
6329. **Dampier** Wilh. Neue Reisen um die Welt, ingleichen nach Neu-Holland, nebst Lionell Wafers Reise und Beschreibung der Meerenge Darien. 3 Theile. Frankfurt und Leipzig, 1702; 1703; 1707. 8°; 3 Theile mit Karten. Leipzig, 1708; Zelle. Runge, 1783, 8°.
6330. **Cook** Jam. Neueste Beschreibung seiner dritten und letzten Reise. 2 Bde. Leipzig und Nürnberg, 1786.
6331. **Portlock** Nath. Abridgement of a Voyage round the World in 1785, 1788. London, 1789. 8°.
6332. **Pagès** P. M. F. Travels round the World, in 1767—1771; from the French 3 vols. London, 1791, 8°.
6333. **Hamilton** George. A voyage round the World. London, Berwick, 1793. 8°.
6334. **La Pérouse's** Entdeckungsreise in den Jahren 1785—1788. Leipzig, Hinrichs, 1799; Berlin, Schüppel, 1805. 8°. Auch: Magazin der Reisebeschreibungen, Bd. XVI, XVII.
6335. **Byron** John. Voyage à la mer du Sud, complétant la Relation du voyage d'Anson, avec un Extrait du second voyage de Byron autour du monde. Trad. de l'angl par A. de Cantwell. Paris, 1799. 8°.
6336a. **La Pérouse** Jean Franc. Voyage autour du Monde, en 1785—1788, redigé par L. Milet Mureau. 4 vols., atlas fol. Paris, 1797, 4°; 4 vols. avec atlas. Paris, 1798, 8°.
6336b. **La Pérouse.** Reize naar de Zuider Zee in 1785—1788, naar het Fransch d. M. J. van der Linden. 3 vols. met pl. Groningen, 1805, 8°.
6337. **Labillardière** J. J. Voyage in search of La Pérouse in the Years 1791—1792. Transl. from the French. 2 vols with Atlas. London, 1799; 1800; 1810. 8°.
6338. **La Pérouse**, F. G. de. Voyage round the world in 1785—1788. From the French. 2 vols with atlas. London, 1799, 4°; 3 vols. 1799, 8°. Boston, 1801; 3 vols and atlas fol. London, 1807, 8°.
6339. **La Peyrouse's Reise** omkring Verden, overs efter Milet-Mureaus franske Original af O. Horrebow. Kjöbenhavn, 1799. 8°.
6340. **Labillardière** Jaqu. Jul. Relation du voyage à la Recherche de La Pérouse fait pendant les années 1791—1794. 2 vols. avec atlas fol. Paris, Jansen, 1800; 1817, 8°.
6341. **Cook** Jam. Beschreibung seiner Reise um die Welt. 2 Bde. Altona, Berchthold, 1801; 2. Aufl. 1803.
6342. **Bruny** d'Entrecasteaux. Voyage fait 1791—1793. Rédigé par De Rossel. Paris, 1808.
6343. **Reise** um die Welt in den Jahren 1803—1806 unter Commando des russischen Capitain A. J. von Krusenstern, auf den Schiffen »Nadeschda« und »Newa« 3 Bde. mit Atlas. Petersburg, 1810—1812, 1813 4°; Atlas

Mit Karten u. Abb. gr. fol. Petersburg, 1814; Berlin, Haude und Spener, 1811; 2 Bdch., Magdeburg, 1816, 8°; Italienische Ausgabe v. Angiolino. 3 tom. Mailand, 1818. 8°. — Atlas zur Reise um die Welt des Capitain von Krusenstern. 8 Hefte, 33 Karten. u. 72 Blätter nach den Handzeichnungen des Hofrath Tilesius. Petersburg, 1814; Berlin, Haude u. Spener. gr. fol.

6344. **Krusenstern** Adam, Jean de. Voyage autour du monde fait dans les années 1803—1806 sur les vaisseaux »La Nadiejda« et »la Néva« commandés par...Traduit du russ. de l'auteur, la traduction revue par J. B. B. Eyriès. 3 vols. et Atlas en fol. Petersburg, 1810, 4°; 2 vols. et atlas de 30 pl. Paris, Gide fils, 1821, 8°.

6345. **Krusenstern** Adam, Jean de. Plantes recueilles pendant le voyage des Russes autour du monde, expédition dirigée par M. de Krusenstern. Part I et II Icones filicum p. Geo. Henr. Langsdorff et Fr. Ern. L. Fischer. Tübingen, 1810—1818. in fol.

6346. **Krusenstern** A. Voyage round the World in 1803—1806, transl. from the French by R. Belgrave Hoppner; with a chart of the North-West part of the great Ocean. 2 vols. London, 1813, 4°. — Holländische Ausgabe: 2 Bde. Harlem, 1812—1815, 8°.

6347. **Langsdorff** de, G. H. Voyages and Travels in various parts of the World, during the years 1803, 1804, 1805, 1806 and 1807. 2 vols. London, 1813 4°.

6348. **Turnbull** John. A Voyage round the World, in the years 1800—1804. To which are added, a narrative of the proceedings of the Geographe and Naturaliste, sent on a Voyage of discovery, by the French Government, in 1800: with an Appendix. Second edit. London, 1813. 4°.

6349. **Lisiansky** Urey. A Voyage round the World, in the Years 1803, 1804, 1805 and 1806; performed in the ship »Neva«. London, 1814.

6350. **Langsdorff** G. H. v. Bemerkungen auf einer Reise um die Welt in den Jahren 1803—1807. 2 Bde. mit 45 Kpfr. Frankfurt a. M. 1812. 4°. Wien, Doll, 1816, 8°; dasselbe: für die Jugend bearbeitet Zerbst, Schütz, 1819, 8°; holländische Uebersetzung, 4 vols. Amsterdam, 1820. 8°.

6351. **Arago** Jacques, Etienne, Victor. Promenade autour du monde pendant les années 1817—1820 sur les corvettes du roi »l'Uranie« et la »Physicienne,« commandées par M. Freycinet. 2 vols. Atlas en fol. de 26 planches. Paris, Leblanc, 1822, 8°.

6352. **Bougainville** L. A. Album pittoresque de la frégate la »Thétis« et de la corvette »l'Espérance« collection des dessins relatifs à leur voyage autour du monde en 1824—1826, receuillies et publiés par le Vicomte de Latouanne. Paris, 1824, 4°.

6353. **Freycinet**, Louis de. Voyage autour du monde, fait par ordre du roi, sur les corvettes »l'Uranie« et »la Physicienne«, pendant les années 1817 à 1820. 8 vols. (en 56 livr.) et 4 atlas in fol. avec 348 pl. dont 117 color. Paris, Pillet aîné, 1824—1844; 7 vols. ou 13 parts. avec 3 atlas fol. 328 pl. dont 117 colorés. 1826.

6354. **Krusenstern** Adam Jean de. Recueil de mémoires hydrographiques pour servir d'analyse et d'explication à l'atlas de l'Océan pacifique par le commodore de Krusenstern 3 parts. av. suppl. et additions. St. Petersbourg, 1824 à 1835. gr. 4°.

6355. **Duperrey** L. J. Voyage autour du monde, exécuté par ordre du roi, sur la corvette de S. M. »la Coquille«, pendant les années 1822—1825 sous le ministère et conformement aux instructions de S. Exc. M. le marquis de Clermont-Tonnerre, et publié sous les auspices de S. Exc. M. le comte de Chabrol IV. Sect. et atlas de 352 pl. dont 106 color. gr. fol. Paris, Arth. Bertrand. 1828 et ann. suiv. — Zoologie par Lesson, Garnot et Guérin, Méneville. 2 vols. Paris, 1826—1830; Atlas hydrodraphique, in fol. 50 cartes. 1827.

6356. **Dumont** d'Urville Jules César. Rapport sur le voyage de »l'Astrolabe«, lu à l'Acadèm. royale des sciences [Institut de France] dans sa séance du 11. Mai 1829. 64 pp. Paris, Coniam, 1829, 8°.

6357. **Eschscholtz** F. Zoologischer Atlas, enthaltend Abbildungen und Beschreibungen neuer Thierarten, während Kotzebue's zweiter Reise um die Welt in den Jahren 1823—1826 beobachtet. 5 Hfte. Berlin, 1829—1833. Fol.
6358. **Hofmann** E. Geognostische Beobachtungen, angestellt auf einer Reise um die Welt in den Jahren 1823—1826 unter O. v. Kotzebue. Mit 1 Tafel. Berlin, 1829, 8°.
6359. **Lesson** René-Primevére. Voyage medical autour du Monde, executé sur la corvette du roi la Coquille commandée par L. J. Duperrey, pendant les années 1822—1825; ou Rapport sur l'état sanitaire de l'équipage, pendant la durèe de campagne, avec quelques renseignements sur des pratiques empiriques locales en usage dans plusieurs des contrées visitées par l'expédition; suivi d'un Mémoire sur les races humaines repandues dans l'Océanie, la Malasie et l'Australie. 4 vols. av. pl. Paris, Roret, 1829; Bruxelles, 1839. 8°.
6360. **Dumont** d'Urville. J. Voyage de découvertes autour du monde et à la recherche de la Pérouse, par M. Jules Dumont d'Urville, sur la corvette »l'Astrolabe«, exécuté par ordre du roi pendant les années 1826-1829 sous le comm. de M. Dumont d'Urville. 12 vols. in gr. 8° de texte, d'un vol. 4°, et de 6 vols gr. in Fol. d'environ 500 pl. Paris, Roret, 1830 et ann. suiv. — Partie historique, 5 vols. en 10 parties in 8° et atlas de 20 pl. in Fol. — Observations nautiques météorologiques, hydrogr. et de physique. Publié par le ministère de la marine. 90 pp. Paris, imp. de F. Didot, 1834 4°.
6361. **O. v. Kotzebue's** Reise um die Welt. 1823—1826. 2 Bde. Lex. 8°. — A. u. d. T. Neue Reise u. s. w. 2 vols. Mit 2 Kpf. u. 3 Karten. Nebst einem Anhange: Uebersicht der zoologischen Ausbeute v. J. Fr. Eschscholtz. Leipzig, Böhme; Weimar, Cnobloch, 1830.
6362. **Quoy** et P. Gaimard. Zoologie du voyage de découvertes de »l'Astrolabe«, exécuté par ordre du Roi pendant les années 1826—1829, sous le commandement de M. J. Dumont d'Urville. Faune entomologique de l'Océan pacifique par Boisduval. 5 vols. Paris, 1830—1834. 8°. Atlas 2 vols. Fol.
6363. **Kotzebue** Captain. New voyage round the World in the years 1823—1826. Transl. from the Russian. 2 vols. London, Colburn and Bentley, 1831.
6364. **Cook**, S. Viage al rededor del mundo, hecho en los años 1768—1771, trad. del francés por S. de Alvarado y de la Peña. 6 vols. in 24 bas. Madrid, 1832.
6365. **Anson**, J. Viage al rededor del mundo, hecho en los años 1740—1744. Trad. al castell. por L. de Alemany. 3 vols. in 12 bas. Madrid, 1833.
6366. **Laplace**. Voyage autour du monde par les mers de l'Inde etc. de Chine, exécuté sur la corvette »la Favorite« pendant les années 1830—1832. 4 vols. atlas. Paris, Imp. Roy., 1833—1835.
6367. **Malerische Reise** um die Welt. Eine geordnete Zusammenstellung des Wissenswerthesten von den Entdeckungsreisen eines Byron, Wallis, Carteret, Bougainville, Cook, Laperouse etc. verfasst von einer Gesellschaft Reisender und Gelehrter unter der Leitung des Herrn Dumont d'Urville. Ins Deutsche übertragen und mit Anmerkungen versehen von A. Diezmann. I, 43½ Bog., 71 Stahlst., 2 Karten. Leipzig, Industrie-Comptoir, 1834—1835. gr.-4°.
6368. **Holman** James. A voyage round the World including Travels in Africa, Asia, Australasia etc. from 1827—1832. 4 vols. London, 1834—1835. 8°.
6369. **Malerische Reise** um die Welt nach dem Französischen des Dumont d'Urville. 2 Bde, Leipzig. 1835; 1837. 4°.
6370. **Ermann** Ad. G. Verzeichniss von Thieren und Pflanzen, welche auf einer Reise um die Erde gesammelt wurden. Mit 17 Taf. (wovon 15 lith. u. 2 in Kupfer gest. u. illum.) Berlin, Reimer, 1835, gr. Fol.
6371. **Lütke** Fred. Voyage autour du monde fait par ordre de S. M. Nicolas I., sur la corvette »le Seniavine« 1826—1829. Paris, Engelmann, 1836. Mit Atlas, 51 Blätter, nach Originalzeichnungen von Al. Postels und Baron Kittlitz. 3 vols. Paris, Didot, 1835—1836.

6372. **Willinck.** Reize om de wereld in 1823 en 1824. Met atlas. in 4°. Breda 1835. 8°.
6373. **Wilson** P. B. Narrative of a voyage round the World. Sherward, 1835. 8°.
6374. **Dumont** d'Urville. Reize om de wereld. 3 deelen. Leyden, 1837—1840.
6375. **Letzte Schicksale** und Entdeckungen des französischen Schiffscapitains Grafen de La Pérouse und der Mannschaft der Fregatte la Boussole jenseits des 85. Grades nördlicher Breite. Nach dem von Reidcliff im Jahre 1835 auf der Bricer-Insel aufgefundenen Schiffstagebüchern und Manuscripten. Aus dem Engl. Mit 1 Karte. Hanau, König, 1837. gr. 8°.
6376. **Meyen.** Reize om de aarde in 1830—1832. 2 deelen met pl. en kart. Groningen, 1837, 1840.
6377. **Bougainville** Baron de. Journal de la navigation autour du globe de la frégate »la Thétis« et de la corvette »l'Espérance« pendant les années 1824, 1825 et 1826, publié par ordre du Roi sous les auspices du département de la marine. 2 vols. Avec atlas d'une feuille, 56 grav., 10 cartes et 13 plans. On a ajouté: Observations astronomiques et météorologiques. Paris, Arthus Bertrand, 1838. gr. 4°.
6378. **Vaillant.** Voyage autour du monde, exécuté pendant les années. 1836 et 1837, sur la corvette »la Bonité«, comm. par Vaillant. 14 vols. 8°. accomp. de 3 atlas fol. conten. 360 pl. dont 100 environ color. I. Relation du voyage par N. la Salle. 1 vol. Album 10 pl.; II. Zoologie par F. Eydoux et Souleyet. 2 vols. Atlas 112 pl.; III. Botanique par Ch. Gaudichaud. 1 vol. Atlas IV. Physique et hydrographie par B. Durondeau et E. Chevalier. 4 vols. avec pl.; V. Géologie et minéralogie par E. Chevalier. 1 vol. avec pl. Paris, Arthus Bertrand, 1839—1844; Paris, Didot, 1840.
6379. **Dupetit Thouars** Abel. Voyage autour du monde sur la frégatte »la Venus« pendant les années 1836—1839; publ. p. ord. d. roi par Abel Dupetit Thouars. 10 vols. et 1 atlas conten. environ 150 pl. in fol. Paris, 1840—1849; 2 ed. 9 vols. gr. 8° et 3 atl. in Fol. Paris, Gide & Co., 1840—1844. 8°.
6380. **History** of Circumnavigation of the Globe. Welson, 1840, 12°.
6381. **Laplace** C. P. T. Campagne de circumnavigation de la frègatte »l'Artémise« pendant les années 1837—1840. Publiée par ordre du gouvernement. avec. nombr. fig. et cartes. 6 vols. Paris, Bertrand, 1840—1853; Paris, 1841—1848. 4 vols. 8°.
6382. **Belcher.** Narrative of a Voyage round the world, performed in Her Majesty's »Ship Sulphur«, during the years 1836-1842. By Captain Sir Edward Belcher, R. N. Commander of the Expedition. 2 vols. London, 1843.
6383. **Kittlitz** F. H. v. 24 Vegetations-Ansichten von Küstenländern und Inseln des stillen Oceans, aufgenommen in den Jahren 1827—1829 auf der Entdeckungsreise der kais. russ. Corvette »Seniavine« unter Lütke. Siegen u. Wiesbaden, Friedrich, 1844—1845; Wiesbaden, 1850—1852; 2. Ausgabe, Berlin, St. Grieben, 1862. Fol.
6384. **Dumont** d'Urville Voyage pittoresque autour du monde, résumé général des voyages de découvertes de Magellan, Dampier Bougainville, Cook, Lapeyrouse, etc., rédigé par une société de voyageurs et d'hommes de lettres, sous la direction de M. Dumont d'Urville. Redigé par Reybaud et Dumont d'Urville. 2 vols. Paris, 1839, 4°; 2 vols. accomp. de cartes, portraits et de plus de 500 grav. sur acier, dessinées par Sainson. Paris, Turne, 1844. gr. 8°.
6385. **Darwin's** Voyage of a naturalist round the world. 2 edit. London, Murray, 1846. 8°.
6386. **Fitz Roy,** King and Darwin. Voyage of »Adventure« and »Beagle«. 4 vols. London, Collburn, 1848. 8°.
6387. **Eine Reise** um die Welt, von Westen nach Osten durch Sibirien, das stille und atlantische Meer. IX u. 136 pp. mit 1 lithochrom. Titelbilde u. 1 lithogr. Karte. Aschaffenburg, Krebs, 1854. 8°.

6388. **James Cook.** Drei Reisen um die Welt. Neu herausgegeben von Friedrich Steger. Leipzig, Senf, 1858; 2. Auflage 1865, XXIV u. 576 pp.; 3. Auflage 1874. gr. 8°.
6389. **Deoaisne** J. Texte de la Botanique du voyage autour du Monde sur la frégatte »la Vénus« commandée par Abel du Petit-Thouars. 36 pp., Paris, Morgand, 1864. 8°.
6390. **Purves** D. L. English Circumnavigators by English Sailors. Nimmo, 1874. 8°.
6391. **Redenbacher,** Wilh. Des englischen Capitäns Cook berühmte 3 Reisen um die Welt. Für die Jugend. Mit 6 Orig.-Rad. 5. Auflage VII., u. 308 pp. Stuttgart, Risch, 1874. gr.-16°.
6392. **Magellan,** the first Voyage round the world translated from the accounts of Pigafetta with notes by Lord Stanley of Alderley. Hakluyt Society, Vol. LII, 1874, 8°.
6393. **Low,** C. R. Lieut. Three Voyages of Captain Cook round the World. London, Routledge, 1875, 12°.
6394. **Campbell** Lord George. Log-Letters from the »Challenger«. With Map. London, Macmillan, 1876. 8°.
6395. **The Cruise** of H. M. S. »Challenger«; Scenes in Many-Lands and Voyages over Many Seas. By W. J. J. Spry R. N. with map and numerous Illustrations. London, Sampson Low & Comp., 1876.
6396. **Anson** (George). Voyage round the World. London, Christian Knowledge Prom. Society, 1876. 12°.
6397. **Thomson** Sir Wyville, The voyage of the »Challenger«. The Atlantic. A Preliminary account of the Exploring Voyage of H. M. S. »Challenger« during the years 1873—1876. 2 vols. With num. Illustrations, maps and Charts. London, Macmillan and Co., 1877. 8°.
6398. **Carteret** Philip. Voyage round the World in the years 1766—1769. (Hawkesworth's Voyages, 1773, p. 522.)

Aufsätze und Notizen.

6399. **Simonoff.** Discours sur les resultats du voyage autour du monde, et surtout dans le midi de l'Océan Glacial, entrepris de 1819 à 1821 par les vaissaux »l'Orient« et »le Pacifique«. (Annal. marit. II, 1824, p. 599.)
6400. **Kotzebue's** Reisen. (Unterhaltungsblätter für Welt- und Menschenkunde, IV, 1827, p. 64.)
6401. **Benett.** Voyage round the globe. (Journal of Royal Geographical Society of London, VII, 1837, p. 212.)
6402. **Marins Russes** qui ont fait le tour du monde de 1803—1848. (Bulletin de la Soc. de Géogr., Paris, IV Sér., I, 1851, Mai, Nr. 5, p. 546.)
6403. **Galitzin,** Le Prince Emmanuel. Voyages autour du monde des navigateurs Russes. (Bulletin de la Soc. de Géogr. Paris, IV Sér., III, 1852, p. 444—457; IV, p. 5—29.)
6404. **Weltumseglung.** Challenger. (Ausland, XLVII, 1874, p. 465.)
6405. **Die Challenger-Expedition.** (Gaea, X, 1874, p. 247—248.)

Südsee-Reisen.

(Voyages to the South Sea.)

6406. **Vespucci** Americo. De ora antarctica per regem Portugalliae pridem inventa (ab Americo Vesputio). Von den nüwen Insulen und Landen, so yetz kürtzlich erfunden synt durch den Künig von Portugall. Impressum Argentine per Mathias Hupfuff (1505). Francofurti, 1585. 4°.

6407. **Morris** Isaac. A Narrative of the Dangers and Distreases which befel I. M. and seven more of the Crew belonging to the Wager Store-ship, which attended Commodore Anson in his Voyage to the South Sea. London, Birt, 1771, 8°.
6408. **Fretty.** The famous Sir Francis Drake's voyage into the South Sea and there hence about the whole globe of the Earth in the years 1577, 1578, 1579, 1580. London, 1600—1608; 1618, 4°.
6409. **Knight** Guill. L'autre monde où la terre australe derniérement visitée dans le cours des plusieurs voyages par un Academicien etranger publié. Latein. Ausgabe. Sive terra etc. Francoforti, 1604.
6410. **Quir** Pet. Ferdinandez de. Narratio de Terra Australi incognita. Amsterdam, 1612, 4°.
6411. **Quir** Pet. Ferdinandez de. Terra australiis incognita: or, a new Southern discovery, containing a fifth part of the world, lately found out. London, 1617, 4°.
6412. **Hawkins,** Sir Rich. Observations on his Voyage to the South Sea, anno 1593. London, J. D. for John Jaggard, 1622, fol.
6413. **Herrera** Ant. de. Novus Orbis sive Descriptio Indiae orientalis. Metaphrasti Barlaei accesserunt Navigationis nuper australis Jacobi Lemaire Historiae. Amsterdam, M. Cottinius, 1628, fol.
6414. **Raveneau** de Lussan. Journal d'un voyage fait à la Mer de Sud, avec les flibustiers de l'Amérique en 1684 et années suivantes. Paris, 1690.
6415. **Sadeur** James. A New Discovery of Terra Australis Incognita; or, the Southern World; into English out of French. London, 1693, 8°.
6416. **Cooke** Edw. A Voyage to the South Sea and round the world performed in the years 1708 to 1711, wherein is given an account of Alexander Selkirk, and his manner of living four years and four months upon the uninhabited island of Juan Fernandez; 2 vols. with maps, plates and an index. London, 1712, 8°.
6417. **Frezier.** A Voyage to the South Sea, and along the Coasts of Chili and Peru in 1712, 1713 and 1714, with a Postscript by Dr. Ed. Halley. London, 1717; 1718, 4°.
6418. **Shelvocke** George. A voyage round the world by the way of the great South Sea performed in the years 1719—1722. London, 1726, 8°.
6419. **Bry** de. Histoire de l'expédition de trois vaisseaux envoyés par la compagnie des Indes occidentales des Provinces-Unies aux Terres Australes en 1721. 2 vols. Haye, 1739.
6420. **Raveneau** de Lussan. A journal of a voyage made in to the South Sea, by the bucaniers or freebootees of America, from the year 1684—1689. To which is added the voyage of de Montauban 1699. Transl. from the french. London, 1741.
6421. **Bulkeley** J. and Cummins J. Voyage to the South Seas in the years 1740—1741. London, 1743, 8°.
6422. **Campbell** Alex. Sequel to Bulkeley and Cummin's Voyage to the South Seas; or the Adventures of the Gentlemen belonging to the Wager. London, 1747, 8°.
6423. **Gellibrand** Henry. An Appendix concerning Longitude. London, 1633. Subjoined to the Voyage of Captain Thomas James, in the South Sea. Reprinted in Harris' Voyages. London, 1748.
6424. **Frezier.** Reise nach der Südsee und den Küsten Chili, Peru und Brasilien aus dem Französ. von L. C. Vischer. Hamburg, 1718, 8°; 2. Aufl. nebst einem Anhange von Anson's Reisen um die ganze Welt. Mit Karte. Hamburg, 1749.
6425. **Brosses** C. de, comte de Fournay et Montfalcon. Histoire des navigations aux terres australes. 2 vols. avec 7 cartes. Paris, Durand, 1756, 4°.
6426. **Holmesby** John. Voyage and Adventures to the Southern Ocean 1737. London, 1757, 12°.

6427. **Pingré** Alex. Guy. A Memoir relating to the Discoveries made in the South Sea during the Voyages of the English and French round the World 1758, 4°.
6428. **Callander** John. Terra australis incognita, or voyages to the terra australis, or southern hemisphere during the sixteenth, seventeenth and eighteenth century. 3 vols. Edinburg, 1766—1769, 8°.
6429. **Dalrymple** Alex. An account of the discoveries made in the South Pacific Ocean previous to 1764. London, 1767, 8°.
6430. **Adelung.** Vollständige Geschichte der Schifffahrten nach den noch grösstentheils unbekannten Südländern aus dem französischen des Herrn C. de Brosse, übersetzt von J. C. Adelung. Mit Karten. Halle, Gebauer, 1767, 4°.
6431. **Dalrymple** Alex. A Historical collection of the several voyages and discoveries in the South Pacific Ocean. 2 vols. London, 1769—1771; 1775. 4°.
6432. **Forster** John Reinhold. Voyage round the World, by Lewis Bougainville, performed by ord. of his most Christian Majesty in 1766, 1767, 1768 and 1769; with directions for collecting and all kinds of Natural History Curiosities. Translated from the French. London, 1771—1772, 4°.
6433. **Reise** in das Südmeer als ein Beytrag zu Anson's Reisen nebst dessen Lebensbeschreibung a. d. Engl. Nürnberg, Raspe, 1772, gr.-8°.
6434. **Parkinson** Sidney. A Journal of a voyage to the South Seas in His Majesty's ship »the Endeavour« Embellished with views and designs delineated by the author to which is now added an appendix containing an account of the voyages of Commodore Byron etc. Edited by Dr. Lettsom. London, 1773; 1784, 4°.
6435. **Dalrymple** Alex. Voyages dans la Mer du Sud, par les Espagnols et les Hollandois. Trad. de l'anglois par M. de Fréville. Paris, 1774, 8°. — Il faut joindre à ce volume: Hydrographie, ou Histoire des nouvelles découvertes faites dans la Mer du Sud, en 1767—1770. rédigé par Fréville. 2 vols. Paris, 1774, 8°.
6436. **Fréville** A. F. J. de. Histoire des nouvelles découvertes faites dans la Mer du Sud 1767—1770: redigée d'après les dernières relations (anglaises et françaises). Avec une carte dressée par de Vaugondy. 2 vols. Paris, Dehansy, 1774. 8°.
6437. **Hawkesworth** John. Geschichte der englischen Seereisen und Entdeckungen im Süd-Meer, welche von Byron, Wallis, Carteret und Cook ausgeführt sind. Aus dem englischen von J. F. Schiller. 7 Thle. 3 Bde. Mit Kpf. Berlin, Haude, 1774—1784, 4°; Dasselbe 11 Thle. 4 Bde. Berlin, 1775—1788, gr. 8°; im Auszug, m. Karte, Frankfurt, 1775, 8°.
6438. **Dalrymple** Alex. A collection of Voyages chiefly in the Southern Atlantic Ocean. London, 1775, 4°.
6439. **Fréville** de. Berättelse om de nya uptäckter, som blifvit gjorde i Söderhafvet, åren 1767—1770, öfversatt ifrån Fransyska. Upsala, 1776, 8°.
6440. **Pingré** A. G. Mémoire sur les découvertes faites dans la Mer du Sud avant les derniers voyages des Anglois et des François. Lu à l'acad. des sciences le 23. décembre 1766 et en janvier 1767. Avec une carte. Paris, 1778. 4°.
6441. **Kerguelen** de. Relation de deux voyages dans les mers australes et les Indes faites en 1771—1772 et 1773. (Knapen, 1781). Publié par ordre du gouvernement français. Paris, 1772, 8°.
6442. **Rochon** A. M. Nouveau voyage à la Mer du Sud, commencé sous les ordres de M. Marion, Capt. du Braleon, Ch. de St. Louis et achevé après la mort de cet officier sous ceux du M. C. Chev. Duclesmeur. Cette relation a été redigée d'après les plans et journaux de M. Crozet. On a joint à ce voyage un extrait de celui de De Surville, dans les mêmes contrées. 290 pp., avec fig. Paris, Barrois l'ainé, 1783, 8°.

6443. Reise durch die Südsee im Jahre 1771 u. 1772, angefangen durch v. Marion und geendet durch den Ritter Duclesmeur. Aus dem Französischen. Leipzig, Fritsch, 1784, gr. 8°.

6444. Journal of a voyage to the South Sea, faithfully transscribed from the papers of the late Syd. Parkinson draughtsman to S. J. Banks in his expedition with Dr. Solander round the world London, C. Dilly, 1784.

6445. Dalrymple Alex. Historische Sammlung der Reisen nach der Südsee im 16, 17. und 18. Jahrh Aus dem Englischen. Hamburg, Bohn, 1786, 8°; Altenburg, Schnuphase.

6446. Marchand Étienne. Voyage autour du monde, pendant les années 1790—1792, précédé d'une introduction historique; auquel on a joint des recherches sur les terres australes de Drake, et un examen critique du voyage de Roggeween par C. P. Claret-Fleurieu. 4 vols. avec 16 cartes et fig, 8°; Paris, Imprimerie de la République, ans VI—VIII, 1798—1800; 5 vols. avec atlas, Paris, Barthés, 1789. — Engl. Uebers. 2 vols. with atlas. London, 1801, 8°. — Deutsche Uebers.: 2 Bde. m. Fig. Leipzig, Hinrichs, 1801. 8°.

6447. Ontdekkingen in de Zuidzee en berichten aangaande de la Pérouse en zijne tochtgenoten, opgemaakt uit sporen van zijne reis, op onderscheidene eilanden en landen der Stille zee gevonden; als mede aangaande een groot eiland, thans door Fransche vluchtelingen bevolkt. Uit het Fransch vertaald. Haarlem, 1791, 8°.

6448. Borde Jean Benjamin de la. Histoire abrégée de la Mer du Sud enrichie d'un grand nombre de cartes géographiques, et des figures, in dépendamment d'un Atlas separé, contenant la carte générale, 3 vols., avec atlas in 4° de 12 cartes. 8° et 1 vol. 4°. Paris, de l'imp. Didot ainé, 1791,

6449. Bligh Will. Voyage à la Mer du Sud, entrepris par ordre de S. M. britannique, pour introduire aux Indes le jaquier. Trad. de l'anglais par F. Soulés. Avec carte. Paris, 1792, 8°.

6450. Bligh Will. A voyage to the South Sea, undertaken by command of his majesty for the purpose of conveying the bread fruit tree to the West Indies etc. Published by permission of the lords commissioners of the admiralty. With charts. London and Dublin, 1792. 4°.

6451. Parkinson Sidney. Voyage autour du monde attaché à M. Banks; précédé d'un discours en forme d'Introduction par les principaux navigateurs anglais et français qui ont précédé l'Endeavour. Traduit de l'anglais par P. F. Henri 2 vols., avec fig. Paris, Guillaume, 1795; 1797, 8°.

6452. Labillardière Jean Julien. Relation d'un voyage à la recherche de La Pérouse, fait par ordre de l'Assemblée constituante, pendant les années de 1791—1792. 2 vols. 4° et atlas in fol. de 43 planch., et une grande carte; ou 2 vols. 8° avec le même atlas. Paris, Jansen, an VII (1799),

6453. Labillardière Joh. Jul. Reise in das Südmeer, zur Aufsuchung des Lapérouse. Aus dem Französischen. 2 Thle. Mit 6 Kupf. Hamburg, A. Campe, 1801, gr 8°.

6454. Péron F. Entdeckungsreise nach den Südländern (1800—1804). Fortgesetzt von L. Freycinet. Aus dem Französischen übersetzt von Ph. W. Hausleutner. 2 Bde. Tübingen, 1803; Stuttgart, Cotta, 1808—1819, 4°; 2 Bde. Weimar, 1808 -1819.

6455. La Pérouse Jean Franc. Reize naar de Zuider-Zee in 1785—1788 naar het Fransch d. M. J. van der Linden. 3 vols. met pl. Groningen, 1805, 8°.

6456. Péron F Voyage de découvertes aux Terres Australes, exécuté par ordre de S M l'empereur Napoléon, roi d'Italie, sur les corvettes »le Géographe«, »le Naturaliste« et la goélette »la Casuarina« pendant les années 1800—1804; publié sous le ministère de S. E. M. de Champagny. ╤ Partie historique 2 tms.: Tom II redigé en partie par feu F. Péron et continué par L (C. Desaulses) de Freycinet. 2 vols. av. 2 atlas in fol. Paris, 1807; 1816. 4°. 2 vols. 4° et deux atlas pet. in fol. ensemble du 37 cartes et pl. Paris de l'imp. impér. 1807 et 1810; Nouvelle édition,

4 vols. Paris, Bertrand, 1815; 3 éd., revue, corrigée et augmentée par L. (C. Desaulses de) Freycinet. Ouvrage enrichi d'un Atlas composé de 68 planches, dont 27 coloriées. 4 vols. avec atlas. Paris, Arthur Bertrand, 1824—1825. 8°.

6457. **d'Entrecasteaux** Jos. Ant. Bruny. Voyage à la recherche de la Pérouse, rédigé par M. Élis-P. Éd. de Rossel. 2 vols. gr. 4° et atlas de 39 pl. gr. fol. rédigé par Beautemps-Beaupré ingenieur géographe de l'expédition. Paris, l'impérimerie impériale, 1808.

6458. **Porter** D. Journal of a cruize made to the Pacific Ocean in the years 1812—1814. Illustrated with 14 engravings. 2 vols. Philadelphia, 1815.

6459. **Flinders** Matthew. A voyage to Terra Australis; undertaken for the purpose of completing the discovery of that vast country, in the years 1801, 1802 and 1803 in His Majesty's Ship »the Investigator«, with an account of the Shipwreck of the Porpoise; arrival of the Cumberland at Mauritius, and the imprisonment of the Commander, during six years and a half in that Island. 2 vols. with an Atlas, containing charts, views, and plates of selected plants from different parts of Terra Australis. London, Balmer, 1814; Holländisch: Haarlem, 1816, 4°.

6460. **Freycinet** Louis. Voyage de découvertes aux terres Australes, exécuté sur les Corvettes »le Géographe«, »le Naturaliste« et la Goëlette »le Casuarina«, pendant les années. 1800—1804 sous le comm. du Cap. N. Baudin. Avec un Atlas grand in fol. avec 32 Cartes. Paris, 1815. 4°.

6461. **Flinders** M. Reise nach dem Austral-Lande in den Jahren 1801—1803. Aus dem Englischen von F. Götzl. Mit 1 Karte. Weimar, 1816, VI. Bd. der neuen Bibl. der wichtigsten Reisebeschreibung von Bertuch.

6462. **Dillon** P. Narrative and successfull result of a voyage in the South Seas, performed by order of the government of British India, to ascertain the actual fate of La Pérouse expedition etc. 2 vols. With map and engravings. London, 1829.

6463. **Dillon** Capt. Peter. Voyage aux Iles de la Mer du Sud en 1827 et 1828, et Relation de la découverte du sort de la Pérouse. 2 vols. Paris, 1830. 8°.

6464. **Fanning** Edmund. Voyages round the World; with selected Sketches of Voyages to the South Seas, North and South Pacific Oceans, China etc. from 1792 to 1832. New-York, 1833. 8°.

6465. **Webster** W. H. B. Narrative of a voyage to the Southern Atlantic Ocean, in the years 1828—1830, performed in His Majesty's Sloop »Chanticleer« under the command of the late captain H. Foster, from the private journal. of W. H. B. Webster. 2 vols. with charts. London, 1834.

6466. **Tyerman** Daniel and Benett G. Journal of a Voyage to the South Sea Islands. 2. edit. London, 1841. gr. 8°.

6467. **Hawkins** Sir R. Voyage into the South Sea 1593 edited by Bethune. Hakluyt Society, 1847. 8°.

6468. **Jenkins** J. S. Exploring Expedition to Pacific and South Seas. Welson, 1853. 12°.

6469. **Palmer** G. Kidnapping in the South Seas. Edinburgh, Hamilton, 1871. 8°.

6470. **Wilmot** Eardley. Our Journal in Pacific by Officers of H. M. S. »Zealous« London, Longman, 1873. 8°.

6471. **Wood** C. F. Yachting Cruise in the South Sea. With 6 Photogr. illustr. London, King, 1875. 8°.

6472. **Kennedy**, W. R. Capt. Sporting adventures in the Pacific. London, Low, 1876. 8°.

6473. **Sharp** Capt. Journey over the Isthmus of Darien, and Expedition in to the South Seas, written by himself in the year 1680. Hackes Voyages, 1699.

6474. **Fothergill** John. Explanatory remarks on the preface to Sydney Parkinson's journal of a voyage to the South Seas. 4°.

Aufsätze und Notizen.

6475. Reise in das Südmeer (Schiff Wager). Ein Beitrag zu Anson's Reisen. Aus: Voyage à la mer du sud Lyon 1756 trad. de l'anglois. (Büsching's Nachrichten, Berlin, I, 1773, p. 14.)

6476. Hawkesworth. Beschreibung der engländischen Schifffahrten nach der Südsee. (Büsching's Nachrichten, Berlin, I, 1773, p. 125, 222, 223, 225.)

6477. Hawkesworth Seereisen. (Büsching's Nachrichten, Berlin, III, 1775, p. 95, 155, 161.)

6478. Walfischfang im indischen Ocean. (Petermann's Geogr. Mittheilungen, VIII, 1862, p. 351.)

6479. Die Sandwichsinseln und die Walfischfänger in der Südsee. (Globus, Hildburghausen, III, 1863, p. 218—219)

6480. Walfischfang in der Südsee. (Globus, Braunschweig, XIII, 1868, p. 348.)

6481. Walfischfang in der Südsee. (Globus, Braunschweig, XX, 1871, p. 30, 128)
Siehe auch die Nummern: 4, 6, 24, 25, 33, 84, 36, 62, 66, 102, 149, 162, 970, 1176, 1189, 1217, 1218, 1236, 1398.

Sammel-Werke.

(Collections.)

6482. Churchill John A Collection of Voyages and Travels, published by him; to which is prefixed, a History of Navigation from its original to the present time, with two indexes. 8 vols. illustrated with maps, and cuts. London, 1542—1547, Fol.

6483. Ramusio Battista. Navigazioni, e Viaggi raccolti da Giov. Battisto Ramusio. Venezia per i Giunti 1550, 1565, 1583, 1588, 1606, 1613.

6484. Hackitt Thomas. The true Discovery, by Capt. John Ribault, in the yeare 1563. Transl. into Englishe. With Maps. London, 1582, 4°. This is only part of Divers Voyages touching the Discovery of America etc.; noticed under T. Woodcock, Printer.

6485. Bry de. Sammlung von Reisen nach dem orientalischen Indien. Herausgegeben von J. und Th. de Bry. 13 Bde. Frankfurt, 1590. — 2. Ausgabe (Auszug) lateinisch. Frankfurt, 1601.

6486. Historia compendiosa et succincta serenissimorum regum Daniae ab incerto auctore conscripta, nunc vero usque ad Christianum IV. deducta (1574) Handschrift: Hamburg, öffentl. Bibliothek, Nr. 24, chart fol. editio primum edita ab E Lindenbrog. Lugd. Batav. 1595, 4°.

6487. Bry de. Collectio peregrinationum in Indiam Orientalem, icon. illustr. et in luc. ed. ab John Theodor et Joh. Israel de Bry. Pars I—XI. Francoforti, Wolffg. Richter, Matth. Becker; Oppenheim, Hier. Gallerus, 1598- 1619, 2 vol., fol. IV, J. Hug Linschotani Navigat. pars III, X, Relatio novi trans. supra terras americ. (ab Henr. Hudsonio in vestig.) et all. XI, Descriptio Spitzbergiae (met het Journaal van W. Barentsz en de Ryp). I—XII, 1598—1628.

6488. Collection des Voyages publié par Cornelis Claesz. 5 parties. Amsterdam, 1605—1610, fol. — Dasselbe: Holländische Ausgabe. 8 part. Amsterdam, 1598—1603. 4°.

6489. Hulsius Leo. Sammlung von 26 Schifffahrten in verschieden? fremde Länder durch Leo Hulsium und einige andere aus dem Holländischen ins Deutsche übersetzt und mit allerhand Anmerkungen versehen. 26 Theile. Nürnberg, Francfurt und Hanover, 1598—1660, 4°. — Dritter Theil, wahrhafft. Relation Der dreyen newen vnerhörten seltzamen Schifffahrt, so die holländisch. vnd Seeländ. Schiff gegen Mitternacht, drey Jahr nach einander, als Anno 1594, 1595. u. 1596. verricht. Wie sie Nordvvegen, Lappiam, Biarmiam, vnd Russiam... vmb gesegelt haben. Auch wie sie das Fretum Nassoviae, Waygats, Novam Semblam vnd·das Land vnter d. 80. Grad. latitud. so man vermeynt das Gronland sey, gefunden. Etc. Quarta Editio: Titelbl. Voirede 14 pp. von welchen eine von 1 Holzschn. eingenommen wird. Text 96 pp. 27 Kpfrtaf. u. 6 Karten. = 33 Taf. Frankfurt, 1660. — 6. Theil. Kurtze Warhafftige Relation vnd Beschreib. d. Wunderbarst vier Schiffahrten, so jemals verricht worden. Als nemlich F. Magellani, F. Draconis, T. Candisch, O. v. Noort, So alle vier vmb den gantzen Erdtkreiss gesegelt etc. 3. Ausgabe: Titelbl. Vorrede 4 pp., Text 54 pp. 9 Kpft. 4 Karten. Frankfurt, 1626. — Zwölfte Schiffahrt Od. Kurtze Beschreibung der Newen Schiffahrt gegen Nord Osten, vber die Amerische Inseln in Chinam vnd Japponiam v. einem Engelländer H. Hudson newlich erfunden etc. in hochteutsch Sprach beschrieb. durch G. Arthusen. 2. Ausgabe: 71 pp. incl. Titelblatt 9 Kpft. u. 3 Kart. Oppenheim, 1627. — Die Sechtzehende. Schiffahrt. Journal, Oder Beschreibung der wunderbaren Reise Wilhelm Schouten auss Hollandt, im Jahr 1615. 16. u. 17. Darinnen er eine newe Durchfahrt neben dem Freto Magellanico, welche bisshero noch vnbekannt gewesen, in d. Suyd-See entdeckt. Beneben erzehlung, was für Land, Insuln, Leut, allda gefunden etc. 90 pp. incl. Titelbl. u. Vorrede u. 4 Krtn. Frankfurt, 1619. — Die Siebenzehende Schiffahrt. Das ist: Eigentliche vnd warhaftige beschreibung der wunderbahren Reiss vnd Schiffart, so durch Herr Georgio von Spilbergen glücklichen volbracht etc. 93 pp. incl. Titelbl. 8 Kpfrtaf. Frankfurt, 1620. — Die zwey vnd zwantzigste Schiffahrt, das ist: Historische Eygentliche Beschreibung der Gewaltigen, Mächtigen Schiffahrt. so vnder d. Admiral Jacob l'Hermite Im 1623., 1624., 1625. u. 1626. Jahr vmb die gantzen Welt beschehen. Einzig erschienene Ausgabe. 114 (eigentlich nur 106 pp. da irriger Weise pag. 9—16 übergangen sind, während die Buchstaben-Bogen-Ausgabe die richtige ist) pp. incl. Titelbl. 3 Karten u. 5 Kupfertaf. = 8 Taf. Frankfurt, 1630. — Die vier vnd Zwantzigste Schiffahrt, In welcher mit wahren Vmbständen beschrieben wird, Erstlich die denckwürdige Reyse nach Ost-Indien, S. W. Jssbrands Bontekuhe von Horn: vorgenomm. d. 28. Decemb. 1618. u. vollbracht d 16. Novemb. 1625. Demnach: Eine andere Reyse durch den Commandeur Türck Alberts Raven, nach Spitzbergen im Jahr 1639. verrichtet. Titelblatt, Vorrede 10 pp., Text 81 pagg., 10 Kupfertaf., von denen die eine das Portrait Bontekuhe's vorstellt. Frankfurt, 1648. — Die XXVI. Schiff-Fahrt: Beschreibung einer Höchst-mühseligen vnd gantz gefährlichen Reyse, durch den See-verständigen Capitain, Herrn Joh. Müncken, inn Jahren 1619 vnd 1620, verrichtet. Nach dem er v. Christiano IV. befelcht worden mit 2 Schiffen nach d. Freto od. d. Enge Hudson's zu segeln etc. Sampt Erläuterung dess Alten vnd Newen Groenlands etc. Titelblatt. Dedication 6 pp.; Vorrede u. Text 64 pp.; 10 Kpfrtaf. u. 1 Kte. = 11 Taf. Frankfurt, 1650.

6490. **Hakluyt** Richard. The principales navigations, voyages, traffiques and discoveries of the English nation, made by sea or over land, to the remote and farthest distant quarters of the earth at any time within the compass of those 1600 yeares. 3 vols. London, G. Bischop, (1589) 1599, fol.; 4 vols. London, 1600; 5 vols. London, Evans, 1809—1812, 4°; 4 vols. London, 1811.

6491. **Bry** Joh. Theod. A collection of Voyages and Travels. 25 parts in 10 vol Vol. VII. nshots voyages; de Veer Voyages of the Dutch in the Eas Indies. Francofurti, 1601; Vol. IX. H. Hudson's Northern Voyage; Vol. X· Description of Spitzbergen. Oppenheim, 1619.

6492. **Nispen A. v.** Verscheyde Voyagien naar Moscovien, Yslandt ende Groenlandt. Versamelt door en Liefhebber derselver A. v. Nispen. Amsterdam, 1615; Dordroecht, Vincent Caymacx, 1652. l. Voyagien ende Beschrijvinge van...Moscovien Ijslandt ende Groenlandt: II. Voyage ofte Reyse na Ys-lant ende Groenlandt door D. Blefkenius. Amsterdam, 1615.

6493. **Wassenaer** Cl. Historisch verhael der ghedenkweerdighste geschiedenissen die hier en daer in Europa als in Moscovie, Tartarie, etc. van 1621–1632 woorgevallen zijn. 21 Thle. in 7 Bde. IX. Th. Reise nach Nova Zembla, Juli 1625. XI. Th. Reise nach Nova Zembla, Mai 1626. XIX. Th. Ueber die Lappen. Amsterdam, 1622–1633.

6494. **Purchas** Samuel. Hackluyts posthumus, or Purchas his pilgrim, containing a history of the World in sea voyages and land travels by Englishmen and others. 5 vols. London, Will. Stanshy, 1625–1665. fol.

6495. **Le Blaine** Vincent. The World Surveyed, or his famous Voyages and Travels, who, from the age of Fourteen Years, to Threescore and Eighteen, travelled through most part of the World 1660 London, 1660, fol.

6496. **Brooke** Francis. Les voyages, en trois parties. Paris, 1658. Translated into English by Francis Brooke, under the title: Voyages of Vincent le Blanc. London, 1660, fol.

6497. **Thévenot** Melchior. Relation des divers voyages curieuses. 3 vols. Paris, Langlois, 1663, fol.; 3 vols. Paris, Cramoissy, 1664, 1666, 1672, 1681, fol.; 2 vols. Paris, 1683, fol.; 2 vols. Paris, Moette, 1696, fol.: translat. by A. Lovell. 3 vols. London, 1687, fol.

64 98. **Een kort beskriffning** uppå trenne resor och peregrinationer. Wijingsborgh 1667, 4°.

6499. **Ligon** Richard le P. Tellès et de La Borde. Recueil de divers voyages faits en Afrique et en l'Amérique. Traduit de l'anglois par H. Justel. Paris, L. Billaine, 1674. 4°; Paris, A. Cellier, 1684. 4°.

6500. **Olearius** Adamus. Colligirte und viel vermehrte Reisebeschreibungen. Hamburg, 1696. Fol.

6501. **Hackés** Will. Collection of original voyages, illustrated with several maps and draugths. London, 1699. 8°.

6502. **Mollerus** Joannes. Bibliotheca Septentrionis eruditi etc., et praefatio nova de gentium Borealium. Lipsiae, 1699. 8°.

6503. **Constantin** de. Recueil des Voyages qui ont seivi à l'établissement et aux progrès de la Compagnie des Indes orientales..... des Pays Bas. 5 vols. Amsterdam, E. Roger, 1702. 12°.

6504. **Harris** John. Navigantium atque itenerantium Bibliotheca. (1702, 1705, 8°.) 2 vols. London, 1744–1748. Fol.

6504b. **Harris** J. Complete Collection of Voyages and Travels. 2 vols. London, 1705. 2. edition with supplyments. 2 vols. London, 1744.

6505. **Collection** of voyages undertaken by the Dutch East India Company for the improvement of trade and navigation containing an account of several attempts to find out the North-West Passage and their discoveries. Translated into English. With maps. London, 1703.

6506. **Miscellanies** curious, containing a collection of travels, voyages and natural history of countries delivered to the Royal Society. 3 vols. London, 1707. 8°.

6507. **Aa** P. van der. Verzameling der gedenkwaardigste Zee en Land Reijsen na Oost- on West-Indien. Mit Atlas von 200 Karten. 30 vols., Leyden, 1707–1710, 12°; 8 vols. Leyden, 1727, in Fol.

6508. **Bellegarde** J. B. de. Histoire universelle des voyages, publié par Du Périer. Paris, P. Giffart, 1707, 12°, et 8°. Deutsche Uebersetzung: Hamburg, u. Leipzig, 1708.

6509. **Du Périer.** Histoire universelle des voyages faits par mer et par terre dans l'ancien et dans le nouveau monde. Amsterdam, P. Humbert, 1708. 12°.

6510. **Du Périer** M. General History of all Voyages and Travels trough out the Old and the New World. London, 1708.

6511. **Stevens** Joh. New Collection of Voyages and Travels into several Parts of the World. 2 vols. with maps. London, J. Knapton, 1711. 4°.

6512. **Recueil** de voyages au Nord. Contenant divers mémoirs très utiles au commerce et à la navigation. 4 vols. Amsterdam, 1715; 4 vols. Rouen, Muchnel, 1716. 16°; 10 vols. avec cartes. Amsterdam, J. F. Bernard, 1731—1737, 8°; 3 vols. Genève, 1783. 4°. Index des Recueil de Voyages au Nord: I. Instructions pour voyages utilement, p. 1—103; Relation de l'Islande par La Peyrère, avec une carte, p. 1—72; Quelques mémoires pour ceux qui vont à la pêche de la baleine, avec une carte, p. 73—86; Relation du Groenland, avec une carte, p. 86—188; Addition aux Mémoires 'e la pêc .e, p. 188 au fin. Avec les cartes: L'Islande par P. Du Val 1 :'000.000 Océan Deucaledonie (Groenland) 1:22,000.000. Continuation: Les trois navigations de Martin Frobisher pour chercher un passage à la Chine et au Japon par la mer glaciale en 1576, 1577 et 1578. Avec la carte: Hemisphére septentrional pour voir plus distinctement les terres arctiques par G. Delisle (1:35,000.000)? — Vol. II. Journal d'un voyage au Spitzbergen par Frederic Martens de Hambourg traduit par l'allemand. Avec la carte: Carte du Nord-Est et du Nord-Ouest du Pole 1:13,500.000. Discours préliminaire sur le passage par le Nord-Est de l'Europe dans les mers des Indes où le Captitaine Wood tâchait de prouver la possibilité de ce passage 1—206; Discours sur le passage sur le Nord-Est par Wood, p. 206—218; Journal du capitaine Wood, p. 218—253; Remarques du Capitaine Wood sur son voyage, p. 253—263; Description succincte du Pays suplement ceux voyages du Martens et Wood, p. 263; — Vol. III. Relation de Terre Neuve traduit de l'anglais de White, p. 1—17; Mémoire touchant la navigation dans le Golfe de St. Laurent par le même, p. 18—32; Lettre de Delisle sur le Japon, p. 32—44; Relation de la Découverte de Jesso, traduit du holl., p. 44—57; Japon, traduit du holl., p. 57—142; Relation de la Tartarie orientale par P. Martine, p. 142—180; Additions touchant Japon, p. 180—257; Lettre de Delisle touchant le Mississippi, p. 257—268; Lettre de Delisle touchant la Californie, p. 268—278; Memoire touchant la Californie, p. 278; Relation d'une descente des Espagnols dans la Californie, traduit de l'Espagnol, p. 288; Voyage de l'empereur de la Chine dans la Tartarie Orientale et Occidentale par Verboest, p. 301; Addition du Verboest, p. 337. — Vol. IV., 1 part: Relation du Royaume de Corée, traduite du hollandais, p. 1; Lettre du P. Jartroux touchant le Ginseng; Voyage d'Antoine Jenkinson pour découvrir le chemin du Catay par la Tartarie; Relation de la Tartarie Krimée et des Tartares Nogais par Fernand; Voyage d'un Ambassadeur que le Czar envoya par terre à la Chine er. 1653. traduit du Moscovite; 2 part: Les deux voyages des J. H. de Linschotten, au Weignts et vers les côtes de la Grande Tartarie au delà du fleuve Oby. Traduit du Hollandais. — V. Relations de la Louisiane et du fleuve Mississipi. Vol. — VI. Recueil d'Arrests et autres pièces pour l'etablissement de la Compagnie d'Occident; Relation du Detroit et la Baie d'Hulson, p. 3; Les trois Navigations de Martin Forbisher pour chercher par le Nord-Ouest le passage à la Chine, p. 41. — Vol. VII. Histoire des deux Conquerans Tartares qui ont subjugué la Chine, p. 1; Relation des Tartares Percopites et Nogayes, des Circassiens, Mingreliens et Georgiens par Jean de Luca, p. 89: Addition à cette relation tirée de Beauplan, p. 118; Relation de la Colchide ou Mingrelie par le P. Lamberri, p. 136; Relation de la Colchide par Zampi, p. 198; Extrait des écrits du S. Perry pour intelligence de la Carte de la mer Caspienne et des relations qui traitent des Tartares voisins de cette mer, p. 303; Relation du voyage de J. Duplan Carpon en Tartarie, p. 330. — Vol. VIII. Le voyage de Moscou à la Chine par Evert Isbrands Ides, trad. par holl., p. 1; Journal du Sieur Lange contenant ses négociations à la Chine, p. 221; Moeurs et usages des Ostiackes, trad. de l'Allemand de Müller, p. 373; — Vol. IX. Raisons qui ont porté le gouvernement de la Grande-Bretagne à former

l'établissement, d'une colonie dans la Géorgie. Traduit de l'anglais. p. 1; Relation des Natchez; Découverte d'un pays plus grand que l'Europe dans l'Amérique Septentrionale par Hennepin. — Vol. X. Relation de la Grande Tartarie dressée sur les mémoires originaux des Suédois prisonniers en Sibérie pendant la guerre de la Suède avec la Russie, p. 1; Des Moungales de l'Est p. 39; des Calcha (ouest) Moungales, Cap. 69; du Royaume de Tangut (Baghargar), p. 100; Du Royaume Cashgar, p. 113; De la grande Boucharie, Du Pays de Charassm; Du Tourkestan; Des Cosaques en gèneral; Des Tartars de Nagai; des Torgauts; Des Callmoucks; de la langue tartare; Porcelaine Pére d'Entrecolles; La nouvelle Mission des Jesuites dans la Crimée; Tartares Cirkesses; Voyage par le Krimée et Circassie 1702. par le Sieurd Ferrand.
6513. **Campbell** Colin. Collection of Voyages, originally published by J. Harris. much enlarged. 2 vols. London, 1715. Fol.
6514. **Draslé** de Grand Pierre. Relation de Divers voyages. Paris, C. Jombert, 1718. 12°.
6515. **La Haye**, Voyages historiques de l'Europe. 1698—1701. 8 vols. VII. et VIII.: Voyages en Islande. 2. edition. Amsterdam, 1718.
6516. **Thévenot** M. de. Reizen vert. door Broekhuyzen. M. pl. door J. Luien Amsterdam, 1723. 4°.
6517. **Receuil** des voyages qui ont servi à l'établissement de la Compagnie des Indes orientales. Rouen, 1725. II, p. 256, III, p. 55.
6518. **Historie** of tegenwoordige staat van alle Volkeren. Amsterdam, bije J. Tirion, P. Schouten, J. de Groot en G. Warnars, 1729—1803. 43 deelen, 44 bander.
6519. **Voyages** de découvertes et conquêtes modernes et principalement des Français. Leyde, 1729. 4°.
6520. **Churchill** A. and J. A collection of voyages and travels some now first printed from original manuscripts, others now first published in english. With a history of navigation. 4 vols. London, 1732. Supplement 2 vols.; London, T. Asborne, 1745; 6 vols. London, 1744, Fol.; 8 vols. London, 1752. 8°.
6521. **Coxe** Daniel. A Collection of Voyages and Travels. 3 vols. I. Capt. Thom-James' Voyage for the Discovery of a N. W. Passage. With a map. London, 1741. 8°.
6522. **Green** J. A general Collection of voyages and travels in Europe, Asia, Africa and America. Published by Thom. Astley. With maps, plates and an index. 4 vols. London, 1745—1747. 4°.
6523. **Osburne** Thomas. Collection of Voyages and Travels. compiled from the Library of the Earl of Oxford. London, 1745. 2 vols. Fol.
6524. **Prevost** A. F. l'Abbé, de Leyre, de Querlon, de Surgy. Historire générale des Voyages, ou collection de toutes les relations des voyages par mer et par terre. Paris, 16 vols. 1745. 4°; 64 vols. 12°; 25 vols. La Haye, 1747—1780. 4°. Enthält: Renard's Reise in Lappland; Maupertuis und d'Outhier's Reise im Norden. Dresden, 76 vols. Walter, 1747—1768. 12°, ou 4°. 10 vols. Paris, 76 vols. 1749—1770; 8°; Paris Paget, 1768, 2 vols. 4°; 2 vols. Paris. Panckouke, 1770, 4°.
6525. **Prevost** A. F. Historische beschrijving der reizen of verzameling van de allermerkwaardigste en zeldzaamste zee en landtogten in Europa, Azia etc. enz. Nederduitsche vertaling. 21 deelen. Gravenhage, P. de Hondt, 1747—1767. 4°.
6526. **Allgemeine** Historie der Reisen zu Wasser und zu Lande, oder Sammlung aller Reisebeschreibungen, welche bis jetzo in verschiedenen Sprachen von allen Völkern herausgegeben worden etc. Aus dem Englischen. Leipzig, Basel, 1748—1774. XXI, 4°.
6527. **Sammlung** neuer und merkwürdiger Reisen zu Wasser und zu Lande. 11 Thle. m. K. Göttingen, 1750—1764. gr. 8°.
6528. **Almindelig** Historie over reiser til Lands og Vands, eller Samling af alle Reisebeskrivelser oversat af Engelsk, 5te Bind m. K. Kjöbenhavn, 1750. 4°.

6529. **The World** displayed; or a curious Collection of Voyages and Travels selected from the Writers of all Nations, London, 1760—1761. XX Vol. in 12°.
6530. **Derrick** Samuel. A Collection of Voyages. 2 vols. Dublin, 1763. 12°.
6531. **Prevost**, A. F. Historia general de los viages, ó nueva coleccion de todas las relaciones de los que se han hecho por mar, y tierra, y se han publicado hasta ahora en diferentes lenguas de todas las naciones conocidas. Trad. al castellano por M. Terracina. Aumentada con las relaciones de los ultimos viages etc. 28 vols. Madrid, 1763—1791. 4°.
6532. **Sammlung** der besten und neuesten Reisebeschreibungen. Berlin, 1763. gr.-8°.
6533. **Schauplatz** der Welt, oder merkwürdige Sammlung von See- und Landreisen. Aus dem Englischen. Stuttgart, 1764.
6534. **Barrow** John. Collection of authentic, useful and entertaining Voyages and Discoveries. 3 vols. London, 1765. 12°.
6535. **La Porte**, de. Le voyageur françois, ou la connaissance de l'ancien et du nouveau Monde. Continué par de Fontenay, puis par Domairon. 30 vols. Paris, Vincent, 1765—1767; Paris, L. Cellot, 1768—1771; Paris, Moutard, 1789. 12°.
6536. **Barrow** M. Jean. Abrégé chronologique ou histoire des découvertes faites par les Européens dans les différentes parties du monde. Traduit de l'anglois par M. Targe. 12 vols. Paris, Saillant, 1766; Desaint et Panckoucke, 1766. 12°.
6537. **Barrow** J. Sammlung von Reisen und Entdeckungen. Aus dem Englischen. Leipzig, 1767.
6538. **Guthrie** W. A new Collection of Voyages, Discoveries and Travels. 7 vols. London, 1767.
6539. **Rousselot** de Surgy. Mémoires géographiques sur l'Asie, l'Afrique et l'Amérique. 4 vols. Paris, Durand neveu, 1767. 12°.
6540. **Sammlung** neuer Reisebeschreibungen aus fremden Sprachen. Erläutert von J. T. Köhler. I. Bd., 2. Abth. Göttingen, 1767—1769. 8°.
6541. **Drake** E. C. A new universal collect. of authentic and entertaining voyages and travels. 2. London, 1770. Fol.; 1771.
6542. **Henry** David. An Historical Account of all the Voyages round the World, performed by English Navigators, 1774, 4 vols. To this he afterwards added, two vols. more, including Capt. Cook's Voyages 4 vols. with pl. and maps. London, F. Newbery, 1773—1774. 8°.
6543. **Historischer Bericht** von sämmtlichen durch die Engländer geschehenen Reisen um die Welt, in einem getreuen Auszuge aus den Seefahrer-Tagebüchern. Aus dem Englischen. 6 Bde. Leipzig, 1775—1780. 8°.
6544. **Georgi's** Merkwürdigkeiten verschiedener unbekannter Völker des russischen Reiches. Ein Auszug aus den Bemerkungen desselben. Frankfurt, 1777. 8°.
6545. **Allgemeine Geschichte** der neuesten Entdeckungen, welche von verschiedenen gelehrten Reisenden in vielen Gegenden des russischen Reiches und in der Historie gemacht worden. 6 Thle. mit Kpfr. Bern, typogr. Gesellsch., 1777—1786. gr.-8°;
6546. **Georgi's** Russia or a compleat historical account of all the nations, which compose that empire 3 vols. London, 1780. 8°.
6547. **Hirschfeld's** C. C. L. Bibliothek der Geschichte der Menschheit. (Auszüge aus Reisebeschreibungen, die von V. A. und J. M. Heinze unter Aufsicht Herrn Hirschfelds verfertigt worden.) 5 Bde., mit Karten. Leipzig, 1780—1782, gr.-8°.
6548. **Neue Sammlung** von Reisebeschreibungen. 10 Thle. Hamburg, 1780—1790, gr. 8°.
6549. **Forster's** Joh. Reinh. und Sprengel's Math. Christ. Beiträge zur Völker- und Länderkunde. 3 Theile mit Landkarten Leipzig, 1781, 1782 und 1783. 8°.

6550. **Bibliothek** der neuesten Reisebeschreibungen. 21 Bde. Mit Karten u. Ch. Nürnberg, Schneider u. W., 1782—1797. gr.-8°. — I. Bd. Cranz Dav. Historie von Grönland bis 1779. 8 Kpf. u. Register. 392 pp. Mit den Karten: Nova Groenlandiae tabula. Gest. von S. Dorn. 1:10,000.000 ferner: Die Westküste von Grönland vom Bals Revier bis an die Eis Blinke; Grundriss von Lichtenfels und Neu-Herrnhut. — II. Bd. Troil's Reise durch Island. 194 pp. Mit der Karte von Island, verf. v. Erichsen u. Schöning, 1771, zusammengetr. v. Troil u. Ekmansson, 1772. Gest. v. J. C. Berndt, 1 : 2,000.000. — IX Bd. Cook's Reise um die Welt, 1776—1780. Mit der Charte von den in den Jahren 1778—1779 befahrenen nordwestlichen amerikanischen und nordöstlichen asiatischen Küsten.
6551. **Sammlung** mehrerer merkwürdiger Geschichten zur angenehmen und nützlichen Lectüre. Brandenburg, 1783. 8°.
6552. **Auswahl** kleiner Reisebeschreibungen und anderer statistischen geographischen Nachrichten. 19 Theile in 11 Bdn. Leipzig, 1784— 1792. 8°.
6553. **Schad** Georg, Friedrich, Casimir. Literatur der Reisen. I, 1 Heft. Nürnberg, 1784. 8°.
6554. **Stuck** Gottl. Heinr. Verzeichniss von älteren und neueren Land- und Reisebeschreibungen. 2 Theile. Halle, 1784. 1787. Nachtrag. Ebd. 1785.
6555. **Hawkesworth's** Collection of Voyages, including Captain Cook's first Voyage. 4 vols. with plates. London, 1785.
6556. **Fabri's** Joh. Ern. Sammlung von Stadt-, Land- und Reisebeschreibungen. 2 Theile. Mit Karten. 416 pp. Halle, 1786, gr.-8°.
6557. **Mallet** Paul Henri. Nouveau Recueil de voyages au nord de l'Europe et de l'Asie (1783—1786). 3 vols., 4°; ou 6 vols., 8°. Paris, 1787.
6558. **Berenger** Collection de tous les voyages faits autour du monde. (1788— 1790). 9 vols. Paris, F. Dufart, 1795. 8°.
6559. **Ehrmann** T. F. Bibliothek der neuesten Länder- und Völkerkunde, I—IV. Tübingen, 1791—1794.
6560. **Campe** Joach. Erste Sammlung merkwürdiger Reisebeschreibungen für die Jugend. 12 Theile. Mit Karte. Reutlingen, Frankfurt u. Leipzig, 1804, 12°. Braunschweig, Schulbuchhandlung, 1805, fortgesetzt von E. E. Trapp. 6 Theile, 1794—1801; Tübingen, 1794—1797, 8°.
6561. **Meiner** C. Kleinere Länder- und Reisebeschreibungen. 3 Theile. Berlin, Haude, 1794, 8°; 1801.
6562. **Grasset** Saint-Sauveur J. Encyclopédie des voyages, contenant l'Abrégé historique des moeurs, usages, habitudes domestiques, religions etc. 5 vols., avec 432 planches coloriées. Paris, Deroy, 1795—1796, 4°.
6563. **Mavor** W: A general collection of voyages and travels from the discovery of America to the commencement of the nineteenth century. 1. ed. 25 vols. London, 1796—1802; 28 vols. 2. ed. London, 1810; 28 vols. 3. ed. London, 1813—1815.
6564. **Archyv** for de nyeste og maerkvaerdigste Reisebeskrivelser. I, 2 det Opl. Kjöbenhavn, 1798; 1797—1803, 8°.
6565. **Bibliothek** der neuesten u. interressantesten Reisebeschreibungen. 36 Bde. Wien, Bauer, 1800—1810. gr.-8°.
6566. **Sprengel** M. C. Bibliothek der neuesten und wichtigsten Reisebeschreibungen zur Erweiterung der Erd- und Völkerkunde, herausgegeben von M. C. Sprengel und fortgesetzt von T. F. Ehrmann. 115 Theile. Weimar, Landes Ind. Compt., 1800—1835. gr. 8°.
6567. **Schäffer** D. F. Der Weltumsegler oder Reise durch alle 5 Theile der Erde. 7 Bde. mit color. Kupf. Berlin, 1801—1817, 4°.
6568. **Campe** Joach. Neue Sammlung merkwürdiger Reisebeschreibungen für die Jugend. 7 Theile mit Karten. Braunschweig, 1802—1806. 8°.
6569. **Campe.** Bibliothéque géographique et instructive ou récueil de voyages intéressants. Trad. de l'Allemand. 59 vols. Paris, 1802—1807, 12°. Vol. XXX. Voyage de Phipps dans la mère glaciale du Nord. — Vol. LIII—LIV. Voyage de Pallas dans l'empire de Russie et dans l'Asie septentrionale.

2 vols. Vol. LV. Voyage à l'océan pacifique du Nord et autour du monde par Vancouver.
6570. **Die berühmtesten** See und Landreisen von Columbus bis auf die gegenwärtige Zeit. 6 Theile in 3 Bdn. Mit Kpfrn. Leipzig, 1802—1806. 8°.
6571. **Camus** A. G. Mémoires sur la Collection des grands et petits Voyages, et sur la Collection des Voyages de Melchis. [Thévenot.] Paris, Baudouin, 1802. 4°.
6572. **Neues Magazin** von merkwürdigen Reisebeschreibungen. Uebersetzt und mit erläuternden Anmerkungen begleitet. I—XV. Berlin, 1803—1839.
6573. **Bibliothek** der vorzüglichsten Reisebeschreibungen aus den früheren Zeiten, neu übersetzt und mit Anmerkungen von Lorsbach. 11 Bde. Marburg, Krieger, 1805. gr. 8°.
6574. **Bartholdy** G. W. und Rumpf J. D. F. Gallerie der Welt in einer bildlichen und beschreibenden Darstellung von merkw. Ländern Völkern etc. 5 Bde. oder 22 Hefte. Neue Aufl. Berlin, N. Societ.-Buchh., 1805—1812, gr. 4°. — III. Band enthält den nördlichen Archipel, Kamtschatka, Sibirien, Nowaja-Zembla etc.
6575. **Baucarel** F. Collection abrégée des voyages anciens et modernes autour du monde. 12 vols. et 1 vol. Atlas av. cart. et pl. Paris, 1808—1809.
6576. **Beckmann** Johann. Literatur der älteren Reisebeschreibungen. I—III. Göttingen, 1808—1810. Fol.
6577. **Boucher** G. de la Richarderie Bibliothèque universelle des Voyages. 6 Bde. Paris, Treuttel et Würtz, 1808. 8°. — I Vol. Voyages fait au Nord dans le moyen âge, p. 43—55. Voyages dans le nord de l'Europe (Spitzberg, Nouvelle-Zemble, Pôle-Boréal [Groenland] etc.) p. 369—428. — V. Vol. Descriptions de la Sibérie, du Kamtschatka Navigations au nord-est et au nord-ouest, pour découvrier un passage aux Indes orientales, p. 446-459. — VI. Vol. Voyages fait dans la mer du Sud etc., p. 345.
6578. **Journal** für die neuesten Land- und Seereisen redigirt von G. G. Friedenberg. LXXI—LXXXIV. Berlin, Braune, 1832—1836. I.—III. Jahrg. 1808—1810. 8°.
6579. **Pinkerton** John. A general collection of the best and most interesting voyages and travels of the world. by W. Cooke, 17 vols. with maps and 177 pl. London. 1808—1814. 4°.
6580. **Tillaeg** til Archiv for de nyeste og maerkwaerdigste Reisebeskrivelser. VII—IX (1). Kjöbenhavn, 1808, 8°.
6581. **Allgemeines** Reise-Archiv in Auszügen aus ungedruckten und den grösseren erschienenen Reisewerken. Zur unterhaltenden Belehrung in der Länder-, Völker- und Naturkunde. 7 Bde. Berlin, Saalfeld, Achenwall & Comp., 1810- 1711, gr. 8°.
6582. **Clarke** Edward D. Travels in various Countries in Europe, Asia and Africa. 6 vols., Vol I. Russia, Tartary and Turkey. London, 1810—1823, 1811, 4°; Vol V. Lapland etc. London, 1819, 8°; 1820, 4°.
6583. **Kerr** Robert. General History and Collection of voyages and travels. 18 vols. London, 1811—1817; Edinburgh, 1824, 8°.
6584. **Sammlung** interessanter Reisebeschreibungen für die Jugend. 2 Bde. Eisenberg, Schöne, 1811. 8°.
6585. **Laharpe** Jean-Franc. de. Abrégé de l'Histoire générale des Voyages reduit aux traits les plus interessants et les plus curieux, orné de 8 fig. 2 vols. Paris, Ledoux, 1820; 16 vols. av. 112 fig. Paris, 1826. 12°; Paris, Dentu, 1834, 12°; Nouvelle édition, rev., corr. et augmentée d'un extrait des Voyages les plus récents. Par M. le baron de Roujoux et M. Denaix, 30 vols. avec cartes et 1 atlas, fol. Lyon et Paris, Rusand, 1830 et ann. suivantes 8°. I.Voyages en Asie; III. Voyages en Amérique; IV. Voyages aux Pôles, 2 vols ; V. Voyages autour du monde, 9 vols.
6586. **Nyerup** R. Magazin for Reiseiagttagelser. 1—4 Heft. Kjöbenhavn, 1820, 8°.
6587. **Phillips** Sir R. Collection of new voyages. 11 vols. with cartes. London, 1820—1823, 8°.

6588. **Prior.** All the voyages round the world from the first by Magellan in 1520 to that of Krusenstern in 1807. With a map. London, 1820.
6589. **Fisher** Alex. Modern Voyages and travels. Journal of a voyage of discovery to the arctic regions. London, 1821, 8°.
6590. **Richter** T. F. M. Reisen zu Wasser und zu Land in den Jahren 1805—1817. 10 Bdch. Dresden, 1821--1828, 8°. A. u. d. T.: Tagebuch einer Seereise von Embden nach Archangel, 1823. 8°.
6591. **Eyriès** M. Abrégé des voyages modernes depuis 1780 jusqu'à nos jours, contenant ce qu'il y a de plus remarquable, de plus et de mieux observé dans les pays ou les voyageurs ont pénétré. 14 vols. avec grav. Paris, d'Hautel, 1822—1824. Paris, St. Ledoux, 8°.
6592. **Sämmtliche Reisen** um die Welt in den Jahren 1816—1819. I u. III. Nach dem Engl von S. Prior, 12°. Jena, Bran, 1822—1823.
6593. **Sommer** J. G. Taschenbuch zur Verbreitung geogr. Kenntnisse. Mit Kpf. Prag, Calve, 1822—1832, 12°.
6594. **Jonge** J. C. de. Geschiedenis van het Nederlande zeewezen. 6 toms en 10 part. s'Hage en Amsterdam, 1833—1848, gr.-8°.
6595. **Montémont** Albert. Histoire Universelle des Voyages effectués par mer et par terre, dans les cinq parties du monde, sur les divers points du globe. 40 et 46 vols., 46 grav. et 6 cartes. Paris, Armand Aubrée, 1833—1836, 8°.
6596. **Löwenberg** J. Das Meer und die merkwürdigsten Seereisen unserer Zeit. Für die Jugend. Mit Kpf. Berlin, 1834; Hasselberg, 1840—1841. 8°.
6597. **Revue** des Voyages. Nouveau magasin encyclopédique. Bruxelles, 1834, 8°.
6598. **Edinburgh** Cabinet Library, 1835—1844. 38 vols. 12°. Contents: I. Polar Regions. IX. Northern Coast of America. XXI. Circumnavigation; Magellan to Cook. XXVIII. Iceland, Greenland and Faroe islands. XXXIV. Voyage round the World.
6599. **Jäck** J. H. Taschen-Bibliothek der See- und Land-Reisen. 1 Bdch. 8° od. N. F. 1 Bdch. Berlin, 1835. 12°.
6600. **Lemaire** Henri. Beautés de l'histoire des voyages les plus fameux autour du monde et dans les deux hémisphères ou tableau des découvertes, entreprises, aventures etc. et succès des plus célèbres voyageurs. V. édition, revue et corrigée. 2 vols. avec 8 grav. Paris, Fruger et Brunet, 1835, 12°.
6601. **Revue** du Nord, publiée sous la direction de J. J. O. Pellion (2. séric). Paris, au Bureau de la Revue, 1837. 4 vols. 8°.
6602. **Widemann** E. und **Hauff** W. Reisen und Länderbeschreibungen der älteren und neuesten Zeit. 44 Lieferungen. Stuttgart und Tübingen, 1835—1860. VIII. Lief. Barrow, Ein Besuch auf der Insel Island. XXXIII—XXXIV. Lief. Wilkes Ch. Die Entdeckungs-Expedition der vereinigten Staaten in den Jahren 1838—1842. 2 Bde. XLIV. Lief. A. v. Etzel. Grönland, geographisch und statistisch beschrieben.
6603. **Wimmer** G. A. Geschichte der geographischen Entdeckungsreisen zu Wasser und zu Lande. Von den ältesten Zeiten bis auf unsere Tage. 5 Bde. Wien, 1838.
6604. **Asher** A. Bibliographical essay on the collection of voyages and travels, ed. and publ. by Levinus Hulsius and his successors. 1598--1660. London and Berlin, 1839. 4°.
6605. **Bibliothéque** (nouvelle) des voyages anciens et modernes, contenant la relation complète ou analysée des voyages de Christophe Colomb, Fernand Cortez, Pizarre, Anson, Byron, Bougainville, Cook. 12 vols. Paris, Duménil, 1840—1842, 8°.
6606. **'s Grawenweert** Van, J. Het noorden en het oosten Reiserinneringen. 3 Dln. Amsterdam, 1840—1841. 8°.
6607. **Ternau Compans** Henri. Archives des voyages. 2 vols. en 4 Tom. Paris, A. Bertrand; Paris, Barthés, 1841, 8°.
6608. **Voyages** autour du monde dans les contrées les plus curieuses du globe depuis Christophe Colomb jusqu' à nos jours par les plus célèbres navi-

gateurs, mis en ordre par Will. Smith. 12 vols. illustrés de 100 planches et 8 cartes. Paris, la société bibliophile 1841—1850. gr. 8°. Publié en 340 livraisons.
6609. **Montémont** Albert. Voyages nouveaux par mer et par terre, effectués de 1837 à 1847 dans les diverses parties du monde, contenant etc. analysés ou traduits par —. 5 vols. Paris, René, 1846—1847, 8°.
6610. **Heinzelmann** Fr. Die Weltkunde in einer planmässig geordneten Rundschau der wichtigsten neueren Land- und Seereisen, für das Jünglingsalter und die Gebildeten aller Stände. In 16 Theilen. Leipzig, 1847—1855.
6611. **Univers** pittoresque histoire et description de tous les peuples, de leurs religions, moeurs coutumes. Paris, Didot frères 1834—1856, 8°. — Vol. V. Amérique; Les Californies, l'Orégon et les possessions en Amérique les îles Noutka et de la reine Charlotte par Ferd. Denys. Avec 28 pl. et 1 carte. 1849.
6612. **Bibliographie** dansk for 1852—1853 udgiven af Andr. Fred. Høst. 10 a 11 Aarg. à 12 Nrn. Kjøbenhavn, Høst, 1853, gr.-8°.
6613. **Reybaud** Louis. Marines et voyages. Paris, 1854. kl. 8°.
6614. **Die Reise** um die Welt. Bibliothek der vorzüglichsten neueren Reisebeschreibungen. Herausgegeben von mehreren Gelehrten. 24 Stahlstiche und 1 Karte. Karlsruhe, 1861. kl. 4°.
6615. **Aeltere Reisen.** I. James Cook's Entdeckungsreisen u. Weltumsegelungen. Leipzig, O. Spamer, 1864. 8°.
6616. **Tiele** P. J. Mémoire bibliogr. sur les journaux des navigations hollandais impr. dans les collections de De Bry et de Hulsius et sur les anciennes éditions hollandaises des journaux des navigateurs étrangers. Amsterdam, 1867, 8°. Av. le facsim. du titre de la relation de voyage de Houtman éd. de 1609.
6617. **English explorers** comprising travels by Mandeville, Bruce, Parkaud, Livingstone and arctic Explorations. London, Nimmo, 1875. 8°.

AUTOREN-REGISTER.

Aa, P. v. d., 6507.
Abel, 5641.
Abrahall, 246.
Acerbi J., 3139, 3140, 3141, 3142, 3144, 3206.
Adams, 5193.
Adamus, 114.
Adelung J. Ch., 1779.
Adelung Fr , 1823.
Aeolus, 889.
Afzelius, 1140.
Agardh C. A., 794, 874.
Agardh J. G., 3088, 3093, 3100, 3101, 5600.
Agassiz, 4229, 5067.
Agelet d', 5782.
Ainsworth, 4170.
Alcazova, 6219.
Aldrovandus, 1155.
Alessandrini, 1043.
Allan, 5503.
Allen, 4921.
Allison Th., 1800, 1831.
Altmeyer, 1818.
Amoretti, 1427.
Anania L., 1395.
Andersén C. H., 3060.
Anderson, 4404.
Anderson Al. C., 659.
Anderson J , 2141, 2145, 2146, 2150, 2158, 3735.
Anderson N. J , 3095, 3283, 3284.
Anderson R. B., 4322.
Andrade, 121.
Andreä, 3295.
Andreae G., 2549.
Andree K , 549, 5014.
Andree R., 545, 618, 1959, 1962, 2914.
Anglerius, 3.92.
Angstrom, 3262.
Anson, 6301 6302, 6303, 6305, 6306, 6307, 6309, 6365. 6396.
Anspach, 4730, 4742.
Anville, d', 2368, 5959.
Ara Frud , 2551.
Arago, 6351.
Arctander, 2663.

Argant, 3766.
Armstrong A., 1540.
Árnason, 2690, 2693
Arndt J., 2142.
Arnesen. 2569.
Arngrimsson, B., 2202.
Arnodssyne, 2557.
Arrowsmith. 105, 2086, 4204, 4431, 4884, 6278.
Arssenjew, 3942.
Arwidson, 2665.
Ascan us, 153.
Asgrimsson, E., 2697.
Ashe, 4758.
Asher, 1300, 6604.
Ashley, 1749.
Atkinson, 3761.
Aubel, 3193.
Aunet, d', 2808.
Austin, 1475, 1476.

Babinet, 568.
Babington, 2532.
Back. 4274, 4275, 4276, 4279, 4281, 4365, 4370, 4372, 4374, 4846.
Backlev, 5649.
Backström, 2797, 2833, 2841.
Bacon, 178.
Bacquev lle, 4628.
Badel, 1.92.
Baer, 215, 800, 802, 1005, 1032, 1033, 1034, 1037, 1038, 1039, 1011, 1044, 1149, 3232, 3571, 3602, 3604, 3606, 3642, 3643, 3644, 3648, 3650, 3651, 3652, 3653, 3661, 3662, 3663, 3664, 3668, 3703, 3707, 3747, 3795, 3803, 3888, 3889, 3890, 3891, 3893, 3894, 3913, 3920, 3953, 3977, 4 67, 6129.
Baffin, 1578, 1579, 5 (:1, 5322.
Ballantyne, 43, 262, 319, 1196, 1199, 4645, 4654, 4672, 4734.
Balleny, 5830, 5831.
Banier, 731.
Banister, 4676.
Banks, 6316, 6317, 6320.
Barbinais, C., 6230.

Barins, 1304.
Barkow, 1017.
Barlatler, 2425.
Barlocci, 5140.
Barre Duparcq, 725.
Barrington, 155, 161, 367, 368, 372.
Barrow, 187, 224, 421, 1428, 2214, 2216, 4433, 6434, 6536, 6537.
Barth, 814.
Bartholine, 2435, 2460.
Bartholomeis, 944.
Barton, 4254.
Bastian, 525, 3966.
Batchelder, 928.
Bates, 1963.
Baucarel, 6575.
Bauer, 5189.
Baumann, 1137.
Bayer, 737.
Bayley, 3211.
Bayly, 1421, 4219.
Beale, 1002, 1006.
Beamish, 4290.
Beauchesne, 6234.
Beaufoy, 156, 380, 5339, 5342.
Beaumont, 6020.
Beauvois, 519.
Becher, 4993.
Becker, A. R. v., 5159.
Becker G. W., 209, 5751.
Beckmann, 6576.
Beechey, 1950, 4116.
Behrens, 6299.
Behring, 1321.
Belcher, 6382.
Belgrano, 1734.
Belknap, 6052.
Bell J., 3718, 3731.
Bellegarde, 6508.
Bellingshausen, 5739.
Bellot J. A., 1508, 1510, 1511, 1657, 1664, 5136.
Beneden, 1076.
Benjowsky, 5973, 5974, 5976, 5981, 6026.
Bennet, 30, 31, 1180, 3598.
Benett, 6401.
Bennigsen, 1827.
Bent, 606, 786, 788, 1252.
Benzoni, 118.
Berenger, 6558.
Beres, 5289, 5291.
Berg E., 3941.
Berg W., 6049.
Berger, 2431.
Beragren A. S., 2918, 2966, 3084, 5601, 5602, 5607.
Bergh L., 4304.
Bergh R., 5578.

Berghaus, 3596, 5686.
Bergsoe, 2673.
Berna, 1877, 2771.
Bessel, 2241.
Bessels, 866, 1080, 4959, 5133, 5203.
Best, 1388.
Biddle, 4732.
Bilberg, 779.
Billecocq, 4259, 6087.
Billings, 3986, 3988, 4000.
Bilmark, 3135.
Bing, 5275.
Biörn, 2170, 2618.
Biörnerus, 1801, 1897, 1899.
Biondelli, 4287.
Björnonis, 2586.
Biornonius P., 2294, 2295.
Björns M., 2567.
Björnus, 2213.
Biscoe, 5741, 5821.
Bizemont, 5204.
Black, 4486.
Black John, 3150.
Black Josef, 2462.
Blackmore, 1552.
Blaeu, 2989.
Blaine, 6495.
Blake C., 2458.
Blake E., 315, 4941.
Blake T., 4537, 6138.
Blake W., 4489, 4532.
Blaschke E., 6061, 6107.
Blaserna, 563.
Blefkenius, 2129, 2137, 2140, 3127, 5223, 5323.
Bligh, 6449, 6450.
Blomstrand, 3029.
Bluhme, 5304.
Blumenbach, 4151.
Blytt A., 3578, 3671.
Boeck, 1022.
Boemus, 1121.
Börgen, 552, 2092.
Böthlingk, 3975.
Boguslawski, 93, 853, 949.
Boheman, 3063, 3072, 3235, 3275, 3276.
Bojanus, 3900, 3901.
Bonaterre, 987.
Bone, 4530.
Bonstetten, 28, 29, 42, 2209.
Borde de la, 6448.
Borring, 5380.
Bosworth, 1147.
Boty, 2281.
Boucher G., 6577.
Boué, 426, 807, 973, 5545.
Bougainville, 733, 6193, 6314, 6318, 6319, 6352, 6377.
Bourne, 1.

Boutet, 5163.
Bowen, 4326.
Boxhornius, 1746.
Bradford, 308, 6108
Brahe, 4042.
Braithwaite, 1449.
Brandes, 734, 1512, 1673, 1674, 1677, 1688, 5007, 5015.
Brandligt, 1183.
Brandt A., 1023, 1084.
Brandt J. F., 1024, 1069, 1072, 1073, 1081, 1083, 1880, 3912.
Bréauté, 4985, 4986.
Bredsdorff, 401.
Bremer, 6022.
Brierly, 1208.
Brigges, 1402.
Bright, 5200.
Brignon, 6233.
Bring, 1157.
Brink, 335.
Brix A., 285.
Broch, 2968.
Brockett, 1153.
Brooke Capell, 3156, 3207, 3223, 3226, 3227, 6496.
Brosses, 6425.
Broughton, 183, 184, 185.
Brown J., 189, 1546, 1557.
Brown R., 886, 911, 934, 2011, 2075, 2103, 2344, 5206, 5221, 5414, 5415, 5430, 5557, 5575, 5576, 5588, 5596, 5698, 6111.
Brown W. H., 1461.
Browne, 1186.
Bruchhausen, 70.
Brué, 759.
Brünnioh, 981, 982, 1139.
Brun, 3190.
Bruno, 1027.
Brunold, 591.
Bruny, 6342.
Brutel de la Riviere, 5757.
Bry, 353, 6419, 6485, 6487, 6491,
Brynjulffson, 597, 1154.
Bryson, 2258.
Buache, 61, 149, 156, 1383, 4960, 5768, 5770, 5783, 5890, 5898.
Buch L. v., 377, 2760, 2768, 3147, 3152, 3217.
Buchan, 933, 2420.
Buchholz, 1954.
Buchner, 5520.
Buddingk, 4282.
Bushmann, 4478.
Bülow, 199.
Büsohing, 2371.
Buffon, 988.
Bukingham, 4294.

Bulitscheff, 3757.
Bulkeley, 6421.
Bullar, 5652.
Bullen, 5232.
Bungener, 297
Bunsen, 2322.
Bureus, 122.
Burman, 3260.
Burney, 24, 1783, 3781.
Burton, 2274, 2349, 2350, 2352.
Bush, 3925.
Bussaeus, 1803, 2560, 5615.
Butenew, 1939.
Butler, 4321, 6115.
Byron, 6310, 6311, 6312, 6313, 6335.
Bystrow, 3349.

Cabot, 1382, 1572, 1580, 1748.
Cadet de Metz, 1797.
Calander, 6428.
Campbell Arch, 5985, 6394, 6422.
Campbell J., 9, 6428, 6513, 6394, 6422.
Campe J., 198, 6560, 6568, 5669.
Campen, 336.
Camper, 990, 991.
Camus, 6571
Cancrin, 1868.
Capel, 128, 5236.
Carret, 718.
Carjaval, 6217.
Carpenter, 94.
Carteret, 6398.
Cartier, 4238, 4295, 4719, 4741.
Cartwright, 4725.
Carver, 4252, 4253.
Cassell, 4245.
Castell, 4239, 5994.
Castrèn, 238, 3174, 3175, 3318, 3365, 3371, 3753, 3810, 3935, 3938, 3940, 3954, 3958.
Caton, 3194.
Catteau Calleville, 3221.
Cavendish, 6236.
Chabert, 4721.
Chaines, 60.
Chaix, 267, 5034.
Chambers, 2238.
Chamisso, 1622, 6042.
Champeaux, 5077.
Chappe d'Auteroche, 3720, 3722, 3724, 3777, 5964.
Chappell, 4637, 4663, 4729.
Chardonneau, 3391.
Charitonow, 3112, 3113.
Chavanne, 664, 671, 672, 674, 683, 688, 852, 860, 3523, 3532, 3534, 3563, 3700, 4952.

Cheadle, 1559.
Cheever, 1188, 1195.
Cherry F., 3771.
Chimmo, 4767, 4770.
Chisholm, 311.
Chitrov, 3820.
Choięcki, 257.
Choris, 4112, 4158.
Chotineski, 1254.
Churchill, 6482, 6520.
Churchyard, 1390.
Chydenius, 2813, 2884, 3004.
Chytraeus, 113.
Cineri, 5622.
Cirugni, 6157.
Clare, 337.
Clark, 2245.
Clarke, 6242, 6582.
Claudius, 1074.
Clavering, 2858, 5361.
Cleasby, 2695.
Cleve, 1119, 3098.
Cleveland, 1315.
Clipperton J., 6231.
Cnopf, 2391.
Cochrane, 1381, 3740, 3741, 3775, 6008.
Coffin, 804.
Collin, 2696, 5336.
Collins, 53, 5991.
Collinson, 4128, 4402.
Colnett, 1169.
Colomb, 2367.
Cometant, 4132.
Constantin, 6503.
Cook J., 10, 14, 19, 20, 21, 22, 23, 25, 26, 34, 37, 39, 40, 57, 62, 1280, 4093, 4095, 4099, 4101, 4104, 4105, 4106, 4107, 4108, 4135, 4722, 5722, 5723, 5724, 5728, 5735, 6330, 6341, 6364, 6388.
Cook S., 4722.
Cooke, 6416.
Copeland, 552, 5417.
Cora, 681, 2971.
Cortambert, 4413, 5010.
Consett, 3136, 3137.
Cottle, 2601.
Cowley, 6183.
Coxe, 181, 1833, 3732, 3981, 3982, 3990, 6521.
Coyer A., 6304.
Cramer, 2526.
Cranz, 5333, 5631, 5632, 5633, 5634, 5636, 5637, 5640, 5664, 5665, 5716.
Crichton, 2533.
Crooks, 1314.
Crowe, 2757.
Croy, 164.

Cunningham, 6212.
Curtis, 4744, 4941.
Cuvier, 1007.
Czekanowski, 3855.
Czermack, 5540.

Daa, 3116.
Dacosta, 4249, 4320.
Dahlbom, 1013.
Dahlmann, 2628.
Dalager, 5257.
Dall W., 4494, 4495, 4538, 4539, 4561, 4578, 4579, 4582, 4592, 4607, 4611, 4538, 4539, 6064, 6066, 6067, 6068, 6069, 6071, 6073, 6112.
Dallas A. G., 4499.
Dalrymple, 170, 4629, 6429, 6431, 6435, 6438, 6445.
Daly, 585.
Dampier, 6227, 6291, 6292, 6293, 6329.
Dana, 1181, 5938, 5940, 5942, 5943.
Darondeau, 1655.
Darwin, 5927.
Dasent, 2242, 2260.
Daublebsky, 3357.
Daubrée, 5529, 5530.
Daussy, 1642, 5842, 5843, 5845, 5904, 5930.
Davidis, 2555.
Davidson G., 4581.
Davis, 564, 1203, 1396, 1397, 1398, 1399, 1569.
Davis A., 4299.
Davis J. E, 5427, 5428, 5858, 5859, 5883.
Dawson, 2780.
Dawydow, 3950.
Dease, 1744, 4379, 4382, 4388.
Decaisne J., 6389.
Decker A., 6290.
De Custen, 746.
Dee, 111.
Defauconpret, 190.
Defce, 2154.
Delavoipière, 1174.
Delemarche, 756, 1850.
Delitsch, 593, 613, 685, 5762.
Delesert, 4710.
Delocre, 4185.
Delpit, 2474.
Demeunier, 157, 177, 4096, 4100.
De Peyster, 253.
De Ris, 450.
Derrick, 6530.
Deslisle, 59, 1848, 1849, 3886, 4138, 4199, 6241.
Desprez, 291.

Detharding, 2561.
Devereux, 5214.
Dewhurst, 1000.
Diamilla-Müller, 51, 5763.
Dibdin, 214.
Dickie, 5210, 5211.
Dietrich, 1929.
Digges, 1768.
Dillon, 6252, 6462, 6463.
Dillon A., 2224.
Ditmar, 4028, 6040, 6045.
Dittmann, 298.
Dixon, 6078, 6079, 6080, 6081, 6084.
Dobbs, 1410, 1412, 4622, 4623.
Dobell, 5988.
Dodds, 4656.
Dodt, 226.
Donnelsen, 2475.
Dooregest, 137.
Doroschin, 4585.
Douglas, 6144.
Dove, 785, 803, 808, 809, 818, 819, 820, 846, 2413, 3895, 4449.
Downes, 216.
Dragge, 1420.
Drake E. C., 6541.
Drake F. S, 6220, 6299b.
Drasche, 2827, 2964, 3043, 3044.
Draslé, 6514.
Droste, 1078.
Dubar, 998.
Dubois, 77, 275.
Düben, 3322.
Dufferin, 268, 468, 2239, 2246, 2328, 2769.
Dufour A. H., 4437.
Dumas, 3979, 3980.
Dumb, 567.
Dumont D'Urville, 5746, 5747, 5748. 5758, 5817, 5823, 6202, 6356, 6360, 6374, 6384.
Dumoulin, 1325, 5900, 5901, 5902, 5907, 5922, 5943.
Duncan, 1086, 4913, 5799.
Dunér, 2812, 2814, 2818, 2900, 2901, 3007.
Duperrey, 68, 6355.
Dupetit, 6379.
Durand E., 5209, 5587, 5593.
Dunsterville, 276.
Dutaillis, 1977.

Earnshaw, 5644.
Ebel, 2229.
Ede, 310.
Eden, 1384.
Edge, 1774, 1775, 5324.

Edmond, 2240.
Egede H., 2156, 5249, 5250, 5252, 5254, 5255, 5256, 5258, 5277, 5278, 5279, 5280, 5617, 5619.
Egede N., 5623.
Egede P., 5270, 5271, 5272, 5334, 5625, 5626, 5642.
Eggerhard, 2562.
Eggers, 2188, 2297, 2597, 5273, 5274, 5441.
Egill, 5639.
Egilson, 1143. 1144, 1145, 1146, 2135.
Egilsson, 2642.
Egret, 6265.
Ehlers, 3081.
Ehrenberg, 1071, 2096, 2097, 5197, 5939.
Ehrmann, 6559.
Eichwald, 6051.
Einar, 5613, 5620.
Einarsen, 2596.
Eiriksson, 5269.
Eisen, 1088.
Ekkard, 2198, 2297.
Elder, 1295.
Ellesmere, 5850.
Elliot C. B., 1820.
Elliot H. W., 4500.
Ellis H., 1391, 1415, 1418, 4275, 4625, 4626, 6237.
Ellis J., 980, 5558.
Ellis W., 4098, 4102.
Elvius, 1776.
Enderby, 5851.
Engel, 152. 159, 356, 373, 1780, 1782, 4094, 4097, 4248.
D'Entrecasteaux, 6457.
Envall, 2973, 2985.
Erichsen V., 2638.
Erichson J., 1901, 2164, 2177, 2563, 2566, 2573.
Ericus, 1901, 2563, 2583.
Erlendssyni, 2672,
Erman, 227, 3350, 3742, 3797, 3896, 3902, 3931, 3961. 4024, 4048, 4057, 4058, 4059, 4233, 4576, 6033, 6370.
Erslew, 1151.
Eschholz F., 6357.
Eschricht, 1008, 1012, 1014, 1016.
Espolin, 2629.
Estancelin, 4271.
Estrup, 5353.
Etzel, 8762, 5302, 5372, 5379, 5891, 5511, 5684, 5691.
Euler, 4007.
Everest, 3228, 3229.
Everett, 279.
Eyries, 6591.

Faber F., 996, 1030, 1031, 1035, 2307, 2511, 2513, 2515.
Fabvre, 2802, 2804.
Fabricius D., 2132.
Fabricius O., 5294, 5548, 5559, 5560, 5561, 5562, 5643, 5646.
Falkner, 6194, 6195.
Fanning, 6464.
Farlane, 4411.
Fenton, 6235.
Fellmann, 3167, 3253.
Fellowes, 182.
Feuilleret, 4957.
Feret, 732.
Fieldsted, 2593.
Fildes, 5808.
Findlay, 917, 1686, 4223, 4405, 6210.
Finger, 453, 667, 736.
Finnaeus, 2167, 2444.
Finnus, 2650.
Finnssyni, 2510, 2739, 2740, 2750.
Finsch, 1966, 2104, 3853, 5581, 6142.
Finsen, 2731.
Fischer J. E., 3737, 3933.
Fischer Alex., 197, 1434, 4906, 6589.
Fitz, 299.
Fitzgerald, 1279, 4647.
Fitzroy, 6386.
Fjellström, 3134, 3299.
Flawes, 3567.
Fletcher, 6175.
Fleurieu, 6092, 6321.
Flight, 5543.
Flinders, 6459, 6461.
Flood, 5661.
Flower, 1018.
Förster C., 3248.
Foncin P., 4181.
Fonvielle, 346.
Forbes, 2454, 4226.
Force, 783, 810, 1503, 4800, 4801.
Forchhammer, 881, 908.
Forskal, 2172.
Forsyth, 1462.
Forssman, 3263.
Forster G., 5727, 6323.
Forster J. R., 13, 18, 162, 165, 166, 168, 376, 755, 1319, 3001, 4255, 4705, 4706, 4707, 4708, 5725, 5726, 5780, 6245, 6324, 6325, 6432, 6549.
Foster Henry, 4890, 4892, 48 3, 4894, 4-95, 4896, 4897, 4899, 4901, 5190.
Fo.herbye, 5325.
Fotnergill, 6474.
Fougeroux, 1209.
Fouqué de la Motte, 2279.
Foxe, 1405.
Franonére, 6102, 6110.

Franklin, 1363, 1459, 1504, 1513, 1643, 4267, 4268, 4269, 4329, 4343, 4344, 4357, 4359, 4421, 4423, 4642.
Franklin Lady, 504.
Fraser Tytler, 4273.
Frauberger, 3290.
Freeden, 914, 931, 2023, 2026, 2035.
Frederiok, 4120.
Freigius, 1407.
Freimann, 4671.
Fremery, 993.
Freminville, 191, 1971.
Fretty, 6408.
Freville, 9436, 6439.
Freyoinet, 6353, 6460.
Frezier, 6417, 6424.
Friedemann, 5152.
Friedrichsen, 5909.
Friedriksson, 2661.
Fries E., 1885, 5586.
Fries G., 5453.
Fries Th. M., 2774, 2821, 2910, 3089, 3097, 3099, 3102, 3103, 3104, 3285, 5309, 5595.
Friesswinkel, 3219.
Frijs, 3187, 3250, 3251.
Frisch, 2942.
Fritsch, 2902, 2916, 3279.
Fritz, 759, 855.
Frobisher, 1385, 1392, 1393, 1394, 1408, 1560, 1570, 1583, 4962.
Froger, 6181, 6182.
Froidefond, 477.
Fuchs, 2529, 6070.
Funell, 6294.
Fyellström, 3134.
Fyfe, 954.

Gaimard, 219.
Galitzin, 3745, 6403.
Gallerand, 454.
Gambold, 5635.
Garlieb, 2450.
Garraud, 707.
Gatombe, 1568.
Gatschet, 4610.
Gawrilow, 3738.
Gay, 312, 1077, 1019.
Gaye S., 286.
Gedoyn, 730.
Gellibrand, 6423.
Gerald, 6132.
Gerstaeker, 1205.
Gether, 1236.
Gayler, 1110.
G.unetti, 1231.
Gibbs, 4481.

Gieseoke, 5346, 5444, 5504, 5510, 5672.
Gilbert, 1571, 1747.
Gilbert J., 4745.
Gillies, 45.
Gilman, 480.
Ginge, 5439.
Girard, 4412.
Gislason, 2662, 2668, 2725.
Glahn, 5442.
Glaser, 97.
Glasunow, 4512.
Gliemann, 2207, 2306, 2308, 2365, 5466.
Gloger, 1187.
Gmelin, 3714, 3715, 3716, 3719, 3721, 3930.
Goblet d'Alviella, 3191, 3192.
Goddard, 304.
Godofredus, 3871.
Goeppert, 956, 961, 966.
Göransson, 2707.
Goes, 3059, 3071.
Goëz, 3117.
Götze, 6029.
Goldson, 1424.
Golowin, 6137.
Goodsir, 1463, 1464.
Gould, 2256.
Gourdault, 2077.
Gourdon, 1835, 3884.
Graah, 2227, 5290, 5363, 5467.
Graas, 4054.
Grad, 534, 679, 719, 720, 2032, 2055, 2056, 2899, 2967, 3046, 3404, 3690, 5395, 5418, 5419, 5423.
Graeter, 1912.
Grasset, 6562
Gravier, 4323.
Gray, 1019, 1077, 2080, 2122, 2126, 2127, 4300.
's Grawenswerth, 6606.
Green, 6522.
Greene, 6136.
Greig, 4804.
Grenne, 953.
Greenhaw, 6106.
Grewingk, 6109.
Griesinger, 281.
Grimm, 2612.
Grinnell, 1375.
Gröndahl, 2381.
Gros, 695, 722, 1273, 2979.
Gross W., 3897.
Grot, 1351.
Grotius, 4463.
Gruber, 2195, 2247, 5276.
Grundtvig, 2235.
Gualle, 6116.
Güssefeld, 3876.
Guetard, 4702.

Gumprecht, 902, 1666, 4401, 5375.
Gunneri, 3311.
Gunn, 4684.
Gunnlangsson, 2400, 2401.
Guthrie, 6538.

Haan, 4905.
Habersham, 250.
Hackitt, 4717, 6483.
Hackluyt, 112, 6490.
Haffner, 1864.
Hagen, 2609.
Hahn-Hahn, 221.
Haidinger, 5516.
Hacke, 6501.
Haldorson, 2619.
Hale, 1535.
Hall, 1356, 1366, 1733, 4802, 4803, 4864, 4902, 5078.
Hall J., 5326.
Halle J., 6176.
Haltori, 2162, 2173, 2182.
Hamel, 419, 1160, 1225, 1718, 1785, 3748.
Hamilton, 565, 4765, 5889, 6333.
Hammelmann, 5719.
Hammond, 1192.
Hann, 555, 787, 871, 2776.
Hansen, 1162.
Hansteen, 383, 3750, 3752, 3755, 3821, 3883, 4978.
Harboe, 2736.
Harmon, 4266, 6117.
Harnisch, 2204.
Harris, 5319, 6504, 6505.
Hartwig, 258, 263, 264, 300.
Harwey, 1054, 4461.
Haskins, 451, 457.
Hassell, 44.
Hatchett, 103.
Haupt, 2724.
Hauslab, 952.
Hawkesworth, 5720, 5721, 5771, 6322, 6437, 6476.
Hawkins, 6412, 6467.
Hayes, 259, 416, 452, 456, 458, 459, 478, 482, 514, 877, 4928, 4932, 4933, 4934, 4935, 4936, 5043, 5054, 5102, 5307, 5310, 5485, 5486.
Hayward, 1287.
Headley, 320.
Hearne, 2252, 4632, 4633, 4634, 4635.
Hedenström, 487.
Heer, 288, 301, 302, 558, 957, 965, 967, 969, 972, 2777, 2779, 2828, 3026, 3033, 3037, 3038, 3040, 3042, 3048, 4584, 4587, 5512, 5517, 5519, 5524, 5536, 5537, 5542, 5577.

Heikesius, 2553.
Heine W., 4051, 4053.
Heinze, 2711.
Heinzelmann, 6610.
Hell, 3161.
Helland, 5312.
Hellant, 359, 791.
Hellbom, 3289, 3292.
Heller, 3564.
Hellwald, 91, 2937, 3847.
Helmersen, 1149, 3351.
Helms, 2268, 3320, 5659.
Henderson, 2201, 2203, 2282.
Henepin, 4241, 4242.
Henry D., 6542.
Hepp, 2969, 4414.
Hermelin, 3151.
Hermes, 4296.
Hermite, Le, 6171, 6172.
Herrera, 6170, 6413.
Herter, 3904, 3905:
Herzen, 2778.
Hesse, 1009.
Hessel, 2822.
Heuglin, 2824, 2930, 2931, 2938, 3618, 3620, 3666, 3673.
Hickesius, 1895, 2553.
Hickson, 496, 821, 875.
Hildebrandt, 676, 2068, 2699, 2703, 2806.
Hill, 3751.
Himkof, 2798.
Hind, 4735, 4763, 4764.
Hjaltalin, 2212, 2264, 2347.
Hjaltelm, 2488, 2490.
Höfer, 2976, 3090, 3109, 3659.
Högström, 3129, 3130, 3131, 3132, 3205.
Hoekstra, 4914.
Hoffmann, 1201, 1326.
Hofmann, 6358.
Hofmann E., 1826, 1839.
Hofmann J. v., 188.
Hogg, 2686, 2717.
Hoguér, 3163.
Holböll C., 5553, 5554, 5583.
Holland, 2341.
Holm, 2372, 2445, 2446, 2461.
Holman J., 6368.
Holmberg, 4594.
Holmes, 3756.
Holmesby, 6426.
Holmgreen, 2772, 5579.
Holtzmann, 2702.
Hombron, 5929.
Hood, 316.
Hooker, 960, 1098, 1107, 1109, 2199, 2283, 2466, 4231, 4460, 5590, 5594, 5945, 5947, 5948, 5949, 5950, 5951, 5952, 5953, 5954, 5955, 5956, 5957.

Hooper, 4027, 4087, 4305.
Hopkins, 473.
Horetzky C., 4324.
Horck, 3256.
Horn, 2694.
Horrebow, 2151, 2152, 2153, 2155, 2159, 2161.
Horsby, 780.
Howorth, 971, 5703, 5875.
Hoyer, 5627, 5628, 5630.
Hubert de l'Espine, 3708.
Hudson, 1576, 1765, 1767.
Hugi, 220.
Hugues, 951, 1796.
Huish, 4917, 4919.
Hulke, 3047.
Hulsius, 6489.
Hunfalvy, 3372.
Hunter, 4409.
Hurton, 3172.
Hutchins, 4662.
Hutchinson, 3185.

Isbister, 4386.
Ihre, 2574, 3300, 3312, 3314.
Inglefield, 1507, 5000.
Ingram, 1141.
Irminger, 833, 836, 880, 898, 899, 900, 901, 918, 2424, 2427, 2428, 2429, 2430, 2433, 5496, 5497.
Irwing, 4280, 4644, 4650, 4667, 5654.

Jackmann, 5315.
Jacobeus, 2442.
Jacobsen F., 5303.
Jacobssyni, 2383.
James, 1404, 1565, 1567, 1582.
Jamieson, 2617.
Jansen, 955, 3504, 5657.
Janson, 2275.
Jansonius, 745, 2782, 3645.
Jardin, 2459.
Jardine, 1001.
Jansz, 6156.
Jäck, 6599.
Jäderin, 5421.
Jäger, 509, 662, 1065, 1080.
Jefferys, 1419, 1586.
Jelinek, 5863.
Jenkins, 6468.
Jeremie, 4621.
Jewitt, 6101, 6127.
Johannaeus, 2577, 2709.
Johannesen, 3612, 3654, 3655, 3656, 3657.

John St., 247, 321, 322.
Johnson K., 933. 3342.
Johnston J., 976.
Johnston K., 776.
Johnstone, F., 1813, 1909, 2590.
Jonas Arngrim, 1276, 2128, 2130, 2131, 2133, 2134, 2136, 2537, 2538, 2539, 2540, 2541, 2542, 2543, 2705, 2747, 5243, 5616, 5618.
Jong, 1167.
Jonge, 2165, 3580, 6594.
Jones, 56.
Jones M., 4931.
Jones R., 5314.
Jonssön, 5616.
Jonsson G., 2649.
Jordan, 347.
Juan de Fuca, 6099.

Kalm P., 3303, 4246, 4247, 5629.
Kane E. K., 1337, 1541, 4922, 4923, 4924, 4926, 4930, 5012, 5021, 5024, 5194, 5476, 5481.
Karamzin, 3759.
Karmiloff, 3809.
Karpf, 1374.
Karsten, 3106.
Kat, 1173.
Keilhau, 2759.
Keisler, 1896.
Keller, 1058.
Kellett, 1106, 4117, 4122, 4126.
Kendal, 5815.
Kennan, 5593, 6023.
Kennedy, 1477, 1536, 1658, 6472.
Kenngott, 2491, 2492, 2505.
Kent, 3196.
Kerallo, 1805.
Kerguelen, 1942, 1969, 2144, 2168, 2284, 2285, 6243, 6441.
Kerr, 6583.
Ketelsen, 2174, 2384, 2738.
Kett, 507.
Keyserling, 1821.
Kiepert, 445, 764, 765, 1589.
Kinberg, 1079.
King, 210, 1528, 1866, 2286, 2287, 4277, 4292, 5714, 6205, 6209.
Kingston, 1191, 1206, 5761.
Kippis, 1283, 1284.
Kittlitz, 4484, 4526, 6017, 6383.
Kjellmann, 2823, 3108, 3110, 3111.
Klausing, 4250.
Klein, 305, 511, 942, 964, 4617.
Kleinschmidt, 5462.
Klempin, 2659.

Klinggräff, 1887.
Klingstedt, 3304, 3309.
Kloss, 2215.
Knauss, 3386.
Kneeland, 2276.
Knight, 290, 1577, 6409.
Knorr, 887.
Knox, 3764.
Kobel, 1167.
Köhler F. G., 5282, 5283.
Kölbing, 2698.
König, 2360.
Koeppen, 3899.
Körber, 33, 3109, 4920.
Körner, 1193.
Kohl, 551, 884, 905, 907, 1271, 6216, 6266.
Kohn A., 3255, 3333, 3767, 3971, 3974.
Koldewey, 598, 621, 912, 1957, 1965, 2061, 2065, 2067, 2069, 2099, 2100, 3617, 5416.
Kohlmeister, 4727, 4728.
Kølund, 2727.
Koner, 495, 531.
Koolemans, 4947.
Kořistka, 599, 3516.
Kosakewitsch, 3633.
Koslow, 3381.
Kostrow, 3816, 3978.
Kotzebue, 1790, 4110, 4111, 4113, 4136, 5983, 6363.
Kowalski, 1822.
Kragh, 5648.
Kraschenninikow, 5960, 5961, 5963, 5966, 5967, 5999.
Kraus G., 1116, 1118, 3669, 3672, 5207.
Krauschner, 3528.
Kriegk, 449.
Kries, 2123.
Křisch, 3406.
Kropotkin, 3969.
Krusenstern, 381, 390, 897, 1142, 1589, 3678, 3799, 3825, 4160, 6267, 6344, 6345, 6346, 6354.
Kühn, 5253.
Kuhn, 841, 842, 844, 847, 848.
Kummer, 1112.
Kunstmann, 4316.
Kuschelewski, 292.
Kutorga, 1010.
Kutzner, 1301.

Labilladière, 6337, 6340, 6452, 6453.
Lacèpede, 989.
Lacombe, 151, 1133.

La Croix, 1136.
Laestidius, 3159.
Laet, 4464, 4465.
Lagabaeter, 2570.
Lagerlöf, 133, 134, 1129.
Lagerstedt, 3107.
Laharpe, 6585.
La Haye, 6515.
Laing, 2799.
La Lande, 792, 870.
Lambert, 289, 4131, 4179, 4181, 5214.
Lamont, 1197, 2831, 2865, 2869.
Lamotte, 1814.
Langsdorf, 4504, 6003, 6053, 6347, 6350.
Lanoye, 313, 1562, 3763.
Laon, 4240.
La Pérouse, 6334, 6336, 6338, 6455.
Lapeyrouse S., 2353, 5709.
Lapie, 394, 757, 4207, 4337.
Laplace, 6366, 6381.
Larenaudière, 4360, 4418.
Larsen, 2676.
Laube, 945, 1955, 1956, 2041, 2102, 5535.
Laugel, 38.
Latta, 2855.
Latkin, 3348, 3830, 3856, 4046.
Laxmann, 3723.
Leach, 1429.
Lebrun, 213, 1288.
Le Clerc, 4953.
Lecomte, 1176.
Ledebour, 1100.
Ledyard, 4103.
Leem, 3199, 3301, 3305, 3306, 3307, 3308.
Lefévre, 4133.
Le Gentil, 1794, 3649, 6298.
Lehmann, 6257.
Lemaire, 2783, 6600.
Le Monnier, 790, 3213, 3587, 5776, 5778, 5779.
Le Monnier Franz, 691.
Lemstrom, 3005, 3006, 3012.
Lennep, 2810.
Lenz, 1326.
Lepéchina, 3726, 3728.
Le Roy, 2790, 2791, 2792, 2793, 2832, 2836, 3568.
Leslie, 67, 203, 207.
Lesseps, 5975, 5978, 5979, 5980, 5989, 5995.
Lessing Ch., 3230, 3231.
Lesson, 6359.
Leupe, 1786.
Levesque, 3729.
Levin, 4760.
Lexel, 3214, 3259. 3872.

Lichtenstein, 99, 6130.
Lichtenstern, 760.
Ligon, 6499.
Liliendal, 2737.
Lillingstone, 4948.
Lilljeborg, 3086.
Lindahl, 2746, 3315, 5582.
Lindberg, 3091, 3096.
Lindblöm, 3087.
Lindemann, 1202, 1250, 1966.
Lindfors, 2632.
Lindhagen, 2416, 2811, 2883.
Lindon, 6114.
Lindsay, 2485, 2528, 2531, 5609, 5610.
Lindström, 3031, 3034, 3035.
Lingen, 1150.
Lingg, 36.
Linna, 349.
Linnaeus, 3148, 3281.
Linschoten, 1750, 1756, 1759, 1770, 1771.
Linton, 1760.
Lishington, 471.
Lisiansky, 6349.
Ljungmann, 1068.
Loaisa, 6218.
Lövenörn, 2422, 2423, 2463, 2464, 5355, 5440.
Löwenberg, 6596.
Löwenhjelm, 1050.
Löwenigh, 2801.
Logan, 1834, 4701.
Lomer, 1025, 1082.
Lomonosoff, 892.
Long, 4186, 4257, 4466, 4467.
Longman, 2249.
Loon, 126.
Lostbom, 3313.
Lovén, 3057, 3061, 3062.
Low, 6393.
Lowe, 5838, 5840, 6059.
Luc, 1874.
Lucae, 1028.
Ludloff, 3689.
Lüder, 1165.
Lüning, 2685.
Lütke, 3400, 3401, 3402, 3412, 4034, 6371.
Lütken, 5555.
Lund, 172.
Lushington, 471.
Luzac, 1163, 1166.
Lyon, 1442, 4711, 4797, 4823.
Lyndes, 3771.
Lyndon, 6114.
Lyschander, 5612.
Lytton, 6215.

— 328 —

Mac Clintock, 1303, 1551, 1694, 1696, 1701, 1707, 1710, 1711, 1712, 1713, 1716, 1717, 1722, 1725, 1726, 1728, 1745, 2084, 4856, 5150, 5198, 5199,
Mac Clure, 1368, 1369, 1509, 1547. 1537.
Mack Cormick, 1515.
Mac Donald, 1309.
Mac Dougall, 1542, 1543, 3178.
Mac Gahan, 338.
Machiavel, 1152.
Mack, 3616.
Mac Keevor, 4640, 4660, 4664.
Mackinnon, 6206.
Maclay, 3390.
Mac Lean, 4648.
Macqueen, 5903.
Macy, 1177.
Magellan, 6392.
Magnäus, 2708.
Magnusson, 2376, 2684.
Maguire, 4127, 4128, 4130.
Mahlmann, 4445, 5829, 5916.
Majer, 1910.
Major R. H., 4938, 5705, 5707.
Makenzie, 2197, 2200, 2359, 2361, 2397, 4261, 4262, 4263, 4264, 4327, 4328, 4636.
Makinlay, 2333.
Maldonado, 1425, 1426, 1740, 1743.
Mallet, 1902, 1924, 3212, 3870, 6557.
Malm, 1020, 2443, 3170.
Malmgren, 1063, 1067, 2818, 3039, 3055, 3064, 3065, 3066, 3067, 3068, 3077, 3080, 3092.
Malte Brun, 293, 533, 728, 729, 1331, 1335, 1529, 1553, 1676, 1709, 1720, 4415, 4680, 5017, 5019, 5161.
Manby, 5285, 5286, 5287.
Mandt, 5284.
Mangles, 1478, 4799.
Mann, 1275.
Mannert, 194.
Marbault, 1807.
Marcel, 1376, 4958.
Marchand, 6446, 6118.
Marcy, 1134.
Markham A. H., 5215.
Markham Cl., 55, 239, 314, 339, 502, 505, 607, 3502, 3503, 3508, 5107, 5116, 5151, 5166, 5215, 5298, 5694, 5712.
Marmier, 217, 1921, 2218, 2220, 2221, 2225, 2313, 2470, 2654, 2809, 3164.
Marshall, 628, 1809.
Marsh, 1148, 3769.
Martens, 4, 5, 6, 2786, 2788, 5237, 5246, 5330.
Martin, 4646.
Martins, 287, 1011, 1042, 1886, 2530, 2803, 2816, 2817, 2860, 2892, 2895, 3002, 3022, 3023, 3050, 3094, 3166.
Martinet, 723.
Martinière, 140, 1125, 1126, 1127, 3363, 3364.
Martoss, 3808.
Marquette, 4243.
Mason, 340.
Massa, 3338.
Master, 129.
Masqueray, 941.
Mathiesen, 1873, 5295.
Maupertuis, 358, 3128, 3133, 3200, 3202, 3210.
Maurer, 1819, 1937, 2271, 2362, 2671, 2689.
Maury, 566, 1889, 3426, 5053.
Mavor, 6563.
Maynard, 6016, 6208.
Mayne, 242, 6213.
Meares, 6082, 6083, 6085, 6089, 6091.
Meech, 811.
Meek, 4903.
Meermann, 1400, 1812, 1837.
Megiser, 120, 1766.
Mehren, 467.
Mehwald, 1274, 3337.
Meiner, 6561.
Meinicke, 2726, 6263.
Mellin, 3319, 3321, 3329.
Melson, 1367.
Menander, 978.
Mendana, 6239.
Menge, 2467.
Mensch, 309, 1313, 1960.
Mequet, 2231.
Mercator, 4638.
Mérivale, 1931.
Mesange, 5248.
Mestorf, 5700.
Messenius, 138.
Metcalfe, 2250.
Meyen, 6376.
Meyer, 4731.
Meyners, 699.
Michaelis, 1285.
Michaux, 4458.
Michelant, 4733.
Middendorf, 840, 926, 927, 930, 940, 1026, 1060, 3243, 3272, 3561, 3744, 3746, 3758, 3805.
Middleton, 1409, 1411, 1413, 1414, 1564, 4691, 4692, 4693, 4694, 4695.
Miers, 5793.
Miklucho-Maclay, 1111.
Miles, 2234, 2236.
Milet-Mureau, 6336.

— 329 —

Milford, 3165.
Milton, 1559.
Miniscalchi, 243.
Minitski, 3813.
Mintzer, 710.
Missing, 1178.
Möbius, 1930, 1933, 1936, 2670, 2678, 2688, 2700.
Moe, 1101.
Moeller, 5552.
Mörch, 3079, 5556.
Mohn, 925, 1867, 1870, 2093, 2101, 2825, 3499, 3500, 3505, 3507, 3554, 3555.
Mohr, 2189, 4234.
Mollermit, 5656.
Mollerus, 6502.
Monck, 4659.
Montémont, 6595, 6609, 5678, 5844.
Montin, 3197.
Montravel, 4052.
Moore J., 6174.
Moore T. E., 4118, 4119, 4123.
Morell, 5740.
Morris, 6407.
Morrison, 131.
Morrow, 5706.
Morse A., 4317.
Morse E., 1085.
Morsier, 518.
Mortimer, 6086.
Moxon, 1406.
Mudge, 4949.
Mügge, 277.
Mühry, 41, 815, 816, 817, 825, 828, 831, 843, 849, 910, 3010, 5484, 5492, 5919.
Müller, 357, 6001.
Müller, C. 76, 260, 1056, 1305, 3944, 4658, 4749, 5606.
Müller E., 5763.
Müller G. F., 294, 2794, 3933, 4087.
Müller J. B., 3932.
Müller L. C., 2648, 2653.
Müller O., 2363.
Müller P., 1913, 2613, 2614, 2615, 2620, 2651.
Muller, 774, 1204, 3743.
Munch, 2660, 5367.
Munk, 1403, 5224, 5228.
Muenters, 2594.
Murchison, 499, 503.
Murphy, 4643.
Murray, 261, 3739, 4270, 4709.
Mylius, 5547, 5585.

Narborough, 4, 5, 6, 1777, 6180, 6238.
Nathorst, 639.
Nauckhoff, 5533, 5534, 5539.
Navarette, 1448, 6203.
Negri, 631, 632, 633, 634, 2072, 3124, 3489, 3491, 3492, 5112, 5491.
Neill, 1095.
Neumann, 1678, 1689, 1697, 4026, 4674, 5932.
Neumayer, 89, 5764, 5866, 5873.
Newton, 657, 3070, 3075.
Nicholls, 1312.
Niéviêvjine, 630.
Nikolovitsch, 3353.
Nilson, 2318.
Nilsson, 1003, 1934.
Nipsen A., 6492.
Noble, 272.
Noel, 1168, 1171, 1172.
Nördlinger, 1118.
Nolet, 224.
Nollet, 891.
Noorden, 2681.
Noort, 6155.
Nordenskiöld, 858, 865, 867, 2088, 2773, 2775, 2811, 2812, 2814, 2818, 2820, 2830, 2862, 2900, 2901, 2919, 2920, 2921, 2922, 2923, 2935, 2959, 2963, 2970, 2975, 2982, 3025, 3030, 3032, 3049, 3614, 3640, 3882, 5308, 5407, 5409, 5412, 5488, 5521, 5527, 5531, 5604, 6139.
Nording, 2559.
Nordmann, 3277, 3927, 4591.
Nordstedt, 1092, 3105.
Nordström, 5523.
Normann, 5305.
Nordlock, 6331.
Nougaret, 2343, 2489.
Nyerup, 2625, 6586.
Nyström, 2821, 2911, 2912.

Obermüllner, 3407.
Oddsen, 2205.
Oddus, 2554.
Odmann, 167, 5971, 5972.
Oehlenschlager, 1922.
Oekkers, 6173.
Oern, 3125.
O'Hara, 4772.
Ohlsen, 2465.
Olafsen E, 2149, 2169, 2171, 2194, 2196, 2296, 2441, 2578, 2664.
Olafssyni, 2743.
Olaus, 110, 115, 123, 1122, 1123, 1124

— 330 —

Olavius, 2178, 2179, 2183, 2184, 2185, 2190, 2298, 2370, 2373, 2380, 2523, 2534, 2571, 2572, 2751.
Olearius, 6500.
Oliger, 135.
Olmstedt, 1182.
Ommaney, 744.
Oos, 251.
O'Reilly, 5281, 5347.
Orosius, 1806.
Ortoga, 6188.
Osborn, 273, 283, 448, 489, 498, 520, 538, 638, 660, 675, 684, 784, 812, 1377, 1481, 1516, 1538, 1554, 3496.
Osburne, 6553.
Osenbrüggen, 240.
Ostergaard, 5469.
Otherus, 145, 3382.
Otter, 586.
Outhier, 148.
Outhiz, 3203.
Overbeck, 96.
Owen, 4251.

Pagès, 11, 16, 6332.
Paijkull, 1876, 2261, 2262, 2341, 2457.
Pakard, 4736, 4766, 4774.
Palacky, 1108.
Pallas, 163, 169, 983, 999, 1097, 1138, 3725, 3924, 3983, 4147, 6047.
Palmer, 3749, 5760, 6469.
Paludanus, 1762.
Pancrizius, 3169.
Pansch, 2062, 5599.
Pantoppidan, 1804, 1851, 2191.
Pardessus, 2641.-
Parent, 2951, 2953, 2972.
Parker, 827, 835.
Parkerking, 6254.
Parkinson, 6244, 6434, 6451.
Parry, 922, 1299, 1320, 1327, 1329, 1430, 4131, 1435, 1436, 1439, 1440, 1444, 1445, 1446, 1447, 1625, 1946, 1947, 1948, 2848, 2849, 2856, 4814.
Pascoe, 6300.
Paulsen, 2643.
Paulus, 2521.
Pauly, 2211, 3254.
Pavy, 294.
Payer, 713, 2015, 3405, 3407, 3408, 3495, 3435, 3438, 3452, 3473, 3475, 3411, 3525, 3546, 3548, 5718.
Peale, 5941.
Pechuel-Lösche, 614, 854, 1255, 1261, 1735, 1737, 4191.
Pedersen, 5474.

Pellham, 5226, 5244.
Pelly, 4381.
Pelzeln, 3667.
Pennant, 171, 176, 984, 985, 986.
Penny, 1472.
Penrose, 6196.
Percy, 265.
Périer, Du, 6509, 6510.
Peringskiöld, 1890, 1893, 2556.
Pernety, 6189, 6190.
Peroglio, 682.
Péron, 6103, 6454, 6456.
Perrey, 4583, 6037.
Perrin, 4984, 6005.
Perry, 5765.
Perthes, 17.
Peschel, 488, 544, 2043, 2074.
Pet, 5315.
Petelin, 3776.
Petermann, 78, 79, 234, 284, 431, 434, 436, 437, 442, 500, 501, 529, 540, 559, 569, 580, 582, 589, 650, 663, 834, 909, 921, 923, 924, 959, 975, 1046, 1047, 1048, 1049, 1492, 1493, 1494, 1495, 1668, 1957, 1984, 1985, 1986, 1991, 1994, 2001, 2002, 2004, 2005, 2006, 2009, 2012, 2013, 2033, 2034, 2048, 2064, 2124, 2339, 2815, 2894, 3008, 3413, 3421, 3425, 3439, 3440, 3441, 3443, 3478, 3479, 3523, 3526, 3613, 3619, 3627, 3687, 3688, 3699, 3833, 3859, 4080, 4180, 4853, 4996, 5006, 5061, 5074, 5373, 5390, 5404, 5855, 5857, 5923.
Peters, 1021.
Petersen, 252, 1289, 1555, 2222.
Petersson, 3186, 3244.
Petitot, 4325, 4416, 4472, 4473, 4474.
Peturson, 2382, 2657, 2658.
Peyrère, 2138, 2288, 5229, 5240, 5317,
Peyronnet, 295.
Pfeiffer, 1928, 2232.
Philipp, 173, 1752, 1761.
Phillips, 6587.
Philpots 4875.
Phipps, 1943, 1944, 1945, 1967, 2840, 3051.
Pickersgill, 1422, 4961.
Pierce, 2265.
Pieterszoon, 2114, 2115.
Pietrowski, 3760.
Pigafetta, 6199, 6200, 6201, 6287.
Pim, 254, 4408.
Pinart, 4497, 4501, 4560, 4564, 4565, 4595, 4596, 4597, 4608, 4612.
Pingel, 5676.
Pingré, 6427, 6440.
Pinkerton, 6579.
Pitt, 1799.

Plana, 826.
Plumptre, 5984.
Plums, 2193.
Pochhammer, 1239.
Polhem, 3208.
Pondy, 879.
Pontanus, 116, 1788.
Poole, 2765, 6115.
Poplonsky, 4060.
Porter, 5765, 6458.
Portlock, 6080, 6081, 6331.
Postels, 6038.
Posjager, 137.
Possart, 3317.
Posselt, 2320.
Postels, 1099.
Posthumus, 323.
Potgieter, 341.
Poulain, 3822.
Poussin, 4668.
Povle, 2765.
Preller, 3247.
Prestel, 920.
Prevost, 6524, 6525, 6531.
Preyer, 2253.
Prior, 6588.
Proctor, 526.
Prosperin, 3215.
Purchas, 6494.
Purdy, 879.
Pullen, 1525, 4306, 4308.
Pursglove, 1836.
Purves, 6390.

Qualle, 6117.
Quennerstedt, 2818, 2903, 3054, 3076.
Quir, 2, 6410, 6411.
Quoy, 6362.

Radloff 4029, 4044, 4609.
Rae, 536, 823, 2336, 3195, 4307, 4398, 4403, 4848, 5703.
Rafn, 225, 1914, 1925, 1926, 2319, 2636, 2716, 4278, 4283, 4284, 4285, 4286, 4288, 4291, 4297, 4298, 4377, 4385, 4390, 4469, 4470, 4748, 5651, 5682.
Rammelsberg, 2473.
Ramusio, 6539.
Rapd, 1004.
Rask, 1911, 1917, 1918, 1919, 2608, 2624, 2627, 2634, 2646, 2647, 2655, 2656, 3316.
Rathgeber, 296.
Rautenfels, 2787.

Raven, 2785.
Ravenau, 6414, 6420.
Ravenaer, 5230.
Rawlings, 4655.
Raymond, 4496, 4559, 4571.
Read, 1311.
Redenbacher, 6391.
Redfield, 878.
Redslob, 2237.
Regel, 6044.
Regnarad, 1802, 3198, 3204.
Rehbook, 425.
Reichardt, 1102, 3565, 4205.
Reichel, 4787, 4796.
Reineke, 1869, 2395, 2396, 3264, 3379.
Reinhardt, 2514, 2518, 2519, 5443, 5549, 5550, 5551, 5564, 5565, 5566, 5567, 5568, 5569, 5570, 5571, 5572.
Resenius. 2544, 2545.
Reste, 1170.
Retz, 1096.
Rexband, 6613.
Ribbach, 4777.
Richardson, 274, 476, 743, 1036, 1040, 1452, 1549, 4227, 4302, 4309, 4351, 4356, 4389, 4438, 4439, 4441, 4442, 4443, 4444, 4450, 4451, 4452, 4453, 4454, 4455, 4456, 4459, 4697, 4698, 4703, 4756, 5944.
Richter G., 2351.
Richter P., 5647.
Richter R., 1817.
Richter T., 6590.
Rietstap, 1829.
Rink, 5296, 5297, 5300, 5306, 5313, 5381, 5384, 5385, 5387, 5393, 5429, 5455, 5495, 5501, 5507, 5508, 5509, 5591, 5655, 5658, 5660, 5662, 5687, 5688, 5697, 5699, 5702.
Ritter C., 895, 1662, 1663, 4400, 5002, 5376, 6063.
Ritter H., 4606.
Rivinus, 5825.
Robert E., 218.
Robert H., 4203, 5369.
Roberts, 104, 218.
Robolsky, 1306.
Robson, 4625.
Roche, la, 5267.
Rochelle, 1629.
Rochon, 6442.
Rodney, 4433.
Röslin, 117.
Roger, 6295, 6296, 6308.
Rolt, 6186.
Romberg. 4043.
Roosen, 1852.
Roquette, la, 1302, 1328, 1330, 1332, 1656, 1684, 1690, 1691, 1698, 1719,

1727, 2323, 3609, 4847, 4995, 5018, 5020, 5292, 5366.
Rose, 3359.
Rosenthal, 995, 997.
Ross James, 5754, 5848, 5906.
Ross John, 206, 208, 212, 782, 798, 1432, 1433, 1450, 1451, 1468, 1497, 1534, 1979, 4457, 4476, 4798, 4907, 4909, 4910, 4912, 4915, 4916, 4918, 4925, 4954, 4972.
Rosser 883.
Roth, 1317.
Rothrock, 4593.
Rottböll, 5611.
Roux de Rochelle, 4990.
Roussin, 324, 701.
Rudbeckius, 3123, 3209.
Rühs, 1906, 1907, 2616, 5337, 5356 5447.
Ruge, 4134.
Rugman, 2548.
Rumpf, 6574.
Rundall, 1458.
Ruprecht, 3346, 3361.
Russel, 2254.
Ruthner, 1380.
Ryerson, 4652.

Sabine, 32, 793, 797, 992, 1438, 2997, 2998, 3000, 3887, 4440, 4447, 4448, 4699, 4700, 4810, 4890, 4900, 4911, 4981, 4982, 5188, 5563, 5584, 5589, 5669, 5752, 5917, 5920.
Sachot, 325.
Sadeur, 6415.
Saemundsen, 2438, 2439.
Sahlberg, 4049.
Saikof, 4502.
Sajnovios, 3310.
Salitz, 1167.
Sanivell, 1282.
Sante, 1159, 2116.
Sargent, 255.
Sarmiento, 6187, 6224.
Sartorius, 2451, 2453, 2472.
Sars, 1879, 3083.
Sarytschew, 3991, 3992, 3993, 4000, 4009, 6055.
Sawelieff A. S., 3352, 3354, 3355, 3378, 3384.
Sauer, 3984, 3985, 3987, 3989.
Scala, 4039.
Scammon, 4230.
Schad, 6553.
Schäffer D. S., 1815, 6567.
Schaffner, 474.

Scharling, 5383.
Scheffer, 3118, 3119, 3120, 3121, 3122 3297, 3298.
Schleinitz, 5886.
Schelechof, 4047.
Schelhammer, 977.
Scheller, 3126.
Scheltema, 1816.
Schelvokes, 6297.
Schett, 3647.
Scheuermann, 235.
Schiefner, 3176, 3970, 3972, 3973.
Schilling, 508, 579.
Schiøte, 2452.
Schimmelmann, 2582.
Schirren, 6014, 6015.
Schleiden, 82.
Schleissner, 2228.
Schleusing, 3710.
Schlözer, 2580.
Schmeringius, 3566.
Schmidt C., 3269.
Schmidt Ch., 47.
Schmidt E., 233.
Schmidt Fr., 3918, 3921, 3922.
Schmidt H., 201.
Schmidt, J. W., 3138.
Schmidt O., 5598.
Schmidt Osk., 1093.
Scholes, 326.
Schott Ch., 5483.
Schott W., 3951, 3963, 3964, 4602, 4603, 4605.
Schrauf, 5546.
Schrenk, 1015, 1824, 1875, 3362, 3916, 4055, 4063.
Schröder, 1920, 3168, 3171.
Schubert F., 3157, 3224.
Schubert T., 3155.
Schuhmacher, 179.
Schultz, 3394.
Schuwalow, 3395.
Schwarz, 5992.
Scopoli, 2522.
Scoresby, 192, 230, 392, 396, 400, 405, 1029, 1175, 1189, 1469, 2094, 2095, 2121, 5350, 5357.
Scott, 5915.
Scouler, 6131.
Scripps, 4314.
Scriverius, 5238.
Scudder, 4775.
Sedden, 4222.
Seemann, 4124, 4125, 4238, 4462.
Segersz, 2835.
Selander, 3240.
Seleny, 4520.
Selimenem, 147.
Selkirk, 4639.

Seller, 3.
Settle, 1386
Seward, 1190, 4492.
Seybt, 4956, 5755, 4492.
Shairp, 3189.
Shall, 348.
Sharp, 6226, 6473.
Shaw, 4929.
Shedden, 4222.
Shelvocke, 6297, 6418.
Shepherd, 2263, 2348.
Shields, 1293.
Shillinglaw, 232.
Sibbern, 2568.
Sidoroff, 1828, 1841, 3358, 3765.
Sievers, 3736.
Sigfussön, 2630.
Siguröson, 2679.
Silva, 6221.
Simmonds, 236, 1051, 1545.
Simonow, 5736, 5800, 6399.
Simpson, 1290, 4293, 4313, 4379, 4382, 4388, 4471.
Simrock, 2691.
Sinclair, 330.
Sjöborg, 180, 1905, 2605, 3146.
Skiffington, 366.
Skjöldebrand, 1810, 1811.
Skogman, 2889.
Sleigh, 4311.
Smith D., 342.
Smith F., 1416.
Smith J., 4289.
Smitt F. A., 1075, 1883.
Smucker, 256, 1297.
Snelling, 202.
Snorro, 1894, 2547.
Snorronis, 2157.
Snow, 269, 1470, 4487, 6211.
Söchting, 2484, 5038.
Söderbergh, 929.
Soemundsen, 2652.
Sokolow, 3879.
Solownin, 5986.
Sommer, 6593.
Sonntag, 3945.
Sonrel. 2417.
Sparmann, 5729, 5730, 5731, 5732, 5733, 5734.
Spelmann, 1277.
Speransky, 3788.
Spiegel, 3819.
Spilbergen, 6164, 6168, 6225.
Spörer, 642, 3577, 3610, 3665, 6021.
Sprengel, 6566.
Spring, 3188.
Staehlin, 2789, 4089, 4091, 4092, 4142, 5969.
Stanford, 773.

Stauning, 5260, 5261.
Steenstrup, 2520, 5382, 5532, 5538, 5544.
Steger, 5023.
Steller, 979, 4088, 5968, 5982, 6002.
Stenström, 4265.
Stephanssyni, 2374, 2375, 2377, 2379, 2742.
Stephens, 4738.
Stephensen, 2192, 2206, 2448, 2602, 2603, 2606, 2610, 2626, 2675.
Stevens, 6511.
Stockfleth, 3183.
Stollenwerk, 3934.
Storm, 2277.
Stradavits, 1158.
Strahlenberg, 144, 146, 3717.
Strauch, 2139.
Strays, 130.
Streffleur, 223.
Streit, 1846.
Streye, 2243.
Ström, 2527.
Struwe, 3173, 3177.
Stuck, 6354.
Studer, 5946.
Stur, 968.
Suckley, 6135.
Suhm, 2584.
Sundewall, 3085.
Sundström, 4244.
Sutherland, 1498, 1499, 5683.
Svanberg, 3145.
Svěceny, 3832.
Sveinssyui, 2378, 2741, 2745.
Svenonis, 2364, 2525.
Swart, 5755.
Swenske, 3576.
Symington, 2255.

Taberno, 5139.
Taché, 6113.
Tardieu, 4511.
Tasman, 4, 5, 6.
Tayler J., 5208, 5388, 5411, 5450, 5477.
Taylor B., 2272, 3179, 3180, 3181, 3182.
Ternau Compans, 6607.
Théel, 3056.
Theorgilsis, 2143.
Thévenot, 6497, 6516.
Thienemann, 2209, 2432.
Thomassyni, 2748.
Thomsen, 2244, 6397.
Thorarinssyni, 2385, 2386, 2387, 2388.
Thorkelin, 2598.

— 334 —

Thorlacius, 2421, 2436, 2585, 2640, 5316.
Thorlacksen, 2266.
Thoroddsen, 2575.
Thorpe, 1932, 2692.
Thorsteinius, 2434, 2440.
Thorsteinsenius, 2411.
Thunmann, 1903.
Tichmeneff, 4485.
Tiele, 6616.
Tilesius, 6041.
Tillotson, 308.
Tissander, 5426.
Titow, 2305.
Tollens, 3569, 3570, 3572, 3573, 3574, 3575, 3579.
Tolstoy, 4014.
Tomlinson, 49, 50.
Torell, 475, 2820, 2882, 2888, 3052, 3053, 3082, 4776. 5580.
Torfaeus, 139, 4720, 5245, 5614.
Torkilus, 2148.
Toula, 3027, 3028, 3658, 5528.
Towson, 5931.
Toyon, 2426.
Trafford, 317.
Trampler, 2118.
Travers, 1587.
Tréhouart, 1978.
Tretjakow, 3831.
Tröbst, 241.
Troil. 2175, 2176, 2180, 2181, 2186, 2187, 2289.
Tronson, 5990.
Trusler, 5970.
Tschermak, 5540.
Tschitschagow, 2796.
Turnbull, 6348.
Turner, 1298.
Tyermann, 6466.
Tyndal. 2476.

Uhrig, 4399.
Ujfalvy, 2273.
Ule, 75, 278, 1715, 1951, 2051, 2965.
Ulloa, 6232.
Ulski, 4224.
Umfreville, 4630, 4631.
Usher, 3252.
Uzielli, 562.

Vahl J., 4498.
Vaillant, 6378.
Vallö, 5389.

Vancouver, 350, 6093, 6094, 6095, 6096, 6097, 6098, 6100, 6120.
Vargas, 2449, 3153, 3220.
Vaugondy, 371, 3840, 4090, 4143, 5899, 6119.
Vayer de la Mothe, 5239.
Vaz, 6223.
Veer, 1753, 1754, 1755, 1757, 1758, 1763, 1784, 3584.
Vergere, 3581.
Verne, 318, 327, 343.
Vespucci, 6406, 6229.
Vessélofski, 4577, 4580, 6134.
Vidalin, 1904, 2163, 2437, 2565.
Vibe, 1858, 1859, 3266.
Vigfusson, 2687.
Voelter, 244.
Vogel, 1939, 4041.
Vogelsang, 4779.
Vogt, 2761.
Volckard, 8.
Vooght, 1847.
Vrba, 5503.
Vries, 132, 5241.
Vrolijk, 994.

Wafer, 6228.
Wagner, 1558, 3762.
Wahlenberg, 3143, 3149, 3283.
Wal, 1923.
Wales, 5914, 6326.
Waller, 2270.
Wallich, 882.
Walter, 2512.
Walthershausen, 2321.
Warden, 6255.
Warthen, 6197.
Wartha, 963.
Wassenaer, 6493.
Wassiljefs, 397.
Watts, 253, 2278, 2280, 2355.
Waxthann, 5216.
Webber, 4109.
Webster, 6465.
Weddell, 5737, 5738, 5767, 5893, 5894, 5921.
Weerte, 6178.
Wegelius, 3303.
Weinhold, 1830.
Weitenweber, 5592.
Weyworth, 1575.
Weld, 231, 1474, 4260.
Welle, 2826.
Wendover, 143.
Wenjaminow, 3937, 6050, 6060.
Weppner, 54.
Werlauf, 2607, 2611, 2631.

Weyprecht, 92, 328, 344, 539, 557, 686, 689, 690, 692, 727, 2052, 3405, 3409, 3414, 3444, 3450, 3461, 3476, 3535, 3538, 3544, 3547, 3553, 3560, 3562, 3638.
Wheildon, 472, 850, 4076.
White, 248, 447, 1045, 1500, 2807, 4490.
Whitecar, 1194.
Whitley, 832.
Whittingham, 3754.
Whitington, 6207.
Whymper, 329, 4187, 4491, 4493, 4534, 4541, 4545, 5402, 5410, 5422, 5424.
Wiedemann E , 3936, 3939, 5756, 6602.
Wiesner, 1103, 1117, 1118, 1120.
Wijkander, 859, 2996, 3011, 3013, 3014, 3015, 3016, 3018, 3020. 3021.
Wilczek, 2950, 3514, 3522, 3637.
Wilhelmi, 2226.
Wilkes, 5745, 5749, 5750, 5759.
Willatzen, 2680.
Williams, 4256, 4258.
Willinck, 6372.
Willis, 1387.
Willoughby, 1832,
Wilse, 1808.
Wilson, 331, 6373.
Wimmannus, 1798.
Wimmer, 1935, 6603.
Winkler, 2251, 2332, 2334, 2335, 2456, 2480.
Winter, 6222.
Wischnewskji, 3877.
Witsen, 3711, 3730.
Wöhler, 5525.
Wojeikoff, 84, 851.

Wolf J. L , 5225.
Wolfert, 845.
Wollmot, 6470.
Wolton, 1898.
Wood, 4, 5, 6, 1791, 6184, 6238, 6240, 6471.
Worm, 2558, 2576.
Wormskjöld, 5340.
Wrangell, 420, 423, 3994, 3997, 4022, 4510, 4599, 6104, 6105.
Wüllerstorf-Urbair, 3552, 3558, 3559.
Wyk, 195
Wymen, 888.

Yermoloff. 4516.
Young, 4943.

Zahrtmann, 4992.
Zatta, 5777.
Zeno, 109, 2290, 2291, 5320.
Zetterstedt, 3154, 3160, 3225, 3270, 3271, 3291.
Zeune, 5835.
Ziegler A., 1053, 1055, 1059, 3184.
Ziegler J., 108, 5222.
Zimmerman, 12, 4557, 6328.
Zirkel, 2253, 2455, 2501, 2502, 2503, 2504, 2506, 2507, 2508.
Zoega, 2524.
Zoncada, 2805.
Zorgdrager, 1156, 2110, 2111, 2112.
Zschokke, 2257.
Zurla, 186, 4726.